1 MONTH OF
FREE
READING

at

www.ForgottenBooks.com

By purchasing this book you are eligible for one month membership to ForgottenBooks.com, giving you unlimited access to our entire collection of over 1,000,000 titles via our web site and mobile apps.

To claim your free month visit:
www.forgottenbooks.com/free1238951

ISBN 978-0-332-75026-2
PIBN 11238951

✕ ACTA PONTIFICIA

ET

DECRETA SS. ROMANARUM CONGREGATIONUM

ANNUS V - VOL. V

FRIDERICUS PUSTET

PONTIFICALIS BIBLIOPOLA

· ROMAE
RATISBONAE — CINCINNATI — NEO-EBORACI
1907

Fort

ACTA SUMMI PONTIFICIS

I. — EPISTOLA

Pii Pp. X. ad Archiepiscopum Mediolanensem aliosque Episcopos provinciae Mediolanensis de Concilio Provinciali ha-
bendo.

PIUS PP. X.

DILECTE FILI NOSTER ET VENERABILES FRATRES, SALUTEM ET APOSTO-
LICAM BENEDICTIONEM.

PERGRATUS Nobis, ut intelligitis, nuntius fuit; communi vestra al-
latus epistola, Provinciale vos Concilium mox habituros, eiusque iam initia et fundamenta quaedam Rhaudii ad Virginis
aedem posuisse. In quo vestrum cum pastorale studium tum pietatis
erga Nos obsequium laudamus. Nam coire in unum, ut sacram provinciae vestrae disciplinam opportune firmaretis, certum vobis erat, sed
diligenter censuistis maturandum, ubi id Nobis placere sensistis.
Nos vero, quemadmodum ad ineundam rem suasores vobis fuimus,
ita ad perficiendam adiutores esse volumus ; propterea Spiritus
Sancti lumina et auxilia consultantibus affluant, enixe vobiscum
precabimur. Nostras autem preces potenti patrocinio suo certe au-
ctura est Maria beatissima, cuius imploranda ope feliciter coepta
vestra auspicati estis. Interea coelestium munerum pignus et paternae Nostrae benevolentiae testimonium, Apostolicam benedictionem
habete, quam vobis, dilecte Fili Noster et Venerabiles Fratres, et
vestro cuiusque clero ac populo peramanter in Domino impertimus.

Datum Romae apud S. Petrum, die 8 Iunii anno 1906, Pontificatus Nostri tertio.

PIUS PP. X.

II. — EPISTOLA

Ad Emum D. Card. Ferrari Archiepiscopum Mediolanensem
qua Pius X gratulatur cum Episcopis provinciae Mediolanensis de celebrato Concilio provinciali.

PIUS PP. X.

DILECTE FILI NOSTER ET VENERABILES FRATRES, SALUTEM ET APOSTO-
LICAM BENEDICTIONEM.

PROVINCIALE Antistitum Mediolanense Concilium nuper fuisse per-
solutum ex litteris officii plenis, quas tu conlegaeque tui communiter dedistis, libenter accepimus. Cum iam pridem ab exordiis

Deum enixe precati simus ut quod coeperatis opus, quam erat utile, tam etiam esset auspicatum, nunc fastigio rebus imposito, iucundissime laetamur vobis quod ex animi vestri sententia atque unanimi adstantium plausu et consensione omnia inita consilia processerint. Mercedem amplissimam, quae apostolicos labores pro divina gloria aeternaque animarum salute obitos manet ac merito consequitur, Deus iustus iudex vobis large persolvat ac simul quae in communi Concilio deliberastis, ea in dioecesium vestrarum utilitatem secundo faventeque numine Ipse vertat. Interea, effusae benevolentiae Nostrae pignus, tibi dilecte Fili Noster, caeterisque Venerabilibus Fratribus, benedictionem Apostolicam peramanter impertimus.

Datum Romae apud S. Petrum, die xvii Septembris anno mcmvi, Pontificatus nostri quarto.

PIUS PP. X.

III. — EPISTOLA

Qua Pius Pp. X laudat bina volumina de vita et de moribus Ven. Mariae Magdalenae Postel.

Dilecto Filio Arsenio Legoux, Protonotario Apostolico.

PIUS PP. X.

Dilecte Fili, salutem et Apostolicam benedictionem.

DE vita et moribus Ven. Dei Famulae Mariae Magdalenae Postel bina quae tu edidisti volumina, non equidem miramur, quod pii prudentesque homines vulgo laudent vehementerque probent. Nam primum ipsa opportunitas argumenti placet. Obversatur hic enim ante oculos mentis imago lectissimae foeminae, cuius religio atque actuosa caritas diuturno spatio aetatis illuxit Galliae per turbulentissima praesertim tempora, haud multum his dissimilia temporibus, quibus vivimus: mirificeque capiunt animos magnarum virtutum eius exempla, nominatim quum, maximis circumfusis difficultatibus et periculis, occulte vel administrationi sacrorum vel tuitioni sacerdotum generosa prospiceret. Quae quidem exempla idcirco videtur Deus revocari hodie velle, quum tam trepidis rebus utitur Ecclesia atque ipse est divinus cultus in discrimine, ut eadem catholicae in primis mulieres ex Gallia intelligant sibi esse proposita ad imitandum. Tu vero sic ista omnia exponis, ut legen-

:es teneas tua non solum eruditione et doctrina, sed etiam pietate.
Inflammatus quippe, ut palam est, huius praeclarae Vitae studio,
scribendi genus adhibes, quod facile incendit alios in admirationem-
que Mariae Magdalenae traducit. Quare gratiam tibi habemus et
ce oblatis muneri voluminibus et de ipso in hoc opus insumpto
labore; quem cupimus et confidimus multis fructuosum futurum.
Auspicem caelestium bonorum ac testem paternae benevolentiae
Nostrae, tibi, dilecte fili, Apostolicam benedictionem peramanter
impertimus.

Datum Romae apud S. Petrum, die xxii Novembris anno mcmvi,
Pontificatus nostri quarto.

PIUS PP. X.

IV. — LITTERAE APOSTOLICAE

**Ad Archiepiscopum et Episcopos Boliviae, quibus Pontifex
de hostilibus Gubernii Boliviani in Religionem ausibus
conqueritur.**

VENERABILIBUS FRATRIBUS ARCHIEPISCOPO ET EPISCOPIS BOLIVIAE

PIUS PP. X.

VENERABILES FRATRES, SALUTEM ET APOSTOLICAM BENEDICTIONEM.

AFFLICTUM propioribus acerbitatum caussis, equidem velimus animum Nostrum communicare vobiscum, levandarum curarum
cupidi, solatiumque e patria vestra, quasi ex explorata religionis sede, petituri. Contra, vestris etiam in civibus, iisque maxime audentibus, qui cum reipublicae curatione vigilantem etiam
in spirituali bono' fovere debeant industriam, non modicam reperimus molestiarum intimarum segetem, unde plane Nobis sollicitudo cumuletur. Nam quae in antecessum natio non alium publice
cultum nisi catholicum, pro reipublicae institutis, agnoscebat, ea in
praesenti libertatem, quam dicunt, cultuum sancire, ideoque pravi-
tatum quoque religiosarum observantiam permittere non dubitat;
vel ipso de civitatis Religione abrogato capite: quae antea meritam characteri sacro verecundiam custodiens, fori, quod aiunt, im-
munitatem clericorum ordini incolumem praestabat, ea nunc, ro-
gata in comitiis lege, velle sese traditum hierarchiae privilegium
posthabere patefacit: quae denique christiani matrimonii indolem
ac dignitatem probe tenens, nativum propriumque Ecclesiae in chri-

stianorum coniugia ius verebatur, ea modo occupare nefario ausu hanc privam unius Ecclesiae potestatem contendit, et civilis, quod nominant, matrimonii contrahendi aut facultatem permittere aut etiam necessitatem facere cogitat. Vos quidem populusque intelligitis quantum in hiscé legibus iniuriae sit in Ecclesiam, quantum incommodi moribus virtutique, quantum regressus a sincero salubrique nationum ac gentium profectu. Nobis vero persuasum est nec praetermisisse vos antea iis omnibus eniti diligentiis, quibus haec talia avertere a patria et a religione detrimenta possetis, nec in praesentiarum omittere, sive universos, sive singulos, de iniquis consiliis ac legibus conqueri. At Nos etiam conscientia urget officii, quibus, quum credita cunctarum gentium administratio sit, evigilare et eniti necesse est, ne quid christiana consociatio, cuiuslibet molimine et opera, damni persentiat. Itaque Nostrum in primis est sanctissima iura Ecclesiae revocare in memoriam, eaque nullius formidine potestatis confirmare, suadere ac tueri. Potissimum vero, quoniam privatim publiceque summopere interest, idemque immanium potest malorum a societate domestica et civili prohibere fontem, quale sit christiani coniugii ingenium edicendum arbitramur, quippe quod videmus et eorum qui praesunt excidisse ex animis, et fallacibus cessisse erroribus. Immemores enim indolis sacrae coniugii falsisque irretitos opinionibus eos esse oportet, qui Ecclesiae, rogando leges sanciendove, occupare liberam de matrimonio provinciam moliantur. Constat namque apud omnes nihilque habet in christiana multitudine dubii, matrimonium in officium naturae a Deo conditum, a Iesu, humani generis Servatore et Restitutore, ad dignitatem Sacramenti esse evectum, ita quidem ut nequeat christianorum coniugium veri nominis quodpiam a Sacramenti ratione seiungi. Iam, Sacramentorum regimen et ius omni est lumine clarius unius posse intelligi Ecclesiae potestati subiecta, proptereaque coniugii non quidem reipublicae permissae leges sunt sed ecclesiae, perinde ac sacrae cuiusvis rei, uni et soli servatae Velle idcirco de christianorum matrimonio eos, qui civilibus praesunt negotiis, ius dicere, idem profecto est ac iura aggredi aliena remque conflare plane nullam. Ex quo fit ut qui e christianis coniugium audeant civili ritu contrahere, simulacrum conentur coniugii fingere, sacramentum autem adeoque verum solumque coniugium, non faciant, ipsosque, quos vocant, civiles effectus, irrito atque inani eorum fonte, iniuria adipiscantur. Haec quum ita sint acere Nos nullo modo possumus quin iniustam et sacrilegam rem, quantum est in Nobis, doleamus, deploremus, improbemus, et sanctissima Eccleslae violatu luru, a regimine praesertim catholi- corum prae se ferente nomen, publice conquesti, expostulemus. Spes tamen quae ope nititur auxilioque Dei, non omnis equidem effluxit, undque placet confidere, ad meliora eos, qui Boliviae praesunt, cosilia deflexuros, suum cuique tribuendo, quae civilia, Reipu- blicae, quae sacra, Nobis et Ecclesiae. Intelligant ii inducantque in animum publicarum prosperitatem rerum observantia Religionis lustitiae gigni, sacrarumque verecundiam legum ad verendas civi- les etiam leges cum maxime conducere. Vobis vero, Venerabiles Fratres, quorum proximo e loco est curam gerere nationis, quum felices reipublicae res, tum adversas commendatas valde volumus; illas quidem prosperi firmandas exaugendasque, istas autem opere, studio, precibus, strenue propulsandam.

Auspicem caelestium munerum Nostraeque sive in vos, sive in universam Boliviae rempublicam benevolentiae praecipuae testem, Apostolicam Benedictionem peramanter in Domino impertimus.

Datum Romae, apud S. Petrum die xxiv novembris anno MCMVI Pontificatus nostri anno quarto.

PIUS PP. X.

IV. — LITTERAE ENCYCLICAE
Ad Episcopos Populumque Galliae, quibus Pontifex eisdem addit animum ut strenue proelia Fidei pugnent.

LETTRE ENCYCLIQUE
DE NOTRE TRÈS-SAINT PÈRE
LE PAPE PIE X
AUX CARDINAUX, ARCHEVÊQUES ET ÉVÊQUES DE FRANCE
AU CLERGÉ ET AU PEUPLE FRANÇAIS

A NOS VÉNÉRÉS FRÈRES
LES CARDINAUX, ARCHEVÊQUES ET ÉVÊQUES DE FRANCE
AU CLERGÉ ET AU PEUPLE FRANÇAIS
PIE X PAPE
VÉNÉRABLES FRÈRES, BIEN AIMÉS FILS
SALUT ET BÉNÉDICTION APOSTOLIQUE.

NE fois encore les graves évènements qui se précipitent en votre noble pays Nous amènent à adresser la parole à l'Eglise de France pour la soutenir dans ses épreuves et pour la consoler dans sa douleur. C'est, en effet, quand les fils sont dans la peine que le cœur du Père doit plus que jamais s'incliner vers eux. C'est, par conséquent, lorsque Nous vous voyons souffrir que du fond de Notre âme paternelle les flots de tendresse doivent jaillir avec plus d'abondance et aller vers vous plus réconfortants et plus doux.

Ces souffrances, Vénérables Frères et bien aimés Fils, ont un écho douloureux dans toute l'Eglise catholique en ce moment; mais Nous les ressentons d'une façon bien plus vive encore et Nous y compatissons avec une tendresse, qui, grandissant avec vos épreuves, semble s'accroître chaque jour.

A ces tristesses cruelles, le Maître a mêlé, il est vrai, une consolation on ne peut plus précieuse à Notre cœur. Elle nous est venue de votre inébranlable attachement à l'Eglise, de votre fidélité indéfectible à ce Siège Apostolique et de l'union forte et profonde qui règne parmi vous. — De cette fidélité et de cette union, Nous en étions sûrs d'avance, car Nous connaissions trop la noblesse et la générosité du cœur français pour avoir à craindre qu'en plein champ de bataille la désunion pût se glisser dans vos rangs. Nous n'en éprouvons pas moins une joie immense au spectacle magnifique que vous donnez actuellement et, en vous en louant hautement devant l'Église tout entière, Nous en bénissons du fond du cœur le Père des miséricordes, auteur de tous les biens.

Le recours à ce Dieu infiniment bon est d'autant plus nécessaire que, loin de s'apaiser, la lutte s'accentue et va sans cesse s'étendant. Ce n'est plus seulement la foi chrétienne qu'on veut à tout prix déraciner du milieu des cœurs, c'est encore toute croyance qui, élevant l'homme au dessus des horizons de ce monde, reporte surnaturellement son regard lassé vers le ciel. L'illusion en effet n'est plus possible. On a déclaré la guerre à tout ce qui est surnaturel, parce que, derrière le surnaturel, Dieu se trouve, et que ce qu'on veut rayer du cœur et de l'esprit de l'homme, c'est Dieu.

Cette lutte sera acharnée et sans répit de la part de ceux qui la mènent. Qu'au fur et à mesure qu'elle se déroulera, des épreuves plus dures que celles que vous avez connues jusqu'ici vous attendent, c'est possible, et même probable. La sagesse commande donc à chacun de vous de s'y préparer. Vous le ferez simplement, vaillamment et avec confiance, sûrs que, quelle que soit la violence de la bataille, finalement la victoire restera entre vos mains.

Le gage de cette victoire sera votre union, union entre vous d'abord, union avec ce Siège Apostolique ensuite. Cette double union vous rendra invincibles et contre elle tous les efforts se briseront.

Nos ennemis ne s'y sont pas mépris du reste. Dès la première heure, et avec une sûreté de vue très-grande, ils ont choisi leur objectif: en premier lieu, vous séparer de Nous et de la Chaire de Pierre, puis semer la division parmi vous. Depuis ce moment, ils n'ont pas changé de tactique; ils y sont revenus sans cesse et par tous les moyens: les uns avec des formules enveloppantes et pleines d'habileté, les autres avec brutalité et cynisme. Promesses captieuses, primes déshonorantes offertes au schisme, menaces et violences, tout a été mis en jeu et employé. Mais votre clairvoyante fidélité a déjoué toutes ces tentatives. S'avisant alors que le meilleur moyen de vous séparer de Nous, c'était de vous ôter toute confiance dans le Siège Apostolique, ils n'ont pas hésité, du haut de la tribune et dans la presse, à jeter le discrédit sur Nos actes, en méconnaissant et parfois même en calomniant Nos intentions.

L'Église, a-t-on dit, cherche à susciter la guerre religieuse en France et elle y appelle la persécution violente de tous ses vœux. — Étrange accusation qu'une accusation pareille. Fondée par Celui qui est venu dans ce monde pour le pacifier et pour réconcilier l'homme avec Dieu, messagère de paix sur cette terre, l'Église ne pourrait vouloir la guerre religieuse qu'en répudiant sa mission sublime et en y mentant aux yeux de tous. A cette mission de douceur patiente et d'amour, elle reste au contraire et restera toujours fidèle. D'ailleurs, le monde entier sait aujourd'hui, à ne plus pouvoir s'y tromper, que si la paix des consciences est rompue en France, ce n'est pas du fait de ses ennemis. Les esprits impartiaux, même lorsqu'ils ne partagent pas notre foi, reconnaissent que si on combat sur le terrain religieux dans votre patrie bien aimée, ce n'est point parce que l'Eglise y a levé l'étendard la première, mais c'est parce qu'on lui a déclaré la guerre à elle-même. Cette guerre, depuis vingt-cinq ans surtout, elle ne fait que la subir. Voilà la vérité. Les déclarations, mille fois faites et refaites dans la presse, dans les Congrès, dans les couvents maçonniques, au sein du Parlement lui-même, le prouvent, aussi bien que les attaques qu'on a progressivement et méthodiquement menées contre elle. Ces faits sont indéniables et contre eux aucune parole ne pourra jamais prévaloir. L'Église ne veut donc pas la guerre, la guerre religieuse moins encore que les autres, et affirmer le contraire, c'est la calomnier et l'outrager.

Elle ne souhaite pas davantage la persécution violente. Cette persécution, elle la connait pour l'avoir soufferte dans tous les temps et sous tous les cieux. Plusieurs siècles passés par elle dans le sang lui donnent donc le droit de dire avec une sainte fierté qu'elle ne la craint pas et que, toutes les fois que ce sera nécessaire, elle saura l'affronter. Mais la persécution en soi, c'est le mal, puisque elle est l'injustice et qu'elle empêche l'homme d'adorer Dieu en liberté. L'Eglise ne peut donc pas la souhaiter, même en vue du bien que, dans sa sagesse infinie, la Providence en tire toujours. — En outre, la persécution n'est pas seulement le mal, elle est encore la souffrance, et c'est une raison nouvelle pour laquelle, par pitié pour ses enfants, l'Église, qui est la meilleure des mères, ne la désirera jamais.

Du reste, cette persécution à laquelle on lui reproche de vouloir pousser et qu'on se déclare bien décidé à lui refuser, on la lui inflige en réalité. N'a-t-on pas, tout dernièrement encore, expulsé de leurs évêchés les Évêques, même les plus vénérables, et par l'âge et par les vertus; chassé les séminaristes des grands et petits Séminaires; commencé à bannir les curés de leurs presbytères? Tout l'univers catholique a vu ce spectacle avec tristesse et, sur le nom qu'il convenait de donner à de pareilles violences, il n'a pas hésité.

En ce qui touche les biens ecclésiastiques, qu'on Nous accuse d'avoir abandonnés, il importe de remarquer que ces biens étaient pour une partie le patrimoine des pauvres et le patrimoine, plus sacré encore, des trépassés. Il n'était donc pas plus permis a l'Église de les abandonner que de les livrer; elle ne pouvait que se les laisser arracher par la violence. Personne ne croira, du reste, qu'elle ait délibérément abandonné, sinon sous la pression des raisons les plus impérieuses, ce qui lui avait été ainsi confié et ce qui lui était si nécessaire pour l'exercice du culte, pour l'entretien des édifices sacrés, pour la formation de ses clercs et pour la subsistance de ses ministres. — C'est perfidemment mise en demeure de choisir entre la ruine matérielle et une atteinte consentie à sa constitution, qui est d'origine divine, qu'elle a refusé, au prix même de la pauvreté, de laisser toucher en elle à l'œuvre de Dieu. On

lui a donc pris ses biens, elle ne les a pas abandonnés. Par conséquent, déclarer les biens ecclésiastiques vacants à une époque
déterminée, si à cette époque l'Église n'a pas créé dans son sein
un organisme nouveau; soumettre cette création à des conditions
en opposition certaine avec la constitution divine de cette Église,
mise ainsi dans l'obligation de les repousser; attribuer ensuite ces
biens à des tiers, comme s'ils étaient devenus des biens sans maître, et, finalement, affirmer qu'en agissant ainsi on ne dépouille pas
l'Eglise, mais qu'on dispose seulement de biens abandonnés par
elle, ce n'est pas simplement raisonner en sophiste, c'est ajouter la
dérision à la plus cruelle des spoliations. — Spoliation indéniable
du reste et qu'on chercherait en vain à pallier, en affirmant qu'il
n'existait aucune personne morale á qui ces biens pussent être at-
tribués; car l'Etat est maître de conférer la personalité civile à qui
le bien public exige qu'elle soit conférée, aux établissements catholiques, comme aux autres, et, dans tous les cas, il lui aurait été
facile de ne pas soumettre la formation des associations cultuelles
à des conditions en opposition directe avec la constitution divine
de l'Église qu'elles étaient censées devoir servir.

Or, c'est précisément ce que l'on a fait, relativement aux associations cultuelles. La loi les a organisées de telle sorte que ses
dispositions à ce sujet vont directement à l'encontre de droits qui,
découlant de sa constitution, sont essentiels à l'Église, notamment
en ce qui touche la Hiérarchie ecclésiastique, base inviolable donnée à son œuvre par le Divin Maître lui-même. De plus, la loi
confère à ces associations des attributions qui sont de l'exclusive
compétence de l'autorité ecclésiastique, soit en ce qui concerne
l'exercice du culte, soit en ce qui concerne la possession et l'administration des biens. Enfin, non seulement, ces associations cultuelles
sont soustraites à la juridiction ecclésiastique, mais elles sont ren-
dues justiciables de l'autorité civile. Voilà pourquoi Nous avons
été amené, dans Nos précédentes Encycliques, à condanner ces
associations cultuelles, malgré les sacrifices matériels que cette
condamnation emportait.

On Nous a accusé encore de parti-pris et d'inconséquence. Il a
été dit que Nous avions refusé d'approuver en France ce qui avait
été approuvé en Allemagne. Mais ce reproche manque autant de
fondement que de justice. Car, quoique la loi allemande fût condam-

nable sur bien des points et qu'elle n'ait été que tolérée, à raison de maux plus grands à écarter, cependant les situations sont
tout à fait différentes et cette loi reconnait expressément la hiérarchie catholique, ce que la loi française ne fait point.

Quant à la déclaration annuelle, exigée pour l'exercice du culte,
elle n'offrait pas toute la sécurité légale qu'on était en droit de
désirer. Néanmoins, — bien qu'en principe les réunions des fidèles
dans les églises n'aient aucun des éléments constitutifs propres aux
réunions publiques et qu'en fait il soit odieux de vouloir les leur
assimiler, — pour éviter de plus grands maux, l'Église aurait
pu être amenée à tolérer cette déclaration. Mais, en statuant que
« le curé ou le desservant ne serait plus » dans son église « qu'un
occupant sans titre juridique ; qu'il serait sans droit pour faire
aucun acte d'administration », on a imposé aux ministres du culte,
dans l'exercice même de leur ministère, une situation tellement
humiliée et vague que, dans des pareilles conditions, la déclaration
ne pouvait plus être acceptée.

Reste la loi récemment votée par les deux Chambres.

Au point de vue des biens ecclésiastiques, cette loi est une
loi de spoliation, une loi de confiscation, et elle a consommé
le dépouillement de l'Église. Quoique son Divin Fondateur soit
né pauvre dans une crèche et soit mort pauvre sur une croix,
quoique elle ait connu elle-même la pauvreté dès son berceau ; les
biens qu'elle avait entre les mains ne lui en appartenaient pas
moins en propre et nul n'avait le droit de l'en dépouiller. Cette pro-
priété, indiscutable à tous les points de vue avait été, encore officiel-
lement, sanctionnée par l'État ; il ne pouvait par conséquent pas
la violer. — Au point de vue de l'exercice du culte, cette loi a
organisé l'anarchie ; ce qu'elle instaure surtout en effet, c'est l'incertitude et le bon plaisir. Incertitude si les édifices du culte, toujours susceptibles de désaffectation, seront mis ou non, en attendant,
à la disposition du clergé et des fidèles ; incertitude s'ils leur seront conservés ou non, et pour quel laps de temps ; arbitraire
administratif réglant ler conditions de la jouissance, rendue émi-
nemment précaire ; pour le culte, autant de situations diverses en
France qu'il y a de communes ; dans chaque paroisse, le prêtre mis
à la discrétion de l'autorité municipale, et, par conséquent, le conflit
à l'état possible organisé d'un bout à l'autre du pays. Par contre

obligation de faire face à toutes les charges, même les plus lour·
des, et, en même temps, limitation draconienne en ce qui concerne
les ressources destinées à y pourvoir. Aussi, née d'hier, cette loi
a-t-elle déjà soulevé d'innombrables et dures critiques de la part
d'hommes appartenant indistinctement à tous les partis politiques
et a toutes les opinions religieuses, et ces critiques seules suffi-
raient à la juger.

Il est aisé de constater par ce que Nous venons de vous rappeler, Vénérables Frères et bien aimés Fils, que cette loi aggrave
la loi de séparation et Nous ne pouvons dès lors que la réprouver.

Le texte imprécis et ambigu de certains des articles de cette
loi met dans une nouvelle lumière le but poursuivi par nos ennemis. Ils veulent détruire l'Église et déchristianiser la France, ainsi
que nous l'avons déjà dit, mais sans que le peuple y prenne trop
garde et qu'il y puisse, pour ainsi dire, faire attention. Si leur
entreprise était vraiment populaire, comme ils le prétendent, ils ne
balanceraient pas à la poursuivre, visière relevée, et à en prendre
hautement toute la responsabilité. Mais, cette responsabilité loin
de l'assumer, ils s'en défendent, ils la repoussent et, pour mieux y
réussir, ils la rejettent sur l'Église, leur victime. De toutes les
preuves, c'est la plus éclatante que leur œuvre néfaste ne répond
pas aux vœux du pays.

C'est en vain, du reste, qu'après Nous avoir mis dans la nécessité cruelle de repousser les lois qu'ils ont faites, — voyant les
maux qu'ils ont attirés sur la patrie et sentant la réprobation uni-
verselle monter comme une lente marée vers eux, — ils essayent
d'égarer l'opinion publique et de faire retomber la responsabilité de
ces maux sur Nous. Leur tentative ne réussira pas.

Quant à Nous, Nous avons accompli Notre devoir, comme tout
autre Pontife Romain l'aurait fait. La haute charge·dont il a plu
au Ciel de Nous investir malgré Notre indignité, comme du reste
la foi du Christ elle-même, foi que vous professez avec Nous, Nous
dictait notre conduite. Nous n'aurions pu agir autrement sans fou-
ler aux pieds Notre conscience, sans forfaire au serment que Nous
avons prêté, en montant sur la Chaire de Pierre, et sans violer la
Hiérarchie catholique, base donnée à l'Église par N. S. Jésus-Christ.
Nous attendons sans crainte par conséquent le verdict de l'histoire.
Elle dira que, les yeux immuablement fixés sur les droits supé-

rieurs de Dieu à défendre, Nous n'avons pas voulu humilier le pouvoir civil, ni combattre une forme de gouvernement, mais sauvegarder l'œuvre intangible de Notre Seigneur et Maître, Jésus-Christ. — Elle dira que Nous vous avons défendus de toute la force de notre immense tendresse, ô bien aimés Fils ; que ce que Nous avons reclamé et réclamons pour l'Église, dont l'Église de France est la Fille ainée et une partie intégrante, c'est le respect de sa hiérarchie, l'inviolabilité de ses biens et la liberté ; que, si l'ont avait fait droit à Notre demande, la paix religieuse n'aurait pas été troublée en France et que le jour où on l'écoutera, cette paix, si désiderable, y renaîtra. — Elle dira enfin que si, sûrs d'avance de votre générosité magnanime, Nous n'avons pas hésité à vous dire que l'heure des sacrifices avait sonné, c'est pour rappeler au monde, au nom du Maître de toutes choses, que l'homme doit nourrir ici bas des préoccupations plus hautes que celle des contingences périssables de cette vie et que la joie suprême, l'inviolable joie de l'âme humaine sur cette terre, c'est le devoir surnaturellement accompli coûte que coûte et, par là-même, Dieu honoré, servi et aimé malgré tout.

Confiant qne la Vierge Immaculée, Fille du Père, Mère du Verbe, Épouse du St. Esprit, vous obtiendra de la Très-Sainte et Adorable Trinité des jours meilleurs, comme présage de l'accalmie qui suivra la tempête, Nous en avons la ferme esperance, c'est du fond de l'âme que Nous vous accordons Notre Bénédiction Apostolique, à Vous Vénérables Frères, ainsi qu'à votre clergé et au peuple français tout entier.

Donné à Rome, près de St. Pierre le jour de l'Epiphanie, 6 Janvier 1907, de Notre Pontificat le quatrième.

PIVS PP. X.

SECRETARIA BREVIUM

Insignia conceduntur Canonicis Cathedralis Maioricensis.

PIUS PP. X.

AD PERPETUAM REI MEMORIAM.

DE more Romanorum Pontificum Decessorum Nostrorum ecclesiasticos viros qui in templis maxime conspicuis divinis laudibus concinendis operam navant, ad divini cultus decorem et sacrarum caeremoniarum maiestatem augendam peculiaribus insignibus decorare satagimus. Hoc consilio cum Venerabilis Frater Petrus Ioannes Campins et Barceló Episcopus Maioricensis et Husensis Nos enixis precibus flagitaverit ut Cathedralis ecclesiae suae Capituli Canonicis insignia largiri de Nostra benignitate dignaremur, Nos animo repetentes praenobilis illius templi vetustatem, amplitudinem et mirifica quibus enitet artis opera, votis hisce annuendum propensa quidem voluntate existimavimus. Quae cum ita sint, omnes et singulos quibus hae litterae Nostrae favent a quibusvis ecclesiasticis sententiis, censuris et poenis, si quas forte incurrerint, huius tantum rei gratia absolventes et absolutos fore censentes, Apostolica Nostra auctoritate praesentium vi, perpetuum in modum concedimus, ut omnes et singuli nunc et in posterum existentes Cathedralis ecclesiae Maioricensis Capituli Canonici veste talari nigra cum fimbriis, ocellis et globulis sericis violacei coloris induti incedere, nec non focale, zonam et caligas violaceas et sericum pilei flocculum pariter violacei coloris gestare queant. Decernentes praesentes litteras firmas, validas et efficaces existere et fore suosque plenarios et integros effectus sortiri ac obtinere, illisque ad quos spectat et spectabit in omnibus et per omnia plenissime suffragari sicque in praemissis per quoscumque iudices ordinarios et delegatos iudicari ac definiri debere, ac irritum et inane, si secus super his a quoquam quavis auctoritate scienter aut ignoranter contigerit attentari. Non obstantibus Constitutionibus et Ordinationibus Apostolicis caeterisque contrariis quibuscumque.

Datum Romae, apud S. Petrum sub annulo Piscatoris, die xxx Augusti MCMVI, Pontificatus Nostri anno quarto.

L.. ✠ S.   ALOIS. Card. MACCHI.

DECRETA SS. RR. CONGREGATIONUM
————◈※◈————

S. CONGREGATIO CONCILII

I. — DECRETUM
De excardinatione et sacra Ordinatione.

DECRETO diei 20 mensis Iulii 1898, quod incipit *A primis*, Eɱi S. C. Concilii Patres. probante v. m. S. P. Leone XIII, circa *excardinationem* et *incardinationem* clericorum eorumque subsequentem ordinationem, haec quae sequuntur statuerunt:

« I. *Excardinationem* fieri non licere nisi iustis de causis, nec effectum undequaque sortiri, nisi *incardinatione* in alia dioecesi executioni demandata.

« II. *Incardinationem* faciendam esse ab Episcopo non oretenus, sed in scriptis, absolute et in perpetuum, id est nullis sive expressis sive tacitis limitationibus obnoxiam; ita ut clericus novae dioecesi prorsus mancipetur, praestito ad hoc iuramento ad instar illius quod Constitutio « *Speculatores* » pro domicilio acquirendo praescribit.

« III. Ad hanc *incardinationem* deveniri non posse, nisi prius ex legitimo documento constiterit alienum clericum a sua dioecesi fuisse in perpetuum dimissum, et obtenta insuper fuerint ab Episcopo dimittente, sub secreto, si opus sit, de eius natalibus, vita, moribus ac studiis opportuna testimonia.

« IV. Hac ratione adscriptos posse quidem ad Ordines promoveri. Cum tamen nemini sint cito manus imponendae, officii sui noverint esse Episcopi, in singulis casibus perpendere, an, omnibus attentis, clericus adscriptus talis sit, qui tuto possit absque ulteriori experimento ordinari, an potius oporteat eum diutius probari. Et meminerint quod sicut « nullus debet ordinari qui iudicio sui Episcopi non sit utilis aut necessarius suis Ecclesiis » ut in *cap. 16, sess. 23 de reform.* Tridentinum statuit; ita pariter nullum esse adscribendum novum clericum, nisi pro necessitate aut commoditate dioecesis.

« V. Quo vero ad clericos diversae linguae et nationis, oportere ut **Episcopi** in iis admittendis cautius et severius procedant, ac **nunquam** **eos** recipiant, nisi requisiverint prius a respectivo eorum **Ordinario**, et obtinuerint secretam ac favorabilem de ipsorum vita et moribus informationem, onerata super hoc graviter Episcoporum conscientia.·

« VI. **Denique** quoad laicos, aut etiam quoad clericos, qui excardinationis beneficio uti nequeunt vel nolunt, standum esse dispositionibus Const. « *Speculatores* » quae, nihil obstante praesenti decreto, ratae ac firmae semper manere debent ».

Sed pluribus in locis mos iam pridem invaluerat ut quaedam litterae quasi *excardinatoriae,* seu *excorporationis* aut *exeat* nuncupatae, laicis quoque traderentur, eodem ferme modo ac pro clericis fieri consueverat: quibus litteris Episcopus originis laicum suae dioecesis subditum dimittebat, et ius nativum, quo pollebat eum in clericalem statum adscribendi, in alium Ordinarium transferre eique cedere videbatur: et vicissim hic illum suscipiens eum proprium subditum sibi facere,· et qua talem ad primam tonsuram et ss. Ordines promovere libere· posse arbitrabatur, quin aut ratione domicilii aut ratione familiaritatis subditus sibi esset iuxta Constitutionis « *Speculatores* » praescripta.

Porro evulgato decreto *A primis*, de huius praxis legitimitate disputari coepit, et plura dubia hac de re ad S. Sedem delata sunt.

Quapropter de mandato SSmi quaestione semel et iterum in hac S. Congregatione examinata, tandem die 15 Septembris 1906 ([1]) Emi Patres censuerunt, permitti posse, si Sanctitas Sua id probaverit, ut praefatae· litterae, quibus laici a propria dioecesi dimittuntur, ab Ordinariis concedantur, earum vi extradioecesanus fieri proprius valeat Episcopi benevoli receptoris, et hoc titulo ad clericalem tonsuram et ad ss. Ordines ab eo promoveri; dummodo tamen,

1°. dimissio ab Episcopo proprio ex iusta causa, in scriptis et pro determinata dioecesi concedatur.

2°. Acceptatio ne fiat nisi servatis regulis quae pro clericis incardinandis statutae sunt, et superius sub num. II, III, IV et V

([1]) Cfr. *Acta Pontificia*, vol. 4, pag. 378.

recensentur; et servato quoque decreto « *Vetuit* » diei 22 Decembris 1905 quoad alumnos a Seminariis dimissos ([1]).

3°. Sed iuramentum ad tramitem Constitutionis « *Speculatores* » requisitum, praestandum esse ante clericalem tonsuram. Verum cum obligatio permanendi in dioecesi non propria, eique in perpetuum serviendi, ante maiorem aetatem non sine difficultatibus et periculis suscipi possit, cavendum esse ab Episcopis ne ad clericalem tonsuram admittant qui aetate maior non sit.

Facta autem de his omnibus relatione SSmo D. N. Pio Papae X ab infrascripto Secretario in audientia diei 16 Septembris 1906, Sanctitas Sua deliberationem Em. Patrum probavit et confirmavit, mandavitque ut evulgaretur per litteras S. C. Concilii, ut omnibus ad quos spectat lex et regula esset, contrariis quibuslibet minime obstantibus.

Datum Romae, die 24 mensis Novembris 1906.

† Vincentius Card. Episc. Praenestinus, *Praefectus.*

C. De Lai, *Secretarius.*

II. — DECRETUM

De S. Communione infirmis non ieiunis.

Post editum de frequenti et quotidiana SS. Eucharistiae sumptione decretum die 20 mensis Decembris 1905 ([2]), concessasque a SSmo D. N. Pio PP. X die 30 mensis Maii eiusdem anni ([3]) indulgentias omnibus Christifidelibus, qui certas preces devote recitaverint pro quotidianae Communionis propagatione; post additum praeterea decretum *Urbis et Orbis*, die 14 mensis Februarii 1906 ([4]) a S. C. Indulgentiarum et Reliquiarum, cuius decreti vi possent Christifideles per quotidianam Communionem lucrari omnes indulgentias, absque onere confessionis hebdomadariae, vix dicere est, quanta laetitia benignae huiusmodi S. Sedis dispositiones exceptae sint, praesertim ab Episcopis et moderatoribus religiosorum Ordinum. Excitato inde studio fovendae pietatis, quaesitum est, si quo forte modo consuli posset aegrotis diuturno morbo laborantibus et

---

([1]) Cfr. *Acta Pontificia*, vol. 4, pag. 62.
([2]) „   „   „   „   • „ 57.
([3]) „   „   „   „ 3, „ 189.
([4]) „   „   „   „ 4, „ 148.

eucharistico Pane haud semel confortari cupientibus, qui naturale
ieiunium in sua integritate servare nequeant. Quare supplices ad
xx preces delatae sunt SSmo D. N. Pio PP. X, qui, re mature
perpensa auditoque consilio S. Congregationis Concilii (¹), benigne
concessit ut infirmi, qui iam a mense decumberent absque certa
spe ut cito convalescant, de confessarii consilio SSmam Euchari-
am sumere possint semel aut bis in hebdomada, si agatur de
iis qui degunt in piis domibus, ubi SSmum Sacramentum
servatur, aut privilegio fruuntur celebrationis Missae in Oratorio
domestico; semel vero aut bis in mense pro reliquis, etsi aliquid
per modum potus antea sumpserint, servatis de cetero regulis a
Rituali Romano et a S. Rituum Congregatione ad rem praescriptis.
Praesentibus valituris, contrariis quibuslibet non obstantibus.

Datum Romae, die 7 mensis Decembris *1906*.

† VINCENTIUS Card. Episc. Praenestinus, *Praefectus.*

C. De Lai, *Secretarius.*

III. — DUBIA

Proposita atque iuxta morem eiusdem S. C. de iure resoluta in generalibus comitiis diei 22 decembris 1906.

Per summaria precum:

6

I. — MONTIS ALTI.
ONERIS QUOAD CANONICUM POENITENTIARIUM.

S. RITUUM Congregatio die 21 ianuarii 1673 (²) declaravit : « Canonicum poenitentiarium Ecclesiae Cathedralis civitatis Veliternae
ultimo loco provisum, non posse cogi ad inserviendum missis cantatis pro diacono et subdiacono, constitutione seu consuetudine
dictae Ecclesiae in contrarium non obstante ».

Ex hoc Decreto canonicus poenitentiarius ecclesiae Cathedralis
Montis alti postulationem promovit apud SS. RR. C. pro resolutione sequentis dubii, nempe « utrum dicta decisio eximat omnino
poenitentiarium a munere diaconi et subdiaconi obeundo, vel valeat
tantum pro tempore, quo confessiones audit ».

(¹) Cfr. *Acta Pontificia,* vol. 4, pag. 381.
(²) Cfr. SS. RR. Congr. Decreta Authentica, vol. I, pag. 301 n- 1462 · *Veliterna.*

Transmissa hac postulatione ad H. S. C. rogati fuerunt Ordinarii tum dioeceseos Veliternae, tum Montis alti, ut referrent an in suis respectivis Cathedralibus extaret canonicorum divisio in triplicem ordinem presbyteralem, diaconalem, et subdiaconalem. Episcopus Montis alti hanc non existere in sua Cathedrali divisionem respondit, et Vicarius Generalis Velitern. retulit iuxta Constitutiones Capitulares approbatas et confirmatas in sua Cathedrali canonicos omnes ad Presbyteralem ordinem accenseri, praeter quatuor ultimos, quorum duo ad diaconatum, duo ad subdiaconatum ordinem pertinent.

Hisce praemissis pauca in merito quaestionis adnotanda sunt.

Institutio canonici poenitentiarii in Cathedralibus sancita fuit a Conc. Trid. *sess. 22 de reform. Cap. 8.* quod statuit canonicum poenitentiarium « dum confessiones in ecclesia audiet, interim praesens in choro habeatur ». Ex hac sententia, iuxta etiam Doctorum auctoritatem et interpretationem, sequitur, duplex esse onus canonici poenitentiarii, audiendi nempe confessiones in ecclesia, quod est onus primarium, et praestandi servitium chori quatenus confessiones non audiat; hinc clare videtur canonicum poenitentiarium ut privilegio fruatur exemptionis a servitio chorali requiri ut de facto confessiones audiat.

Neque oggeratur canonicum poenitentiarium tantum teneri ad interessendum servitio chorali, non vero ad praestandum servitium altari utpote diaconum vel subdiaconum, nam omnino compertum est missae Conventualis celebrationem praecipuam constituere partem divini officii, imo ad illam omnes ordinari canonicae horae, uti ex pluribus desumitur conformibus decisionibus.

Demum ex disciplina H. S. C. receptum est canonicos animarum curatores teneri diebus solemnioribus nedum ad munus subdiaconi vel diaconi explendum, quando Capituli dignitas celebret, sed etiam ad inserviendum Episcopo Pontificalia solemniter celebranti, etiamsi extra ecclesiam Cathedralem curam animarum exerceant. Si itaque parochus ratione curae animarum sibi commissae excusari non valet ab huiusmodi munerum choralium praestatione, multo magis id praedicari oportet de canonico poenitentiario cuius officium levius est, et hinc aequum non est ut ipse, dum confessiones actu non excipit, a servitio altaris exoneretur.

Neque aliquid in contrarium suffragari possunt Capituli Con-

stitutiones aut introducta diversa consuetudo, ut videri potest in
Albanen. 18 iunii 1831, quare ex dictis videtur colligi posse canonicum poenitentiarium, excepto casu quo confessiones fidelium de
more recipiat, teneri ad fungendum munere diaconi vel subdiaconi
in missis cantatis, sive inter canonicos ordinis subdiaconalis vel
subdiaconalis adnumeretur, sive haec divisio in Capitulo non habeatur et omnes ad presbyteratus ordinem pertineant.

Ex adverso tamen animadvertendum est, quamvis in canonico
poenitentiario duplex sit munus nempe praestandi chori servitium,
et fidelium confessiones excipiendi, ex sua natura haec officia ita
differi, ut si uno eodemque tempore ea explenda occurrant, canonicus poenitentiarius potius ad confessiones audiendas teneatur
quam ad choro inserviendum. Ex natura huius officii primarii fit,
ut ipse in confessionario residere teneatur prout fidelium necessitas vel utilitas id exigat.

Accedit vero quoad opportunitatem temporis, loci et sedis, qua
poenitentiarius recipere debet fidelium confessiones, id plene pendere ab arbitrio Episcopi, prouti iam alias H. S. C. declaravit. Ex
hoc videtur concludi posse poenitentiarium nonnullis diebus vel
horis ab Episcopo designatis, et in quibus poenitentes pro sacramento poenitentiae ad Ecclesiam Cathedralem accedere solent, se-
dentem in confessionali, licet actu confessiones non audiat, sed
tantum expectet fideles accessuros, censendum esse exemptum a
servitio chori et altaris.

Demum expendi potest canonicum poenitentiarium semper ad
ordinem presbyteralem ratione sui muneris pertinere, sive ordinum
divisio in Capitulo habeatur sive non, et si ipse ad presbyteralem
pertineat ordinem, ordinum divisione extante, sive actu confessiones
audiat, sive non, in missis cantatis cogi non potest ad munus
subdiaconi vel diaconi explendum. Verum dicta divisione non obstante quaeri potest utrum dictum munus diaconi vel subdiaconi
exercere debeat diebus solemnioribus, si in confessionario actu
confessiones non recipiat, et quamvis in citata causa *Albanen.* rescriptum fuerit « *Affirmative* », quaestio theoretice resolvi videtur
non posse, sed res commensuranda est ad particulares circumstan-
tias et praesertim ad concursum fidelium ad tribunal poenitentiae
tempore Divinorum Officiorum, de quibus autem circumstantiis iudex
est Episcopus iuxta decisiones H. S. C.

Et Emi Patres, allatis mature seduloque perpensis, dubium dimiserunt respondentes :

« *Poenitentiarium teneri ad altari servitium quoties confessiones actu non audiat, nec probabiliter praevideat poenitentes accessuros esse ad poenitentiae tribunal, onerata eius conscientia* ».

$$\frac{1513}{6}$$

II. — TREIEN. — MEDIAE ANNATAE.

NUPER Archiepiscopus Camerinensis administrator perpetuus dioeceseos Treiensis retulit in huius ecclesia Cathedrali nonnullos adesse beneficiatos Bulla Episcopali provisos, qui mediam annatam detrectant persolvere sacristiae dictae ecclesiae, licet huius redditus sint tenues et Capitulum pluries, sed incassum, pro solutione institisset. Rogatus Archiepiscopus ab H. S. C., ut edoceret quinam essent hi beneficiati, qua mensura gravati et quo titulo liberationem ab onere praetenderent, haec per Vicarium suum Generalem Treiensem retulit sex esse beneficiatos vel mansionarios in dicta Cathedrali, quorum duo Petrocchi, duo *Bartolozzi*, et duo *Ciaramponi* vocantur. Addidit insuper non constare primos duo, nempe beneficiatos *Petrocchi*, teneri ad solvendam mediam annatam, sed omnino certum esse hac solutione obstringi alios Mansionarios, nempe Bartolozzi et Ciaramponi.

Clara adest in iure dispositio circa solutionem mediae annatae, nempe habetur Constitutio Benedictina *Pius et misericors* diei 29 aprilis 1725, quae praecipit omnia beneficia, *cuiuscumque valoris* existant, obnoxia esse mediae annatae, quare nedum mansionarii Bartolozzi et Ciaramponi, sed etiam Petrocchi videntur teneri eiusmodi onere.

Neque utiliter recurri potest ad tacitam Capituli condonationem aut ad non impositum hoc onus in fundatione, nam quoad primum obvia est responsio, cum Capituli negligentia praeiudicare nequeat fabricae ecclesiae iuribus, quae semper intacta esse debent iuxta citatam Constitutionem, et quoad secundam reponi potest quod id esset probandum vel saltem allegandum apostolicum privilegium exemptionis a praefato onere.

Mansionarii Bartolozzi et Ciaramponi vero perfugium quaeritant in praescriptione, sed cum citata constitutio sit munita clausula sublata et decreto irritanti quoad omnem contrariam consuetudinem etiam centenariam et immemorialem, sequitur nullam in casu sustineri posse consuetudinem aut liberativam praescriptionem.

Demum tota beneficiatorum defensio coarctatur in Capituli negligentia ad· hanc taxam solvendam, quae quanti sit momenti quisque facile primo intuitu percipit.

Ex adverso cum in citata Constitutione graviter excitata fuerit vigilantia, imoque onerata conscientia Capitulorum ac Ordinariorum super exactione et administratione dictae taxae, hanc culposam negligentiam in Capitulo et Episcopis administratoribus dioeceseos Treiensis admitti nequit per tam longum tempus, saltem quoad mansionarios Petrocchi, quare cum fundamento deduci potest praefatos mansionarios in praebendarum erectione fuisse a taxa exoneratos, vel quia de manutentione fabricae ecclesiae gravata erat massa Capitularis, vel quia fundus seu patrimonium fabricae extabat, quibus in casibus, iuxta pluries citatam Constitutionem, impositio mediae annatae locum non habet.

Verum hac seposita observatione, aliud argumentum solidius pro exoneratione a solutione huiusmodi taxae invenitur in mutatis temporum conditionibus, cum nunc beneficiorum reditus valde sunt imminuti ob onera fiscalia taxae successionis adauctae, et vitae substentatio difficilior evasit, quare, iuxta decisionem H. S. C. in *Nolana, Solutionis*, 9 septembris 1893, possessores mansionariatuum a casu non videntur inquietandi esse quoad solutionem mediae annatae.

Hisce vero animadversionibus moti, adductis argumentis mature libratis, Emi Patres ad porrectas preces respondere censuerunt: " *Attentis peculiaribus circumstantiis nihil esse innovandum* ,,.

III. — RUBEN. — NOMINATIONIS.

R. " *Dilata* ,,.

In folio:

I. — NEAPOLITANA-FLORENTINA. — NULLITATIS MATRIMONII *reservata*.

R. " *Sententiam esse infirmandam* ,,.

II — PARISIEN. — DISPENSATIONIS MATRIMONII (*sub secreto*).

R. " *Affirmative* ,,.

$\dfrac{4117}{5}$

III. — SUESSIONEN. — DISPENSATIONIS MATRIMONII.

In parochiali ecclesia S. Eugeniae Suessionensis urbis Ludovicus Viéville 29 annos natus atque Henrica Hoche 24 annos agens, die 3 aprilis 1905 rite matrimonium peregerunt.

Nuptiis celebratis, choreisque ad multam noctem, aliis adstantibus, productis, cum coniuges in eodem accubuissent lecto, una fere post horam, uti narrant, uxor doloribus partus correpta est, atque quin vir e somno excitaretur, proximum adiit ipsa cubiculum, ibique paulo post prolem edidit.

Ferunt neque virum neque eius parentes antea scivisse alterius opera Henricam praegnantem evasisse. Quamvis autem vir rei coniugali operam dare exoptaret, uxor tamen verens ne eiusmodi suus status ab eo detegeretur, eiusdem voluntati obsecundare noluisse videtur. Quapropter, licet Ludovicus in prima sua deposi-tione aliter rem enarraverit, edicens se nunquam cum uxore fuisse, postea tamen in alia depositione, facti veritatem agnoscens, mulieris testimonio adhaesit, atque ambo inconsummationem matrimonii te-stati sunt.

Quocirca Ludovicus, qui a die suae mulieris partus non amplius cum ipsa cohabitaverat, eiusmodi permotus iniuria, ea relicta, pe-tiit obtinuitque a laico tribunali die 18 iulii 1905 divortium, et deinde preces Summo Pontifici admovit postulans, ut dispensatio a matri-monio rato et non consummato sibi concederetur.

Eius exceptis precibus, cum H. S. C. die 1 novembris eiusdem anni Suessionensi Episcopo canonicum conficiendi processum man-dasset, hic, rite tribunali constituto, ambo coniuges nec non septi-mae manus testes sub iuramento excutere curavit. Quibus expletis, acta H. S. C. transmisit haec adnotans : « Vir excusationem habere potest in eo quod conscius non consummationis, id est facti prin-cipalis, suam conditionem quam optimam efficere conatus est... Con-stantia testimonii Henricae Hoche eo magis fidem facere debet, quod puella valde timida apparet, tardioris ingenii et callidi consilii nescia, et etiam eius confessio erat contra suum interesse. Nulla collusio intererat inter coniuges, quoniam discordia erat inter primum testi-monium Ludovici et testimonia constantia Henricae circa circum-stantias secundarias... Unde non obstantibus petitione divortii civilis et mendacio admisso in primo suo testimonio, Ludovicus Viéville dignus videtur commiseratione S. Sedis, dum petit dispensationem super matrimonio rato et non consummato ».

Discrepant inter se conclusiones praeclari viri Vinculi defensoris, et canonistae, quum hic pro dispensatione, inconsummatione probata, concludat, ille vero pro dimissione precum pure et simpliciter, saltem donec quaestio nubibus liberata iterum exhibeatur et clarior appareat.

In re tam gravi vero Eṁi Patres non ambigerunt potius adhaerere conclusionibus vinculi defensoris, et proposito dubio:

" *An sit praestandum SSṁo consilium pro dispensatione a matrimonio rato et non consummato in casu „.*

Responderunt:

" *Non satis constare de inconsummatione „.*

3947
—
4

IV. – MEDIOLANEN. – DELIMITATIONIS FINIUM PAROCHIALIUM.

Pᴇʀᴠᴇᴛᴜsᴛᴜᴍ adest in urbe Mediolanensi castrum olim sub Austriaca ditione militum statiòni destinatum, nunc tantum ı anti-quitatis monumentum, et quod audit *Castello Sforzesco.* Dirutis ex munitionibus et vallo quae castrum sepiebat effecta est ad regionem occidentalem platea vulgo *del castello*, et horti publici (Parco) qui non longe absunt a statione ferrea. Via vero quae olim castrum ambiebat, dicta *via del Castello*, nunc appellatur *Foro Bonaparte.*

Ex recenti aedilitia ordinatione, novis inibi designatis viis, et sectis areis, uti et in aliis civitatibus contigit, etiam novae super-strui caeptae sunt domus. Notandum quod ex facta paroeciarum circumscriptione ann. 1787 sub imperatore austriaco Iosepho II, accedente etiam Archiepiscopi Mediolanensis consensu, castro conterminae ad dictam occidentalem regionem erant duae paroeciae, nempe paroecia Abbatialis S. Ambrosii et Praeposituralis S. Mariae ad Portam. Castrum vero cum adiacentibus et cum interna ecclesia SS. Sacramenti, exemptum a parochiali iurisdictione, pendebat a militum capellano, qui erat loco et vice parochi pro sacramentorum administratione.

Quaestio igitur in praesens vertitur inter duos supradictos

parochos super pertinentia et adiudicatione novarum constructarum domorum, quae ad 25 ascendunt; quaeritur nempe utrum hae sint intra fines paroeciae S. Ambrosii vel potius sint obnoxiae iurisdictioni Praepositi parochi S. Mariae ad Portam.

Praepositus Abbas S. Ambrosii sibi eas tribuendas esse asserit veluti compensationem ob suae paroeciae dismembrationem factam decreto Curiae Archiepiscopalis diei 6 februarii 1890, qua fidelium numerus ad 8 tantum millia fuit reductus: e contra S. Mariae parochus eas sibi vindicat, quia castrum cum suis adnexis iam ab anno 1849 ab Archiepiscopo tunc tempore Romilli suae fuit adiudicatum paroeciae.

Interea ex parte Curiae Mediolanensis plura prodiere decreta super huiusmodi controversia, et quidem omnia favorabilia Abbati parocho S. Ambrosii. Primum decretum provisorium est an. 1890 sub die 15 decembris, confirmatum die 19 nov. 1892, quod respicit duas domos de novo extructas, quae assignatae fuere paroeciae S. Ambrosii. Hoc decretum die 27 eiusdem mensis mandatum fuit a Curia Oeconomo spirituali S. Mariae ad Portam, cum paroecia tunc vacans esset.

Progressu vero temporis aliae excitatae sunt domus, quae Paroeciae S. Ambrosii assignatae fuerunt reclamante tamen parocho S. Mariae ad Portam, qui H. S. C. recursum obtulit.

Quaestio agitata fuit in generalibus comitiis diei 17 februarii mox elapsi anni, et dimissa fuit per responsum " *Dilata* „. Deinde H. S. C. rescripsit Emo Archiepiscopo Mediolanensi, ut ad aequam transactionem super respectivis praetensis iuribus ineundam tum Praepositum S. Ambrosii tum Praepositum S. Mariae ad Portam invitare curaret, sed cum proposita concordia incassum cessisset iterum quaestio diiudicanda proposita fuit.

Quaestio ita complexa est, ut, quin aliquid in eius expositione claritati detrahatur, longum requiratur spatium, quod contra, praesertim cum agatur de re omnino peculiari, nobis ob actorum colluviem denegatur, quare dubia responsaque tantum in commodum lectorum referimus:

I. " *An Decretum Curiae Archiepiscopalis Mediolanensis diei 19 novembris 1892 substineatur in casu* „.

II. " *An sit locus favore paroeciae S. Mariae ad Portam vindi-*

rationi domus assignatae per Decretum diei 23 aprilis 1895 paroeciae S. Ambrosii in casu „.

Hisce dubiis Emi Patres respondere censuerunt:

Ad 1 " *.Negative „.*

Ad 2 " *Ad mentem, patefaciendam per epistolam Archiepiscopo scribendam „.*

V. — LARINEN. — PRIVATIONIS PAROECIAE *(reservata).*

R " *Servetur compositio iuxta modum et ad mentem „.*

VI. — COMPOSTELLANA. — POSTULATI CIRCA SIMONIAM IN BENEFICIIS.

R. " *Ad mentem „.*

VII. — TURONEN. — SOLUTIONIS *(reservata).*

R. Ad 1 " *Non satis constare „.*

Ad 2 " *Provisum in primo „.*

SS. RITUUM CONGREGATIO

I. — TARBIEN.

Circa Lectiones I Nocturni, et circa Missam exequialem in Feria IV Cinerum.

Rᴹᵁˢ dñus Franciscus Xaverius Schoepfer, Episcopus Tarbiensis, a Sacrorum Rituum Congregatione sequentium dubiorum, solutionem reverenter expostulavit; nimirum:

I. Decreto n. 3923 diei 30 Iunii 1896 *Plurium dioecesium,* praecipiente Lectionem de Scriptura occurrente in duplicibus infra II classem, excipiuntur tamen Lectiones, quae « iam approbatae fuerunt, vel in Breviario habentur pro duplicibus seu maioribus, seu etiam minoribus ». Quaeritur: utrum ea exceptione comprehendantur non tantum eae peculiares Lectiones, quae certis quibusdam Sanctis assignantur et integre inseruntur in Breviario sicut et in Proprio dioecesano, sed etiam eae omnes, quae assignantur de Communi, et in praedictis Breviario et Proprio tantummodo indicantur, Rubrica ad eas remittente; sicut v. g. in festo S. Dominici die 4 Augusti indicantur pro I Nocturno Lectiones *Beatus vir* etc. de Communi Conf. non Pontif. 2.º loco; sicut etiam v. g. in festo S. Fausti (in Proprio Provinciae Auxitanae ad 28 Septembris) remittitur, pro clero Tarbiensi, ad Lectiones *Fidelis sermo ?*

II. Utrum feria IV Cinerum in ecclesiis parochialibus ubi unicus est sacerdos, celebrari possit Missa exequialis ?

Et Sacra eadem Congregatio, referente subscripto Secretario, audito etiam voto Commissionis Liturgicae, reque mature perpensa, respondendum censuit:

Ad I et II. *Affirmative.*

Atque ita rescripsit, die 5 Iulii 1901 ([1]).

D. Card. FERRATA, *Praefectus.*

L. ✠ S.

† D. Panici, Archiep. Laodicen., *Secretarius.*

II. — DECRETUM
De usu linguae slavonicae in sacra liturgia ([2]).

A CRES de liturgico palaeoslavi seu glagolitici sermonis usu con. troversias, quae diu iam in provinciis Goritiensi, Iadrensi et Zagabriensi dioeceses plures commoverunt, compositas atque adeo

([1]) Hoc decretum nuper in lucem prodit.

([2]) **Nota.** — Neminem latet gravitas huius Decreti quod nuper dedit SS. Rituum Congregatio ad dirimendas acres de liturgico palaeoslavi seu glago litici sermonis usu. Iamdiu hae controversiae commoverunt praesertim provincias Goritiensem, Iadrensem et Zagabriensem; neque satis efficacia videntur fuisse non paucae hortationes, litterae et decreta data sive a S. Congregatione Negotiis Ecclesiasticis Extraordinariis praeposita sive a SS. Rituum Congregatione. Idcirco nunc haec eadem S. Congregatio novum dat decretum, ut ita dicam, peremptorium, spe freta fore ut nulla amplius controversia et dubium in posterum oriatur. Opportunum itaque ducimus heic praecipua referre acta quae ad hoc peculiarissimum argumentum se referunt:

I. — 3768. — RESOLUTIONES SS. RITUUM CONGREGATIONIS CIRCA USUM LINGUAE SLAVICAE.

Nonnulla dubia super usu linguae palaeoslavicae in sacra liturgia Sacrae Rituum Congregationi pro opportuna declaratione nuper exhibita sunt. Quum vero Sacra eadem Congregatio circa istud sane grave negocium iam. pridem suum studium impenderit, ut quaedam normae R.mis locorum Or· dinariis hàc in re traderentur, tandem in ordinario Coetu die 13 Februarii

sublatas omnino esse oportuit, post ea quae Sacrum hoc Consilium
itemque illud extraordinariis Ecclesiae negotiis praepositum, Pontificis Maximi nomine et auctoritate, decreverat. Sed tamen nondum

1892 coadunato, post maturum examen attentisque praescriptionibus S. Sedis ac potissimum Apostolica Constitutione *Ex pastorali munere* Summi
Pontificis Benedicti XIV, diei 26 Augusti 1754, insequentes resolutiones
edicere censuit, nimirum:

I. « In Functionibus liturgicis lingua slavica, ubi legitime in usu est,
debet esse antiqua slavica, non moderna sive vulgaris ».

II. « Non licet Missam legere vel cantare utendo partim lingua latina, partim slavica; sed permitti potest, ubi lingua slavica invaluit, ut cantatis latino sermone Epistola et Evangelio, utrumque canatur etiam lingua
palaeoslavica ».

III. « Sacerdotes, qui ius habent Missas celebrandi et Horas persolvendi lingua slavica, debent non solum uti lingua slavica liturgica, sed
etiam, si addicti sunt Ecclesiae, ubi lingua latina adhibetur, Missam solemnem latine celebrare et Horas latino sermone cantare. Idem dicatur de Sacerdotibus, qui, latine Missam celebrantes et Horas persolventes, ministrant
Ecclesiae ubi slavica lingua legitime introducta est ». Die 13 Februarii 1892.

II. – 3999. — SACRAE RITUUM CONGREGATIONIS AD ARCHIEPISCOPOS,
EPISCOPOS ET ORDINARIOS PROVINCIARUM GORITIEN., IADREN. ET ZA-
GABRIEN.

Litterae de usu linguae slavicae in sacra liturgia.

Quae praecipue observanda sunt, vel cavenda, circa usum palaeoslavici
idiomatis in sacra liturgia, Sacra haec Congregatio iam edixit die 13 Februarii 1892; atque iis opportune significavit Slavorum Meridionalium Episcopis, qui ecclesiis praesunt ubi eiusmodi praxis invaluit. Quum vero, hac
super re, Apostolicae Sedi nova proposita sint dubia, SSMUS D. N. LEO
DIV. PROV. PAPA XIII, pro sua erga Slavos paterna sollicitudine, ad praedictas normas enucleandas et firmandas, omnemque removendam perplexi-
tatem, grave hoc negotium peculiaris coetus S. R. E. Cardinalium examini
submitti iussit.

Re igitur in omnibus mature perpensa, attentisque Summorum Pontificum Constitutionibus et Decretis, praesertim Innocentii IV qui Episcopis
Senien., a. 1248, et Veglen., a. 1252, slavica utendi lingua concessit *licentiam,
in illis dumtaxat partibus ubi de consuetudine observantur praemissa, dummodo
ex ipsius varietate literae sententia non laedatur;* item Urbani VIII cuius
iussu a. 1631 libri liturgici glagolitice editi sunt, *ad usum ecclesiarum ubi
hactenus praefato idiomate celebratum fuit, nisi maluerint latino;* nec non Benedicti XIV qui novam ipsorum librorum editionem, a. 1754 authenticam
declaravit, pro iis *qui ritum slavo-latinum profitentur;* ac demum Pii VI
qui a. 1791 Breviarium eius auspiciis denuo impressum recognovit, iidem

ipsas conquievisse dolendum est; siquidem hic sermo etiamnunc multifariam contra praescriptum usurpatur in perfunctione sacrorum; id quod non modo magnam affert et admirationem et offensionem

E.mi Patres eas quae sequuntur regulas statuerunt, illasque SANCTITAS SUA ratas habuit, adprobavit et in posterum ab omnibus inviolate servari man-davit:

I. Usus palaeoslavicae linguae in sacra liturgia considerari et haberi debet velut *reale* privilegium certis inhaerens ecclesiis, minime vero ad instar privilegii *personalis*, quod nonnullis sacerdotibus competat.

Episcoporum igitur officii munus erit, in unaquaque dioecesi quam pri-mum conficere indicem seu catalogum ecclesiarum omnium et singularum, quas certo constet, in praesens ea concessione rite potiri.

Ad dubia porro amovenda, asserti privilegii probatio desumatur ex documentis ac testimoniis quae in tuto ponant et probe demonstrent illud invaluisse et reapse vigere triginta saltem abhinc annis; quod temporis spatium in re praesenti tamquam sufficiens habetur ex indulgentia speciali Sanctae Sedis.

Si quae deinceps controversiae aut difficultates in eiusmodi probatio-num negotio oriantur, illas Episcopi Sacrae Rituum Congregationi subii-ciant, rerum adiuncta explicate et distincte exponendo pro singulorum ca-suum solutione.

II. Praedicto ecclesiarum privilegiatarum indice semel confecto et pu-blicato, nulli prorsus licebit, in aliis ecclesiis, quacumque ratione vel quovis praetextu, linguam palaeoslavicam in sacram liturgiam inducere: si quid vero secus aut contra contigerit attentari, istiusmodi ausus severa coerci-tione reprimantur.

III. In ecclesiis quae supra memorato gaudent privilegio, Sacrum fa-cere et Officium persolvere publica et solemni ratione, permissum exclu-sive erit palaeoslavico idiomate, quacumque seclusa alterius linguae im-mixtione. Libri ad Sacra et ad Officium adhibendi characteribus glagoliticis sint excusi atque ab Apostolica Sede recogniti et adprobati: alii quicumque libri liturgici. vel alio impressi charactere, vel absque approbatione Sanctae Sedis, vetiti omnino sint et interdicti.

IV. Ubicumque populus sacerdoti celebranti respondere solet, aut non-nullas Missae partes canere, id etiam nonnisi lingua palaeoslavica, in ec-clesiis privilegiatis fieri licebit. Idque ut facilius evadat, poterit Ordinarius fidelibus exclusive permittere usum manualis libri latinis characteribus, loco glagoliticorum exarati.

V. In praefatis ecclesiis quae concessione linguae palaeoslavicae indu-bitanter fruuntur, Rituale slavico idiomate impressum adhiberi poterit in sacramentorum et sacramentalium administratione, dummodo illud fuerit ab Apostolica Sede recognitum et probatum.

VI. Sedulo curent Episcopi in suis Seminariis studium provehere cum

pietati publicae, verum, cum gravi etiam caritatis pacisque christianae detrimento, Christi fideles, vel intra domesticos parietes, ho-
stiles facit.

latinae linguae, tum palaeoslavicae, ita ut cuique dioecesi necessarii sacerdotes praesto sint ad ministerium in utroque idiomate.

VII. Episcoporum officium erit, ante Ordinationem sacram, designare
clericos qui latinis vel qui palaeoslavicis ecclesiis destinentur, explorata in
antecessum promovendorum voluntate et dispositione, nisi aliud exigat ecclesiae necessitas.

VIII. Si qui sacerdos, addictus ecclesiae ubi latina adhibetur lingua,
alteri debeat ecclesiae inservire quae palaeoslavici fruitur idiomatis privilegio, Missam solemnem ibi celebrare, Horasque canere tenebitur lingua
palaeoslavica; attamen illi fas erit privatim Sacra peragere et Horas canonicas persolvere latina lingua.

Idem vicissim dicatur de sacerdote, palaeoslavici idiomatis ecclesiae
adscripto, cui forte latinae ecclesiae deservire contigerit.

IX. Licebit pariter sacerdotibus latini eloquii ecclesiae inscriptis, in
aliena ecclesia quae privilegio linguae palaeoslavicae potitur, Missam privatam celebrare latino idiomate.

Vicissim sacerdotes, linguae palaeoslavicae ecclesiis addicti, eodem
idiomate Sacrum privatim facere poterunt in ecclesiis ubi latina lingua
adhibetur.

X. Ubi usus invaluit in Missa solemni Epistolam et Evangelium slavice canendi, post eorumdem cantum latino ecclesiae ipsius idiomate absolutum, huiusmodi praxis servari poterit, dummodo adhibeatur lingua palaeoslavica. In Missis autem parochialibus fas erit, post Evangelii recitationem, illud perlegere vulgari idiomate, ad pastoralem fidelium instructionem.

XI. Si forte, in paroeciis quae linguam habent palaeoslavicam, aliquis
e fidelibus prolem renuat sacro sistere fonti nisi Rituali latino baptismus
conferatur; vel si qui matrimonium recusent celebrare nisi latina lingua sacer absolvatur ritus, Parochus opportune illos instruat, moneatque; et si
adhuc in propria sententia persistant, baptismum, aut benedictionem nu-
ptialem privatim latina lingua ministret.

Vicissim agatur, in paroecia latinae linguae, si quis slavico idiomate
ritus praedictos omnino peragi similiter exigat.

XII. In praedicatione verbi Dei, aliisve cultus actionibus quae stricte
liturgicae non sunt, lingua slavica vulgaris adhiberi permittitur ad fidelium
commodum et utilitatem, servatis tamen generalibus Decretis huius S. Rituum Congregationis.

XIII. Episcopi illarum regionum ubi eadem in usu est lingua vernacula, studeant uniformi curandae versioni precum et hymnorum quibus populus indulget in propria ecclesia, ad hoc ut qui ex una ad aliam transeunt

Tanta obtemperationis debitae oblivio quantae sit aegritudini SSmo D. N. Pio PP. X, facile aestimari potest; Isque, Apostolici officii sui esse intelligens, huiusmodi controversiis imponere finem,

dioecesim vel paroeciam in nullam offendant precationum aut canticorum diversitatem.

XIV. Pii libri in quibus continetur versio vulgata liturgicarum precum ad usum tantummodo privatum christifidelium, ab Episcopis rite recogniti ·sint et approbati.

Datum Romae, ex Secretaria SS. Rituum Congregationis die v Augusti anno MDCCCXCVIII.

C. Card. MAZZELLA, S. R. C. *Praefectus.*

D. Panici, S. R. C. *Secretarius.*

III. — DECLARATIO ART. I. LITTERARUM SACRAE RITUUM CONGREGATIONIS DIEI 5 AUGUSTI 1898

DUBIUM

Circa interpretationem art. 1. Decreti N. 3999 seu Litterarum Sacrorum Rituum Congregationis diei 5 Augusti 1898, *de usu linguae Slavicae in sacra liturgia*, sequens dubium, pro opportuna declaratione, Apostolicae Sedi suppliciter propositum fuit, nimirum :

Utrum privilegium linguae palaeoslavicae extinctum fuerit ob interruptum usum eiusdem linguae, intra postremos triginta annos, in illis etiam ecclesiis de quibus certo constat eas antea fuisse in legitima eiusdem linguae possessione?

Sanctissimus Dominus Noster LEO PAPA XIII, attentis expositis, ex consulto eiusdem Sacrae Congregationis cuius examini hoc negotium commissum fuerat declarare dignatus est « praefatis ecclesiis privilegium ex- « tinctum non fuisse, si usus linguae palaeoslavicae intra postremos triginta « annos intermissus fuerit non voluntarie, sed ex necessitate ob externas cau- « sas impedientes, velut ex deficientia palaeoslavorum Missalium aut Sa- « cerdotum eiusdem linguae peritorum ».

Atque ita rescribi et declarari mandavit, ceteris praefati decreti, seu Litterarum diei 5 Augusti 1898, praescriptionibus in suo robore permanentibus.

Die 14 Augusti 1900.

IV. — DECRETUM SEU LITTERAE SS. RR. CONGREGATIONIS AD ARCHIEPI-SCOPOS, EPISCOPOS ET ORDINARIOS PROVINCIARUM GORITIEN., IADREN. ET ZAGABRIEN.

Sanctissimus Dominus Noster Pius Papa X praesens decretum seu litteras S. RR. Congregationis ad RR.mos Dominos Archiepiscopos, Episcopos, et Ordinarios Provinciarum Goritien., Iadren. et Zagabrien. expediri mandavit, ut eiusdem innotescant quae de usu linguae palaeoslavicae in sacra liturgia ab eadem S. Congregatione, in Comitiis die 3 huius mensis ad

nuper huic Sacrae Congregationi mandavit, ut, datis ad Rmos Archiepiscopos, Episcopos et Ordinarios ceteros provinciarum memoratarum litteris, quaecumque Decreto diei 5 Augusti 1898 aliisque deinceps praescripta fuissent, omnia, nonnullis opportune mutatis, revocaret, eaque sancte inviolateque, onerata ipsorum Antistitum conscientia, observari iuberet.

Vaticanum habitis decreta, et die 4 subsequenti ab ipso SS.mo Domino Nostro approbata fuerunt nimirum:

Documenta recentiora sive ab ecclesiasticis sive a laicis praesertim Spalatensis dioeceseos, Apostolicae Sedis iudicio subiecta, ut linguae palaeoslavicae usus liturgicus extra limites iuris amplificetur, mature et diligenter expensa sunt. Quum vere nihil fere novi repertum sit quod antea non fuerat plus minusve deductum atque discussum, inde fit ut eadem rationum momenta quae Apostolicam Sedem moverunt ad quasdam normas super praedicto usu linguae palaeoslavicae stabiliendas per decreta S.R.C. 13 Februarii 1892 et 5 Augusti 1898 cum declarationibus 14 Augusti 1900 et 14 Martii 1902, nunc etiam inducant ipsam S. Sedem ad haec omnia sarta, tecta, tuenda atque in suo robore confirmanda. Eo vel magis quod decretum praecipuum d. d. 5 Augusti 1891 libenter exceptum, habendum quoque sit uti speciale Indultum linguae palaeoslavicae favens in regionibus croaticis, atque obiectiones nuper allatae, a simplici facti questione ortae agnoscantur, nempe ex eo quod nulla vel fere nulla Ecclesia Spalatensis dioeceseos praefato Indulto, uti fertur, comprehensa sit. Hanc autem quaestionem et ceteras eiusdem generis hic sacer ordo benevolo et aequo animo, si forte ad Ipsum rite deferantur, in examen vocare ac dirimere paratus est, ad normam enunciati decreti 5 Augusti 1898. Interea temporis quaevis partium agitationes ac motus qui ad Apostolicae Sedis iudicium praevertendum vergant penitus improbantur.

Itaque eadem Sanctitas Sua bono et quieti croaticae regionis, pro sua suprema sollicitudine pastorali consulere volens, vehementer optat ut praelaudati SS. Antistites in unum locum conveniant collatisque consiliis ac studiis una eademque qua par est agendi ratione, praefata SS. RR. Congregationis decreta in propriis dioecesibus fideliter exequi curent. Ubi autem opus fuerit non desint expresse prohibere quaslibet manifestationes cleri sive saecularis sive regularis eo intentas ut praedictarum App. Praescriptionum vim ac vigorem imminuant nec sinant aliquid in lucem edi de rebus liturgicis absque eorum licentia scripto apposita: facta quoque ab Ipso SS.mo Dño Nostro eisdem Archiepiscopis, Episcopis et Ordinariis speciali potestate coercendi contumaces etiam religiosos poenis a iure sancitis. Tandem opere praetium est ut, in enunciato conventu ipsi SS. Antistites communem epistolam exarare fidelibusque sibi commissis dirigere satagant, qua explicate et distincte illos instruant super statu praesentis quaestionis, eosque suavi quadam firmitate magnopere hortentur ut cum quiete et tranquilli-

Primum igitur, quum eo ipso Decreto cautum fuerit, ut Ordinarii singuli indicem conficerent atque exhiberent omnium suae dioecesis ecclesiarum, quas certum esset privilegio linguae glagoliticae in praesens uti; quumque ei praescriptioni satisfactum non sit, quippe talis index, licet studiose expetitus, desideratur tamen adhuc, eumdem Sacra haec Congregatio praecipit ut Ordinarii omnes intra mensem Iulium anni proximi Apostolicae Sedi exhibeant, his quidem legibus confectum:

ut eae dumtaxat ecclesiae, tamquam hoc privilegio auctae, notentur, in quibus non coniectura aliqua sed certis monumentis ac testibus constiterit, linguam glagoliticam ab anno 1868 ad praesens tempus sine intermissione in sacris peragendis adhibitam esse:

ut, eiusdem privilegii nomine, nullae istis adscribantur ecclesiae, ubi in solemnibus Missis latina lingua celebrandis Epistolam et Evangelium cantari glagolitice mos fuerit, eoque minus ubi ista sermone croatico vulgari canantur.

Praeterea, Sacra haec Congregatio, quae infrascripta sunt, approbante item Summo Pontifice, religiosissime observanda edicit:

I. Quandoquidem Apostolica Sedes de usu glagoliticae linguae liturgico opportunum factu censuit, certis terminare finibus quod olim indulserat, usus huiusmodi considerari et haberi ab omnibus debet ut privilegium *locale*, quibusdam adhaerens ecclesiis, minime vero ut *personale*, quod ad nonnullos Sacerdotes, qui palaeoslavicae dictionis periti sint, eam adhibere non poterunt, Sacrum facientes in ecclesia, quae hoc privilegio careat.

II. Semel confecto et publicato ecclesiarum privilegiatarum indice, nulli prorsus licebit in aliis ecclesiis, quacumque causa aut

tate obsequium atque obedientiam in Ap. Sedem et in Rom. Pontificem Christi in terris Vicarium, singulari perpetuoque studio servent et profiteantur.

Datum Romae ex Secretaria SS RR. Congregationis die 19 Septembris 1903.

Ita reperitur in Actis et Registris eiusdem Secretariae, praedicta die 16 Septembris 1903.

D. Panici Archiep. Laodicen., S. R. C. *Secret.*

L. ✠ S.

V. — Cf. Rescriptum eiusdem SS. Rituum C. in *Acta Pontificia* Vol. 4° pag. 68 *Tergestina et Iustinopolitana* die 3 Iunii 1904.

praetextu, linguam palaeoslavicam in sacram liturgiam inducere. Si quis vero, saecularis aut regularis Sacerdos, secus fecerit, aut id attentaverit, ipso facto a celebratione Missae ceterorumque sacrorum suspensus maneat, donec ab Apostolica Sede veniam impetrabit.

III. In ecclesiis, quae privilegio fruuntur, Sacrum facere et Officium persolvere publica et solemni ratione, permissum exclusive erit palaeoslavico idiomate, quacumque seclusa alterius linguae immixtione, salvis tamen praescriptis ad § XI huius Decreti. Libri autem ad Sacra et ad Officium adhibendi characteribus glagoliticis sint excusi atque ab Apostolica Sede recogniti et approbati: alii quicumque libri liturgici, vel alio impressi charactere, vel absque approbatione Sanctae Sedis, vetiti omnino sint et interdicti.

IV. Ubicumque populus Sacerdoti celebranti respondere solet, aut nonnullas Missae partes canere, id etiam nonnisi lingua palaeoslavica, in Ecclesiis privilegiatis fieri licebit. Idque ut facilius evadat, poterit Ordinarius, fidelibus exclusive, permittere usum manualis libri latinis characteribus, loco glagoliticorum, exarati.

V. In praefatis ecclesiis, quae concessione linguae palaeoslavicae indubitanter fruuntur, Rituale, slavico idiomate impressum, adhiberi poterit in Sacramentorum administratione, dummodo illud fuerit ab Apostolica Sede recognitum et approbatum.

VI. Sedulo curent Episcopi in suis Seminariis studium provehere cum latinae linguae, tum palaeoslavicae, ita ut cuique dioecesi necessarii Sacerdotes praesto sint ad ministerium in utroque idiomate.

VII. Episcoporum officium erit, ante Ordinationem sacram, designare Clericos, qui latinis vel qui palaeoslavicis ecclesiis destinentur, explorata in antecessum promovendorum voluntate et dispositione, nisi aliud exigat Ecclesiae necessitas.

VIII. Si quis Sacerdos, addictus ecclesiae, ubi latina adhibetur lingua, alteri debeat ecclesiae inservire, quae palaeoslavici fruitur idiomatis privilegio, Missam solemnem ibi celebrare Horasque canere tenebitur lingua palaeoslavica: attamen illi fas erit privatim Sacra peragere et Horas canonicas persolvere latina lingua.

Sacerdos vero, palaeoslavici idiomatis ecclesiae adscriptus, cui forte latinae ecclesiae deservire contigerit, non solemnem tantummodo, sed privatam etiam Missam celebrare itemque Horas canere tenebitur latina lingua; relicta illi solum facultate Officium privatim persolvendi glagolitice.

IX. Licebit pariter Sacerdotibus, latini eloquii ecclesiae inscriptis, in aliena ecclesia, quae privilegio linguae palaeoslavicae potitur, Missam privatam celebrare latino idiomate. Sacerdotes vero, linguae palaeoslavicae ecclesiis addicti, eodem hoc idiomate ne privatum quidem Sacrum facere poterunt in ecclesiis, ubi latina lingua adhibetur.

X. Ubi usus invaluit in Missa solemni Epistolam et Evangelium slavice canendi, post eorundem cantum latino ecclesiae ipsius idiomate absolutum, huiusmodi praxis servari poterit. In Missis autem parochialibus fas erit post Evangelii recitationem illud perlegere vulgari idiomate, ad pastoralem fidelium instructionem.

XI. In ipsis paroeciis, ubi viget linguae palaeoslavicae privilegium, si quis fidelis ostenderit se cupere aut velle, ut Baptismus vel sacramenta cetera, Matrimonio non excepto, sibi suisve administrentur secundum Rituale Romanum latinum, et quidem publice, eademque lingua habeantur rituales preces in sepultura mortuorum, huic desiderio aut voluntati districte prohibentur Sacerdotes ullo pacto obsistere.

XII. In praedicatione verbi Dei, aliisve cultus actionibus quae stricte liturgicae non sunt, lingua slavica vulgaris adhiberi permittitur ad fidelium commodum et utilitatem, servatis tamen Generalibus Decretis huius Sacrae Rituum Congregationis.

XIII. Episcopi illarum regionum, ubi eadem in usu est lingua vernacula, studeant uniformi curandae versioni precum et hymnorum, quibus populus indulget in propria ecclesia: ad hoc ut qui ex una ad aliam transeunt dioecesim vel paroeciam, in nullam offendant precationum aut canticorum diversitatem.

XIV. Pii libri, in quibus continetur versio vulgata liturgicarum precum, *ad usum tantummodo privatum Christifidelium*, ab Episcopis rite recogniti sint et approbati.

Datum Romae, ex Secretaria Sacrorum Rituum Congregationis, die 18 Decembris anno 1906.

L. ✠ S.

Seraphinus Card. Cretoni,
S. R. C. Praefectus.

† Diomedes Panici, Archiep. Laodicen.,
S. R. C. Secretarius.

S. CONGREGATIO INDULGENTIARUM ET SS. RELIQUIARUM

I. — Indulgentia conceditur recitantibus precem « O Madre di Misericordia » in honorem B. M. V. a Providentia.

PREGHIERA

Ò Madre di misericordia, aiuto dei Cristiani, ministra fedelissima della Divina Provvidenza, tesoriera di tutte le grazie, ricordatevi non essersi mai inteso al mondo che abbiate lasciato senza consolazione coloro che a voi devotamente ricorsero. Onde io, confidando nelle viscere della vostra pietà e nella liberalissima vostra provvidenza mi prostro umilmente ai vostri piedi affinchè vogliate ascoltare le mie orazioni.

Ottenetemi Voi la santa provvidenza, ossia le grazie in tutti i miei spirituali bisogni, e quella provvidenza inoltre temporale, necessaria per tirare innanzi la vita in questa valle di pianto.

Raccomando fervorosamente al vostro cuore amoroso e materno la santa Chiesa, il Sommo Pontefice, la conversione delle anime, la propagazione della fede cattolica, nonchè le Spose elette del Signore che soffrono nelle atroci fiamme del Purgatorio, affinchè vengano tosto consolate coll'eterno refrigerio. Così sia.

A quanti reciteranno questa preghiera è accordata per una volta al giorno l'Indulgenza di 300 giorni (*).

PIUS PP. X.

Praesentis Rescripti authenticum exemplar exhibitum fuit Secretariae S. C. Indulgentiis Sacrisque Reliquiis praepositae.

In quorum fidem, etc.

Datum Romae ex eadem Secretaria, die 19 Decembris 1906.

† D. Panici, Archiep. Laodicen., *Secret.*

(*) Recitantibus hanc precem conceditur semel in die indulgentia tercentum dierum.

II. — Oratio ad B. Virginem Mariam « Maria Mater Miseri-cordiae », quam in suis Ecclesiis recitare solent Filiae Cordis Iesu, indulgentiis ditatur.

MARIA Mater Misericordiae, *Mater et Filia illius qui Pater est Misericordiarum et Deus totius consolationis* ([1]), *Dispensatrix thesaurorum Filii tui* ([2]), *Ministra Dei* ([3]), *Mater Summi Sacerdotis Christi*, *Sacerdos pariter et Altare* ([4]), *Sacrarium immaculatum Verbi Dei* ([5]), *Magistra Apostolorum omnium et Discipulorum Christi* ([6]); protege Pontificem Maximum, intercede pro Nobis et pro Sacerdotibus nostris, ut Summus Sacerdos Christus Iesus conscientias nostras purificet, et digne ac pie ad sacrum convivium suum accedamus.

O Virgo Immaculata, quae non modo *dedisti nobis panem coelestem Christum in remissionem peccatorum* ([7]), sed es Tu ipsa *Hostia acceptissima Deo litata* ([8]), *et gloria sacerdotum* ([9]), quaeque, teste Beatissimo famulo tuo S. Antonino, *quamvis sacramentum Ordinis non acceperis, quidquid tamen dignitatis et gratiae in ipso confertur, de hoc plena fuisti;* unde merito *Virgo Sacerdos* ([10]) praedicaris; respice super nos et super Sacerdotes Filii tui, salva nos, purifica nos, sanctifica nos, ut ineffabiles sacramentorum thesauros sancte suscipiamus et aeternam animarum nostrarum salutem consequi mereamur. Amen.

Mater Misericordiae, ora pro nobis,

Mater aeterni Sacerdotis Christi Iesu, ora pro nobis.

Regina cleri, ora pro nobis.

Maria Virgo Sacerdos, ora pro nobis.

Trecentos dies Indulgentiae acquirat quisque pie ac devote hunc orationem recitaverit.

Die 9 Maii an. 1906.

PIUS PP. X.

Praesentis Rescripti authenticum exemplar exhibitum fuit huic S. C. Indulgentiis Sacrisque Reliquiis praepositae.

In quorum fidem.

Datum Romae e Secretaria eiusdem S. C. die 9 Ianuarii 1907.

L. ✠ S.

† D. Panici, Archiep. Laodicen., *Secret.*

([1]) RICH. A S. LAUR. — ([2]) S. BERNARDINUS. — ([3]) BERN. DE BUSTO. — ([4]) S. EPIPHANIUS. — ([5]) S. BLOSIUS. — ([6]) S. THOMAS A VILLANOVA. — ([7]) S. EPIPHANIUS. — ([8]) S. ANDREAS CRETENSIS. — ([9]) S. EPHREM. — ([10]) Breve diei 25 Augusti 1873 S. P. Pii IX.

VICARIATUS URBIS

Decretum quo approbantur leges Ven. Archisodalitatis Doctrinae Christianae.

Q uam provido studio SSmus D. N. Pius PP. X curaverit, ut, in tanta rerum divinarum ignoratione christianae doctrinae praeceptio vigeat, aut sicubi fuerit neglecta restituatur, plane declarant Encyclicae Litterae ad sacros universi terrarum orbis Antistites datae die xv mensis Aprilis an. MDCCCCV, quibus initium *Acerbo nimis* ([1]). In iis inter alia prescriptum est, ut « in omnibus et singulis paroeciis consociatio canonice constituatur, cui vulgo nomen *Congregatio Doctrinae Christianae* ». Huiusmodi autem sodalitatum prin cipem a sa. me. Paulo V in Urbe institutam temperare novisque rerum adiunctis aptare volens idem SSmus D. N. Pius Constitutiones edidit eiusdem Ven. Archisodalitatis Doctrinae Christianae a se reformatas et approbatas Apostolicis Litteris in forma Brevis dei v mensis Decembris an. MDCCCCV ([2]). In iis Constitutionibus, tit. III, n. xxiii haec leguntur: Ad efficacius exequenda superius praescripta et ad propositum finem facilius assequendum, lex ab Archisodalitate proponetur, vim habitura postquam Cardinali vice sacra Urbis Antistiti fuerit probata ». Nos itaque supremae Pontificis voluntati morem gerentes, uti decet, nihilque magis pensi habentes, quam ut per ordinatum regimen Venerabilis Archisodalitatis romanae, ceterae id genus minores consociationes incrementa et robur accipiant, exarandas leges ,virorum coetui commisimus, qui ipsi Archisodalitati praeest. Quas leges iudicio Nostro subiectas ac diligenter expensas quum proposito fini congruere censuerimus, propositam eam totam Regulam vi titulis ac LXXIX capitibus distinctam et comprehensam, auctoritate Nostra ordinaria approbamus, edicentes ut singula eius legis praescripta ab omnibus, ad quos pertinuerint, integre sancteque serventur.

Datum Romae ex aedibus Vicariatus, die vii Novembris MDCCCCVI.

PETRUS RESPIGHI, Card. Vicarius.

L ☩ S.

Franciscus Faberi, *Secretarius.*

---

[1] Cf. *Acta Pontificia* vol. 3, pag. 45.
[2] Cf. „ ,, „ 4. „ 305.

THEOLOGIAE PASTORALIS EXCERPTA

PARS TERTIA

De pastorali regimine.

Notatio praevia. De regio Christi et Ecclesiae munere.

Salutis divinitus missae opus quod Iesus magister coepit et qualis summus sacerdos perfecit, in ipso a se fundato regno — Ecclesia — usque ex suo regio munere custodit, tuetur, ducit per animarum pastores; qui inde huiusmodi Christi Iesu munere funguntur christianam ita moderando communitatem ut crediti sibi fideles studiose custodiantur et horum unusquisque ad veritatem, per doctrinae ministerium adipiscendam, divina sacerdotalis officii gratia fovente, adducantur et omnes, per vitam Deo gratam, aeternam tandem assequantur salutem. Duplex inde in pastoris regimine officium: *a)* communitatis custodia et *b)* eiusdem moderatio.

CAPUT I. — De pastorali communitatis custodia.

§ 1. — *De pastoralis custodiae fine.*

Id omne quo pastoralis custodia tendit prophetae verbis designatur qui " ecce „ inquit, " constitui te hodie super gentes et super regna ut evellas et destruas et disperdas et dissipes et aedifices et plantes „ (Ier. 1, 10). Cuncta igitur mala quae in communitatem irrepserint evellat, a corruptelae causis restituat, salutis impedimenta removeat, bona ponat foveatque.

A) Quodcumque igitur salutis impedimentum pastor qualis communitatis custos submoveat, corruptelae fontes aut subducat aut salutem ut quam minimum noceant efficiat. *B)* Bona malave, quae in parochia existunt, ad salutem vertat. *C)* Omnes denique salutis fontes fidelibus aperiat et in eorumdem rem convertat.

§ 2. — *De salutis impedimentis.*

Malorum fontes tum in parochia, tum in ipso parocho inveniuntur.

I. Praecipua parochiae impedimenta sunt: 1°) gravis populi *ignorantia* in iis quae tum ad poenitentiam pertinent, tum fidei doctrinam tangunt, tum denique suae cuiusque conditionis officia respiciunt. Ignorantiae huiusmodi perquam studiose pastor usque medeatur necesse est. Rudes mentes, quae personarum dignitatem despicientes quae extra sunt in divino servitio sibi sufficere putant, iisdem totae obsequuntur, precesque sine mente effundunt, aut nequaquam aut gravius ad coelestia tolluntur, nec malas animi voluptates castigandas esse percipiunt, nec " regnum Dei intra nos esse „, veramque tantum fidem — recte agendi normam — ad salutem adducere intelligunt. Hae ad aeterna oratione et studiosis sermonibus manu ducuntur. — 2°) *Corrupti mores,* contra quos preces tantum et poenitentia (Matth. xvii, 20) valent. 3°) *Iuvenum familiaritas* et diurna nocturnaque consuetudo contra parentes vel, his inconsultis, nullum serio matrimonium spectans, quae semper mala desideria, non raro inhonestos fovent actus. Huiusmodi furtivi amores corruptionis sentina ex se culpandi et improbandi, proxima sunt peccandi occasio. Usus etiam qui ex certa matrimonii voluntate cohonestantur, scientibus et consentientibus parentibus, experientia teste, si diuturni, proxima sunt peccandi pericula. Voluptatis enim stimulus et praesentia magis in dies auget periculum et animi cupiditas tandem extemplo animos ita obcaecat, ut conscientiae vox amplius non audiatur et optima oblivioni dentur proposita. Quibus transgressis finibus, " revocare gradum superasque evadere ad auras hoc opus, hic labor est „. Si igitur matrimonium longe serius ineundum sit aut difficili afficiatur impedimento, attente studeat parochus ne huiusmodi concilietur amicitia. In proximo etiam matrimonio partes serio et studiose moneantur ut Deum sibi adesse velint, a malo protribus caveant, solitudinem vitent. 4°) *Choreas* quia (et quatenus) periculis plenas quo maximo valet studio, salva prudentia, insectetur parochus per parentes, magistratus, etc.; iuvenes ea qua pollet auctoritate ab iisdem coerceat, ipsasque civitatis leges in rem suam convertat. 5°) *Utriusque sexus iuvenum conventus* aut tollat, aut sal-

tem per parentum custodiam quo minus noceant curet. 6°) *Theatra,*
quae potius intellectus cultui ex se tendunt morumque disciplinae,
fere semper impietatis et corruptionis sunt scholae ubi christiana
doctrina, religionis ministri, Ecclesia in contemptionem veniunt, foe-
diora vitia, ipsa adulteria nedum turpitudine sua nudantur, laudibus decorantur et imitanda proponuntur. 7°) *Dissidentes sensus,* nostris praesertim diebus, magis invalescentes, qui liberiorum iuvenum
animos, etiam ruri, a pastore alienant. Huiusmodi licentia, firma et
concorde pastorum opera, divina adiuvante gratia, intercluditur.
8°) *Qui in parochiam* (vel familias) *aliquid habent momenti* (magistratus, patres familias, magistri etc.) non cum pastore sed contra agen-
tes. 9°) Pro temporum denique et locorum adiunctis malas consuetudines, inimicitias, lites, concubinatus, neglectas res familiares, in
quibus intercipiuntur pecuniae, ludios et histriones, desultores, ob-
scenis expressa imaginibus epistolia prosequatur parochus. Cuius
est gravius officium ubi maius periculum, ut in grandioribus civitatibus, creditos sibi Christifideles, maturiores praesertim adolescentes, a praesenti defendere corruptela. Nulla hic certa norma,
sed concordes perseverantesque in hoc omnes pastores sint ut monitis fidei morumque pericula avertant. In pastorali ceterum privata
cura frequens providenti parochi studio singulos, in primis parentes, movendi datur occasio ut si filios ex toto non prohibeant, rarius tamen loca et potissimum theatra, quum ibi religionis sensus
et morum disciplina minus oppugnantur, adire sinant. Parentes praesertim, divina favente gratia, doctrina, suoque exemplo melius suos
natos a corruptela defendunt.

II. At perniciosores sunt: 1°) ipsi pastores, si qui forte sint, a
virtute discedentes, qui " modicae fidei „ inertes et imbecilles, qui
gravius inde pastoralibus fatigantur officiis: unde duritia quaedam
et torpor, superbia, obtrectationes et invidiae, hominum metus, partium studium etc. 2°) Pessimum tandem sacerdotum, qui honestatem deseruerint, exemplum.

IMPRIMATUR. — Fr. Albertus Lepidi O. P. S. P. A. Magister.
IMPRIMATUR. — Josephus Ceppetelli Patr. Constant. Vicesgerens.

ROMAE — EX TYPOGRAFIA PONTIFICIA INSTITUTI PII IX.

ACTA SUMMI PONTIFICIS

EPISTOLA

Pii Pp. X ad E.mum D. Card. Cassetta Patronum Sodalitatis
Hieronymianae Sacris Evangeliorum libris vulgandis.

PIUS PP. X

VENERABILIS FRATER NOSTER, SALUTEM ET APOSTOLICAM BENEDICTIONEM

Qui piam a Sancto Hieronymo Sodalitatem iam inde precatione
bona felicibusque auspiciis sumus prosecuti, quum Patriarcha-
tem Venetiarum administraremus Ecclesiam, nunc, nec tamen multos
post annos, ex Ecclesiae suprema sede singularem quamdam videmus voluptatem posse percipere, quod, brevi tempore, profectus
eamdem fecisse tantos fructusque tulisse tam uberes intelligamus.
Non enim Italiam modo, cuius in urbibus tria condita scimus, pro
fecundiore efficacitate rei, consociationis domicilia, sed etiam Americam Hieronymiana Sodalitas vulgatis Evangeliis pervasit, eo usque proferens libros, ubi italicam comperiret personantem linguam,
iis maxime adiuvandis qui ex Italia migrassent. Equidem exemplariorum ferme quingenta millia esse edita et opportuno iudicio dis-
seminata in vulgus, ista splendide commostrat res, socios operis
institisse negotium incredibili quodam studio, praegrandemque agendi
campum sodalitatem esse complexam. Mirum procul dubio facinus,
tantoque id magis si tenuia assequendae rei praesidia cogitentur:
iucundum etiam et fauste auspicatum, si propositum sodalitio bonum spectemus, opportunitatem nempe, facilitatemque multitudini
offerendam Evangelii perlegendi contemplandique, horum potissimum in necessitatibus temporum quando nimis, quam unquam alias,
ardentius lectioni opera datur, animis, ut plurimum, noxiae; frugiferum quoque et salubre, quum quidem ipsum per se, quippe vi
abundat divina rerum, Christi, id est, describenda vita, qua ad san-
ctitudinem morum nihil praestantius aut efficacius; tum vero ideo
praesertim quia magisterio Ecclesiae usui magno est, sive aptius
comparandis animis ad divina excipienda praeconia, sive iis defi-
gendis in memoria clariusque custodiendis, quae antea fuerint a
Curionibus de Evangelio explanata. Ad haec, non illud est in postremis eorumdem librorum beneficiis censendum, si quidem tem-

pora spectes, quod istis vulgandis legendisque, imago divinae vocis quaedam ad eos etiam pertingit, quibus, desperatione vitae aut odio aut errore occupatis, cum sacerdote necessitudo nulla est: magnum certe et peroptandum Nobis benefactum, libris posse, ubi per vocem non licet, mederi animis hominum, et perturbatas publice privatimque res documentis vitae Christi restituere. Iam, sollertia Nobis perspecta est et explorata, qua in munere obeundo suo sodalitas incumbit, proptereaque non e re esse arbitramur hortari socios et acuere, quo alacrius in incepto perstent. Hoc tamen, ad uberiora quotidie incrementa operis accuranda, ne fugiat : eam esse omnium utilissimam rem, quae tempori magis respondeat; eamque oportere duplicatis urgere viribus, quae brevi, adeo se, allatis bonis, probavit. Communem idcirco legendi Evangelii cupidinem, studio excitatam vestro, poscite progrediente exemplariorum vi non sine fructu exerenda unquam ; erit id ad eam etiam abolendam opinionem utile, Scripturis Sacris, vernacula lingua legendis repugnare Ecclesiam aut impedimenti quidpiam interponere. Quum autem illud maxime intersit, non modo hoc tale sodalitatis propositum prae ceteris persequi, quae alacritatem eius actuosam possint allicere, verum etiam viribus persequi nulla ratione disiectis, id quoque erit commodi factum, si in libris vulgandis qui Evangelia et Apostolorum acta continent satis esse amplam adlaborandi provinciam consociatio vestra positam putet. Perge tu igitur, Venerabilis Frater Noster, perge probatissimum Nobis opus auctoritate consilioque provehere; pergant sodales se ita operi addicere, quemadmodum addixere antea, id est, diligentia et studio summis. Omnia in Christo instaurare volentibus, nihil certe Nobis optatius quam ut id moris filii Nostri usurpent, Evangeliorum exemplaria non solum frequenti, sed quotidiana etiam lectione tenere, e quibus maxime addiscitur quo demum pacto omnia in Christo instaurari possint ac debeant. Auspicem divinorum munerum Nostraeque testem benevolentiae, Apostolicam Benedictionem tibi et sodalibus, iisque universis qui ferant consociationi opem, peramanter in Domino impertimus.

Datum Romae apud S. Petrum die xxi ianuarii anno MCMVII, Pontificatus Nostri quarto.

PIUS PP. X.

SECRETARIA STATUS

Epistola ad Praesidem XV conventus internationalis pro pace instauranda nuper Mediolani habiti.

Illustrissimo Signore,

Il riverente saluto direttogli da alcuni membri del Congresso Universale della Pace, il S. Padre rispose, per mezzo dell'Eminentissimo Cardinale Arcivescovo di Milano, con parole di simpatia, e queste sincere espressioni di un sentimento ben meritato provocarono il nobile indirizzo, che la S. V. Illustrissima ha testè fatto pervenire a Sua Santità in nome dell'importante Assemblea da lei presieduta in cotesta città nello scorso Settembre. Un tale omaggio è stato accolto da Sua Santità con vivo gradimento, perchè, più che alla Sua Persona, essendo diretto alla Suprema autorità di cui è rivestita, si viene con esso a riconoscere l'alto ministero di pace affidato da Dio al Capo della Chiesa cattolica.

La storia dimostra che i Papi furono sempre solleciti di adempiere un così fatto ministero, e l'attuale Pontefice fu lieto che sin dagli inizii del suo Pontificato gli si porgesse occasione di esercitarlo, accogliendo la domanda di far presiedere da un suo rappresentante il Consiglio arbitrale a cui tre Repubbliche Americane, nell'intento appunto di evitare la guerra, vollero sottoposte le reciproche loro contese. Di qui è facile immaginare l'interesse con cui il Santo Padre Pio X segue gli sforzi della Società internazionale della Pace ed il vivo desiderio che nutre di vederli coronati di felice successo. L'assicurazione di quell'interesse e di questo desiderio può accrescere lena al nobilissimo zelo da cui è animata la S. V. insieme ai suoi colleghi; laonde mi onoro di darla alle Signorie Loro chiara ed esplicita. L'Augusto Pontefice vi aggiunge anche l'augurio che sia debitamente apprezzato l'importante concetto da loro emesso, circa la convenienza di prevenire e stornare lo scoppio di una guerra, anzichè ridursi a moderarne gli orrori, quando non sia possibile evitarla.

Nel portare a conoscenza della S. V. gli alti sensi coi quali

piace a Sua Santità di corrispondere col cortese officio dei Delegati
al XV Congresso universale della Pace, colgo volentieri l'occasione
di dichiararmi con profonda stima,

Della S. V. Illma

Roma, 3 novembre 1906.

devmo

Card. MERRY DEL VAL.

SECRETARIA BREVIUM

**Ecclesia B. Mariae Virginis Gratiarum in Monte Sancto ad
dignitatem Basilicae minoris evehitur.**

PIUS PP. X.

AD PERPETUAM REI MEMORIAM.

IN sublimi Beati Petri Cathedra, ad quam licet immerentes evecti
sumus, nihil potius habemus, quam sacrarum aedium honor et
cultus magis magisque in dies augeatur. Cum vero a dilecto filio
Placido Fabiani Ministro Provinciae Sanctae Crucis Carniolae Ordinis Minorum supplices Nobis sint exhibitae preces, Antistitum
Goritiensis, Veglensis et Labacensis votis suffultae, ut templum,
quod in summo Sancto Monte prope Urbem Goritiensem Deiparae
Virgini Opiferae dicatum exstat, nova dignitate maioribusque privilegiis cohonestare velimus, Nos piis huiusmodi· optatis libenti
quidem animo censuimus obsecundandum. Idque Nobis persuasere
sive illius aedis vetustas, sive fidelium celebritas, qui illuc quotannis ingenti numero peregrinantes opem a Beata Maria Virgine
implorant, sive etiam privilegia et honores, quibus tum Romani
Pontifices Decessores Nostri, tum carissimi in Christo Filii Nostri
Austriae Imperatores et Apostolici Reges idem templum omni tempore ditarunt. Huc accedit quod istius ecclesiae inter celeberrimas
Austriacae Ditionis adscriptae, venerata Deiparae Virginis Imago
quae summa religione ibidem colitur iam inde ab anno MDCCXVII ex
decreto Capituli Vaticani aureo diademate ornata sit. Quibus de
causis omnes et singulos, quibus hae litterae Nostrae favent, a quibusvis ecclesiasticis sententiis, censuris et poenis, si quas forte incurrerint, huius tantum rei gratia absolventes et absolutos fore censentes, de Apostolica Nostra auctoritate praesentium vi memoratam

ecclesiam **Beatae Mariae Virginis** Gratiarum in Monte Sancto sitam prope Urbem Goritiam Basilicae Minoris titulo perpetuum in modum **augemus**, cunctis eidem honorificentiis ac privilegiis attributis quae Minoribus Almae Urbis Basilicis de iure competunt. Decernentes praesentes litteras firmas, validas, efficaces exsistere ac fore suosque **plenarios** et integros effectus sortiri atque obtinere, illisque ad quos **spectat** et in futurum spectabit in omnibus et per omnia plenissime **suffragari**, sicque per quoscumque iudices ordinarios et delegatos iudicari ac definiri debere, ac irritum et ˙inane, si secus super his a quoquam quavis auctoritate scienter vel ignoranter conigerit attentari. Non obstantibus contrariis quibuscumque.

Datum Romae apud S. Petrum sub annulo Piscatoris die xix novembris мсмvi, Pontificatus Nostri anno quarto.

L. ✠ S.

ALOIS. Card. MACCHI.

————— ⟩⊞⟨ —————

DECRETA SS. RR. CONGREGATIONUM
————— ◇✳◇ —————

S. CONGREGATIO S. OFFICII
———————

I. — DECRETUM

quo facultas sacerdotibus conceditur excipiendi in navi confessiones fidelium secum navigantium.

Feria IV, die 23 augusti 1905.

IN Congregatione generali S. R. et U. Inquisitionis Emi ac Rmi Dni decreverunt:

Sacerdotes quoscumque maritimum iter arripientes, dummodo vel a proprio Ordinario, ex cuius dioecesi discedunt, vel ab Ordinario portus in quo in navim conscendunt, vel etiam ab Ordinario portus cuiuslibet intermedii, per quem in itinere transeunt, sacramentales confessiones excipiendi, quia digni, scilicet, atque idonei recogniti ad tramitem Conc. Trident. *sess. XXIII, cap. XV de Ref.*, facultatem habeant vel obtineant; posse toto itinere maritimo durante, sed in navi tantum, quorumcumque fidelium secum navigantium confessiones excipere, quamvis inter ipsum iter navis transeat,

vel etiam aliquandiu consistat diversis in locis diversorum Ordinariorum iurisdictioni subiectis.

Sequenti vero feria V, die 24 eiusdem mensis et anni, SSḿus
D. N. Pius PP. X decretum Eḿorum PP. adprobavit.

I. Can. MANCINI, *S. R. et U. I. Notarius.*

II. — DECRETUM
quo sacerdotibus navigantibus conceditur facultas excipiendi in itinere confessiones etiam fidelium non navigantium.

Feria IV, die 12 decembris 1906.

IN Congregatione generali S. R. et U. Inquisitionis Eḿi ac Rḿi
Dñi decreverunt:

Supplicandum SSḿo ut concedere dignetur sacerdotes navigan-
tes, de quibus supra, quoties, durante itinere, navis consistat, confessiones excipere posse tum fidelium qui quavis ex causa ad navem
accedant, tum eorum qui, ipsis forte in terram obiter descendentibus,
confiteri petant eosque valide ac licite absolvere posse etiam a casibus Ordinario loci forte reservatis, dummodo tamen — quod ad
secundum casum spectat — nullus in loco vel unicus tantum sit sacerdos adprobatus et facile loci Ordinarius adiri nequeat.

Sequenti vero feria V, die 13 eiusdem mensis et anni, SSḿus
D. N. Pius PP. X annuit pro gratia iuxta Eḿorum Patrum suffragia.

PETRUS PALOMBELLI, *S. R. et U. I. Notarius.*

III. — DECRETUM
super dispensatione ab irregularitate ex defectu natalium ob haeresim parentum.

Feria IV, die 5 decembris 1906.

IN Congregatione generali S. R. et U. Inquisitionis Eḿi ac Rmi
Dñi decreverunt:

Dispensationem super irregularitate, ex defectu natalium ob
haeresim parentum semel concessam ad suscipiendam tonsuram et
Ordines minores, valere etiam ad suscipiendos Ordines maiores.

Sequenti vero feria V, die 6 eiusdem mensis et anni, SSḿus
D. N. Pius PP. X decretum Eḿorum Patrum adprobavit.

PETRUS PALOMBELLI, *S. R. et U. I. Notarius.*

IV. — DUBIUM
super observantia festorum in locis Missionum.

Feria IV, die 12 decembris 1906.

I<small>N</small> Congregatione generali S. R. et U. Inquisitionis, proposito dubio a S. Congregatione de Propaganda Fide: *utrum indultum super observantia festorum concessum alicui Missioni validum quoque habendum sit pro aliis Missionibus, quae in posterum a pristina Missione eiungantur ;* Emi ac Rmi Dni respondendum mandarunt: *Affirmative.*

Sequenti vero feria V, die 13 eiusdem mensis et anni, SSmus D. N. Pius PP. X decretum Emorum PP. adprobavit.

PETRUS PALOMBELLI, S. R. et U. I. Notarius.

V. — DECRETUM
Secta Mariavitarum iterum reprobatur atque eiusdem duces excommunicati vitandi declarantur ([1]).

Feria IV, die 5 decembris 1906.

M<small>ARIAVITARUM</small> sacerdotum secta quae ab aliquot annis nonnullas Poloniae dioeceses infeliciter infestat, in eam paullatim devenit obstinatam pervicaciam et insaniam, ut iam Apostolicae Sedis postulet extremas coercitiones. Haec enim secta, cum in exordiis suis simulasset singulare studium gloriae divinae, mox spretis Episcoporum suorum monitionibus et correctionibus, spretis ipsius Summi Pontificis primum paternis adhortationibus tum severioribus comminationibus, spretis quoque censuris in quas non unam ob causam inciderat, tandem ecclesiasticae auctoritati se penitus subduxit, agnoscens pro capite foeminam quandam. Feliciam, alias Mariam Franciscam Kozlowska, quam Sanctissimam matrem dicunt, SS. Dei Genitrici sanctitate parem, sine cuius patrocinio nemo salvus esse possit, et quae delegavit Ioannem Kowalski, ut suo nomine tamquam Minister generalis totam Mariavitarum societatem regat. Cum igitur constet praedicta totius societatis capita, Ioannem Kowalski et Mariam Franciscam Kozlowska etsi iterum iterumque monitos in suis perversis doctrinis et molitionibus quibus simplicem multitudi-

---

([1]) Quod ad Mariavitarum sectam cf. *Acta Pontificia*, vol. IV, pag. 165.

nem decipiunt et pervertunt, obstinate persistere, atque in censuris in quas inciderunt sordescere, haec Sacra Suprema Congregatio S. R. U. I. de expresso SSmi Domini Nostri mandato, ne quis, cum detrimento salutis aeternae, ulterius *communicet operibus malignis* Ioannis Kowalski et mulieris Kozlowska, declarat atque edicit dictum sacerdotem Ioannem Kowalski memoratamque foeminam Mariam Franciscam Kozlowska, *nominatim ac personaliter* maiori subiacere excommunicationi, ambosque, a gremio Ecclesiae Sanctae Dei penitus extorres, omnibus plecti poenis publice excommunicatorum, ideoque Ioannem Kowalski et Mariam Franciscam esse *vitandos* ac *vitari debere.*

Committit insuper RR. PP. DD. Varsaviensi Archiepiscopo, Plocensi, Lublinensi, Kielcensi aliisque, quorum forte interest, Episcopis Poloniis, ut, nomine ipsius Sanctae Sedis, declarent singulos et omnes respectivae suae dioeceseos sacerdotes infami sectae Mariaviticae adhuc addictos, nisi infra viginti dies, ab ipso praesentis intimationis die computandos, sincere resipuerint, eidem excommunicationi maiori, personali et nominali, pariter subiacere eademque ratione vitandos esse.

Praelaudati vero Praesules magis ac magis satagant e grege suo fideles, a sacerdotum Mariavitarum insidiis ac mendaciis misere deceptos, admonere non amplius Ecclesiae Sanctae Dei geminos esse posse filios quotquot damnatae sectae Mariaviticae scienter adhaereant.

L. ✠ S.

Petrus Palombelli, S R. et U. I. Notarius.

S. CONGREGATIO EPISCOPORUM ET REGULARIUM

I. — DECRETUM

quo approbantur et confirmantur Constitutiones fratrum Discalceatorum Ordinis Sanctissimae Trinitatis Redemptionis Captivorum.

Ss.mus D. N. divinae providentia Pius PP. X in Audientia habita ab infrascripto Card. Praefecto S. Congregationis Episcoporum et Regularium die 17 februarii 1907 suprascriptas Constitutiones Ordinis Discalceatorum Sanctissimae Trinitatis Redemptionis Captivorum, latino idiomate exaratas, prout in hoc exemplari continentur, cuius autographum in Archivio praelaudatae S. Congregationis asservatur, benigne approbavit et confirmavit: prout praesentis decreti tenore Constitutiones ipsae approbantur et confirmantur. Contrariis quibuscumque non obstantibus.

Datum Romae ex Secretaria memoratae S. Congregationis Episc. et Regul. die 18 februarii 1907.

L. ✠ S.   . Dominicus Card. Ferrata, Praefectus.

Philippus Giustini, Secretarius.

1860
15

II. — ROMANA. — CREDITI.

Heres Architecti Ioannis Landoni, qui aedificationem Collegii Pii Lat. Americani in Urbe moderatus erat, ab Administratoribus huius Collegii petit solutionem Lib. 6.000 pro delineatis planis et typis Ecclesiae S. Aloysii quae eidem Collegio adiungenda erat, at revera nec excitata fuit.

Ratio petendi: delineata forma, aliaque id genus, commissa eidem Architecto fuerant a R. P. Santinelli tunc temporis fabricae Administratore, idque ut praesumitur haud gratuita conductione, Emo Sacconi omnia ratihabente.

Ratio denegandi: a) R. P. Santinelli quia non Rector sed simplex negotiorum gestor nec moraliter nec legaliter Collegium ipsum obligare poterat. b) Ex dedicatione delineati operis plane eruitur a Landoni id " in tenue omaggio di riconoscenza e stima „ oblatum esse. c) Eumdem Architectum satis superque ex pluribus a Collegio acceptis titulo gratificationis remuneratum fuisse.

Rmus Consultor heredi oratrici accedit his dumtaxat motus: tabula a Landoni delineata in possessione Collegii est: eaque non parvi valoris utpote qua Collegium libere ea uti possit siquando ad Ecclesiae aedificationem devenire placeat. Animus donandi in Architecto praesumi non potest, nec demonstratur nisi sub conditione exequuti operis, quae in casu deficit. Proposito igitur dubio:

" Se consti del credito della signora Carolina Landoni contro il Pont. Collegio P. L. Americano nel caso? „

In Congr. Generali diei 19 febr. 1907 EE. Patres responderunt:

" Negative „.

Philippus Giustini, Secretarius.

18671
15

III. — BOIANEN. — ERECTIONIS ECCLESIAE SUCCURSALIS.

ANNO 1884 die 18 nov. precibus episcopi Boianen. annuens Dataria
Ap. facultates necessarias et opportunas eidem Episcopo tribuebat, ut in vico Montis Viridis Ecclesiam succursalem s. Emygdio
erigeret cum vice parocho ad nutum Episcopi de consensu parochi
S. Blasii, de cuius praebenda 15 tomulos frumenti in favorem succursalis detrahebat: Parochus consensum scriptum in praesens et
in futurum die 13 oct. e. a. dedit, sibi reservato ius tertiae partis ex
redditibus matrimoniorum et funeralium, cuius vi Episcopus decretum
erectionis die 21 martii 1885 emisit, et die 29 sept. 1885 publicum
instrumentum cessionis frumenti rogatum est, in quo tertia pars de omnibus redditibus et incertis intelligebatur cum clausula tamen re-
quirendi consensum gubernii, quod revera hucusque explicite non
intercessit, quamvis summa 170 libell. (15 tom. frumenti) quotannis
in supplemento congruae re et effectu computata sit.

Haec pacifice obtinuerunt usque ad exitum a. 1904 quo electus
est parochus s. Blasii Michael Barile, olim et ipse Montis Viridis
viceparochus: hic, quamvis donec viceparochus fuerat Ecclesiae
M. V. ultro favisset atque illius iura fortiter vindicasset quoad tertiam debitam partem; statim ac ad S. Blasium transivit, erectionis
succursalis validitatem impugnavit, eo quod preces Episcopi obre-
ptitiae et subreptitiae, ut ipse pluribus ostendebat, fuissent; praesertim quoad distantiam quinque millia passuum quam Sanctitas
Sua " praecipue attendisse in rescripto dicitur, quaeque reapse vix
tria m. attingit „. Causa delata ad h. S. C. Episcopus pro informatione et voto plura aperuit, quibus omnia et singula ad obreptionem
et subreptionem Parochus ille oggesserat retundebantur atque fide-
dignitas illius haud bene notabatur.

His praehabitis sententia haec sane notanda subiungit : " Ceterum distinguenda est causa generalis erectionis succursalis ab
adminiculis peculiaribus quibus haec fulcitur. Causa generalis
erat bonum incolarum Montis Viridis et nemo inficias ibit vicum ab
ecclesia paroeciali saltem tria millia dissitum convenienter parochum proprium habere debuisse. Adminicula, accessoria sunt quae
nec Parochum movebant, nec rescripti s. Sedis nullitatem efficere
poterant „. Praeterea: " incolae altis clamoribus hanc erectionem pe-

tebant: igitur sufficiens erat ad erectionem concedendam ut eorum petitio sola etiam utilitate fulciretur, nec contradiceret parochus „. Iterum aut causae ab Episcopo, a Parocho, a loci incolis allatae verae erant, aut falsitate laborabant. Si verae, nulla quaestio; si alterum, equidem nemini magis quam Parocho talis falsitas innotescere debuit, quum igitur hic ultro consensisset in creationem, ipse dicendus est nuncium misisse iuri sese opponendi quo pollebat; quo supposito nil contra validitatem obstat.

Rmus Consultor in omnibus de praemissis consensit: addens immo, quum decretum episcopale innitatur consensu scripto Parochi die 13 oct. 1884, ex hoc completum esse, ac propterea nihili faciendum esse instrumentum 29 sept. 1885.

Quibus rite praehabitis dubiis:

" I. Se l'erezione della Chiesa succursale nella Borgata di Monteverde debba dirsi valida nel caso. Et quatenus affirmative

" II. Se il Parroco di S. Biase abbia diritto a riscuotere il terzo a lui spettante in base al consenso 13 ott. 1884, ovvero dell'istrumento 29 sett. 1885 nel caso „.

In Congr. Generali die 16 febr. 1907. EE. PP. responderunt: Ad I. *Affirmative.*

Ad II. *Standum actui consensus diei 13 oct. 1884 et decr. episcopali diei 21 mar. 1885 et ad mentem: mens est: che il parroco Basile paghi i 15 tomoli di grano dovuti e già calcolati dal fondo culto eppure da lui non pagati. Et amplius.*

PHILIPPUS GIUSTINI, *Secretarius.*

22370
―――
15

IV. — SORANA. — MATRICITATIS.

AGITUR de percelebri et antiquissima controversia num in Arpino dioec. Soran. Ecclesia matrix sit dicenda Eccl. Paroch. collegiata s. Michaelis an Eccl. Paroch. Collegiata s. Mariae de Civita. Haec controversia 1794 iure alternativae composita fuit; at idipsum haud semel litigiorum occasio fuit. Quum vero a. 1904 Abbas S. Michaelis ad obedientiam vocatus ab Episcopo parere renuerit, eo quod non ante Archipresbyterum S. Mariae vocatus esset, atque die 4 oct. 1905 Episcopus pro conservanda praxi alternativae decretum ediderit, controversia denuo exarsit atque ad H. S. C. delata est.

.Post multas disceptationes haec dubia proposita sunt:

I. A quale delle due Chiese appartenga la matricità coi diritti da essa derivanti.

II. Se il decreto di Mons. Vescovo di Sora in data 4 otto-
bre 1905 sia da confermarsi o da infirmarsi nel caso.

III. Se concessa pure la Matricità alla Chiesa di S. Maria di
Civita, all'Abate e Capitolo di S. Michele appartengano i seguenti
diritti cioè *a)* che nelle processioni dei Cleri di Arpino riuniti l'A-
bate e Capitolo di S. Michele incedano nel posto digniore pren-
dendo in ultimo luogo la destra l'Abate, e la sinistra l'Arciprete. —
b) che nelle turificazioni ed esibizioni della pace si incominci dal-
l'Abate e suoi canonici. — *c)* che la processione del Corpus Domini
debba partire da S. Michele funzionando l'Abate e nella domenica e
giorno dell'ottava portarsi a S. Michele prima che alle altre Chiese.
— *d)* che la riunione generale dei Cleri debba farsi a S. Michele.
— *e)* che dalla stessa Chiesa debbano partire le processioni delle
Rogazioni.

In Congr. Generali die 16 febr. 1905 EE. PP. responderunt:

Ad I. II. III *dilata, et ad E.mum Ponentem iuxta mentem eidem
pandilam.*

═══════════════

S. CONGREGATIO CONCILII

**Dubia proposita atque iuxta morem eiusdem S. C. de iure
resoluta in generalibus comitiis diei 26 ianuarii 1907 ***.**

Per summaria precum :

I. — NOLANA — COLLATIONIS CAPELLANIAE.

INSTRUMENTO publico anno 1824 Camillus Costa Neapolitanus ex
suis bonis sitis in oppido S. Anastasiae, dioeceseos Nolanae, duodecim instituit Capellanias, quae titulo sacri patrimonii inservirent.
Hae Capellaniae, ad quas vocabantur clerici neapolitani, et horum
defectu clerici Puteolanae dioecesis, conferendae erant per concursum, constito prius de impotentia concurrentium ad sacrum patrimonium sibi constituendum, et praehabito scrutinio super qualita-
tibus moralibus et super scientia; sed una ex hisce capellaniis pius

---

* Ob spatii deficientiam causae *in folio* referentur in proximo fasciculo.

donator voluit, ut perpetuo servata maneret pro clericis ex oppido
S. Anastasiae. Huius vero capellaniae possessionem usque ad annum 1879 ad mentem pii fundatoris semper habuerunt clerici ex
oppido S. Anastasiae, verum ex eo tempore concursus amplius
non fuit indictus, licet in praefato oppido clerici extarent idonei,
sed potius eadem capellania, uti referunt S. Anastasiae municipes,
collata fuit cuidam sacerdoti neapolitano Trepa. Anno vero 1904
iterum vacante capellania, publicatus fuit concursus, cui nomen
dederunt duo clerici, nempe Crescentinus Barone e dicto oppido
et Tarquinius Marino ex oppido Montemurro dioeceseos Potenti-
nae, qui a pluribus annis domicilium in oppido S. Anastasiae sibi
constituerat et huius clero rite adscriptus fuerat.

Peracto in curia Nolana scrutinio super meritis concurrentium,
examinatorum iudicium favorabile fuit clerico Marino, cui proinde
vacans capellania collata fuit. Contra hanc collationem recursum
interposuit alter clericus Barone ad H. S. C., petens eam nullam
declarari utpote factam contra mentem fundatoris, qui ad eam in-
stituerat pro clericis originariis oppidi.

Rogatus Episcopus Nolanus ab H. S. C. de sua sententia super
proposita quaestione, ipse censet ex instrumenti verbis comprehendi
nedum clericos originarios seu nativos oppidi S. Anastasiae, sed
etiam domiciliarios; e contra oppidi municipes rite interpellati et
ipse recurrens contendunt in themate agi de vero iure civico et
hinc nominatum Marino excludendum esse.

Ex rigore iuris civilis ius civicum tantum ex origine acquiritur,
sed lato sensu nomine civium usuvenire etiam solent domiciliarii
seu incolae.

Praeterea advertendum est, licet oppidum S. Anastasiae unica
paroecia contineatur, tamen conceptum et nomen *paroeciani* et *civis*
valde inter se differre, cum illud latius pateat; quare in themate potius
videndum est, an fundator ad capellaniam vocaverit tantum clericos
originarios, seu cives dicti oppidi, vel etiam incolas seu omnes clericos indistincte paroeciae legitime adscriptos. Et pro secunda hac
interpretatione recipienda standum esse videtur, primo quia capellania est res favorabilis, et in favorabilibus civium nomine com-
prehenduntur nedum nati ex civitate, sed etiam eam incolentes; secundo quia probabiliter praesumi potest aliam non fuisse mentem
fundatoris, ex eo quod ipse tali institutione prospicere voluit com-

modo spirituali fidelium dicti oppidi, cui vero spirituali utilitati consulitur vocando ad capellaniam clericos pauperes sive origina- rios sive domiciliarios. Quare ex dictis videtur collationem ca- pellaniae factae favore clerici Tarquinii Marino sustinendam esse.

Tamen legitur in Art. 11 instrumenti donationis et institutionis capellaniarum: " *Ad una sola cappellania avranno diritto i chierici del Comune di S. Anastasia* „. Illa verba " *chierici del Comune* „ pri- mario et immediate indicant clericos qui vere et naturaliter orti sunt in oppido S. Anastasiae. Unde cum in themate clara et expressa pii donantis voluntas habeatur, et cum saepe doctores ac tribunalia disputaverint de valore particulae " *di, del* „ et steterint pro signi- ficatione originis potius quam domicilii, sequitur, cum nullae invo- cari possint ex adverso speciales circumstantiae de diversa volun- tate, seu interpretatione mentis fundatoris, rigorosae verborum significationi adhaerendum esse.

Quaestio tamen iudicio Emorum Patrum subiecta responsum tulit: " *Ad instantiam recurrentis, negative* „.

$$\frac{694}{6}$$

II. — ASTEN. — FUNERUM.

In Urbe Astensi, extructis publicis coemeteriis, Episcopus Lobetti anno 1835, ne parochi longiori et incommodiori cadaverum asso- ciatione gravarentur, decretum emisit, quo in mentem revocatis dispo- sitionibus synodalibus et sui praedecessoris, vetuit parochis comitari ad coemeterium, funeribus in Ecclesia paroeciali expletis, cadavera paroecianorum, statutis etiam poenis in transgressores. En claritatis gratia quod praedecessor statuerat, quodque Episcopus Lobetti con- firmavit ac iterum iussit: « Si domus cadaveris a Civitatis, Oppidi, « Pagive ambitu procul distet, decernimus, ut nullus ex Dioecesi « Nostra Parochus ad levanda cadavera ultra centum passus sub « quocumque praetextu, vel causa, extra civitates et loca adire « teneatur, sed eadem cadavera ad Ecclesiam vel domum aliquam « propinquam pro commodiore et decentiore funeris expeditione de- « ferantur, sub poenis a Praedecessoribus nostris inflictis: ac pe- « nitus interdicimus, ne parochi ultra dictum terminum, pietatis aut « religionis praetextu, multoque minus mercede aliqua ducti cada- « ver comitentur, quod si secus fecerint praefatas poenas dabunt etc. ».

Inde factum est ut cadavera, post expletas a parocho exequias, non a Parocho vel suo delegato, sed a Coemeterii Capellano, quem defuncti parentes invitare solent (et aliquando etiam ab aliis sacerdotibus) eodem modo, quo ad Ecclesiam exponentem delata fuerant, nempe cum processione et confraternitatum interventu, ad coemeterium deferantur.

Praeterea hoc in eadem urbe usuvenit: si quis, sive peregrinus, sive parochianus, et in alio loco defunctus, sed in coemeterio civitatis Astensis tumulandus, ad portas vel stationem viae ferreae eiusdem civitatis deferatur, capellanus coemeterii, vel alius sacerdos sola parentum invitatione, absque parochi licentia, cum bireto et cotta, et confraternitatum interventu, ad cadavera recipienda se confert, eademque ad coemeterium comitatur, quin etiam in coemeterii oratorio saepe preces exequiales solemniter persolvat, et hoc agit sive exequiae persolutae fuerint in loco decessus, sive cadavera benedictionem tantum privatam a parocho vel capellano in aliquo nosocomio receperit, sive neutrum peractum fuerit.

Quare, parochis civitatis Astensis instantibus, sequentia dubia in comitiis mox elapsi mensis ianuarii pro solutione subiecta fuerunt:

I. — " *An substineatur Decretum Episcopi Lobetti, et consuetudo, qua associatio ab Ecclesia funerante ad publicum coemeterium fit non a parocho vel eius delegato, sed a coemeterii capellano, vel ab alio sacerdote* „.

II. — " *An substineatur consuetudo, qua capellanus coemeterii peragit functiones funereas cadaverum, quae aliunde in civitatem Astensem deferuntur, et deinde tumulantur in publico coemeterio* „.

Parochi in tuendis suis iuribus, ad primum dubium quod attinet, negant capellano coemeterii vel cuilibet sacerdoti non parocho ius comitandi cum pompa solemni cadavera ab Ecclesia funerante ad publicum coemeterium, nam hoc ius eis competere posset *ex iure communi*, vel *ex iure particulari*, vel *ex consuetudine*. Sed in casu non suffragatur ius commune, cum ex iure communi nonnisi parochi possunt ed debent privative quoad alios cadavera suorum parochianorum ad sepulcrum comitari. Non suffragatur vero ius particulare dioecesanum, nam decretum Episcopi Lobetti id interdicit parochis et vice curatis, quin aliis sacerdotibus, ne capellano coemeterii quidem excepto, hoc ius tribuat. Tertio vero invocari nequit consuetudo; nulla enim invalescere potuit consuetudo favore coemeterii capellani, quia parochi ex praefato decreto erant impediti, et scitum est contra non valentem agere non currere praescriptionem. Praeterea hoc munus coemeterii capellanus non exercuit *neque privative quoad alios*, nam constat alios quoque sacerdotes a parentibus defuncti requisitos hoc munere functos fuisse et fungi nostris quoque temporibus; *neque constanter et iure quasi suo*, quod requiritur ad consuetudinem in themate inducendam.

Igitur, concludunt parochi, capellanus coemeterii ius suum nullo alio fundat titulo, nisi auctoritate civili seu municipali, quae in muneribus Rectoris coemeterii recensendis hunc, si requisitum, statuit teneri cadavera comitari, pro quo officio ei solvenda est taxa lib. 10.

Neque dicatur hoc ius ne parochis quidem competere, cum obstet decretum Episcopi Lobetti; nam hoc decretum non est substinendum 1° quia nullum fuit ab initio, cum firmitate careant Constitutiones Synodales quae iuri communi adversantur; 2° quia etsi in principio decretum eiusmodi validum fuerit, hanc tamen validitatem amisit decursu temporum, cessante totaliter eius fine et contraria inducta consuetudine.

Praeterea aequum non est lucrum associationis parochis denegare, qui defunctis, dum viverent, officium pastoris exhibuerunt, migrantibus adstiterunt, mortuis ritus ecclesiasticos et exequiales persolverunt.

Ad secundum vero dubium quod attinet, parochi negant coemeterii capellano vel cuilibet alii sacerdoti ius excipiendi cadavera ad portas civitatis et stationem viae ferreae usque ad locum sepulturae cum pompa comitandi, quia vel agitur de mortuis qui sepulturam ecclesiasticam nondum habuerunt, vel alibi iam eam elegerunt, quibus in casibus functio exequialis spectat semper ad parochum proprium.

Animadvertendum est tamen ex adverso publicum coemeterium cum adnexa capella extructum fuisse in Astensi civitate anno 1834, eodemque tempore capellaniam fundatam fuisse. Capellanus seu Rector a municipio nominatur, a quo recipit tenue stipendium lib. 345. A tempore decreti Episcopi Lobetti, consentientibus Parochis civitatis Astensis, invaluit consuetudo umquam interrupta, nisi paucos excipias casus gravissimis urgentibus causis, qua coemeterii Rector, post expletas in parochiali ecclesia funereas functiones, cadavera ab illa Ecclesia ad publicum coemeterium comitatur. Consuetudo etiam invaluit, qua idem Capellanus seu Rector coemeterii cadavera, quae in civitatem Astensem deferuntur, ad ianuas civitatis vel ad stationem viae ferreae recipit et pariter comitatur usque ad locum dormitionis. In hoc munere exercendo capellanus emolumentum percipit lib. decem; si vero agitur de defunctis pauperibus omnino gratis suum munus impendit. Et in hac consuetudine ab Episcopis, parochis et omnibus per septuaginta annos recognita fundatur favore capellani argumentum maximi momenti.

Praeterea si capellanus amitteret ius adsociandi cadavera ab Ecclesiis tumulantibus et a portis civitatis ad coemeterium, privaretur etiam incerto emolumento lib. 10 pro unoquoque cadavere, et tunc eius conditio, cum tantum tenue percipiat a municipio stipendium lib. 345 annuas, prorsus miserabilis evaderet, quia dum ob crescentem mortuorum pauperum numerum, augerentur labores et onera, minueretur retributio, vel prorsus illusoria evaderet.

Tandem parochi ius associandi cadavera ad coemeterium reclamant, quia, ut aiunt, illud ius, ut pars integralis iuris funerandi, nempe levandi et deducendi funus ad ecclesiam parochialem, ab hoc nempe a iure funerandi nequit disiungi. Si ita res est, parochi deberent associare ad coemeterium non tantum cadavera divitum, quando nempe ipsis solveretur emolumentum decem libellarum, sed etiam cadavera pauperum, quae associantur omnino gratis.

Atqui hoc ius minime reclamant, nam, ut ait curia Episcopalis, ius vindicant vocari a defunctorum parentibus, ut percipere possint taxam lib. decem, dum contra pro pauperibus nulla fit invitatio, nullaque solvitur taxa. Ergo non aequum esse videtur capellanum comitari cadavera pauperum, quorum numerus quotannis superat medietatem funerum, dum et contra parochi comitarentur tantum cadavera divitum.

Rebus sic stantibus, adductis sedulo perpensis, Emi Patres ad proposita dubia superius citata responderunt:

" Ad I^{um} *Negative, et servetur ius commune, ac parochi omnium suorum parochianorum etiam pauperum cadavera decenter comitentur ad coemeterium* ".

" Ad II^{um} *Detur resolutio in* Novarien. Funerum, *27 maii* 1893 *et 22 iunii* 1895. *Et ad mentem* ".

III. — ROMANA ET ALIARUM. — DE FORMA MATRIMONII.

(sub secreto).

" *Responsum non publicatum est* ".

S. C. DE PROPAGANDA FIDE

**I. — Dominicanis Angliae datur ad quinquennium indultum ce-
lebrandi Missam de Requie bis in hebdomada in die duplici.**

Ex audientia SSñi, habita die 8 martii 1904.

S.MUS Dominus Noster Pius divina providentia PP. X, referente
me infrascripto S. Congregationis de Propaganda Fide Secretario, de speciali gratia indulsit, ut in ecclesiis Ordinis Praedicatorum regularis Provinciae Angliae celebrari valeat bis in hebdomada Missa *de Requie*, occurrente etiam festo ritus duplicis, exceptis primae et secundae classis, diebus Dominicis aliisque festis de
praecepto servandis, necnon vigiliis, feriis atque octavis privilegiatis,
et dummodo huius indulti causa nihil omnino praeter consuetam
eleemosynam percipiatur. De consensu Ordinarii ad quinquennium

Datum Romae ex aedibus S. Congregationis de Propaganda
Fide, die et anno ut supra.

ALOISIUS VECCIA, Secret.

II. — DECRETUM

laudis novi Instituti Sororum Tertii Ordinis S. Dominici eiusque constitutionum ad tempus approbationis ad quinquennium.

CUM Reverenda Mater Maria Aemilia a SS. Angelis, Priorissa generalis Instituti Sororum Tertii Ordinis S. Dominici congregationis Sanctae Catharinae Senensis, quarum domus princeps est in
loco archidiocesis Milwaukiensis Statuum Foederatorum Americae
Septentrionalis qui vulgo dicitur *Racine*, enixe petierit ut Sancta
Sedes praedictum Institutum illiusque constitutiones adprobare dignaretur, eius petitio Romanae Commissioni pro examine constitutionum novorum Institutorum ab hac S. Congregatione dependen-
tium institutae, cui Eminentissimus Cardinalis Franciscus Satolli
praeest, prout opus erat, delata fuit. Praelaudata vero Reverendis-
sima Commissio, attenta huius Instituti pro missionibus in supradicta regione utilitate, de qua litterae commendatitiae Ordinariorum,
in quorum diocesibus Sororum domus exstant, fidem faciunt, et

attenta etiam illius aggregatione ad Tertium Ordinem Sancti Dominici a R. P. Magistro generali peracta, idem Institutum interim
laudandum eiusque constitutiones iuxta schema exhibitum, intro-
ductis tamen modificationibus prout in annexo exemplari habetur,
ad quinquennium per modum experimenti approbandas censuit.
Quare haec Sacra Congregatio de Propaganda Fide, iuxta votum
Reverendissimae Commissionis, decretum laudis praefato Instituto
et temporaneam praedictam approbationem eius constitutionibus dare
decrevit, sperans ipsum tale incrementum consecuturum, ut Sedis
Apostolicae approbationem suo tempore obtinere valeat. Quam
S. Congregationis sententiam ab infrascripto eiusdem Secretario,
in audientia diei 9 maii 1905 SSmo Dño N. Pio divina providentia
PP. X relatam, eadem Sanctitas Sua in omnibus ratam habere et
confirmare dignata est, et super his praesens decretum fieri mandavit.

Datum Romae, ex aedibus S. Congregationis de Propaganda
Fide, die 10 maii 1905.

Fr. H. M. Card. Gotti _Praefectus_.
Aloisius Veccia, _Secret._

III. — DECRETUM

laudis pro Instituto Sororum Franciscalium Missionariarum.

PRAECLARISSIMI operis conversionis exterarum gentium adiumento
ab anno 1873 ortum habuit Institutum Sororum Franciscalium Missionariarum ab Immaculata Conceptione, et paucos post annos domum principem in hac alma Urbe constituit. Cum autem, Dei favente gratia, uberes fructus ediderit atque apud varias regiones
domicilium fixerit, suprema Moderatrix ab hoc Sacro Consilio rei
christianae dilatandae praeposito, Instituti approbationem efflagita-
vit. Re itaque pro more delata examini Commissionis pro revisen-
dis regulis novorum Institutorum a Sacra Congregatione dependen-
ium, cui praeest Eminentissimus Vir Franciscus Cardinalis Satolli,
eadem Commissio, attentis praesertim litteris commendatitiis Ordi-
norum, qui de istarum Religiosarum Sororum zelo testantur,
statuit praememoratum Institutum laudis decreto esse cohonestandum.

Summus vero Pontifex Pius divina providentia Papa X in audientia ab infrascripto S. Congregationis Secretario habita hodierna die sententiam praelaudatae Commissionis in omnibus adprobavit, praesensque ad id decretum edi mandavit.

Datum Romae, ex aedibus Sacrae Congregationis de Propaganda Fide, die 23 iulii anni 1906.

Fr. H. M. Card. Gotti, *Praefectus.*

Aloisius Veccia, *Secret.*

SS. RITUUM CONGREGATIO

I. — CIRCA FORMAM NOTULARUM
IN EDITIONIBUS CANTUS GREGORIANI.

Epistola ad editores Parisienses Biais, Lethielleux et Lecoffre.

Messieurs,   Rome, ce 2 mai 1906.

En réponse à votre lettre du 9 avril dernier, j'ai l'honneur, de la part de mes supérieurs, de vous confirmer que, pour ce qui est des signes rythmiques, le décret de la Sacrée Congrégation des Rites du 14 février est très clair et très précis ([1]). L'édition Vaticane typique, avec sa notation la plus purement traditionnelle, donnant le rythme de la tradition, renferme sans doute les indications nécessaires et suffisantes pour la pratique. Néanmoins le Très Saint-Père a cru devoir tolérer, sous certaines garanties et réserves spécialement exigées, l'adjonction de certains signes supplémentaires avec la permission des Ordinaires, *permittente Ordinario*, et encore avec une grande circonspection. Le décret du 14 février ne condamne donc pas d'une manière absolue toute édition contenant des signes de ce genre; mais il ne peut être, d'autre part, regardé comme une approbation. Ce qui résulte des termes mêmes du décret, c'est que celui-ci oblige de respecter toujours l'intégrité de la notation typique. Les commentaires erronés qui ont présenté ce décret comme une approbation de la Sacrée Congrégation des Rites ne pourraient avoir aucune valeur, ni ne sauraient tirer à aucune conséquence.

Je suis, Messieurs les Editeurs,

Votre très dévoué,

† D. Panici, Archevêque de Laodicée, *Secrétaire.*

([1]) Cfr. *Acta Pontificia*, vol. IV, pag. 70.

II. — FRATRUM MINORUM PROVINCIAE SERAPHICAE.

Indultum de Missa votiva S. Francisci in pervetusto sacello a *Rosis* nuncupato.

Quo cultus et pietas erga Portiunculae Sanctuarium Assisiense magis magisque foveatur, Reverendissimus Pater frater Bona-ventura Marrani, Procurator generalis Ordinis Fratrum Minorum, votis quoque Religiosorum Seraphicae illius Provinciae satisfacturus, Sanctissimum Dominum Nostrum Pium Papam X humillimis preci-bus rogavit, ut sacerdotibus divinae rei operantibus in pervetusto sacello *a Rosis* nuncupato, Sancti Patris Francisci miris virtutum exemplis gestisque clarissimo, Missam votivam de eodem sancto Con-fessore liceat celebrare, etsi Officium ritus duplicis occurrat, prouti eiusmodi privilegio ditata sunt sacellum Portiunculae et alterum olim cubiculum, in quo sanctus Patriarca ad caelestia regna transivit.

Sacra porro Rituum Congregatio, vigore facultatum sibi spe-cialiter ab eodem Sanctissimo Domino Nostro tributarum, petitum Missae votivae privilegium ad sacellum de Rosis ita benigne exten-dit, ut cuilibet sacerdoti ibidem Sacrum facturo, Missam votivam de Sancto Francisco, uti in die quarta Octobris, fas sit celebrare; dummodo nón occurrat Duplex primae vel secundae classis, aut fe-stum de praecepto servandum, necnon feria, vigilia vel octava quae sit ex privilegiatis: servatis Rubricis. Contrariis non obstantibus quibuscumque.

Die 27 iulii 1906.

A. Card. TRIPEPI, *Pro-Praefectus.*

† D. PANICI, Archiep. Laodicen., *Secretarius.*

III. — NEAPOLITANA

Dubia circa organi pulsationem in Missa solemni.

Reverendissimus Abbas Sanctae Mariae Maioris, Neapolis, Sacrae Rituum Congregationi sequentia dubia pro opportuna solutione humillime exposuit, nimirum:

I. Quum organum quod in ecclesia permittitur, iuxta praescri-ptum in Motu Proprio Pii Papae X ita cantum comitari debeat ut illum sustineat, non opprimat, et fideles recte valeant verba intel-ligere; in Missa solemni, *Graduale*, *Offertorium* et *Communio*, quae partes miram saepe continent analogiam ad festum quod agitur, possuntne, dum pulsantur organa, submissa voce seu tono unico sub organo recitari? Et quatenus affirmative, estne laudabilius ut illae, organo cessante vel comitante, notis gregorianis cantentur?

II. Item *Deo gratias* in fine Missae potestne sub organo vel debet notis gregorianis, ut in *Missa est*, cantari?

Et Sacra Rituum Congregatio, ad relationem subscripti Secretarii, exquisita sententa Commissionis Liturgicae, reque sedulo perpensa, respondendum censuit:

Ad I. *Quoad primam partem, quando organa pulsantur, si praedicta nempe* Graduale, Offertorium *et* Communio *non cantentur, recitanda sunt voce alta et intelligibili, iuxta mentem Caeremonialis Episcoporum lib. I, cap. XXVIII, n. 7, et decretorum n. 2994* Montis Politiani *10 ianuarii 1852 ad II, et n. 3108* S. Marci *7 septembris 1861 ad XIV et XV.*

Quoad secundam partem affirmative, adhibitis libris authenticis cantus gregoriani.

Ad II. Provisum in I.

Atque ita rescripsit, die 8 augusti 1906.·

† D. Panici, Archiep. Laodicen., *Secretarius.*

IV. — DE CHIAPAS

Dubia circa ritus servandos ab Episcopo Missae adsistente et populo extra Missam benedicente.

REVERENDISSIMUS Dñus Franciscus Orozco y Liménez Episcopus de Chiapas in Mexico, qui responsionem accepit a Sacra Congregatione Rituum posse, attentis circumstantiis locorum, thronum conscendere mozzetta tantum indutus, postea ulterius quaesivit:

I. An, attentis iisdem circustantiis, cum ipse Episcopus mozzettam gerens Missae solemni assistit, ritus iidem servari possint praescripti a Caeremoniali Episcoporum, cum Episcopus cappa magna indutus Missae solemni assistit?

II. An Episcopus qui sacram Communionem extra Missam distribuit, post eam debeat benedicere more solito dicendo: *Sit nomen Domini benedictum* etc., et efformando tres cruces?

Et Sacra Rituum Congregatio, exquisito Commissionis Liturgicae suffragio, omnibusque perpensis rescribendum censuit:

Ad. I. " *Negative, sed serventur Caeremoniale Episcoporum et decreta S. R. C. „, scilicet:*

1°. Episcopus rochetto et mozzetta indutus non habet assistentiam canonicorum. - Decr. n. 650.

2°. Incensum non imponit nec benedicit. - Decr. n. 3110 ad 21.

3°. Nec benedicit subdiaconum post Epistolam nec diaconum ante Evangelium cantandum, nec librum Evangeliorum osculatur. - Decr. n. 3110 ad 22.

4°. Semel tantum thurificatur post oblata. - Decr. n. 2195 ad 2, et Caerem. lib. II, cap. 9, n. 8.

5°. Pacem accipit a diacono Evangelii. - Decr. n. 2089 ad 5.

6°. In fine Missae populum non benedicit.

Ad II. " *Affirmative „.*

Atque ita rescripsit, die 23 novembris. 1906.

S. Card. CRETONI, *Praefectus.*

† D. PANICI, Archiep. Laodicen., *Secretarius.*

S. CONGREGATIO INDULGENTIARUM ET SS. RELIQUIARUM

Indulgentia plenaria quotidiana Basilicae S. Mariae Angelorum de Portiuncula applicari valet etiam defunctis.

Beatissime Pater,

HODIERNUS Procurator generalis Ordinis Fratrum Minorum, se ad Sanctitatis Vestrae pedes humillime provolvit, enixe implorans ut indulgentia Plenaria per Summum Pontificem Innocentium XII, in Bulla *Redemptoris,* die 18 augusti 1695, fidelibus concessa ad Basilicam Sanctae Mariae Angelorum de Portiuncula intra fines dioeceseos Assisiensis " *confluentibus, qui illam vere poenitentes et confessi ac sacra communione refecti, in quocumque anni die devote visitaverint, et ibi pro Christianorum Principum concordia, haeresum exstirpatione, ac sanctae Matris Ecclesiae exaltatione pias ad Deum preces effuderint „*; non solum pro vivis, sed etiam pro defunctis valeat applicari, sicque fidelium votis annuatur, qui ad Sanctuarium illud Assisiense etiam animabus suorum defunctorum suffragaturi per annum saepe conveniunt.

Et Deus etc.

Sacra Congregatio Indulgentiis Sacrisque Reliquiis praeposita, utendo facultatibus a Sanctissimo Domino Nostro Pio Papa X sibi tributis, benigne annuit pro gratia iuxta preces. Contrariis non obstantibus quibuscumque.

Datum Romae, e Secretaria eiusdem Sacrae Congregationis, die 14 novembris 1906.

A. Card. TRIPEPI, *Praefectus.*

† D. PANICI, Archiep. Laodicen., *Secretarius.*

S. C. A NEGOTIIS ECCLESIASTICIS EXTRAORDINARIIS

I. — DECRETUM (¹).

quo indultum conceditur super ieiunio et abstinentia pro America Latina. — Die 6 iulii 1899 *.

ARCHIEPISCOPI et Episcopi Americae Latinae, in Urbe, in plenarium Concilium Congregati, Sanctissimo D. N. Leoni PP. XIII, gloriose regnanti, exposuerunt maximam difficultatem in qua, ob speciales regionum conditiones, versantur fideles suarum dioecesium, servandi ecclesiasticas leges de ieiunio et abstinentia non obstantibus amplissimis indultis a S. Sede iam concessis. Supplices proinde dederunt preces ut Sanctitas Sua ampliorem et generalem pro America Latina dispensationem concedere dignaretur.

Porro Sanctissimus Pater, referente me infrascripto S. C. Negotiorum Ecclesiasticorum extraordinariorum Secretario, re mature perpensa atque praehabito voto nonnullorum S. R. E. Cardinalium, attentis gravissimis causis allatis, volens animarum necessitatibus atque anxietatibus occurrere, servata ecclesiastica lege ieiunii et abstinentiae ac salvis permanentibus excusationibus ab eadem lege iure communi, iuxta regulas probatorum auctorum admissis, nec

---

(¹) Hoc decretum ac sequentes declarationes referimus nunc, quamvis variis abhinc annis in lucem prodierunt, quum maximae utilitati sint Episcopis cleroque Americae Latinae.

* Cf. *Acta Pontificia*, hoc volumine pag. 66.

non specialibus indultis singulis ecclesiasticis provinciis hactenus impertitis, et adhuc vigentibus, donec perduraverint, statuit concedere *ad decennium*, prout concedit, omnibus Americae Latinae Ordinariis, facultatem, parochis, confessariis et aliis viris ecclesiasticis subdelegabilem, dispensandi ipsorum arbitrio, singulis annis et facta mentione apostolicae delegationis, fideles qui id petierint, etiam religiosos utriusque sexus de consensu tamen suorum superiorum ecclesiasticorum, a lege ieiunii et abstinentiae, dummodo:

1. *Lex ieiunii sine abstinentia* a carnibus servetur feriis VI adventus et feriis IV quadragesimae.

2. *Lex ieiunii et abstinentiae* a carnibus servetur feria IV cinerum, feriis VI quadragesimae et feria V maioris hebdomadae.

Sed diebus ieiunii semper licebit omnibus, etiam regularibus, quamvis specialem dispensationem non petierint, in collatione serotina, uti ovis ac lacticiniis.

3. *Abstinentia a carnibus* sine ieiunio servetur in quatuor pervigiliis festorum Nativitatis D. N. I. C., Pentecostes, Assumptionis in coelum B. M. V. et Sanctorum Apostolorum Petri et Pauli.

4 In singulis regionibus serventur conditiones quoad precum recitationem et eleemosynarum erogationem atque destinationem, hactenus in concessione indultorum pontificiorum servari solitae.

Parochis autem et aliis sacerdotibus subdelegatis ab episcopis vetitum est quidquid aliud petere aut acceptare occasione dispensationum ab ipsis impertitarum.

Firma vero permanent privilegia Americae Latinae in Const. *Trans Oceanum.* 18 apr. 1897 concessa.

Et super his Sanctissimus Dominus mandavit praesens edi decretum atque in acta S. C. Negotiorum Ecclesiasticorum extraordinariorum referri.

Contrariis quibuscumque non obstantibus.

Datum Romae e Secretaria S. C. Negotiorum Ecclesiasticorum extraordinariorum, die, mense et anno praedictis.

FELIX CAVAGNIS, *Secretarius.*

II. — DECLARATIONES

**circa Indultum datum die 6 iulii 1899 super ieiunio et absti-
nentia, in America Latina.**

Illme ac Rme Domine,

IN exsecutione indulti diei 6 iulii 1899, *super ieiunio et abstinentia,
in America Latina* (¹), nonnullis in dioecesibus, variae obor-
tae sunt difficultates circa interpretatiónem eiusdem rescripti, praesertim ob cumulationem seu coniunctionem concessionum antiquarum
aut communium cum novo indulto.

Ad omnes itaque ambiguitates hac in re tollendas, SSmus D.
N. Leo Papa XIII declarationes quae in adiuncto Decreto Sacrae
Congregationis Negotiis Ecclesiasticis Extraordinariis praepositae
continentur, edi et publicari mandavit.

Insuper ea est Sanctitatis Suae mens, ut, ad uniformitatem in
art. 428 Actorum Concilii Plenarii Americae Latinae praescriptam
efficacius obtinendam et ad alia praecavenda incommoda, unaquae-
que provincia ecclesiastica aut etiam plures provinciae eiusdem
nationis Americae Latinae unam eandemque formulam habeant et
servent, in edicendis aut promulgandis atque interpretandis tum
communibus indultis circa ieiunium et abstinentiam, etiam Bulla Cru-
ciata, ubi haec habeatur, tum indulto diei 6 iulii 1899, pro singulis
fidelibus, vel familiis, qui illud petierint concesso; quae formula, de
Episcoporum totius provinciae consensu et approbatione, a Metropolitano conficienda, vel a singulis Ordinariis seorsum vel ab omnibus coniunctim subscripta, opportune quotannis publicetur. Prima
tamen vice, praeviae recognitioni Sanctae Sedis ante publicationem
ea subiiciatur atque etiam in posterum, quoties aliqua innovatio
proponi velit.

Dum haec, pro meo munere, Amplitudini Tuae significare propero, cuncta a Deo fausta adprecatus, me libenter profiteor
Amplitudinis Tuae

Romae, die 10 martii 1901.

addictissimum
M. Card. RAMPOLLA.

(¹) Cfr. *Acta Pontificia*, hoc volumine pag. 64.

III. — DECLARATIONES AUTHENTICAE

super dubiis propositis a nonnullis Americae Latinae Episcopis, circa interpretationem quorumdam decretorum Concilii plenarii eiusdem Americae.

Ex Audientia Sanctissimi, die 5 novembris 1901.

I. Per decretum Sacrae Congregationis Negotiis Ecclesiasticis Extraordinariis praepositae, datum die 1 ianuarii anno 1900, extensa fuit ad Americam Latinam declaratio S. C. Concilii, edita pro Hispania die 31 ianuarii 1880 sub hac formula: — Sponsalia quae contrahuntur in regionibus nostris absque publica scriptura, invalida esse, et publicam scripturam supplere non posse informationem matrimonialem... — Circa primam partem huius declarationis non est una doctorum sententia; plerique enim asserunt, invaliditatem eiusmodi sponsalium respicere utrumque forum, tam externum quam internum; nonnulli vero tenent invaliditatem non posse sustineri pro foro interno, dummodo certo constet de deliberato consensu utriusque contrahentis. Sunt ne invalida praedicta sponsalia absque publica scriptura, etiam in foro interno?

R. *Affirmative, seu esse invalida etiam in foro interno.*

II. Sub num. 231 decretorum Concilii in medio sic habetur: « Illi autem, quorum res agitur, a Capitulo recedant, nec nisi re peracta revocentur: suffragia vero secreta ferantur, quae nisi ultra dimidium in rem propositam convenerint, nihil actum ea de re in Capitulo censeatur ». In hoc decreto dubium exortum est circa modum ferendi suffragia; sciscitatur enim num suffragia debeant esse secreta in omni re quae proponitur in Capitulo, vel tantum in aliquibus negotiis, et in hoc casu, quibus in negotiis?

R. *Suffragia debere esse secreta saltem in omnibus negotiis maioris momenti, ad normam Const. Alessandri VII « Pro commissa », die 3 aprilis 1657; item quoties agitur de negotiis alicuius Canonici; imo etiamsi res proposita minoris momenti iudicetur, quoties discordia vel controversia exoriatur inter capitulares.*

III. Sub decreto n. 370 praescribitur: « SS. Sacramentum asservandum est in omnibus Ecclesiis parochialibus, et quasi-parochialibus, etiam ruralibus, et in Ecclesiis Regularium, tam virorum quam monialium; in aliis autem ecclesiis, sacellis et oratoriis, non licet, absque speciali indulto Sedis Apostolicae ». Iam vero ex iniuria

legum civilium in nonnullis Americae Latinae regionibus moniales usum amiserunt propri coenobii et adnexae ecclesiae; viri autem regulares, amisso pariter usu proprii coenobii, ecclesias suas administrare valent vel non, iuxta conditiones personarum et locorum. Quid igitur tenendum est in hisce circumstantiis circa ius asservandi SS. Sacramentum?

R. *Quoad ipsos viros regulares et quoad moniales votorum solemnium, provisum per declarationes S. Poenitentiariae 18 aprilis 1867: 12 septembris 1872; et S. C. Concilii, 8 ianuarii 1867. Quoad ipsas Ecclesias regulares seu conventuales, actu ab ipsis regularibus haud administratas, providebitur in responsione ad quintum dubium.*

IV. Decretum n. 505 loquens de patrinis, sic se habet: " Ad munus patrini in hoc sacramento (Baptismi) admitti nequeunt qui in civili tantum, ut dicunt, matrimonio vivunt, ac publice excommunicati aut interdicti, nisi... „. Cum in hoc decreto de publice criminosis et infamibus nulla fiat mentio, dubitatur num intelligendum sit absque aliarum iuris communis prohibitionum praeiudicio, vel potius ratione circumstantiarum habendum sit tamquam harum temperamentum, ita ut in America Latina non sint aliae prohibitiones praeter illas quae in memorato decreto continentur?

R. *Concilium Plenarium in art. 505 casus respicere maioris momenti seu difficilioris solutionis; ideoque affirmative ad primam partem' negative ad secundam.*

V. Utrum legitima haberi possit consuetudo in pluribus Americae Latinae dioecesibus vigens asservandi, absque speciali privilegio seu indulto Apostolico, SS. Sacramentum in Ecclesiis, quae *a)* non sunt parochiales aut quasi parochiales; *b)* neque actu a regularibus administrantur, quamvis ad regulares civiliter suppressos de iure pertinent; *c)* neque actu monialibus votorum solemnium addictae sunt, quia moniales proprio monasterio per civilem suppressionem privatae sunt. Et quid de asservatione SS. Sacramenti in Ecclesiis et oratoriis virorum vel sororum vota simplicia tantum emittentium, in quibus hucusque SS. Sacramentum asservatum fuit absque speciali indulto S. Sedis, generatim concesso omnibus Ecclesiis seu oratoriis eiusdem Instituti vel singulis piis domibus?

R. *Negative in omnibus, et recurrendum ad S. Sedem in singulis casibus; salvis peculiaribus indultis Apostolicis Ordinario vel aliter concessis.*

VI. Utrum valida censeri possit in America Latina collatio De-
canatus et aliorum beneficiorum Ecclesiarum cathedralium vel col-
legiatarum Apostolicae reservationi subiectorum, ab Ordinariis
absque speciali S. Sedis indulto peracta, in dioecesibus ubi per Con-
ventiones ·S. Sedis cum civilibus guberniis vel aliter ex alia speciali
Romani Pontificis concessione iuri communi haud derogatum est?

R. *Negative, nisi habeatur speciale, authenticum et indubium in-*
dultum S. Sedis; quod proinde non praesumendum est,· sed certo pro-
bandum, et in ipso instrumentum collationis beneficii expressis verbis
ad memoriam revocandum.

VII. Utrum,· firmis· remanentibus praescriptionibus art. 758 et
799 Concilii Plenarii Americae Latinae, Ordinarii tolerare vel prudenter approbare possint recreationes, conventus, nundinas aliaque
christianae beneficientiae media ad eleemosinas pro pauperibus aliisque piis operibus colligendas, quae a´ piis praesertim laicis promoveri et fieri solent?

R. *Ordinarii eos tantum christianae beneficientiae conventus tole-*
rare, et, prudenter tamen, si opus fuerit, promovere poterunt, qui tales
honestatis et charitatis seu pietatis conditiones habent, ut praesentia
Sacerdotum in iisdem conventibus neque Ecclesiae sanctionibus neque
ex circumstantiis regionis prohibita, imprudens, aut inopportuna dici
possit. De qua re soli Ordinarii iudicare poterunt, prae oeulis. habitis
decretis Concilii Plenarii Baltimorensis III, tit. IX, cap. V.

Datum Romae, e· Secretaria eiusdem S. Congregationis, die,.
mense et anno praedictis.

† Petrus, Archiep. Caesarien.

S. C. Negotiis Ecclesiasticis Extraordinariis praepositae·
Secretarius.

S. POENITENTIARIA

I. — ATREBATEN.

Dubia circa excommunicationem, quam incurrunt qui bona·
ecclesiastica in Gallia a Gubernio confiscata acquirunt.

Beatissime Pater,

Episcopus Atrebatensis, ad pedes Sanctitatis Vestrae humiliter provolutus, sequentium dubiorum solutionem enixe postulat:

I. Utrum civitatis Consiliarii eorumque Maior, qui bonum

quoddam certo religiosum, non in proprios sed in communes urbis
usus, acquisiverunt, certo subiaceant excommunicationi latae a concilio Tridentino (Sess. XXII, cap. XI, *de Reformatione*) et confirmatae a constitutione *Apostolicae Sedis* (IV. Alin. *Praeter hos...*)?

II. Quatenus affirmative, utrum iidem Consiliarii eorumque
Maior, in foro externo, tanquam excommunicati habendi sint ante
declaratoriam Ordinarii sententiam?

III. Quatenus negative ad II, utrum, ante omnem declaratoriam Ordinarii sententiam, iidem. Consiliarii eorumque Maior, publico suo emptionis voto, et hoc unico voto, publici saltem peccatores
constituti sint, et tanquam publici peccatores, opportunitate data,
tractandi, v. g. quoad ecclesiasticam sepulturam?

IV. Quomodo practice agendum, in sacro Tribunali, cum
Maiore vel Consiliario, qui pertinaciter contendit se ullatenus nec
voluisse nec potuisse Congregationi da : num inferre, siquidem emerit civitas vel non emerit, bona fuissent dissipata, simul vero contendit se unice fuisse de civitatis necessitate aut utilitate sollicitum?
Et Deus,

Sacra Poenitentiaria, mature consideratis praepositis dubiis, respondet:

Ad primum: " *Negative* „.

Ad secundum: " *Provisum in primo* „.

Ad tertium: " *Negative* „.

Ad quartum: " *Confessarius de huiusmodi actu poenitentis iudicet,
attenta quoque eiusdem conscientia. Moneat tamen eum, in posterum, in
similibus casibus, ipsum indigere facultate Sanctae Sedis, quam, si opus
est, humiliter petat* „.

Datum Romae die tertia ianuarii 1906.

V. LUCHETTI, *S. Poenitentiariae Sigillator.*

F. CHERUBINI, *Substitutus.*

II. — ATREBATEN.

**Dubia circa casus quibus incurratur in excommunicationem
ab ementibus bona religiosorum in Gallia.**

Beatissime Pater,

Die nona decembris anni 1905, hae rogandi formulae ab Episcopo
Atrebatensi propositae sunt:

I. Utrum civitatis Consiliarii eorumque Maior qui bonum

quoddam certo religiosum, non in proprios, sed in communes urbis usus acquisiverunt, certo subiaceant excommunicationi latae a concilio Tridentino (Sess. XXII, cap. XI, *de Reformatione*) et confirmatae a constitutione *Apostolicae Sedis* (IV. Alin. *Praeter hos...*)?

II. Quatenus affirmative, utrum iidem Consiliarii eorumque Maior, in foro externo, tanquam excommunicati habendi sint ante declaratoriam Ordinarii sententiam?

III. Quatenus negative ad II, utrum, ante omnem declaratoriam Ordinarii sententiam, iidem Consiliarii eorumque Maior, publico suo emptionis voto, et hoc unico voto, publici saltem peccatores constituti sint, et tanquam publici peccatores, opportunitate data, tractandi, v. g. quoad ecclesiasticam sepulturam?

IV. Quomodo practice agendum, in sacro Tribunali, cum Maiore vel Consiliario, qui pertinaciter contendit se ullatenus nec voluisse nec potuisse Congregationi damnum inferre, siquidem emerit civitas vel non emerit, bona fuissent dissipata, simul vero contendit se unice fuisse de civitatis necessitate aut utilitate sollicitum?

Et Deus...

Sacra vero Poenitentiaria, die 3 ianuarii anni 1906, mature consideratis praepositis dubiis:

Ad primum respondit: *Negative.*

Ad secundum: *Provisum in primo.*

Ad tertium: *Negative.*

Ad quartum: *Confessarius de huiusmodi actu poenitentis iudicet, attenta quoque eiusdem conscientia. Moneat tamen eum, in posterum, in similibus casibus, ipsum indigere facultate Sanctae Sedis quam, si opus est, humiliter petat.* Datum Romae...

Verum, cum propter propagatam in Galliis de Tridentinae excommunicationis extensione interpretationem, pluribus detineatur difficultatibus, Ferdinandus Lejeune, Vicarius Generalis Rmi. Dni Episcopi Atrebatensis, eiusdem Episcopi iussu, ad pedes Sanctitatis Vestrae humiliter provolutus, in suam et multorum pariter utilitatem sequentium dubiorum solutionem enixe postulat:

I. An Rescriptum diei 3 ianuarii 1906 (Resp. ad dubium I) ta sit intelligendum ut excommunicatio non incurratur in casu, quando:

1) Votum a civitatis Consiliariis eorumque Maiore emissum obligavit Maiorem ipsum ad emendum;

2) Bonum a Maiore sic acquisitum in proprios urbis usus

est monasterium, a religiosa communitate legitime possessum et ab eadem prorsus invita derelictum; a civili potestate usurpatum et a spoliatore seu sic dicto " liquidatore „ pretio venditatum, vi nefandarum legum contra religiosas Congregationes in Galliis latarum;

3) Sorores iniuste spoliatae atque in miseriam fere adductae totis viribus renituntur;

4) Bona fides difficillime admitti potest; propter denuntiatam per ephemerides omniumque timoratae conscientiae virorum monita, excommunicationem?

II. Rursum quatenus negative ad I, scilicet quatenus intelligendum sit excommunicationem in casu incurri, utrum iidem Consiliarii eorumque Maior, in foro externo, tanquam excommunicati habendi non sint ante declaratoriam Ordinarii sententiam, etiamsi publice constet de delicto?

III. Utrum rescriptum (Resp. ad dubium III) ita sit intelligendum ut dicti Consiliarii eorumque Maior non habendi sint publici peccatores quando:

1) Publico suo emptionis voto et publica ipsa emptione maximum toti civitati scandalum intulerunt;

2) Emptionem ea mente pacti sunt, ut in monasterio iam spoliato puellarum scholam instituerent neutram seu potius acatholicam;

3) Efficaciter ita prohibuerunt catholicos viros quin monasterium idem, obtenta iam tum Sanctae Sedis, tum Episcopi, tum Monialium ipsarum licentia, acquirerent ad catholicam in eo puellarum scholam restituendam?

IV. Si, postquam civitas bonum certo religiosum in publicos usus emit, istud idem sive totum sive per partes vendibile proponit, utrum novi emptores, qui iam in proprios usus id acquirunt, excommunicationi supra dictae subiaceant? Et Deus...

Sacra Poenitentiaria super noviter deductis respondet:

" *Quod spectat ad excommunicationem Tridentinam:* in decisis, excepto casu recens proposito, de iis qui bona ecclesiastica usurpata emunt et in proprios usus convertunt, ut iam declaravit Congregatio Sancti Officii.

" *Quoad casum vero tertium, sub num. III propositum, videat. Ordinarius an locus sit censurae contra faventes haereticis.*

" *Ceterum non impeditur Ordinarius quominus in casibus propo-*

silis utatur iure suo et, si id expedire iudicaverit, excommunicationem decernat in delinquentes futuros vel latae vel ferendae sententiae „.

Datum Romae in S. Poenitentiaria die 8 martii 1906.

V. LUCHETTI, *S. P. Sigillator.*

III. — ATREBATEN.

De obligatione restitutionis illorum, qui bona religiosorum in Gallia empturi sunt.

Beatissime Pater,

Episcopus Atrebatensis, ut muneri suo tutius satisfaciat certamque sequatur gravissimis in casibus normam, sequentium dubiorum solutionem enixe postulat:

I. Cum civitatis alicuius Consiliarii, publicis suis votis, spoliatae cuiusdam Congregationis religiosae conventum et bona in publicos usus emenda decreverunt, cumque illorum Maior actu authentico emptionem postea pactus est, utrum iidem Consiliarii eorumque Maior, ob illatam praedictae Congregationi iniuriam, ad restituendum *personaliter* teneantur?

II. Quatenus affirmative, quid, quantum, quomodo restituendum?

III. Rursum, quatenus affirmative, utrum unusquisque Consiliariorum *singillatim* ad totius damni reparationem teneatur, salvo tamen suo contra complices recursu?

IV. Et si nulla iam subsistat praedicta Congregatio spoliata, sive ob extinctionem, sive quamcumque ob causam, utrum persistat restitutionis obligatio? Ac quatenus affirmative, cui et qua mensura restituendum erit? Et Deus...

Sacra Poenitentiaria circa praemissa respondit:

ad I: " *Attentis omnibus, quae ad rem spectant, non constare de obligatione restitutionis „.*

ad II, III et IV: " *Provisum in primo „.*

Datum Romae in S. Poenitentiaria die 9 maii 1906.

B. POMPILI, *S. P. Datarius.*

FRANC. PASCUCCI, *S. P. Substitutus.*

IV. — ATREBATEN.

Item utrum ad restituendum teneantur qui bona religiosorum in Gallia sunt empturi.

Beatissime Pater,

Episcopus Atrebatensis, ob motas iam in sua dioecesi ac certo brevi movendas conscientiae difficultates, compleri postulat respon-siones a S. Poenitentiaria datas diebus 3 ianuarii, 8 martii et 9 maii huius anni : ideoque supplex implorat ut sequentia ac gravissima dubia solvere Sanctitas Vestra dignetur :

I. Quum civitas, quae bonum ecclesiasticum usurpatum in pu-blicos usus emit, istud idem sive per totum, sive per partes, ven-dibile proponit, utrum novi emptores, qui iam in proprios usus id acquirunt, ad restitutionem teneantur, ob illatam Congregationi spoliatae iniuriam ?

II. Quatenus affirmative, quid, quantum, quomodo resti-tuendum ?

III. Et, si nulla iam subsistat praedicta Congregatio spoliata, sive ob dissolutionem, sive ob extinctionem, sive quamcumque ob causam, utrum persistat restitutionis obligatio ? — Et quatenus af-firmative, cui et qua mensura sit restituendum ? Et Deus...

S. Poenitentiaria circa praemissa respondit :

" *Teneri huiusmodi emptores, ratione rei acceptae, ad restitutionem Congregationi vel saltem Ecclesiae :*

" *Restitutionem vero fieri posse per compositionem, ad quam ab Or-dinario admitti poterunt, iuxta facultates Eidem a Sacra Poenitentiaria ad triennium concessas in adnexo folio typis impresso ,,*.

Datum Romae in S. Poenitentiaria die 7 iunii 1906.

V. Luchetti, S. P. Sigillator.

V. — SUESSIONEN.

Utrum censuras canonicas incurrant qui venditioni bonorum religiosorum in Gallia dant operam.

Beatissime Pater,

Episcopus Suessionensis, ad pedes Sanctitatis Vestrae provo-lutus, humiliter postulat sequentium dubiorum solutionem :

I. Utrum excommunicationi subiaceat qui libere accepit munus alicuius communitatis religiosae, secundum novam gallicam legem expediendi, vulgo : " liquidateur „?

II. Utrum eamdem excommunicationem incurrat scriba aliquis apud tribunal (vulgo. *greffier du tribunal*), si ad id munus suscipiendum moraliter coactus fuerit, ne a sua publica functione deiiceretur ?

III. Utrum unus et alter moriens, non receptis sacramentis Ecclesiae, sepultura ecclesiastica privari, saltem tamquam peccator publicus, debeat ?

IV. Quod si, e contra, sacramenta Ecclesiae recipere valeat et velit, utrum restitutio aliqua ei sit iniungenda, cuinam restituere cogatur, et quantum solvere debeat, praesertim si ·fertilissimus fuit ei in dicto munere quaestus ? Et Deus...

Sacra Poenitentiaria, mature consideratis expositis, respondet:

" *Eos, qui sub numero primo et secundo (I, II) recensentur, excommunicationem non incurrere „.*

Ad tertium (III): " *Decisionem in singulis casibus spectare ad ordinarium „.*

Ad Quartum (IV): " *Quoad notarios, ipsos non teneri ad restitutionem. Quoad liquidatores, non satis constare de eorum obligatione „.*

Datum Romae in S. Poenitentiaria die 17 septembris 1906.

A. CARCANI, *S P. Regens.*

F. CHERUBINI, *S. P. Substitutus.*

THEOLOGIAE PASTORALIS EXCERPTA

De pastorali regimine.

CAPUT I. — De pastorali communitatis custodia.

Cfr. *Acta Pontificia*, Vol. V, pagg. 38-40.

§ 3. — *De iis quae tum malorum, tum bonorum fontes esse possunt.*

Ex iis in quibus suo ministerio tum auxilium, tum incommodum ponit parochus et a quibus inde oculos nusquam deflectat oportet, proxime ii veniunt qui suis parochiae rebus gerendis intersunt: adiutores; deinde ceteri sacerdotes qui nulli communitatis rei praesunt at in eadem vivunt. Quum vero parochi sit cuncta a Deo bona advocare cunctaque avertere mala, bonos secum adiutores — ditius parochiae bonum — laborare studiosus pastor curat, pro iis modeste vigilat, ab inhonestis protegit moribus, de periculis et offensionum occasionibus praemonet, ab errore forte admisso reducit. Novum praesertim ab Episcopo patria caritate adiutorem sacerdotem excipit, et verbo et exemplo praeit, consilio et opere gradatim pastoralem docet disciplinam. Quae autem a parocho didicerit adiutor haec ut plurimum futuri parochi erunt norma et lex. . . . .

Civitatis magistratus, praeter sacerdotes, in parochia plurimum ad recte inhonesteve vivendum movent, parocho durius vel levius ministerium efficiunt. Omnium optima cum iis est concordia et amicitia mutuaque existimatio, quas parochus sollicite, salvis iuribus, servare aut restaurare studeat necesse est.

1°) Verbo igitur et suo exemplo civitatus magistratui et legibus debitam praedicet oboedientiam; 2°) Cum magistratibus, quantum liceat, conveniat; 3°) Ecclesiae minister morum praefecturam aut publicae securitatis non sibi delatam curam non usurpet, sed Ecclesiae tantum iura pro sua parte tueatur et contentiones providenter devitet; in iis autem quae non potest Superiorem consultum adeat. 4°) Quum privata, reverens, amica etsi non familiaris cum magistratibus necessitudo parochiali prosit ministerio digne, officiose et honeste cum iisdem se gerat, ut castigatis moribus ceteros praecedant. 5°) Maxima tum prudentia et animi moderatio servanda est quum, salva fide, magistratuum iussa effici nequeant aut iisdem salutis monita danda sunt. Magistratus enim etsi in civilibus rebus sacerdoti praesint, in iis autem, quae religionem spectant, eidem subsunt. Quum christiane igitur non vivunt, populum inhoneste offendunt, Religioni, Ecclesiae officiunt, impios fovent sensus, parochi potissimum officium utilia monendi et necessaria; ipsorum enim Deo ratio ei est reddenda, nec ex hominum metu alienas in se culpas recipere licet. Quum vero nihil proficiat et populi adest offensio superiores omnino adeundi sunt. 6°) Civilis potestatis etiam in ecclesiasticis (ut malae deleantur consuetudines, Ecclesiae leges et iura tueantur) auxilium quaerere licet et aliquando oportet. 7°) Sed in primis divinae veritatis precumque virtuti fidet parochus quum plerumque potius odiosum in populo sit huiusmodi civile subsidium, nec ecclesiae auctoritatem foveat.

Ecclesiae minister quatenus est civitatis pars eadem quae ceteri cives iura habet, sed civiles commendatas sibi res habere (uti decurio etc.) parum probatur. Parochialia enim onera quod ipsi satis est virium et temporis tantum sibi vindicant ut alia vix negotia gerere valeat, libertatem minuunt, populi fidem infirmant; " nemo militans Deo implicat se negotiis saecularibus „. Quae vero commoda in pastorale ministerium ex civilibus susceptis muneribus sperare licet certe assequitur sacerdos quum neutrius partis uti parochiae pater et dux aequa et bona omnes doceat.

Qui pastorali auxiliantur ministerio — doctrinae christianae magistri, aeditui, organaedi, etc. — pro sua parte mala aut incommoda offerunt. Eorum animos sibi parochus conciliet, sua doceat officia et ad negligentes removendos, quum iterata nihil valeant monita, ansam praebeat.

Communitatis praefectus, decuriones ad pacem servandam, malas consuetudines tollendas plurimum valent at aliquando potius impedimenti sunt. Parochus igitur, in eos unquam asper, importunus sibi illos ad plebis salutem acquirat, plura, quae ipsi valent, bona in oculis ponat. Si quod boni introducere, si quod mali dissolvere desiderat, quantum licet, illorum subsidium advocet.

BIBLIOGRAPHIA

1.

Lacombe (H. comte de) **Sur la divinité de Jesus-Christ.** Controverses du temps de Bossuet et de notre temps. Paris, Dounjol (Téqui) 1907; in 8, pag. viii-440. Frs. 5.

Quum huius operis primum caput seorsim prodiisset in gallicis optimae notae commentariis ([1]), Emus Perraud, in quo pietatis insimul ac doctrinae praefulgens luminare lugemus ereptum, his verbis Auctori gratulabatur: " Officium mihi est tibi grates rependere ac laudes optimas, qui novam quidem christiani nominis apologiam eamque absolutissimam scripsisti, ac refutationem peregisti ineluctabilem illius falsi nominis scientiae quae, ementitis criticae et exegeseos rationibus, etiam in acies nostras, proh dolor! sese insinuat ad fundamenta fidei evellenda „. Id potiori ratione a nobis qui integrum opus legimus iudicandum est. Equidem in hoc volu-

([1]) Cfr. *Le Correspondant*, ian. 1905.

mine controversiam de vera Religionis nostrae divinitate nedum
docte persequitur Auctor, argumenta ac rationes afferens simul ac
novo donans robore, quin etiam in integris Bossuetianis laboribus
revolvendis, eidem controversiae studet, ac vetus illud robur denuo
excitare videtur. Optimum sane consilium. Bossueti quidem nomen
in dies excrescere, nedum ut disertissimi oratoris, 'sed et criticae
et historiae philosophiae laude omnibus notum est. Quum igitur
cl. Lacombe tantos labores ad examen revocans, severam methodum,
analysim perspicuam atque altissimam, synthesim praesertim ac
mentis acumen (dixerim) aquilinum, magis quam enarraverit obiectis
documentis sub oculis posuerit, id utrumque insimul tulit, ut nempe
christiano nomini sublimioris doctrinae laude, doctrinam vero ipsam
sanctissimae religionis splendoribus exornaret.

II.

Pelt (G. B.) **Storia dell'Antico Testamento**, trad. italiana con
importanti modificazioni e aggiunte del Prof. Alfonso Rousselle.
Roma, Fr. Ferrari 1907, in 8 gr. LIV-630 ac 2 tab. L. 6.

Operis cl. Pelt laudes retexere supervacaneum censebitur. Quod
quidem brevi annorum spatio iam quarto editum, atque ad doctis-
simos germanicos de eadem re libros exactum, solidam exhibet rerum
gestarum in Vetere Foedere enarrationem atque frequentes et per-
difficiles quaestiones, quae in huiusmodi negotio obviae sunt, perspicuo sermone atque acuto ingenio, amplissimaque at insimul probata
omnino doctrina absolvit. Haec omnes dotes intactae servantur in
fidelissima atque eleganti versione a cl. Rousselle adornata. Qui
immo, ut par erat, optimas persaepe animadversiones textui adnectens,
etiam recens excitatarum difficultatum rationem habuit, atque inge-
niosas nonnumquam interpretationes de novo subiungit, *ut plurimum*,
probandas. Quod si quandoque, idem cl. Professor, liberioribus
opinionibus, praesertim Pentateuchi auctoritatem atque Paralipo-
menon historicam indolem quod attinet, accedere videatur, id numquam rectae fidei dispendio fit atque lectoris opinio nullam exinde
vim pati videtur.

Hinc est ut opus hoc, quo nil excellentius in re subiecta, nostro
sermone exaratum est, libenter gratulatione et omine prosequamur.

RECENTIORES DE ECCLESIASTICIS DISCIPLINIS
PUBLICATIONES

ANDRÉ G. **Luttes pour la liberté de l'Église Catholique aux Etats-Unis.** — In-18, pag. 114. . . . . . . L. 0.60

BARBIER P. **La Guerre aux Dogmes et à la morale catholique.** Vol. II de la *Nouvelle collection apologétique.* — In-18, pag. 122. . . . . » 0.60

BARBIER P. **L'Église de France devant le Gouvernement et la Démocratie.** Vol. III de la *Nouvelle collection apologétique.* — In-18, pag. 122. . . . . » 0.60

BLANC E. **La Foi et la Morale Chrétiennes.** *Exposé Apologetique.* — In-24, pag. 254. . . . . . . netto » 1.00

BOURGEOIS TH., **Christianisme et Église.** — In-12 pag. 454. netto » 3.50

CARDAMONE R. **Il Cantico dei Cantici,** volgarizzato ed annotato. — In-18, pag. 92. . . . . » 1.00

CREMSINI (Sac. Michelangelo) **La Manna dei Divoti di Maria.** II° edizione riveduta ed ampliata per cura del Sac. Francesco Gavotti. — Vol. in-32 di pag VIII-632. , . . » 1.50

DE FELICE F. **Saggi di varia polemica.** — In-12, pag. 152. . » 1.75

DE FELICE F. **Spiritus Tenuis** (Poesie). — In-12, pag. 166. . » 1.75

FABER (P.) **Oeuvres posthumes.** Plans de sermons. — Meditations. — Notes diverses. : Traduction précédée d'une Notice par un Bénédictin de la Congrégation de Solesmes. Tome I. Les attributs divins. — Le Saint Esprit. — La Sainte Humanité de Jésus. — La Passion. — La Sainte Vierge. — Les Saints. Tome II. L'Eglise. — Les Sacrements. — La Crainte de Dieu. — La Grâce. — Récits bibliques. — La Vie. — Les Fins dernières. Les deux volumens in-12, XXXII, pag. 496-484. . . . » 7.00

GIBIER, Mgr. **L'Église et son oeuvre.** — Vol. IV, in-8. netto » 16.00 Tome quatrième : Les bienfaits de l'Église — In-8, pag. 522. » 4.00

JOLY LÉON. **Le Christianisme et l'Extrême Orient.** — 2 vol., in-12. . . . . : . . . netto » 7.0 Tome premier. Missions catholiques de l'Inde, de l'Indo-Chine, de la Chine, de la Corèe. — In-12, pag. 408. netto » 3.50

JOLY H. **Le Vénérable Père Eudes.** (1601-1680). Volume de la collection « Les Saints ». — In-12, IV, pag. 208. . . » 2.00

JOUANOLOU. **Une oeuvre à faire.** *Le Sociétés de Secours mutuels*

entre Ecclésiastiques. Publication de l'*Action populaire.* —
In-12, XII, pag. 98. . . . . netto L. 1.00

LAVERGNE G. **Giulia Lavergne :** la sua vita e le sue opere.
Lavoro premiato dall'Accademia di Francia. — Traduzione
autorizzata dall'autore di L. Amadei Gatteschi. — In-8,
pag. 280. . . . . » 3.00

LEJENNE P. **Le Sacré-Coeur et la Vie Chrétienne.** — In-32,
pag. 300. . . . . netto » 1.50

MACINAI L. **Uomini e spiriti.** I capi saldi. — *Apologetica.* —
In-12, pag. 114 . . . . » 1 20

PICCALUGA (Can. Luigi) **Mese di S. Giuseppe.** Discorsi. — Vol.
in-8 di pag. 202. . . . . » 1.50

PLANEIX, Chan. **L'Église et l'État.** Leur séparation en France.
In-12, XLIV, pag. 424. . . . . netto » 3.50

REVAULT J. **Éducation de la Pureté.** II. Edition. — In-12,
pag. 112. . . . . » 1.25

RODRIGUEZ, P. A. **Esercizio di perfezione** riveduto e compen-
diato da F. T. — IIª edizione. — In-8, VIII, pag. 820. . » 3.00

SAGMÜLLER, Dr. JOH. BAPT. **Die Kirchliche aufklärung am hofe
de Herzogs Karl Eugen von Württemberg** (1744-1793).
Ein beitrage zur geschichte der Kirchlichen aufklärung.
Vol. in-8, pag. 226 . . . . » 5.25

SAVIO C. F. **Logica raziocinativa e induttiva e storia della
logica** ad uso de' licei, seminari e istituti tecnici. IIIª edizione. — In-8 gr., pag. 384. . . . . » 3.50

SCHOEPFER Dr. AMILIAN. **Geschichte des Alten Testaments,**
mit besonderer Rücksicht auf das Verhältris von Bibel und
Wissenschaft. Vierte, verbesserte Auflage. Vol. in-8, VIII,
pag. 618. . . . . » 10.00

SCRINZI Sac. G. **S. Antonio di Padova** e il suo tempo. — Terza
edizione. Vol. II, in-12 pag. 727. . . . . . . » 3.50

SEMENENKO P. P. C. R. **De Philosophia** excolenda ac perficienda.
— Elucubravit P. Paulus Smolikowski, C. R. Vol. in-8,
pag. 258. . . . . » 2.50

SOUARN R **Memento de Théologie Morale,** à l'usage des mis-
sionnaires. — Sacrements. — Rites. — Communicatio in Sacris. — In-18, pag. 258. . . . . » 2.50

TORREGROSSA Prof. I. **Il problema religioso e la coscienza con-
temporanea.** — Fasc. pag. 34 . . . . » 0.50

WEISS, A. M. **La Péril réligieux.** — Traduit de l'allemand par
l'Abbé L. Collin. -- In-8, XII, pag. 396. . . . netto » 4.00

IMPRIMATUR. — FR. ALBERTUS LEPIDI O. P. S. P. A. Magister.
IMPRIMATUR. — IOSEPHUS CEPPETELLI Patr. Constant. Vicesgerens.

ROMAE — EX TYPOGRAFIA PONTIFICIA INSTITUTI PII IX.

ACTA SUMMI PONTIFICIS

I. — EPISTOLA

Pii **Pp. X** ad D. Maximilianum Zara praesidem et sodales
Societatis Paullianae catholice scriptis divulgandis.

PIUS PP. X.

DILECTI FILII, SALUTEM ET APOSTOLICAM BENEDICTIONEM.

EXACTO societatis istius anno tricesimo, fecistis vos quidem gratum, quod cum fidei pietatisque erga Nos veteris significatione, indicem Nobis gestarum hoc intervallo rerum obtulistis. Non enim haec Nos legentes mediocrem cepimus voluptatem, quum cerneremus animo, ex librorum optimorum a vobis diffusa copia quantas christiano populo utilitates attulisset. Gratulamur his laborum vestrorum fructibus, atque ut alacres propositum studeatis persequi, hortamur; quamquam intelligimus isti alacritati studioque vestro non parum facultatum angustiam remoram facere.

Atqui, si quod est instituti genus dignum cui catholicorum liberalitas adsit, vestrum est profecto, quo gravissimum horum temporum coercere malum pro virili parte contenditis. Quam multa quotidie disperguntur in vulgus impie nefarieque scripta, quae popularem religionis verecundiam labefaciant, quae mores corrumpant, quae ad ipsa convellenda humani convictus fundamenta pertinent! Gliscitque pestis venia legum, qua licet quidquid libeat in lucem proferre. An vero hoc instrumento in utramque partem efficacissimo improbi abutentur ad perniciem christianae societatis, nec illis propterea parcent sumptibus; eodem autem boni non, quantum opus est, utentur ad salutem?

Faxit Deus ut sui quisque memor officii in hac causa vobis itemque caeteris, quorum eadem est salutaris industria, pro facultatibus opituletur. Vosque a commendatione Nostra sumite animos, et divinae Providentiae benignitate freti, quantum est in vobis, bene de Ecclesia, ut instituistis, mereri pergite.

Auspicem interea caelestium munerum et benevolentiae Nostrae testem, vobis, dilecti filii, apostolicam benedictionem peramanter impertimus.

Datum Romae apud S. Petrum, die 30 iunii, in commemoratione S. Pauli ap., anno 1906, Pontificatus Nostro tertio.

PIUS PP. X.

II. — EPISTOLA.

Pii Pp. X ad componentes Directionem " Unionis Oeconomico-Socialis pro Catholicis Italianis „.

AI DILETTI FIGLI I COMPONENTI LA DIREZIONE PROVVISORIA
DELL' « UNIONE ECONOMICA-SOCIALE PER I CATTOLICI ITALIANI »

PIO PP. X.

DILETTI FIGLI SALUTE E APOSTOLICA BENEDIZIONE.

Per la prima generale assemblea, chiamata ad eleggere il Presidente e il Consiglio Direttivo dell'*Unione Economico-Sociale per Cattolici italiani,* voi, preposti alla costituzione dell'Unione stessa, invocaste, non ha guari, gli auspici della benedizione Apostolica con una lettera, che Ci fu di viva consolazione.

Ben conoscevamo invero la piena devozione e la incondizionata obbedienza vostra al Romano Pontefice. Pure la nuova e calda professione che ne fate, viene opportuna a mitigare il dispiacere che proviamo pel contegno di altri figli non così conforme ai desideri ed alle prescrizioni Nostre.

Tanto più, che nelle vostre parole possiamo ravvisare i sentimenti non di voi soli, ma di molti, che la comunanza di un'azione benefica unisce con voi: vogliam dire, di quelle associazioni di ordine economico e sociale che in bel numero vediamo aggruppate intorno a codesto centro da ogni parte d'Italia.

Con piacere apprendiamo ancora, aver voi presa la pubblicazione di una Rivista, che serve ad istruire e praticamente iniziare i cattolici a quell'azione, che è propria dell'Unione vostra. È un altro argomento che si aggiunge ai tanti, che avete dati, della vostra intelligente operosità. Grati pertanto dei conforti che Ci porgete coll'ossequio della pietà e con l'alacrità dello zelo, preghiamo il Signore che vi sia largo dei suoi lumi, e non cessi di fecondare colla sua grazia i vostri lavori. — Certo considerando quale e quanta attività sin qui adoperaste nel campo assegnatovi, abbiamo di che molto rallegrarci con voi.

Però diletti figli, se volete, come Noi ardentemente bramiamo, che ad inizi così felici segua uno sviluppo anche più prosperoso, è necessario che lo spirito della religione penetri sempre meglio e invigorisca ed animi, per tutti i suoi rami, l'opera vostra. Questa, benchè diretta al bene temporale del popolo, non si chiuda contro l'angusto cerchio degli interessi economici, ma con un nobilissimo intento di restaurazione sociale vi si esplichi mirando al retto or- dinamento dell'umano consorzio.

Ora, essendo la religione custode gelosa della legge morale, che dell'ordine della società è natural fondamento, ne segue che, a riordinare la società sconvolta, niente fa più d'uopo che rimet- tere in fiore i principî religiosi. Perciò voi, per sempre meglio soddisfare al grave còmpito e rispondere all'aspettazione Nostra, porrete costantemente ogni maggior cura a marcare dell'impronta cristiana tutto il movimento che dirigete. E in ciò fare non avrete soltanto la mira al comun bene, ma a quello altresì dei vostri as- sociati; e specialmente, curando i materiali loro vantaggi, attende- rete a tutelarne gl'interessi dello spirito. Troppo importa cha alla luce delle dottrine di Cristo facciano giusta estimazione delle cose umane, e veggano di quanto ai difettosi beni di questa vita fug- gevole debbono andare innanzi quelli dell'eterna.

Così, e non altrimenti, potrete con efficacia opporvi ai pro- gressi del socialismo; che, spirante odio al cristianesimo, si avanza rovinoso, strappando dal cuore delle plebi le speranze del cielo, a rovesciare l'edificio già scosso della società. — Quali istituzioni sian più da promuovere in seno all'Unione, vedrà l'industre carità vostra. A noi opportunissime sembrano quelle che si designano col nome di *Unioni professionali,* e però di nuovo e particolar- mente vi raccomandiamo di attenderne con sollecita cura alla forma- zione e al retto andamento. Perciò vorrete provvedere che, quanti ne debbono far parte, vi vengano convenientemente preparati; cioè da persone idonee istruiti sulla natura e lo scopo dell'associazione, sui doveri e i diritti degli operai cristiani, e su quegli insegna- menti della Chiesa e documenti pontifici, che hanno maggior atti- nenza alle questioni del lavoro. Assai fruttuosa sarà in ciò l'opera del Clero: il quale a sua volta troverà qui nuovi aiuti per rendere più efficace il sacro Ministero in mezzo al popolo. Perchè gli operai così preparati diverranno non solo utili membri dell'Unione pro- fessionale, ma ancora suoi validi cooperatori nel diffondere e pro- pugnare la pratica delle dottrine cristiane. Tali associazioni Ci sono tanto a cuore, anche perchè aspettiamo da esse materiale e moral difesa per quegli operai, che la necessità spinge a cercar lavoro per qualche tempo in estere regioni, senza alcuna protettrice assistenza. Lo zelo dei Pastori di anime produrrà in questo campo preziosi frutti, ove sia aiutato da Consorzi provinciali, diocesani o foranei per la protezione degli emigranti, che Ci auguriamo veder sorgere in tutti i centri di emigrazione temporanea. Del rimanente sarà vostra cura cavar vantaggio di perfezionamento morale, non soltanto da questa peculiar forma di associazione, ma dalle altre ancora, che sembrino aver carattere esclusivamente economico, facendole assorgere oltre l'immediato loro fine, a scopi più alti di educazione e di coltura.

Infine, diletti Figli, per quanto spetta al vostro ordinamento generale, Noi già colle norme per la costituzione delle *Direzioni diocesane* abbiamo dato vita ed impulso ad un disciplinato movimento, che, sotto la vigilanza dei Vescovi, debba sviluppare nelle singole diocesi l'azione sociale dei cattolici, secondo i bisogni dei luoghi e l'esigenze del tempo.

Volemmo cioè, come era conveniente, accordare la provvida autonomia delle istituzioni locali con l'ordinamento gerarchico della Chiesa. Nè a quest'opera di comune salute è mancato il valevole aiuto a favore dei Nostri Venerabili Fratelli; e per la stima che abbiamo del loro zelo, non mancherà, ne siam certi, per l'avvenire. Ora, a fare che l'azione dei cattolici, specialmente sociale, sia più completa e però più gagliarda, vogliamo che il movimento delle Direzioni diocesane s'incentri in codesta Unione Economica-Sociale: così gli sforzi di tutte avranno da unità d'indirizzo accrescimento di energia. E voi, diletti Figli, assumete con grande animo il poderoso incarico, che v'imponiamo. Molte già sono le difficoltà che vi si attraversano, più forse ne incontrerete. Ma, a sostenere il vostro coraggio valga il pensiero, che in questa santa impresa non vi verrà mai meno l'appoggio dei buoni, il soccorso della Nostra autorità, l'aiuto di Dio.

Intanto come pegno dei divini favori, con particolare affetto impartiamo a voi ed alle vostre famiglie l'Apostolica benedizione.

Dato a Roma presso S. Pietro, il giorno 20 gennaio 1907, del Nostro Pontificato l'anno quarto.

PIUS PP. X.

III. — EPISTOLA.

qua Pius Pp. X Episcopo Urbinatensi gratuletur ob excitatum maius Seminarium.

VENERABILI FRATRI IOANNI MARIAE ARCHIEPISCOPO URBINATI.

PIUS PP. X.

VENERABILIS FRATER, SALUTEM ET APOSTOLICAM BENEDICTIONEM.

LITTERAS, quas ob memoriam suavissimam Iesu Christi in terris nascentis, nuper dabas, fuerunt Nobis iucunditatis plenae. Eminet enim in iis filialis pietas, quam erga Sedem Apostolicam foves. Libet igitur Nobis animum Nostrum et memorem et benevolentissimum mutuo profiteri ac simul ob ea effuse laetari, quae sunt a te interea gesta praeclare. Enim vero singulari expectationi Nostrae quam antea magna cum laude sustinueras, in munere difficillimo, iniuncto a Nobis, naviter obeundo varias Italiae ex Apostolica auctoritate lustrandi dioeceses, nunc quoque plane perfecteque respondes in iis procurandis regendisque dioecesibus quae curae ac vigilantiae tuae concreditae sunt. Toto enim pectore in id incumbis ut nihil unquam quaeras, quam quod maxime est cum Nostris votis coniunctum. Ac sane inter opera feliciter incoepta, Nos magnopere ephebeum maius delectat, a te Urbini excitatum, ubi sacrorum alumni, ex iisdem dioecesibus confluentes, altiora studia cumulate absolvant ac sacerdotio ineundo, tamquam in praestantiori palaestra, se perfectius comparent. Quod opus, veluti haud Nos latet, eiusmodi esse, in quo condendo multum fuit antea insudandum, ac deinceps in perficiendo multum etiam curae et diligentiae requiratur, ita plenissime laudamus. Verum te, praeceptores praesidesque novensilis ephebei hortamur ne vos ipsos occursu difficultatum frangi sinatis, Deipara Virgine opitulante. Alumnos vero qui in Ecclesiae spem succrescentes potiorem partem excipiunt animi Nostri, consilio excitamus ut quae sit dignitas, qui splendor, quae pulchritudo sacerdotii, te magistro, intelligant atque in dominica excolenda vinea, non servi inutiles sed solertissimi facti, uberrimos ferant fructus ad salutem hominum sempiternam. Interea, pignus amoris, quo te complectimur, benedictionem Apostolicam tibi, praeceptoribus alumnisque maioris Seminarii ac simul gregibus tuis libentissime impertimus.

Datum Romae apud S. Petrum die ıv ianuarii ann. мсмvıı Pontificatus Nostri quarto.

PIUS PP. X.

SECRETARIA BREVIUM

BREVE

quo Beatificationis honores octo Martyribus Tunquinensibus Ord. Praedicatorum decernuntur.

PIUS PP. X.

AD PERPETUAM REI MEMORIAM.

MARTYRUM purpurata sanguine vel ab ipsis primordiis Ecclesia Dei exhibere postea per sequentes aetates nunquam destitit mira exempla fortitudinis, et in omnibus vel longo terrarum marisque tractu dissitis regionibus, in quas vera fides est primum invecta, hi ante alios morte constanter tolerata christianam doctrinam confirmarunt, qui eam praedicatione vulgaverant, proprio videlicet sanguine quam verbo et sudore severant arborem irrigantes. Id porro non sine providentissimo Dei consilio factum est, nimirum ut manifeste constaret durissimo certamini a coelis adesse auctorem fidei nostrae Christum Iesum, qui, ut scripsit Sanctus Cyprianus, " prae- liatores et adsertores sui nominis in acie confirmavit, erexit, qui pugnavit et vicit in servis suis „, et simul appareret vere sangui- nem martyrum semen esse Christianorum. De Catholica Ecclesia ac de civili societate meritus Ordo Fratrum Praedicatorum, Mar- tyrum palmis iamdudum assuetus, inter complures Evangelii prae- cones, qui, uti loquitur Sanctus Ioannes Chrysostomus, " et labo- rando fortiores et moriendo victores effecti sunt „, novum hodie eumdemque duplicem manipulum exhibet, alterum eorum qui de- cimo nono saeculo in Regno Tunquinensi " tradiderunt corpora sua propter Deum ad supplicia „. Una enim eademque sub insecta- tionis procella occubuisse dicendi sunt, quippe a medio saeculo de- cimo octavo ad annum usque sexagesimum secundum nuper elapsi saeculi odium contra christianam fidem in regionibus Tunquini nun- quam deferbuit.

Venerabiles Dei Famuli Franciscus Gil de Federich, Matthaeus Alonzo Leziniana, Hyacinthus Castaneda et Vincentius Liem a Pace sacerdotes missionarii Ordinis Praedicatorum primae aciei pugiles fuere. Horum duo primi in Hispania nati sunt: Franciscus Der- thusae e nobili genere, Matthaeus in oppido Nava del Rey nun-

cupato, dioecesis Vallisoletanae. Adolescentes adhuc Fratrum Praedicatorum Ordinem ambo professi vehementi flagrantes desiderio
longinquas easque barbaras terras peragrandi, ut ad animas " in
tenebris et in umbra mortis sedentes „ Evangelii lumen afferrent,
impetrata tandem venia ad Religiosam Provinciam SSmi Rosarii
in Philippinis Insulis post difficilis ac diuturnae navigationis dis-
crimina appulerunt. Tunquinense dein iter agressi tot exantlarunt
pro Christi fide provehenda labores, tot se in pericula conjecerunt,
tot adversa tulere, ut sententiam confirmarent, " vix Martyres effici
nisi eos qui a Deo multis prius aerumnis sunt exerciti et quasi
praeparati ad martyrium „. Christiana religione iampridem in Tunquino proscripta, prior ethnicam crudelitatem expertus est Franciscus Gil, toleratis plures per annos squallore carceris, vinculorum
pondere, militum contumeliis diuturnisque vexationibus, quas inter
nec ab apostolatu cessit, sed licet captivus exemplo et verbis innumeras animas Christo lucrifecit. Eum brevi post Matthaeus Alonzo
Leziniana plura et acerba quidem perpessus eadem in custodia sequutus est, passionis socius non minus quam in poena capitis ap-
petenda aemulus. Damnatus enim perpetuo carcere firmissime obte-
status est velle se adiungi Francisco cum eoque obtruncari. Cuius
voti ubi compos factus est, ambo crucem manu gestantes ad supplicii locum rapti sunt. Ibi Christi fidem iterato professi, palis col-
ligati, ut sincere fidei eidem haererent circum adstantes hortati sunt,
et continuo unico ensis ictu decollati ceciderunt, xi Kalendas Februarias anno MDCCXLV.

Sex lustris ab hoc triumpho nondum exactis, aliud nobile par
Dominicianae Familiae Fratrum, Venerabiles Servi Dei Hyacinthus
Castaneda, Hispanus, Setabi intra fines dioecesis Valentinae ortus,
et Vincentius Liem a Pace, Tunquinensis, novis coronis Ordinem
suum Ecelesiamque decorarunt. Horum alter Hyacinthus, qui in
ipso iuventutis flore nec parentum nec ipsius matris amore eum
detinente ad barbaras illas oras volens libens solverat, et primum
in Sinis, dein in Tunquino apostolicum munus impigre et sancte
obiverat, tandem comprehensus, ac biduo cibi potusque expers, huc
illuc pertractus ad magistratum adducitur. Inde in arundineam caveam tam arctam depressamque detruditur, ut neque standi locus
esset neque cubandi. Haud ita multo post et Vincentius, qui nobili
sanguine in Tunquino natus e genitrice christiana ac Manilae institutus se Guzmanae familiae mancipaverat, atque ad natalem terram veram fidem allaturus sacerdotio donatus se Hyacintho dederat
in apostolatu comitem, dum SSmi Rosarii pervigilio sacris operam
navat, ab ethnicis capitur et pari immanitate in similem caveam
coniicitur. Mox ad Regem deducti et in eius conspectu catholicam
fidem invicto animo professi, capitali poena plectuntur. Hos etiam
inter fortissimos christiani nominis adsertores singularis extitit in
martyrio aemulatio. Vincentius enim, cui in eadem causa constituto,
utpote Tunquinensi, oblata evadendi opportunitas fuerat, quod capitalis illa lex indigenas non afficeret, sociae mortis aemulatione
incensus fugam detrectavit. Itaque confirmata sententia una cum Hyacintho ad supplicium traducitur. Hi in conspectu populi et procerum

tantam constantiam mirantium, fusis precibus et recitato simul Apostolorum symbolo, ter gladio· perculsus Hyacınthus, unico ictu Vincentius, capite truncantur vıı idus Novembres anno MDCCLXXIII, apo·
stolatus suis cursum felicissime consummantes.

,Alterius agminis officii dignitate praecipui sunt Venerabiles Dei
famuli ex eadem inclyta Dominiciaǹa familia Hieronymus Hermosilla, Episcopus Miletopolitanus, Valentinus Berrio-Ochoa, Episcopus
Centuriensis , simulque horum adiutor Petrus Almato, eiusdem Ordinis sacerdos, et Hermosillae servus Iosephus Khang, catechista
indigena. Hieronymus Hermosilla, natus pridie kalendas Octobres
anno MDCCC in civitate S. Dominici Calceatensis, vix e pueris exces-
sit, in religiosam Praedicatorum familiam coepit cogitare. In ipsa
receptus mox ad Philippinas insulas primum transmigravit, deinde
sacerdotio auctus missus est in Tunquinum, ubi gliscente iugiter
contra Christi fidem teterrima insectatione, aspera multa sustinuit,
ut nequissimi illius regis furorem insidiasque satellitum vitaret.
Beato Ignatio Delgado Episcopo, qui eo temporis Apostolico Vicariatui Tunquinensi Orientali praeerat, adiutor datus, postquam
ille ab ethnicıs est in odium fidei nefarie interemptus, ex decreto
Sanctae huius Apostolicae Sedis vacantis Vicariatus regimen suscepit, addito episcopali titulo Ecclesiae Miletopolitanae, atque ad
necem usque quaesıtus plures annos in montium speluncis, silva-
rum dumetis et coeno paludum, inter caedes, incendia, tumultus
huc illuc transfuga delituit, sed in ipso mortis limine interritus in-
victusque commissi sibi gregis spirituali bono prospexit. Tandem
post apostolicos plurimos labores, quum ad naviculas quasdam piscatorum fidelium confugisset, per proditionem comprehensus est
una cum alumnu famuloque suo Iosepho Khang, indigena, et in
provinciae orientalis principem urbem traductus. Cuius ad limina
distentam Christi cruci adfixi imaginem conspicatus, ultra progredi
nisi illa, ne profaneretur, sublata recusavit. Tum cavea inclusus,
nec in duri illius carceris squallore divini verbi praedicationem
intermisit, donec kalendis Novembribus anno MDCCCLXI, aetatis suae
sexagesimo secundo, una cum Episcopo Valentino Berrio-Ochoa et
Petro Almato sacerdote capite caesus est.

Nam eodem die quo Sanctorum omnium celebritatem recolit
Ecclesia, haud absimili martyrio iisdemque fere adiunctis vitam
nitide actam nobilitarunt memorati Christi athletae Valentinus Berrio-Ochoa et Petrus Almato. Horum prior natus xvı kalendas Martias anno MDCCCXXVII in oppido Ellorio, dioecesis Victoriensis in
Cantabria, e piis ac nobilibus parentibus, in Ordinem Fratrem Praedicatorum adolescens adlectus, et ipse Philippinis ab insulis in Tunquinum centralem martyrii desiderio flagrans transmeavit, ubi eius
cognita sanctitate brevi est Centuriensis titularis Episcopus univer-
saeque Missionis moderator ab hac Sancta Sede renunciatus. Re-
crudescente vero in eius Vicariatu Centralis Tunquini persecutione,
ita ut iam nullus perfugii locus superesset, ad orientalem Tunquini
partem appulsus in horrido antro delituit, ubi pro viribus ministerio suo functus est. Inde pagum petiturus Van-Dinh appellatum,
quum se ad easdem naviculas recepisset, ubi quatriduo ante Epi-

scopus Hermosilla et Iosephus Khang fuerant comprehensi, ethnici cujusdam proditione in satellitum manus incidit, una cum sacerdote Petro Almato. Uterque ligneo collari et catenis onusti ad urbem provinciae caput deducuntur, cui non succedunt nisi adorata prius ac deinde remota Cruce ad calcandum proiecta. Prope caveam Hermosillae Valentinus inclusus eodem die quo ille trahitur ad supplicii locum, ubi stipiti alligatus capitalem pro Christo poenam fortiter subiit.

Eidem neci datus est Petrus Almato sacerdos quem pariter Hispania protulit, sanctorum Martyrum, Confessorum et Virginum foecunda parens. Hic in pago Sazerra cui vulgo nomen, intra fines dioecesis Vicensis in Catalaunia ortus, et in Sancti Dominici religiosum Ordinem conscriptus, lucidum vitae intemeratae exemplar enituit et indefessus Antistitum supradictorum in apostolico ministerio adiutor dignus plane visus est, qui eodem atque illi die, anno aetatis suae trigesimo primo, gloriosas cum sociis palmas intexeret.

Novissimus in certamen venit Iosephus Khang, in pago Tra-Vi provinciae Nam-Dinh Tunquini christianis parentibus anno MDCCCXXXII editus. Iste Hermosillae alumnus ac famulus et in tertium Ordinem S. Dominici cooptatus, quum in fidelium piscatorum cymbis cum suo praesule delitesceret, a militibus, quorum e manibus vinctum illum eripere nitebatur, tres ictus ensis accepit, cum eoque ad provinciae principem urbem captivus et saucius traductus est. Ad primum quaesitus de apostolicis viris reticuit; iteratis deinde verberibus compulsus interrogantibus prudenter satisfecit. Mox ad crucem proterendam proposita libertate invitatus, maluit viginti supra centum virgarum ictus perferre quam a fide desciscere; stetit, ut Cyprianus ait, " tom quentibus fortior, et saevissima diu plaga repetita inexpugnabilem fidem expugnare non potuit „. Quare et ipse ad supplicium tractus eodem in loco ubi sex et triginta ante dies dilecti Praesulis ac domini sui sanguis effluxerat, annum agens vigesimum nonum, truncato capite optatam coronam consequutus est octavo idus Decembres eiusdem anni MDCCCLXI.

Gloriosum horum omnium fortissimorum virorum exitum plura de coelo signa illustrarunt. Quum enim de Francisco Gil et Matthaeo Alonso supplicium sumptum est, sol nitidum caput obscura ferrugine texisse dicitur; circum morituros Hyacinthum Castaneda et Vincentium Liem albae duae quasi summo ab aethere dimissae columbae volitarunt. Ingens alborum papilionum agmen humi strata Hieronymi Hermosilla, Valentini Berrio-Ochoa et Petri Almato corpora ferme quodam angelico candore perfudit, atque avulsa capita miro per noctem splendore micarunt; tandem post eorum gloriosam in conspectu Domini mortem pervicacium quorumdam infidelium adversus religionem conversio et teterrimae poenae quibus tyranni aliique caedis auctores obnoxii fuerunt, Martyrum coelestem coronam luculenter confirmarunt.

Quare de ipsorum Beatificationis causa apud Congregationem sacris tuendis Ritibus praepositam agi coeptum est, ac iuridicis probationibus rite expensis de Venerabilium Servorum Dei Martyrio eiusque causa, itemque de signis Martyrium ipsum confirman-

tibus constare Nos ediximus duplici seiuncto decreto, altero edito
xv kalendas maias anno MCMIV, et altero VIII kalendas iunias anno
MCMV. Id unum inquirendum supererat, ut Venerabiles Fratres Nostri ejusdem Sacrorum Rituum Congregationis Cardinales rogaren-
tur, num, stante, ut superius dictum est, approbatione Martyrii Mar-
tyriique causae, tuto procedi posse censerent ad Beatorum honores
iisdem Dei Servis decernendos. Hoc praestitit dilectus Filius Dominicus S. R. E. Cardinalis Ferrata, loco et vice Cardinalis Seraphini
Cretoni, causae relatoris, in generali conventu coram Nobis habito
XVIII kalendas decembres superioris anni MCMV, omnesque tum Cardinales tum Consultores qui aderant, unanimi suffragio affirmativam
sententiam ediderunt. Nos vero in re tanti momenti Nostram aperire
mentem distulimus, donec fervidis atque iteratis precibus a Patre
luminum subsidium posceremus. Quod cum impense fecissemus, tandem quarto idus Decembres eiusdem anni MCMV, nempe dominica
Adventus secunda, qua Virginis Sanctissimae Lauretanae festum
agebatur, eucharistico litato sacrificio, accitis adstantibusque dilectis
filiis Nostris Aloisio Cardinali Tripepi Sacrorum Rituum Congregationi Pro Praefecto, et Dominico Cardinali Ferrata, una cum Venerabili Fratre Diomede Panici Archiepiscopo Laodicensi eiusdem Congregationis Rituum Secretario, et Rev. P. Alexandro Verde Fidei
Promotore, unico decreto sanximus tuto procedi posse ad solemnem
memoratorum octo Venerabilium Dei Servorum Beatificationem.

Quae cum ita sint, Nos precibus etiam permoti universi Fratrum
Praedicatorum Ordinis necnon cleri populique plurium Hispaniae
dioecesium, auctoritate Nostra Apostolica, praesentium vi, facultatem
facimus ut Venerabiles Dei Famuli Franciscus Gil de Federich,
Matthaeus Alonzo Leziniana, Hyacinthus Cas'aneda et Vincentius
Liem a Pace, sacerdotes Missionarii Ordinis Praedicatorum, itemque
Hieronymus Hermosilla, Episcopus Miletopolitanus, Vicarius Apostolicus Tunquini Orientalis, Valentinus Berrio-Ochoa, Episcopus
Centuriensis, Vicarius Apostolicus Tunquini Centralis, Petrum Almato, sacerdos Missionarius, eiusdem Praedicatorum Ordinis, et
Iosephus Khang, catechista indigena tertii Ordinis S. Dominici,
Beatorum nomine in posterum nuncupentur, eorum corpora in lip-
sana seu reliquiae, non tamen in solemnibus applicationibus defe-
renda, publicae fidelium venerationi proponantur, eorumque imagines radiis decorentur. Praeterea auctoritate Nostra concedimus,
ut de illis recitetur Officium et Missa de communi Martyrum iuxta
rubricas Missalis et Breviarii tum Romani, tum Ordinis Fratrum
Praedicatorum, cum orationibus propriis per Nos approbatis. Eiusmodi vero Officii recitationem et Missae celebrationem fieri concedimus tum intra fines Vicariatuum Apostolicorum Tunquini Centralis, Orientalis et Septentrionalis, tum in illis Hispaniae dioecesibus
unde plurique ex istis Martyribus ortum habuere, tum denique in
omnibus templis,coenobiis Ordinis Praedicatorum etiam Monialium
ac tertii Ordinis S. Dominici ubique terrarum adnexis, ab omnibus
christifidelibus qui horas canonicas recitare teneantur; et quod ad
Missam attinet, ab omnibus sacerdotibus tum saecularibus tum regularibus ad ecclesias in quibus festum agitur confluentibus, servato

decreto Sacrae Rituum Congregationis N. 5862 *Urbis et Orbis*
ix decembris MDCCCXCV. Denique concedimus ut solemnia Beatificationis eorumdem octo Martyrum supradictis in templis celebrentur
ad normam decreti seu instructionis S. Rituum Congregationis die
xvi decembris MCMII de triduo intra annum a Beatificatione solemniter celebrando, quod quidem statis legitima auctoritate diebus
fieri praecipimus, postquam eadem solemnia in Basilica Vaticana
fuerint celebrata.

Non obstantibus constitutionibus et ordinationibus Apostolicis
ac decretis de non cultu editis caeterisque contrariis quibuscumque.
Volumus autem ut harum litterarum exemplis etiam impressis, dummodo manu Secretarii dictae Rituum Congregationis subscripta sint
et sigillo Praefecti munita, eadem prorsus in disceptationibus etiam
iudicialibus fides habeatur, quae Nostrae voluntatis significationi
hisce litteris ostensis haberetur.

Datum Romae apud S. Petrum sub annulo Piscatoris, die xv
aprilis MCMVI. Pontificatus Nostri anno tertio.

ALOIS. Card. MACCHI.

DECRETA SS. RR. CONGREGATIONUM

S. CONGREGATIO S. OFFICII

Dubia de sanatione in radice.

Beatissime Pater:

ORDINARIUS Covingtonen., ad pedes Sanctitatis Vestrae provolutus,
haec quae sequuntur exponit:

Inter Facultates Apostolicas Ordinariis Statuum Foederatorum
Americae Septentrionalis, ad quinquennium nunc concedi solitas,
reperitur etiam (Form. D. art VI) sequens:

« Sanandi in radice matrimonia contracta quando comperitur
adfuisse impedimentum dirimens super quo, ex Apostolicae Sedis
indulto, dispensare ipse possit, magnumque fore incommodum re-
quirendi a parte innoxia renovationem consensus, monita tamen
parte conscia impedimenti de effectu huius sanationis ».

Cum autem pluribus iisque gravis momenti controversiis quoad
rectam eius interpretationem dicta facultas ansam praebuerit et
adhuc praebeat, sequentia dubia pro opportuna enodatione proponere ausus est:

1. Quomodo intelligi debet expressio « Super quo, ex Apo-

stolicae Sedis indulto, dispensare possit? » Utrum nempe solos casus Indultorum quinquennalium (seu particularium) contineat, an etiam omnes casus Indulti generalis a Rom. P. Leone XIII omnibus Ordinariis concessi die 20 febr. a. 1888 quoad concubinarios, quorum unus versatur in periculo mortis, adeo ut vi praedictae facultatis Episcopi sanare valeant in radice omnia matrimonia, pro quibus reliqui Ordinarii facultatem habent simplicem concedendi dispensationem, supposito utique quod adsit species seu figura quaedam matrimonii.

2. Quid exacte intelligendum est per voces « pars innoxia et pars conscia impedimenti? » Facile quidem usus intelligitur Facultatis pro casu quo matrimonium quoddam nullum et irritum existat ob impedimentum affinitatis ex copula illicita soli parti reae (non innoxiae et simul consciae) cognitum. At praeter hunc casum, alios etiam reperiri in quibus, ex mente h. Supr. Congr., locus sit usui facultatis, vel ex eo solo patet quod Sanctitas Vestra rescribere dignata est Illmo et Rmo D. G. Elder Archiepiscopo Cincinnatensi d. 20 iunii 1892 pro impedimento disparitatis cultus; unde ulterius petet:

3. Utrum adhuc sit locus facultati si ambae quidem partes cognoscunt nullitatem matrimonii, sed una earum adduci non potest ad renovandum consensum; item si ambae hic et nunc eam ignorant, dummodo postea una pars moneatur de sanatione obtenta eiusque effectu.

4. Utrum valeat Ordinarius sanare in radice matrimonium nullum ob disparitatem cultus, quando impedimentum quidem evanuit, sed gravis adest difficultas expetendi renovationem consensus, prouti in casu sequenti nuper contigit.

Maria non baptizata sed ut catholica ab omnibus reputata, matrimonium in forma Tridentina iniit cum iuvene catholico. Postea vero sacerdotem secreto adiit eique omnem veritatem patefecit, enixe efflagitans ut statim baptizaretur, et insuper orans ut altum servetur silentium coram marito ob gravia dissidia probabiliter oritura ex ea manifestatione veritatis. Sacerdos votis eius obsecundans eam baptizavit. An locus est sanationi in radice, vi Indulti?

5. Ex repetitis S. Inquisitionis decretis et responsis, notanter a. 1898, 1899, 1900 emanatis, constat omnes Facultates habituales a Sede Apostolica Episcopis concessas et concedendas intelligi de-

bere datas Ordinarii locorum, sub quo nomine, praeter Episcopum, veniunt Vicarii in spiritualibus generales, Vicarii Capitulares, etc. Quo posito, petit utrum recte sentiant DD. qui affirmant limitationes quascumque olim appositas facultatibus delegandi Vicarium Generalem iam evanuisse, ipsumque Vicarium absque ulla delegatione vel communicatione facta ab Episcopo gaudere praedictis facultatibus, eisque, servatis servandis, semper valide uti.

Feria IV, die 22 augusti 1906.

In Congregatione Generali S. R. et U. Inquisitionis, propositis suprascriptis dubiis, re mature discussa auditoque RR. DD. Consultorum voto, Emi ac Rmi DD. Cardinales in rebus fidei et morum Generales Inquisitores scribendum mandarunt:

Ad I. " *Facultatem art. VI Formulae D extendi posse ad casus Indulti diei 20 febr. 1888, servatis eiusdem Indulti clausulis, facto verbo cum SSmo* „.

Ad II. " *Providebitur in sequenti* „.

Ad III. " *Quoad primam partem, negative, nisi constet verum datum fuisse consensum sub specie matrimonii et eumdem ex utraque parte perseverare; ad secundam, prout exponitur, negative* „.

Ad IV. " *In casu exposito, affirmative* „.

Ad V. " *Affirmative, quoad facultates de quibus in dubio proposito, servato tamen, quoad licitum usum, debito subordinationis officio erga proprium Episcopum* „.

Insequenti vero feria V eiusdem mensis et anni, SSmus D. N. Pius divina providentia Papa X, in audientia R. P. D. Adsessori S. O. impertita, habita hac de re relatione, resolutionem Emorum Patrum adprobavit, et benigne annuere dignatus est.

CAESAR ROSSI, *Subst. Notar. S. O.*

S. CONGREGATIO CONSISTORIALIS

BELEMEN. DE PARA ET MARIANNEN.
IN BRASILIANA REPUBLICA
Erectionis ad titulum et dignitatem Archiepiscopalem.

SEMPITERNAM humani generis salutem omni studio omnique ope curare ideoque inter populos tum fidei pietatisque adiumenta, tum caritatis disciplinaeque vincula apte quidem ad tempora, ad

loca multiplícari atque augeri fuit semper eaque maxima catholicae Ecclesiae ' sollicitudo. At huius sane sollicitudinis licet innumera ubilibet pateant indicia, praecipuam tamen in dioecesium pro-
vinciarumque ecclesiasticarum erectione habetur, quas Romani Pontifices iis praesertim in regionibus instituendas curant, quae recentiori
aevo delectae, maiora ac promptiora prae ceteris habent civium bonorumque incrementa. Praeter has vero regiones, Brasiliana Republica nuperrimis hisce temporibus peculiares Apostolicae Sedis curas
sibi promeruit. Sane postquam Leo PP. f. r. XIII Litteris Apostolicis, quarum initium " *Ad Universas Orbis Ecclesias* „ quinto calendas
maii An. Dñi MDCCCXCII datis, quatuor novis erectis dioecesibus,
alteraque constituta Ecclesiastica provincia totam ecclesiasticam
hierarchiam in Brasiliana Republica restituit, plures aliae in eadem
Republica erectae sunt et constitutae dioeceses, nempe de Spiritu
Sancto anno MDCCCLXXXXV, de Pouso Alegre anno MCM, de
Alagoas anno MCMI, de Piahuy anno MCMII, et denique anno
MCMIV Praelatura Santemerensis seu Nullius dioecesis.

Sed aucto dioecesium numero, opportunum, imo necessarium
omnino visum est novas Archiepiscopales Sedes constituere. Cum
autem Brasiliana Republica territorium quam latissime pateat, et
duo tantum in eo nunc existant Archiepiscopales Sedes, non modo
Archiepiscopi Suffraganearum Sedium necessitatibus, in iis quae
ad ipsos spectant, difficillime occurrere possunt, sed et causae ecclesiasticae, matrimoniales praesertim, quae nonnisi maximo animarum discrimine differri possunt, nimis in longum protrahuntur,
pluraque alia sequuntur incommoda.

Cum itaque novissimis hisce temporibus preces in hunc finem
Apostolicae Sedi oblatae fuerint, SSñius D. N. Pius PP. X, cunctis
quae consideranda sunt, matura deliberatione perpensis, rei utilitate
perspecta, exquisitaque sententia Sacri Consilii negotiis ecclesiasticis
expediendis praepositis, Episcoporum fideliumque votis obsecundandum censuit.

Quod igitur bonum, faustum felixque sit, Dei gloriae, Religionique incremento in Brasiliana Republica benevertat, Sanctitas Sua,
potestate utens sibi et Apostolicae Sedis expresse reservata in memoratis Apostolicis Litteris " *Ad universas Orbis Ecclesias* „ novam
ineundi in Brasiliana Republica dioecesium circumscriptionem, quandocumque in Domino opportunum visum fuerit, atque suppleto,
quatenus opus sit, quorumcumque in hac re interesse habentium
vel habere praesumentium consensu, episcopales sedes Belemensem
de Para ac Mariannensem, quarum altera ad Boream, altera vero
ad meridiem Brasilianae Reipublicae sita est, quaeque prae ceteris
magis aptae et dignae visae sunt, ut ad Archiepiscopalium sedium
dignitatem evehantur, in Metropolitanas erigere et constituere
decrevit in eum, qui sequitur, modum.

I. Primum itaque Beatitudo sua utramque episcopalem sedem
Belemensem de Para et Mariannensem, de Apostolicae potestatis
plenitudine, a iure metropolitico Archiepiscopalis Ecclesiae SSñi
Salvatoris de Bahia atque Archiepiscopalis Ecclesiae S. Sebastiani
Fluminis Ianuarii respective exsolvit et eximit, easdemque sub

eodem titulo, quem praeseferunt, iisdemque in conditionibus, quibus nunc sunt, ad Archiepiscopalem dignitatem et honorem evehit et erigit pro uno deinceps Archiepiscopo Belemensi de Para atque Mariannensi, atque ut ordo Canonicorum Templi maximi uniuscuiusque dioecesis Metropolitanus audiat perpetuo constituit atque decernit.

II. Deinde Archiepiscopi Belemensi de Para et Mariannensi, post postulationem rite faciendam in Consistorio, eadem Beatitudo Sua usum pallii et Crucis ante se praeferendae, ex aliorum Episcoporum more atque Sacrorum Canonum praescripto, intra uniuscuiusque Archidioecesis limites, et non alibi omnino concedit, itemque omnia archiepiscopalia insignia, privilegia, honores et iura, quibus aliae Archiepiscopales Ecclesiae per Brasiliam earumque Praesules quomodolibet, non tamem titulo oneroso seu ex indulto aut privilegio particulari fruuntur, potiuntur et gaudent.

III. Duobus hisce Archiepiscopalibus sedibus, ut supra, constitutis, Sanctitas Sua in suffraganeas assignat et attribuit metropolitanae Ecclesiae Belemensi de Para episcopales sedes S. Ludovici de Maragnano, Amazonum, et de Piauhy, quas in hunc finem a iure metropolitico Archiepiscopalis Ecclesiae SSmi Salvatoris de Bahia subtrahit et eximit, ipsam Santaremensem Praelaturam, licet nullius dioecesis, derogato proinde exemptionis seu immediatae subiectionis Apostolicae sedi iure, quo Santaremensis eadem Praelatura, utpote nullius dioecesis, frui deberet; Mariannensi vero dioecesim Goyasensem, quam pariter a iure metropolitico eiusdem Archiepiscopalis Ecclesiae SSmi Salvatoris de Bahia distrahit, et sedes episcopales Adamantinam ac de Pouso Alegre, quas ab ecclesiastica provincia S. Sebastiani Fluminis Ianuarii dirimit ac separat.

IV. Cum autem ad regendam Cathedralem Ecclesiam Belemensem de Para fuerit nuper per litteras Apostolicas in forma Brevis diei 23 aprilis hoc anno datis electus R. P. D. Iosephus Marcondes Homen de Mello atque Mariannensis dioecesis a pluribus annis sit Episcopus R. P. D. Silverius Gomez Pimenta, mandavit eadem Sanctitas Sua ut iidem in Archiepiscopos nunc constituti Archidioeceses ipsas commissas eodem iure in posterum regant, quo hactenus rexere, eosque ab expediendis Apostolicis Litteris sub plumbo vel sub anulo Piscatoris pro aucta dignitate absolvit et dispensavit.

V. Decrevit pariter Beatitudo Sua easdem Ecclesias Belemensem de Para et Mariannensem ad metropoliticam dignitatem erectas taxari utramque seorsim in aureis florenis de Camera sexaginta sex cum tertia floreni parte, hasque taxas in libris Camerae Apostolicae de more describi.

VI. Ad praemissa vero exsequenda eadem Beatitudo Sua deputare dignata est R. P. D. Iulium Tonti Archiepiscopum Tit. Ancyranum et in Brasiliana Republica Nuntium Apostolicum cum facultatibus necessariis et opportunis etiam subdelegandi ad effectum de quo agitur quamcumque aliam personam in ecclesiasticam dignitatem constitutam, itemque definitive pronuntiandi super quacumque oppositione in exsecutionis actu quomodolibet oritura, iniuncta eidem obligatione ad Sacram hanc Congregationem intra sex menses

. transmittendi exsecutionis acta autentica forma exarata, ut in tabulario Sacrae huius Congregationis servari possint.

· VII. Demum Sanctitas Sua hisce de rebus prasens edi voluit consistoriale Decretum perinde valiturum, ac si super iisdem Litterae Apostolicae sub plumbo vel sub anulo Piscatorís expeditae fuissent, et decretum ipsum inter acta referri mandavit Sacrae huius Congregationis Consistorialis. ·

Datum Romae hac die 1 maii An. D.ni MCMVI.

L. ✠ S.

Pro R. P. D. Secretario

IULIUS GRAZIOLI

Sacrae Congr. Consistorialis et Secretariae Sacri Collegii substitutus.

S. CONGREGATIO EPISCOPORUM ET REGULARIUM

I. — DECRETUM.

approbationis ad sexennium Constitutionum Instituti a S. Iuliana, vulgo « *Apostolines du Très Saint Sacrement* ».

SSMUS D. N. Pius Divina Providentia PP. X, in audientia habita ab infrascripto Cardinali Sacrae Congregationis Episcoporum et Regularium Praefecto die 6 huius mensis, attentis litteris commendatitiis Antistitum locorum in quibus reperitur Institutum Sororum a S. Iuliana, vulgo *Apostolines du Très Saint Sacrement* nuncupatarum, domum principem habentium in archidioecesi Mechliniensi, eiusdem Instituti Constitutiones, prout continentur in hoc exemplari, cuius authographum in archivio praefatae S. Congregationis asservatur, ad sexennium per modum experimenti approbare et confirmare dignatus est, prout praesentis decreti tenore approbat et confirmat, salva Ordinariorum iurisdictione, ad formam SS. Canonum et Apostolicarum Constitutionum.

Datum Romae, ex Secretaria memoratae S. Congregationis Episcoporum et Regularium, die 7 maii 1906.

L. ✠ S.

D. Card. FERRATA, *Praefectus.*

PH. GIUSTINI, *Secretarius.*

II. — AURIEN.

Indultum conceditur postulantibus in casu per periodum probationis commorandi intra claustra monasterii.

Beatissime Pater,

EPISCOPUS Auriensis, ad pedes S. V. provolutus, exponit quae sequuntur:

Mos invaluit in conventu monialium S. Francisci oppidi vulgo
Allariz, huius dioecesis, ut postulantes priusquam habitum accipiant,
probationis periodum peragant intra claustra monasterii commo-
rando, quin in scriptis ullam licentiam a S. Sede obtinuerint, neque
postulaverint. Episcopus orátor iuri clausurae papalis, cuius est
custos, prospiciens et tranquillitati monialium consulendo, petit a
S. V. licentiam in scriptis competentem ut quaecumque habitum monialium in hoc monasterio accepturae šunt, nomine et titulo *postu-
lantium*, intra claustra degere et commorari possint per probationis
periodum. Et Deus.

" *Vigore specialium facultatum a SSmo Domino Nostro concessarum, Sacra Congregatio Emorum S. R. E. Cardinalium negotiis et
consultationibus Episcoporum et Regularium praeposita benigne annuit
precibus Episcopi oratoris pro petita facultate ad quinquennium „. Contrariis quibuscumque non obstantibus.*

Romae, 8 maii 1906.

L. ✠ S.

D. Card. FERRATA, *Praefectus.*

PH. GIUSTINI, *Secretarius.*

III. — MAZARIEN ET CIVITATIS PLEBIS.
CONFESSARIORUM MONASTERIORUM AC PUELLARUM.

(Die 7 Decembris an. 1906).

De confessariis monialium, sororum ac puellarum in collegio
degentium.

EPISCOPUS Mazariensis huic S. C. exposuit in sua dioecesi antiquam vigere consuetudinem, vi cuius in monasteriis clausurae Papalis, praeter confessarium ordinarium, duplex confessariorum species existit. Habentur nempe confessarii extraordinari-
tum generales, qui aliquibus tantum in casibus confessiones Relii

giosarum excipiunt, tum particulares, qui quarumdam monialium confessionem habitualiter audiunt. Omnes porro confessarii extraordinarii, sive generales sive particulares, sunt ad nutum Episcopi nec triennium observant. Hinc idem Episcopus petiit ut solverentur priora sex infrascripta dubia confessarios monialium respicientia; quibus et septimum additum fuit, ab Episcopo Civitatis Plebis propositum, circa confessarium puellarum in collegio degentium.

I. *An antiqua consuetudo varios confessarios extraordinarios particulares et generales deputandi toleranda sit in casu?*

II. *Utrum confessarius ordinarius, expleto triennio, ab Episcopo approbari queat in eadem communitate religiosa tamquam extraordinarius bis vel ter in anno ad normam Conc. Trid. sess. 25, cap. 10 de Regul.?*

III. *Num tolerari possit quod confessarius ordinarius, post elapsum triennium, deputetur uti confessarius habitualis seu extraordinarius particularis quarumdam monialium, quae aliorum confessariorum ministerium recusant?*

IV. Et quatenus negative, *Episcopus orator facultatem petit aliquem confirmandi pro monasteriis Mazarae ac Lilybaei, attenta confessariorum penuria.*

V. *An confessarii extraordinarii particulares adstringantur lege triennii, quo expirato, veniam Apostolicam pro munere prosequendo expetere teneantur?*

VI. Et quatenus affirmative, *Episcopus orator a S. Sede exposcit sanationem omnium defectuum pro praeterito, nec non facultatem pro iisdem confessariis excipiendi confessiones ad aliud triennium.*

VII. *An confessarii ordinarii puellarum in collegio degentium durare debeant dumtaxat ad triennium, quo elapso, nequeant per aliud tempus confessiones in eodem collegio recipere absque licentia S. C. Episcoporum et Regularium?*

Vota Consultorum. — Hisce super dubiis haec S. C. EE. et RR. votum duorum ex suis Consultoribus exquisivit, ab ipsis etiam expostulans utrum et quomodo expediat reformare ius in subiecta materia constitutum.

Advertit unus ex Consultoribus, ad tollendos abusus et ad unicam spiritualem directionem asservandam, inductam legem confessarii ordinarii, a Benedicto XIV nonnullis in casibus temperatam, pluribus confirmatam esse decretis et anno 1901 extensam esse ad sorores votorum simplicium. Haec lex non respicit educandas aliasque personas saeculares in communitate degentes, quae, sicut moniales in publicis ecclesiis sese confitentes, uti possunt quolibet confessario.

Lex unici confessarii vero per trinam praescriptionem moderata est, quarum prima consistit in triennali eiusdem confessarii mutatione, altera in constitutione confessarii extraordinarii a Conc. Trid. statuta, a Benedicto XIV et a *Normis* confirmata, quae *Normae* statuunt ut monialibus confessarius " extraordinarius bis aut ter aut saepius in anno offeratur „.

Tertia vero derogatio est concessio peculiaris confessarii extraordinarii facta singulis monialibus ad iustam ipsarum petitionem.

Quibus praehabitis egregius vir ad proposita dubia ita per ordinem respondit:

Ad I. Negative quoad confessarios extraordinarios particulares habitualiter expetitos a singulis Religiosis uti ordinarios earum confessarios; affirmative quoad confessarios extraordinarios generatim omnibus Religiosis propositos ad normam decreti *Quem-admodum*.

Ad II. Negative immediate post praedictum triennium confessarii ordinarii et antequam elapsum fuerit aliud a praedicto officio vacationis triennium.

Ad III. Negative, sed moniales quandoque obtinere poterunt, in peculiarem confessarium, praedictum confessarium, cuius consilio et opera, iustis de causis, indigere se arbitrantur, non ex animi levitate neque ex indiscreta affectionis singularitate, et praevia requisita Ordinarii approbatione. Cfr. *Normae*, art. 144-145.

Ad IV. Affirmative stante et durante necessitate, prudenti eiusdem Ordinarii iudicio, sed pro toto monasterio.

Ad V. Provisum in primo et tertio.

Ad VI. Affirmative ad primam partem; ad secundam partem affirmative, sed pro toto monasterio.

Ad VII. Affirmative ad primam partem; ad secundam partem, non posse pro triennio immediate sequenti, absque licentia S. C. EE. et RR., confessiones in eodem collegio audire.

Demum Consultor haec praecipua reformationis capita in ius hac de re constitutum proponit; nempe quod 1°) confessarius extraordinarius in suo officio nonnisi ad annum perseveret, quo elapso, confirmari possit ad secundum vel etiam ad tertium annum, iuxta ea quae statuta sunt pro triennali confirmatione confessarii ordinarii; 2°) confessarius ordinarius post expletum triennium deputari possit in extraordinarium, et hic post annum in ordinarium, dummodo tamen ipsi eodem tempore proprium munus vicissim non mutent; 3°) etiam Regulares esse possint confessarii ordinarii monialium Episcopis subiectarum; 4°) confessarius extraordinarius monialibus et sororibus concedatur quinquies in anno, nempe in *Quatuor Temporibus* et in exercitiis spiritualibus; 5°) tandem confessarius extraordinarius nedum " in mortis articulo „ iuxta *Normas* art. 148, sed etiam in gravi et periculosa infirmitate ultro libenterque offeratur.

Praemittit vero alter Consultor, legem confessarii extraordinarii a Conc. Trid. inductam, et extensam ad sorores, mulieres et puellas in communitate degentes, confirmatam fuisse a Benedicto XIV, qui tamen tres determinavit casus in quibus hac lege uti possit, nempe in casu gravis infirmitatis, in casu reluctantiae adversus confessarium ordinarium, et in casu quo monialis morbo laborans ad maiorem animi quietem et ulteriorem progressum in vitam Dei, facultatem expostulet alio approbato sacerdoti sese confitendi.

· Mentem vero contrariam pandit circa mutationem confessarii singulis trienniis, mala enumerans quae ab hoc mutatione exoriri possunt, et transiens deinde Consultor ad supra relata dubia solvenda, sic respondendum censet:

Ad I. Affirmative quoad confessarios generales extraordinarios; negative quoad particulares.

Ad II. Nihil obstat.

Ad III. Provisum in primo.

Ad IV. Provisum in tertio.

Ad V. Lex triennii tantum confessarium ordinarium obligat.

Ad VI. Provisum in quinto.

Ad VII. Provisum in tertio.

Tandem ipse haec praecipua reformationis capita subiicit: 1°) si numero ita esset aucta communitas ut confessarius ordinarius vix suum munus solus adimplere posset, licitum sit Episcopo pro suo arbitrio unum vel plures confessarios ordinario adiungere, ad eius nutum amovibiles; 2°) confessarius ordinarius officium suum exerceat, quin attendatur ad legem triennii; Episcopi autem et alii Superiores, visitatione canonica peracta, abusus, quos repererint, corrigant etiam per confessarii ordinarii remotionem; 3°) confessarii ordinarii etiam in communitatibus monialium Episcopo subiectis assumantur ex clero quoque regulari.

Resolutiones. Emi Patres S. Congr. Episcoporum et Regularium in comitiis generalibus diei 7 decembris 1906, omnibus sedulo perpensis, responderunt:

Ad I. " *Affirmative quoad confessarios extraordinarios generales; negative quoad particulares, exceptis casibus determinatis in Const. Pastoralis curae Benedicti XIV ..*

Ad II. " *Negative antequam annus ab expiratione triennii elapsus fuerit, excepto casu, quo ob penuriam confessariorum Ordinarius aliter providere nequeat ..*

Ad III. " *Negative, exceptis casibus, de quibus in primo dubio ..*

Ad IV. Reformato dubio; Et quatenus negative: *An, attenta confessariorum penuria, Ordinarius aliquem confirmare possit?* — ' *Arbitrio et conscientiae Ordinarii, sed tantum uti extraordinarium generalem ..*

Ad V. " *Negative ..*

Ad VI. " *Non indigere ..*

Ad VII. " *Leges de confessario ordinario pro singulis monasteriis deputando non respicere collegia puellarum ..*

IV. — MISSIONARIORUM S. CORDIS

Dubia circa ius suffragii in Assistentibus et Procuratore Generali.

Beatissime Pater,

PROCURATOR generalis Missionariorum S. Cordis, ad pedes S. V. humiliter provolutus, insequentium dubiorum solutionem exquirit:

I. An Assistentes generales et Procurator generalis, ex variis provinciis venientes ad generalitiam domum constituendam, omnia retineant iura et onera in propria provincia? — Speciatim vero:

II. An iidem vocem activam habeant in electione Delegatorum pro capitulo generali vel provinciali?

III. An Assistens generalis aut generalis Procurator, pro particulari officio in aliqua domo propriae provinciae commorantes, hisce in adiunctis suffragia ferre valeant?

Et Deus etc.

Sacra porro Congregatio negotiis et consultationibus Episcoporum et Regularium praeposita, omnibus sedulo perpensis, respondendum esse censuit prout respondet:

Ad I. " *Prout proponitur, Negative „.*

Ad II. " *Affirmative si praesentes sint „.*

Ad III. " *Affirmative „.*

Romae, die 15 ianuarii 1907.

D. Card. FERRATA, *Praefectus.*

L. ✠ S.

PH. GIUSTINI, *Secretarius.*

S. CONGREGATIO CONCILII

Dubia proposita atque iuxta morem eiusdem S. C. de iure resoluta in generalibus comitiis diei 26 ianuarii 1907.

Per Summaria precum. Cf. *Acta Pontificia,* hoc volumine, pag. 52.

In folio:

$\frac{2717}{6}$

I. — CAMERACEN. — NULLITATIS MATRIMONII.

FRANCISCUS Masurel e diviti familia in Gallia oriundus, anglicam ediscendi causa linguam, 19 annos natus Londinum mense Augusto anni 1897 se contulit, atque in domo familiae Fenn protestanticae religionis per quatuor menses diversatus est. Ibi cum una ex filiabus Fenn Nadolinae nomine, eiusdem aetatis, adeo familiariter uti coepit, ut paulo post commercium cum ea carnale habere haud erubuerit.

Exinde factum est ut eadem puella cui exigua familiaris res erat, matris suique fratris praesertim, eam ob causam, indignationem, uti ferunt, removere exoptans, petiit ut quaedam matrimonii forma ab ipsis conficeretur.

Quopropter dicta Nadolina Franciscum suadere coepit, ut coram civili auctoritate, tum ad familiae suae exprobationes vitandas, tum ad suo consulendum honori, fictum matrimonium inirent, edicens nullum eos contracturos vinculum, adeo ut quoties vellent, sese ab invicem separari libere possent.

Cum vero in uno districtu propter aetatis defectum reiecti fuissent, non sine fraude ac mendaciis legalem simulantes aetatem, gallicamque vir callidae mulieris consilio occultans originem, coram laico magistratu districtus Islington in Anglia, duobus ibi vocatis testibus, die 31 Augusti 1898 matrimonium, simulato, ut videtur, animo peregerunt.

Anno 1899 Franciscus Angliam in perpetuum relinquens, cum Galliam, militiae causa repetiisset, haud ipsum secuta est Nadolina, nec unquam serio ab ipsis actum fuisse videtur de continuanda in posterum matrimoniali vita ac consuetudine. Interdum quamvis paulatim ipsam Franciscus dereliquerit, quolibet mense tum ad prolis tum ad eius sustantionem pecuniam ab eodem missam fuisse ferunt.

Mense Decembris anni 1900 Nadolina cum quodam procuratore ad Francisci matrem venit, eique cuncta quae usque ad illud tempus acciderant pandens, potius quam uxoris iura sibi vindicaret, ingentem pecuniae summam expetiit, qua soluta, de divortio in Anglia postulando haud se obsistere edixit.

Exinde cum laicum ibi tribunal adiisset, expetens ut uxoris putativae titulum ei agnosceretur, idem tribunal ex defectu solemnitatum quas lex requirit, die 28 Novembris anni 1901 nullum idem matrimonium declaravit, eamdemque Nadolinam causae expensis solvendis damnavit.

Postea idem Franciscus Turcondii commorans, cum ab ecclesiastica potestate expetiisset ut processus de eiusmodi matrimonii nullitate conficeretur, Archiepiscopus Cameracensis, rite tribunali constituto, tum ipsum tum alios ex parte eiusdem testes sub iuramento excutere curavit.

Nadolina autem Fenn licet per commissionem rogatoriam coram curia Vestmonasteriensi ad comparendum ter vocat fuerit, vadimonium deseruit, ac proinde contumax declarata est. Adsunt tamen in actis quaedam ab eadem Francisco litterae scriptae.

His omnibus expletis, eadem Cameracen. Curia die 7 Iulii 1906 sententiam edidit, qua declaravit « matrimonium inter Franciscum Masurel et Nadolinam Fenn, coram Officiali publico in Anglia attentatum, seu potius simulatum, nullum esse ex defectu consensus atriusque partis ».

Ab hac sententia cum vinculi defensor appellasset, causa iudicanda proposita fuit apud H. S. C.

Tamen proposita quaestione in comitiis generalibus subsignata die, Emi Patres ad dubium:

« *An Cameracensis Curiae sententia sit confirmanda vel infir-manda in casu* »

Responderunt:

« *Ex deductis non satis constare de nullitate matrimonii* ».

II. — SETINA. — NULLITATIS MATRIMONII (*reservata*).

R. « *Sententiam esse infirmandam* ».

4444
5

III. — ALBIEN. — DISPENSATIONIS MATRIMONII.

EDUARDUS Vergnes Albiensis archidioecesis annorum 29 et Sophia Duret dioecesis Versaliensis die 20 Februarii anni 1899 coram ecclesia rite matrimonium peregerunt.

Istae tamen nuptiae, quae suadente viri fratre ac lucri causa initae fuisse videntur, infauste cesserunt.

Nam Sophia quae suum consobrinum Rondet amore deperibat, cum eoque, uti ferunt, commercium carnale habuerat, vix inito matrimonio, aversionem contra sponsum fovere coepit. Sane ipsa nuptiarum nocte, coniugali relicto thalamo, cum illius cubiculum petiisset, in eius amplexus ab eodem viro deprehensa est.

Tertia post nuptias nocte, renuente adhuc muliere debitum coniugale reddere, virumque fastidiens, hic apud fratrem se recepit, sibique reconciliandi uxorem spe deiectus, octo fere diebus ab inito matrimonio, paternam repetiit domum, non amplius ad illam reversurus.

Exinde Eduardus tali modo ab uxore deceptus, civile uti vocant divortium, quod ipsa Sophia petierat, in sui favorem die 25 Iulii 1902 per reconventionem obtinuit. Postea autem, id est die 12 Octobris 1905 supplicem Summo Pontifici libellum porrexit, expetens ut a matrimonio cum illa contracto, utpote non consummato, apostolica dispensatione solveretur.

Has praeces ita Albiensis Archiepiscopus commendabat: « Cette demande me paraît digne d'attention, et j'ose espérer que Votre Sainteté voudra qu'il y soit donné suite ».

Iisdem itaque benigne exceptis, die 14 Novembris dicto Archiepiscopo mandatum est, ut ad tramitem Constitutionis *Dei miseratione* et Instructionis S. C. Concilii anni 1840 processus instrueretur.

Rite tribunali constituto, quamvis vir septemque septimae manus ex parte ipsius testes excussi sub iuramento fuerint, mulier
tamen contumax extitit, nec testes producere voluit.

Quapropter cum valde interesset morale argumentum corrobo-
rari, quo tuto pro. inconsummatione concludi posset, eo vel magis
quod corporalis ipsius inspectio ob publicum de eius commercio
rumorem cum consobrino, longe ante matrimonium habito haud
fieri potuit, Albiensi Archiepiscopo die 18 Iunii 1906 rescriptum
est, ut pro actorum supplemento conficiendo alios ex officio citaret
testes, investigationesque super qualitate testium a viro inductorum
perageret.

Huic mandato idem Archiepiscopus parens, tum in Albiensi
Curia tum per subdelegationem in Versaliensi, alios testes de re
instructos excutere curavit.

Alii vero ex officio citati, uti Leo Duret Sophiae pater ac Rondet consobrinus eiusdemque amasius comparere renuerunt, ac proinde contumaces declarati sunt.

Alter testis Duret Sophiae frater minor natus, tempore dicti
matrimonii e vivis excesserat.

His expletis, Albiensis Archiepiscopus die 17 Octobris 1906
nova acta ad H. S. C. misit.

In transmittendis autem die 2 Aprilis 1906 prioribus processus
actis, idem Archiepiscopus haec adnotabat:

« Unanimes de hoc non consummato matrimonio opinantur testes septimae manus, necnon consonans et optimum reddunt testimonium de pacifica indole, aequa et sincera mente huius infelicis
mariti, qui iamiam divortium civile, ab uxore petitum, ipse in sui
favorem, per reconventionem, obtinuerat.

« Revera in casu tangibiles non abesse nequeunt probationes;
praedicta autem argumenta moralia adeo validantur et confirmantur
coniugis silentio, quae, ter canonice convocata, ad iudicium venire
noluit et contumacem se gessit, ut moraliter constet de non consummatione matrimonii.

« Quoad causas dispensationis, cum nulla spes affulgeat recon-
ciliationis, istiusmodi matrimonium onerosum suo privatum erit usu
legitimo, et divortium civile coniuges impellet ad alterum ineundum
connubium.

« Addere me iuvat quod, nostris in temporibus tam religioni

imperviis, non minimae mihi est consolationi virum Eduardum Vergnes Romanae Ecclesiae subditum sese praebere fidelem, nedum
civili utatur divortio.

« Ideo existimo matrimonium non fuisse consummatum, et
optandam esse dispensationem ».

Consultor, qui de hac re scripsit, benigne excipienda esse vota
retur oratoris, cum, quamvis in casu probatio haberi nequeat nec ex
coarctata nec ex mulieris inspectione, habetur tamen iuratum viri
testimonium firmatum testimonio septimae manus, et eiusmodi argumentum ita firmum perhibetur, ut plene sufficiat ad pariendam
moralem certitudinem. Insuper adsunt causae dispensationes, et nullam vim habere possunt difficultates aliquae quae contra promoveri
valent, quare nihil deest ut tuto ad dispensationem concedendam
procedi possit.

Quoad causas vero nihil obiicit vinculi defensor, sed quoad
inconsummationem putat inopportunum non esse ut, datis ad Curiam Albiensem opportunis instructionibus, omni quo fieri possit
meliori efficaciorique modo novas exquirantur probationes de inconsummatione ex parte mulieris, cum allatae probationes omnes
habeantur ex parte viri eiusque testium.

Tamen Eꝰmi Patres dubium:

« *An sit praestandum SSꝰmo consilium pro dispensatione a matrimonio rato et non consummato in casu* »

Dimiserunt respondentes:

« *Affirmative* »

$$\frac{4270}{6}$$

IV. — PICTAVIEN. — MATRIMONII.

I N Parochiali Ecclesia loci *Adries* Pictaviensis dioeceseos die 23 octobris 1900 Alphridus Lavand 25 annos agens et Andrea Rivière
in aetate 22 annorum constituta matrimonium contraxerunt.

Hae tamen nuptiae brevi tempore perdurarunt, nam Andrea
quae iuvenem quemdam Paulum Tapie amorem prosequebatur haud
sponte Alphrido nupsisse videtur.

Eius pater enim, sive quia Paulus, uti ferunt, haud bonis moribus esset, sive quia Alphridus maiori fortuna frueretur, hunc ei
in matrimonium dare cogitavit. Sed Paulus, iuvenis perditissimis

moribus, Andream seduxit, posteaque ambo ad vitandum matrimonium cum Alphrido, patrem mulieris ipsumque Alphridum certiores fecerunt de carnali commercio habito inter se. At eventus decepit expectationem eorum, nam pater filiae acriter exprobravit eius turpissimam agendi vitae rationem, alapas ei dedit ac comminatus est exhaeredationem, recusationem dotis, si Paulo nuberet. Mater autem facile a marito convincta impossibile esse vel tolerare diutius rem tam gravem, vel filiam in matrimonium dare perditissimo homini, finxit se velle mortem sibi iniicere, si filia recusaret amasio valedicere, et ab Alphrido veniam petere.

Et ita tandem post tot et tantas colluctationes celebratum fuit matrimonium, et per tres circiter menses sponsi simul cohabitarunt, sed ne semel quidem, ut asserunt, inter se copulam habuerunt.

Cum autem vita communis in dies intolerabilior esset et uxor in continuo esset commercio litterarum cum amasio, haec e domo mariti aufugit et petiit divortium. Vir tamen utpote religiosus hoc recusavit, et tantum petiit atque obtinuit separationem, posteaque supplicem obtulit libellum Episcopo Pictaviensi, ut nullitas declararetur matrimonii ex defectu consensus.

Curia Pictaviensis tamen decrevit non satis constare de nullitate matrimonii in casu, quare vir ad H. S. C. appellavit, quae vero sententiam Pictaviensem confirmavit, cum Emi Patres ad dubium:

« *An Pictaviensis Curiae sententia sit confirmanda vel infirmanda in casu* »

Responderunt:

« *Sententiam esse confirmandam* ».

V. — AQUINATEN. — PRIVATIONIS PAROECIAE *(sub secr. Pontificio)*.

R. " *Ad mentem* „.

$\frac{7773}{6}$

VI. — ASCULANA. — OPTIONIS.

PER obitum sacerdotis Felicis Ferretti familiaris domus Pontificiae sub die 8 Ianuarii nuper elapsi anni 1906 vacavit praebenda canonicalis sub n. 5 in Capitulo Cathedralis ecclesiae Asculanae. Cum praebendae vacatio in mense S. Sedi reservato contigisset, canonicus Constantius Flaiani Mazzoni iam investitus in eodem Capitulo praebenda XIII*ᵃ*, sed reditu carente quia a Gubernio italico suppressa, supplicem libellum apud Apostolicam Datariam sub die 15 eiusdem mensis obtulit pro ea obtinenda una cum canonicatu vacante.

At sub die successiva 19 alter consimilis supplex libellus exhibitus est a canonico Caesare Taliani iam fruente praebenda canonicali VIIᵃ, qui utpote antiquior in possessione canonicali prae alio concurrente, rebatur sibi competere vacantem praebendam vi iuris optionis Capitulo Asculano spectantis, sive ex immemoriali consuetudine, sive ex Bullis Apostolicis datis ante introductam regulam IX Cancellariae Apostolicae de reservationibus Papalibus ratione mensium. Re delata a Cardinali Pro Datario ad Summum Pontificem in audientia eidem benigne concessa sub die 12 Feb. mox elapsi anni SSᵐus ad vacantem praebendam ut supra sub n. 5 nominare dignatus est Constantium Flaiani Mazzoni. De hac nominatione primo apud Apostolicam Datariam conquestus est canonicus Taliani, quasi per eam illatum fuisset praeiudicium iuri optionis, quod existere contendit in Capitulo Asculano etiam quoad beneficia reservata S. Pontifici ratione mensium: et deinde contra expeditionem Bullae Apostolicae favore sui competitoris Flaiani Mazzoni apposuit impedimentum, quod vocant: *Nihil transeat.*

Rogatus Episcopus Asculanus ut referret de existentia vel non iuris optandi in suo Capitulo, ipse, datis literis mense aprilis anni praeteriti, eius existentiam confirmavit, nonnullos allegans casus peractae optionis etiam in mensibus reservatis depromptos / ex actis Capitularibus.

Hisce acceptis, cum praesens quaestio a Dataria Apostolica ad H. S. C. pro congruo examine et resolutione remissa fuerit, discutienda proposita est in mox elapsis comitiis.

Advocatus a canonico Taliani adlectus praemittit consuetudinem optandi praebendas pinguiores in Capitulo Asculano nedum esse communem cum pluribus Collegiis canonicorum sive in Italia sive extra, sed etiam firmari Apostolico privilegio, quare potius de eius legitimitate, inquirendum censet de eius extensione, et quaerit utrum hoc ius exerceri possit a canonicis Ecclesiae Asculanae, cum agitur de canonicatu vacato in mensibus papalibus.

Hisce praemissis, ait totam rem in casu pendere et resolvi ab interpretatione et applicatione Regulae IX, qua Summo Pontifici reservatur collatio beneficiorum in nonnullis mensibus, quaeque au-

fert quamcumque contrariam consuetudinem " ..... ac consuetudines
" etiam immemorabiles optandi maiores ac pinguiores praebendas,
" nec non privilegia; etiam in limine erectionis concessa circa ea,
" ac etiam disponendi de huiusmodi beneficiis, aut quod illa, sub
" huiusmodi reservationibus unquam comprehendantur.... quomodo-
" libet concessa adversus reservationem huiusmodi minime suffra-
" gari „.

Atqui subdit advocatus, ius optandi competens Capitulo Asculano non cadit sub praefata regula cum enim deletae sint consuetudines, quantumvis diuturnae, optandi pinguiores praebendas: sed
ius optandi Capituli Asculani non nititur nuda consuetudine, nam ex
duabus Bullis Pontificiis descendit, nempe Bonifacii IX an. 1394 et
et Gregorii XII an. 1411, qui iam receptam praxim optandi in eodem Capitulo ratam habuerunt.

Refert deinde advocatus quasdam decisiones H. S. C. favore
optionis, quae etiam applicandas esse censet pro Capitulo Asculano.

Demum nonnullas difficultates submovere nititur, quae forte contra proferri possent: 1° contraria praxis vigens in Apostolica Dataria quae nullam rationem habere solet iuris optionis in conferendis beneficiis S. Sedi reservatis ratione mensium; 2° ius optandi
per plures annos in Capitulo non exercitum. Et ad primum respondit
praefatam praxim, cum nulla in pretio habita fuerit alias in similibus adiunctis quoad alia Capitula, ita nullum valorem explicare
potest contra Capitulum Asculanum. Quod vero ad secundum, quoad
nempe peremptionem iuris optandi per non usum, hanc difficultatem
facile destrui contendit advocatus ex regula communiter recepta,
iuxta quam in facultativis non datur praescriptio.

Ex adverso advertendum est materiam optionis odiosam esse
utpote praeiudicantem ordinariis beneficiorum collatoribus; unde, ut
ait Barbosa, facienda est interpretatio per quam statutum de optando
minime quam fieri possit deroget iuri communi; hinc sequitur eam
non praesumi, sed rigorose ab allegante probandam esse.

Vero ex duobus capitibus desumi potest Capitulo Asculano ius
optionis spectare, nempe ex Bullis Apostolicis et ex immemorabili
consuetudine, at si utrumque caput ad trutinam revocetur, non satis
fundata videtur existentia memorati iuris seu privilegii.

Dato autem et non concesso ex Bullis Apostolicis et ex immemorabili consuetudine firmari posse huiusmodi ius optionis compe-

tent capitulo Asculano, extra dubium tamen est, illud non extendi ab beneficia vel praebendas reservatas S. Pontifici ratione mensium, quod patet ex communi recepta doctrina apud auctores.

Demum advertendum est, quamvis controversum ius optionis in Capitulo Asculano paulisper admittatur, non ideo sequi canonicum Taliani ad praebendam canonicalem sub n. V. ius habere, cum ius optionis rite exercitum non fuerit.

Optio enim locum habet, retento priori titulo canonicali, tantum ad vacantem praebendam, et nulla opus est provisione apostolica sed sufficit tantum simplex declaratio coram Curia. Atqui canonicus Taliani optavit praebendam et canonicatum simul, et preces pro his obtinendis direxit ad Apostolicam Datariam, ergo non peregit optionem in sensu canonico, sed potius postulationem fecit ad praebendam et canonicatum obtinendum.

Hac ratione optavit quoque competitor canonicus Flaiani Mazzoni, qui pariter preces obtulit Apostolicae Datariae. Emus Card. Pro Datarius concurrentium vota una cum requisitis in audientia diei 12 feb. superioris anni cum S. Pontifici exposuerit, SSmus in gratiae concessione praetulit sac. Flaiani Mazzoni.

Profecto huius gratiae concessio nullo ex capite impugnari potest, nihil igitur obs'are videtur quominus gratia per Bullam Apostolicam expediatur favore sacerdotis Flaiani Mazzoni.

Hae sunt rationes praecipuae, quae ex utraque parte adductae fuerunt, quibus mature seduloque perpensis, Emi Patres dubium propositum:

« *An a Dataria Apostolica expeaenda sit Bulla collationis canonicatus et praebendae sub n. V. favore sacerdotis Constantii Flaiani Mazzoni in casu* ».

Dimiserunt hoc responso omnino favorabili:

« *Attentis omnibus affirmative* ».

VII. — GUADIXEN. — MISSAE CONVENTUALIS.

In Capitulo cathedrali Guadixensi quinque dignitates ac undecim canonici recensentur; dignitates tantummodo statutis solemnioribus diebus, canonici vero quotidie per turnum missam conventualem celebrant. Imo dignitatibus eandem litantibus missam canonicus hebdomadarius munere diaconi et unus ex capellanis adsistentibus officio subdiaconi funguntur.

Cum vero eiusmodi praxim aegre ferrent canonici Zavega et Romero, hi exeunte anno 1905 supplices praeces ad H. S. C. porrexerunt, expostulantes: 1° An dignitates servare debeant turnum cum coeteris canonicis in missis conventualibus quotidie celebrandis in casu; 2° An canonicus ebdomadarius, quamvis presbyter, teneatur pro diacono inservire in Missis a dignitatibus celebrandis in casu.

Acceptum libellum H. S. C. ad Episcopum Guadixen. remisit, qui sententiam dignitatum ac canonicorum exquireret simulque animi sui sensum panderet, et Ordinarius vota singulorum Capitularium scriptis data transmittens, haec addidit: « Cum maior et etiam antiquior canonicorum pars ab oratoribus, ut videndum est in scriptis, toto coelo dissentiat, mihi etiam videtur nihil omnino esse immutandum ; sed omnia pro bono pacis et nunc et in posterum esse debere sicut ab erectione huius ecclesiae cathedralis hucusque fuerunt ».

Hisce praemissis, quoad quaestionem spectat, videtur asserendum esse tum canonicos tum dignitates quotidie per turnum Missam conventualem celebrare teneri, prouti praecipit Conc. Trid. et iuxta sententiam doctorum. Hinc Benedictus XIV Const. *Cum semper oblatus* diei 19 augusti 1744 pravas consuetudines hac in re illapsas coercens, statuit ut sacrum conventuale ab iis omnibus « suis respective vicibus » offerretur qui, « in eadem ecclesia sive dignitates sive canonicatus sive mansionariatus, sive beneficia choralia obtinent», imo etiam ab Archipresbytero, quamvis eidem cura animarum concredita sit.

Eiusmodi praxis saepe confirmata fuit ab hac ipsa S. C. in pluribus decisionibus, et confirmatur quidem ex praxi vigenti in omnibus fere capitulis Cathedralibus Hispaniae.

Neque contra oggerantur tum Bulla erectionis Capituli Guadixen., tum eiusdem vetera statuta vulgo *Consueta* dicta; haec enim omnia irritata fuisse videntur a concordato inter S. Sedem et Hispaniam anno 1851 inito, vi cuius *art.* 13 ecclesiae Cathedrales Hispaniae ad ius commune redactae sunt, ita ut dignitates eandem vocem ac votum quam canonici haberent.

Item quamvis in conceptu dignitatum involvatur honoris praerogativa cum iurisdictione in foro externo, attamen hodie ipsarum iurisdictio potius ad historiam iuris canonici, quam ad vigentem legem pertinet.

Ex altera vero parte affirmandum videtur dignitates Cathedralis Guadixensis non teneri, quoad Missae conventualis celebrationem, ad turnum hebdomadarium, sed dumtaxat ad determinatos dies, quod primum deducitur ex ipsa erectionis capituli Bulla, in qua Archiepiscopus Toletanus apostolica auctoritate praeditus, Missarum conventualium distributionem statuit in dignitates et canonicos.

Porro quum in themate, praeter Pontificiam sanctionem adesse videatur etiam voluntas fundatorum circa onus Missarum earumque distributionem, non tam facile derogari ab eo potest, cum testatorum dispositiones inviolabiles esse omnia iura clamant.

Praescriptionibus in erectionis Bulla contentis consonant antiqua statuta Capitularia seu *Consueta* anno 1551 ab Episcqpo Guadixensi condita una cum capitulo Cathedrali : Statuta vero recentiora, quae reformata fuerunt an. 1853 post Concordatum, si non explicite, implicite saltem ab Episcopo approbata fuerunt, quum hucusque observata fuerint, quin Praesules aliquid in contrarium obiecerint. Iamvero huiusmodi statuta, ad rem quod attinet, concordant cum Bulla erectionis et cum veteri *Consueta*, quatenus assignant dignitatibus celebrationem Missae tantum solemnioribus diebus, quod confirmari videtur etiam ex iure communi, prouti videri potest in decisionibus S. C. Rituum, nempe in *Papien.,* 10 iulii 1669, n. 1391 ; *Placentina,* 22 novembris 1659, n. 1137, et item in *Placentina,* 24 ianuarii 1660, n. 1143.

Ex quibus omnibus concludi posse videtur Missam conventualem etiam a dignitatibus celebrandam esse, sed modi determinationem statutis particularibus, vel consuetudinibus in quolibet Capitulo usitatis reliqui.

Secundo loco, quoad alterum propositum dubium, affirmari posse videtur canonicos in casu non teneri ad inserviendum pro diacono dignitatibus Missam conventualem litantibus, quod desumitur tum ex Bulla erectionis Capituli, tum ex eiusdem statutis, tum ex sententia plurimorum doctorum, tum ex variis decisionibus conformibus SS. Congregationis Rituum.

Quamvis autem res ita se habeant, tamen ex altera parte teneri videtur canonicos Cathedralis Guadixen. inservire in officio diaconi, cum dignitates celebrant, et hoc vi ipsorum Statutorum Capitularium,

quae ad rem haec statuunt: « at si omnes presbyteri essent, inser-
« viet, ut diaconus, ille qui fuerit hebdomadarius hebdomada illa, et
« ut sub diaconus inserviet portionarius cui officium incumbit diaconi
« hebdomada eadem ».

Quaeque insuper hucusque disputata sunt, etiam a iure communi confirmari videntur, iuxta quod canonici non tantum pro
diacono sed etiam pro subdiacono inservire solent dignitatibus
solemniter celebrantibus, prouti innumerae affirmant decisiones Sacrorum Rituum Congregationis.

Quare dubia:

I. « *An dignitates servare debeant turnum cum coeteris cononicis
in missis conventualibus quotidie celebrandis in casu* »;

II. « *An canonicus hebdomadarius, quamvis presbyter, teneatur
pro diacono inservire in missis a dignitatibus celebrandis in casu* „.

Emi Patres, omnibus sedulo perpensis, dimiserunt respondentes:
« *Ad utrumque servetur solitum* ».

S. C. DE PROPAGANDA FIDE

I. — DECRETUM

quo Vicariatus Apostolicus Zanguebariae Meridionalis nuncu-patur Daressalamensis.

In generalibus comitiis huius S. Congregationis de Propaganda
Fide habitis, die 23 superioris mensis iulii, Emi Patres precibus
annuendum esse censuerunt R. P. D. Thomae Spreiter, Ordinis
S. Benedicti congregationis S. Odiliae ac Vicarii Apostolici Zangue-
bariae Meridionalis in Africa Orientali Germanica; ut nempe titulus
praedicti Vicariatus mutaretur, et a civitate residentiae Vicarii,
Daressalamensis Vicariatus Apostolicus nuncuparetur. Quam sententiam, ab infrascripto huius S. Congregationis Secretario SSmo
D. N. Pio div. prov. PP. X in audientia diei 7 vertentis mensis
relatam, Sanctitas Sua ratam habere et adprobare dignata est, ac
praesens ea super re decretum expediri mandavit.

Datum Romae, ex aedibus S. huius Congregationis, die 10 augusti 1906.

L. ✠ S.

Fr. H. M. Card. Gotti, *Praefectus.*

Aloisius Veccia, *Secret.*

II. — DECRETUM

quo fines determinantur Vicariatus Apostolici apud Gallas

DE animarum salute Apostolica Sedes sollicita, in Abyssinorum et Gallarum spirituale bonum variis temporibus plura constituit; ac in primis, quo facilius ad ovile Christi reverterentur, duobus religiosis Ordinibus, de Ecclesia optime meritis, eorum evangelizationis mandatum ac regimen commisit.

Etenim Apostolicis litteris in forma Brevis, datis die 4 maii 1846, quarum initium *Pastoralis muneris*, Vicariatus Apostolicus Gallarum erectus est, atque evangelicis curis Fratrum Capulatorum concreditus; insequenti vero anno Summus Pontifex Pius PP. IX f. r. supplicationibus S. Congregationis de Propaganda Fide adhaerens, voluit ut Iustino de Iacobis, e Religiosis S. Vincentii e Paulo, « titulo et gradu Vicarii Apostolici universa committeretur Abyssiniae regio, quam veluti missionariis Praefectus iam obtinebat ».

Cum autem tunc temporis certi fines utriusque Vicariatus haud statuti fuissent, accidit ut postremis hisce annis quaestio de ipsis limitibus orta sit, contendentibus tum Lazaristis, tum Fratribus Capulatis, civitatem vulgo dictam *Addis-Abeba* ad suum territorium pertinere.

Quibus ad S. Congregationem de Propaganda Fide delatis, E.mis Patribus in generalibus comitiis habitis primum die 6 maii anni 1901, postea die 15 iulii eiusdem anni, visum est quaestionem non statim dirimendam, sed rescribendum potius praefatis missionariis, " in votis esse S. Congregationis, ut quaestio de bono et aequo inter eos componeretur, et facta compositio Sanctae Sedis approbationi subiiceretur ".

Verum cum haec Emorum Patrum vota in irritum cessissent, fierique non potuisset, ut praedicti Vicarii Apostolici in unam cederent sententiam, huic S. Congregationi finem quaestioni imponere placuit.

Quare in generali conventu die 12 martii 1906, rationibus hinc et inde allatis, ac rerum adiunctis mature perpensis, eadem S. Congregatio, periculo praesertim permota ne forte discessu Patrum Capulatorum a civitate Addis-Abeba, catholica religio iis in regionibus aliquid detrimenti caperet, decrevit fines utriusque Vicariatus sic esse regendos, ut eadem urbs Vicariatui Apostolico pro populis Galla, ipsis Fratribus Capulatis concredito, tribueretur.

Itaque huius Congregationis sententia, Vicariatus · Apostolicus Abyssiniae ad occasum, aquilonem et orientem iis limitibus continetur, qui eum separant a Vicariatu Apostolico Africae Centralis (decretis latis die 15 ianuarii et die 13 septembris anni 1894) et a Praefectura Apostolica Erythraeae (decreto diei 13 septembris anni 1894) usque ad occursum fluminis Awache, quod deinde orientales fines Vicariatus Abyssiniae constituit usque ad locum in quo in illud influit fluvius Kassam. Tandem ad meridiem idem Vicariatus circumscribitur a linea recta, quae procedens a confluente fluminum· Awache et Kassam pergit ad confluentem amnis·Sodoballé et fluminis Mougher, a cursu huius fluminis usque ad occursum finium occidentalium.

Quam Eñorum Patrum sententiam Ssñus Dominus Noster Pius divina providentia Papa X, in audientia ab infrascripto Secretario eiusdem S. Congregationis pro Negotiis Ritus Orientalis habita die 13 martii 1906, in omnibus adprobavit ac confirmavit, praesensque decretum edi iussit.

Datum Romae, ex aedibus eiusdem S. Congregationis, die 10 septembris anno 1906.

, Fr. H. M. Card. GOTTI, *Praefectus.*

L. ✠ S.

HIERONYMUS ROLLERI, *Secretarius.*

S. CONGREGATIO INDULGENTIARUM ET SS. RELIQUIARUM

I. — Facultas conceditur R. P. Ministro Generali Ord. Praed. sacerdotes delegandi ad cooptandos fideles in Societatem SSmi Rosarii.

Beatissime Pater,

FR. Hyacinthus Maria Cormier, Magister Generalis Ordinis Fratrum Praedicatorum, ad pedes S. V. provolutus, ab Ea humiliter petit sibi suisque successoribus fieri facultatem delegandi ubique locorum sacerdotes, sive regulares sive saeculares, ad hoc ut Christifideles utriusque sexus in societatem SS. Rosarii recipere, eorumque

Rosaria, rosas et candelas benedicere valeant, cum applicatione in-dulgentiarum a Summis Pontificibus eidem Rosarii Confraternitati concessarum, firmo remanente onere mittendi, data opportunitate, adscriptorum nomina ad aliquam Confraternitatem canonice erectam. Et Deus.

Iuxta preces, die 31 iulii anno 1906.
PIUS PP. X.

II. — Dubia circa recitationem Officii parvi B. M. V. in lingua vulgari.

DESIDERATUS Josephus Mercier, Archiepiscopus Mechliniensis, huic S. Congr. Indulgentiis Sacrisque Reliquiis praepositae exponit quod sequitur:

In pluribus communitatibus religiosis votorum simplicium suae dioecesis, officium parvum B. M. V. etiam publice seu communiter recitatur in lingua vernacula. Cum membra istarum communitatum sint linguae latinae ignara, ideoque difficilius introduci possit regula recitandi officium hoc lingua, cum autem ex Decreto diei 28 augu-sti 1905 ([1]) indulgentiae adnexae istius officii recitationi si lingua vernacula fiat, valeant tantum pro recitatione privata; hinc enixe ro-gat infrascriptus orator ut concessio praefati decreti extendatur ad recitationem publice seu in communi peractam, ita ut omnes, qui in communitatibus religiosis suae dioecesis officium parvum B. M. V. recitare solent lingua vernacula, lucrentur indulgentias, sive priva-tim, sive publice seu in communi id recitent. Quam gratiam...

Mechliniae, 17 novembris 1906.

DES. IOS. *Archiep. Mechlin.*

S. Congregatio Indulgentiis Sacrisque Reliquiis praeposita pe-titioni Rmi Archiepiscopi Mechliniensis respondendum mandavit:

" *Recitationem parvi officii B. Mariae Virginis retinendam esse adhuc privatam, quamvis ipsius recitatio locum habeat in communi intra septa domus religiosae, immo in ipsa Ecclesia vel publico oratorio praedictae domui adnexis, sed ianuis clausis* ".

Datum Romae, ex Secretaria S. Congregationis die 18 decem-bris 1906.

L. ✠ S.   A. Card. TRIPEPI, *Praefectus.*

† D. PANICI, Archiep. Laodicen., *Secretarius.*

([1]) Cfr. *Acta Pontificia*, vol. I, pag. 183.

THEOLOGIAE PASTORALIS EXCERPTA

De pastorali regimine.

CAPUT I. — **De pastoralis communitatis custodia.**

Cf. *Acta Pontificia, hoc volumine*, pag. 75-77.

§ 4. — *De familiari et domestica parochianorum vita.*
De parochi in matrimoniis cura gerenda.

Maximi momenti in parochiali cura est familiaris et domestica vita. Domestica inter parentes, filios, famulos necessitudo, mores, consuetudines tum ad bonum tum ad malum plurimum possunt. Christianos parentes honestae morum disciplinae pro sua parte a Deo constitutos custodes, quibuscum pastor ubique adest, iure aptissimos habet sui officii auxiliares; at contra familiaris non christiana vita saepius insuperabiles sacerdotis operae difficultates opponit et quae laboriose idem fecerit protinus illa destruit.

Summi igitur est momenti domesticam christianae religionis principiis contineri societatem et intensissima exinde cura anniti ut matrimonia Deo accepta ineantur et familiares, quae turbatae fuerint necessitudines restituantur.

Ecclesiasticae propterea de matrimonio leges attente ita servandae sunt, ut Christi fideles matrimonii religionem noscant et revereantur. Saepe ergo et accurate, at " prudenter et caste „ de matrimonii sanctitate, finibus, bonis sermonem habeat parochus.

Vitae coniugalis praeparatio sunt: 1°.) sponsalia, quae non coacte fiant necesse est, nec petulanter, serio, re consulta et explorata cum proposito se in matrimonium propediem ineundum obstringendi, haud secreto sed iure coram parentibus aut testibus et parocho, si possit scripto, et quantum liceat absque ulla conditione, postquam libertas ab impedimento, si quod est, iure fuerit concessa,

Quae a sponsalibus derivant iura (altera nihil valere sponsalia. impedimentum impediens aliud matrimonium, dirimens publicae honestatis impedimentum, adiunctum saltem graviter culpam augens alterutrius cum alio copulae) respicienda sunt et officia fungenda. Matrimonium, quod promissum fuerit, suo certo tempore aut quantocius ineundum est. Si alter serius respuit aut ex probabili causa fidem solvit, sponsalia (privatim aut per sententiam iudicis) dirimuntur. Promissa si sponsa (etsi sine causa) detrectat aut grave inde timendum est incommodum) (gravis discordia, matrimonii abruptio, concubinatus) matrimonium differtur.

2°.) Actis sponsalibus castimoniam sponsi castissime servent, una domi ne habitent, tum praesertim quum derogatio ab impedimento expectanda sit, ne se frequentius diuque invisent, solus solam omnino ne conveniat, et ad sanctum matrimonii statum precibus et eleemosynis at maxime generali peccatorum confessione et digna communione se preparent.

In sponsalibus quae utriusque sponsi aetas, qui parentes, quae sit de christiana doctrina scientia, utrum aliquod forte adsit impedimentum seorsum exquiritur; sed sponsam decet aliam mulierem comitari. De matrimonii postea natura et officiis ambo coniunctim honeste serio et digne docendi sunt. In iis vero qui certo ex ante-actae vitae ratione religionis elementa nosse putantur huiusmodi doctrina intermittitur: at qui raro ecclesiam adeunt studiose planeque instituantur necesse est et nuptiae usque differantur, dum quae scitu omnino necessaria sunt didicerint. In matrimoniis mixtis de iis in primis dicendum quae a catholica doctrina differuntur et frequens Ecclesiae catholicae Sacramentorum usus commendatur. Divini matrimonii instituti fines (generis humani propagatio, humanae ex sensuum illecebris imbecillitatis subsidium, mutuum in vita auxilium) in memoriam reducat ut Dei timori, fidei castimoniae serviant enixe parochus hortetur; ut precibus morum puritate, peccatorum confessione (si fieri potest generali) se ad nuptias sponsi praeparent studiose commendet.

Si quae impedimenti suspicio oriatur, tabulae, senes, parentes, propinqui, testes consuluntur. Ex quibus si certo impedimentum adesse noscatur, cuncta intermittuntur quousque tollatur.

Denuntiationibus catholicum et " ex indulgentia „ mixtum matrimonium in vulgus editur, ut impedimentum, quod forte delitescat, patefiat. Denuntiantur utriusque sponsi nomen, cognomen, aetas nativitatis et domicilii locus, utrum viduus(a), coelebs (nubilis), impedimenti si quid est libertas petita, quota denuntiatio. Ter enim matrimonium pronuntiatur tribus diebus festis continuis (nisi ex impedimento cuncta, ut diximus, intermittenda sint) inter Missarum solemnia, aut (quum mane ex probabili causa non factum sit) ad vesperas. Altera die a novissima pronuntiatione, si nihil obstat, matrimonium sponsi inire possunt. " Si vero infra duos menses pos factas denuntiationes matrimonium non contrahatur, denuntiationes repetuntur nisi aliter Episcopo videatur „. Matrimonium pronuntiatur in parochiis, ubi sponsi domicilium et quasi-domicilium servant. Si infra ecclesiae parochialis illae fines sponsi domicilium (non quasidomicilium) foveant, eorum matrimonium " ex ratione legis „ in utraque ecclesia pronuntiatur. Ubi legitima desit consuetudo vel dioecesana lex in dubiis Episcopus adeundus. Quum alter contrahentium verum non fovet domicilium, nec alicubi unius anni quasidomicilium habet, matrimonium in ecclesia ubi tunc est, aut in ecclesia originis pronuntiatur. Matrimonia mixta fere semper in ecclesia catholica et in templo acatholico pronuntiantur.

Episcopus " ex iure ordinario „ aequis et certo cognitis de causis (ne matrimonium iniuria impediatur, aut concubini, qui vulgo coniuges putantur, matrimonio iungendi sint, aut si quis moriturus ex religione concubinam nubat, aut quod aetas conditiove nimis intersit, aut quum matrimonium ex occulto impedimento nullum in foro externo coram parocho et testibus ratum sit faciendum, quum agitur de matrimonio " conscientiae „) a pronuntiationibus dispensare valet. Imo ipse parochus pronuntiandi legem ratus non valere " modo certus sit nullum adesse impedimentum „ et adsit in mora periculum, huiusmodi matrimoniis, etsi non pronuntiatis, iure assistit, at Episcopum continuo de re certiorem reddat necesse est.

Matrimonii impedimentum quod certo probabiliterve quis norit " sub gravi „ etsi occultum aut ignominiosum aut sub iurisiurandi religione notum denuntiandum est. Impedimentum non denuntiatur quum est omnino occultum et " in foro interno „ iure ablatum est, aut notum ex officio tantum (confessionum, artis medicae etc.), quum gravia ex denuntiatione incommoda aut populi offensio iure timeatur. Quum impedimentum saltem ex probabili coniectura certum denuntiatur, matrimonii pronuntiatio usque intermittitur dum impedimentum ablatum fuerit. Cautissime est accipienda impedimenti denuntiatio. Denuntiantis et testium fides, utrum amici, quae denuntiantem inter et sponsos necessitudo, denuntiatio utrum alicui prosit respiciatur oportet. Denuntiationem scripto quantum possit, propria denuntiantis manu subnotatam recipi praestat. Quum, tertio ubique pronuntiati matrimonii nullum detegitur impedimentum, nuptiae celebrantur.

(Sequitur)

BIBLIOGRAPHIA

I.

BUONAIUTI E. **Lo Gnosticismo**, storia d'antiche lotte religiose. Roma, Ferrari, 1907, in 12 pag. 288. L. 3,50.

Auctor huius operis duplicem finem persequi nobis visus est: inprimis quidquid de gnosticae hereseos historia atque litteratura, ut aiunt, notum est, perspicuo ordine atque diligenti cura exponere, Deinde vero controversiarum quae *gnosticismi* nomen audiunt veluti novam oeconomico-socialem interpretationem excogitare. Utrumque feliciter illi attigit; primum fortasse altero felicius. Eruditionis copia, critica sedulitas, ingenii vias apprime elucent: atque, quod maximum est, in perdifficili ac salebroso negotio in nulla re Auctorem offendisse laeto animo percepimus. Praesertim relationes doctrinae catholicae cum gnosticorum commentis quod attinet, breves quidem, at efficaces foecundasque observationes adhibet, quibus hodiernorum rationalistarum notas audacesque insectationes retundit. Quo fit ut non historiae tantum ac christianae litteraturae cultoribus uberrimum librum commendemus, quo multa illis discenda iudicandaque subiiciuntur, sed etiam his omnibus quibus theologiam ac religionem christianam exponere ac tueri munus est.

II.

TEXIER AUG. *La Charité chez les Jeunes*. Conferences. Paris, Téqui, 1907; 8° XVI-422. L. 3,50.

Eiusdem auctoris collationes " la Pieté chez les Jeunes „ iam tertia vice ab a. 1903 quo primum prodierunt editae in lucem sunt, insigne sane excellentiae argumentum. Num autem dignitate ac pulcritudine quas sub oculis habemus exsuperent, haud facile dixerimus. Res enim hoc opere pertractata, (verae nempe caritatis natura, leges, obiecta, gradus ac rationes variae, quidquid sublimissimum simul ac iucundissimum in iuventute christiana excolendum est complectitur. Ratio vero qua omnia proponuntur adeo plana, suavis, robore et festivitate plena conspicitur ut mirum si animos audientium nedum non conquidat, sed non rapiat plane atque ad ea agenda quae audiverint ineluctabili vi non alliciat. Equidem, si *tota ratio suae spei* a pientissimo Auctore in optimis fructibus quos a se dicta scriptave in bonum iuventutis praesertim Ecclesiasticae, efferent reposita est (p. XV) magna sane exoptatissima illi merces.

ACTA SUMMI PONTIFICIS

I. — EPISTOLA

Qua Pontifex de constructis aedibus pro Delegato Apostolico Washingtoni grates persolvit Archiepiscopo Baltimorensi caeterisque Archiepiscopis et Episcopis Foederatarum Americae Septemtrionalis civitatum.

Dilecte Fili Noster et Venerabiles Fratres,
salutem et Apostolicam benedictionem.

Absolutis, ut accepimus, ferme aedibus, quas Delegatus Apostolicus Washingtoni posthac habebit sibi proprias ad incolendum, libenter facimus, ut per has litteras benevolentissimum vobis animum Nostrum testemur. Vos enim, quum Delegatum Nostrum videretis paullo habitare angustius, quam deceret eum qui Nostram apud vos personam sustinet, subveniendum hac quoque in re tenuitati Sedis Apostolicae decrevistis; utroque collata pecuniae copia honestius ipsi commodiusque domicilium comparastis. In quo vestra non solum laudanda liberalitas est; sed etiam et praecipue studiosa voluntas erga Pontificem Romanum cuius dignitatem maxime vobis esse curae ostendistis. Quare gratias vobis Nos quidem agimus pro tributo nobis officio, singulares; peramplas autem referat, precamur, Christus Dominus, cuius Nos, nullo Nostro merito, gerimus vices; actuosamque virtutem vestram ad laetiora quotidie incrementa Ecclesiae, lectissimis gratiae suae muneribus, promoveat. Horum auspicem et peculiaris Nostrae benevolentiae testem, vobis, dilecte Fili Noster et Venerabiles Fratres, itemque vestro cuiusque clero ac populo Apostolicam benedictionem amantissime in Domino impertimus.

Datum Romae apud S. Petrum die ix Novembris anno MCMVI, Pontificatus Nostri quarto.

II. — EPISTOLA

Qua Excmus D. Augustus Sili Archiepiscopus Caesariensium Ponti, et Magister Largitionum, in munere confirmatur Legati Pontificii Basilicae operibusque Pompeianis regendis.

Venerabilis Frater, salutem et Apostolicam Benedictionem. — Ut te deligeremus, qui Nobis a largitionibus esses, tua enimvero effecere promerita, explorata illa quidem Curiae Nostrae universae, spatiumque omne collustrantia sacerdotii tui, quando, variis in muniis, doctrinam, prudentiam, pietatem innocentiamque morum adamasti. Tum vero maxime virtutem elucentem vidimus tuam, quum Pontificalis Legati munere ad Sacram aedem et ad pia Pompeio-

rum opera, sive in animorum sive in huius vitae bonis, moderanda
fuisti perfunctus. Iam, Aulae adlectus Nostrae, officioque auctus
maximae fidei, non tamen Legationem desinas volumus, e quâ si
adhuc emolumenti non paullum Pompeiana opera collegere, plus
certe persensura in posterum fidimus. Itaque volenti animo munus
insistas tam digno creditum, illudque stimulos addat, operae te
posse niti solerti, exercitatissimae, adeoque perutili, quam vir clarus
Bartholomaeus Longo itemque nobilis femina Maria Anna Fusco,
comes, uxor eius, erunt tibi navaturi. Qui quidem de incremento
et prosperitate rerum sacrarum Pompeianae Vallis non modo probe
meriti antea sunt, sed bene etiam in praesens mereri perseverant.
His in causis tum illud libet in primis recordatione repetere, me-
moratos coniuges, pietate in Nos singulari impulsos, iura Sedis
Apostolicae agnovisse libenter ea in opera, quae essent illic, eorumdem studio fideliumque ex aere collaticio, constituta; tum diligentiam placet, non sine laude, nominare actuosam et piam, unde
non dissimili, ac antea, ratione sive templi illius clarissimi decus.
sive Instituta Pompeiana accurant; tum denique opem commemorare
par est, efficacem observantemque, tibi ab utroque coniuge praesti-
tam, opportunamque etiam posthac, in munere Legati explendo, futuram. Quapropter gratum Nobis est Nostrae testimonio laudis utrumque honestare; simul Deum vehementer exoramus, quo uberiora
velit, deprecante Deipara a Rosario, gratiae suae praemia iisdem
largiri. Singularia vero supernae virtutis adiumenta in te potissimum, Venerabilis Frater, devocanda censemus, eorum acti desiderio
commodoque operum, quibus alacritatem illam tuam opus esse intelligimus, ut ecce sacra Basilicae turris, aeneae templi portae, excipiendis peregrinis hospitium, perficienda domus liberis captivorum
instituendis, annui denique constituendi redditus pro templi operumque sustentanda perpetuo vita; quae quidem utilitatis summae
instituta quum uni innitantur pietati voluntatique fidelium, horum
placet sperare non fore defuturas, sicuti antea, caritate suadente,
stipes. — Testem dilectionis praecipuae Nostrae, auspicemque caelestium donorum, tibi, Bartholomaeo Longo uxorique, piis Pompeianae Vallis operibus, religiosis item sodalibus a disciplina Dominici Patris et Ioseph Calasanctii, sacerdotibus quoque universis,
qui in aede illa sacra animorum curationi adlaborant, Institutorum
administris et opificibus, singulis etiam utraque liberali domo receptis, iis denique universis, qui subsidio Institutis venerint, Apostolicam Benedictionem peramanter in Domino impertimus.

Datum Romae apud S. Petrum die xx° Ianuarii anno MCMVII,
Pontificatus Nostri quarto.

PIUS PP. X

III. — EPISTOLA

Pii Pp. X ad Dñum M. Lerolle Praesidem Adsociationis Iuventutis Catholicae Gallicae, occasione conventus Burdigalae habiti mense martio elapso.

Chers Fils, salut et bénédiction,

Votre dévouement pour notre personne et votre obéissance au Siège apostolique Nous étaient déjà bien connus; Nous en avons un nouveau témoignage dans la lettre récente par laquelle vous Nous annoncez le Congrés national que votre association va bientôt tenir à Bordeaux. Et ce n'est pas seulement cette preuve de respect et de soumission qui Nous a réjoui: c'est la nouvelle même du Congrès.

Nous voyons que le projet est approuvé et encouragé par nombre d'évêques et que vous devez vous réunir sous la présidence de Notre cher Fils le cardinal archevêque de Bordeaux et de Nos vénérés frères les évêques d'Angers et d'Agen. Il Nous est très agreable de voir ainsi l'autorité épiscopale favoriser une association qui Nous est chère et que Nous souhaitons voir estimer par tous les gens de bien.

La fin qu'elle se propose est ce qu'il y a de plus utile et même de plus nécessaire aujourd'hui: en un temps où l'hostilité contre la foi et les mœurs chrétiennes va croissant, elle veut préserver ses membrs d'un tel danger, et par eux sauver les autres jeunes gens de France, à quelque classe de la société qu'ils appartiennent.

Pour atteindre cette fin, ses moyens sont excellents: donner ouvertement l'exemple des vertus chrétiennes, se tenir en dehors des disputes et passions politiques, s'occuper avec ardeur des doctrines sociales et de leur mise en pratique, poursuivre vigoureusement son dessein par la parole, les écrits et les institutions convenables.

Il y a lieu également d'approuver votre genre d'organisation, grâce auquel, en se multipliant par toute la France, les groupes de jeunes gens restent harmonieusement unis comme les membres d'un corps unique.

Rien n'est plus sage, Nous tenons à le dire, car c'est l'affaire de tous que le salut de toute la jeunesse nationale, et voilà pourquoi Nous estimons, chers Fils, qu'il vous faut garder avec soin votre cohésion.

Continuez aussi cette pratique, dont vous vous êtes fait sagemente une règle, d'avoir dans chacun de vos groupes un prêtre pieux et instruit, non seulement pour présider aux réunions religieuses, mais pour diriger les études et les discussions doctrinales. De la sorte il vous sera facile, dans des questions qui touchent de près à la religion, d'éviter les erreurs auxquelles vous seriez exposès.

D'ailleurs, l'initiative et la saine liberté ne seront pas entravées par la présence du prêtre; il n'est présent dans vos groupes et dans vos Comités que pour y être, selon les cas, le docteur, le conseiller, le guide.

Mais ce qui fait votre plus grand mérite, c'est l'exacte obéissance avec laquelle vous suivez les prescriptions du Pontife romain sur l'action catholique sociale et le soin que vous avez, quand il s'agit de les mettre en pratique, de vous laisser guider par les évêques et les autres pasteurs; vous tiendrez avant tout à mériter cet éloge; Nous vous y exhortons fortemente.

En effet, la principale raison d'attendre de votre association les fruits désirés, c'est son union étroite avec l'Eglise. Votre prochain Congrès, qu'accompagnet la faveur si marquée et l'adhésion des évêques, servira encore à resserrer cette union.

Courage donc, chers Fils. A la voix bienveillante de vos pasteurs, la Nôtre s'ajoute pour affermir vos âmes: cherchez comment vous pourrez, à une époque qui en a tant besoin, concerter vos efforts d'une façon plus utile à l'Eglise et a votre patrie.

Nous cependant, dans la sollicitude particulière et les soucis où Nous sommes à l'égard de la chère France, Nous prions Dieu avec ardeur de vous soutenir des meilleurs dons de sa bonté, vous chers fils, avec qui grandissent les espérances d'un meilleur avenir. Comme gage de ces dons, Nous vous accordons très affectueusement, a vous et à toute votre association, la bénédiction apostolique.

Donné à Rome, près Saint-Pierre, le 22 février de l'année 1907, quatrième de Notre Pontificat.

PIUS PP. X.

IV. — EPISTOLA

Pii Pp. X ad moderatores et scriptores commentarii « *Les Ètudes* » in quinquagesimo anno eiusdem institutionis.

DILECTI FILII, SALUTEM ET APOSTOLICAM BENEDICTIONEM.

MULTA eaque merita benevolentia vestrum constanter prosecuti commentarium, abstinere in praesens a singulari deferendo testimonio animi non possumus, amplam aperiendae voluntatis opportunitatem faustitate suppeditante vestra, ob memoriam anni quinquagesimi in scribendo edendoque feliciter expleti. Haeret enim in mente quanta cum alacritate laborum animorumque cum fidelitate persequi institutum commentari contenderitis, salubri semper nativaque catholicae fidei edocenda doctrina, sacrisque iuribus Ecclesiae generose tuendis. Devexata etiam Galliae tempora, quando subit catholica res exagitationem dolosam saevamque, vestrae non paulum opinioni virtutis explorataeque erga Nos observantiae addidere, propterea quod suscepta et impertita ab Apostolica Sede consilia curaveritis explananda populo, Nostram inde quum sollicitudinem de sanctissimis rebus, tum dilectionem gentis Gallorum illustrantes. Hisce de causis, praemii ergo, atque etiam incitamenti gratia, libet propitiam occasionem amplecti gratulandi ex animo vobiscum de latis in religionem doctrinasque, praesertim sacras, uberibus fecundisque fructibus, nuncupandique pro commentarii vita et incremento felicia ac sincera vota, id sine dubitatione ratos, progressiones vestras item rei catholicae progressiones exstituras, illudque certo confisos, quos nec auctoritas nec scientia deficiunt, ne animum quidem esse defecturum, si quando acceptas a patribus memorias sacras tutari viriliter et vindicare sit opus a fallaci recentiorum quorumdam exsistimantium doctrina. Vobis vero singulis ut Nostra pateat propensa voluntas, auspicem caelestium gratiarum Apostolicam Benedictionem peramanter in Domino impertimus.

Datum Romae apud S. Petrum die xiv Martii anno MCMVII, Pontificatus Nostri quarto.

PIUS PP. X.

V. — ALLOCUTIO

SSmi Dñi Pii Papae X habita in Concistorio secreto diei 15 Aprilis 1907.

Venerabiles Fratres,

Festivitas dominicae Passionis, quae nuper adfuit nobis, inter exultationes spiritualium gaudiorum, iterato-veluti documento nos monuit Ecclesiam Christi sponsam, in humanae regenerationis opere prosequendo et in colluctatione quam ideo habet adversus mundum tenebrarum harum, non ad solatia in hisce terris vocari, sed ad aerumnas atque labores. Audivimus scilicet ipsum Caput nostrum de se asserens: *Nonne haec oportuit pati Christum...?* ([1]). Quo autem praecessit gloria capitis, eo spes vocatur et corporis: quod utique non tantum de victoriae laetitia, verum etiam credendum est de labore certaminis. — Haec porro est, Venerabiles Fratres, quae Nos erigit fides atque inter aspera rerum sustentat; ut, fidentes non in

---

[1] Luc. xxiv, 26.

Nobis sed in Deo, parati simus, in apostolatus munere sancte in-
greeque implendo, pressuras omnes ac tribulationes perpeti. — Neminem autem vestrum latet, inter multiplices quae abundant passio-
nes Christi in Nobis, conditionibus, in primis, vehementer Nos angi,
quibus Galliarum Ecclesia asperioribus utitur in dies; quae quidem
eo magis Nos habent anxios, quo intensiore gentem nobilissimam
caritate complectimur. Vere enim dolores eius dolores esse Nostros
testamur; sicut et gaudia illius gaudiis Nostris adnumeramus. —
Profecto, qui gentem illam nunc moderantur, non hoc contenti quod
pacta et conventa iustissima suo marte resciderint, quod Ecclesiae
bona per vim eripuerint, quod veteres solidasque Gallorum glorias
repudiarint; eo omnem operam intendunt, ut e popularium suorum
animis religionem evellant penitus; id autem ut assequantur, extrema
quaeque et urbanitati gallicae prorsus nova audent, iure quolibet
tum privo tum publico iniuriosissime violato. Hinc porro egregios
Galliarum Episcopos et clerum, inde vero Apostolicam ipsam Sedem
calumniati, suspiciones animis inseruisse student mutuamque fiduciam convellere, ut, si fieri queat, illorum ac Nostram, in Christi
fide Ecclesiaeque iuribus vindicandis firmitudinem frangant. — Praeterea, cavillatione apertissima, gallicae instituta gentis inductamque
rei publicae formam cum atheismo confundere nituntur cumque
omnigena divinorum oppugnatione; eo scilicet spectantes ut quemlibet interventum Nostrum in religionis apud suos negotiis, quem
a Nobis officii sanctitas exigit, iniustitiae convincant; simulque populis suadeant Nos, dum Ecclesiae tuemur iura, popularis regiminis
adversari formam, quam equidem et agnovimus semper semperque
observavimus (¹).

Deo utique grates sunto, quod *scrutati iniquitates* nunc etiam
defecerunt scrutantes scrutinio. Enimvero ea Antistitum sacrorum
fuit inter se concordia piane mirabilis, ea eorumdem et cleri ac fidelium cum Apostolica Sede coniunctio, ut ad illos pervincendos
nihil astus ac fallaciae adversariorum valuerint. — Id autem, Venerabiles Fratres, Nobis est caussa cur laetiora speremus, diesque
salutis gallorum Ecclesiae atque genti tot malis afflictae adfuturos.
Nos equidem adamatae gentis persequi bonum nullum plane tempus
intermittemus; quod adhuc fecimus faciemus porro; caritatem invidiae, erroribus veritatem, probris ac maledictis obiiciemus veniam;

(¹) Ps. LXIII, 7.

desiderantes unice assiduoque gemitu exorantes ut qui tam obfirmate atque acriter utilitates suae gentis laudesque veras proculcant,
desinant tandem religioni sanctissimae invidere: datâque Ecclesiae
libertate, quoquot sunt, non modo catholicarum partium, verum
etiam humanitatis quomodocumque atque honestatis amatores, communi Nobiscum bono patriaeque suae prosperitati adlaborent.

Haec, Venerabiles Fratres, communicanda vobiscum voluimus,
ut simul moeroris Nostri ac fiduciae participes habeamus. — Iam
ad amplissimum Collegium vestrum supplendum libet animum adiicere. Quam ob rem viros aliquot eximios creare Cardinales decrevimus; qui omnes in episcopalibus muneribus aut legationibus gerendis diligentia, integritate, rerum usu praestiterunt. Hi autem sunt:

ARISTIDES CAVALLARI, *Patriarcha Venetiarum.*

GREGORIUS MARIA AGUIRRE Y GARCIA, *Archiepiscopus Burgensis.*

ARISTIDES RINALDINI, *Archiepiscopus tit. Heracliens.s, Nuntius
Apostolicus in Hispania.*

BENEDICTUS LORENZELLI, *Archiepiscopus Lucanus.*

PETRUS MAFFI, *Archiepiscopus Pisanus.*

ALEXANDER LUALDI, *Archiepiscopus Panormitanus.*

DESIDERATUS MERCIER, *Archiepiscopus Mechliniensis.*

Quid vobis videtur?

Itaque auctoritate omnipotentis Dei, sanctorum Apostolorum
Petri et Pauli, et Nostra, creamus et publicamus S. R. E. Presbyteros Cardinales

ARISTIDEM CAVALLARI.

GREGORIUN MARIAM AGUIRRE Y GARCIA

ARISTIDEM RINALDINI

BENEDICTUM LORENZELLI

PETRUM MAFFI

ALEXANDRUM LUALDI

DESIDERATUM MERCIER.

Cum dispensationibus, derogationibus et clausulis necessariis
et opportunis. In nomine Patris ✠ et Filii ✠ et Spi.itus ✠ Sancti.
Amen.

VI. — ALLOCUTIO

SSmi D. N. Pii Pp. X habita die 17 Aprilis an. 1907 occasione impositionis pileoli neo Cardinalibus.

Accogliamo colla più viva compiacenza i sentimenti di devozione e di amore figliale verso di noi e di questa sede apostolica che ci avete significati in nome vostro e dei vostri dilettissimi confratelli per l'onore della porpora a cui foste chiamati. Ma se accettiamo i vostri ringraziamenti dobbiamo pur dire che le preclare virtù di cui siete adorni, le opere di zelo che avete compiute e gli altri segnalati servigi che in campi diversi avete resi alla Chiesa, vi rendevano pur degni di essere annoverati nell'albo del nostro sacro Senato. E ci allieta non solo la speranza, ma la certezza che anche rivestiti della nuova dignità consacrerete sempre, come per il passato, l'ingegno e le forze per assistere il Romano Pontefice nel governo della Chiesa. Se sempre i Romani Pontefici hanno avuto bisogno anche di aiuti esteriori per compiere la loro missione, questo bisogno si fa sentire più vivamente adesso per le gravissime condizioni dei tempi in cui viviamo e pei continui assalti, ai quali è fatta segno la Chiesa per parte dei suoi nemici.

E qui non crediate, Venerabili Fratelli, che noi vogliamo alludere ai fatti, per quanto dolorosi, di Francia, perchè questi sono largamente compensati dalle più care consolazioni: dalla mirabile unione di quel venerando episcopato, dal generoso disinteresse del clero, e dalla pietosa fermezza dei cattolici disposti a qualunque sacrificio per la tutela della fede, e per la gloria della loro patria; si avvera un'altra volta che le persecuzioni non fanno che mettere in evidenza e additare all'ammirazione universale le virtù dei perseguitati, e, tutt'al più sono come i flutti del mare, che nella tempesta frangendosi negli scogli li purificano, se fosse necessario, dal fango che li avesse insozzati.

E voi lo sapete, Venerabili Fratelli, che per questo non temeva la Chiesa quando gli editti dei Cesari intimavano ai primi cristiani: o abbandonare il culto a Gesù Cristo, o morire; perchè il sangue dei martiri era semente di nuovi proseliti alla fede. Ma la guerra tormentosa, che le fa ripetere *ecce in pace amaritudo mea amarissima*, è quella che deriva dalla aberrazione delle menti per la quale si

misconoscono le sue dottrine, e si ripete nel mondo il grido di ri-
volta per cui furono cacciati i ribelli dal cielo.

E ribelli purtroppo son quelli, che professano e diffondono
sotto forme subdole gli errori mostruosi sulla evoluzione del dogma; sul ritorno al puro vangelo, vale a dire sfrondato, come essi
dicono, dalle spiegazioni della teologia, dalle definizioni dei concili,
dalle massime dell'ascetica, sulla emancipazione dalla Chiesa, però
in modo nuovo senza ribellarsi per non essere tagliati fuori, ma
nemmeno assoggettarsi per non mancare alle proprie convinzioni,
e finalmente sull'adattamento ai tempi in tutto, nel parlare, nello
scrivere e nel predicare una carità senza fede, tenera assai pei mi-
scredenti, che apre a tutti, purtroppo, la via dell'eterna rovina.

Voi ben vedete, o Venerabili Fratelli, se noi, che dobbiamo
difendere con tutte le forze il deposito che ci venne affidato, non
abbiamo ragione di essere in angustie di fronte a questo attacco
che non è un'eresia, ma il compendio e il veleno di tutte le eresie,
che tende a scalzare fondamenti della fede ed annientare il cristianesimo. Sì, annientare il cristianesimo, perchè la sacra scrittura per
questi eretici moderni non è più la fonte sicura di tutte le verità
che appartengono alla fede, ma un libro comune; l'ispirazione per
loro si restringe alle dottrine dogmatiche, intese però a loro modo,
e per poco non si differenzia dall'ispirazione poetica di Eschilo e
di Omero. Legittima interprete della Bibbia è la Chiesa, però sog-
getta alle regole della così detta scienza critica, che s'impone alla
teologia e la rende schiava. Per la tradizione finalmente tutto è relativo e soggetto a mutazioni, e quindi ridotta al niente l'autorità
dei Santi Padri. E tutti questi, e mille altri errori li propalano in
Opuscoli, in Riviste, in libri ascetici e per fino in romanzi, e li in-
volgono in certi termini ambigui, in certe forme nebulose, onde a-
vere sempre aperto uno scampo alla difesa per non incorrere in
una aperta condanna e prendere però gli incauti ai loro lacci.

Noi pertanto contiamo assai anche sull'opera vostra, Venerabili
Fratelli, perchè qualora conosciate, coi vescovi vostri suffraganei,
nelle vostre regioni, di questi seminatori di zizzania, vi uniate a
noi nel combatterli, c'informiate del pericolo a cui sono esposte le
anime, denunciate i loro libri alle sacre Congregazioni romane, e
frattanto usando delle facoltà, che da' sacri canoni vi sono concesse,
solennemente li condanniate, persuasi dell'obbligo altissimo che

avete assunto di aiutare il Papa nel governo della Chiesa, di combattere l'errore e di difendere la verità fino all'effusione dei sangue.

Del resto confidiamo nel Signore, o diletti figli, che ci darà nel tempo opportuno gli aiuti necessarii; e la Benedizione Apostolica, che avete invocata, discenda copiosa su voi, sul clero e sul popolo delle vostre diocesi, sopra tutti i venerandi vescovi e gli eletti figli che decorarono con la lorq presenza, questa solenne cerimonia, sui vostri e sui loro parenti, e sia fonte per tutti e per ciascuno delle grazie piú elette e delle più soavi consolazioni.

VII. — Relatio actorum in Consistoriis secreto et publico diebus 15, 18 Aprilis 1907.

Die 15 Aprilis 1907.

Ss.mus D.nus Noster Divina Providentia Pius PP. X die 15 Aprilis currentis anni 1907 de mane in Apostolico Palatio Vaticano Consistorium secretum celebravit, in quo praemissa allocutione, quam pag. 125 retulimus, creare et publicare dignatus'est S. R. E. Cardinales, ex ordine Presbyterorum:

1.º — Exc.mum ac R.mum *D. Aristidem Cavallari, Patriarcham Venetiarum*, qui natus Fossae Clodiae (Chioggia) studio rerum theologicarum operam dedit in Seminariis Clodiensi et Veneto, ac sacerdotio initiatus est die 24 septembris an. 1872. Munus capellani primum absolvit in paroecia S. Cantiani, deinde parochus renuntiatus pastoralem ministerium exercuit in paroecia SS.mae Trinitatis vulgo *Tre Porti*, et postea in Cura Archipresbyterali S. Petri a Castro.

Deinde canonicum honorarium et synodalem examinatorem eum elegit E.mus Card. Sarto Patriarcha Venetiarum, nunc Pius X P. M., qui statim ac ad Summum Pontificatum evectus fuerit, eum Episcopum titularem Philadelphien ac Pro-Vicarium posteaque Vicarium Generalem Archidioeceseos Venetiarum renuntiavit, et tantam in eo habuit spem ut eum Patriarchatui Venetiarum praeposuit. Semper et ubique innumera praebuit exempla virtutis liberalitatis, zelus apostolici et merito nunc sacra purpura decoratus est.

2.º — Exc.mum ac R.mum *D. Gregorium Mariam Aguirre y Garcia Ordinis fr. Minorum Archiepiscopum Burgensem*. Natus est in *Pola dei Gordon* Legionem. dioeceseos in Hispania anno 1835, et in Ordinem Minorum S. Francisci ingressus est anno 1856. Studiis absolutis iunior adhuc inter Lectores ordinis cooptatus, philosophiam ac S. Theologiam docuit et Collegiis de *Consuegra* primum, deinde de *Pastrana* praefuit. Titulo Lectoris in perpetuum S. Theologiae et iuris canonici cohonestatus anno 1878 rector Collegii de *Almagro*, posterius Collegii de *Pueblo de Montalbàn* renunciatus est, quod officium reliquit cum munus obtinuit Poenitentiarii in Lateranensi Basilica pro lingua hispanica, brevi tamen tempore, nam eum promovit Leo XIII ad Cathedralem Lucen. in Consistorio habito mense martii anni 1885. Novem annos hanc latissimam rexit dioecesim, quam ter integre visitavit, ibique novum commodiusque condidit Seminarium, instituta in antiquo Communitate fratrum Minorum, ac Synodum dioecesanam celebravit. Anno 1894 promotus est ad Sedem Archiepiscopalem Burgensem, et quinque post annos ei commissa quidem fuit administratio dioeceseos Calaguritanae. Concilium provinciale, ac Synodum duarum dioecesium quibus praeest celebravit, Seminarium a S. Ioseph condidit, Conventum catholicum nationale coëgit, et innumera promovit opera caritatis ac doctrinae.

Vir peculiaris modestiae in omnibus semper sese conformavit praeceptis seraphici S. Francisci, et nunc eius elevatio ad S. Purpuram iure meritoque ratio est exultationis universae catholicae Hispaniae et seraphico Ordini.

3. — Exc.mum ac R.mum *D. Aristidem Rinaldini Archiepiscopum tit. Heracliensem, Nuntium Apostolicum in Hispania.* Natus anno 1844 in oppido *Montefalco* Spoletin. dioeceseos, Romae studia philosophica et theologica absolvit, gradus academicos assequens in Gregoriana Universitate. In sacris ordinibus constitutus anno 1868, hoc ipso anno missus est Secretarius Apostolicae Nuntiaturae apud Regem Lusitaniae, deinde ad Belgicam translatus ibi moratus est Secretarius et Auditor quindecim annos. Abruptis diplomaticis relationibus inter S. Sedem et Gubernium Belgicum, Romae revocato Nuntio Apostolico, qui tunc temporis erat E.mus nunc Card. Vincentius Vannutelli, Aristides Rinaldini Bruxellis permansit ut privatus agens Sedis Apostolicae, quo tempore peculiarissimam ostendit prudentiam ac perspicacitatem, ita ut, relationibus denuo instauratis, Nuntiaturam rexit quousque eidem praepositus fuit Exc.mus D. Dominicus Ferrata, nunc S. R. E. Cardinalis. Anno 1887 Protonotarius Apostolicus renuntiatus in Hollandiam missus est uti Internuntius, quo munere functus est usque ad annum 1893, cum Substitutus Secretariae Status nominatus est. Tres tantum annos huic praefuit officio, et in Consistorio mensis augusti an. 1896 ad dignitatem Archiepiscopalem evectus, Nuntius Apostolicus apud Belgicum regem adlectus est, quod idem munus nunc ab anno 1899 fungitur apud Hispanicum Regem.

Vir ingenii ac doctrinae semper eluxit inter praesules Diplomatiae Pontificiae, et in mox elapso Consistorio iure S. Purpuram assecutus est utpote dignum praemium tot laboribus tantoque studio pro Religione et Ecclesia.

4. — Exc.mum ac R.mum *D. Benedictum Lorenzelli Archiepiscopum Lucanum,* qui ortus in oppido *Badi* prope Bononiam, in Archiepiscopali Seminario Bononiensi studia philosophica et theologica, Romae studia iuris absolvit, et in utroque Lauream assecutus est Magister philosohiae in scholis Collegii de Propaganda Fide, et dogmaticae in scholis Pontificii Seminarii Romani primus praefuit Collegio Bohemo, a Leone XIII anno 1884 instituto.

Uti Ablegatus Pontificius fuit anno 1884 apud Em.um Card. Schoenborn et anno 1892 Internuntius apud regem Hollandiae missus

est, ibique amplissimos obtinuit favores a Gubernio pro missionibus
catholicis Bataviae, Curacaen. et Guianae Hollandicae et pro institutione scholae philosophiae Thomisticae in Universitate Amsterdami.

Annno 1896 archiepiscopus tit. Sardicen. electus, munus Nuntii
Apostolici in Bavaria functus est, quod explevit usque ad an. 1899,
cum ad Nuntiaturam Apostolicam apud Rempublicam Gallicam
translatus fuit, quam reliquit anno 1904 ob abruptas diplomaticas
relationes inter S. Sedem et Republicam ; hoc ipso anno Archiepiscopus Lucanus renunciatus est. Nuntiaturae Parisiensi praefuit maximis tum religionis tum Reipublicae temporibus, sed iura
S. Sedis, quantum potuit, defendit, ita ut nunc iure meritoque
S. Purpura decoratus est.

5. — Exc.mum ac R.mum *D. Petrum Maffi Archiepiscopum
Pisanum.* In oppido vulgo *Corteleone* natus est in dioecesi Papiensi
anno 1858 ab honestis parentibus,, et studiis expletis in Seminario
Papiensi, ss. ordinibus receptis, in eodem Seminario philosophiam
duos annos docuit. Deinde omnino animum ad scientias physicas
adiecit, et statim inter maiores doctores huius disciplinae reputatus
fuit. Rector Seminarii Papiensis, E.mum Card. Riboldi secutus est
in Archidioecesi Ravennaten. uti Vicarius Generalis, donec Archiepiscopus Pisanus in Consistorio habito mense iunio an. 1903 renuntiatus est.

Pius X eum adlegit praesidem Commissionis praepositae Turri
speculatoriae vaticanae, et in hoc Consistorio iure eius praeclaris-
sima merita ac virtutes praemio cohonestavit, inter S. R. E. Cardinales eum arcessendo.

6. — Exc.mum ac R.mum *D. Alexandrum Lualdi Archiepiscopum Panormitanum.* Mediolani ortus anno 1858, studiis in Seminario
dioecesano .expletis, sacerdotio initiatus est anno 1880, deinde Romae in Seminario Lombardo lauream in S. Theologia et iure canonico consecutus est. Utramque disciplinam docuit Mediolani in
Seminario maiori, et Romae in Seminario Lombardo, cui praepositus fuit anno 1894.

Vir praeclarae doctrinae maximaeque modestiae semper caris-
simus fuit Summo Pontifici Pio X, qui in Consistorio mensis novembris anni 1904 eum adlegit in successorem perillustris Card.
Celesia in Archidioecesi Panormitana, et nunc eum adhuc iuniorem
inter Cardinales S. R. E. cooptavit, ut propius animum intendat
in bonum Ecclesiae.

7. — Exc.mum ac R.mum D. *Desideratum Mercier Archiepiscopum Mechliniensem.* Qui natus in *Braine d'Allend* Archidioeceseos
Mechlinien. anno 1851, sacerdotio initiatus est anno 1874, et studiis
expletis, philosophiam docuit in parvo seminario mechliniensi, donec, schola philosophiae thomisticae superioris instituta in celebri
universitate Lovanii, ipse vocatus fuerit ad tradendas in eadem
lectiones. In academia Romana S. Thomae Aquinatis cooptatus,
adnumeratus est a Leone XIII inter Praelatos domesticos, dum sua
philosophica opera in septem linguis traducta eidem famam per
orbem faciebant.

Anno 1906 Archiepiscopus Mechlinien. renuntiatus est, et nunc

in signum praecipuae benevolentiae ob innumera merita ubique manifesta Eum principem S. R. E. Cardinalem creavit Pius PP. X.

Dein Sanctitas Sua Ecclesias quae sequuntur, assignare dignatus est:

Ecclesiam titularem Archiepiscopalem Patraten. (PATRASSO) favore
Illmi ac Rmi D. Donati Velluti Zati di S. Clemente iam Episcopi
Piscien. (*Pescia*).

Ecclesiam titularem Archiepiscopalem Auxumitan. (AUXUME) favore Illmi ac Rmi D. Bartholomaei Mirra promoti ab Ecclesia titulari Hamathen. (*Amata*).

Ecclesiam Metropolitanam Chamberien. (CHAMBÉRY) favore Illmi
ac Rmi D. Gustavi Adolphi de Pélacot promoti a sede cathedrali
Trecen. (*Troyes*).

Ecclesiam Metropolitanam Auxitan. (AUCH) favore Illmi ac Rmi
D. Francisci Ernesti Ricard, promoti a sede cathedrali Engolismen.
(*Angoulême*).

Ecclesiam Cathedralem Aquilan. (AQUILA) favore Illmi ac Rmi
D. Peregrini Francisci Stagni, Prioris Generalis Ordinis Servo-
rum Mariae, archidioecesani bononien., magistri in S. Theologia et
S. Officii consultoris.

Ecclesiam titularem Episcopalem Tenedius. (TENEDO) favore Illmi
ac Rmi D. Eugenii Cano iam episcopi Bosanen. (*Bosa*).

Ecclesiam Cathedralem Piscien. (PESCIA) favore Illmi ac Revmi
D. Iulii Serafini dioecesani Urbevetan., Cubicularii intimi supernumerarii Sanctitatis Suae, in s. Theologia et in utroque iure doctoris, Pontificii Seminarii Pii rectoris, sacrae Theologiae magistri et
S. Mariae ad Martyres Urbis canonici.

Ecclesiam Cathedralem Algaren. (ALGHERO) favore Illmi ac Rmi
D. Ernesti Fiovella, Mediolanen., Vicarii Generalis Ravennaten.

Ecclesiam titularem Episcopalem Charystien. (CARISTO) favore
Illmi ac Rmi D. Pacifici Fiorani, dioecesani fabrianen., Cubicularii
honorarii Sanctitatis Suae, in s. Theologia doctoris, Seminarii Sa-
binensis rectoris, deputati suffraganei Sabinen. (*Sabina*).

Ecclesiam titularem Episcopalem Cymaean, (CUMA) favore Illmi
ac Rmi D. Colomanni Kránitz dioecesani Veszprimien., ibique Canonici Cathedralis ac Examinatoris prosynodalis, deputati auxiliaris
Illmi ac Rmi D. Caroli de Hornig Episcopi Veszprimien. (*Vesz-
primia*).

Die 16 Aprilis 1907

De mane in Palatio Cancellariae Apostolicae Excmi Archiepiscopi et Episcopi in Curia praesentes et in Consistorio Secreto pridie praeconizati, iusiurandum protulere iuxta Apostolicas Constitutiones coram Emo ac Rmo D. Cardinali Antonio Agliardi Vicecancellario S. R. E.

Die 17 Aprilis 1907

Horis autem post meridiem Sanctitas Domini Nostri pileolum
Cardinalitium imposuit Emis ac Rmis DD. Neo-Cardinalibus creatis
in Consistorio secreto, die 15 huius mensis.

Deinde allocutionem, quam pag. 128 retulimus, habuit ad neo-cardinales, cum Emus Card. Aristides Cavallari Sanctitati suae gratias egit ex corde propter honorem sublimem eisdem collatum.

Die 18 Aprilis 1907

Sanctitas Domini Nostri Pii PP. X de mane celebravit consistorium publicum in eodem palatio Vaticano ut pileum cardinalitium daret Emis ac Revmis DD. Cardinalibus Cavallari, Lorenzelli, Maffi, Lualdi et Mercier creatis et publicatis in consistorio secreto die 15 Aprilis currentis.

Consistorium vero habuit secretum, in quo clauso ore, iuxta morem, Emis novis Cardinalibus, sequentes proposuit Ecclesias:

Ecclesiam Metropolitanam Hispalen. (SIVIGLIA) favore Illmi ac Rmi D. Henrici Almaraz y Santos promoti a Sede Cathedrali Palentin. (*Palencia*).

Ecclesiam Metropolitanam Popayanen. (POPAYAN) favore Illmi ac Rmi D. Raphael M. Arboleda eiusdem archidioeceseos, Congregationis Missionis, rectoris parvi seminarii Popayanensis.

Ecclesiam Cathedralem Palentin. (PALENCIA) favore Illmi ac Rmi D. Valentini Garcia Barros dioeceseos Compostellan. in S. Theologia et in utroque iure doctoris, Metropolitanae Compostellan. Canonici Poenitentiarii, et magistri s. Theologiae in Archiepiscopali Seminario.

Ecclesiam Cathedralem S. Ludovici (S. LUIGI DEL MARAGNANO) favore Illmi ac Rmi D. Francisci a Paula Silva dioeceseos de Pouso Alegre, Congregationis Missionis et rectoris Collegii de *Serra de Caraca*.

Ecclesiam Cathedralem Pineten. ad Flumen (PINAR DAL RIO) favore Illmi ac Rmi D. Emanuelis Ruis y Rodriguez dioeceseos Centumfocen. in s. Theologia prolytae, et interim Parochi Cathedralis Centumfocen. (*Cienfuegos*).

Ecclesiam tit. Episcopalem Flaviaden. (FLAVIADE) favore Illmi ac Rmi D. Ioannis Gonzalez Evzaguine archidioeceseos S. Iacobi de Chile, eiusdem Vicarii Generalis.

Ecclesiam titularem Episcopalem Tagasten. (TAGASTA) favore Illmi ac Rmi D. Aloysii Ioseph Amigo y Ferrer, ord. Minorum Capulatorum, archidiocesani Valentini, lectoris s. theologiae, iam Definitoris et Provincialis, Guardiani Conventus de *Orihuela*.

Deinde publicavit provisionem sequentium Ecclesiarum iam peractam per Breve:

Ecclesiam tit. Archiepiscopalem Nazianzen. (NAZIANZO) favore Illmi ac Rmi D. Angeli M. Dolci promoti a Sede Cathedrali Eugubina (*Gubbio*).

Ecclesiam tit. Archiepiscopalem Caesarien. (CESAEA DI PONTO) favore Illmi ac Rmi D. Augusti Sili, Nursinae dioeceseos, in philosophia et in utroque iure doctoris, magistri largitionum Pontificiarum.

Ecclesiam tit. Archiepiscopalem Theodosiopolitan. (TEODOSIOPOLI) favore Illmi ac Rmi D. Michaëlis Miroff, ritus Greci-Bulgari.

Ecclesiam Cathedralem S. Pauli in Brasilia (S. PAOLO DEL BRA-SILE) favore Illm̄i ac Rm̄i D. Leopoldi Silva translati a Sede Ca-thedrali Curytiben. de Parana (*Curytiba*).

Ecclesiam Cathedralem Amazonum (AMAZONI) favore Illm̄i ac Rm̄i D. Friderici Benitti de Souza Costa promoti a Praelatura nul-lius Santaremen. (*Santarem*).

Ecclesiam Cathedralem Eugubinam (GUBBIO) favore Illm̄i ac Rm̄i D. Ioannis Baptistae Nasalli Rocca dioeceseos Placentin. Pro-tonotarii Apostolici supernumerarii, in s. theologia et in iure cano-nico Doctoris, Visitatoris Apostolici et Patriarchalis Basilicae Libe-nanae canonici.

Ecclesiam Cathedralem Fulden. (FULDA) favore Illm̄i ac Revm̄i D. Ioseph Damiani Schmitt, eiusdem dioeceseos, in philosophia et in s. theologia doctoris, rectoris ac magistri Seminarii, et Cathe-dralis canonici.

Ecclesiam Cathedralem Suessionen (SOISSON) favore Illm̄i ac Rm̄i D. Petri Ludovici Péchenard Archidioecesani Rhemen., Protonotarii Apostolici *ad instar participantium*, in litteris, in s. theologia et in iure canonico doctoris, rectoris Instituti Catholici Parisiis.

Ecclesiam Cathedralem Kilmoren. (KILMORE) favore Illm̄i ac Rm̄i D. Andreae Boylan Congregationis a SSm̄o Redemptore, Superioris provincialis Hiberniae.

Ecclesiam Cathedralem de Huaras (HUARAZ) favore Illm̄i ac Rm̄i D. Petri Paschasii Farfan dioecesani Cuschen. (*Cuzco*), promotoris fiscalis, et Canonici Cathedralis.

Ecclesiam Cathedralem Lojan. (LOJA) favore Illm̄i ac Rm̄i D. Io-seph Antonii Eguiguren, eiusdem dioeceseos, Canonici honorarii Metropolitanae Quiten. (*Quito*) et Administratoris Apostolici Lojan.

Ecclesiam Cathedralem Conchen. in Indiis (CUENCA DELL' EQUA-TORE) favore Illm̄i ac Rm̄i D. Emmanuelis M. Polit, dioecesani Qui-ten. (*Quito*) in s. theologia et in utroque iure doctoris, metropolitanae Quiten. Canonici honorarii.

Ecclesiam Cathedralem Portoricen. (PORTORICO) favore Illm̄i ac Rm̄i D. Guilelmi Ambrosii Iones Ordinis S. Augustini, dioeceseos Albanen. in America, in s. theologia doctoris, parochi in dioecesi s. Christophori de Avana (*Avana*).

Ecclesiam Cathedralem Manchesterien. (MANCHESTER), favore Illm̄i ac Rm̄i D. Alberti Guertin eiusdem dioeceseos, et in eadem paro-chi S. Antonii.

Ecclesiam tit. Episcopalem Citarizen. (CITARIZO) favore Illm̄i ac Rm̄i D. Anastasii Maria Vincentii Soler-Royo Ord. Minorum Capu-latorum, deputati in Vicarium Apostolicum Goairen. in Columbia (*Goajra*).

Ecclesiam tit. Episcopalem Chamachen. (CAMACO) favore Illm̄i ac Rm̄i D. Ioannis Derouet Congregationis a Spiritu Sancto et a Sa-cro Corde Mariae, deputati in Vicarium Apostolicum Congi Gallici Inferioris *(Congo francese inferiore)*.

Ecclesiam tit. Episcopalem Prusen (PRUSA) favore Illm̄i ac Rm̄i D. Iacobi Menwissen Congr. SSm̄i Redemptoris, dioeceseos *Bredan.*

(Breda) Superioris provinciae Hollandiae, deputati in **Vicarium** Apostolicum Guianae Hollandicae *(Guiana Olandese)*.

Ecclesiam tit. Episcopalem Pinaren (PINARA) favore Illmi ac Rmi D. Francisci Lazari Seguin dioeceseos Divionen. *(Dijon)*, Seminarii Missionum Exterarum Parisiis, deputati coadiutoris cum successione Illmi ac Rmi D. Francisci Maximi Guichard, Vicarii Apostolici Kui-Cen in Sina *(Kui-Cen)*.

Ecclesiam titularem Episcopalem Arethusiae (ARETUSA) favore Illmi ac Rmi D. Ulpiani Perez y Quiñones dioeceseos Quiten. in iure canonico doctoris, Vicarii Generalis et Canonici Cantoris Metropolitanae Quiten. *(Quito)*, deputati Auxiliaris Excmi D. Friderici Gonzales Suarez Archiepiscopi Quiten.

Ecclesiam tit. Episcopalem Milevitan (MILEVI) favore Illmi ac Rmi D. Joannis Borzatti de Löwenstern, Iadren dioeceseos, Protonotarii Apostolici *ad instar participantium,* in s. theologia prolytae, Praepositi Capituli Metropolitani Iadren *(Zara)*.

Ecclesiam tit. Episcopalem Daulien (DAULIA) favore Illmi ac Rmi D. Stephani Sotero Ortynskyi Ordinis S. Basilii, ritus greci-rumeni.

Deinde SSmus Dñus, more solito, os adaperuit novis Cardinalibus, et postulatum pallium concessit Ecclesiis Metropolitanis Aquilan., Jucatanen., Popayanen., Auxitan., Chamberien., et Hispalen nec non Virdunen ob privilegium eidem concessum.

Tandem Sanctitas Sua anulo cardinalitio imposito praefatis neo-Cardinalibus in Consistorio praesentibus, titulos prestyterales S. Mariae in Cosmedin Emo CAVALLARI, S. Crucis in Ierusalem Emo LORENZELLI, S. Chrisogoni Emo MAFFI, S. Gregorii ad Coelium Emo LUALDI, S. Petri in Vinculis Emo MERCIER.

En Congregationes a SSmo Dño Nostro assignatae Emis ac Rmis DD. Cardinalibus qui nuper pileum cardinalitium receperunt:

Emo ac Rmo CAVALLARI, SS. Congregationes Consistorialis, de Propaganda Fide pro ritu orientali, Rituum, Caeremonialis.

Emo ac Rmo LORENZELLI, SS. Congregationes de Propaganda Fide, Visitationis, Indicis, Studiorum.

Emo ac Rmo MAFFI, SS. Congregationes Episcoporum et Regularium, Indicis, Rituum, Caeremonialis.

Emo ac Rmo LUALDI, SS. Congregationes Visitationis, Concilii, de Propaganda Fide pro ritu orientali, R. Fabbricae S. Petri.

Emo ac Rmo MERCIER, SS. Congregationes de Propaganda Fide, Indicis, R. Fabbricae S. Petri, Studiorum.

DECRETA SS. RR. CONGREGATIONUM

S. CONGREGATIO CONSISTORIALIS

ANGELORUM. — IN MEXICANA REPUBLICA.

Erectionis in Collegiatam.

DEIPARAM Virginem ab Immaculata Conceptione Mexicanos maxima prosequi veneratione res est notissima. Siquidem non modo Eam sub titulo: *De Guadalupe* in coelestem Mexicanae Reipublicae universae Praestitem solemniter elegerunt, sed et ipsi, vel sub eodem, vel aliis sub titulis, non pauca dedicavere templa. Inter haec illud commemorare libet, quod non longe ab Urbe Tlascala, intra Archiepiscopalis Angelopolitanae Ecclesiae fines, Beatae Mariae absque originali labe conceptae sub titulo *De Ocotlan* sacrum existit, quodque vetustissimum ferunt, eodemque ferme tempore extructum, quo catholica Religio in Mexicana Regione propagari coepit. Sacrae huic Aedi, quae structura, ornatus magnificentia et splendore sacrarumque supellectilium copia praestat, perampla adnexa est domus, in qua praeter sacerdotes divinis in sacra ipsa Aede ministeriis obeundis addictos, adolescentesque quoque commorantur, qui Ecclesiae servitio sese mancipare cupiunt, praetereaque Clerici qui, sacris expletis studiis, pastoralem, uti aiunt, theologiam excolunt, ut sacris Ordinibus recipiendis sese praeparent.

Cum Templum Deiparae *De Ocotlan* sacrum, piis fidelium largitionibus, qui ad ipsum ex dissitis quoque regionibus pientissimae Matris opem imploraturi se conferunt, redditibus sat affluat; cumque in eo a Cappellanis Clericisque divinae laudes quotidie iam recitentur, sacrumque pro benefactoribus fiat, R. P. D. Iosephus Raymundus Ibarra Metropolitanae Ecclesiae Angelorum Archiepiscopus, quo melius ac aptius servitio Templi eiusdem etiam in posterum consuleretur, litteris ad Apostolicam Sedem die XIV iulii hoc anno datis, pro eximia sua erga Immaculatam Dei Genitricem *De Ocotlan* pietate, SSmum D. N. Pium PP. X humiliter exoravit, ut Templum ipsum ad Collegiatae Ecclesiae honorem et dignitatem Apostolica auctoritate evehere benigne dignaretur.

Sanctitas Sua ad mei infrascripti Sacrae Congregationis Consistorialibus rebus expediendis praepositae substituti relationem, cunctis, quae consideranda erant, matura deliberatione perpensis, quod bonum, faustum felixque sit, Dei Gloriae fideliumque pietati erga Deiparam Immaculatam sub titulo *De Ocotlan* fovendae benevertat, Angelopolitani Archiepiscopi vota benigne excipere dignata est et ea, quae sequuntur, statuere ac decernere.

I. Beatitudo itaque Sua in primis, suppleto, quatenus opus sit, quorumcumque in hac re interesse habentium vel habere praesumentium consensu, Ecclesiam honori B. Mariae Virginis ab Immaculato Conceptu sub titulo *De Ocotlan* non longe ab Urbe Tlascala, intra Archidioecesis Angelopolitanae fines, dicatam, Apostolica auctoritate ad Ecclesiae Collegiatae honorem et dignitatem, sub invocatione et titulo eiusdem Beatissimae Virginis Mariae absque originali labe conceptae *De Ocotlan* cum Capitulo, Stallo, Choro, Mensa Capitulari, Sigillo aliisque signis, privilegiis, immunitatibus, exemptionibus, praeeminentiis, concessionibus et gratiis, quibus ceterae Collegiatae Ecclesiae in Mexicana Republica existentes iure, usu et consuetudine fruuntur et gaudent, iis tamen exceptis privilegiis, quae ex indulto particulari aut oneroso titulo sint acquisita, evehit atque extollit, eidemque in dotem redditus omnes et bona constituit, quibus actu ipsa potitur, aliaque omnia, quae pia fidelium liberalitas in hunc finem in posterum conferet.

II. In eadem Ecclesia, ad Collegiatae dignitatem, ut supra, evecta, Sanctitas Sua unam constituit praebendam Abbatialem, quae prima et unica erit Capituli dignitas, ita ut qui eam obtineat, tam in Choro et Capitulo, tam in publicis supplicationibus aliisque Sacris functionibus praesit et praeeminentiam habeat, nullo tamen, praeter titulum, Abbatiali alio insigni aut privilegio gaudeat, nullaque fruatur iurisdictione; itemque undecim alias canonicales praebendas instituit atque erexit, eademque beneficia, servatis Apostolicis Constitutionibus, ac sartis tectisque Cancellariae legibus conferri mandavit.

III. Ecclesiae Collegiatae Abbati et undecim Canonicis tali modo constitutis Sanctitas Sua onus imposuit apud Collegiatam personaliter residendi, horas canonicas omnes tam diurnas quam nocturnas quotidie recitandi, itemque Missam Conventualem pro benefactoribus alternatim celebrandi; quibus vero festis diebus Missa haec erit solemniter celebranda, Exsecutor huius Decreti infra designandus statuet.

IV. Capitularium deinde congruae substentationi et onerum implemento ipsis incumbentium eadem Sanctitas Sua prospicere cupiens, decrevit, ut ipsi singuli, singulis mensibus ex Ecclesiae redditibus scutata quadraginta seu bis centum libellas percipiendi ius habeant. Caveat insuper Decreti huius Exsecutor, ut ex Ecclesiae redditibus, nisi aliter iam provisum fuerit, certa quaedam pars Ecclesiae ipsius Sacrario eiusque Fabricae tribuatur pro necessariis expensis et reparationibus.

V. Praeter choralia ministeria, Beatitudo Sua Abbati aliisque Canonicis munus pariter commisit ad disciplinas erudiendi Clericos utriusque Seminarii in domo Templo adnexa commorantes, eademque Seminaria moderandi, statuta tamen pro hisce muneribus congrua retributione, a canonicalibus praebendis prorsus distincta, quamque Exsecutor decernet.

VI. Exsecutori pariter curae erit, ad normam Sacrorum Canonum, ea omnia decernere, quibus recto Collegialis Capituli ordine et Collegiatae Ecclesiae ministerio sit consultum; distributiones praesertim aut mulctae, secundum Sacrosancti Tridentinae Synodi decreta, statuendae per Ipsum erunt, quibus canonici ad munus suum diligenter obeundum alliciantur, eaeque e praebendarum redditibus desumentur.

VII. Collegiali vero Capitulo ita erecto Sanctitas sua facultatem quoque fecit Statuta et Decreta, sacris tamen Canonibus, sacrosancto Tridentino Concilio et Apostolicis Constitutionibus consona, quae eiusdem Collegiatae Ecclesiae regimen bonorumque administrationem respiciant, non minus ad onerum implementum et chori disciplinam, poenarumque praesertim per absentes vel negligentes contrahendarum impositionem, edendi atque condendi, eaque edita atque condita denuo corrigendi et declarandi, sub praesidentia tamen ac praevia Angelopolitani Archiepiscopi pro tempore adprobatione.

VIII. Ad divini vero cultus splendorem et Collegialis Capituli decorem augendum atque in obsequium erga Beatissimam Virginem Immaculatam, Beatitudo Sua Abbati et Canonicis benigne indulsit, ut in Sacris functionibus et publicis supplicationibus, intra limites tamen Angelopolitanae Archidioecesis, ipsi vestem talarem nigram, oris et globulis caeruleis ornatam, zonam item caeruleam et penulam seu mozzettam sericam super rocchettum pariter caerulam, nec non flocculum caeruleum in pileo et bireto licite ac valide gestare possint ac valeant, servatis tamen Apostolicis Constitutionibus ac praesertim ritualibus dispositionibus.

Ad praemissa demum exequenda Sanctitas Sua deputari voluit R. P. D. Raymundum Ibarra et Gonzales, Metropolitanae Ecclesiae Angelorum Archiepiscopum, cum facultatibus necessariis et opportunis etiam subdelegandi, ad effectum de quo agitur, quamcumque aliam personam in ecclesiastica dignitate constitutam, itemque definitive pronunciandi super qualibet oppositione in executionis actu quomodolibet oritura, et cum mandato transmittendi, intra sex menses ad Sacram hanc Congregationem exemplar authentica forma exaratum exsecutionis peractae, et praesens hisce de rebus edi iussit consistoriale Decretum, perinde valiturum ac si super iisdem Litterae Apostolicae sub plumbo vel sub anulo Piscatoris expeditae fuissent, et inter acta referri Sacrae huius Congregationis Consistorialis.

Datum Romae, hac die VIII Septembris Anno Dñi MCMVI.

L. ✠ S.

Pro R. P. D. Secretario

IULIUS GRAZIOLI

Sacrae Congr. Consistorialis et Secretariae Sacri Collegii Substitutus.

S. CONGREGATIO EPISCOPORUM ET REGULARIUM

I. — DECRETUM.

Approbationis ad sexennium Constitutionum Instituti Pauperum Sororum Ludimagistrarum de Domina Nostra Colocensium.

SSMUS D. N. Pius Divina Providentia PP. X, in audientia habita ab infrascripto Cardinali Sacrae Congregationis Episcoporum et Regularium Praefecto die 17 februarii 1907, attentis litteris commendatitiis Antistitum locorum in quibus reperitur Institutum Pauperum Sororum Ludimagistrarum a Domina Nostra Colocensium nuncupatum, domum principem habentium Coloczae in Hungaria, eiusdem Instituti Constitutiones, prout continentur in hoc exemplari, cuius autographum in archivio praefatae S. Congregationis asservatur, ad sexennium per modum experimenti approbare et confirmare dignatus est, prout praesentis decreti tenore approbat et confirmat, salva Ordinariorum iurisdictione, ad formam SS. Canonum et Apostolicarum Constitutionum.

Datum Romae. ex Secretaria memoratae S. Congregationis Episcoporum et Regularium, die 25 februarii 1907.

L. ✠ S.

D. Card. FERRATA, Praefectus.

PH. GIUSTINI, Secretarius.

Eadem approbatio in eadem forma in aud. 17 mart. 1907 concessa est Instituto Sororum S. Felicis III Ordinis S. Francisci, domum principem habentium in dioec. Cracoviensi. Decretum expeditum est d. 22 mart. e. a.

22198
15

II. — URSULINARUM

Preces (summatim)

PRIORISSA Generalis Monialium a S. Ursula cum Adsistentibus enixe orant ut iuxtà Constitutiones Institutum in Provincias dividatur ut sequitur: I. Provincia Italiae. — II. Provincia Austro-

Hungarica. — III. Franciae Orientalis. — IV. Franciae Occiden-
talis. — V. Anglosaxonica et flandrica. — VI. Statuum Foeder.
Septentrionalis. — VII. Statum Foeder. Meridionalis. — VIII.
Hispano-Lusitanica. Et Deus, etc.

Vigore specialium facultatum a SS. Dño Nostro concessarum,
S. C. Eñorum ac Rñorum S. R. E. Cardinalium negotiis et consultationibus Epp. et Regularium praeposita, enunciatam Instituti
divisionem in provincias, prout in supplici libello a Priorissa Generali una cum suo Consilio proposita est, approbat atque confirmat.
Romae, 23 feb. 1907.

D. Card. FERRATA, *Praefectus.*

PH. GIUSTINI, *Secretarius.*

———————

III. — Dubia proposita in generalibus comitiis diei 16 martii 1907.

23053
———
15

I. — ACHERUNTIN. ET MATHERAN. — RESIDENTIAE ET SE-
MINARII.

DISPUTATUR nempe utri ex dictis civitatibus iura residentiae habitualis Episcopi et Seminarii conveniant.

Qui Acheruntiam defendunt his rationibus fulciuntur.

a) Antiquitate : nam Acheruntia, docente Ughellio, inde a
saec. III sedem episcopalem habuit, atque a saec. XI archiepiscopalem. — Mathera tantum a. 1203 Cathedralis Ecclesiae titulum
habuit, sed ad honorem tantum, " ita ut — (Bulla Innoc. III.) —
ea priori Cathedrae uniatur „. Quod si inde ab a. 1439 Mathera
urbs saepe in autonomam transire voluit, semper hic conatus re-
pressus est " constante de bono iure Ecclesiae Acheruntinae „
(Sent. Rotae 7 feb. 173).

b) Dignitate : quum Acheruntia territorium decuplo maius
habeat, metropolis sit, atque mensam episcopalem longe excellentiorem praeferat.

c) Ex sententiis Rev. Camerae Ap.licae die 14 mai 1751 et
h. S. C. d. 23 feb. 1573 quae potioritatem archidioecesis Acheruntin. tutae sunt.

d) Seminarium quod spectat constat die 24 mai 1642 hoc
erectum canonice fuisse in Archid. Acheruntin. quamquam erectio

in actum concretum deducta non sit. Quod si a. 1673 Matherae Seminarium a S. C. C. decretum est, reservatum tamen fuit explicite
clero Acheruntin. ius erigendi Seminarium, " quo erecto cesset con-
tributio „ eiusdem cleri pro Matherano. Hoc actum est a. 1852, sed
incuria Episcopi mox defuncti, ita Seminarium deperiit ut praecise
pro huius vita tuenda praesens causa mota sit.

Ad iura vero Matheranen. tuenda haec afferuntur.

a) A. 1818 Pius VII Bulla « Ex mysteriosa » Matheram urbem ut *aeque principaliter unitam* Acheruntiae confirmavit. Quo anno
status Cathedralis Acheruntiae miserrimus exhibebatur, cui nec
Episcopium, nec Seminarium, nec fabriceria, nec Capella choralis
erant, quae omnia Matherae sumptuose etiam constabant.

b) Seminarium Acheruntiae tantum a. 1855 constitutum est
ita ut ab a. 1672 Acheruntini clerici puerique Matherae institue-
rentur. Si a. 1855 erectum est Institutum id fuit tantum pro pueris
12 annis minoribus.

c) Si hodiernus rerum status spectetur, omnino patet. Matheram longe super Acheruntiam praestare. Hic enim clerus deficit
etiam ad conveniens Ecclesiae servitium, quanto magis ad rectam cle·
ricorum institutionem? Alumni fere nulli sunt, ideoque simul *unam*
institutionem accipiunt, eamque deficientem omnino, tum si mate·
rialem tum si moralem spectes. — Matherae e contra aedes Seminarii recentes et apte dispositae; studiorum ratio, pietatis exercitia,
ad optimas normas distributa sunt etc. Mathera centrum est vitae
civilis totius Archidioecesis, dum Acheruntia longe ab eo distat;
Curia tum sede plena tum vacante aequa immo meliori ratione Matherae haberi potest, quae ideo Acheruntiae unita est, ut huius Archiepiscopus haberet unde nutrimentum et necessaria ad dioecesis
regimem susciperet: " ne dignitas Archiepiscopalis ab paupertatem
fereque extremam miseriam Eccl. Acheruntinae vilesceret; quam
igitur Matheranam Ecclesiam favore debito prosequi tenetur sede
Archeruntina „. (Bulla Sixti IV a. 1471).

Rmus Consultor bonum ius Ecclesiae Acheruntinae recognoscit
tum quod Seminarium spectat tum residentiam. Nam dignitati, an-
tiquitati, amplitudini dioecesis Acheruntinae non opponuntur nisi
conditiones topographicae ac materiales Ecclesiae Matheran. quae
tamen ius facere nequeunt.

Attamen sapientissimum existimat si res ita componantur ut

Matherae et Acheruntiae proprium sit Seminarium pro pagis determinandis, atque in uno litterae, in altero vero philosophia et Theologia doceantur. Residentia Acheruntiae saltem per 4 menses continuos, non computato tempore quod in Visitatione sit expendendum, producatur, ut Pius VII l. c. praescripsit.

Quibus positis, dubiis:

" 1. *Quale debba essere la residenza dell'Arcivescovo di Acerenza e Matera nel caso.*

2. *Se Acerenza debba mantenersi nel possesso del diritto ad un proprio Seminario, e se i Chierici Acherentini per l'istruzione ecclesiastica debbono frequentare il Seminario di Acerenza piuttostochè quello di Matera ".*

In Congregatione Generali die 16 martii 1907 Effi Patres responderunt :

Ad I. In una et altera per medietatem circiter anni; novi tamen Archiepiscopi ingressus, et sacrae visitationis initium semper fiat in civitate Acheruntina; et ad mentem; *mens est : che nel tempo stabilito, come di sopra, per la sua residenza nella città di Acerenza Mgr. Arcivescovo potrà fare anche la visita in questa stessa Archidiocesi, in modo però, che la durata di tale visita, non renda illusoria la sua residenza in detta città.*

Ad II. Ad mentem ; *mens est : che ambedue le diocesi abbiano un Seminario ; l'Archidiocesi di Acerenza per la sola facoltà teologica e quella di Matera per le sole scuole ginnasiali e liceali. In ordine però al Seminario di Acerenza, la disposizione che lo riguarda non verrà tradotta in atto, se prima non sarà ben constatato che in esso si abbiano tutti gli elementi necessari ad un Istituto rettamente e completamente ordinato.*

18704
15

II. — THERMULARUM — RENUNCIATIONIS.

SACERDOS Ioannes Colella, datis ad Episcopum litteris die 13 mai 1905, paroeciae Lupara, qua investitus erat, nuncium misit. Quum vero die 14 dec. 1906 concursus ad paroeciam indictus locum habuisset, idem parochus nullitatem renunciationis his rationibus impugnavit.

Episcopus renunciationem ipsam, die qua effectá est, illico rati-
habere noluit, ita ut parochus reapse in sua paroecia perseveraret:
qui tamen, quum die 15 iun. litteris datis renunciationem ipsam
revocasset, novit Episcopum tribus ante diebus, nempe 12 iun.
illam iam acceptasse et confirmasse atque paroeciam vacantem declarasse, quam tamen acceptationem nonnisi die 20 d. mensis, parocho notificavit. Hinc arguit ille : vel renunciatio incepit valere
die acceptationis nempe die 12 iun. quo in casu omnes actus paroeciales a se gesti invalidi essent : vel tantum die qua acceptationis
communcatio facta, est nempe die 20 iun. et tunc nulla esset, quia
iam revocata prout Episcopus ipse noverat.

His Episcopus opponit : verum non esse se revocationis actae
die 15 iun. notitiam habuisse ; sed hoc dato, et neutiquam concesso,
stat quod, die 20 iun., quum instrumentum acceptatae renunciationis
exaratum fuit, ipse ex-parochus sua manu eam confirmavit verbis
adscriptis. " Ego Ioannes Colella consentio „. Ceteroquin communicatio acceptationis neutiquam necessaria est ut renunciatio valida
sit, sed haec ipsa incipit valere ex momento quo acceptata est, dummodo, ex Constit. *Humano vix iudicio*, Gregorii XIII, infra mensem
acceptatio in formis facta sit, quae omnia in casu obtinuerunt.

Quod si renunciatio effectum suum habuit a die 12 iun. non
sequitur actus positos invalidos esse : nam si non parochi ordinarii,
saltem tacite delegati ab Episcopo actus erant.

R. Consultor Episcopo absque dubitatione consentit. Quibus
praehabitis, dubio :

" *Se la parrocchia di Lupara in diocesi di Termoli debba rite-
nersi vacante per la rinuncia emessa dal Sacerdote Giovanni Colella
nel caso* „

in Congreg. Generali die 16 martii 1907 EE. Patres responderunt :

" *Affirmative et amplius* „.

S. CONGREGATIO CONCILII

I. — GUADIXEN.

Canonicus absens a sua residentia, ut ineat concursum sive litteraria exercitia, non lucratur distributiones.

EPISCOPUS Guadixensis in relatione quam S. Concilii Congregationi exhibuit super statum suae dioecesis, in cap. IX, sequens postulatum proposuit:

Canonicus doctoralis praefatae cathedralis ecclesiae, praevio consensu Episcopi, in dioeceses Hispalensem et Granatensem se contulit cuiusdam periculi seu concursus sustinendi causa. Cum ad suam rediit ecclesiam, declaravit se velle considerari uti praesentem in choro ad effectum distributiones lucrandi iis diebus 'quibus ob praedictam causam abfuit. Idque contendit sibi competere ex consuetudine, prout constare dixit ex pluribus actis capitularibus.

Refragantibus tamen aliis, Episcopus ne in re tam gravi disciplina ecclesiastica corrumperetur, transmissis documentis hinc inde allatis, sequentia proposuit dubia:

I. Utrum canonicus qui abest a sua residentia, ut ineat concursum sive litteraria exercitia in alia dioecesi ad canonicatum obtinendum, possit aut debeat haberi tamquam praesens in choro ad effectum lucrandi distributiones? Et pariter, quatenus negative ex iure communi:

II. Utrum saltem id sustineri possit ex consuetudine particulari, quae vigere asseritur in praefato capitulo? Et pariter, quatenus negative:

III. Quid statuendum in casu praesenti, in quo canonicus doctoralis abfuit bona fide, putans scilicet consuetudinem sibi favere, ac ideo se praesentem habendum esse in choro et lucrári distributiones?

Sacra porro Congregatio Concilii, die 3 Februarii 1906, omnibus rite perpensis, respondendum censuit:

Ad primum et secundum: " *Negative* „.

Ad tertium autem dubium: " *Orator recurrat pro gratia dispensationis* „.

L. ✠ S.

† VINCENTIUS Card. Episc. Praenestinus, *Praefectus.*
C. DE LAI, *Secretarius.*

II. — **Dubia proposita atque iuxta morem eiusdem S. C. de iure
resoluta in plenariis comitiis diei 23 februarii 1907.**

Per summaria precum:

302

. 6

I. — BONONIEN. — DISPENSATIONIS AB IRREGULARITATE.

DIACONUS Antonius Damiani, qui a decimo suae aetatis anno morbo
comitiali laborare coepit, supplicem obtulit libellum H. S. C.
pro opportuna dispensatione ab eiusmodi defectu, testimonium medici allegans, testantis ipsum quam primum plenam recuperare
posse sanitatem.

Cum autem, requisito Archiepiscopi voto, ex testimonio alterius
medici constaret agi de vera et quidem cronica epilepsia, S. C. die
20 februarii superioris anni, precibus oratoris respondit: *Dilata*. Sed
cum iterum gratiam dispensationis expostulasset orator nova adducens testimonia circa meliorem assequutam valetudinem, altero
obtento voto ordinarii plurimum oratorem commendantis ob eius
excellentes animi dotes, quaestio denuo Emis Patribus diiudicanda
proposita fuit.

Communiter tenent doctores irregulares censendos esse qui
morbo epileptico laborantur, cum ob eiusdem morbi naturam distent
a securitate et reverentia requisita in sacro exercendo ministerio, et
innumeri recensentur casus, in quibus H. S. C. gratiam dispensationis denegavit.

In casu tamen agitur, iuxta medicorum sententiam, de epilepsia
levi, sanabili, et qua rarius afficitur orator, qui ab ultima morbi
impetitione, nempe a mense decembris 1905 ad praesens, nulli amplius accessui obnoxius extitit. Praeterea facile removi potest periculum indecentiae vel admirationis in populo, cum semper quaedam specialia indicia praeveniant eiusmodi morbi aggressiones,
ita ut patiens hisce in adiunctis facile sese abstinere possit a missae
celebratione.

Revera aliis his concurrentibus circumstantiis H. S. C. gratiam
denegare non autumavit, utpote non pauca exempla testantur.

Demum agitur de clerico qui maxime ab ordinario, a seminarii
rectore, a parocho commendatur ob praeclaras dotes animi, et periculum admirationis in casu facile praecaveri potest, si gratiae
concessioni conditio apponatur, ut ipse celebret in privato oratorio,
quo privilegio oratoris familia iam fruitur, saltem quoadusque totaliter morbus recesserit.

Et Emi Patres revera allatis sedulo perpensis, preces dimiserunt, respondentes.

" *Arbitrio et prudentiae Emi Archiepiscopi iuxta mentem, facto
verbo cum SSmo. Mens autem est, ut orator celebret in oratorio privato cum adsistentia alterius sacerdotis, usque dum iudicio medici non
constet de plene recuperata valetudine, et sub lege, ut perseveret in valetudine ipsa assidue curanda* „.

3339
5

II. — MELEVITANA. — NULLITATIS RESCRIPTI.

R. " *Lectum ad instantiam* „.

3470
6

III — DE SERENA. — IURIUM PAROCHIALIUM CIRCA FUNERA.

In dioecesi de Serena post coemeteriorum saecularizationem mos invaluit sepeliendi cadavera nullis adhibitis religiosis ritibus, uullo comitante sacerdote, nullis celebratis funeribus. Aliquando tamen, pluribus transactis mensibus vel annis, parentes defunctorum celebrare faciunt suffragia, in quibus canitur vel legitur missa funebris, et cum sanctuarium B. M. V. vulgo de *Andacollo,* quod et est paroecialis ecclesia, in magna habeatur veneratione, multi etiam ex alienis paroeciis ibidem celebrationem dictorum funerum committere solent. Hoc autem aegre ferens, utpote suorum iurium parochialium praeiudicium, sacerdos Robertus Carcasson parochus paroeciae vulgo de *Recoleta* mense octobri 1905 recursum obtulit Curiae dioecesanae, expostulans, ut sibi restituerentur emolumenta, quae occasione funerum pro suis defunctis paroecianis a parocho sanctuarii de *Andacollo* hucusque percepta fuerunt. Respuit hanc petitionem parochus Sanctuarii praefati, contendens esse hoc contrarium legibus canonicis, quum illa funera non constituant iura parochialia, sed sint mere functiones, quae proinde a quolibet sacerdote celebrari possunt. Hoc eodem sensu concludit suum votum promotor fiscalis rite rogatus, tamen die 23 novembris 1905 sententiam tulit Vicarius Generalis, favore parochi de *Recoleta.* Contra hanc sententiam ad hanc S. C. appellavit parochus sanctuarii de *Andacollo* petiitque ut sequentia dirimerentur dubia:

1) *An suffragia quae sub nomine* entierros *in dioecesi de Serena celebrantur pro defunctis, elapsis pluribus mensibus imo et annis post mortem, sint dicenda vera funera ad sensum canonicum ac proinde censenda iura parochialia.*

2) *An parochus de* Andacollo *teneatur in casu aliquid restituere parocho de* Recoleta.

Premisso nullitatis vitio laborare sententiam Vicarii Generalis diei 23 octobris 1905, ad meritum quaestionis quod attinet, videtur missa exequialis, de qua agitur in casu, nullimode accenseri posse inter iura parochialia, cum agatur de re facultativa, prouti desumitur ex ipso Rituali Romano et ex pluribus conformibus decretis SS. Rituum Congregationis.

Et etiamsi concedatur parochum privative habere ius litandi missam exequialem praesente cadavere, non exinde sequitur idem ius retinere etiam postquam corpus defuncti sepultum imo et humatum fuerit.

Decretis SS. Rituum Congregationis consonae sunt resolutiones tum a S. C. Episc. et Regul., tum ab hac eadem S. C. Concilii editae, contrariae quibusdam parochis, qui ius sibi arrogarunt litandi missam funebrem non praesente cadavere. Revera H. S. C. in prima propositione causae *Barcinonen.* — *Iurium parochialium* 27 augusti 1904 ad 2 et 3 declaravit etiam Ecclesias non paroeciales in casu peragere posse functiones exequiales solemniores, persolutis iustis funebribus in cathedrali ecclesia vel in propria paroecia, quin aliqua adesset obligatio solvendi parocho proprio quartam funerariam.

Ex quibus omnibus, summarie hic relatis, concludere licet parochum ecclesiae de *Recoleta* nullum ius habere super funeribus in sanctuario de *Andacollo* expletis ne ad percipiendam quidem quartam funerariam; et per consequens parochum de *Andacollo* in possessione sui iuris manutenendum esse atque iritandam esse sententiam Vicarii generalis diei 23 nov. 1905.

Tamen ex adverso nonnulla adsunt favore parochi de *Recoleta.*

Revera inter parochialia iura etiam accensetur ius ad emolumenta quae occasione funerum persolvuntur, et extra controversiam positum est ius parochi peragendi exequias missamque exequialem litandi, quoties ipsorum celebratio a fidelibus committatur praesente saltem physice, cadavere, et cum ex ipso Rituali Romano eruitur unum eumdemque esse sacerdotem qui exequias super defuncti corpore absolvere, et missam exequialem tunc temporis celebrare teneatur, necessario consequitur unum eumdemque parochum esse qui ad utramque functionem explendam ius habeat.

Sed ulterius non immerito substinetur parochum retinere ius suum litandi primam funeralem missam et percipiendi vel omnia emolumenta, vel saltem quartam funerariam, si ipsa missa, absolutis vel minus exequiis, nondum celebrata fuerit. Ita enim decisum apparet ab hac S. C. in secunda propositione causae *Barcinonen.* — *Iurium parochialium* diei 29 iulii 1905 [1], in qua ex noviter deductis reformatur prior resolutio diei 27 augusti 1904 [2]; et quaestio erat hodiernae valde similis. Tunc H. S. C. statuit: " In posterum prima " funebris missa post obitum fiat aut in proprii defuncti paroecia " aut in Cathedrali, et. quatenus in alia ecclesia legitime celebretur " parocho proprio solvatur quarta funeraria „. Hic, notandum est, loquitur etiam de ecclesia Cathedrali, cum capitulum Cathedrale Barcinonense fruatur privilegio nonnulla munera parochialia peragendi, inter quae recensetur etiam ius funerandi quoscumque fideles, nulla quarta funeraria parocho proprio reservata.

Huic conformes habentur aliae resolutiones huius S. C. Concilii et S. C. Episc. et Regul., et consona est Benedicti XVI Constitutio " *Romanus Pontifex* „ anni 1725 statuens: " Quod si funus " non fieret in die tumulationis sed ad diversam diem, vel ad aliud " longius tempus differetur, parocho nihilominus assignatur quarta " pars omnium intorticiorum „.

Praeterea adest auctoritas doctorum, quare legitime concludi

---

[1] Cf. *Acta Pontificia*, vol. III, pag. 153.
[2] Cf. *Acta Pontificia*, vol. II, pagg. 188 et seqq.

posse videtur in casu saltem quartam funerariam restituendam esse parocho de Recoleta ex emolumentis a parocho sanctuarii de Andacollo indebite perceptis.

Rebus sic stantibus, Emi Patres statuerunt:

" *Attentis peculiaribus circumstantiis, servetur in posterum regula statuta in* **Barcinonensi** *29 iulii* 1905 (¹), *quo vero ad praeteritum neminem esse inquietandum: et Episcopus opportune instruat et hortetur fideles ad suffragia defunctorum quam primum explenda* „.

In folio :

$\frac{1306}{6}$

I. — PARISIEN. — NULLITATIS MATRIMONII.

Parisiis Paulus Froussard et Isabella Regnard anno 1902 matrimonium inierunt, cuius postea, propter Tridentinae formae defectum quoad domicilium sponsorum, nullitatis sententiam anno 1905 a curia Parisiensi expostulavit vir, cum iam uxor sententiam divortii a tribunali civili obtinuerat.

Curia Parisiensis. expleto processu die 19 octobris nuper elapsi anni, dictum matrimonium ob defectum formae Tridentinae nullum declaravit, sed vinculi defensor a parisiensi sententia ad H. S. C. appellavit, quae causam diiudicavit in plenariis comitiis diei 23 februarii elapsi, et rationibus tum patroni actoris tum defensoris vinculi diligenter matureque perpensis, ad dubium:

' *An sententia curiae Parisiensis sit confirmanda vel infirmanda in casu* „.

Respondit :

' *Sententiam esse confirmandam* „.

II. — BURDIGALEN. — DISPENSATIONIS MATRIMONII *(sub secreto)*.

R. " *Affirmative* „.

III. — TARNOVIEN. — MATRIMONII *(sub secreto)*.

R. " *Affirmative, vetito viro transitu ad alias nuptias inconsulta S. C.* „.

IV. — FLUMINIS IANUARII. — DISPENSATIONIS MATRIMONII.
(sub secreto).

R. " *Ad mentem* „.

V. — ORITANA. — IURIS DUCENDI PROCESSIONEM.

AB anno 1869 aemulationes exarserunt inter confraternitatem a S. Bernardino et alteram ab Immaculata Conceptione in oppido Francavilla Fontana Oritanae dioeceseos ob ius ducendi pubblicas per oppidum processiones in festo SS. MM. Cosmae et Damiani, quod ius quaeque sodalitas sibi vindicare satagit.

Quaestionem detulit sodalitas a S. Bernardino ad S. C. EE. et RR. quae rem commisit Ordinario *prout et quatenus* de iure, quare instaurato in curia processu, haec sententiam tulit qua ambae confraternitates privabantur iure processionem ducendi.

Curia Tarentina hanc sententiam, in gradu appellationis, quam-vis interpositae transactis fatalibus, reformavit in favorem in-instantis confraternitatis a S. Bernardino, sed cum ad H. S. C. ap-pellationem interposuisset altera sodalitas, nempe a B. M. V., haec S. C. sententiam tarentinam ob nullitatem appellationis cassavit, nullamque tulit sententiam, secreto tamen edocto Ordinario ius praece-dentiae ex adductis documentis spectare ad confraternitatem a B. M. V.

Secreta haec instructione imprudenter cognita, denuo acriores exarserunt controversiae, quae insuper auctae sunt ex concessione ab Ordinario, decreto diei 31 maii 1896, sodalitati a B. M. V. defe-rendi insignia SS. MM. Cosmae et Damiani, huiusmodi titulum sibi addendi, nec non publice eorumdem festum celebrandi. Verum cum novae efferbuissent contentiones, H. S. C. sub die 10 ianuarii supe-rioris anni sequens provisionale edidit decretum: " *Quoad proces-sionem in honorem S. Cosmae et Damiani utraque sodalitas se absti-neat et stet mandatis Episcopi* „.

Cum vero iterum sodalitas a B. M. V. institisset ut quaestio in sui favorem dirimeretur, H. S. C. precibus exceptis, hac de re diiudicavit in comitiis mensis februarii mox elapsi.

Utraque sodalitas suum adlegit patronum quorum argumenta, praesertim circa prioritatem iuris processionem ducendi, media adhi-bita ad idem assequendum ius, aliasque rationes, parvi habuerunt Emi Patres, qui omnibus ex utraque parte allatis sedulo maturoque perpensis dubium propositum :

" *An decretum Episcopi Oritani diei 31 maii 1896 substineatur, seu potius ius peragendi processionem competat confraternitati S. Ber-nardini in casu* „

dimiserunt respondentes:

" *Attentis peculiaribus circumstantiis, prohibetur utraque sodalitas processionem ducere et Episcopus utatur iure suo* „.

VI. — VEGLEN. — ASSIGNATIONIS REDITUUM ET MISSARUM.

Aderat oppidi Bescae in paroeciali ecclesia capitulum rurale, quod minori vel maiori sacerdotum numero sub loci parocho constabat. Reditus omnes viritim distribuebantur praeter decimas, quarum parochus duas partes, alii vero sacerdotes unam percipiebant. Suppresso vero a lege civili Capitulo parochus et duo superfuerunt coadiutores; ille a gubernio percipit parochialem-congruam 600 florenos, coadiutores autem percipiunt quisque 300 florenos. At quaestio exorta est circa rationem dividendi reditus ex-capitulares, et circa modum persolvendi onera missarum. Nam parochus hodiernus primum substinet se extincto capitulo successisse, et proinde omnes redditus capitulares cumulative sumptos suam efformare praebendam parochialem; coadiutoribus partem redditus et nonnullas missas fundationales tradit, sed non in ea proportione, quae viguit iuxta pristinum distributionis morem; secundo pro missis sive capitularibus sive adventitiis, quas parochus suis coadiutoribus vel aliis sacerdotibus persolvendas committit, eleemosynam tantum manualem tradere praetendit, servata sibi stipendii parte, ea nempe quae ordinariam eleemosynam excedit.

Quoad primam quaestionem parochus ex quadruplici capite suum ius vindicare satagit, nempe

1) ex mutatione status beneficii per decretam suppressionem civilem Capituli ruralis, cum ante suppressionem cura animarum apud capitulum, nunc, peracta suppressione, apud parochum omnino resideat, qui totum pondus, antea inter capitulares divisum, nunc solus substinere debet.

2) ex facto nominationis sui praedecessoris, cum curia praevidens brevi Capitulum extintum fore, edictum concursus vulgavit ad *beneficium paroeciale,* ita mutata natura beneficii per unionem bonorum et redituum capitularium ad novum efformandum beneficium.

3) ex recognitione huiusmodi novi beneficii paroecialis, nempe coalitionis capitularium bonorum et redituum in paroecialem praebendam ab ipsa curia Veglensi in pluribus actis emissa.

4) ex modo quo ad paroeciam ipse promotus fuit, nempe " cum omnibus iuribus, honoribus, emolumentis, praefato beneficio adnexis, vel ad ipsum quomodocumque pertinentibus „. Quare ex deductis infert sese extincto capitulo successisse et coadiutores non esse nisi sui auxiliarios in animarum cura, qui nullam vindicare possunt comparticipationem ad bona capitularia, nunc praebendam parochialem efformantia.

Descendens deinde ad secundam partem quaestionis advertit de celebratione missarum fundationalium ipsum solum respondere debere sive coram ecclesiastica, sive coram civili auctoritate, cum ipse tantum sit parochus.

Pretium operis est autem hac in se referre ea quae statuit H. S. C. circa modum satisfaciendi oneribus missarum fundatarum *art. 15 decreti 11 maii 1904.* **De observandis et vitandis in missarum manualium satisfactione** (¹), nempe:... Pro missis vero in paroeciis aliisque ecclesiis fundatis eleemosinam quae tribuitur, non aliam esse debere, quam quae in fundatione vel in successivo reductionis indulto reperitur in perpetuum taxata, salvis tamen semper iuribus, si quae sint, legitime recognitis, sive pro fabricis ecclesiarum, sive pro earum rectoribus, iuxta declarationes à S. C. exhibitas in *Monacen.* 25 iulii 1874 et *Hildesien.* 21 ianuarii 1897.

In *Monacen.* enim " attento quod eleemosynae missarum quorundam legatorum pro parte locum tenerent congruae parochialis, Emi Patres censuerunt licitum esse parocho, si per se satisfacere non possit, eas missas alteri sacerdoti committere, attributa eleemosyna ordinaria loci sive pro missis lectis, sive cantatis „. Et in *Hildesien.* declaratum est " in legatis missarum aliqua in ecclesia fundatis retineri posse favore ministrorum et ecclesiarum inservientium eam redituum portionem quae in limine fundationis vel alio legitimo modo, ipsi assignata fuit independenter ab opere speciali praestando legati implemento „.

Varias ex adverso adducit rationes Episcopus circa computationem redituum missarum fundationalium, ex quibus efformantur congruae tum parochi tum coadiutorum, et advertit nihil existimandam esse rationem a parocho obiectam, nempe quod in scriptis seu literis ordinariatus, vel in decretis ipsius laicae potestatis suppressum Capitulum nunc nuncupetur beneficium parochiale, vel capitulares reditus nunc asserantur ad beneficium parochiale pertinere; hoc enim lato sensu intelligendum esse ait, quatenus nempe enunciati reditus vel efformant praecipuum caput ipsius beneficii, vel ordinati sunt pro congrua parochi et coadiutorum, non vero eo sensu quatenus ipsi stricte efficiant parochi solius praebendam.

Quoad vero secundam quaestionem recolit Ordinarius oblatores in missis fundandis apud rurale Bescae Capitulum praesumi intentionem habuisse ipsos capitulares benevolentia prosequendi, et eorum defectu sacerdotes locales, cum pro missis etiam locum celebrationis assignaverint.

Verum cum hae missae pro celebratione alibi transferendae sint, si deficientia sacerdotum forte occurrat, quaeri potest utrum parochus et coadiutores, qui iuxta superius dicta, ad dictas missas aequale partecipationis ius habent, eas alibi celebrandas committere valeant, iuxta taxam dioecesanam, retenta parte excessus stipendii.

Demum advertendum est iuxta novissimam austriacam legem an. 1898 in congrua parochorum non amplius computari reditus ex missis fundationalibus vel legatitiis. Qua stante civili dispositione, retentio ut supra excessus stipendii est omnino interdicta, iuxta resolutionem H. S. C. in *Monacen.* 25 iulii 1874, in *Goritien.* 18 dec. 1899 et decretum generale eiusdem S. C. diei 11 maii 1904 (¹) unde eleemosynam non aliam esse debere, quam quae in fundatione vel in successivo reductionis indulto reperitur taxata.

(¹) Cfr. *Acta Pontificia*, Vol. II, pag. 90-95.

Hisce omnibus diligentissime consideratis, bina proposita dubia
nempe:

I. — " *An inter parochum loci Bescae et eius cooperatores eadem
proventuum et missarum fundationalium divisio servari debeat, quae
illuubat ante suppressionem Capituli ruralis in casu* „.

II. — " *An eidem parocho licitum sit pro missis sive adventitiis
quas cooperatoribus vel aliis sacerdotibus celebrandas tradit, synodalem tantummodo eleemosynam praebere, ulteriore stipendii parte sibi
retenta in casu* „.

Emi Patres respondere censuerunt:

Ad Ium " *Affirmative* „.

Ad IIum " *Negative, excepto casu de legatis, quae in congruam
curatam computantur* „.

:811

4

VII. — AVERSANA. — IURISDICTIONIS PAROECIALIS.

In duas paroecias dividitur oppidum *Caivano* in Aversana dioecesi,
quarum una a S. Petro, altera a S. Barbara nuncupatur. Eiectis
vilegum eversivarum, religiosis capuccinis anno 1866, eorum domus
in limine duarum paroeciarum sita viaque vulgo *Viale asilo infantile* causa controversiae fuerunt inter duos parochos, cum quisque
in ea iurisdictionem suam vindicaret.

Decretum provisionale hac in re edidit Ordinarius anno 1869
absque praeiudicio quaestionis, et quaedam concordia tentata fuit
anno 1903, sed cum haec in irritum cessisset, quaestio huic S. O.
delata diiudicanda fuit.

Patronus parochi S. Petri in duas partes suam allegationem
dispescit, et in prima disserit de paroeciali iurisdictione super
conventu et adnexa ecclesia Capuccinorum, quam iurisdictionem
eidem parocho vindicare satagit, quod pluribus circumstantiis
ac rationibus tum iuris tum facti demonstrat. In secunda vero suae
orationis parte sermonem instituit de altera controversia in secundo dubio contenta, et substinet viae spatium, quae nunc audit
Viae Asilo Infantile, quaeque exordiens à via vulgo *Principe
Umberto* extenditur usque ad Ecclesiam et Coenobium PP. Capuccinorum, prouti ex schemate planimetrico elucet, pari modo pertinere ad iurisdictionem parochi S. Petri. Variis argumentis suam
illustrat thesim, praesertim adducens statum limitum paroeciae
S. Petri prout describuntur in Actis Sacrae Visitationis dioeceseos.

E contra advocatus, qui iura parochi S. Barbarae tuetur, de
primo dubio disserens, praemittit ipsum ichnographum typum
resolvere controversiam in casu, cum in eo tum utriusque paroeciae districtus, tum earundem loca et aedificia controversia distinctis
coloribus depincta appareant, quod etiam confirmatur a quodam
chirographo, ex quo patet quinam sint duarum paroeciarum limites.
Praeterea ex facto demonstrare nititur monasterium adnexumque
territorium uti revera partem paroecialis districtus S. Barbarae
semper habitum fuisse natura sua ac iurisdictionis exercitio.

Confutatis vero rationibus ac argumentis ab adversario allatis, secundum dubium favore sui clientis diluit, adducens sive facti rationes, sive distantiam aedificiorum ac territorii, de quo adest controversia, a paroeciali ecclesia S. Petri, quare elucet gravi esset incommodo incolis illorum, si paroeciae S. Petri adscribantur, cum valde parum distent a paroecia S. Barbarae.

Hae sunt praecipuae rationes a partibus adductis, quibus, aliisque tum iuris, tum facti sedulo maturoque perpensis, Emi Patres dubia proposita:

I. " *An suppressus Conventus Capuccinorum una cum ecclesia eidem adnexa, spectet iurisdictioni parochi S. Petri loci Caivani, vel potius parocho S. Barbarae in casu* „.

II. " *Cuinam parocho, S. Petri vel S. Barbarae, spectet iurisdictio super via vulgo « Viale degli Asili infantili » in casu* „.

dimiserunt respondentes:

Ad I. " *Negative ad primam partem, affirmative ad secundam, salvo tamen parocho S. Petri, qua parocho ecclesiae matricis, iure peragendi consuetas sacras functiones in ecclesia Spiritus Sancti* „.

Ad II. " *Affirmative favore parochi S. Barbarae, excepta parte inferiore, ab Episcopo determinanda iuxta mentem* „.

S. CONGREGATIO INDICIS

DECRETUM.

Feria VI. die 12 Aprilis 1907.

Sacra Congregatio Eminentissimorum ac Reverendissimorum Sanctae Romanae Ecclesiae Cardinalium a SANCTISSIMO DOMINO NOSTRO PIO PAPA X Sanctaque Sede Apostolica Indici librorum pravae doctrinae, eorumdemque proscriptioni, expurgationi ac permissioni in universa christiana republica praepositorum et delegatorum, habita in Palatio Apostolico Vaticano die 12 Aprilis 1907, damnavit et damnat, proscripsit proscribitque, vel alias damnata atque proscripta in Indicem librorum prohibitorum referri mandabit et mabdat quae sequutur opera:

Mgr. Léopold Goursat, Les Mystères sataniques de Lourdes à travers les âges. Paris (1905).

Juozupas Ambraziejus, Trumpas Rymo-Katiliku Katekizmas. Vilnius 1906.

L'Abbé G. J. E. Combe, Le Secret de Mélanie, Bergère de la Salette, et la Crise actuelle. Roma 1906.

José Domingo M. Corbató, El inmaculado San José. Apuntes vindicativos de su concepción purísima, su honor de esposo, sus derechos de padre, su primacía restauradora. Articulos publicados en « *La Señal de la Victoria* ». Valencia 1907. *Decr. S. Off. fer. IV 20 Febr. 1907.*

Iaque nemo cuiuscumque gradus et conditionis praedicta opera damnata atque proscripta, quocumque loco et quocumque idiomate, aut in posterum edere, aut edita legere vel retinere, audeat, sub poenis in Indice librorum vetitorum indictis.

Quibus Sanctissimo Domino Nostro Pio Papae X per me infrascriptum ·Secretarium relatis, Sanctitas Sua decretum probavit, et promulgari praecepit. In quorum fidem etc.

Datum Romae die 12 Aprilis 1907.

Loco ✠ Sigilli

ANDREAS Card. STEINHUBER, *Praefectus.*

Fr. THOMAS ESSER, Ord. Praed, *a Secretis.*

SS. RITUUM CONGREGATIO

I. – De Communionis administratione in oratoriis privatis.

HODIERNUS cathedralis ecclesiae Malacitanae in Hispania canonicus poenitentiarius ut suo Consultoris munere fungatur, de consensu Rmi sui Episcopi, a Sacrorum Rituum Congregatione responsionem enixe postulavit ad sequentia dubia:

I. An liceat Sacram Communionem in oratoriis privatis, de Ordinarii tantum licentia, indultariis ministrare?

II. Utrum non tantum indultariis sed etiam fidelibus Sacro adstantibus in praedictis oratoriis Sacra Communio ministrari possit?

Et Sacra eadem Congregatio, ad relationem subscripti Secretarii, exquisito etiam voto Commissionis ˙Liturgicae, reque sedulo perpensa, respondendum censuit:

Ad I. « *Praesupposito indulto Apostolico pro concessione oratorii privati, affirmative* ».

Ad II. « *Negative, nisi adsit indultum Apostolicum* ».

Atque ita rescripsit, die 10 Februarii 1906.

A. Card. TRIPEPI, *Pro-Praefectus.*

L. ✠ S.

† D. P. Archiep. Laodicen. *Secretarius.*

II. — CONGREGATIONIS

ORATORII S. PHILIPPI NERI PERUSIAE

De expositione Simulacri B. M. V. Perdolentis feria V in Coena Domini et IV in parasceve et de sacris paramentis, eorumdemque colore in processione SSmae Crucis feria VI in Parasceve.

Hodiernus Praepositus Congregationis Oratorii S. Philippi Neri Perusiae humillime exposuit Sacrae Rituum Congregationi, quae sequuntur:

I. In ecclesia dictae Congregationis est sacellum B. M. Virgini Perdolenti dicatum, extructum in parte separata ecclesiae, scilicet eodem loco quo Romae in ecclesia S. Mariae in Vallicella aedificatum est sacellum S. Caroli Borromaei. In hoc sacello religiosissime colitur in sua aedicula simulacrum B. M. V. Perdolentis. Quaeritur: An feria V in Coena Domini post Vesperas, et feria VI in Parasceve, perdurante in alio remoto sacello, nempe prope ianuam maiorem ecclesiae, expositione SSmi Sacramenti vulgo *Sepolcro,* dicta imago Virginis Perdolentis possit remanere in sua aedicula, discooperta cum candelis vel lampadibus accensis, et an possit etiam ante ipsam collocari simulacrum SSmi Redemptoris demortui, iuxta antiquam consuetudinem ad populi devotionem satisfaciendam.

II. In eadem ecclesia, feria VI in Parasceve, quotannis post expletas functiones liturgicas fit Processio cum reliquia SSmae Crucis Dominicae sub umbella vel baldachino violacei coloris, cum thuriferariis etc. Sed quotannis renovatur dissensio inter caeremoniarios circa qualitatem paramentorum. Hinc ad evitandas varietates quaeritur: 1°. quae paramenta sint licita vel magis idonea in hac Processione; et 2°. qualis color sit licitus vel magis idoneus etiam pro umbella vel baldachino in eadem Processione?

Et Sacra Rituum Congregatio, ad relationem subscripti Secretarii, exquisito Commissionis Liturgicae suffragio, omnibusque sedulo perpensis, ita respondendum censuit:

Ad 1. " *Quoad utramque partem, negative feria V in Coena Domini; affirmative feria VI post Missam Praesanctificatorum* „.

Ad II. " *Adhibeantur quoad 1ᵘᵐ. Pluviale et dalmaticae seu tuni-cellae coloris nigri; et quoad 2ᵘᵐ. Velum humerale et umbella vel baldachinum coloris violacei „.*

Atque ita rescripsit. Die 16 Ianuarii 1907.

L. ✠ S.

S. Card. CRETONI, *Praefectus.*

D. PANICI, Archiep. Laodicen. *Secretarius.*

III. — GAUDISIEN.

Dubia circa **Motu proprio** « *Inter multiplices* » **de privilegiis seu insignibus Praelatorum.**

Hodiernus Rm̃us Dñus Episcopus Gaudisien., attento Motu Proprio *Inter multiplices* 21 Februarii 1905 ([1]) cum subsequenti decreto seu declaratione 14 Martii 1906 ([2]) Sacrorum Rituum Congregationi sequentia dubia pro opportuna solutione reverenter exposuit, nimirum:

Capitulum cathedralis ecclesiae Gaudisiensis ab Apostolica Sede diversis temporibus quaedam privilegia seu insignia obtinuit: nempe usum 1. habitus quo Praelati urbani utuntur excepto titulo 2. mitrae simplicis capitulariter tantum, et 3. palmatoriae intra fines dioeceseos. Exinde quaeritur:

I. Mitra simplex, capitulo et canonicis cathedralis ecclesiae Gaudisien. concessa potestne ex serico damasceno uti Protonotariorum ad instar, vel potius debet esse ex tela alba?

II. Verbum *capitulariter* in Brevi concessionis idemne significat ac verbum *collegialiter* in Motu Proprio *Inter multiplices* n. 53?

III. Usus mitrae in Missa estne coarctandus ad eos dumtaxat dies quibus dignitas vel canonicus celebrat vice Episcopi absentis, aut quibus Episcopus assistit vel assistere deberet cum pluviali et mitra vel potius ampliandus ad quoslibet dies solemnes?

IV. Constitutionis Pii VII *Decet Romanos Pontifices* et decreti S. R. C. n. 2624 diei 27 Augusti 1822 estne huiusmodi sensus ut non liceat canonico uti mitra nisi in Missa?

V. Licetne canonico hebdomadario uti mitra in Vesperis, Laudibus, Processionibus et aliis quibuslibet functionibus saltem solemnioribus?

([1]) Cf. *Acta Pontificia*, Vol. II, pag, 343 bis.
([2]) Cf. *Acta Pontificia*, Vol IV, pag. 146.

VI. Estne semper a mitra abstinendum tum canonicis dum Episcopo celebranti collegialiter adsistunt, tum canonico celebranti, Episcopo sive cum pluviali et mitra assistente, sive absente, in iis divinis Officiis in quibus Episcopo mitra simplex praescribitur ?

VII. Licetne uti mitra 1. canonicis dum Episcopo pontificalia celebranti collegialiter assistunt in Missa de Requie, necnon Feria VI in Parasceve et aliis diebus poenitentialibus ? 2. quatuor dignitatibus seu canonicis in quinque absolutionibus quae fiunt in solemnioribus exequiis iuxta Pontificale Romanum ? 3. canonico divina Officia celebranti Feria sexta in Parasceve, Episcopo sive adsistente sive absente ? 4. canonico celebranti Missam solemnem de Requie ?

VIII. Cum mitrae diversae inserviant etiam ad distinguendas personas, quae iisdem utuntur, quaeritur num et quod discrimen esse debeat inter mitras Episcopi et canonicorum in functionibus, in quibus Episcopus mitra simplici utitur ?

IX. Quum usus mitrae extra cathedralem capitulo expresse non sit, servandumne est in casu quod Motu Proprio praecipitur (n. 80) ut nemini ad aliquod ex canonicorum collegiis pertinenti suffragentur privilegia ultra propriae ecclesiae limites, ita ut non liceat capitulo mitra uti extra cathedralem ?

X. Estne censendum capitulum ultra propriae ecclesiae limites suis privilegiis uti, si in alia dioecesis ecclesia Episcopo in solemni festo pontificalia celebranti collegialiter assistens aut invitatum mitram adhibet ?

XI. Verba in Motu Proprio (n. 27) *a qua* (palmatoria) *abstinendum coram Ordinario* suntne intelligenda de qualibet Ordinarii praesentia vel tantum de caso quo Ordinarius ipse palmatoria utitur ?

XII. Usus palmatoriae latiusne patet quam mitrae, ita ut in functionibus quibus mitra uti non liceat, palmatoria tamen adhiberi possit ?

XIII. Licetne canonico celebranti seu hebdomadario in cathedrali, praesente capitulo, palmatoria uti 1. in Missa, Vesperis et Laudibus diebus solemnioribus ? 2. in Missa et Vesperis diebus Dominicis et festis ? 3. in Missa solemniore de Requie ? 4. in Processionibus aliisque quibuslibet functionibus ? 5. in Missa lecta cum aliqua solemnitate, etiam absente capitulo ?

XIV. Licetne canonico palmatoria uti, cum vocatus in alia ecclesia et capitulo absente, functiones quaslibet solemnes peragit aut Missam cum aliqua solemnitate legit?

XV. Licetne singulis canonicis privatam cum palmatoria cele-brare Missam?

Et Sacra eadem Congregatio, ad relationem subscripti Secretarii exquisito specialis Commissionis Liturgicae suffragio omnibusque accurate perpensis, ita respondere censuit:

Ad I. " *Mitra debet esse linea ad tramitem tum constitutionis Pii Papae VII* Decet Romanos Pontifices *et decreti* n. 2624 *diei 27 Augusti 1822*, n. 8 et 17, *tum Motus Proprii* Inter Multiplices *Pii Papae X* 21 *Februarii* 1905 n. 36 et 53 „.

Ad II. " *Affirmative. Hinc canonicis mitra tantum uti liceat dum simul pontificalibus functionibus sacris vestibus induti assistunt, neque canonicus celebrans mitra uti potest, etiam praesente capitulo, nisi id expresse significet indultum Apostolicum* „.

Ad III, " IV et V *Provisum in* II „.

Ad VI. " *Affirmative* „.

Ad VII, " *Quoad 1. Negative. Quoad 2. Affirmative iuxta Rubri-cas Pontificalis Romani. Quoad 3 et 4 Negative* „.

Ad VIII. " *Provisum in VI. Permittitur solummodo eadem mitra simplex (linea) quator dignitatibus ut in VII ad 2* „.

Ad IX " *Affirmative* „.

Ad X. " *Affirmative* „.

Ad XI. " *Affirmative ad primam partem; negative ad secundam* „.

Ad XII. " *Affirmative, si in concessione Apostolica continetur usus palmatoriae* „.

Ad XIII, XIV et XV. " *Provisum in* XII „.

Atque ita rescripsit die 1 Februarii 1907.

L. ✠ S.

S. Card. Cretoni, *Praefectus.*

† D. Panici, Archiep. Laodicen., *Secretarius.*

IV. — CONGREGATIONIS

OBLATORUM B. MARIAE VIRG. IMMACULATAE

Quando Regulares teneantur recolere Patronum praecipuum dioeceseos, regni aut ditionis.

R MUS P. Iosephus Lemius, procurator generalis Oblatorum B. M.V. Immaculatae, a Sacrorum Rituum ·Congregatione sequentium dubiorum solutionem enixe postulavit; nimirum:

I. Utrum Regulares et generatim Religiosi, utentes calendario approbato, teneantur festum Patroni praecipui dioecesis sub ritu duplici primae classis sine Octava celebrare, etiam in casu quo ha-betur . Patronus distinctus proprius loci, an solummodo deficiente Patrono proprio loci?

II. Utrum iidem teneantur celebrare sub ritu duplici primae classis sine Octava festum Patroni praecipui regni aut ditionis, etiam in casu quo habetur Patronus distinctus proprius provinciae, an dumtaxat deficiente Patrono proprio provinciae?

Et Sacra eadem Congregatio, ad relationem subscripti Secre-tarii, exquisita sententia Commissionis Liturgicae, reque sedulo perpensa rescribendum censuit:

Ad I. " *Negative ad primam partem, nisi celebretur vel celebra-tum fuerit cum feriatione, iuxta decretum.* Ordinis Fratrum Minorum pro-vinciae Apuliae *16 Februarii 1906 ad IV*₁(¹). *Affirmative ad secundam iuxta decreta* n. 3754. Declarationis Indulti pro solemnitate festorum tras-sferenda *2 Decembris 1891* ad I; n. 3863 Celebrationis festorum Patroni loci dedicationis ac tituli ecclesiae 9 *Iulii* 1895 ad I „.

Ad II. " *Affirmative ad primam partem, si liquido constet de concessione Apostolica; negative ad secundam, iuxta decreta* n. 3925 Ordinis Minorum Cappuccinorum S. Francisci 10 *Iulii* 1895 ad I, et n. 3959 Ordinis Minorum de Observantia S. Francisci 23 *Iulii* 1897 ad I, *atque aliud supra relatum 16 Febrarii 1906* ad III (¹) „.

Atque ita rescripsit. Die 16 Februarii 1907.

L. ✠ S.

S. Card. CRETONI, *Praefectus.*

† D. PANICI, Archiep. Laodicen., *Secretarius.*

(¹) Cf. *Acta Pontificia*, vol. IV, pag. 139.-141.

S. CONGREGATIO INDULGENTIARUM ET SS. RELIQUIARUM

I. — **Facultas** conceditur utendi, quoadusque habeantur, antiqua numismata pro piis Unionibus Filiarum Mariae.

Beatissimo Padre (¹),

In merito al decreto emesso dalla Sacra Congregazione delle Indulgenze in data 24 agosto 1897, col quale è data facoltà ai Direttori locali delle pie unioni delle Figlie di Maria di benedire le sole medaglie secondo il tipo approvato dal succitato decreto, e ciò sotto pena di nullità delle indulgenze, alcuni parroci-direttori della diocesi di Milano, considerando: *a)* che molte pie unioni delle Figlie di Maria nella suddetta diocesi sarebbero prive delle indulgenze, perchè non posseggono la medaglia prescritta; *b)* che dovendo adesso mutarle importerebbe incomodo grave e sarebbe difficile per varie ragioni adottare tale provvedimento, supplicano, prostrati al bacio del S. Piede, che la S. V. si degni: 1°. di accordare una sanatoria per quelle pie unioni che non hanno la medaglia prescritta; 2°. di concedere che si possano continuare ad usare le medaglie non conformi al tipo prescritto, delle quali esiste ancora una provvista.

Che della grazia, ecc.

S. Congregatio Indulgentiis Sacrisque Reliquiis praeposita, attento voto Rmi P. Abbatis Generalis Ord. Canonicorum Regul.

(¹) *Beatissime Pater.* Circa decretum ab hac S. Congregatione Indulgentiarum editum sub die 24 augusti 1897, quo facultas tribuitur Directoribus localibus piarum Unionum Filiarum Mariae benedicendi tantum numismata cusa iuxta typum praescriptum praefato decreto, idque sub nullitatis indulgentiarum poena, nonnulli parochi-directores Mediolanensis Archidioeceseos, *a)* cum plures piae Uniones Filiarum Mariae in praedicta Archidioecesi ob defectum numismatum praescriptorum indulgentiis privarentur, *b)* cum nunc earundem mutatio grave gigneret incommodum, ac difficile esset variis de causis eiusmodi decreti executio, supplicant, humillime ad pedes S. T. provoluti ut S. T. dignetur: 1) sanatoriam concedere pro iis piis Unionibus, quae numismata praescripta non habent: 2) indulgere ut numismatibus typo praescripto non conformibus adhuc uti possint, quoadusque eadem non expleantur. Quod Deus etc.

Lateranensium, utendo facultatibus a Sr̃o D. N. Pio PP. X sibi tributis, benigne annuit pro petita sanatione; quod vero attinet ad ad s. numismata iam provisa, etsi iuxta typum praescriptum non sint cusa, eadem S. C. concedit facultatem illa benedicendi cum indulgentiis a RR. PP. eisdem adnexis, quoadusque eadem s. numismata expleantur, in posterum vero adamussim servetur decretum sub die 24 Augusti 1897 editum. Contrariis quibuscumque non obstantibus.

Datum Romae, e Secretaria eiusdem S. C., die 5 Septembris 1906.

L. ✠ S.   A. Card. Tripepi, *Praefectus.*

D. Panici, Archiep. Laodicen. *Secret.*

II. — **Indulgentia 300 dierum adnectitur duobus consecrationis formulis pro Sodalibus Congregationum B. Mariae Virginis.**

Beatissimo Padre,

Il P. Elden Mullan, S. I., prostrato ai piedi della S. V. La supplica umilmente a voler annettere all'uno e all'altro dei seguenti atti di consacrazione l'indulgenza di trecento giorni, applicabile anche alle anime del Purgatorio, in favore degli ascritti alle Congregazioni Mariane, da lucrarsi ogni volta che, almeno con cuore contrito, devotamente li reciteranno.

Che ecc.

Atto di Consacrazione.

Santa Maria, Madre di Dio e Vergine, io vi eleggo oggi per mia Signora, patrona ed avvocata, e fermamente stabilisco e propongo di non abbandonarvi giammai, e di non mai dire nè fare contro di Voi alcuna cosa, nè mai permettere che da altri si faccia contro il vostro onore. Ricevetemi dunque, ve ne scongiuro per vostro servo perpetuo; assistetemi in tutte le mie azioni e non mi abbandonate nell'ora della mia morte. Così sia.

Atto di Consacrazione.

SSr̃a Vergine e Madre di Dio, Maria, io, benchè indegnissimo di essere vostro servo, mosso nondimeno dalla mirabile vostra pietà e dal desiderio di servirvi, vi eleggo oggi in presenza dell'Angelo mio custode e di tutta la corte celeste, per mia signora, avvocata e madre e fermamente propongo di volervi sempre servire e di fare quanto potrò, perchè da altri ancora siate amata e servita. Vi supplico dunque, madre pietosissima, pel sangue del vostro figliuolo sparso per me, che mi riceviate nel numero degli altri vostri devoti per vostro servo perpetuo. Assistetemi in tutte le mie azioni, ed impetratemi grazia, che talmente mi porti ne' miei pensieri, parole ed opere, che non abbia mai ad offendere gli occhi vostri purissimi e del vostro Divin Figliuolo. Ricordatevi di me, e non mi abbandonate nell' ora della mia morte.

S. Congregatio Indulgentiis Sacrisque Reliquiis praeposita, utendo facultatibus a SSmo Dño N. Pio PP. X sibi tributis, benigne annuit pro gratia, iuxta preces. Praesenti in perpetuum valituro. Contrariis quibuscumque non obstantibus.

Datum Romae, e Secretaria eiusdem S. Congregationis, die 17 novembris 1906.

L. ✠ S.

A Card. TRIPEPI, *Praefectus.*

† D. PANICI, Archiep. Laodicen., *Secretarius.*

III. — **Indulgentia centum dierum conceditur recitantibus quandam precem in favorem surdomutorum.**

Beatissimo Padre,

Il P. Pietro Tognoli, dei Chierici Regolari delle Scuole Pie, in Siena, prostrato al bacio del S. Piede, espone quanto segue:

La compassione che destano tanti piccoli sordomuti, che non avendo ancora l'età per essere ammessi negli Istituti speciali, vanno vagando per le vie esposti a mille pericoli dell'anima e del corpo, specialmente quando trattasi di bambine, spinse l'umile oratore a raccogliere i mezzi per provvedere un asilo a quei piccoli sventurati. Molte pie persone hanno incoraggiato e cooperano con zelo alla felice riuscita di quest'opera di redenzione morale, ma è necessario che i benefattori si moltiplichino, ed in ogni città sorga una santa crociata a vantaggio di tanti infelici. Per ottenere tale scopo, il mezzo più efficace è la preghiera: quindi l'oratore supplica la S. V. a volersi degnare di accordare l'indulgenza di cento giorni, applicabile ai defunti, da lucrarsi da tutti i fedeli ogni volta che almeno col cuore contrito reciteranno devotamente la seguente

PREGHIERA

O misericordiosissimo Gesù, che mostrasti tanta tenerezza per i pargoletti che ebbero la grazia di essere accarezzati dalle tue mani divine, e lasciasti detto che chiunque avesse raccolto anche uno solo di tali innocenti avrebbe raccolto Te stesso, deh! stendi la tua mano provvidenziale su quei piccolini che, per esser privi di udito e di parola sono esposti a tanti pericoli dell'anima e del corpo.

Diffondi lo spirito della tua ardente carità nei cuori cristiani perchè vengano in loro soccorso e fa discendere copiose grazie su coloro che cooperano a provvedere, anche per questa porzione dei tuoi diletti, un rifugio ove possa essere al sicuro la loro innocenza e dove possano trovare pane ed affetto. Così sia.

Ex audientia SSmi, die 5 Decembris 1906.

SS. D. N. Pius PP. X benigne annuit pro gratia iuxta preces. Praesenti in perpetuum valituro. Contrariis quibuscumque non obstantibus.

Datum Romae, e Secretaria S. C. Indulgentiis Sacrisque Reliquiis praepositae, die 5 Decembris 1906.

L. ✠ S.   S. Card. CRETONI, *Praefectus.*

† D. PANICI, Archiep. Laodicen., *Secretarius.*

IV. — **Indulgentia 300 dierum conceditur recitantibus quandam precem in honorem B. M. V., Nostrae Dominae Ss.mi Sacramenti.**

PREGHIERA.

O Vergine Maria, Nostra Signora del SSmo Sacramento, gloria del popolo cristiano, letizia dell'universa Chiesa, salute del mondo, pregate per noi e ridestate nei fedeli tutti la devozione verso la SSma Eucaristia, affinchè si rendano degni di riceverla quotidianamente.

Ex audientia SSmi, die 9 Decembris 1906 SS. D. N. Pius Papa X universis ex utroque sexu Christifidelibus, quoties corde saltem contrito ac devote supra relatam precem recitaverint, indulgentiam trecentorum dierum, defunctis quoque applicabilem, benigne concessit. Praesenti in perpetuum valituro, absque ulla Brevis expeditione. Contrariis quibuscumque non obstantibus.

Datum Romae, e Secretaria S. Congregationis Indulgentiis Sacrisque Reliquiis praepositae, die 23 ianuarii 1907.

L. ✠ S.

S. Card. CRETONI, *Praef.*

† D. PANICI, Archiep. Laodicen , *Secretarius.*

V. — Indulgentia conceditur recitantibus iaculatoriam precem "Beatissima Virgo a Columna, ora pro nobis „.

Beatissime Pater,

ARCHIEPISCOPUS Caesaraugustan., quod magis augeatur devotio erga B. Virginem sub titulo vulgo *del Pilar,* cuius imago in ecclesia Metropolitana maxima veneratione colitur, ad pedes S. V. provolutus, humillime petit indulgentiam tercentorum dierum, defunctis quoque applicabilem, toties ab universis christifidelibus lucrandam, quoties corde saltem contrito ac devote sequentem iaculatoriam precem recitaverint: *Beatissima Virgo a Columna, ora pro nobis - Nuestra Señora del Pilar, rogad por nosotros.*

Et Deus.

SSmus in audientia habita die 23 Ianuarii 1907 ab infrascripto Cardinali Praefecto S. C. Indulgentiis Sacrisque Reliquiis praepositae, benigne annuit pro gratia iuxta preces. Praesenti in perpetuum valituro. Contrariis quibuscumque non obstantibus.

Datum Romae ex Secretaria eiusdem S. Congregationis, die 23 Ianuarii 1907.

L. ✠ S.   S. Card. CRETONI, *Praefectus.*

† D. PANICI, Archiep. Laodicen., *Secretarius.*

S. C. A NEGOTIIS ECCLESIASTICIS EXTRAORDINARIIS

Dispensantur gravibus de causis ab obligatione audiendi Sacrum et abstinendi ab operibus servilibus fideles Vicariatus Apostolici de Tarapacá in Chilena Republica.

Ex audientia SSmi, die 20 Februarii 1906.

Ex parte R. P. D. Ioannis Carter, Episcopi tit. Anthedonen., hodierni Vicarii Apostolici de *Tarapacá* in Republica Chilena, expositum est Sanctae Sedi in territorio eiusdem Vicariatus, variis gravibusque de causis, impossibilem esse praeceptivam celebrationem festi. S. Iosephi Sponsi B. M. V., die 19 Martii recurrentis, atque ideo ad evitanda spiritualia damna animorumque anxietates submisse supplicatum est, ut praedictum festum expungatur de numero eorum quae de praecepto servari debent. Itaque, SSmus Dominus Noster Pius divina providentia PP. X, referente me infrascripto Sacrae Congregationis Negotiis Ecclesiasticis Extraordinariis praepositae Secretario, re mature perpensa, et attentis peculiaribus rerum adiunctis animum suum moventibus, preces excipiens, fideles in praedicto territorio degentes ab obligatione audiendi Sacrum et abstinendi ab operibus servilibus, pro ea die solvere dignatus est, firma tamen remanente lege Missae et Officii proprii iuxta Rubricas et onere parochorum applicandi pro populo. Ut vero fidelis populus eiusdem Vicariatus coeleste Sancti Confessoris patrocinium persentiat, praedictam diem privata pietate sancte, quoad fieri potest, in honorem coelestis Patroni agere ne recusent, et in proxima sequenti Dominica non impedita, videlicet quae non sit Dominica Palmarum et Paschatis Resurrectionis, solemnia religiose peragere. Super quibus idem SSmus Dominus mandavit hoc edi decretum et in acta superius memoratae S. Congregationis referri. Contrariis quibuscumque minime obstantibus.

.L. ⳨ S.   † PETRUS Archiep. Caesarien, *Secretarius.*

BIBLIOGRAPHIA

I.

Novum Testamentum graece et latine; textum graecum recensuit, latinum ex vulgata versione Clementina adiunxit, breves capitulorum inscriptiones et locos parallelos ulteriores addidit F. BRANDSCHEID. Pars altera; *Apostolicum*. 3ª ed. critica recognita (in 12° viii - 804 p.) Fr. 3,25. Friburgi-Herder.

Tertio de prelo acccipimus elegans atque pretiosum volumen. Absolutissimum iam opus novis (heu extremis!) curis expoliendum cl. Auctor assumpserat; at nonnisi XXX in locis, ni fallimur, contextum ulterius immutandum, felicissima omnino ratione, censuit. Apparatus autem criticus longe lateque auctus, atque ita demum constitutus est ut varietates e codicibus et ex primaevis Patrum scriptis, quae maioris momenti sint, *fere omnes* libellus complectatur prouti nobis vel Irenaei tantum lectiones exquirentibus innotuit, qui grandiora volumina frustra saepius in opus adhibuimus. Hinc est ut multorum laudibus et nostras libenter addamus atque usu edocti vere censeamus nihil in hoc opere re biblica probe callentibus deesse.

U. M.

II.

KERN Ios. *De Sacramento extremae Unctionis,* tractatus dogmaticus. Ratisbonae Pustet 1907 (8. xvi - 397 p.) Lib. 5.

Opus habes novitate imprimis perspicuum. Quam enim ingreditur Auctor provinciam, *nullus* hucusque ex catholicis theologis, ex professo pertractandam sibi assumpserat, eaque in praecipuis quoque libris de re sacramentaria paucis atque tritis rationibus absolvebatur. At doctissimus Kern, qui de sua rei peritia luculenta ediderat in Oenipontana de theologici ephemeride testimonia, rem prorsus ab imis fundamentis instaurat. Primus praesertim liber (p. 1 - 80) qui historiam sacramenti usque ad IX saeculum persequitur, allatis undique documentis, inter quae et ineditae collectiones prisci iuris canonici, mirum prorsus eruditionis monumentum exstat contra quod in cassum niti videtur recens anglicani rationalistae ementita doctrinae species. — Caeterae quoque partes libri studio et laude dignissimae sunt.

III.

MARI FRANCESCO — *Il Canone Biblico* e gli Apocrifi dell' antico e nuovo testamento, 12° 76, Romae Pustet 1907. L. 0,80.

MANNUCCI UBALDO — *Le Origini del Sistema Sacramentario* e la critica razionalistica 12° p. 80, Romae Pustet 1907. L. 0,80.

TURM J. G. — *Il discorso escatologico di Gesù* 12° p. 72, Romae Pustet 1907. L. 0,80.

Bibliothecae « *Scienza e Fede* » a solertissimo nostro Editore paratae tres accesserunt magni ponderis opellae. Tituli ipsi librorum quos recensemus per se loquuntur: nihil enim quod aptius nostris temporibus perctractari potuerit, excogitare valemus. Nam

de Apocryphis U. T. libris nonnisi XXX. ante annos egerat Va-
riot, atque in grandi ipsius volumine sane plura hodiernis moribus
desiderabantur, quae in opusculo cl. Mari apte lateque perhibentur.
De origine Sacramentorum nulla hucusque opportuna elucubratio
prodierat, quae securitati doctrinae tam amplam eruditionis copiam,
atque de ultramontanis scriptoribus scientiam coniugeret, prout in
altero opusculo suppeditatur. Turm vero directe aggreditur opere
a se exarato, errorem quem theologiae Loisyanae, et rationalistarum commentis de mera Christi humana natura, fundamentum sup-
peditasse recte quis existimabit. Hinc est ut de eleganti collectione
iu dies maiorem spem concipiamus, quae utique quidquid optimum
in exteris huiusmodi laudatur, in se coadunare videtur.

IV.

S. Gregorii Magni Epistolae selectae, curante sac. Prof. Nicolao
Turchi. (Bibl. SS. Patrum, ser. VII vol I) 8⁰. xlviii+160.

Hoc volumine perutilis Bibliotheca novum periodum feliciter
inivit. Epistolarum registro praemittuntur de more uberrima Prolegomena quibus, in usum deductis excellentissimis operibus Grisar,
Dudden, Sepulchri, e·c. de vita, scriptis et latinitate magni Pontificis concinne et dilucide agitur, ita ut quidquid ab eodem gesta
sunt in utilitatem Ecclesiae et sacri Cultus, in aptissima luce exhibeatur. Registrum fere LX epistolas complectitur opportune in *familiares oeconomicas, canonicas,* distinctas (pastorales, liturgicae, po-
liticae, dogmaticae proxime in lucem edendae sunt). Harum textus
ex Hewald-Hartmanniana editione critica desumitur, mendis typo-
graphicis accuratissime depulsis, atque brevibus adnotationibus in-
lustratur quae subsidium optatissimum absque ullo gravamine praebent Lectoribus nostris praesertim Canonicas, quae ceteris uberius
exhibentur (p. 72-160) atque lectissimae sunt libenter innuimus.

———————————

    Director noster R.mus D. David Quattrocchi inter Cubi-
larios honorarios Sanctitatis Suae adnumeratus, a S. Sede
missus est Secretarius Internuntiaturae Apostolicae apud Rempublicam Argentinam, et dum scribimus forte iam pervenerit
in civitatem eiusdem Reipublicae principem, nempe Buenos
Ayres.

    Ratio hoc est gaudii nobis universaeque familiae nostrae
subnotatorum ac lectorum, et ex imo cordis vota ardentissima
pro Eo nuncupamus.

    Eum in Directorem huius ephemeridis adhuc habere libuit
clarissimo nostro Editori, cuiusque tamen vices uti Pro-Dire-
ctor gerit in posterum alter collaborator qui iam huic ephe-
meridi, ab eius exordiis, operam navavit.

ACTA SUMMI PONTIFICIS

Pii **Pp. X.** ad Eſhum D. **Salvatorem, Tit. SS. Quirici et Iu-
littae, S. R. E.** Card. **Casañas ý Pagés, Episcopum Barcinonensium, quā gratum animum significat ob unitatis
exemplum in tuendis fidei catholicae iuribus a Catalaunis
editum.**

DILECTE FILI NOSTER, SALUTEM ET APOSTOLICAM BENEDICTIONEM

Editum nuper a Catalaunia unitatis exemplum in tuendis fidei catholicae iuribus, admodum quam multa Nos delectatione perfudit, eo scilicet nomine, quod in causa religiosa, id est cum de
roganda adversus libertatem sacrarum consociationum lege consilium proferretur, Catalauni omnes, tametsi studiis forte civilium rerum segregati consensione mirifica obstitere, monueruntque palam
potiorem in eorum animis religioni locum esse quam partibus, viresque in eis nulla ratione posse disiectas existere ubi fidei momentis discrimen immineat. Omnino istam catholicos decere arbitramur significationem religiosorum sensuum. Nobis vero ideo etiam
e re consolatio non defuit, quia tradita plus semel a ́Decessore
Nostro Leone XIII fel. rec. et a Nobis documenta, per eam' occasionem vidimus fideli studio servata, singulari vobis consecuta utilitate. Id nunc superest unum, ut quae, memorato tempore, in Catalaunia et alibi est edita actio, similibus in adiunctis edatur assidue, neque istic solum, sed apud universos Hispaniae populos,
nulla posthabita religiosae rei protegendae opportunitate, tum si
quis ab inimicis impetus instet, tum si postulent tempora ferri pro
singularum administratione civitatum aut pro regni regimine suffragia. Hisce certis pactis religionis vim, eiusque legitima et salu-
bria commoda omni ope et consentanea voluntatum sinceritate provehere. Ad comprobandam eventu spem, tuae ne cesses navitatis
opem conferre, quam ceteros Hispaniae Episcopos sua, ut antea,
alacritate esse cumulaturos pro certo confidimus: simul laudem ha-
beto, vere meritam episcopalis diligentiae tuae, testemque dilectionis
Nostrae Apostolicam Benedictionem excipias, quam tibi propensis-
simo animo in Domino impertimus.

Datum Romae apud S. Petrum, die IV Martii anno MCMVII,
Pontificatus Nostri quarto.

PIUS PP. X.

SECRETARIA STATUS

EPISTOLA

Eṁi D. Card. a Secretis Status ad Eṁum Card. Episcopum Barcinonensium.

Sig. Cardinale Casañas y Pagés, Vescovo di Barcellona.

Eṁo e Rṁo Sig. mio Ossṁo,

NELL'INTENTO di tributare una meritata parola di lode ai Cattolici di Catalogna per la nobile e generosa azione di unanime protesta spiegata non ha guari contro i noti progetti di legge sulle associazioni religiose, ed allo scopo altresì di eccitare i cattolici delle altre province spagnuole a farsi promotori, in somiglianti circostanze, di movimenti collettivi ispirati alla bella condotta dei Catalani, è piaciuto al Santo Padre di dirigere all'Eminenza Vostra un suo venerato documento. Io mi affretto a rimetterle la Pontificia ed importante lettera, e non dubito che Vostra Eminenza vi troverà, insieme con i suoi fedeli alto conforto per lo zelo dimostrato nell'anzidetta occasione e vorrà anche darle pubblicità perchè se ne giovino gli altri Vescovi e fedeli, di Spagna, all'uopo di procurare la stretta unione dei cattolici massime nelle circostanze di elezioni amministrative e politiche, alle quali prudentemente allude un periodo, che merita di essere posto in rilievo, della lettera stessa.

Profitto dell'occasione per rinnovarle i sensi della profonda venerazione con cui Le bacio umilissimamente le mani e mi pregio raffermarmi.

Dell'Eminenza Vostra umilissimo e devotissimo servitore vero.

Roma, 5 marzo 1907.

R. Card. Merry del Val.

SECRETARIA BREVIUM

BREVE

Quo **Corona Septem Gaudiorum B. M. Virginis pluribus indulgentiis ab omnibus fidelibus lucrandis ditatur.**

PIUS PP. X

AD PERPETUAM REI MEMORIAM.

DILECTUS filius Bonaventura Marrani, Ordinis Fratrum Minorum Procurator Generalis, immense cupiens ut erga Deiparam Immaculatam magis magisque fidelium cultus augeatur, retulit ad Nos inter multiplices cultus ac pietatis significationes in eandem Beatissimam Virginem consuetas, nobilem sane locum obtinere laudabilem eam praxim, ut peculiari corona septem devote recolantur Gaudia, quibus Deipara in Annuntiatione, Visitatione, Partu, Adoratione Magorum, Inventione Filii, huius Resurrectione et ipsius Divinae Matris in Coelum Assumptione in Deo salutari suo mirabiliter exultavit. Hinc factum esse, ut Decessores Nostri Romani Pontifices, non modo speciale Festum Septem Gaudiorum B. M. V. cum Officio ac Missa propria agendum plurimus in locis permiserint; verum etiam Fratribus et Sororibus Ordinum Seraphici Patris Francisci Assisiensis, quos inter ipsa devotio maius incrementum reperisse noscitur, indulgentiam plenariam, pluries vel eadem die lucrandam, benigne concesserint. Verum idem dilectus filius Procurator Generalis Minorum Fratrum animo perpendens devotionem erga septem B. M. V. Gaudia nullo adhuc spirituali lucro cunctis fidelibus communi esse exornatam; probe autem noscens eandem Gaudiorum Coronam publice in Ecclesiis ipsiusmet Ordinis cum aliorum fidelium interventu recitari, Nos enixis precibus flagitavit, ut huic Septem Gaudiorum Virginis Coronae, prouti iam concessum fuit Coronae Septem Virginis eiusdem Dolorum, plenarias nonnullas ac partiales indulgentias vel ab omnibus fidelibus rite lucrandas adiungere de apostolica Nostra dignitate dignaremur. Nos autem quibus nihil antiquius est neque magis gratum, quam ut per universum orbem fidelium pietas erga Virginem Im-

maculatam latius propagetur et Divina Mater in Gaudio non minus,
quam in Dolore admirabilis, pari a christiano populo recolatur
obsequio, votis hisce piis ultro libenterque annuendum existimavimus. Quae cum ita sint de Onnipotentis Dei misericordia ac
BB. Petri et Pauli Apostolorum Eius auctoritate confisi, omnibus
et singulis fidelis ex utroque sexu, qui publicae recitationi Coronae
Septem Gaudiorum B. M. V. apud Ecclesias ubique terrarum existentes trium Ordinum Seraphici Patris habendae, adstiterint,
easdem tribuimus indulgentias, quas Fratres et Sorores eiusdem
Ordinis, quibuscumque sunt in recitatione sociati, promerentur.
Insuper iisdem fidelibus admissorum confessione rite expiatis, et
Angelorum pane refectis, qui Coronam eandem quotannis tum festis
cuiusque e septem Gaudiis, cum potioribus B. M. V. festivitatibus,
vel quovis die intra respectivi festi Octiduum ad cuiusque eorum lu-
bitu eligendo pie recitent, quo ex iis die id agant, plenariam; et iis,
qui singulis anni sabbatis Coronam eandem recitare consueverint, uno
cuiusque mensis die, ad lubitum pariter eligendo, dummodo vere ut
supra poenitentes et confessi ad S. Synaxim accedant, etiam plenariam, tandem iis qui memoratam coronam retineant, illamque frequenter in vitam percurrerint, in cuiuslibet eorum mortis articulo si vere
poenitentes ac confessi ac S. Communione refecti, vel quatenus id facere nequiverint, saltem contriti nomen Iesu ore, si potuerint, sin
minus corde devote invocaverint, et mortem tanquam peccati stipendium de manu Domini patienti animo acceperint, similiter plenariam omnium peccatorum suorum indulgentiam et remissionem
misericorditer in Domino concedimus. Praeterea ipsis fidelibus ex
utroque sexu, ubique terrarum degentibus, qui contrito saltem corde,
aliis per annum B. M. V. festis diebus coronam eandem recitent,
de numero poenalium dierum in forma Ecclesiae solita, trecentos
annos; et iis qui id agant diebus de praecepto festivis, ducentos
annos; quoties vero coronam ipsam quocumque alio anni die per-
solverint, toties illis septuaginta annos totidemque quadragenas;
iis tandem fidelibus, qui coronam memoratam septem Virginis Gaudiorum apud se fideliter retinentes, eamque frequenter recitantes,
quodvis opus in Dei honorem, vel in spiritualem aut temporalem
proximorum utilitatem item contrito corde exercuerint, sive in honorem septem Deiparae Gaudiorum Angelicam Salutationem septies
recitaverint, de numero similiter poenalium in forma Ecclesiae so-

lita, quoties id agant, decem annos expungimus. Porro largimur, ut excepta plenaria indulgentia in mortis articulo lucranda, fidelibus ipsis, si malint, liceat plenariis supradictis ac partialibus indulgentiis functorum vita labes poenasque expiare. Verum praecipimus, ut in omnibus supradictis pietatis operibus rite exercendis coronae Gaudiorum Virginis a fidelibus adhibendae, sint a Ministro Generali pro tempore Ordinis Fratrum Minorum, vel ab alio sacerdote sive saeculari sive regulari, per ipsum deputando, in forma Ecclesiae solita, servatis servandis benedictae. Praesentibus perpetuis futuris temporibus valituris. Volumus autem ut praesentium litterarum authenticum exemplar transmittatur ad Indulgentiarum Congregationis Secretariam, alioquin praesentes nullae sint: utque item praesentium Litterarum tramsumptis seu exemplis, etiam impressis, manu alicuius Notarii publici subscriptis et sigillo personae in ecclesiastica dignitate constitutae munitis, eadem prorsus fides adhibeatur, quae adhiberetur ipsis praesentibus si forent exhibitae vel ostensae.

Datum Romae. apud S. Petrum sub annulo Piscatoris die XV septembris MCMV, Pontificatus Nostri anno tertio.

L ✠ S.

Pro Dño Card. MACCHI.

NICOLAUS MARINI, *Substitutus.*

Praesentium litterarum authenticum exemplar transmissum fuit ad hanc Secretariam S. C. Indulgentiis Sacrisque Reliquiis praepositae. In quorum fidem etc.

Datum Romae ex eadem Secretaria, die 18 septembris 1905.

L ✠ S.

† D. PANICI, Archiep. Laodicen., *Secretarius.*

DECRETA SS. RR. CONGREGATIONUM

S. CONGREGATIO S. OFFICII

Tolerari potest cantus puellarum schismaticarum una cum catholicis in ecclesiasticis functionibus.

Beatissime Pater

Vicarius Apostolicus Sophiae et Philippopolis in Bulgaria ad pedes Sanctitatis Tuae provolutus humillime exponit quae sequuntur: Sophiae Sorores quaedam religiosae Institutum puellarum *(Pensionat)* dirigunt, in quo cum catholicis etiam schismaticae admittuntur. Mos invaluit ut in functionibus ecclesiasticis ac praesertim in expositione ac benedictione cum Sanctissimo, uti etiam ante et post illam, puellae schismaticae una cum catholicis in ecclesia parochiali canant. Unde petit orator an hic usus tolerari possit, habitis sub oculis sequentibus animadversionibus:

1. Agitur de loco in quo numerus catholicorum, relate ad schismaticos, est valde exiguus.

2. Nullum adest periculum scandali, namque idem usus servatur in fere omnibus Orientis regionibus.

3. Adest contra spes conversionis acatholicorum.

4. Durum esset sororibus, quae Institutum dirigunt, puellis schismaticis sponte ac lubenter in ecclesia cum catholicis cantantibus silentium imponere.

5. Denique eaedem puellae schismaticae, utpote bona fide in schismate viventes, non videntur uti excommunicatae esse habendae.

Feria IV, die 24 ianuarii 1906.

Emi Patres, attentis peculiaribus circumstantiis in casu concurrentibus, respondendum mandarunt: Prout exponitur a Vicario Apostolico Sophiae et Philippopolis, tolerari posse.

In sequenti vero Feria eiusdem mensis et anni in solita audientia R. P. D. Adsessori S. O. impertita, facta de his Sanctissimo D. N. Pio PP. X relatione, Sanctitas Sua resolutionem Emorum Patrum adprobavit et confirmavit. Contrariis quibuscumque non obstantibus.

PETRUS PALOMBELLI, *S R. et U. I. Notarius.*

S. CONGREGATIO CONSISTORIALIS

YUCATANEN. SEU EMERITEN. IN MEXICANA REPUBLICA.

Evectionis ad Titulum et Dignitatem Archiepiscopalem.

Quum rei sacrae procuratio recte ordinata pro temporum locorum, quae diversitati spirituali animarum bono promovendo quam maxime conferat, Romani Pontifices, quorum est, pro universali, quam super Ecclesiam exercent iurisdictione decernere quidquid Religioni provehendae profuturum dignoscitur, nunquam destiterunt, felici qualibet arrepta occasione, fidelium regimini, novis erectis dioecesibus, novisque constitutis ecclesiasticis provinciis, melius aptiusque consulere. Quum itaque nuperrime contigerit ut a Clero fidelibusque Yucatanensis seu Emeritensis dioecesis Apostolicae Sedi preces admotae sint, ut Yucatanensis eadem Episcopalis Sedes a Metropolitico Archidioecesis de Antequera iure eximeretur atque ad Metropolitanae Sedis dignitatem et honorem eveheretur, cumque in rem Archiepiscopus ipse Archidioecesis de Antequera R. P. D. Eulogius Gregorius Gillow assensum suum praestiterit, SSmus Dñus Noster Pius Pp. X, exquisita antea S. R. E. Cardinalium, qui negotiis ecclesiasticis extraordinariis expediendis praepositi sunt, sententia, rei opportunitate perspecta, Yucatanensium votis eo libentius assecundandum censuit, quod Yucatanensis seu Emeritensis Episcopalis Sedes, cum a Leone Pp. f. r. X anno MDXVIII fuerit erecta, inter antiquiores Mexicanae totius Reipublicae dioeceses merito habeatur. Neque vetustate tantum ipsa praestat sed et aliis nominibus, virorum praesertim nobilitate, qui eidem praefuerunt, quorum non pauci vitae sanctitate, rebusque praeclare gestis Mexicanam regionem non modo sed et Ecclesiam universam illustrarunt. Eadem insuper Ecclesia pluribus aliis interiectis dioecesibus, ab Ecclesia Metropolitana disiungitur, ab eaque longe adeo abest, ut difficilis admodum evadat necessarius inter utramque accessus.

Hisce itaque de causis Beatitudo Sua cunctis quae consideranda erant matura deliberatione perpensis, attento Archiepiscopi Archidioecesis de Antequera assensu, quod bonum faustum felixque sit, Dei gloriae Religionisque incremento benevertat, Yucatanensem seu Emeritensem Episcopalem Sedem ad Metropolitanae Sedis dignitatem et honorem evehendam decrevit in eum qui sequitur modum:

I. — Primum itaque Beatitudo Sua, suppleto, quatenus opus sit quorumcumque in hac re interesse habentium vel habere praesumentium consensu, de apostolicae potestatis plenitudine episcopalem Sedem Yucatanensem a metropolitico iure Archiepiscopalis Ecclesiae de Antequera exsolvit atque eximit, eamdemque sub titulo quem praesefert, iisdemque sub conditionibus ad Archiepiscopalis sedis dignitatem et honorem evehit atque extollit pro uno deinceps Archiepiscopo Yucatanensi; atque ut ordo canonicorum maximi templi ita erectae Archidioecesis Metropolitanus perpetuo audiat, constituit atque decernit.

II. — Dein Archiepiscopo Yucatanensi, post postulationem in Consistorio rite faciendam, eadem Sanctitas Sua usum Pallii et crucis ante se ferendae, ex aliorum Archiepiscoporum more atque sacrorum canonum praescripto, intra ipsius Archidioecesis limites, et non alibi omnino, concedit; itemque omnia alia Archiepiscopalia insignia privilegia, honores et iura quibus ceterae Archiepiscopales Ecclesiae in Mexicana regione earumque Praesules quomodolibet, non tamen titulo oneroso aut particulari privilegio, fruuntur, potiuntur et gaudent.

III. — Yucatanensi Archiepiscopali Ecclesiae, ut supra, constitutae eadem Sanctitas Sua in suffraganeas assignat et attribuit, Episcopales Sedes Tabasquensem et Campecorensem, quas in hunc finem a Metropolitico iure Archiepiscopi de Antequera subtrahit atque eximit.

IV. — Cum vero Yucatanensis Ecclesiae R. P. D. Martinus Tritschler et Cordova a pluribus iam annis sit Episcopus, mandavit Beatitudo sua ut ipse in Archiepiscopum nunc constitutus commissam sibi Archidioecesim eodem in posterum iure regat quo hucusque rexit, eumque ab expediendis Litteris Apostolicis sub Plumbo aut sub annulo Piscatoris pro aucta dignitate absolvit et dispensavit.

V. — Item voluit Beatitudo sua Yucatanensem eamdem Ecclesiam ad Archiepiscopalem dignitatem tali modo evectam in aureis florenis de Camera sexaginta sex cum tertia floreni parte taxari et hanc taxam in libris Camerae Apostolicae de more describi.

VI. — Ad praemissa vero exequenda eadem Beatitudo sua deputari iussit R. P. D. Iosephum Ridolfi, Archiepiscopum titularem Apamensem et in Mexicana Republica Delegatum Apostolicum, cum facultatibus necessariis et opportunis etiam subdelegandi, ad effectum de quo agitur, quamcumque aliam personam in ecclesiastica dignitate constitutam, nec non definitive pronunciandi super quacumque oppositione in executionis actu quomodolibet oritura, iniuncta eidem obligatione executionis acta authentica forma exarata, ad Sacram hanc Congregationem intra sex menses transmittendi, ut in tabulario eiusdem Sacrae Congregationis asservari possint

VII. — Praesens demum Sanctitas Sua hisce de rebus edi voluit Consistoriale Decretum per Litteras Apostolicas sub Plumbo expediendum, et inter acta referri Sacrae huius Congregationis Consistorialis.

Datum Romae, hac die XI novembris anno D.ni MCMVI.

L. ✠ S.

Pro R. P. D. Secretario

IULIUS GRAZIOLI

Sacrae Congr. Consistorialis et Secretariae Sacri Collegii substitutus.

S. CONGREGATIO EPISCOPORUM ET REGULARIUM

I. — DECRETUM.

Quo Constitutiones Parvularum Sororum Pauperum definitive approbantur.

Ss.MUS Dñus Noster Pius PP. X. in Audientia habita ab infra-scripto Cardinali Sacrae Congregationi Episcoporum et Regularium Praefecto die 5 maii 1907 approbationem datam a f. m. Leone PP. XIII die 9 iulii 1886 Constitutionibus Parvularum Sororum Pauperum, quibusdam immutatis propter felicem Instituti in toto orbe diffusionem, confirmare dignatus est, ac praesentis decreti tenore definitive, confirmat et approbat sicut in hoc volumine lingua gallica exarato iacent, quarum exemplar authenticum in Archivo eiusdem Sacrae Congregationis asservatur; salva Ordinariorum iurisdictione ad normam Sacrorum Canonum et Apostolicarum Constitutionum.

Datum Romae ex Secretaria memoratae Sacrae Congregationis Episcoporum et Regularium, die 6 maii 1907.

DOMINICUS Card. FERRATA, *Praefectus.*

L. ✠ S.

PHILIPPUS GIUSTINI, *Secretarius.*

II. — Dubia S. C. Episcop. et Regul. proposita et in plenariis Comitiis diei 17 aprilis de more resoluta.

0578
16

I. — PINEROLIEN. — EXEMPTIONIS.

Quo decreto d. 5 maii 1866 Illm̃ius Rinaldi Episcopus Pineroliensis pro tempore singularia quaedam constituit relate ad funera monialium quae in Monast. Visitationis dictae urbis degebant; inter quae 1. ius agendi exequias et associandi cadavera ad parochum S. Mauritii spectare;

2. Eidem parocho enumerandam esse pecuniae vim quamdam,

(quam postea ad 20 libellas redire cautum est) pro qualibet de-
functa, ad quam ille ius haberet etiamsi non adfuisset associationi
ex peculiaribus adiunctis.

Quum autem a. 1905 titularis Paroeciae ipse defunctus esset,
moniales, nacta occasione, Revmo Capitulo S. Mauritii decretum de-
nunciarunt, et apud h. S. C. appellarunt ut earum privilegia exemptionis sarcta haberentur.

In factum observatur: 1. § 50 Constit. Instituti revera praescribere in casu defunctionis vocandum esse Parochum loci ut Soror
sepeliatur, quum Instituto placeat hoc signum · observantiae Clero
saeculari praebere, sed Parochum ipsum nullum aliud ius praeten-
dere posse. — 2. A. 1788 Episcopum Pinerolien., spectatis inconve-
nientibus exortis, id immutasse atque ius associandi Confessario Ordinario monasterii tribuisse: quam immutationem, quum in Episcopo
auctoritas competens defuisset, S. Sedes confirmavit, per organum
S. C. decreto 16 maii 1817. Hinc patet decretum oppugnatum pristinum ius constituens et aggravans, non posse sustineri.

In ius autem animadvertendum: ex iure vigente (S. C. C. 22
feb. 1872. 24 ian. 1896) exequias monialium stricte dictarum, dummodo recto tramite fiant et absque pompa, agendas esse ab eorum
Capellanis absque Parochi interventu: et iure si agatur de locis
exemptis quia locus exemptus loco extra dioecesim aequiparatur:
ita ut Superiores Regularium possint monasterio avocare funus
quoque religiosi qui extra monasterium defunctus sit, etiam incon-
sulto parocho.

At Constitutiones Monialium a Visitatione in hoc a iure communi derogare videntur, ut ex earum littera patet. Immo si Capitulum audias, neque insequentibus rescriptis · hodie Constit. 50. vis
elisa videtur. Nam inconvenientia quorum intuitu lati sunt, nempe,
quod exequiae a Parocho *in ipso Monasterio agebantur in cuius
Ecclesia moniales sepeliebantur*, ab anno 1866 quando contrarium
Episcopi decretum latum est, omnino cessarunt. Hinc cessante
causa, etiam vis derogationis cessavit, et Constitutio ipsa denuo
obligare coepit, praesertim si attendas hinc spiritum quo a S. Francisci Salesio lata est: « ayant encore voulu laisser cette marque
d'union avec le Corps Ecclésiastique de la Ste. Eglise notre mère »,
inde mentem S. Congregationis quae tranquillitati Monialium consulere voluit, quae sarcta est dum ex decreto Episc. Rinaldi actio

Parochi omnino extra monasterium evolvitur. Praeterea Capitulum insistit in legitima praescriptione quum a XXXIX annis Moniales suo iure seu potius sua derogatione a iure Constitutionibus statuto non sint usae. — His tamen R.mus Consultor non acquiescit sed tuetur eo Moniales frui debere iure communi, quod a S. C. sustinetur etiamsi exequiae et sepultura non fiant in Ecclesia monasterii, contra quod nec praescriptio afferri potest, quippe quae in decreto omnino nullo nitatur ut ex expositis liquet et ipse hodiernus E.pus Pinerolien. ultro consentit.

His praehabitis, dubio:

Se il decreto emanato da Mons. Rinaldi Vescovo di Pinerolo in data 5 maggio 1866 si sostenga nel caso.

EE. Patres responderunt:

Ad mentem — « Mens est, quod attentis omnibus in casu ad confessarium Monialium spectat ius agendi exsequias super cada·vera earumdem monialium eaque associandi ad publicum coemete·rium dummodo tamen associatio fiat recto tramite et sine pompa ».

$\dfrac{371}{16}$

II. — MISSIONARIORUM

FILIORUM S. C. B. MARIAE VIRGINIS

DESERTIONIS.

PATER Ioseph Sisó sacerdos praefatae Congregationis superior fuit domus S. Hippolyti in Mexico usque ad a. 1905 quo anno cessans a munere reelectus non fuit eo quod zelum satis amarum in regimine ostendisset. Ex tunc vir ipse obedientiae passim renuere, donec, apud quamdam nobilem mulierem accersitus confessionis au-diendae causa, in huius villa ·*Noria* diu delitescere, invitis Supe-rioribus, qui quum declarationem desertionis eidem prius minitas-sent, tandem illam d. 29 iun. e. a. emiserunt, cuius vi ordinariatus Legionensis eumdem suspensum in integra dioecesi declaravit. Ipse Sisó oct. 1905 obtinuit ab h. S. C. saecularizationem perpetuam adiecta consueta clausula, ut episcopum receptorem inveniret, secus suspensus maneret. Quum autem ipse diu apud Delegationem Apo-stolicam queritaret se iniuria transfugam declaratum, huius consilio h. S. C. rem proposuit, suum ius his fulcire putans:

1. In decretis contra se latis persaepe nominatur Delegatio ipsa Apostolica quasi huius auctoritate ad sententiam huiusmodi deventum esset: atqui, ultro concesso hanc auctoritatem minime requiri ad actum ad quem sufficit ea quae penes P. Quasi-provincialem est, constat ex actis Delegationem ipsam ante causam numquam se audivisse, at tantum post latam sententiam et interpositam appellationem, circa quam nullam sententiam tulerat. Iam evidens est ex hac *falsa* invocatione Auctoritatis Delegationis valde auctum fuisse gravamen recurrentis.

2. Ceterum ipsa sententia auctoritatis monasticae iniqua est: *a*) quia ille ad villam Noriam se contulit cum formali Superiorum consensu, ut etiam suae valetudini consuleret, quum ut ex fide iurata medicorum ille gravi anemia affectus pateat; *b*) ipse de consensu Superioris apud eamdem villam ultra hos dies mansit, ut iterum liquet ex litteris Superioris localis eidem scribentis « de reditu autem stude ut *quantocius fieri possit, fiat* ». *c*) Quum autem hic ipse Superior ordinationem tulisset ut omnino rediret, ipse iussis paruit, et in domum Legionis se contulit: hinc patente iniuria desertionis declaratio lata est.

3. Quod si ipse hac lata sententia saecularisationem impetravit, id fuit tantum sub gravi metu expulsionis, ac proin dubii valoris ipsa saecularizatio est.

Ex alia parte R. Procurator Generalis dictae Congregationis instat:

1. In documentis afferendis quibus zelus amarus dicti Patris Sisó in regimine S. Hippolyti elucet, quaeque revera multa et gravia sunt, ita ut ipse non modo ineptus ad regimen, sed et ad ipsam vitam religiosam perferendam impar videatur.

2. In ostendendo infirmitatem eiusdem Patris gravem non fuisse, et si minus, maxima cum caritate, imo fortasse nimia indulgentia cum eodem actum esse, qui tamen de egressu formali non modo cogitaverat, sed et opes ad hoc necessarias parare studuerat.

3. Quoad litteras Superioris, hic protestatur se ad dictum Patrem demum ita scripsisse ut quidquid illi concesserat omnino retractaverit, atque sub directa P. Provincialis auctoritate illum constituerit, cui tamen parere diu detrectavit. Quod si demum Legionem se contulit, id non fecit nisi diu post ordinem latum; quum autem ab hac urbe revocatus Mexicum petere debuerit, omnino in urbe

Trapuato consistere voluit, a qua usque ad hunc diem dimoveri non potuit nec iussu, nec minis, nec ipsa declaratione. Quid amplius opus erat ut ipsum ab obedientia defecisse existimaretur? — Delegationis Apostolicae auctoritas non ad hoc invocata est ut ipse transfuga declararetur et suspensus: nam ad primum sufficiebat auctoritas monastica: alterum est primi legitima consequentia; sed ad hoc ut monitiones canonicae quibus ille ad obedientiam revocaretur maiorem vim acciperent et denegari non potuerint.

In punctum iuris animadvertendum: fugitivum proprie dici qui ab Ordine recedit, etc.; sed etiam qui quavis ratione extra claustra vagatur cum animo redeundi.

Rñus Consultor quamvis concedat Superiores maiore cum longaminitate et non implicata auctoritate Apostolica procedere debuerint, concedit tamen p. Sisó vere transfugam fuisse et iuste talem declaratum esse. Dispositiones in casu adhibendas ex Consultoris sententia, responsione S. Consessus continentur qui ad dubia:

I. Se il P. Sisó della Congregazione dei Missionari del S. Cuore di M. V. Immacolata giustamente sia stato dichiarato fuggitivo dalla sua Congregazione.

II. Se e quali provvedimenti sieno da prendersi nel caso.

In Congr. Genlii diei XVII aprilis 1907 respondit.

Ad I. et II. ad mentem. Mens est: che la S. C. confermando il decreto di secolarizzazione perpetua ottenuta dal P. Sisó gli accorda la facoltà di celebrare " ad biennium de consensu Ordinarii loci „ a condizione che non dimori a Trapuato; durante il quale biennio dovrà trovarsi un vescovo benevolo recettore, e provvedersi di sacro patrimonio o altri mezzi di sussistenza; altrimenti rimanga sospeso.

S. CONGREGATIO CONCILII

I. — SEGUSIEN.

Dubia circa Officiaturam Choralem et celebrationem tertiae Missae.

Episcopus Segusiensis pro opportuna solutione sequentia dubia S. C. Concilii proposuit, scilicet:

I. Utrum tolerari possit consuetudo recitandi Officium Chorale, nulla prorsus in altari candela accensa, nec non recitandi Vespe-

ras, ianuis ecclesiae clausis? II. Utrum pariter substineatur antiqua consuetudo omittendi, nonnullis anni feriis, tertiam Missam a
Rubricis praescriptam?

Et S. Congregatio Concilii, omnibus mature perpensis, rescribendum censuit:

« *Ad utramque negative, et serventur Rubricae* ».

Atque ita rescripsit, die 19 ianuarii 1907.

L. ✠ S.

† Vincentius Card. Episc. Praenestinus, *Praefectus.*

C. De Lai, *Secretarius.*

II. — Dubia proposita atque iuxta morem eiusdem S. C. de iure resoluta in generalibus comitiis diei 23 martii 1907.

Per Summaria precum.

I. - ROMANA ET ALIARUM. — DE TURPI MISSARUM MERCI
MONIO (*sub secreto Pontificio*).

R. « *Ad mentem* ».

II. RUBEN. — NOMINATIONIS (*reservata*).

R. « *Firma validitate nominationis duorum participantium, quoad
assignationem redditus dilata* ».

2266
─────
5

III. — CAESARAUGUSTANA ET MATRITEN. — INDULTORUM CIRCA ORATORIA ET ARAS PORTATILES.

Nonnullis ex nobilioribus Hispaniae familiis Summi Pontifices
Clemens VII, Leo X et Pius VI apostolicis Bullis concesse-
runt indultum oratorii privati et altaris portatilis, nedum pro se,
suisque familiis, sed etiam pro eiusdem descendentibus, ita ut hodie
innumerae recenseantur familiae praesertim in dioecesibus Cae-
saraugustana et Matritensi, quae familiae, vi huiusmodi induli
concessis suis avis adhuc gaudent eodem iure oratorii privati et
altaris portatilis, et cum eiusmodi familiae valde nimis multiplica-
tae sint necessario sequitur ut innumera oratoria privata, et altaria
portatilia erigi debeant. Quare super hac re Archiepiscopus Cae-

saraugustan. et Episcopus Matriten. ab hac S. Concilii Congrega-
ione expostularunt quid in casu sit agendum.

Quae vero Congregatio ad rem enodandam, omissa tamen di-
quisitione super Brevi Pii VI post Concilium Tridentinum edito,
duas in themate quaestiones sibi proposuit, nempe: 1° Utrum dicta
indulta elargita a Clemente VII anno 1530 et a Leone X an. 1522
adhuc vigeant post publicationem Concilii Tridentini, vel potius
ab ea sint abrogata. 2° Et quatenus vigeant vel ea confirmari expediat, quaenam cautelae et conditiones circa eorum usum et exercitium sint applicandae ad amovendos facile obrepentes abusus.

Advertitur quoad primam quaestionem a Conc. Trid. *in cap.
unic. sess. 22. De observ. et vitand.* ademptam fuisse Episcopis facultatem concedendi Oratoria privata, et hanc fuisse mentem praefati Concilii probatur etiam aliis resolutionibus ab hac S. Concilii
Congr. latis. Praeterea agitur in casu de privilegio maxime a iure
exorbitanti, tum ratione personarum, cum extendatur ad omnes
utriusque sexus descendentes a primis indultariis in linea agna-
tia, et in linea cognatitia; tum ratione temporis, quia nulla adiicitur clausula circa durationem; tum ratione ipsius concessionis,
quia in indulto ne dies solemniores quidem excluduntur. Et eiusmodi privilegia ita a iure exorbitantia in dicto cap. Conc. Trid.
abrogata et abolita fuerunt, quod clarius quidem evadit, si ex-
pendantur sive declarationes H. S. C., sive Bullae Pontificiae,
sive canonistarum auctoritas. Cum insuper non desint exempla revocationis huiusmodi Pontificiorum Indultorum, quae concessa ante
Conc. Trid. postea a S. Sede abrogata et abolita fuerunt, videtur
ambigi non posse privilegia altaris portatilis in casu abolita et abrogata quidem censenda esse.

Quoad vero oratoria privata, nonnullae recensentur conditiones, sub quibus in casu adhuc concedi possint praefatis familiis;
Emi Patres vero preces dimiserunt respondentes:

« *Privilegia altaris portatilis concessa ante Concilium Tridenti-
um et deinde non confirmata esse sublata et ad mentem* ».

In folio:

I. — SETINA. — NULLITATIS MATRIMONII (*reservata*).

R. « *In decisis* ».

2276
─────
5

II. — PARISIEN. — NULLITATIS MATRIMONII.

HAEC causa circa matrimonii nullitatem, quod Pictavii in Ecclesia SS. Hilarii die 15 ianuarii 1884 Blanca Grimaud tunc 20 annorum et Leopoldus Lacolle 28 annos natus contraxerunt, iam proposita fuit in generalibus comitiis diei 30 iunii elapsi anni 1906 (¹), sub rogandi formula: « An Curiae Parisiensis sententia, quae die 31 martii 1905 declaraverat non satis de matrimonii nullitate constare, esset confirmanda vel infirmanda in casu ». Huic dubio placuit Emis Patribus respondere: « *Sententiam esse confirmandam* ».

Cum oratrix huic responso non acquiescens, beneficium novae audientiae obtinuisset, eadem causa cum novis suppletoriis actis iterum in comitiis mensis martii elapsi diiudicanda proposita fuit, et Emi Patres, priori reformata sententia, propositum dubium:

« *An sit standum vel recedendum a decisis in casu* ».

Dimiserunt respondentes:

« *Attentis noviter deductis, recedendum a decisis* ».

───────

642
─────
6

III. — LUGDUNEN. — DISPENSATIONIS MATRIMOMII.

HENRICUS Bussod, ex urbe Lugdunensi in aetate 25 annorum constitutus, die 17 iulii 1903 Margaritae Riondel nupsit in huius paroeciali ecclesia civitatis *Montélimar*, Valentinen. dioeceseos.

Sed optatum exitum non sortitae sunt nuptiae, quum matrimonium inconsummatum mansisse videatur; quamvis enim vir, si verum est testimonium eius, nihil intentatum reliquerit ut suam uxorem ad coniugale debitum reddendum adduceret, ipsa tamen constanter detrectavit.

Quare factum est ut, quatuor ab inito coniugio nondum transactis mensibus, die nimirum 30 octobris 1903 Margarita ad paternos lares convolaverit, scriptam suae virginitatis declarationem marito relinquens. Ex parte sua Henricus, insequenti mense Novembri, a Iudice Laico Lugdunensi poposcit corporum ac bonorum separationem, quae ob reciprocas gravesque iniurias die 13 ianuarii 1905 pronunciata est.

(¹) Cf. *Acta Pontificia*, Vol. IV, pag. 320.

Tandem idem vir supplices SSmo preces porrexit ab eo expostulans ut suum matrimonium ratum et non consummatum Auctoritate Apostolica dispensaretur. Precibus exceptis, uxor tum a curia dioecesana tum ab II. S. C. citata comparare renuit, sed a sententia separationis a civili tribunali lata appellavit, quare, ipsa contumace declarata, de consensu defensoris vinculi dubium concinnatum est, et quaestio iudicio Emorum Patrum proposita est.

Actoris patronus inconsummationem probare satagit, quam demonstratam apertissime putat, nedum ex testimonio septimae manus, et ex confessione coniugum, sed etiam innumeris aliis circumstantiis et adminiculis, quin obstet praesumptio contraria quae suspicari posset ex fere quatuor mensium cohabitatione.

Vinculi defensori tamen haec conclusio non arridet, et cum ei satis probata non videatur inconsummatio, suam orationem dimittit concludens nihil esse de hac re decernendum usquedum uberior lux facta non fuerit super mulieris virginitate.

Tamen Emi Patres proposito dubio: ·

« *An consilium praestandum sit SSmo pro dispensatione a matrimonio rato et non consummato in casu* ».

Responderunt

« *Affirmative* ».

IV. – COLONIEN. — DISPENSATIONIS MATRIMONII (*sub secreto*).
R. « *Affirmative* ».

$\frac{2773}{6}$

V. — ASCULANA — OPTIONIS.

HAEC causa ventilata fuit in generalibus comitiis diei 26 ianuarii p. elapsi ([1]) et proposito dubio « *An a Dataria Apostolica expedienda sit Bulla collationis canonicatus et praebendae sub V, favore sacerdotis Constantii Flaiani Massoni in casu* », rescriptum prodiit: « *Attentis omnibus affirmative* ». Super hac decisione procurator canonici Caesaris Taliani · beneficium novae audientiae expostulavit et obtinuit; quare exposita controversia in hodiernis comitiis iterum ad trutinam redit; non dissimili tamen sidere,

----

([1]) Cfr. *Acta Pontificia*, hoc V Vol. pag. 107.

nam Emi Patres, novis deductionibus ac allegationibus mature perpensis, ad dubium:

« *An sit standum vel recedendum a decisis in casu* ».

Responderunt:

« *In decisis* ».

$\dfrac{3134}{5}$

VI. — PARMEN. — CURAE ANIMARUM.

HAEC causa tertio dimissa fuit ab Emis Patribus comitiis diei 20
ianuarii 1906 ([1]), cum ad dubium « *An decretum Episcopi Parmensis diei 11 februarii 1905 substineatur in casu* » responderunt :
« *Servetur solitum* ».

Cum super hac decisione Episcopus Parmensis expostulaverit
et obtinuerit beneficium novae audientiae, hinc est quod praesens
quaestio quarta vice reproponitur.

Impossibile omnino est eam breviter, quin claritas deficiat, referre, quare censemus opportunius tantum responsum adnotare.

Ad propositum dubium: « *An sit standum vel recedendum a decisis in casu* ».

Emi Patres responderunt :

« *In decisis secundo loco salvo iure Episcopi procedendi ad tramitem iuris pro recta administratione curae animarum* ».

S. C. DE PROPAGANDA FIDE

DECRETUM

**Quo Missionariis Sinensibus indultum conceditur confessiones
in itinere excipiendi ante iuramentum circa ritus Sinenses.**

PLURIES petitum est a Regularium Ordinum, Congregationum
et Societatum moderatoribus, ut presbyteri suorum Institutorum alumni ad Sinenses missiones destinati, perdurante itinere, ne
diu poenitentiae sacramento priventur, cum duo vel plures sunt,
sacramentalem confessionem excipere tum invicem inter se, tum
etiam aliorum secum iter agentium possint, quamvis iuramentum

([1]) Cfr. *Acta Pontificia*, Vol. IV, pag. 98.

circa Sinenses ritus praescriptum nondum praestiterint. Eiusmodi autem preces cum infrascriptus Cardinalis Sacro eidem Consilio Praefectus SSmo D. N. Pio divina providentia PP. X retulisset in audientia diei 20 Decembris anni 1906, Sanctitas Sua benigne decernere ac declarare dignata est; omnes cuiuscumque Ordinis, Congregationis, Societatis atque etiam e clero saeculari missionarios seu presbyteros ad Sinenses missiones destinatos, qui duo vel numero plures consociati ad littora Sinensia appellunt, durante toto itinere terrestri aut fluviali usquedum pervenerint ad missionem sibi respective adsignatam, dummodo ad sacramentales confessiones fuerint legitime approbati, Regulares scilicet a proprio saltem Superiore regulari, alii antem sacerdotes vel a proprio Ordinario ex cuius dioecesi discesserunt, vel ab Ordinario portus in quo navem conscenderunt, vel etiam ab Ordinario cuiuslibet portus intermedii per quem in itinere transierunt, posse inter se confiteri, eosque item posse confessiones audire clericorum non sacerdotum et Fratrum laicorum cum ipsis iter agentium et etiam Religiosarum Sororum, si forte contingat aliquas in eodem comitatu esse ad missiones destinatas, immo quoque vehicula aut cymbas ducentium vel sarcinas per iter ferentium vel alia quacumque ratione eorum itineris sociorum: non obstante Constitutione fel. rec. Benedicti PP. XIV incip. *Ex quo* data die 5 Iulii anni 1742, quae vetat missionariis exercitium sacri ministerii ante emissum iuramentum circa ritus Sinenses, aliisque quibuscumque non obstantibus.

Datum Romae ex aedibus S. Congr. de Propaganda Fide, die 4 Februarii 1907.

Fr. H. M. Card. GOTTI, Praefectus.

L. ✠ S.

ALOISIUS VECCIA, Secret.

S. CONGREGATIO INDICIS

EPISTOLA

Eﬁi Çard. Praefecti ad Eﬁum Archiepiscopum Mediolanen. qua reprobatur Ephemeris vulgo « Il Rinnovamento ».

Eminentissimo Principe,

GLI Eﬁi Padri di questa S. Congregazione dell'Indice nell'ultima loro adunanza si sono dovuti occupare di una rivista recentemente pubblicata in cotesta città di Milano, sotto il titolo « Il Rinnovamento ». Non essendo soliti, se non per motivi straordinari, di mettere all'Indice fascicoli staccati di riviste in corso di pubblicazione, gli Eﬁi Padri hanno voluto soprassedere a questo modo di condanna relativamente ai numeri finora pubblicati della suddetta rivista. Ma non possono astenersi dall'esprimere all'Eminenza V. Revﬁa il disgusto che hanno provato, vedendo pubblicata da sedicenti cattolici una rivista notabilmente opposta allo spirito e all'insegnamento cattolico. Deplorano segnatamente il turbamento che tali scrittori arrecano alle coscienze, e la superbia con la quale si atteggiano a maestri e quasi a dottori della Chiesa. Ed è doloroso che, tra costoro che sembrano volersi arrogare un magistero nella Chiesa e fare scuola al Papa istesso, si trovino dei nomi già noti per altri scritti dettati dal medesimo spirito, come il Fogazzaro, il Tyrrell, il Von Hügel, il Murri ed altri. E mentre in questa rivista uomini siffatti parlano con tanta albagia delle questioni teologiche più difficili e degli affari più importanti della Chiesa, gli editori la vantano *laica, non confessionale,* e vanno facendo distinzioni tra cattolicismo officiale, e non officiale, tra i dogmi definiti dalla Chiesa quali verità da credere, e l'immanenza della religione negl'individui. Insomma non si può dubitare che la rivista sia fondata con lo scopo di coltivare uno spirito pericolosissimo di indipendenza dal magistero della Chiesa e la prevalenza del giudizio privato su quello della Chiesa medesima, e di erigersi in iscuola che prepari un rinnovamento anticattolico degli spiriti.

Gli Eﬁi Padri condannano severamente questo spirito anticattolico, che si fa largo tra manifesti errori nella rivista in questione e desiderano che l' Eminenza V. Revma faccia chiamare l'editore di detta rivista per ingiungergli di desistere da un'impresa tanto nefasta e indegna di un vero cattolico; e desiderano inoltre che l'Eminenza V., quanto prima potrà, si compiaccia portare alla pubblica conoscenza questo giudizio della S. Congregazione dell' Indice.

Mentre ho l' onore di partecipare la cosa all' Eminenza V. Rma, le bacio umilissimamente le mani, e godo di professarmi

dell' Eminenza V. Rma

† Card. ANDREA STEINHUBER, *Prefetto*

Fr. TOMMASO ESSER O. P., *Segretario.*

SS. RITUUM CONGREGATIO

I. — VERONEN.

Decretum beatificationis et canonizationis Ven. Servi Dei Gasparis Bertoni, Congregationis a SS. Stigmatibus D. N. I. C. fundatoris.

VERONAE in paroecia S. Pauli ad campum Martium ex piis honestisque parentibus Francisco et Brunora Ravelli anno 1777 ortus est Servus Dei Gaspar Bertoni, fundator Congregationis a SS. Stigmatibus D. N. I. C. Adhuc puer domestica monita et exempla sectatus, virtutibus inter aequales praefulsit. Neque tantum domi et in templo ubi quotidie pietati fovendae assiduus erat, sed et per urbem atque vias oculos animosque transeuntium sibi attrahebat. Ob vitam innocentem atque austeram quam ducebat, velut alter Aloisius Gonzaga condiscipulis indigitabatur. Ingenio ac diligentia praestans, ab inferioribus studiis ad superiora progressus, humaniores litteras a Patribus Societatis Iesu, philosophicas disciplinas in R. Lycaeo S. Sebastiani a celebri professore Zamboni didicit; atque etiam musicen feliciter excoluit. Decimum septimum aetatis annum agens, prouti anteactae vitae ratio suadebat, clericali militiae adscriptus est. Divinae gloriae et suae proximique saluti provehendae unice intentus, scientiis theologicis sedulo incubuit: quo tempore Angelici Doctoris Aquinatis Summam theologicam per quatuor vices integre perlegit. Parochiali ecclesiae S. Pauli ad campum Martium, de superiorum licentia, addictus, diem devotae orationi, ecclesiae servitio et scientiae studio, statis horis, dicabat. Sacras caeremonias cum modesta corporis orisque compositione perficiebat, admirationem aeque ac devotionem excitando. Tanta vero charitate atque industria doctrinam christianam pueris tradebat, ut a parocho missionarius puerorum appellaretur. A Veronensi Episcopo Andrea Avogadro ad sacerdotii dignitatem evectus, haud multo post a paroecia S. Pauli ad maiorem S. Firmi paroeciam translatus est. Neque minor fructus in hoc novo agro excolendo diligentiae ac labori Servi Dei respondit. Pueris atque puellis pie educandis plura asceteria aperta sunt. Primo Canossiani Instituti coenobio vix erecto, illarum virginum cura, rogante ipsa fundatrice Ven. Magdalena de Canossa, demandata fuit Gaspari qui eisdem se praebuit optimum pietatis magistrum quandiu vixit, et regulas ipsius Instituti cum sapientia et prudentia conscripsit. In subsidium a rectoribus ecclesiarum vocatus, quivis Christifidelium coetus illum concionantem salutariter audiebat, praesertim in spiritualibus exercitiis ad methodum S. Ignatii compositis. Veronensi seminario in spiritualibus praefectus officium gessit summa cum laude. Volvente anno 1816 prima iecit suae Congregationis fundamenta quam iuxta finem sibi propositum a Missionariis Apostolicis in obsequium Episcoporum, et a loco fundationis a Sacris Stigmatibus D. N. I. C. nuncupari voluit. Templo ac coenobio aedificato, scholas adiecit iuvenum quos litteris ac pietate imbuendos curavit. Sodalitio iam florente, Servus Dei omnibus praeibat sociis, inter quos nonnulli linguarum peritia, philosophica et theologica scientia, et vitae sanctimonia praestantes fuerunt, atque ipse veluti pater in filiorum sapientia gloriabatur. A Veronensi Episcopo dignus est habitus qui in theologum definitorem, examinatorem prosynodalem et cognitorem de ecclesiasticis vocationibus eligeretur, quibus muneribus obeundis, sicut eligentis expectationi, plene satisfecit. Ulcere in crure vexatus postremos duodecim annos in cubiculo suo immotus transegit, atque inter cruciatus semper alacri animo, ab ipso lectulo patientiae exemplum et doctrinae pabulum omnibus affluentibus praebebat. Tandem, morbo ingravescente, extremis morientium sacramentis et benedictione Apostolica cum indulgentia plenaria in articulo mortis roboratus, die Dominica 12 Iunii an. 1853 aerumnosam vitam cum beata commutavit. Iusta funebria honorifice persoluta fuere, in ecclesia Augustissimae Trinitati dicata, cum multa cleri populique devoti frequentia, habita etiam brevi ac laudativa oratione. Interim sanctitatis fama quam Servus Dei vivens sibi adeptus fuerat, post obitum splendidior eluxit. Hinc in ecclesiastica curia Veronensi super eadem fama processus ordinarius informativus institutus fuit et Romam transmissus atque in actis Sacrorum Rituum Congregationis exhibitus. Quum vero omnia in promptu essent, obtenta dispensatione Apostolica tum a lapsu decennii tum ab interventu et voto Consultorum, instante perillustri ac Rᵐᵒ Dño Aloisio Morando Archiepiscopo Brundusino, e Congregatione a SS. Stigmatibus D. N. I. C., huius causae Postulatore, nomine etiam universae suae Congregationis, attentisque litteris postulatoriis quorumdam Eᵐᵒrum S. R. E. Cardinalium, plurium Rᵐᵒrum Sacrorum Antistitum necnon Praepositorum generalium aliorumque virorum sive ecclesiastica sive civili dignitate praestantium una cum Seminarii episcopalis Veronensis moderatoribus, infrascriptus Cardinalis Aloisius Tripepi S. R. C. Pro-Praefectus et eiusdem causae Ponens seu Relator, in ordinariis comitiis subsignata die ad Vaticanum habitis sequens dubium discutiendum proposuit: *An signanda sit Commissio introductionis causae in casu et ad effectum de quo agitur?* Et Eɱi ac Rɱi Patres Sacris tuendis Ritibus praepositi, post relationem ipsius Cardinalis Ponentis, audito etiam voce ac scripto R. P. D. Alexandro Verde sanctae fidei Promotore, omnibusque sedulo perpensis rescribendum censuerunt: *Affirmative seu Commissionem esse signandam si Sanctissimo placuerit.* Die 20 Februarii 1906.

Facta postmodum de his Sanctissimo Domino Nostro Pio Papae X per infrascriptum Cardinalem Sacrae Rituum Congregationi Pro-Praefectum relatione, Sanctitas Sua rescriptum eiusdem Sacri Consilii ratum habuit et confirmavit, propriaque manu signare dignata est Commissionem introductionis causae praedicti Venerabilis Servi Dei Gasparis Bertoni, fundatoris Congregationis a Sacris Stigmatibus D. N. I. C. Die 2 Martii, eodem anno.

A. Card. Tripepi, Pro-Praefectus.

L. ✠ S.

† D. Panici Archiep. Laodicen., *Secretarius.*

II. — BRIXIEN.

Decretum beatificationis et canonizationis Ven. Servae Dei Sor. Vincentiae Gerosa alterius fundatricis instituti Sororum a Charitate in oppido Luere, diocesis brixiensis.

BRIXIENSIS dioecesis oppidum *Luere*, quod Instituto sororum a charitate patriam et incunabula obtulit, Venerabilem Bartholomaeam Capitanio praecipuam eius fundatricem et Dei Famulam Vincentiam Gerosa veluti alteram parentem agnoscit ac reveretur. Illa ortum et vitam, haec alimentum et incrementum dedit sodalitio, utraque soror et mater consilia, labores ac virtutem egregio operi contulerunt. Unius vita et memoria heroicis virtutibus Apostolico decreto probatis iam nitet: alterius in terris conversatio sanctitatis odore, prodigiis etiam illustrata clarescit, prouti acta processualia testantur. Haec Dei famula, cuius vitae cursum beatumque exitum breviter commemorare iuvat, in praedicto oppido *Luere* orta est, die 28 Octobris anno 1784, ex coniugibus Antonio Gerosa et Iacoba Macario pietate morumque integritate praestantibus. Infanti in sacro fonte imposita sunt nomina Maria, Catharina et Francisca. Quae aetate succrescens vestium cultum mundique oblectamenta spernens, domi et in templo orationi aliisque pietatis operibus libentissime vacat. Obsequens in parentes, benefica in proximos, pacem et concordiam inter familias conciliat. Sensuum custodiae, corporisque afflictationibus omne studium adhibet. Puellis instituendis, aegrotis curandis ac pauperibus sublevandis pecuniam, medicamenta, cibum, vestitum operamque suam elargitur. Posthabitis nuptiis terreni sponsi sibi oblatis, Christo Domino uti ancillam et sponsam se integre devovet: sub cuius cruce atque in eius aspe-

ctu, aspera et molesta, Ipsa parentibus iam orbata, quasi fasciculos
mirrhae colligit ac suffert. Circa annum aetatis trigesimum Dei Famula foedus inivit cum Ven. Bartholomaea Capitanio, simulque suae
vocationis indicia experta est. Interim, ecclesiastica auctoritate probante, in sacello eidem assignato et ab ea restaurato Congregationem puellarum sub Patrocinio B. Mariae Virginis instituit et direxit. Neque minus sollicitam se exhibuit in erigendo Nosocomio,
illudque omni suppellectili, suo aere, instruendo, quod, favore et consensu utriusque auctoritatis, mense Decembri anno 1826 aegrotan-
tibus patuit. Ipsa vero illis ministrabat, eorumque corporibus atque
animis peculiari studio providebat: in quo charitatis exercitio adiutricem et imitatricem habuit sororem suam Rosam aliasque pias
foeminas. Vertente mense Octobri anno 1829, tertio ab erectione
Nosocomii, Rosa ibidem decessit; moerentique germanae et haeredi
adstitit Ven. Capitanio quae de novo Instituto condendo cum ea iam
egerat. Res adhuc moram passa est, praesertim ob domesticas contradictiones. Verum optata dies illuxit, vigesima quarta Novembris
anni 1832, qua Virgines illae sacra synaxi refectae, novam domum
ingressae sunt, vota temporanea castitatis, paupertatis, obedientiae
et' in proximos charitatis nuncupando coram Rev. Barbaglio praeposito et Bosio parocho. Domo aliquantulum egressa Serva Dei ut
amitae bonorum divisionem expetenti satisfaceret, re celeriter expleta, ipsam domum repetiit, eidemque hospitium puellis orphanis
instituendis atque Nosocomio scholas adiecit. Quaestio quis ex duabus fundatricibus deberet esse praeses, mansit suspensa, quum utraque reluctaret; demum ita composita fuit ut gubernationi Capitanio,
administrationi Gerosa praeesset. Haec Dei ancilla de se humiliter
sentiens, viliora quaeque officia assumebat, atque in tanta existimatione habebat sociam ut eam aquilae compararet. Faustis auspiciis incoepta societas Deo adiuvante, prospere procedebat, sed, octavo
mense vix elapso ab ea condita, Ven. Capitanio pie decessit. Gerosa quae cum illa erat cor unum et anima una, cunctis faventibus,
senioris titulo, non dignioris, ut Ipsa aiebat, societatis etiam regimen
suscepit. Anno 1835, die 21 Novembris in Festo Praesentationis
B. Mariae Virginis, quod sacris virginibus redit suaviter memoran-
dum, nova Antistita una cum quinque sodalibus religiosum induit
habitum iuxta modum et formam a superioribus probatam, simulque
nomen Catharinae cum altero Vincentiae commutavit. Aucto in dies
numero et bona fama sororum, id obtigit ut Institutum haud amplius intra fines oppidi *Luere* et dioecesis Brixiensis coarctaretur.
Quod erat in votis, canonica sodalitatis recognitio obtenta est a
Summo Pontifice Gregorio XIII per litteras in forma Brevis datas
die 5 Iunii an. 1840; atque anno insequente, die quinta Septembris,
utraque auctoritate favente, in manu Praesulis Brixiensis, Dei Famula, prima, solemne sacramentum dixit, et Ipsa veluti antistita generalis ceterarum sodalium vota recepit. Exinde Institutum late lon-
geque usque ad Indos propagatum, primaevae originis spiritum et
disciplinam iugiter servans, in scholis, in Nosocomiis, in puellis pie
educandis atque in variis charitatis officiis, multa religiosae ac civili
societati contulit atque confert beneficia. VINCENTIA autem anno 1847

in gravem incidit morbum bimestrem in quo speciale virtutum exemplum praebuit sodalibus, extrema morientis monita cum lacrymis excipientibus. Testamento rite nuncupato et selecta sorore Crucifixa in praepositam, Congregationis regimini et administrationi providit. Demum sacramentis ecclesiae roborata, in amplexu imaginis Christi cruci affixi, cui spiritum suum commendabat, suavissima nomina Iesu, Mariae et Ioseph invocando, placide ex hac vita migravit, die 28 Iunii, eodem anno 1847, aetatis sexagesimo secundo, religionis decimoquarto nondum elapso. Inde cleri populique concursus ad exuvias Servae Dei invisendas, solemnes in ecclesia parochiali Luerensi exequiae et concinna ac laudativa oratio in honorem defunctae. Funere rite persoluto, corpus exanime ad coemeterium delatum et nobiliori loco conditum est. Quod anno insequente recognitum et quasi incorruptum repertum, in nova capsa repositum et iuxta Ven. Capitanio exuvias collocatum fuit, ubi usque in praesens quiescit.

Fama Sanctitatis ante et post obitum Servae Dei ita clara refulsit ut super ea in ecclesiastica curia Brixiensi Ordinaria Inquisitio rite constructa una cum Litteris Postulatoriis quorumdam Emorum S. R. E. Cardinalium, plurium Rmorum Sacrorum Antistitum necnon Capitulorum, Praepositorum, aliorumque ecclesiastica vel civili dignitate praestantium, ad Sacrorum Rituum Congregationem delata fuerit. Hinc, instante Rmo Dno Ioanne Biasiotti, beneficiato Liberiano et Causae Postulatore, editis decretis super peracta revisione Scriptorum Servae Dei et dispensatione a lapsu decennii et ab interventu et voto Consultorum, Emus et Rmus Dnus Cardinalis Dominicus Ferrata eiusdem Causae Ponens seu Relator in Ordinariis Comitiis, subsignata die ad Vaticanum habitis, sequens dubium discutiendum proposuit, nimirum: « *An sit signanda Commissio Introductionis Causae in casu et ad effectum de quo agitur?* » Et Sacra eadem Congregatio post relationem ipsius Emi Cardinalis Ponentis, omnibus mature perpensis, audito etiam voce ac scripto R. P. D. Alexandro Verde Sanctae Fidei Promotore, rescribendum censuit: « *Affirmative, seu signandam esse Commissionem, si Sanctissimo placuerit* ». Die 4 Decembris 1906.

Facta postmodum de praedictis Sanctissimo Domino Nostro Pio Papae X per infrascriptum Cardinalem Sacrae Rituum Congregationi Praefectum relatione, Sanctitas Sua sententiam Sacrae eiusdem Congregationis ratam habens, propria manu signare dignata est Commissionem Introductionis Causae Venerabilis Servae Dei VINCENTIAE GEROSA confundatricis sororum a charitate in oppido Luere, dioecesis Brixiensis, die 12 eisdem, mense et anno.

L. ✠ S.

SERAPHINUS Card. CRETONI, *S. R. C. Praefectus.*

† DIOMEDES PANICI, Archiep. Laodicen., *S. R. C. Secretarius.*

III. — ORDINIS S. BENEDICTI.

Abbatibus Congregationum Monachorum Nigrorum O. S. B. facultas conceditur sacerdotes subdelegandi ad Benedictionem a S. Mauro nuncupatam.

Beatissime Pater,

Abbas Primas O. S. B., ad genua S. V. provolutus, supplex im-plorat ut delegare possit sacerdotes saeculares et regulares ad im-pertiendam benedictionem infirmis, adhibita S. Crucis D. N. I. C. particula, quae benedictio a S. Mauro nuncupatur et a Leone PP. XIII, f. r. die 4 maii 1882 approbata fuit pro sacerdotibus O. S. B.

Et Deus, etc.

Sanctissimus Dominus Noster Pius Papa X, referente infra-scripto Cardinali Sacrorum Rituum Congregationi Praefecto, facul-tatem facere dignatus est Rmo Abbati Oratori et Abbatibus Prae-sidibus Congregationum Monachorum Nigrorum Ordinis Sancti Be-nedicti, subdelegandi sacerdotes utriusque cleri ad benedictionem, quae a S. Mauro nuncupatur; dummodo adhibeatur in benedictione forma approbata et Rituali O. S. B. concessa. Valituro hoc indulto ad proximum decennium. Contrariis non obstantibus quibuscumque.

Die 23 ianuarii 1907.

L. ✠ S.

S. Card. CRETONI, *Praefectus.*

† D. PANICI, Archiep. Laodicen., *Secretarius.*

IV. — EREMITARUM CAMALDULENSIUM

MONTIS CORONAE

Circa quasdam caeremonias in missa aliisque sacris functio-nibus occurrentes.

REDACTOR Kalendarii Eremitarum Camaldulensium Montis Coro-nae, de Superioris generalis consensu, a Sacrorum Rituum Congregatione solutionem insequentium dubiorum humillime implo-ravit; nempe:

I. Utrum Celebrans, in die Purificationis ac Dominica Palma-rum, completa candelarum aut ramorum distributione, debeat pro ineunda Processione incensum ponere in cornu Epistolae, ubi iam reperitur, cum ibi orationem ultimam recitarit; an potius debeat se prius ad medium altaris pro thuris benedictione conferre?

II. Utrum in die Purificationis ac Dominica Palmarum, postquam dictum fuerit *Procedamus in pace*, Celebrans e suppedaneo in planum descendens debeat ad altare conversus debitam ei reverentiam facere; an potius, utpote inchoata a praefatis verbis Processione, debeat conversionem ad altare et omnem ei reverentiam omittere?

III. Utrum Celebrans recedens ab altari ad abacum ut alia sumat paramenta, et ab abaco ad altare revertens, uti contingit singulis diebus Dominicis post aspersionem aquae lustralis atque post Processionem in festo Purificationis ac Dominica Palmarum, genuflexionem in plano praestare debeat, si Sanctissimum Sacramentum in tabernaculo reperiatur inclusum; an potius in infimo altaris gradu?

IV. Quum ob specialia locorum adiuncta ad excipiendam aquae lustralis aspersionem sat proxime altari reperiantur, num Celebrans, qui a pedibus altaris non recedit, sed tantum se vertit consistens aliquantum a latere Evangelii, debeat in medio ad altare reversus genuflexionem agere, si in tabernaculo Sanctissimum Sacramentum reperiatur inclusum, uti praescribit Rubrica subdiacono, qui accepta patena ad medium e cornu Epistolae se confert in plano permansurus?

V. Quum Missalis Rubrica unice dicat esse cantanda *Improperia* ad functionem in feria VI in Parasceve, neque innuat eadem *Improperia* et reliqua esse a sacerdote recitanda; num exinde legitime concludatur, sacerdotem ad *Improperia* et reliqua legenda non teneri?

VI. Ubi in ultimo Triduo Maioris Hebdomadae removeri solet aqua lustralis a vasis ecclesiae, num Sabbato Sancto, in quibus ecclesiis fons baptismalis non benedicitur, eadem aqua lustralis in sacrario ante functionem benedici debeat, ut possit in ecclesiae vasis poni post Litaniarum ℣. *Peccatores*, dum festive ad celebrandam missam paratur altare?

VII. Utrum in Sabbato Sancto cereus paschalis ita poni debeat, ut crux populum respiciat, an latus Epistolae, in quo Celebrans reperitur?

VIII. Dum in eodem Sabbato Sancto ad legile canitur paschale praeconium, quo loco et quorsus vertere facies debeant Celebrans scil. diaconus praeconium cantaturus, et adstantes a dextris eiusdem clericus cum cruce ac thuriferarius, et a sinistris duo acolythi, qui respective arundinem et grana thuris tenent?

IX. Cum Caeremoniale Episcoporum lib. ii, cap. xxii, n. 11, praescribat, ut in extinguendis ad Matutinum Tenebrarum cereis, alternatim incipiatur a cornu Evangelii; quaenam norma tenenda est in accendendis et extinguendis altaris cereis pro alia quavis occasione?

X. Quoties exposito Sanctissimo Sacramento canitur hymnus *Te Deum* in omnibus functionibus, expresse per Rubricas et decreta non directis, ac datur in fine cum eodem Sanctissimo Benedictio: utrum versiculi, qui citantur in decreto Sacrae Rituum Congregationis 11 Septembris 1847 *Veronen.*, n. 2456 ad iii, dici cum oratione *Deus, cuius misericordiae* debeant ante hymnum *Tantum ergo;* an potius duo hymni sint coniungendi et absolvendi cum solo versiculo *Panem de coelo* et duabus orationibus Sanctissimi Sacramenti et actionis gratiarum sub una conclusione?

XI. Quoties Processio pro gratiarum actione locum habuerit, num post hymnum Ambrosianum dici debeant omnes versiculi cum tribus orationibus in Rituali Romano designatis; an tantum recitari possint versus aliqui et unica oratio, prouti in decreto 11 Septembris 1847 *Veronen.*, n. 2956 ad iii indicatur?

XII. Num sacerdos missam celebrans coram Sanctissimo Sacramento exposito, si Missale ad aliud altaris cornu transfert, debeat genuflexionem agere dum transit ante medium altaris, illucque dum revertitur *Munda cor meum* dicturus?

XIII. Utrum Celebrans, reportato ad altare post Processionem Sanctissimo Sacramento, aut feria V et VI Maioris Hebdomadae allato calice Sanctissimam eamdem Eucharistiam continente, debeat supremum altaris gradum ante suppedaneum conscendere, ut ostensorium et calicem diacono, vel alteri sacerdoti, si absque ministris celebraverit, stando porrigat; an potius debeat in plano ante ultimum altaris gradum consistere, ac tradito Sanctissimo Sacramento vel calice, genuflexionem simplicem in plano praemittens, utrumque genu flectere, in infimo gradu altaris, sicque genuflexus illic manere usque dum tempus thuris imponendi adfuerit?

XIV. Num diaconus aut alius sacerdos, qui post Processionem

accipit de manu Celebrantis ostensorium, aut feria V ac VI Maioris Hebdomadae calicem cum Sanctissimo Sacramento, genuflexionem utroque genu peragere debeat in plano ante gradus altaris, et inclinatione capitis Sanctissimum adorare, antequam ostensorium vel calicem a Celebrante recipiat?

XV. Num aliis ac praesertim sacerdotibus sacristis valeat permitti, ut hostiam super patena collocent pro missa ab aliis celebranda, non obstante Rubrica Missalis Romani *Ritus servandus in celebratione missae*, tit. 1, n. 1, quae collocationem hostiae totamque instructionem calicis sacerdoti missam celebraturo reservat?

XVI. Num retineri possit antiquissimus usus, ut in Processionibus intra claustra peragendis candelabra a duobus in habitu chorali Religiosis deferantur, qui acolythorum vices cum crucifero expleant?

XVII. Quoties functiones in Sabbato Sancto sine sacris ministris peragantur, utrum sacerdos debeat incensum ponere ac benedicere pro subsequenti Processione, in qua canitur *Lumen Christi*, ac pro paschali praeconio antequam diaconalia coloris albi paramenta sumat; an vero postquam eadem diaconalia sumpserit indumenta?

XVIII. Quonam vocis tono dici debeant feria VI in Parasceve verba sive orationes *Incensum istud....*, *Perceptio corporis tui....*, *Panem coelestem....*, *Corpus Domini nostri Iesu Christi....*, et *Quod ore....?*

XIX. Num servari antiquissimus possit usus, ut clericus thuriferarius exhibeat genuflexus thuribulum Celebranti, saltem quando Celebrans est Praelatus, ac praesertim generalis Superior?

Sacra porro Rituum Congregatio, ad relationem subscripti Secretarii, exquisito Commissionis Liturgicae suffragio omnibusque maturo examine perpensis, rescribendum censuit:

" *In voto Commissionis iuxta sequentes resolutiones* „:

Ad I. Affirmative ad primam partem, negative ad secundam.

Ad II. Affirmative ad primam partem, negative ad secundam.

Ad III. Negative ad primam partem, affirmative ad secundam.

Ad IV. Si a latere Evangelii et a pedibus altaris non elongetur, genuflexionem ac reverentiam omittit, ad mentem decreti 9 Iunii 1899 *Plurium dioecesium*, n. 4027 ad II et III.

Ad V. Negative iuxta praxim ubique receptam, et normam

communiter exigentem ut sacerdos legat quidquid in choro con-
cinitur.

Ad VI. Affirmative ubi unus adest sacerdos, secus privatim
ab alio sacerdote in sacrario post expletas Prophetias.

Ad VII. Negative ad primam partem, affirmative ad secundam,
durante praeconio paschali, iuxta Caeremoniale Episcoporum lib. II,
cap. XXVII, n. 10; sed post praeconium crux eadem semper popu·
lum respiciat.

Ad VIII. Praeconium paschale eodem loco ac Evangelium in
missa cani debet, et diaconus cum reliquis ministris lineam rectam
efforment, omnesque ad librum faciem convertant, latera dextera
altari obversa tenentes; facie crucifixi Celebrantem respiciente,
prout in Caeremoniali Episcoporum lib. II, cap. XXVII, n. 10 ordi-
natur.

Ad IX. Altaris cerei ita sunt accendendi, ut incipiatur ab illo,
qui cruci proximius reperitur in cornu Epistolae, postea servato
ordine reliqui duo in eodem cornu existentes; ac deinde accendun-
tur reliqui cerei in cornu Evangelii extantes, incipiendo item ab eo,
qui cruci propior est usque ad ultimum in eodem cornu oppositum.
In extinguendis autem iisdem cereis ordo invertitur, atque incipi-
tur in cornu Evangelii a cereo, qui a cruce remotior est ad illum
qui propior; dein vero a parte Epistolae, eadem regula eodemque
servato ordine.

Ad X. Affirmative ad primam partem, negative ad secundam.

Ad XI. Affirmative ad primam partem, negative ad secundam.

Ad XII. Negative ad primam partem, sed tantum caput inclinet; affirmative ad secundam.

Ad XIII. Negative ad primam partem, affirmative ad secundam, iuxta Caeremoniale Episcoporum lib. II, cap. XXIII, n. 13,
cap. XXV, n. 32, cap. XXVI, n. 16, et cap. XXXIII, n. 24; et supre·
mus altaris gradus, in primo et quarto ex citatis Caeremonialis
locis, primus in ascensione et ultimus in descensione intelligatur.

Ad XIV. Affirmative ad utrumque, iuxta Caeremoniale Episcoporum lib. II, cap. XXV, n. 32, cap. XXVI, n. 16, et cap. XXXIII,
n. 24.

Ad XV. Affirmative, dummodo qui id peragit prima saltem
tonsura sit initiatus iuxta decretum 23 Novembris 1906 ([1]), vel alias

([1]) Cf. *Acta Pontificia*, Vol. IV, pagg. 459-460.

privilegium Apostolicum obtinuerit vasa sacra tangendi; sed consulendum Celebranti, ut ipse calicis instructionem et alia secuudum Rubricas exequatur.

Ad XVI. Negative, et acolythi superpelliceum gerant, utpote officium suum exercituri erga crucem, quae in Processionibus delata locum altaris obtinet.

Ad XVII. Negative ad primam partem, affirmative ad secundam, iuxta Memoriale Rituum Benedicti XIII, tit. vi, cap. ii, § i, n. ii, 13.

Ad XVIII. Tono ad missam solemnem ordinariam consueto, iuxta Memoriale Rituum Benedicti XIII, tit. v, cap. ii, § iv, n. 7-25.

Ad XIX. Affirmative, si agatur de Praelatis tantum Provincialibus et Generalibus, qui celebrent in ecclesiis sibi respective subiectis et ab Ordinarii locorum iurisdictione exemptis; nisi tamen missa vel officium vel functio coram Sanctissimo exposito celebretur.

Atque ita rescripsit, et ab Eremitis Camaldulensibus Montis Coronae servari mandavit. Die i Februarii 1907.

L. ✠ S.

S. Card. CRETONI, *Praefectus.*

D. PANICI, Archiep. Laodicen., *Secretarius.*

V. — BARCINONEN.

Decretum canonizationis Beati Iosephi Oriol presbyteri beneficiarii ad S. Mariae Regum.

Super dubio

An, et de quibus miraculis constet, post indultam eidem Beato venerationem, in casu et ad effectum de quo agitur.

Tot inter ornamenta, quibus non modo Catalauniae princeps urbs Barchino, sed Hispania universa decoratur, praecipue recensendus est thaumaturgus ille Civis, quo vivo catholica ea regio experta est quam est *Mirabilis Deus in Sanctis suis,* quo in caelum recepto utitur patrono validissimo. Is est Beatus IOSEPHUS ORIOL, Barcinonensis cleri decus et gloria, cui modo supremi Sanctorum caelitum honores proponuntur.

Editus in lucem ix cal. decembr. anno MDCL, vel a prima aetatula se ostendit ad caelestia natum. Utroque parente mature orbatus auxilio sacerdotum S. Mariae Regum, qua in ecclesia quotidie

versabatur, studiorum cursum absolvit ac doctoris theologi lauream
est consequutus. Mox ad sacerdotium evectus, praeceptoris munere
functus est annos novem in praenobilis viri divite domo. Tum vero
pedes Romam petiit, unde pariter est reversus impetrato beneficio
in memorata sua ecclesia, in qua tamquam in secessu omniumque
virtutum palaestra reliquum vitae tempus traduxit. Actus quidem
desiderio martyrii romanum iter secundo tentavit, si forte ad infi-
deles mitteretur; sed, animi ardorem compescente obedientia, cito
retulit pedem. Patriae redditus in sua Ecclesia delituit, ea tamen
pieta.e in Deum et in proximos dilectione. ut plane comprobaverit
quod ipse scripsit ad quemdam: " *Deum esse nobiscum in strepitu
caritatis non minus quam in secessu orationis* „. Atque ingentem sane
de se strepitum edidit, non modo exemplis mirae austeritatis, paupertatis, modestiae, sed comunicata divinitus virtute, qua aegrotos
paene innumerabiles vel signo Crucis vel manuum impositione sa-
navit. Idem supernis donis cumulatus, non mente solum, sed etiam
corpore frequentissime rapiebatur, penitiores animorum recessus
dignoscebat, futura praenuntiabat, obnoxiis ei saepe spatiis atque
temporibus.

Singularis hic animorum corporumque sanator, qui, non sibi
vixit, sed Deo et proximis, citam utrinque mercedem tulit. Ubi enim
laboriosae vitae fortunatum attigit finem, quod accidit x cal. april.
anno MDCCII, tota civitas commota est, isque publicus luctus pre-
tiosas eius exuvias est prosequutus, quali vix principes magnique
nominis viri efferri solent. Arcano autem Dei iudicio factum est, ut
quamvis eius illustrandae virtuti signa et miracula etiam post obitum
non defuerint, caelitum honores Ipsi serius decernerentur. Neque enim
ante idus maias anni MDCCCVI a sa. me. Pontifice PIO VII solemne decretum editum est de honestando IOSEPHO titulo ac veneratione Beati. Tandem, novis editis miraculis, sequestro Beato Dei
Servo, instantibus plurimis, iisque amplissimis ex omni ordine viris,
praesertim Rmo Cardinali Salvatore Casañas y Pagés episcopo
Barcinonensi qui, haud minus feliciter communem cum B. IOSEPHO
patriam sortitus, quam illius pietatem laudabiliter aemulatus erga
Deiparam titulo Montis Serrati causam provehendam impense curavit,
matura tempora advenerunt adserendae gloriae sanctorum admira-
bili Viro per quem et hispanico regno novum decus et regiis, natalibus optimum omen accederet. Miracula vero haec recensentur.

Primum ordine propositionis accidit anno MDCCCXCVI in Barcinonensi domo sacrarum Virginum a S. Philippo Nerio et Nostra
Domina de Lourdes. Soror Gertrudes Casas septem iam annos diro
morbo afflictabatur, cuius in medulla spinali sedes erat. Ea calamitas
in dies progrediens cessit ad ultimum in mellingo-mielitidem, cuius,
peritorum iudicio, est desperanda sanatio. Extremis iis in angustiis,
antistitae consilio Gertrudes novendiales precationes incepit, quibus
IOSEPHI ORIOL opem imploraret, admota sedi dolorum Beati Viri
imagine. Quibus expletis, proximo die festo, Deiparae Nomini sacro,
quum acrior morbi saeviret vis, repente se sanatam sentit, surgit
lectulo, scalas descendit, ad sacellum pergit, ubi, una cum ceteris
sacro convivio refecta, diu flexis genibus commoratur; mox vilio-

ribus vescitur cibis, receptàque integra valetudine, ad sueta munia revertitur.

Alterum contigit miraculum anno MDCCCLXXXVIII in Urgel·lensi instituto sororum a S. Familia. Maria Bonaventura Tragant, phtysi pulmonali diu affecta, lenta tabe peresa ac medicorum iudicio insanabilis, semel iterumque, ob impendentis mortis timorem, sacra·mentis fuerat munita,quum de caelesti ope imploranda per B. Iose·phum Oriol cogitare coepit. Triduanis precibus absolutis admotisque pectori reliquiis Viri sancti, alto somno correpta est noctemque quietissimam duxit. Mane, vix dum experrecta, omni se dolore li·beram sensit, meliorque valetudo fuit quae sanationem est conse·quuta, quam quae antecesserat morbum.

De utroque miraculo disquisitionibus ad iuris normas feliciter initis, quadruplici actione rite confecta, est disceptatum. In comitiis nimirum antepraeparatoriis viii cal. septembres anno MDCCCCIII habitis in aedibus Rmi Cardinalis Dominici Ferrata; in duobus conventibus praeparatoriis ad Palatium Apostolicum coactis pridie idus martias anno MDCCCCV; ac deinceps quaestione tutius instau·rata xviii cal. februarias hoc vertente anno; ac denique in coetu generali coram Sanctissimo Domino Nostro Pio Papa X ad Vati·canum indicto, eodem anno, ix cal. maias. Hac vero postrema in Congregatione, Rmus Cardinalis Dominicus Ferrata Causae Rela·tor, dubium ad discutiendum proposuit: " *An et de quibus miraculis post indultam* B. Iosepho Oriol *venerationem constet in casu et ad effectum de quo agitur* „. Revmi Cardinales sacris Ritibus tuendis praepositi et Patres Consultores unanimi consensu, *constare* affir·marunt. Sanctissimus Dominus tamen supremum iudicium suum distulit in alium diem, spatio sibi aliisque relicto ad caeleste lumen in re tam gravi exposcendum.

Hodierno vero die auspicatissimo, Dominica IV post Pascha, qui dies anniversariis solemnibus augustae Virgini Mariae sub me·morato titulo Montis Serrati festus incidit, sacro pientissime litato in domestico Sacello, nobiliori aulae Vaticanae succedens ac ponti·ficio Solio assidens, ad Se acciri iussit Revmos Cardinales Sera·phinum Cretoni SS. RR. Congregationi Praefectum, et Dominicum Ferrata Causae Relatorem, una cum R. P. Alexandro Verde S. Fidei Promotore, meque insimul infrascripto Secretario, iisque adstantibus solemniter edixit: *Constare de duobus miraculis;* de primo: " *Insta·taneae perfectaeque sanationis Sororis Gertrudis Casas et Cardany, monialis professae in Congregatione S. Philippi Nerii et Nostrae Dominae de Lourdes, a meningo-mielitide ex influentiae morbo* „; itemque de altero: " *Instantaneae perfectaeque sanationis Sororis Mariae Bonaventurae Tragant, monialis professae in Instituto Urgel·lensi a·S. Familia, a pulmonum phtysi conclamata* „.

Hoc autem Decretum evulgari et in SS. RR. Congregationis Acta referri iussit iv calendas maias anno MDCCCCVII.

Seraphinus Card. Cretoni, *S. R. C. Praefectus.*

L. ✠ S.

† Diomedes Panici, Archiep. Laodicen., *S. R. C. Secretarius.*

Acta Pontificia, Vol. V.

S. CONGREGATIO INDULGENTIARUM ET SS. RELIQUIARUM

I. — ORDINIS FRATRUM MINORUM.
Conceduntur nova privilegia ac indulgentiae.

Beatissime Pater,

Frater Bonaventura Marrani, Procurator Generalis Ordinis Fratrum Minorum, se ad Sanctitatis Vestrae pedes humillime provolvit, et nomine etiam Rmi Patris Generalis ac Definitorum, enixe petit sequentes in perpetuum valituras indulgentias et gratias, in novo Summario indulgentiarum et Indultorum, propediem approbationi Sedis Apostolicae exhibendo, inserendas, nempe:

A. *Indulgentiam Plenariam:*

1. Religiosis et Monialibus, etiam Tertii Ordinis Regularis, qui annum quinquagesimum suae Religionis, confessi ac sacra communione refecti, celebraverint;

2. Iisdem Religiosis et Monialibus, primo ex uniuscuiusque mensis sabbatis non impedito, in quo celebratur Missa votiva de Immaculata Conceptione vel Missa occurrentis Vigiliae, seu Festi, aut Octava eiusdem Beatae Virginis, iuxta Rubricas, dummodo dictum Sacrum devote celebraverint vel audierint et consueta opera peregerint;

3. Omnibus fidelibus qui ecclesias trium Ordinum Sancti Patris Francisci visitaverint in festis: *a)* Sanctissimi Nominis Iesu; *b)* Sanctissimi Corporis Christi; *c)* Sancti Benvenuti Auximani Episcopi et Confessoris Ordinis, sub solitis conditionibus;

4. Omnibus fidelibus qui per tres saltem dies continuos exercitiis spiritualibus per Religiosos eiusdem Ordinis datis interfuerint, et confessi ac sacra synaxi refecti ad mentem Sanctitatis Vestrae oraverint.

B. *Indulgentiam Partialem:*

Omnibus fidelibus qui corde saltem contrito ac devote ecclesias Trium Ordinum visitaverint:

1. *Decem annorum*, in Festis Nativitatis, Circumcisionis, Epi-
phaniae, Resurrectionis, Ascensionis, Pentecostes, SSmae Trinitatis,
Corporis Christi, SSmi Cordis Iesu; necnon Immaculatae Conceptionis, Purificationis, Annuntiationis, Visitationis, Assumptionis
et Nativitatis Beatae Mariae Virginis; item: Sancti Ioannis Baptistae, Sanctorum Apostolorum Petri et Pauli, Sancti Patris Francisci, Sanctae Matris Clarae, et Omnium Sanctorum, tam totius
Ecclesiae quam Ordinis Fratrum Minorum; in Festis Titularium
principalium cuiusque ecclesiae Franciscanae et in Anniversario
consecrationis eiusdem ecclesiae; ac demum tempore expositionis
SSmi Sacramenti ad instar Quadraginta Horarum;

2. *Septem annorum* in aliis festis Domini ac Deiparae, et in
festis cuiusque Sancti vel Sanctae Ordinis Minorum;

3. *Trium annorum* singulis Dominicis per annum, aliisque festivis diebus in quibus soleat applicari Missa pro populo;

4. *Trecentorum dierum* reliquis per annum diebus.

C.. *Indulta seu Gratias:*

1. Ut indulgentia plenaria, Absolutioni Generali certis per annum diebus impertiendae Religiosis ac Monialibus eiusdem Ordinis
adnexa, non solum pro defunctis, ut auctores tenent, sed etiam pro
vivis applicari possit;

2. Ut Fratres Minores qui Missiones ad populum habuerint,
possint in earumdem fine, servatis servandis, Crucem erigere eique adnectere indulgentiam plenariam pro die erectionis, anniversario eiusdem erectionis, et in Festis Inventionis et Exaltationis
Sanctae Crucis, lucrandam a fidelibus qui confessi et sacra synaxi
refecti coram ea ad mentem Sanctitatis Vestrae oraverint, necnon
partialem trecentorum dierum pro iis qui coram ea corde saltem
contrito ac devote quinquies *Pater* et *Ave* cum *Gloria Patri* reci
taverint;

3. Ut Praedicatores eiusdem Ordinis possint in fine Concionum
Adventus et Quadragesimae solemniter habendarum, impertiri populo, servatis servandis, benedictionem apostolicam cum indulgentia
plenaria, lucranda a Christifidelibus qui confessi ac sacra communione refecti eamdem benedictionem acceperint, et ad mentem Sanctitatis Vestrae oraverint, dummodo quinque saltem conciones praelatis temporibus a Praedicatoribus Ordinis habitas audierint;

4. Ut Religiosi eiusdem Ordinis Concionatores, qui facultatem habuerint quatuor sacra Scapularia sub una formula benedicendi eaque imponendi, benedictionem e suggestu peragere valeant, adhibita formula in numero plurali, praetermissaque impositione Scapularium (quae sibi quisque fidelium imponet) necnon nominum inscriptione atque eorum ad respectivas Confraternitates transmissione.

Et Deus, etc.

SSmus Dominus Noster Pius PP. X, in audientia habita die 22 augusti 1906 ab infrascripto Cardinali Praefecto Sacrae Congregationis Indulgentiis sacrisque Reliquiis praepositae, benigne annuit in omnibus pro gratia iuxta preces. Praesenti in perpetuum valituro, absque ulla Brevis expeditione. Contrariis quibuscumque non obstantibus.

Datum Romae, e Secretaria eiusdem Sacrae Congregationis, die 22 augusti 1906.

L. ✠ S.　　　A Card. TRIPEPI, *Praefectus.*

† D. PANICI, Archiep. Laodicen., *Secretarius.*

II. — ORDINIS FRATRUM MINORUM.

Indulgentia plenaria conceditur recitantibus coronam septem Gaudiorum B. M. V. in die festo septem Gaudiorum.

Beatissime Pater,

Procurator Generalis Ordinis Fratrum Minorum se ad Sanctitatis Vestrae pedes humillime provolvit, haec exponens:

Per Apostolicas Litteras in forma Brevis sub die 15 Septembris 1905 ([1]) editas, in favorem Coronae Septem Gaudiorum Beatae Mariae virginis concessam novimus « Indulgentiam plenariam iis qui confessione expiati et sacra communione refecti, eamdem Coronam recitarent in Festis cuiuscumque e septem Gaudiis, atque in Festis principalioribus Beatae Mariae Virginis, vel per Octavam utraque Festa subsequentem ». Cum vero per Decretum Sacrae Rituum Congregationis datum die 14 Martii 1906 ([2]) Festum Septem Gaudiorum Beatae eiusdem Virginis Mariae sub ritu duplici secun

---

([1]) Cf. *Acta Pontificia,* hoc V Vol. pag. 171.
([2]) Cf. *Acta Pontificia,* Vol. IV. pag. 232.

dae classis, Dominica I post Octavam Assumptionis celebrandum,
approbatum fuerit, humillimus orator enixe Sanctitatem Vestram
rogat, ut indulgentiam plenariam benigne concedere velit fidelibus
qui eamdem Coronam in Festo Septem Gaudiorum, confessi ac sa
cra communione refecti, recitaverint, prout in festo uniuscuiusque
e septem Gaudiis concessum fuit.

Et Deus, etc.

SSmus Dominus Noster Pius PP. X, in audientia habita die 12
septembris 1906 ab infrascripto Cardinali Praefecto Sacrae Con·
gregationis Indulgentiis Sacrisque Reliquiis praepositae, benigne
annuit pro gratia iuxta preces. Praesenti in perpetuum valituro,
absque ulla Brevis expeditione. Contrariis quibuscumque non obstantibus.

Datum Romae, e Secretaria eiusdem Sacrae Congregationis,
die 12 septembris 1906.

A. Card. Tripepi, *Praefectus.*

L. ✠ S.

† D. Panici, Archiep. Laodicen. *Secret.*

III. — Indultum pro dioecesi Argentinensi peragendi caere· moniam consecrationis vel ipso die festo SS. Cordis Iesu, vel dominica inseguenti.

Beatissime Pater,

Episcopus Argentinensis, ad Sanctitatis Vestrae pedes provo·
lutus, humillime exponit quae sequuntur:

Decreto *Urbis et Orbis* S. Congr. Indulg. de die 22 augusti 1906 (¹)
statutum est ut singulis annis, festo SS. Cordis Iesu, in omnibus
Parochialibus templis necnon in illis, in quibus idem festum agitur,
coram SSmo Sacramento publicae adorationi exposito. formula consecrationis a f. r. Leone XIII proposita recitetur, ad quam Litaniae
in honorem eiusdem SSmi Cordis erunt adiiciendae ; concessa Chri·
stifidelibus huic piae caeremoniae corde contrito ac devote adstantibus et ad mentem Sanctitatis Vestrae orantibus, indulgentia septem
annorum totidemque quadragenarum, iis autem qui sacramentali
confessione expiati etiam ad s. Synaxim accesserint, plenaria in-

(¹) Cf. *Acta Pontificia*, Vol. IV, pag. 416.

dulgentia. Cum vero in dioecesi Argentinensi festum SS. Cordis D. N. I. C. in foro coli non soleat, Episcopus Orator humillime po. stulat ut memorata caeremonia consecrationis vel die ipsa in iis ecclesiis ubi festum colitur, vel dominica festum immediate sequente peragi possit, ac Christifideles huic piae caeremoniae adstantes, impletis conditionibus praescriptis, indulgentias huic consecrationi adnexas lucrari valeant. — Et Deus . . .

S. Congregatio Indulgentiis Sacrisque Reliquiis praeposita, utendo facultatibus a SS. D. N. Pio Papa X sibi tributis, benigne annuit pro gratia iuxta preces, caeteris servatis de iure servandis. Contrariis quibuscumque non obstantibus.

Datum Romae, e Secretaria eiusdem S. Congregationis, die 15 decembris 1906.

A. Card. TRIPEPI, *Praefectus.*

L. ✠ S.

† D. Panici, Archiep. Laodicen., *Secretarius.*

IV. — ORDINIS S. BENEDICTI.

Conceditur indulgentia plenaria toties quoties lucranda die commemorationis omnium fidelium defunctorum.

Beatissime Pater,

HILDEBRANDUS de Hemptinne, Abbas Primas O. S. B., et Boni-facius M. Krug, Abbas Ordinarius Montis Cassini ad pedes S. V. provoluti, sequentia exponunt et postulant:

Summorum Romanorum Pontificum largitate nonnulli Religio-sorum Ordines indulgentia plenaria, toties quoties a christifideli-bus ipsorum ecclesias statutis diebus·visitantibus lucranda, aucti sunt.

Quare oratores a benignitate S. V. expostulare audent, ut etiam Ordini S. Patriarchae Benedicti, utpote inter Ordines occi-dentales antiquissimo et de Ecclesia civilique societate non parum merito, simile privilegium tribuere dignetur; ita quidem, ut huius·modi indulgentia plenaria, animabus in Purgatorio detentis etiam applicabilis, a secundis Vesperis diei primae Novembris usque ad occasum solis diei sequentis, in qua Commemoratio Omnium Fide·lium Defunctorum pie recolitur, quotannis a christifidelibus toties acquiri valeat, quoties ipsi visitaverint ecclesias vel publica ora·

toria Ordinis S. Benedicti nigri coloris, tam Monachorum, quam Sanctimonialium, si confessi ac S. Synaxi refecti ad mentem S. V. preces effunderint.

Quae scilicet dies prae ceteris eligenda videtur:

1.° eo quod ex sedula opera S. Odilonis Abbatis Cluniacensis Ord. S. Benedicti, Commemoratio Omnium Fidelium Defunctorum pro universa Ecclesia stabilienda initium duxerit;

2.° quia fideles die praefata frequentiores celebrare solent ecclesias et inibi sacramenta suscipere ad sublevandas animas piacularibus flammis addictas.

Insuper expostulant oratores indultum, quo christifideles S. Numisma iubilare S. Benedicti habitualiter gestantes, loco indulgentiae de Portiuncula nuncupatae, quae ex authenticis documentis huic Numismati adnexa bona fide existimabatur, deinceps hanc alteram supramemorata die concessam acquirere valeant, visitantes quamcumque ecclesiam vel publicum sacellum, ceteraque pia opera, de quibus supra, praestantes, si valetudinis causa vel impedimento clausurae aut nimiae distantiae — scilicet unius saltem milliarii — ecclesiam aut oratorium Ordinis S. Benedicti adire nequiverint.

Et Deus etc.

SSmus Dñus N. Pius PP. X., in audientia habita die 27 Februarii 1907 ab infrascripto Card. Praefecto S. C. Indulgentiis Sacrisque Reliquiis praepositae, benigne annuit pro gratia in omnibus iuxta preces. Praesenti in perpetuum valituro absque ulla Brevis expeditione. Contrariis quibuscumque non obstantibus.

Datum Romae ex Secretaria eiusdem S. Congregationis, die 26 Februarii 1907.

S. Card. CRETONI, *Praefectus.*

L. ✠ S.

† D. PANICI, Archiep. Laodicen., *Secretarius.*

V. — Indulgentia plenaria conceditur visitantibus Ecclesiam S. Athanasii de Urbe.

Beatissime Pater,

PATER Hugo Athanasius Gaisser O. S. B., rector Pontificii Collegii Graecorum in hac Alma Urbe, ad pedes Sanctitatis Vestrae provolutus, humillime petit, ut S. V. benigne concedere dignetur christifidelibus confessis ac Synaxi refectis ecclesiam S. Athanasii de Urbe, praefato Collegio adnexam, devote visitantibus, ibique ad mentem S. V. orantibus, plenariam indulgentiam, defunctis quoque applicabilem, lucrandam diebus, quibus, iuxta ritum Graecum, recoluntur festa recensita in rescripto S. C. Indulg. a. d. 6 Augusti 1757 in favorem ecclesiarum pertinentium ad Ordinem S. Basilii M., prouti extat in opere cui titulus: *Decreta authentica S.Congregationis Indulgentiarum*, edito an. 1864, pag, 184 et seq. Insuper orator enixe implorat a S. V. plenariam indulgentiam, etiam defunctis applicabilem, favore fidelium, qui, uti supra dispositi et orantes, praedictam ecclesiam visitaverint: 1.º die 2 Maii, qua, iuxta ritum latinum, recolitur festum titulare S. Athanasii, Episcopi et doctoris; 2.º die 30 Ianuarii, qua ab Ecclesia Graeca celebratur festum SS. Hierarcharum Basilii, Gregorii Naz. et Ioannis Chrysostomi, patronorum iuvenum studiis vacantium.

Et Deus.

SSmus D. N., in audientia habita die 13 Martii 1907 ab infrascripto Card. Praefecto S. Cong. Indulgentiis Sacrisque Reliquiis praeposito, benigne annuit pro gratia in omnibus iuxta preces. Praesenti in perpetuum valituro absque ulla Brevis expeditione. Contrariis quibuscumque non obstantibus.

Datum Romae ex Secretaria eiusdem S. Congregationis, die 13 Martii 1907.

S. Card. Cretoni Praefectus.

L. ✠ S.

Pro R. P. D. Secretario.
Iosephus M. Can. Coselli Substitutus.

ACTA SUMMI PONTIFICIS

LITTERAE APOSTOLICAE

quibus nonnullae de Ordine Equestri a S. Sepulchro statuun-
tur praecipuae normae.

VENERABILI FRATRI PHILIPPO, PATRIARCHAE HIEROSOLYMITANO

Venerabilis frater, salutem et apostolicam benedictionem.

Quam multa te Ordinemque a Sancto Sepulchro universum benevolentia complectamur, exploratum haud ita pridem habuisti,
quum, Romae commorato, licuit tibi, plus semel, animum Nostrum
per occasionem perspicere de Equestri Ordine studiose sollicitum,
huiusque memoriarum, sive de comparatis in Ecclesiam meritis,
sive de servata diligenter cum Romano Pontifice coniunctione, non
oblitum. Horum quidem recordatio meritorum facit ipsa per se ut
nulli Decessorum in diligendo Equestri Ordine concedamus; siquidem et aequum arbitramur et iucundum reperimus eas illustrium
hominum Sodalitates singularibus benevolentiae indiciis augere,
quae et Ecclesiae sint ornamento, et humano generi civilique cultui
utilitati. Quapropter voluntatem Nostram luculentum in modum Ordini universo testaturis, illud placet decernere, gratiaeque caussa
paternique animi ergo permittere, ut qui in Equestrem Ordinem
sunt adlecti, insigne Sodalitatis tropaeo militari decorent, superiore
in parte collocando, propria Ordinis Cruce per sericam taeniam
undati operis colorisque nigri inde pendente. Magno deinde Magisterio Ordinis uni Pontificis Summi Personae adservato, volumus
ut quem Patriarchatus latini Hierosolymitani munere fungi contingat, in eo, utpote Locum Tenente Ordinis eiusdem, ius et potestas
confirmata permaneant Equitum auctoritate Nostra nominandorum,
qui quidem in trinam distribuendi classem, ut antea, erunt, Equitum, id est, primae classis, seu a Magna Cruce; Equitum alterius
classis, seu Commendatorum, quibus exornandis, licebit, secundum
peculiaria promerita, addere numisma; Equitum denique tertiae
classis, nullo peculiari describendorum nomine.

Quo vero splendidior in omni orbis terrarum regione dignitas
Equestris coetus appareat, itemque quo aptius negotia persolvan-
tur Ordinis, id plane probamus, aliquot, pro cuiusque necessitate
regionis, ex Equestri Ordine deligi et constitui, qui, quoad ad Ordinem spectat, vicem Patriarchae obtineant eiusque personam publice

referant; Equites autem omnes non dissimili ac antea, utentur veste, nisi quod album ex lana pallium superinduent, rubra cruce ad sinistrum contexta. Qui tamen, ut supra memoravimus, vices Patriarchae tuentur, eos, praeter ornamenta cetera, crux etiam, Ordinis propria, colore rubro, distinguet, medio e pectore emicans, si vestimentum Sodalitatis adhibeant, dextra vero e parte pectoris eminens, si nigro habitu incedant. Id denique placet statuere ut, vacante Patriarchali Hierosolymitana Sede, ei Equiti, sub auctoritate Cardinalis a publicis Ecclesiae negotiis, communes, quae nihil morae ferant, demandandae expediendaeque res Ordinis sint, qui Romae personam Patriarchae, ut supra dicimus, gerat.

Singularia eiusmodi minimeque ambigua Nostri in clarum Ordinem studii argumenta deferentes, id sine dubitatione confidimus, non modo omni te nisurum ope ut traditas antiquae gloriae memorias in Equestri Ordine tuearis amplificesque, verum etiam Equites singulos incitamenta inde fore suscepturos ut suam cum Apostolica Sede unitatem, grati animi adiuvante virtute, arctiore vinculo devinciant.

Testem paternae voluntatis nostrae, auspicemque caelestium gratiarum tibi et Equestri Ordini universo Apostolicam Benedictionem amantissime in Domino impertimus.

Datum Romae die III maii MCMVII. Pontificatus Nostri anno quarto.

PIUS PP. X.

DECRETA SS. RR. CONGREGATIONUM

S. CONGREGATIO EPISCOPORUM ET REGULARIUM

DE RATIONE STUDIORUM
IN ITALICIS SEMINARIIS RENOVANDA.

a) Epistola S. Congregationis ad Episcopos Italiae.

Illustre e Molto Rev. Monsignore come Fratello,

La S. Congregazione dei VV. e RR., avendo avuto dal S. Padre l'incarico di riordinare i Seminari d'Italia, oltre ad aver presi a tal fine speciali provvedimenti, ha creduto opportuno di proporre un Programma generale di studi per uniformare e migliorare l'insegnamento nei Seminari medesimi.

Nell'elaborare il Programma si è preso a base dell'ordinamento degli studi la divisione dei corsi che è stata ormai introdotta in quasi tutti i Seminari, cioè in Ginnasio, Liceo, Teologia.

Per le materie d'insegnamento nel Ginnasio e nel Liceo e per la loro distribuzione, si è ritenuto doversi seguire, con le necessarie modificazioni, i programmi vigenti in Italia ; e ciò non perchè siano perfetti, ma principalmente per le seguenti ragioni:

1.º I programmi in vigore rappresentano innanzi alla società lo sviluppo della cultura che oggi si richiede, onde l'opinione pubblica circonda. naturalmente di maggiore stima coloro che vengono istruiti secondo· i medesimi; e il rifiutarli sarebbe mettere il clero, almeno secondo il giudizio di molti, al disotto dei secolari.

2.º È da considerare inoltre che i nostri alunni non possonó, in via ordinaria, decidersi seriamente sulla loro vocazione allo stato ecclesiastico, se non quando sono giunti a una età più matura: sembra quindi utile di ordinare gli studi in modo che gli

---

Traductio.

Ill.me et R.me Domine uti Frater

Haec S. Congregatio EE. et RR. quum a SS. D.no Nostro concreditum acceperit munus italica Seminaria ad meliorem formam promovendi, praeter multa quae ad hunc finem opportune constituit, sui officii esse duxit ordinem generalem studiorum praescribere qua docendi ratio in Seminaria ipsa una eaque melior induceretur.

In hoc describendo Ordine seu Programmate ut fundamentum constituta est divisio curriculi quae iam in cunctis Seminariis hodie servatur: nempe Gymnasii, Lycei et Theologiae studia.

Quae in Gymnasio et Lyceo praescribuntur docenda, etiam eorum partitionem quod spectat, visum est, mutatis mutandis, in omnibus programmata in Italia vigentia sequi: cuius rei ratio non tam eorumdem perfectio sed sequentia adducenda sunt:

1. Qui hodie viget in his scholis studiorum ordo, coram civili societate eruditionis gradum hodiernis moribus accommodatum repraesentare videtur, ita ut ex hominum consensu maiore gaudeant existimatione qui iuxta illum exculti sint; quem si abiiciatur, saltem complurium opinione, clerici laicis inferiores constituti dicentur.

2. Praeterea attendendum est sacrorum alumnos non posse, saltem ex ordinario contingentibus, iudicium absolutum de sua sacerdotali vocatione proferre, nisi quum ad quamdam aetatis maturitatem devenerint: utile porro visum est studia ita ordinare ut alumni possint legitimos civilis cul-

alunni possano trovarsi in grado di fornirsi de' titoli legali, e con ciò esser più liberi nella scelta dello stato. Senza dire poi che detti titoli, anzichè nuocere, saranno giovevoli anche a quelli che Dio si degnerà di chiamare alla vita sacerdotale.

Una saggia e accorta direzione impedirà facilmente, o attenuerà di molto, gl'inconvenienti che potrebbero nascere dal caso di alunni che tentassero di rimanere in Seminario, dopo il Ginnasio, al solo scopo di conseguire la licenza liceale.

Finalmente il programma del Liceo non aggiunge alle materie che debbono far parte della Filosofia nei Seminari, se non la conti· nuazione dello studio delle Lettere e della Storia; studio che è necessarissimo anche agli alunni del Santuario, per riuscire *instructi ad omne opus bonum.*

Si è stimato conveniente di premettere un anno di Propedeutica alla Teologia, sia per completare l'insegnamento della filosofia, sia per esporre alcune materie che non troverebbero facilmente luogo nel corso teologico; ma da questo anno si potrà ottenere la dispensa dalla S. C. dei VV. e RR. quando venga dimostrato che nel Liceo si è provveduto· per una adeguata preparazione alla teologia.

Per gli studi teologici sono determinate le materie necessarie a renderli completi, e che nondimeno possano comodamente svolgersi in quattro anni.

---

turae titulos assequi, quo facto ad status electionem maiore cum libertate progredi poterunt. Neque reticendum est praefatos titulos, nedum non no- ceant, maxime utique in sortem Domini vocatos iuvare.

Quod si Superiores debita prudentia suo muneri insistant, vel nullo modo, vel saltem ut minimum dolendum erit, adolescentes non vocatos expleto Gymnasio Seminarii opibus eo tantum frui ut lycei curriculum absolvant.

Demum lyceale ut aiunt programma, his quae in Philosophia facultate hodie docentur tantum Litterarum et Historiae profundiorem doctrinam addit, quod utrumque maxime necessarius et ut sacrorum alumni « instru- cti ad omne opus bonum » vere habeantur.

Visum est annum propaedeuticae ad S. Theologiam e novo inducere, quo nempe philosophica institutio omnino perficiatur, et plura doceantur quae in theologico curriculo aegre convenientem locum habere possunt: sed super hoc anno poterit ab hac S. Congr. EE. et RR. dispensatio concedi quum constiterit omnino sufficientem ad S. Theologiam propaedeuticam in ipsa facultate lyceali habitam esse.

Theologiam ipsam quod attinet, praefinitae sunt disciplinae quibus ipsius traditio absolvatur et quadriennii spatii commode perficiatur.

Si propone poi qualche esempio d'orario che potrà servir di guida ai Prefetti degli Studi.

Tale è il Programma che, debitamente approvato dalla suprema autorità del S. Padre, mi pregio di rimettere alla S. V. con la preghiera di far sì che, nel prossimo anno scolastico, il medesimo entri pienamente in vigore per i corsi di studi stabiliti in codesto V. Seminario.

La S. V. è pregata ancora di riferire a questa S. C. circa l'ordinamento scolastico di codesto V. Seminario come pure di trasmettere l'elenco degl'insegnanti e la lista dei libri di testo adottati.

Nutro ferma fiducia che, grazie alle cure diligenti della S. V., sarà assicurata l'esatta osservanza del Programma, la quale contribuirà efficacemente a perfezionare la coltura del clero, ponendolo in grado di compiere, con maggior frutto per le anime, la sua alta missione.

Augurandole dal Signore ogni bene, con riverente stima mi pregio di confermarmi

Roma, 10 Maggio 1907.

Come Fratello

D. CARD. FERRATA, *Prefetto.*

PH. GIUSTINI, *Secretarius.*

Tabulae horarum ad normam Studiis Praefectorum, exempli tantum gratia, appositae sunt.

His constat programma quod, debita S. Sedis Auctoritate munitum, ad D. T. transmittere honori habeo, simul praestolatus ut proximo anno scholari in tui V. Seminari studiis adamussim vigeat.

Rogaris quoque, Domine, ut hanc S. C. doceas, quae in Tuo V. Seminario studiorum ratio servetur, qui viri doctrinam alumnis tradant, quique demum libri in textum legantur.

Bonam foveo spem tuis sedulis curis fore ut Programmati ipsi religiosa adhibeatur observantia, quae non minimum conferet ad hoc ut, cleri institutione apte promota, regiminis animarum munus sublime uberiori semper cum fructu exerceatur.

Dum autem Tibi cuncta a Domino fausta adprecor, observantiam meam in Te libenter profiteor

Romae, 10 maii 1907

Uti Frater

D. Card. FERRATA, *Praefectus.*

PH. GIUSTINI, *Secretarius.*

b) Programma generale di studi.

I. - Divisione del Corso di Studi.

Il Corso di Studi in tutti i Seminari d'Italia si divide in Ginnasio, Liceo e Teologia.

II. - Ginnasio.

a) Nessuno sarà ascritto alle classi ginnasiali se non presenti il certificato che ne dimostri l'idoneità, per aver compiuto regolarmente le classi precedenti, o non ne superi il relativo esame.

b) Il Ginnasio avrà un corso di cinque anni, diviso in cinque classi, nelle quali s'insegneranno le materie dei programmi vigenti, seguendone anche la distribuzione delle ore, in modo però che, da una parte, si dia una certa preferenza alla lingua latina in tutte le classi, e dall'altra, si mettano gli alunni in grado di prendere la licenza ginnasiale.

c) Si assegnerà almeno un'ora per settimana in ogni classe per l'istruzione catechistica.

III. - Liceo.

a) Nessuno sia ammesso al Liceo che non abbia regolarmente compiuto le classi ginnasiali, superandone gli esami.

Ordo generalis Studiorum

I. - Divisio Curriculi

Studiorum curriculus in Italiae seminariis Gymnasio, Lyceo et Theologia perficitur.

II. - Gymnasium

a) Ut quis classibus gymnasialibus cooptetur, scriptam exhibeat fidem qua, praecedentibus classibus rite expletis, idoneus ad petita ostendatur; sin minus periculum admissionis subeat.

b) Gymnasium quinque classium curriculo quinquennio accommodato explebitur; in his vigentia programmata, disciplinas et horas quod spectat ita servanda erunt ut simul latinae linguae institutio privilegium habeat, et alumni ad civilis auctoritatis testimonium, seu gymnasialem licentiam rite assequendam, parati sint.

c) Saltem hebdomadae una hora in qualibet classi catecheticae institutioni impendatur.

III. - Lyceum

a) Nemo ad Lyceum admittatur qui gymnasii curriculum rite non expleverit, et pericula feliciter non subierit.

b) Il Liceo sarà diviso in tre classi, corrispondenti a tre anni di studio, le quali per le materie e per le ore d'insegnamento si adatteranno ai programmi vigenti; in modo che gli alunni possano prendere la licenza liceale, e d'altra parte si dia un ampio sviluppo alla sana filosofia (§ IV, *b, c*).

c) Si dovrà assegnare almeno un'ora per settimana all'insegnamento della religione.

IV. – *Anno preparatorio alla Teologia.*

a) In questo corso, oltre a rendere più profonda la conoscenza della filosofia, si studieranno speciali materie, le quali potranno esser quelle indicate nell'esempio d'orario che si trova in calce di questo programma (Quadro A).

b) Nei Seminari dove sarà stabilito questo speciale anno di Propedeutica, lo studio della filosofia nei tre anni di Liceo dovrà comprendere: psicologia, logica e metafisica generale, etica.

c) Dove si ottenesse dispensa da quest'anno, nei tre anni di Liceo, per i chierici aspiranti al sacerdozio, oltre le materie stabilite nei Programmi, si dovranno assegnare almeno due ore di più per settimana, fosse anche di giovedì, per compiere lo studio della filosofia, specialmente di quelle parti che sono necessarie per una adeguata preparazione agli studi teologici.

---

b) Lyceum in tres classes triennio accommodatas dividatur: in singulis classibus vigentibus programmatibus institutio conformetur: ita tamen ut alumni sana philosophia magis imbuantur, et licentiam lycealem assequi omnino valeant (§ IV, *b, c*.

c) Saltem una hebdomadae hora religionis sanctissimae institutioni tradendae impendatur.

IV – *Amnum propaedeuticum ad S. Theologiam*

a) Hoc curriculo, praeter altiorem philosophiae doctrinam, quaedam peculiaria doceantur, quorum substantia tabula horaria huic programmati adnexa perhibetur.

b) In Seminariis ubi hic peculiaris curriculus constituetur, philosophia in Lyceo ita docenda erit ut psychologiae, logicae ac metaphysicae generalis, et ethicae tantum institutiones tradantur.

c) Si autem super hoc curriculo dispensatio petenda erit, in tribus lycei annis praeter disciplinas programmatibus vigentibus constitutis saltem binae hebdomadae horae (feria V non exclusa, si opus erit) addendae sunt, ut alumni sacram philosophiae institutionem absolvant, in his praesertim quae ad rectam theologiae doctrinam omnino sunt necessaria.

V. - Teologia.

a) La Teologia avrà un corso di quattro anni in quattro classi, con un orario regolare di quattro ore d'insegnamento al giorno.

b) Esso comprenderà le materie seguenti: Luoghi teologici — Introduzione generale e speciale alla S. Scrittura — Esegesi biblica — Teologia dogmatica e sacramentaria — Teologia morale e pastorale — Istituzioni di Diritto Canonico - Storia ecclesiastica — Lingua ebraica — Lingua greca — Archeologia ed Arte Sacra — S. Eloquenza e Patristica — S. Liturgia.

VI. - Disposizioni generali.

a) Perchè tale programma sia convenientemente eseguito, ogni Seminario abbia un Prefetto degli Studi, eletto dal Vescovo.

b) Al Prefetto spetterà, sempre sotto la dipendenza del Vescovo, la preparazione degli schemi per i Professori, la compilazione del Calendario e degli Orari scolastici.

c) Egli — sentito anche il parere de' Professori, che dovrà chiamare a consiglio ogni mese e con più frequenza se lo giudicherà necessario — adatterà al bisogno e anche modificherà i programmi vigenti, distribuirà le ore d'insegnamento de' programmi medesimi, in modo che, salva la sostanza e la preparazione adeguata agli

---

V. - Theologia

a) Theologia quatuor annis in quatuor classibus tradetur quotidie quatuor scholae horis assignatis.

b) Disciplinae hae tradendae erunt nempe: Loci theologici — Introductio generalis et specialis in S. Scripturam — Exegesis biblica — Theologia dogmatica et Res sacramentaria — Theologia moralis et pastoralis — Institutiones Iuris Canonici — Historia ecclesiastica — Lingua hebraica — Lingua graeca — Archaeologia et Ars Sacra — S. Eloquentia et Patrologia — S. Liturgia.

VI. - Generales normae

a) Ut hoc programma debitae mandetur exequutioni quodlibet Seminarium Praefectum Studiis ab Episcopo designatum habeat.

b) Praefecti officium erit, semper sub dependentia ab Episcopo, schemata docendorum pro Professoribus, ac etiam Calendarium et Tabulas horarias conficere.

c) Idem Praefectus, audito Professorum Collegio — quod quolibet mense semel (aut saepius si opus erit) convocandum erit — vigentia pro-

esami di licenza, si possa dare maggior tempo a materie di più grande importanza rispetto al fine de' Seminari, come si è già osservato per il latino nel Ginnasio e per la Filosofia nel Liceo.

d) L'anno scolastico durerà non meno di nove mesi.

e) Il Prefetto degli Studi, con il Consiglio de' Professori, disporrà che alla fine dell'anno si facciano regolari e severi esami di tutte le materie, per la promozione alle classi superiori, fissando il voto per ottenere l'idoneità.

f) Sarà stabilita una sessione autunnale per gli esami di riparazione.

g) Le singole materie negli studi liceali e teologici saranno affidate a distinti Professori, i quali potranno, in via eccezionale, essere incaricati dell'insegnamento di qualche materia affine. Si dovrà sempre però evitare ad ogni costo l'inconveniente che una stessa persona abbia troppe ore di insegnamento, con danno evidente degli alunni.

h) Nello svolgimento della propria materia, ciascun Professore adotterà un testo, che spiegherà in modo da poter esaurire dentro l'anno proporzionatamente e per intero, il programma.

i) Per il Ginnasio ed il Liceo, dovendo seguirsi i programmi

---

grammata aptabit et etiam immutabit, horasque ita distribuet, ut, salva rerum substantia et adaequata licentiae periculo institutione, maius tempus in disciplinas sacrorum alumnis magis necessarias impendatur, ut iam de latina lingua in gymnasio, deque philosophia in lyceo dictum est.

d) Annus scholaris IX mensibus minor non erit.

e) Praefectus Studiorum cum Professorum Collegio, omnia constituet ut singulis expletis annis regularia et idonea pericula fiant, in qualibet disciplina, pro provectione ad superiores classes, ipseque suffragiorum numerum ad idoneitatem praefiniat.

f) Sessio autumnalis periculo fractis ad reparationem servabitur.

g) Singulas disciplinas singuli Professores doceant tum in lyceis tum in theologiae curriculo; ad summum poterunt iidem professores ad cognatas disciplinas tradendas designari, non tamen ita ut nimiis horis singuli cumulentur, cum evidenti alumnorum detrimento.

h) In sua tradenda disciplina Professor textum opportunum adhibendum iniungat, illumque ita exponet ut singulis annis pars programmate praescripta expleatur integre et proportionate.

i) In Gymnasio et lyceo libri textus necessario ii qui programmatibus vigentibus praescribuntur in opus deducendi erunt; sed ante omnia, ut par est, indoles et scopus Seminarii prae oculis habeatur.

vigenti, i libri di testo saranno scelti a norma dei programmi medesimi, avuto naturalmente riguardo all'indole ed allo scopo de' Seminari.

k) Per la Filosofia e Teologia il testo sarà proposto dal Consiglio dei Professori, e sottomesso all'approvazione del Vescovo.

NOTA. — Nei Seminari centrali e interdiocesani, i diritti dell'Ordinario spettano al Collegio dei Vescovi cointeressati.

Vidimus et adprobavimus, Venerabilibus fratribus Episcopis fidelem observantiam enixe commendantes.

Die 5 Maii, festo S. Pii V, Anno 1907.

PIVS PP. X

c) **Tabulae ad exemplum.**

QUADRO *A.*

Esempio d'Orario per la Classe Preparatoria alla Teologia.

1ª Ora — Tutti i giorni — *De vera Religione.*

2ª Ora { Lunedì, Mercoledì, Venerdì - *Proped. alla Storia Eccl.*
        { Martedì, Sabato - *Greco Biblico.*

3ª Ora { Lunedì. Mercoledì, Venerdì - *Teodicea.*
        { Martedì, Sabato - *Diritto naturale.*

4ª Ora { Lunedì, Mercoledì, Venerdì - *Cosmologia.*
        { Martedì, Sabato - *Storia della Filosofia.*

QUADRO *B.*

Esempio d'Orario per la Teologia.

LUNEDÌ.

1ª Ora — *Luoghi Teologici* — I° Anno.

   » — *Teologia morale* — II° III° e e IV° Anno.

2ª Ora — *Dogmatica* — II° III° IV° Anno.

   » — *Morale, De actibus Hum., Conscientia, Legibus* —
       I° Anno.

---

k) Philosophiae et Theologiae textus a Collegio Professorum proponentur, et ab Episcopo approbandi erunt.

NOTANDUM. — Pro Seminariis centralibus et interdioecesanis iura Ordinarii Episcoporum, quorum interest, Collegio attribuenda sunt.

3ª Ora — *Lingua Ebraica o Greca, Introd. Gen. alla S. Scrit-tura* — I° e II° Anno.

» — *Istituzioni Canoniche* — III° e IV° Anno.

4ª Ora — *Storia Ecclesiastica* — Tutti gli Anni.

MARTEDÌ.

1ª Ora *Lingua Ebraica o Greca, Introd. alla S. S.* — I° e II° Anno.

» — *Istituzioni Canoniche* — III° e IV° Anno.

2ª Ora — *Esegesi Biblica* — Tutti gli Anni.

3ª Ora — *Archeologia ed Arte Sacra* — Tutti gli Anni.

4ª Ora — *Storia Ecclesiastica* — Tutti gli Anni.

MERCOLEDÌ.

1ª 2ª 3ª Ora — Come il Lunedì.

4ª Ora — *Esegesi Biblica* — Tutti gli Anni.

VENERDÌ.

1ª 2ª 3ª 4ª Ora — Come il Lunedì.

SABATO.

1ª e 2ª Ora — Come il Lunedì.

3ª Ora — *Eloquenza Sacra, Patristica* — Tutti gli Anni.

4ª Ora — *Sacra Liturgia* — Tutti gli Anni.

N. B. — Pel I° e II° Anno è segnata la Lingua Ebraica o Greca, perchè il Professore, alternativamente, in un anno insegnerà l'Ebraico e l'Introduzione al Vecchio Testamento, nell'altro insegnerà il Greco e l'Introduzione al Nuovo Testamento.

QUADRO C.

Riassunto della Teologia.

CON L'ORARIO PRECEDENTE SI AVRANNO PER OGNI SETTIMANA

PEL I° ANNO:

4 Ore di *Lingua Ebraica o Greca* e *Introd. alla S. S.*

2 Ore di *Esegesi Biblica*.

4 Ore di *Luoghi Teologici*.

4 Ore dei *Trattati Fondamentali della Teologia Morale*.

3 Ore di *Storia Ecclesiastica*.

1 Ora di *Archeologia e Arte Sacra*.

1 Ora di *Eloquenza Sacra e Patristica*.

1 Ora di *Sacra Liturgia*.

Totale 20 Ore.

PEL II° ANNO:

4 Ore di *Lingua Ebraica o Greca* e *Introd. alla S. S.*
4 Ore di *Morale.*
2 Ore di *Esegesi Biblica.*
4 Ore di *Dogmatica.*
3 Ore di *Storia Ecclesiastica.*
1 Ora di *Archeologia e Arte Sacra.*
1 Ora di *Eloquenza Sacra e Patristica.*
1 Ora di *Sacra Liturgia.*

Totale 20 Ore.

PEL III° E IV° ANNO:

4 Ore di *Morale e Pastorale.*
4 Ore di *Dogmatica.*
4 Ore di *Istituzioni Canoniche.*
3 Ore di *Storia Ecclesiastica.*
2 Ore di *Esegesi Biblica.*
1 Ora di *Archeologia e Arte Sacra.*
1 Ora di *Eloquenza Sacra e Patristica.*
1 Ora di *Sacra Liturgia.*

Totale 20 Ore.

S. CONGREGATIO CONCILII

I. — DUBIUM.

De S. Communione infirmis non ieiunis.

PROPOSITO in S. Congregatione dubio: An nomine infirmorum qui a mense decumbunt, et idcirco iuxta Decretum 7 Decembris 1906 ([1]), S. Eucharistiam non ieiuni sumere possunt, intelligantur solummodo infirmi, qui in lecto decumbunt, an potius comprehendantur quoque qui, quamvis gravi morbo correpti et ex medici iudicio naturale ieiunium servare non valentes, nihilominus in lecto decumbere non possunt, aut ex eo aliquibus horis diei surgere queunt.

Eadem S. Congregatio diei 6 martii 1907 respondendum censuit.

« *Comprehendi, facto verbo cum SSmo ad cautelam* ». Die vero 25 martii currentis anni SSmus Dñus Noster Pius Pp. X audita relatione infrascripti Secretarii S. C. Concilii, resolutionem eiusdem

---

([1]) Cf. *Acta Pontificia*, hoc Vol. pag. 16.

S. C. ratam habere et confirmare benigne dignatus est et publicari
mandavit, contrariis quibuscumque minime obstantibus.

† Vincentius Card. Episc. Praenest., *Praefectus.*

L. ✠ S.

C. De Lai, *Secretarius.*

II. — **Dubia proposita atque iuxta morem eiusdem S. C. de
iure resoluta in generalibus comitiis diei 27 aprilis 1907.**
Per summaria precum :

5157
5

I. — NICOSIEN. — REDUCTIONIS CANONIS.

R. « *Dilata* ».

1995
6

II. — LUCANA ET ARIMINEN. — BENEDICTIONIS FONTIS BAPTI·
SMALIS.

In Lucana civitate duae tantum adsunt ecclesiae quae s. fontem
baptismalem habent, nempe ecclesia S. Ioannis nunc Cathedrali
unita et Basilica S. Fridiani. Capitulum Cathedrale ad benedictionem horum fontium procedit, benedictionem peragens una tantum
vice in singula ecclesia, nempe in sabbato maioris hebdomadae fontem ecclesiae S. Ioannis, in sabbato vero ante Pentecosten fontem
S. Fridiani benedicit. Diversus vero est usus benedicendi fontem in aliis ecclesiis baptismalibus dioecesis, nam, cum paroeciae
in classes distribuantur, quae classes quatuor vel pluribus constant paroeciis plebanali ecclesiae subiectis, benedictio fontis fit in
ecclesia plebanali adstantibus parochis eiusdem classis. Si vero in
eadem classi adsunt aliae ecclesiae quae s. fonte gaudent, tunc parochi harum ecclesiarum vel aquam benedictam pro proprio fonte
ab ecclesia plebanali asportant, vel per se, nonnullis adstantibus
parochis eiusdem classis, procedunt ad benedictionem fontis in sua
paroecia. Nulla tamen adest ecclesia in dioecesi aut in civitate Lu·
cana, in qua fons benedicatur singulis binis diebus a Missale Romano pro eiusmodi benedictione statutis.

Hisce expositis idem Archiepiscopus Lucanus rogavit utrum
dicta consuetudo circa benedictionem s. fontis vigens tum in civi-

tate Lucana tum in aliis oppidis dioecesis, adhuc tuto retineri vel tolerari possit.

Cum interim exposuerit Episcopus Ariminen. vigere in sua dioecesi consuetudinem, vi cuius benedictio fontis baptismalis non renovatur in sabbato Pentecostes, quaerens an id tolerari possit attento praesertim quod desunt interdum sacerdotes, qui praesint ritui benedictionis, quaestiones, cum fere similes sint, simul iudicio Emorum Patrum subiectae fuerunt.

Eiusmodi consuetudo videtur non repugnare s. liturgiae, nam in Rituali Romano quoad materiam baptismi haec praescribitur: « Aqua solemnis baptismi sit eo anno benedicta in Sabbato Sancto Paschatis, vel Sabbato Pentecostes »; quare renovatio vel iteratio benedictionis s. fontis non videtur esse necessaria, cum in alternativis satis sit alterutrum adimpleri. Insuper pro Lucana ecclesia videtur favere apostolicum privilegium vi cuiusdam epistolae Paschalis II ad Priorem S. Fridiani.

Ex adverso vero allatae consuetudines omnino reprobandae videntur, nam iuxta praescripta Ritualis Romani et decisiones S. Rituum Congregationis benedictio fontis in utroque sabbato rigorose perficienda est, nedum in ecclesiis parochialibus, sed etiam in aliis quae s. fontem habeant; neque adduci potest defectus cleri, aut parochus se excusare valet, ex eo quod ipse, in sua paroecia habens plures ecclesias baptismales, fontis benedictionem sit impeditus in his ecclesiis per se peragere.

Omnibus tamen utrinque mature perpensis Emi Patres statuerunt:

« *Attentis peculiaribus circumstantiis, relatas consuetudines tolerari posse* ».

III. — IANUEN. — IURIUM. (*Reservata*).

R. « *Dilata et ad mentem* ».

In folio:

$$\frac{2276}{5}$$

I. — PARISIEN. — NULLITATIS MATRIMONI.

HAEC causa quae versatur circa nullitatem matrimonii die 15 ianuarii 1884 Pictavii initi inter Blancam Grimaud et Leopoldum Lacolle, proposita primitus fuit in comitiis generalibus diei 23 iunii

1906 (¹), ubi haec S. C. confirmandam esse decrevit sententiam Curiae Parisiensis diei 31 martii 1905, quae declaraverat non satis constare de huius matrimonii nullitate.

Verum cum mulieris actricis patronus beneficium novae audientiae petiisset et obtinuisset, cumque ipse nova suppletoria actą in medium protulisset, eadem S. C. in plenario coetu diei 23 elapsi mensis martii (²) ad propositum dubium: « an sit standum vel recedendum a decisis in casu », respondit: « attentis noviter deductis recedendum a decisis ».

Ab hac tamen sententia defensor vinculi ex officio appellationem interposuit in obsequium Const. Benedictinae, insimul addens quod « si nihil non emerserit, se nihil habere quod excipiat quo- « minus causa pure et simpliciter reproponatur ».

Quare denuo proposita sub rogandi formula:

« *An standum sit primo vel secundo loco decisis in casu* »,

quaestio dimissa fuit responso:

« *In decisis* ».

3800
___
2

II. — MOHILOVIEN. — NULLITATIS MATRIMONII.

R. « *Dilata et compleantur acta iuxta instructionem et ad mentem* ».

III. — CENOMANEN. SEU PARISIEN. — DISPENSATIONIS MATRIMONII (*sub secreto*).

R. « *Affirmative* ».

IV. — BURDIGALEN. — DISPENSATIONIS MATRIMONII (*sub secreto*).

R. « *Affirmative* ».

V. — BASILEEN. — DISPENSATIONIS MATRIMONII (*sub secreto*).

R. « *Affirmative* ».

3140
___
3

VI. — CALARITANA. — REDINTEGRATIONIS IN OFFICIO.

IN paroeciali ecclesia S. Eulaliae in regione sita suburbii civitatis Calaritanae *Marina* vel *Leopola* nuncupata institutum fuit anno 1620

(¹) V. *Acta Pontificia*, Vol. IV, pag. 320.
(²) V. *Acta Pontificia*, hoc vol., pag. 184.

collegium presbyterorum, cuius beneficia excepta fuerunt annno 1867 legibus italicis eversivis ecclesiasticae proprietatis. Cura paroecialis habitualiter apud Archiepiscopum residet, qui per unum ex canonicis eam exercebat. Ex enatis vero discordiis factum est deinde, ut munus Praesidis dicti Collegii de facto in Vicario Curato cumulari coeperit et hoc non per Capitulum sed a libera Archiepiscopi pro tempore voluntate conferretur.

Vacato anno 1900 officio Praesidis eiusmodi munus consecutus est ab Archiepiscopo sac. Paulus Manca, qui vix elapso anno quo beneficiatus et praeses renuntiatus fuerat, ab eodem Archiepiscopo petiit et obtinuit, ut interim ingredi valeret in Societatem Iesu, pro inibi novitiatu religioso ineundo, dilata dimissione officii praesidis et paroeciae ad tempus, quo regulariter emenso novitiatu professionem religiosam emitteret. Recepto sac. Manca inter Novitios societatis Iesu, munus praesidis de consensu Archiepiscopi concreditum fuit alteri beneficiato curato eiusdem ecclesiae S. Eulaliae, sacerdoti Pinna, quem idem Manca utpote suum delegatum in dicto munere et mandatarium iam designaverat.

At vix quinque mensibus novitiatus peractis, sac. Manca definitive egressus est ex religiosa familia, ut suppetias ferret suae unicae sorori supervento morbo correptae. In patriam reversus illico institit apud Archiepiscopum, ut restitueretur tum ad paroeciale munus, tum ad praesidis officium. Archiepiscopus primum facile concessit, sed denegavit secundum, asserens se iam de eo, ut de officio ad eius nutum amovibili, libere disposuisse in favorem alterius personae, illudque contulisse beneficiato curato Pinna, quem idem Manca perfunctorie ut suum vices gerentem iam constituerat.

Sac. Manca de hac agendi ratione graviter primum conquestus est apud eumdem Archiepiscopum, sed hic semper refragatus fuit, obtendens naturam officii precariam et iustas habuisse rationes ad talem redintegrationem denegandam.

Tandem quaestio delata ad H. S. C. sub finem an. 1905 ventilata fuit.

Plura hinc inde a partium procuratoribus deducta sunt tum circa naturam Ecclesiae S. Eulaliae, utrum nempe sit vere collegiata vel tantum simplex collegium, tum etiam circa naturam officii, utrum scilicet sit verum beneficium vel potius simplex officium ad nutum Archiepiscopi revocabile. At cum Sac. Manca, cognita

Archiepiscopi informatione postulasset ut super aliquibus sibi factis accusationibus regularis instrueretur processus, H. S. C., dilata controversiae decisione ad tricas et scandala ex parte recurrentis vitandas, causam reproponi iussit, seposita parte morali quaestionis, tantum super iuridicam naturam officii praesidis, scilicet utrum sit purum officium, cuius collatio et avocatio a libera voluntate et nutu Archiepiscopi pendet, vel potius verum beneficium, cuius privatio praevium iudiciarium processum requirat.

Rebus sic stantibus, proposita quaestio sub rogandi formula:

« *An parocho Paulo Manca spectet redintegratio in officio Praesidis S. Eulaliae in casu* »;

dimissa fuit in comitiis 27 aprilis mox elapsi responso:

« *Negative* ».

<hr>

1943
<hr>
6

VII. — ROMANA. — COMPUTATIONIS SERVITII CANTORALIS.

Ioseph Brucchietti mense novembris anni 1869 inter Capellanos Cantores Capellae Pontificiae Xistinae cooptatus fuit, in qua iuxta disciplinam tunc vigentem inter cantores recenseri nequibant coniugati, sed tantum clerici vel laici coelibes.

Anno 1874 facultatem imploravit secreto matrimonium ineundi, sed Pontifex hanc explicite impertiri noluit; fertur tamen declarasse quod, si illud sequeretur, « farà conto di non saperlo », ita ut Brucchietti licite stipendium uti cantor percipere posset, quare hic mense decembris eiusdem anni nuptias contraxit. Verum re inter collegas cantores vulgata, collegium recursum habuit ad Pontificem qui mense martii 1881 praefatum Brucchietti dispensavit a munere, eidemque concessit uti pensionem integrum stipendium, cum obligatione sese praestandi in officio cantoris quotiescumque a magistro pro tempore Capellae vocaretur.

Anno 1891 lex capellanis cantoribus Capellae Xistinae coniugium interdicens abrogata fuit, et Ioseph Brucchietti iterum inter cantores adscitus est. Anno 1900 expirato tricennio quo Brucchietti inter Cantores primitus admissus fuerat, hic supplices porrexit preces, ut ad privilegium ita dictum secundi servitii admitteretur. Frustra tamen, nam ex Audientia Pontificia diei 16 ianuarii 1900 rescriptum prodiit negativum.

Huic rescripto non acquiescens mense aprilis 1905 Brucchietti
Pontifici petitionem iteravit, sed idem pariter negativum tulit responsum, et hoc quia considerari nequibat inter cantores adscriptus
nisi a die secundae admissionis, nempe 17 aprilis anni 1891.

Verum cum idem Brucchietti sibi videret praeclusam viam gratiae, animum intendit eandem rem obtinendi per viam iuris. Hinc
Pontificem rogavit ut sua petitio pro ad nissione ad secundum servitium iuridice disceptari valeret apud hanc S. C. Quod cum ex
benignitate Pontificis indultum fuerit, hinc est quod quaestio proposita fuit.

Summa argumentorum, quae patronus a Brucchietti adlectus
affert, haec est. Anno 1881 utique Brucchietti ab officio capellani
cantoris exoneratus fuit, at eidem pensio cum onere praestandi servitium ac reliqui cantores, servata fuit. Hinc specie tenus ad collegium non pertinebat, idque iustis rationibus, ne disciplina tunc
vigens laederetur. De facto vero dici merito potest ad illud perti-
nuisse; et pertinuit, cum suum ministerium semper fideliter impendit, et mercedem assignatam uti alii cantores percepit. Age verum cum transitus ad secundum servitium concedatur uti praemium
laboris ad instar privilegii, concedi soliti veteranis militibus iam
stipendia emeritis, et cum iuxta circumforaneum iuridicum axioma —
facta magis attendenda sunt quam verba — prono velut alveo fluit
quod dictus transitus cantoris Brucchietti absque iniuria denegari
nequeat. Siquidem ipse praerequisitum servitium fideliter adimplevit,
et consequenter iusto titulo fruitur pro admissione ad illud.

Verum ex adverso nullimode videtur cantori Brucchietti competere ius admissionis ad secundum servitium.

Ad hoc enim consequendum necesse foret computare servitium
ab eo praestitum ab an. 1881, quo fuit dimissus a collegio cantorum, usque ad an. 1891, quo iterum inter cantores receptus fuit,
sed hoc admitti nequit ex duplici ratione. 1. quia obstat Pontificium
rescriptum quo declaratum fuit Brucchietti ad collegium cantorum
amplius pertinere non posse; 2. impedimento sunt tum disciplina
tum constitutiones Apostolicae tunc temporis vigentes pro Collegio, iuxta quas coniugati ab eo penitus erant exclusi. Atque de
exclusione cantoris Brucchietti a collegio ab anno 1881 usque ad
annum 1891 adeo res comperta est et certa, ut ob revocationem antiquae regulae circa exclusionem coniugatorum in capellanorum

cantorum collegium, opus fuerit nova admissione pro Brucchietti, quae benigne concessa fuit mense Aprilis anni 1891.

Si itaque durante decennio 1881-1891 Brucchietti fuit extraneus collegio, quia ad illud amplius non pertinebat, quodcumque servitium ab eo praestitum utile profecto nequibat esse pro obtinendo eventuali beneficio secundi servitii, nam ei deerat necessaria qualitas capellani cantoris pontificiae capellae Xistinae, ad quam amplius non pertinebat.

· Cum res ita sint, his aliisque adductis rationibus mature perpensis, Er̄i Patres dubium:

« *An Ioseph Brucchietti ius habeat admissionis ad secundum servitium (uti dicitur) in Pontificia Cappella Xistina Cantorum in casu* »,
dimiserunt, respondentes:

« *Negative* »

III. — S. C. CONCILII LITTERAE.
DE SATISFACTIONE MISSARUM.

Recenti Decreto " *Ut debita* „ diei xi mensis Maii mcmiv (¹), haec S. Congregatio, varias complexa leges ante iam latas de Missarum oneribus religiose adimplendis, adiectis opportunis declarationibus interpositâque severa sanctione, providere studuit ut res omnium sanctissima summo apud omnes in honore esset, periculumque amoveretur, ne quis ullo modo piis fidelium voluntatibus quidquam detraheret. Hae tamen quum essent Sedis · Apostolicae curae et Episcoporum sollicitudines, non defuerunt abusus ac legis violationes, super quae Sacra eadem Congregatio excitandam denuo censuit Antistitum vigilantiam.

Constat enimvero, haud paucos, non obstantibus notissimis canonicis praescriptionibus, minime dubitasse de Missarum accepta stipe suo marte demere aliquid, retentâque sibi parte pecuniae, ipsas Missas aliis celebrandas committere, ea forte opinione ductos, id sibi licere vel ob assensum sacerdotis, animo plus minus aequo recipientis, vel ob finem alicuius pii operis iuvandi, exercendaeve caritatis.

Fuerunt etiam qui contra toties inculcatas leges, praesertim contra num. 3ᵐ eiusdem Decreti, hoc genus industriae sibi adsciverunt, ut Missarum numerum, quae possent maximum, undique

_____

(¹) Cf. *Acta Pontificia*, Vol. II, pag. 90.

conquisitum colligerent. Quo haud semel factum est, ut ingens earum copia manibus privatorum hominum fuerit coacervata; ideoque manserit obnoxia periculo, quod quidem, remotâ etiam humana malitia, semper imminet rebus privatae fidei commissis.

Denique sunt reperti qui, a lege discedentes expressa num. 5° Decreti, Missas celebrandas commiserint, non modo copiosius quam liceret largiri privatis, sed etiam inconsideratius; quum ignotis sibi presbyteris easdem crediderint, nominis titulive alicuius specie decepti, vel aliorum commendationibus permoti, qui, nec eos plane nossent, nec assumpti oneris gravitatem satis perspectam haberent.

Talibus ut occurratur disciplinae perturbationibus utque damna gravissima, quae violationem Decreti « *Ut debita* » consequi solent, pro viribus propulsentur, haec S. Congregatio, iussa faciens SSmi D. N. Pii Papae X, Episcopos omnes aliosque Ordinarios admonet, ut curam omnem et vigilantiam adhibeant in re tanti momenti, edoceantque clerum et administratores piorum legatorum, qnanta ex inobservantia et contemptu legis pericula proveniant; quo onere ipsorum conscientia gravetur; quam temere arbitrium suum legibus anteponant, quas diuturna rerum experientia ad rei augustissimae tutelam collocavit; qua denique sese culpa obstringant; quibus poenis obnoxii fiant.

At malo radicitus extirpando Emi Patres necessarium insuper censuerunt huc usque praescriptis nova quaedam addere. Itaque re discussa primium in Congregatione diei 23 mensis Martii 1907, ac denuo in sequenti die 27 Aprilis, sub gravi conscientiae vinculo ab omnibus servanda haec statuerunt:

I. Ut in posterum quicumque Missas celebrandas committere velit sacerdotibus, sive saecularibus sive regularibus extra diocesim commorantibus, hoc facere debeat per eorum Ordinarium, aut ipso saltem audito atque annuente.

II. Ut unusquisque Ordinarius, ubi primum licuerit, suorum sacerdotum catalogum conficiat, describatque Missarum numerum, quibus quisque satisfacere tenetur, quo tutius deinceps in assignandis Missis procedat.

III. Denique si qui vel Episcopi vel sacerdotes velint in posterum Missas, quarum exuberet copia, ad Antistites aut presbyteros ecclesiarum quae in Oriente sitae sunt, mittere, semper et in singulis casibus id praestare debebunt per S. Congregationem Propagandae Fidei.

His autem omnibus ab infrascripto Secretario relatis eidem SSmo D. N. in audientia diei 28 mensis Aprilis, Sanctitas Sua deliberationes Emorum Patrum ratas habuit et confirmavit, easque vulgari iussit, contrariis quibuslibet minime obstantibus.

Datam Romae die 22 mensis Maii 1907.

† VINCENTIUS Card. Episc. Praenestinus, *Praefectus.*

C. DE LAI, *Secretarius.*

S. C. DE PROPAGANDA FIDE

Litterae Encyclicae circa capellanos castrenses Angliae.

Questa S. Congregazione volendo regolare con sicure norme la dipendenza e l'esercizio del sacro ministero dei cappellani cattolici, tanto dell'esercito come della marina inglese, ha preso coll'approvazione del Sommo Pontefice le seguenti disposizioni:

1. L'Arcivescovo *pro tempore* di Westminster è il Superiore ecclesiastico di tutti i cappellani militari cattolici *commissionati* dell'esercito inglese di terra: come altresì di quello di mare.

2. Per ciò che riguarda i primi tratterà col Governo per la nomina dei medesimi, e ne sorveglierà in seguito la condotta con quelle misure che crederà espedienti; esigendo da essi che ogni semestre, od almeno ogni anno, lo informino del proprio stato e delle proprie occupazioni.

3. I cappellani *commissionati* nominati dal Governo riceveranno esclusivamente dal detto Arcivescovo le facoltà che in forza della sua giurisdizione ordinaria o delegata possono da lui concedersi: quali facoltà verranno esercitate dai detti cappellani nel luogo determinato dallo stesso Arcivescovo a vantaggio soltanto dei militari, delle loro mogli e figli viventi sotto la tutela dei genitori. Le dette facoltà perdurano anche nel tempo delle traslazioni dei cappellani, fino a che prendano la cura della nuova stazione: ma subito che saranno avvisati della traslazione, son tenuti a renderne informato l'Arcivescovo stesso.

4. Detti cappellani si presenteranno all'Ordinario del luogo

dove si trovino occupati, considerandosi soggetti a lui in ciò che riguarda la loro condotta come ecclesiastici: nè mancheranno di fargli conoscere le facoltà ricevute dal Delegato della S. Sede relativamente ai militari: quantunque per l'esercizio di queste sole facoltà non sia necessario il consenso dell'Ordinario del luogo. Qualora poi desiderassero esercitare altresì il sacro ministero in favore dei fedeli non militari della località, in tal caso è necessaria l'autorizzazione dell'Ordinario.

5. Venendo a cessare l'officio, ciascun cappellano dovrà ritornare nella propria diocesi.

6. Finalmente l'Arcivescovo di Westminster non concederà le facoltà pel sacro ministero ai cappellani *commissionati* in Irlanda e nell'India: e per ciò che riguarda l'Africa Australe procurerà colla sua prudenza e discrezione di ottenere che i detti cappellani vengano in quella colonia surrogati dal clero del luogo.

7. Perciò poi che spetta ai cappellani della marina, parimenti l'Arcivescovo *pro tempore* di Westminster s'intenderà, esclusivamente da ogni altro Ordinario, col Ministro della marina per la nomina dei detti cappellani, ai quali potrà accordare le opportune facoltà che gode per la sua giurisdizione ordinaria o delegata, con la legge che i cappellani ne faranno uso in qualunque parte del mondo, ma però *intra navim*. Che se alcuna volta per le disposizioni del comandante navale fosse necessario d'esercitare queste facoltà *in terra ferma,* basterà, ove sia possibile, dare semplice notizia di ciò all'Ordinario del luogo, non per ottenere autorizzazione, ma per la deferenza dovutagli; eccetto sempre il caso di esercitare il sacro ministero con altri, che col personale della nave: nella quale ipotesi sarebbe necessario il ricorso all'Ordinario del luogo.

Dato a Roma dal palazzo della S. C. di Propaganda Fide, il giorno 15 Maggio 1906.

Fr. G. M. Card. Gotti, *Prefetto.*

Luigi Veccia, *Segretario.*

SS. RITUUM CONGREGATIO

I — CONGREGATIONIS MISSIONIS.

Indultum conceditur festa duplicia I et II classis transferendi in primam diem non impeditam a festo duplici I vel II classis.

NE festa sive Officia ritus duplicis primae vel secundae classis, in Kalendario perpetuo ad usum Congregationis Missionis, diu nec levi incommodo transferri contigat, quoties in propria sede impedita occurrant; Rmus Dñus Antonius Fiat, Superior Generalis eiusdem Congregationis, a Sanctissimo Domino nostro Pio Papa X facultatem humillime flagitavit, qua eiusmodi Officia in primam diem respective insequentem amandare liceat, Officio duplici minori ad ritum simplicem redacto. Sacra porro Rituum Congregatio, utendo facultatibus sibi specialiter ab eodem Sanctissimo Domino nostro tributis, benigne annuit pro gratia, ad instar particularis Rubricae reformatae Breviarii Romani, quae habetur in festo Pretiosissimi Sanguinis D. N. I. C., Dominica prima Iulii; servatis Rubricis. Contrariis non obstantibus quibuscumque.

Die 2 Maii 1907.

L. ✠ S.

S. Card. CRETONI, *Praefectus.*

† D. PANICI, Archiep. Laodicen., *Secretarius.*

II. — DUBIA

Circa Kalendarium ac indulgentias pro Sororibus tertiariis vota simplicia nuncupantibus.

A Sacrorum Rituum Congregatione nuper expostulatum est:

I. An Sorores Tertiariae Ordinum Regularium Ordinariis locorum subiectae, quae in Communitate vivunt, vota simplicia nuncupant et tantummodo Officium parvum B. M. V. recitant, teneantur in propria ecclesia, seu Oratorio, sequi Kalendarium respectivi Ordinis, relicto Kalendario dioecesano, quo annuente ac praecipiente loci Ordinario, a diuturno tempore usque in praesens utuntur? - Et quatenus *Negative:*

II. An eaedem Sorores praedictum Kalendarium dioecesanum adhibentes participent omnes indulgentias quae a Romanis Pontificibus directe concessae sunt tantum respectivis Ordinibus eorumque ecclesiis?

Et Sacra eadem Congregatio, ad relationem subscripti Secretarii, exquisito Commissionis Liturgicae suffragio, attentisque decretis Sacrarum Congregationum Rituum et Indulgentiarum, ita respondendum censuit:

Ad I. *Negative.*

Ad. II. *Affirmative. Serventur autem Decreta praesertim S. R. C.* n. 3862 **Urbis et Orbis** *9 Decembris 1895* ([1]), *et S. C. Indulgentiarum et SS. Reliquiarum* De indulgentiis **Tertiariorum** *28 Augusti 1903* ([2]).

Atque ita rescripsit ac declaravit, die 10 Maii 1907.

L. ✠ S.

S. Card. CRETONI, *Praefectus.*

† D. PANICI, Archiep. Laodicen., *Secretarius.*

III. — ROMANA.

De privilegiis seu insigniis Cappellanorum Communium Pontificiae Cappellae.

SACRA Rituum Congregatio, inspecto Motu Proprio *Inter multiplices* 21 Februarii 1905 ([3]) et subsequenti decreto seu declaratione 14 Martii 1906 ([4]) una cum documentis exhibitis respicientibus privilegia seu insignia Cappellanorum communium Cappellae Pontificiae, qui ab Alexandro Papa VII Motu Proprio diei 10 Iunii 1657 instituti sunt, auditoque specialis Commissionis Liturgicae suffragio, ita rescribendum censuit: Praedicti Cappellani communes, qua tales, gaudeant impetratis, nempe collare et veste talari cum zona serica coloris violacei, habitu quem vocant pianum, et honorifico titulo *Monsignore*, prouti reapse fruuntur.

Atque ita rescripsit. Die 16 Martii 1907.

L. ✠ S.

S. Card. CRETONI, *Praefectus.*

† D. PANICI. Archiep. Laodicen., *Secretarius.*

([1]) V. *Decreta Authentica* Congr. SS. Rituum, Vol. III, pag. 288.
([2]) Cf. *Acta Pontificia*, Vol. I, pag. 270.
([3]) Cfr. *Acta Pontificia*, Vol. II, pag. 343*.
([4]) Cfr. *Acta Pontificia*, Vol. IV, pag. 146.

IV. — DE AGUASCALIENTES.

Dubium de Kalendario utendo in Ecclesiis paroeciae Regularis.

R.mus D.nus Iosephus M. Portugal Episcopus Dioeceseos de Aguascalientes in Mexico Sacrorum Rituum Congregationi ea quae sequuntur pro opportuna declaratione reverenter exposuit: nimirum:

In loco *de Asientos* nuncupato Dioeceseos de Aguascalientes extat Ecclesia Parochialis et Regularis ad Ordinem Fratrum Minorum S. Francisci pertinens, quae Kalendario ipsius Ordinis utitur, atque intra fines Paroeciae habentur aliae Ecclesiae Episcopi iurisdictioni subiectae. Hinc quaeritur an in hisce Ecclesiis adhiberi debeat idem Kalendarium Ordinis Fratrum Minorum quo utitur supradicta Ecclesia parochialis vel potius Kalendarium Dioeceseos?

Et Sacra Rituum Congregatio ad relationem subscripti Secretarii, exquisito Commissionis Liturgicae suffragio, praepositae quaestioni ita respondendum censuit:

« *Negative ad primam partem, Affirmative ad secundam, nisi aliqua ex dictis Ecclesiis stabiliter administretur ab ipsis Fratribus Minoribus* ».

Atque ita rescripsit. Die 31 Maii· 1907.

L ✠ S.

S. Card. Cretoni, *Praefectus.*

† D. Panici, Archiep. Laodicen., *Secretarius.*

V. — SS. RITUUM CONGREGATIONIS DIARIUM.

Die 15 ianuarii 1907. — In Apostolico Palatio Vaticano, adstantibus Emis ac Rmis DD. Cardinalibus, exquisito voto Rmorum DD. Officialium ac Consultorum theologorum, nova Congregatio habita est praeparatoria ad discutienda bina miracula quae a Deo operata asseruntur, intercedente B. Ioseph Oriol Sacerdote, Beneficiato Ecclesiae S. Maria Regum Barcinonae, quaeque miracula pro eiusdem Canonizatione proponuntur.

Die 30 ianuarii 1907. — De mane apud Emum ac Rmum D. Card. Dominicum Ferrata Ponentem in causa Beatificationis ac Canonizationis Ven. Ioannis Eudes, Missionarii Apostolici, Institutoris Congregationis a Iesu et Maria, ac Ordinis B. V. Mariae a Caritate locum habuit Congregatio SS. Rituum Antepraeparatoria, in qua discussa fuerunt quatuor miracula quae a Deo, intercedente eodem Venerabile, operata asseruntur, quaeque pro eiusdem beatificatione proponuntur.

Die 19 februarii 1907. — In Palatio Apostolico Vaticano de mane intervenientibus Emis ac Rmis DD. Cardinalibus, exquisito voto Officialium ac Consultorum theologorum SS. Rituum Congregationis celebrata fuit Congregatio praeparatoria ut quatuor discuterentur miracula quae a Deo asseruntur operata intercessione Ven. Mariae Magdalenae, *in saeculo* Iuliae Franciscae Catharinae Postel, fundatricis Sororum Scholarum Christianarum a Misericordia; quae miracula proponuntur pro eiusdem Ven. Servae Dei beatificatione.

Die 5 martii 1907. — De mane in Apostolico Palatio Vaticano locum habuit Congregatio Ordinaria SS. Rituum, in qua iudicio Emorum ac Rmorum DD. Cardinalium eamdem S. C. componentium sequentia subiecta fuerunt:

1. Introductio causae beatificationis et canonizationis Servi Dei P. Ludovici a Casaurea, Sac. professi Ord. Minorum, fundatoris Congregationis fratrum a Caritate, Tertii Ordinis S. Francisci, vulgo « *Frati Bigi* ».

2. Confirmatio cultus a tempore immemorabili praestito Servae Dei Nataliae Tolosanae Monialis professae Ordinis B. M. Virginis a Mercede pro mancipiorum redemptione Sanctae vel Beatae nuncupatae;

3. Concessio atque adprobatio formularum propriarum pro benedictione ac impositione Numismatis Mariae SSmae a *Guadalupe;*

4. Confirmatio electionis B. M. Virginis a *Guadalupe* in Patronam praecipuam regionis « *Estremadura* » in Hispania;

5. Confirmatio electionis B. M. Virginis sub titulo Matris Derelictorum in Patronam praecipuam civitatis « *Muro* » in Hispania;

6. Revisio scriptorum Servi Dei Ioannis Claudii Colin, fundatoris Societatis a Maria vulgo dictae *Maristarum.*

7. Pariter demum revisio scriptorum Servae Dei Annae Javouhey, fundatricis Sororum a S. Ioseph vulgo « de Cluny ».

Die 12 martii 1907. — Apud Emum ac Rmum D. Card. Sebastianum Martinelli, ponentem in causa beatificationis et canonizationis Ven. Sor. Mariae ab Incarnatione, fundatricis Monasterii Ursulinarum in Quebec,' habita est Congregatio SS. Rituum antepraeparatoria, in qua Rmi Praesules ac Consultores theologi dubium discutierunt circa heroismum virtutum eiusdem Ven. Servae Dei.

Die 9 aprilis 1907. — De mane in Palatio Apostolico Vaticano locum habuit Congregatio SS. Rituum Ordinaria Rotalis, quae, praesidibus Emis ac Rmis DD. Card. Ponentibus Dominico Ferrata, Andrea Steinhuber, Francisco Segna et Ioseph Calasanctio Vives y Tuto, iudicavit:

1. Circa cultum, in obsequium Decretis Urbani VIII, numquam praestitum Ven. Ioseph Cafasso presbytero saeculari Taurinensi;

2. Pariter circa cultum, uti supra nunquam praestitum, Ven. Catharinae de Francheville, fundatrici Filiarum Mariae Monasterii loci *Vanny;*

3. Item circa cultum, nunquam, uti supra, praestitum, Ven. Paulae Frassinetti, fundatrici Sororum Instituti a S. Dorothea;

4. De validitate processuum Apostolicorum in Curia Nucerin. Paganorum instauratorum circa miraculum quod asseritur a Deo operatum intercedente Ven. Ianuario M. Sarnelli, Sacerdote Congregationis a SS.mo Redemptore;

5. De validitate processuum Apostolicorum et Ordinariorum instauratorum in causa Beatificationis et Canonizationis Ven. Antonii Pagani a Venetiis, Sacerdotis professi Ord. fratrum Minorum;

6. et tandem circa validitatem processuum Apostolicorum, et circa cultum, in obsequium Decretis Urbani VIII numquam praestitum, Ven. Francisco de Capillas, Sacerdoti Missionario Ord. Praedicatorum, quem asserunt in Sina interfectum in odium fidei.

Die 23 Aprilis 1907. — In Palatio Apostolico Vaticano coram Pontifice habita est Congregatio Generalis SS. Rituum in qua Emi ac Rmi DD. Cardinalibus una cum Rmis Praesulibus Officialibus ac Consultoribus theologis eandem S. C. componentibus, votum dederunt de binis miraculis quae a Deo operata asseruntur intercedente B. Ioseph Oriol, Presbytero beneficiario S. Mariae *Regum* Barcinonae, quaeque proponuntur pro eiusdem Beati Canonizatione.

Die 30 Aprilis 1907. — In palatio Apostolico Vaticano intervenientibus Emis ac Rmis DD. Cardinalibus, et exquisito voto Rmorum Praesulum Officialium ac Consultorum theologorum, locum habuit Rituum Congregatio praeparatoria ad discutienda tria miracula quae a Deo operata asseruntur intercessione Ven. Magdalenae

·Sophiae Barat, fundatricis Societatis Sororum a SS. Corde Iesu : quae miracula·pro eiusdem Ven. beatificatione proponuntur.

Die 14 Maii 1907. In palatio Apostolico Vaticano habita est Congregatio Ordinaria SS. Rituum in qua iudiciò Eɱorum DD. Caɪ· dinalium eamdem S. C. componentium, sequentia subiecta fuerunt:

1. Introductio causae beatificationis, videlicet martyrii decla· ·rationis Servarum Dei Mariae Magdalenae Fontaine et Sociarum, filiarum Caritatis a S. Vincentio de Paoli, et Mariae Clothildis, Ange· lae a S. Francisco Borgia, aliarumque decem Sociarum Ursulina· rum de Valenciennes;

2. Confirmatio cultus ab immemorabili praestiti Servo Dei Benedicto Ricasoli a Coltibono, Monaco ac Eremitae Congregationis Vallis-umbrosae, Beato nuncupato;

3. et tandem concessio B. M. Virginis a Monte Carmelo in Patronam praecipuam loci vulgo *Santurce* in Dioecesi Victorien. in Hispania.

Die 28 Maii 1907. — In palatio Apostolico Vaticano adstantibus. E.mis ac R.mis DD. Cardinalibus, cum voto R.morum Praesulum Officialium ac Consultorum theologorum S. Rituum Congregationem componentium, locum habuit Congregatio praeparatoria ad discu· tienda tria miracula quae asseruntur a Deo perfecta intercedente Ven. Gabriele a Virgine Perdolente, Clerico Professo Congregatio· nis Passionis D. N. I. C.; quae miracula proponuntur pro eiusdem Venerabilis beatificatione.

S. CONGREGATIO INDULGENTIARUM
ET SS. RELIQUIARUM

I. — **Indulgentiae conceduntur pro Pio Opere a Maria Adiu· trice.**

Beatissimo Padre,

IL Sac. Michele Rua, rettore maggiore della Congregazione Sale· siana, umilmente prostrato al bacio del sacro Piede, espone quánto segue:

Il glorioso Predecessore della S. V. Pio IX di s. m. con Breve del 9 Maggio 1876, elargì alla *Pia Opera di Maria Ausiliatrice,* istituita dal fondatore della predetta Congregazione, D. Giovanni

Bosco, allo scopo di coltivare le vocazioni allo stato ecclesiastico, specialmente fra i giovani adulti, tutti i favori spirituali, che allora godevano i Terziari di S. Francesco d'Assisi, sostituita la festa di S. Francesco di Sales a quella del Serafico, e le chiese della Congregazione Salesiana alle Minoritiche. Si è però dubitato dopo le nuove concessioni fatte ai Terziari Francescani, se ai Congregati della prefata Pia Opera sia rimasto o no il favore delle antiche. La Pia Unione dei Cooperatori Salesiani, che trovavasi in simile condizione, ottenne dalla S. V. nel 1904 speciali favori, abrogate le antiche concessioni.

Supplica pertanto l'oratore, che sia benignamente provveduto in simil guisa alla Pia Opera di Maria Ausiliatrice.

Che della grazia ecc....

Ex audientia SSmi, die 14 Novembris 1906.

S.mus D. N. Pius PP. X, omnino abrogatis indulgentiis, privilegiis atque indultis a RR. PP. quomodocumque concessis in favorem Sodalium praefati pii Operis, sequentes spirituales gratias iisdem sodalibus benigne concessit, nempe: 1° omnes et singulas indulgentias, tam plenarias, quam partiales, — non exceptis iis, quae visitationi Stationum Urbis adnexae sunt — Cooperatoribus Salesianae Sodalitatis, decreto S. Congregationis Indulgentiis Sacrisque Reliquiis praepositae d. d. 2 Octobris 1904 ([1]) tributas; 2° omnia et singula indulta, quae in eodem decreto continentur; 3° ex privilegiis ibidem recensitis ea tantummodo, quae sub num. 1° et 2° veniunt; servatis tamen adamussim conditionibus, quae in pluries memorato decreto praescribuntur. Praesenti in perpetuum valituro absque ulla Brevis expeditione. Contrariis quibuscumque non obstantibus.

Datum Romae, e Secretaria eiusdem S. Congregationis, die 16 Februarii 1907.

L. ✠ S.

S. Card. CRETONI, *Praefectus.*

† D. PANICI, Archiep. Laodicen., *Secretarius.*

([1]) Cfr. *Acta Pontificia*, Vol. II, pag. 288.

II. — Indulgentia 300 dierum conceditur recitantibus precem « Verbe incréé, Sagesse éternelle, etc. ».

Verbe incréé, Sagesse éternelle, exemplaire et créateur des choses, Rédempteur des hommes, Vous qui accordâtes au B. Albert une vaste intelligence pour contempler dans leur ensemble tous les êtres, depuis Dieu et ses perfections infinies jusqu'aux constellations du ciel et aux moindres créatures terrestres avec leurs merveilleuses qualités; accordez-moi de comprendre aussi, selon les humbles proportions de mon esprit, le lien qui rattache entre elles les diverses sciences humaines et la mutuelle assistance qu'elles peuvent se prêter, pour servir ensemble l'unique Vérité. Alors je les entourerai toutes d'estime ainsi que ceux qui en cultivent les branches diverses, et j'appellerai de mes vœux l'heure bénie où tous les savants, de concert, s'étudieront à mettre leurs travaux persévérants, leurs connaissances acquises, leurs découvertes multiples au service de la Foi. Je vous demande cette grâce, o Seigneur, pour votre gloire, pour l'honneur de votre sainte Église et pour le salut des âmes rachetées de votre précieux sang. Ainsi soit-il.

Fidelibus recitantibus hanc precem, indulgentiam 300 dierum semel in die lucrandam concedimus.

Die 23 Novembris 1906.

PIUS PP. X

Praesentis rescripti authenticum exemplar exhibitum fuit huic S. Congregationi Indulgentiis Sacrisque Reliquiis praepositae. In quorum fidem etc.

Datum Romae, e Secretaria eiusdem S. Congregationis, die 15 Martii 1907.

L. ✠ S.

† D. Panici Archiep. Laodicen., *Secretarius*.

III. — Indulgentia 300 dierum ditatur oratio « O Jésus ami de l'enfance etc. ».

O Jésus, ami de l'enfance, Vous qui dès vos plus tendres années croissiez visiblement en sagesse et en grâce, devant Dieu et devant les hommes; Vous qui à l'âge de douze ans, assis dans le

Temple au milieu des Docteurs, les écoutiez attentivement, les in-
terrogiez humblement et faisiez leur admiration par la prudence et
la sagesse des vos discours; Vous qui acueilliez si volontiers les
enfants, les benissiez et disiez à vos disciples: *Laisses-les venir à
moi, car à ceux qui leur ressemblent appartient le royaume des
Cieux*, inspirez-moi, come Vous inspirâtes au B. Pierre Canisius,
modèle et guide du catéchiste parfait, un profond respect et une
sainte affection pour l'enfance, un goût et un dévouement pro-
noncés pour lui enseigner la doctrine chrétienne, une aptitude spéciale à lui en faire comprendre les mystères et aimer les beautés.
Je Vous le demande, ô mon Jésus, par l'intercession de la bien-
heureuse Vierge Marie. Ainsi soit-il.

Fidelibus recitantibus hanc precem, indulgentiam 300 dierum
semel in die lucrandam concedimus.

Die 23 Novembris 1901.

PIUS PP. X

Praesentis rescripti authenticum exemplar exhibitum fuit huic
S. Congregationi Indulgentiis Sacrisque Reliquiis praepositae. In
quorum fidem etc. ˙

Datum Romae e Secretaria eiusdem S. Congregationis, die
15 Martii 1907.

L. ✠ S.

† D. Panici, Archiep. Laodicen., *Secretarius.*

IV. — **Indulgentia 300 dierum adnectitur cuidam preci in honorem B. M. V. SSmi Rosarii.**

Vierge Marie, faite que la récitation de votre Rosaire soit pour
moi chaque jour, au milieu de mes devoirs multiples, un lien
d'unité dans les actes, un tribut de piété filiale, une douce recréa-
tion, un secours pour marcher joyeusement dans les sentiers du
devoir. — Faites surtout, ô Vierge Marie, que l'étude de vos
quinze mystères forme peu à peu dans mon âme une atmosphère
lumineuse, pure, fortifiante, embaumée, qui pénètre mon intelligence,
ma volonté, mon cœur, ma mémoire, mon imagination, tout mon
être. Ainsi contracterai-je l'habitude de prier en travaillant, sans
le secours des formules, par des regards intérieurs d'admiration
et de supplication, ou par les aspirations de l'amour. Je vous le

demande, ô Reine du Saint Rosaire, par Dominique votre fils de prédilection, l'insigne prédicateur de vos mystères et le fidèle imitateur de vos vertus. Ainsi soit-il.   •

Fidelibus recitantibus hanc precem, indulgentiam 300 dierum semel in die lucrandam concedimus.

Die 23 Novembris 1906.

PIUS PP. X

Praesentis rescripti authenticum exemplar exhibitum fuit huic S. Congregationi Indulgentiis Sacrisque Reliquiis praepositae. In quorum fidem etc.

Datum Romae, e Secretaria eiusdem S. Congregationis, die 15 Martii 1907.

I.. ✠ S.

† D. Panici, Archiep. Laodicen., *Secretarius.*

V. — Indulgentia 300 dierum conceditur recitantibus quandam precem in honorem S. Ioseph.

Glorieux S. Joseph, modèle de tous ceux qui sont voués au travail, obtenez-moi la grâce de travailler en esprit de pénitence, pour l'expiation de mes nombreux péchés; de travailler en conscience, mettant le culte du devoir au-dessus de mes inclinations; de travailler avec reconnaissance et joie, regardant comme un honneur d'employer et de développer, par le travail, les dons reçus de Dieu; de travailler avec ordre, paix, modération et patience, sans jamais reculer devant la lassitude et les difficultés; de travailler surtout avec pureté d'intention et avec détachement de moi-même, ayant sans cesse devant les yeux la mort et le compte que je devrai rendre du temps perdu, des talents inutilisés, du bien omis, et des vaines complaisances dans le succès, si funestes à l'œuvre de Dieu. Tout pour Jésus, tout par Marie, tout à votre imitation, o Patriarche Joseph! Telle sera ma devise à la vie et à la mort. Ainsi soit-il.

Fidelibus recitantibus hanc precem, indulgentiam 300 dierum semel in die lucrandam concedimus.

Die 23 Novembris 1906.

PIUS PP. X

Praesentis rescripti authenticum exemplar exhibitum fuit huic S. Congregationi Indulgentiis Sacrisque Reliquiis praepositae. In quorum fidem etc.

Datum Romae, e Secretaria eiusdem S. Congregationis, die 15 Martii 1907.

L. ✠ S.

† D. PANICI, Archiep. Laodicen., *Secretarius*.

VI. — **Litterae de triduanis supplicationibus quolibet anno in honorem SS. Eucharistiae Sacramenti celebrandis cum Oratione coram SSmo Eucharistiae Sacramento singulis supplicationum diebus recitanda, et indulgentiis a fidelibus hisce piis exercitationibus adstantibus lucrandis.**

DECRETUM de quotidiana SSmae Eucharistiae sumptione a S. Congr. Concilii anno 1905 sub die 20 Decembris evulgatum ([1]), quanto piorum fidelium plausu et quam ingenti animi gaudio sit exceptum, apprime testantur epistolae quamplurimae, quae ad hanc Apostolicam Sedem undique sunt delatae, ex quibus eruitur in pluribus locis hanc piam et saluberrimam praxim quotidianae Communionis suscipiendae uberes fructus edere coepisse, et in posterum uberiores quoque in christiano populo fore edituram. Et merito: siquidem refrigescente hominum pietate, procul dubio remedium nullum aliud efficacius excogitari potest, quo elanguentia christianorum corda ad Deum reclamandum vividius excitentur, quam frequens et quotidianus ad sacram Synaxim accessus. in qua Ille sumitur, qui fons est ardentissimae caritatis.

Quapropter Summus Pontifex, qui valde gavisus est de huiusmodi salutari fructu huc usque percepto, vehementer exoptans, ut ipse iugiter perseveret, imo maiora in dies incrementa suscipiat, mihi munus demandavit Amplitudinem tuam et totius Orbis catholici sacrorum Antistites hortandi, ut coeptis insistentes omnem impendant operam, quo christifideles frequentius, imo quotidie, sacram Eucharistiam sumant; hoc enim divino Convivio supernaturalis eorumdem vita indesinenter alitur et efflorescit.

Ipse vero Beatissimus Pater ratus ad hunc optatum finem asse-

---

([1]) Cfr. *Acta Pontificia*, Vol. IV, pag. 57.

quendum admodum conferre, si christiani populi assiduis precibus una simul effusis dulcissimam Deo vim inferant; in votis habet, ut quotannis, si fieri poterit, in singulis cathedralibus ecclesiis, infra Octavam solemnitatis Corporis Christi, vel si locorum et personarum adiuncta aliter expostulaverint, alio anni tempore a Rmis Episcopis statuendo triduanae supplicationes celebrentur iuxta methodum heic subiectam:

I. Supplicationes semper peragantur feria VI, sabbato et die Dominica vel immediate post solemnia Corporis Christi, vel alio tempore, uti supra relatum est. Hisce vero singulis diebus sermo habebitur, quo populus edoceatur de ineffabili Eucharistiae Sacramenti praestantia. et potissimum de animi dispositionibus ad illud rite suscipiendum.

Hoc expleto, publicae venerationi exponatur SSma Eucharistia, eâque coram sequens recitabitur oratio:

« *O dulcissime Iesu, qui in hunc mundum venisti, ut omnes animas vita ditares gratiae tuae, ad quam in illis servandam simulque fovendam in augustissimo Eucharistiae Sacramento salutare pharmacum earum infirmitatibus sanandis, et cibum divinum debilitati sustinendae temetipsum quotidie praebes, Te supplices deprecamur, ut super eas sanctum tuum spiritum benignus effundas, quo repletae, lethali labe si quae sint inquinatae, ad Te revertentes, vitam gratiae peccatis deperditam recuperent; quae vero, Te misericorditer largiente, iam Tibi adhaerent, quotidie, prout cuique dabitur, ad tuam caelestem Dapem devote accedant, qua roboratae, venialium culparum a se quotidie admissarum antidotum sibi comparare, vitamque gratiae tuae alere valeant, sicque magis magisque emundatae, sempiternam in coelis beatitudinem consequantur. Amen* ».

Dein vero, post cantum hymni *Tantum Ergo* populo Benedictio SSmi Sacramenti elargiatur.

II. Die vero Dominica, quae postrema erit earumdem supplicationum, mane, more sueto, missa parochialis celebrabitur, in qua habita a parocho Homilia de Evangelio Dominicae infra Octavam solemnitatis Corporis Christi, quod optime consonant mysterio Eucharistiae explanando, christifideles coniunctim de altari sancta libabunt: sin autem alia eligatur Dominica extra praefatam Octavam, loco Homiliae in Evangelium diei, concio fiat ad populum, qua ferventius ad Eucharistiam in ipsa Missa suscipiendam disponatur.

A meridie eaedem sacrae functiones iterentur, quae anteactis diebus sunt peractae. In concione tamen oratores ad ferventiorem erga sanctissimum Sacramentum pietatem hortentur fideles, speciatim vero ad frequentiorem caelestis Convivii participationem, iuxta probatam Cathechismi romani doctrinam, uti innuit S. Congregationis Concilii memoratum Decretum, sub num. VI. Tandem antequam hymnus *Tantum ergo* decantetur, hymnus Ambrosianus praemittatur.

Quo vero omnibus magis innotescat quam ardens sit desiderium Summi Pontificis frequentioris Communionis promovendae, maximopere Ipse commendat, ut in curialibus etiam templis, prout quisque . Episcopus pro sua prudentia et sagacitate diiudicabit, saltem locum habeat ea pia exercitatio, qaae in cathedralibus ecclesiis celebranda superius est proposita die Dominica infra eamdem solemnitatis Corporis Domini Octavam, vel alia in anno Dominica.

Hisce autem piis exercitationibus, ut alacrius intersint fideles, SSmus Dominus Noster indulgentias defunctis quoque applicabiles clementer elargitus est uti infra: nempe 1.º *septem annorum totidemque quadragenarum* quolibet triduanarum precum die; 2.º *plenariam* semel in Triduo lucrandam, die cuiuslibet arbitrio eligenda infra ipsum Triduum, si eidem qualibet die devote adfuerint, simulque sacramentali confessione expiati, S. Synaxim susceperint et ad mentem Sanctitatis Suae pie oraverint; 3.º *plenariam* die Dominica ab omnibus acquirendam, qui confessi ad sacras Epulas simul congregati accesserint in cathedralibus ecclesiis, vel etiam in curialibus et uti supra preces effuderint.

Interim Amplitudini Tuae omnia felicia a Domino adprecor.

Romae, ex Secretaria S. Congregationis Indulgentiis Sacrisque Reliquiis praepositae, die 10 Aprilis 1907.

Amplitudinis Tuae, uti Frater,

L. ✠ S.

S. Card. CRETONI, *Praefectus.*

† D. PANICI, Archiep. Laodicen., *Secretarius.*

COMMISSIO PONTIFICIA "DE RE BIBLICA „

De auctore et veritate historica quarti Evangelii.

Propositis sequentibus dubiis Commissio Pontificia « de Re Biblica » sequenti modo respondit:

Dubium I. Utrum ex constanti, universali ac solemni Ecclesiae traditione iam a saeculo II decurrente, prout maxime eruitur: *a)* ex SS. Patrum, scriptorum ecclesiasticorum, imo etiam haereticorum, testimoniis et allusionibus, quae, cum ab Apostolorum discipulis vel primis successoribus derivasse opportuerit, necessario nexu cum ipsa libri origine cohaerent; *b)* ex recepto semper et ubique nomine auctoris quarti Evangelii in canone et catalogis sacrorum Librorum; *c)* ex eorumdem Librorum vetustissimis manuscriptis codicibus et in varia idiomata versionibus; *d)* ex publico usu liturgico inde ab Ecclesiae primordiis toto orbe obtinente; praescindendo ab argumento theologico, tam solido argumento historico demonstretur Ioannem Apostolum et non alium quarti Evangelii auctorem esse agnoscendum, ut rationes a criticis in oppositum adductae hanc traditionem nullatenus infirment?

Resp. — Affirmative.

Dubium II. Utrum etiam rationes internae quae eruuntur ex textu quarti Evangelii seiunctim considerato, ex scribentis testimonio et Evangelii ipsius cum I. Epistola Ioannis Apostoli manifesta cognatione, censendae sint confirmare traditione, quae eidem Apostolo quartum Evangelium indubitanter attribuit? — Et utrum difficultates quae ex collatione ipsius Evangelii cum aliis tribus desumuntur, habita prae oculis diversitate temporis, scopi et auditorum pro quibus vel contra quos auctor scripsit, solvi rationabiliter possint, prout SS. Patres et exegetae catholici passim praestiterunt?

Resp. — Affirmative ad utramque partem,

Dubium III. Utrum, non obstante praxi quae a primis temporibus in universa Ecclesia constantissime viguit, arguendi ex quarto Evangelio tamquam ex documento proprie historico, considerata nihilominus indole peculiari eiusdem Evangelii et intentione auctoris manifesta illustrandi et vindicandi Christi divinitatem ex ipsis factis et sermonibus Domini, dici possit facta narrata in quarto

Evangelio esse totaliter vel ex parte conficta ad hoc, ut sint alle-
goriae vel symbola doctrinalia, sermones vero Domini non proprie
et vere esse ipsius Domini sermones, sed compositiones theologicas scriptoris, licet in ore Domini positas?

Resp. — Negative.

Die autem 29 Maii ann. 1907, in Audientia ambobus R.mis
Consultoribus ab Actis benigne concessa, Sanctissimus praedicta
Responsa rata habuit ac publici iuris fieri mandavit.

FULCRANUS VIGOUROUX P. S. S.
LAURENTIUS JANSSENS O. S. B.
Consultores ab Actis.

VICARIATUS URBIS

Decretum quo proscribitur liber " Dogme et critique „ Eduardi Leroy.

PETRUS TITULI SS. QUATUOR CORONATORUM S. R. E. PRESB. CARDI-
NALIS RESPIGHI SS.MI D. N. PAPAE VICARIUS GENERALIS, ROMA-
NAE CURIAE EIUSQUE DISTRICTUS IUDEX ORDINARIUS ETC.

Cum Nobis constet librum, qui inscribitur « *Dogme et Critique —
par Edouard Leroy — Librairie Bloud et C.ie — Paris 4, Rue
Madame* », in hac Urbe venumdari; cumque eius lectionem Christifidelibus detrimento esse vehementer putemus; eum, Auctoritate
Nostra Ordinaria, proscribimus atque proscriptum declaramus.

Itaque nemini cuiuscumque gradus et conditionis Nostrae Iurisdictioni subiecto eumdem librum vendere aut legere vel retinere
liceat sub culpa lethali.

Datum Romae, die 24 maii 1907.

PETRUS RESPIGHI, Card. Vic.

L. ✠ S.

FRANCISCUS FABERI, *Secret*

THEOLOGIAE PASTORALIS EXCERPTA

De pastorali regimine.

CAPUT I. — **De Pastoralis communitatis custodia.**

Cf. *Acta Pontificia, hoc volumine*, pagg. 117-119.

§ 4. — *De familiari et domestica parochianorum vita.*
De parochi in matrimoniis cura gerenda.

Ut matrimonium valeat et liceat, nullum obstet impedimentum necesse est. Horum alia solvuntur alia non. Quum impedimentum minime solvitur (quae ex coniugalis consensus deficientia aut ex iure naturae vel divino oriuntur) vel nunquam solutum fuerit (imp. affinitatis in primo gradu linea rectae ex matrimonio ortae; crimen publicum, sive uno sive utroque mortem machinante, effectu secuto; clandestinitatis ubi viget) vel rarius (votum solemne; ordo sacer; matrim. ratum non consummatum; cultus disparitas; crimen occultum sive uno sive utroque machinante, effectu secuto; consanguinitas in secundo gradu tangente primum; cognatio spiritualis inter levantem et levatum) huiusmodi matrimonii spem opportune praecidat, alioque convertantur vota suadeat. In ceteris autem impedimentis quo diffi- cilius veniam S. Sedes concedit, eo parochus studiosius a matrimo- nio dehortetur. Quum autem minime sponsi distrahuntur, de veris causis interroget eosque ne verum occultent severe moneat, quum S. Sedis derogatio, deficiente veritate, nihil valeat. Quum vero im- pedimentum ex iis est, quae facile dissolvuntur, at canonica deficiat causa (quia matrimonium ex rei tantum familiaris cura, vel ex animi impetu etc. initur) sponsos, ut sensus compescant serio hortetur, si beate in matrimonio vivere cupiant. Derogationis petitio « ex stilo curiae » cum documentis (stemma, actus baptismi etc.), utraque con- sentiente parte ad Episcopum mittitur. Derogatio, cunctis derogantis mandati condicionibus religiose servatis, si aliud interim impedi- mentum ortum non fuerit, datur « in foro interno » post confessio- nem et absolutionem. Ante orationem igitur « Passio Domini » etc. dicitur: « Et insuper auctoritate apostolica mihi concessa dispenso tecum super impedimento.... ut matrimonium cum illo(a) contra- here (vel: rursus renovato consensu contrahere) possis »; vel « ut in matrimonio remanere et debitum coniugale exigere possis. Et pariter eadem auctoritate apostolica prolem susceptam vel suscipiendam legitimam declaro in nomine Patris etc. » Mandati literae quae in foro externo fere semper nihil valent, comburuntur. In foro externo derogationis mandatum a delegato extra confessionem exhauritur.· Ut derogatio valeat, dummodo petitionis exposita re sint vera et mala fide neuter egerit, cunctae mandati condiciones omnino servandae sunt. At « dispensationes matrimoniales, etiamsi copula incestuosa vel consilium et intentio per eam facilius dispensationem impetrandi reticita fuerint » valent. Literae derogantes in tabulario conduntur.

Pastoralis sollicitudo, ut vere christianae familiae vita instituatur aut restauretur, assiduam dare operam debet.

Triplex familiae necessitudinum genus (virum inter et uxorem, parentes et filios, heros et servos) christianam recipiunt formam ex caritate a fide oriente, qua in Deo cuncta familiae membra inter se coniunguntur. Moneat igitur parochus, ut viri uxori suae « quasi infirmiori vasculo muliebri impertiant honorem tanquam et cohaeredibus gratiae vitae » (I Petri III. 7), ut adiutricem ad vitae labores una perferendos et ad officia Deo debita facilius fungenda divinitus acceptam habeant; uxores autem suum virum ut caput « sicut Christus caput est Ecclesiae » colant et « viris suis in omnibus » subiiciantur, firma fide et patienti amore in rebus minus secundis faveant et consolentur, a perdita via, quantum possint, ad Deum leniter revocent, domus curam studiose habeant. Parentes, ut natos suos christiano amore foveant, ad christianam in primis virtutem sermonibus sed magis suis exemplis instituant, a peccandi periculis monitionibus, consiliis, poenis prohibeant, filiorum errata coeca ne dissimulent pietate, mature disciplina vitaeque ratione servanda oboedientia assuefaciant, de disciplinae locis, de magistris, quibus forte filiorum cura demandanda sit, sciscitentur. Pessimum in eorum oculis crimen ponat, quum parentes non angeli ad coelum sed ad perditionem daemones mali exempli offensione perducunt.

Vitae genus sibi deligendi filiis absque causa impedimenta non afferant, neque vi cogant. At contra filii suadendi ut non naturae tantum instinctu et grato animo, sed etiam ex Dei iussu, parentes honore, amore et oboedientia prosequantur, quantum possint adiuvent, ne contra eorum voluntatem matrimonium ineant. De malis

parentibus studiose et amanter soletur, et ab eorum exemplis amo-
veant, quantum tamen liceat propter Deum oboediant, et pro iisdem
instanter orent.

Heros tandem doceat cum servis aeque etiam in iis quae spiritus sunt agere; servos autem fidelem diligentemque famulatum
praestare, a noxiis heros tueri, humiliter asperitatem et iniuriarum indignitatem ferant, pietatis officia, quae in ecclesia non possint domi ne omittant.

Familiae membra fidei praecepta parochus doceat, pietate instituat, ad familiares probabiles devotiones devincat. Ut christianam
familiae vitam restauret, confirmet, augeat, proprias de unoquoque
vitae genere orationes frequens habeat; sacerdotes ad se praeter
ordinem sermones habituros advocet; congregationes SS. Sacramenti, SS. Rosarii promoveat; societates in certa vitia (blasphe-
miae, turpiloquii etc.) instituat foveatque, at in primis cunctas suae
parochiae familias ad piam advocet consociationem universalem
sacrae Familiae; ephemerides, libros, sacras imagines distribuant.

Causas quae familiae conturbant necessitudines pro viribus
prudentissime coerceat. Coniugum discordias pastoralibus monitionibus reconciliare experiatur, utrumque pari animi benignitate alloquens. Religiosam filiorum institutionem, quae a parentibus ne-
gligatur, orphanotrophaeis, puerorum scholis, etc., quae christiana
foventur caritate, adiuvet.

Magis in dies christianae heros inter et servos necessitudines
laxantur. Novum civilis societatis ingenium, opificis pretium ex
corporis tantum viribus constituens, nihili animum pendet. Graviora
inde quae in re publica oriuntur incommoda ut depellantur, cives,
praesertim iuvenes, societate coniungere quam maxime iuvat. Unde
Iuvenum, S. Ioseph, B. Mariae sodalitia, quae christiano affectu
providenti perseverantia ab Ecclesiae ministris reguntur.

Continuabitur

IMPRIMATUR. — Fr. Albertus Lepidi O. P. S. P. A. Magister.

IMPRIMATUR. — Iosephus Ceppetelli Patr. Constant. Vicesgerens.

CONSTANTIUS CASTELLO, *gerens responsabilis.*

ROMAE — EX TYPOGRAFIA PONTIFICIA INSTITUTI PII IX.

ACTA SUMMI PONTIFICIS

I. — EPISTOLA

Summi Pontificis Pii Pp. X. ad Episcopos Patronos Instituti Catholici Parisiensis.

DILECTO FILIO NOSTRO FRANCISCO MARIAE S. R. E. PRESB. CARD. RICHARD, ARCHIEPISCOPO PARISIENSI CETERISQUE ARCHIEPISCOPIS ET EPISCOPIS EX GALLIA PATRONIS INSTITUTI CATHOLICI PARISIENSIS.

PIUS PP. X

Dilecte Fili Noster, Venerabiles Fratres, Salutem et Apostolicam Benedictionem.

Sub exitum mensis huius, uti accepimus, una simul conventuri vos estis, ut *Instituti Catholici Parisiensis,* cuius patrocinium geritis, rationes de more cognoscatis. Quoniam, propter difficultates temporum, ea quoque res in consultationem vestram venire posse videtur, quid ipsi Instituto faciatis in posterum, Nostrum esse putavimus, haec ad vos, pro rei gravitate, scribere. Equidem intelligimus, iniqua Civitatis vestrae ab Ecclesia seiunctio in quantas vos rerum angustias coniecerit. Destituti scilicet reditibus legitimis, ideoque adacti ex piorum collationibus tuitionem divini cultus omnem petere, aegre plerumque habebitis, quod novis necessitatibus tot tantisque suppetat, nisi sumptus, quamvis utiles, non adeo tamen necessarios, minuere studueritis. Verum nolimus, hoc parsimoniae studio quidquam detrimenti Instituto inferri, de quo loquimur. Neque enim illud ponendum est in genere earum rerum, quarum iacturam fieri liceat, sed quas vel magno negotio retineri oporteat. Facile apparet, hoc misero Galliae tempore unam omnium maxime in discrimen vocari, iuventutem: Subducta quippe, magnam partem, de vigilantia tutelaque Ecclesiae, in publica cogitur gymnasia et lycea magna, quae quidem apprime ad extrahendam radicitus ex animis religionem comparata esse dixeris. Iamvero, si tanto huic malo mederi omnino non possumus, at saltem, ut in usum iuvenum nostrorum catholica, quae restant, studiorum domicilia conservemus integra, eniti pro viribus debemus. Itaque non potest esse dubium, quin vos Institutum Parisiense tueri posthac, ut fecistis adhuc, atque etiam ornare velitis, quemadmodum religionis defensio postulat. Nostis, in athenaeis publicis propria quaedam magisteria ad impugnationem catholicae veritatis nuper esse constituta. Optandum est, apud Institutum vestrum similium disciplinarum magistros esse, qui adversarios refellant. Sed quo pacto id commode, hoc est, novo sine onere fiat, vestrum consilium erit. Vos autem dabitis operam, ut, praeterquam idoneis magisteriis, numero etiam auditorum Institutum floreat: propterea curae vobis erit, de dioecesanis vestris adolescentes clericos spei bonae eo plures submittere, qui philosophiam ibi et doctrinae sacrae studia penitus colant. — Ac de philosophia, petimus a vobis, ne unquam patiamini in Seminariis vestris minus sancte observari, quae providentissime Litteris Encyclicis *Aeterni Patris* decessor Noster praecepit. Permagni ad custodiam et tutelam Fidei hoc interest. Certe Nobiscum doletis, e Clero praesertim adolescenti quasdam erumpere coepisse, periculi et erroris plenas, novitates sententiarum de ipsis fundamentis doctrinae catholicae. Sed eas fere non aliunde proficisci patet, quam a superbo quodam fastidio sapientiae veteris, quo ratio philosophandi principum Scholasticorum, quamquam multiplici Ecclesiae praeconio consecrata, contemnitur. Ergo vos vestros alumnos sacri ordinis non debetis velle philosophiae praeceptis tantum imbui, quantum in legittima litterarum institutione praescriptum est publice, sed eo uberius et altius, nempe secundum disciplinam Thomae Aquinatis; ut solidam deinceps possint sacrae theologiae reique biblicae scientiam percipere. — Auspicem divinorum munerum ac testem praecipuae benevolentiae Nostrae, vobis, Dilecte Fili Noster et Venerabiles Fratres, Apostolicam benedictionem amantissime impertimus.

Datum Romae apud S. Petrum die VI Maii anno MCMVII, Pontificatus Nostri quarto.

PIUS PP. X.

II. — EPISTOLA

Qua Summus Pontifex Ernesto Commer gratulatur ob extractos ac refutatos errores Hermanni Schell.

DILECTO FILIO ERNESTO COMMER ANTISTITI URBANO, DOCTORI DECURIALI THEOLOGIAE TRADENDAE IN LYCEO MAGNO VINDOBONENSI. — VIN- DOBONAM.

PIUS PP. X.

Dilecte Fili, Salutem et Apostolicam Benedictionem.

Summa Nos voluptate complexi opus (¹) sumus, quod eam in rem, aetati nostrae civibusque maxime tuis sane quam utilem, condidisti, ut qui Hermanni Schell, recens vita functi, obtegantur scriptis errores, extrahendo iudicares disceptandoque reiiceres. Res est non comperta nemini, Hermannum Schell vita quidem ducta integre, item pietate, Religionis tuendae studio, aliis praeterea virtutibus excelluisse: non item incorrupta doctrina; quo factum est ut non- nulla eius scripta, tamquam minus congruentia veritati catholicae, improbarit Sedes Apostolica damnaritque publice. Itaque de catho- licis id erat sine dubitatione confidendum, qui virum, cetera lauda- bilem, aberrantem a sententia catholica sequeretur, fore neminem, securamque ab eiusmodi causa doctrinam, detecto provide discri- mine, non tam adservari illibatam quam ad perfectum posse con- tendere. At, contra, non deesse comperimus qui eius doctrinam commendare non dubitarint, eumque perinde laudibus efferre, ac si fidei defensor exstiterit princeps, ipsi etiam Paulo Apostolo compa- randus, planeque dignus, cuius memoria, posito monumento, poste- ritati admirationique consecretur. Equidem qui ita sentiunt, vel ii ignoratione occupari veritatis catholicae sunt existimandi, vel Aucto- ritati Sedis Apostolicae obsistere, id calumniae commenti, obsole- tioribus studiis adhaerentem, disciplinarum eam obstare progressui, alas acerrimis quibusque ingeniis circumcidere, verumque edocen- tibus obniti. Neque tamen falsius quidquam aut iniquius fingi cogi- tatione potest; si quidem improbat certe errandi libertatem Ecclesia,

---

(¹) Hermann Schell und der fortschrittliche Katholizismus. Ein Wort zur Orientierung für gläubige Katholiken. Von Prälat Dr. Ernst Commer, Professor der Dogmatik an d. k. k. Universität Wien. Wien 1907. Verlag von Heinrich Kirsch.

fidelesque ne patiantur se irretiri fallaciis, evigilat; at non illud ullo
pacto prohibet, immo vero instando commendat suadetque, traditum
divinitus verum, cui ipsa custodiendo est data, pro gentium aeta-
tumque indole, apertius explanari et interpretatione evolvi legitima.
Quapropter palam est nullam posse aliam damnatorum Hermanni
Schell scriptorum caussam intelligi quam quod novarum iisdem
venenum rerum alienaeque a catholica fide doctrinae continerentur.
Quae quum ita sint, egregie te de Religione ac de doctrina meritum
edicimus, ac theologi te munere functum praeclare arbitramur, qui,
eo germane declarato quid in propositis rebus Ecclesia sentiat,
cautum fidelibus esse volueris. Tibi idcirco ex animo gratulamur:
simul vehementi hortamur desiderio, ne reprehensiones adversariorum veritus, quas honori tibi et incitamento esse oportet, mentem
aut calamum a catholico tuendo dogmate revoces. Auspicem gratiae
divinae, Nostraeque benevolentiae testem Apostolicam Benedictionem amantissime tibi impertimus.

Datum Romae apud S. Petrum die XIV Iunii anno MCMVII,
Pontificatus Nostri quarto.

PIUS PP. X.

SECRETARIA STATUS

I. — LITTERAE GRATULATORIAE

**ob initum foedere inter duo diaria « L'Univers » et « La
Vérité Française ».**

A Messieurs Auguste Roussel et Pierre Veuillot,
Directeurs du journal l'*Univers* et la *Vérité française*..

Illustrissimes messieurs.

Il m'est agréable et précieux de faire part à vos illustrissimes seigneuries que l'annonce au Souverain Pontife de l'union des
deux journaux l'*Univers* et la *Vérité française*, opérée le saint jour
de la Chaire romaine de Saint-Pierre, a très vivement réconforté
le cœur de Sa Sainteté. Aux catholiques de France, ardents dans
la foi et féconds en œuvres, mais peut-être dans le passé moins
pénétrés de la nécessité absolue et sans condition de l'union, il

était urgent de donner de hauts exemples d'une union généreuse, faite même au prix de quelque sacrifice.

La fusion des deux dignes et vaillants journaux a la gloire d'être le premier et, il faut l'espérer, ne sera pas le dernier de tels exemples, surtout aujourd'hui qu'une seule force peut sauver la France catholique et lui confirmer le lustre des gloires ancêtrales celle de l'Union. Et cette union, à laquelle contribue puissamment l'apostolat de la presse, le Saint-Père aime à croire qu'elle deviendra toujours plus compacte, grâce au déploiement du nouvel étendard de l'*Univers* et la *Vérité française*, étendard symbolisant une grande pensée, à savoir que, pour la *Vérité* religieuse, synonyme de liberté et de bien-être, doit combattre, en ordre serré, l'*Universel* peuple de France.

A vos seigneuries, qui avec un cœur au-dessus des faiblesses des intérêts privés, n'avez pas hésité à donner une preuve publique que vous avez bien compris les nécessités de la patrie catholique et que vous avez la forte volonté d'être à leur hauteur, Sa Sainteté envoie ses félicitations et ses encouragements, et, ayant la confiance que l'intelligent peuple français saura, lui aussi, combien il importe de suivre leur noble exemple, vous accorde, ainsi qu'à la redaction du nouveau journal, une spéciale bénédiction Apostolique. ·

Je saisis avec plaisir cette occasion de m'affirmer, avec les sentiments de l'estime la plus distinguée,

De vos seigneuries illustrissimes, très affectionné serviteur,

Rome, 23 janvier 1907.

R. Card. Merry del Val

II. — LITTERAE GRATULATORIAE

ob erectam « Scholam Apostolicam » in Iaponia a Societate Mariae in fidei catholicae incrementum.

Revmo Padre,

Mi è grato portare a cognizione della S. V. Revma l'alto e particolare compiacimento con cui è stato appreso dal Sommo Pontefice la fondazione di una *Scuola Apostolica* presso la città di Urakami nell'impero Giapponese. La Società di Maria, che ha il notevole vanto di avere promosso siffatta istituzione, ha chiaramente dimostrato di essere animata da zelo, non soltanto ardente, ma altresì illuminato; imperocchè pur conoscendo le difficoltà gravissime che si frappongono ad ogni opera di apostolato cattolico, essa ha nondimeno preferito di scegliere la più ardua; e ben sapendo quanto sian diversi gli uni dagli altri, i vantaggi delle varie imprese, essa ha volute eleggere la più utile. Sua Santità pertanto si congratula col prelodato Sodalizio per l'animoso entusiasmo, onde si è consacrato alla vita della Scuola Apostolica; e non dubita punto che da simile Istituto proverranno alla nazione Giapponese indescrivibili beni, essendo di là che dovranno uscire, per la istruzione e per la conversione del paese, i maestri cristiani, i sacerdoti, ed i religiosi. Tale lusinghiera prospettiva ha meritato ed ottenuto dal Santo Padre tutto l'appoggio della suprema autorità: e perciò l'Augusto Pontefice, nel formare caldi voti per la riuscita e per l'incremento dell'Istituto, ha manifestato la fiducia che le anime generose non manchino di sostenere e di favorire con i loro soccorsi l'esistenza e lo sviluppo di così provvida intrapresa, ed a tal uopo, mentre ha benedetto la prelodata Scuola e i benefattori della medesima, si è degnato largire all'Istituto i privilegi dei quali godono le altre Scuole Apostoliche, ed in particolare le indulgenze menzionate nel Breve Apostolico del Suo Venerato Predecessore Pio IX in data del 15 maggio 1877.

Mentre per il bene dell'anzidetta Istituzione, io rendo di ciò intesa la S. V., colgo l'opportunità di confermarmi con sensi di distinta stima

    Della P. V. Revma

      Roma, 30 aprile 1907.

                Affmo nel Signore

                R. Card. MERRY DEL VAL

SECRETARIA BREVIUM

I. — LITTERAE APOSTOLICAE

Quibus Praefectura Apostolica de Cameron in Africa Occidentali in Vicariatum Apostolicum erigitur.

PIUS PP. X

AD FUTURAM REI MEMORIAM.

Cum Nobis nihil antiquius · sit quam ut catholicum nomen etiam in plagas longe terrarum marisque tractu dissitas amplificetur, quae in illius incrementum bene, prospere feliciterque eveniant, Apostolica Nostra Auctoritate interposita, praestare satagimus. Hoc consilio, cum relatum sit ad Nos, in Praefectura Apostolica de Cameron, iam ab anno MDCCCLXXXX in Africa Occidentali rite erecta, ac curis piae Societatis Missionum, vulgo Pallottinorum, concredita, eos religionis esse progressus, qui merito suadent Praefecturam eamdem in Vicariatum Apostolicum esse evehendam; Nos, collatis consiliis cum Venerabilibus Fratribus Nostris S. R. E. Cardinalibus negotiis Propagandae Fidei praepositis, inspecto numero haud parvo catholicorum illius regionis, stationum, scholarum, ipsorumque Missionariorum, non modo certum habuimus de bono stato religionis in Cameronensi territorio testimonium, sed etiam opem magnam concepimus maioris in posterum incrementi, praesertim si Vicarius Apostolicus, charactere Episcopali insignitus, Missionis illius regimen teneat. Quae cum ita sint, omnes et singulos, quibus Nostrae hae Litterae favent, peculiari benevolentia complectentes, et a quibusvis excommunicationis et interdicti, aliisque ecclesiasticis sententiis, censuris, et poenis, si quas forte incurrerint huius rei tantum gratia absolventes, et absolutos fore censentes, motu proprio atque ex certa scientia et matura deliberatione Nostri, deque Apostolicae Nostrae potestatis plenitudine, praesentium vi, Praefecturam Apostolicam supradictam de Cameron in Africa Occidentali, prioribus retentis confinis, in Vicariatum Apostolicum erigimus, Cameronensem appellandum, ab iisdem Missionariis piae Societatis Missionis deserviendum. Decernentes praesentes litteras firmas, validas, ac efficaces existere et fore, suosque plenarios et integros effectus sortiri et obtinere, illisque, ad quod spectat et spectare poterit, in omnibus et per omnia plenissime suffragari, sicque in praemissis per quoscumque iudices ordinarios et delegatos iudicari et definiri debere, atque irritum et inane, si secus super· his a quoquam quavis auctoritate, scienter vel ignoranter, contingerit attentari. Non obstantibus Nostra, et Cancellariae Apostolicae regula de iure quaesito non tollendo, aliisque Constitutionibus et Ordinationibus Apostolicis, ceterisque, speciali licet aque individua mentione et derogatione dignis, in contrarium facientibus quibuscumque.

Datum Romae apud S. Petrum, sub annulo Piscatoris, die II Ianuarii MDCCCCV, Pontificatus Nostri anno secundo.

A. Card. MACCHI.

II. — LITTERAE APOSTOLICAE

Quibus theologicae Facultati catholicae Universitatis Studio-rum Bonnensis e dioecesi Coloniensi ius conceditur acade-micos gradus conferendi.

PIUS PP. X.

AD FUTURAM REI MEMORIAM.

CUM, sicuti admotae nobis ab Archiepiscopo Coloniensi preces prae-seferunt, peropportunum sit, ut theologicae facultati catholicae in studiorum Universitate Bonnae institutae academicos gradus confe-rendi ius Apostolica Nostra auctoritate tribuamus, simulque ipsius facultatis Decano privilegium concedamus gestandi, quandocumque in huiusmodi gradibus conferendis suo munere defungitur, rubri coloris biretum; Nos, quibus nihil antiquius est aut acceptius quam ut theologicae institutiones maiora in dies incrementa percipiant, omnibus rei momentis attente ac mature perpensis, precibus huius-modi annuendum censuimus. Quamobrem omnes ac singulos, quibus Nostrae hae Litterae favent, peculiari benevolentia complectentes, et a quibusvis excommunicationis et interdicti, aliisque ecclesiasticis sententiis, censuris, et poenis, si quas forte incurrerint, huius tan-tum rei gratia absolventes et absolutos fore censentes, facultati theo-logicae catholicae existenti in Universitate studiorum Bonnae, intra fines Dioecesis Coloniensis, de Apostolica Nostra auctoritate, prae-sentium vi, ius concedimus provehendi ad Licentiae gradum, et Doctoris Laurea decorandi discipulos, facto tamen legitimo periculo, ac eiusdem facultatis Decano, quandocumque in gradibus conferendis suo munere defungitur, bireti rubri usum concedimus; hisce tamen adamussim servatis conditionibus ac legibus; nimirum ut anteces-sores in dictam theologicam facultatem adlecti, docendi munus habeant ab ecclesiastica auctoritate demandatum; iidemque, quod ad doctri-nam studiorumque theologicorum rationem, inspectioni ac modera-tioni auctoritatis ipsius Ecclesiae obnoxii sint, et circa fidei profes-sionem Sacrorum Canonum praecepta servent; tandem ut Theologiae Laurea a facultate praedicta nequeat conferri, nisi antea venia et potestas, singulis vicibus, impetrata sit ab Archiepiscopo, cuius etiam erit thesis et lucubratas dissertationes inspicere, nec non periculo-rum instituendorum exitum agnoscere. Pari insuper auctoritate et similiter praesentium tenore, Coloniensi sacrorum Antistiti concedimus omnes et singulas necessarias et opportunas facultates, ut, quae superius praescripta sunt, suos plenarios atque integros effectus sortiantur. Decernentes praesentes Litteras firmas, validas et efficaces existere et fore, suosque plenarios et integros effectus sortiri et obtinere, illisque ad quos spectat et spectare poterit in omnibus et per omnia plenissime suffragari, sicque in praemissis per quoscumque iudices ordinarios et delegatos iudicari et definiri debere, atque irritum et inane, si secus super his a quoquam, quavis auctoritate, scienter vel ignoranter, contigerit attentari. Non obstantibus Constitutionibus et Ordinationibns Apostolicis, nec non supradictae studiorum Universitatis, etiam iuramento, confirmatione Apostolica, vel quavis firmitate alia roboratis, statutis et consuetudinibus, ceterisque speciali licet et individua mentione ac derogatione dignis, in contrarium facientibus quibuscumque.

Datum Romae apud S. Petrum, sub annulo Piscatoris, die xv Februarii MDCCCCV, Pontificatus Nostri anno secundo.

A. Card. MACCHI.

III. — LITTERAE APOSTOLICAE.

Quibus Vicariatus Apostolicus Territorii Indorum in novam erigitur Dioecesim Oklahomensem nuncupatam.

PIUS PP. X.

AD FUTURAM REI MEMORIAM.

IN hac sublimi Principis Apostolorum Cathedra nullis quidem meritis Nostris divinitus collocati, in omnes catholici orbis partes oculos mentis Nostrae convertimus, et quae rei sacrae pròcurationi melius gerendae facere possunt, ea de plenitudine potestatis Nostrae decernere satagimus. Hoc quidem consilio rec. mem. Decessor Noster Leo PP. XIII anno MDCCCLXXXXI in Statibus Foederatis Americae Septentrionalis et in provincia ecclesiastica Neo-Aurelianensi Vicariatum Apostolicum Territorii Indorum erexit, qui comprehenderet Territorium Indorum et Oklahomense. Nunc autem cum, re catholica in illis regionibus aucta feliciter, attento Religionis progressu iam habito in Vicariatu et in spem maioris futuri incrementi, Venerabiles Fratres Archiepiscopus Neo-Aurelianensis et comprovinciales Episcopi Nos enixe flagitaverint, ut idem Vicariatus in Dioecesim Apostolica auctoritate erigatur; Nos collatis consiliis cum VV. FF. NN. S. R. E. Cardinalibus negotiis Propagandae Fidei praepositis, omnibus rei momenti attente ac sedulo studio perpensis, haec, quae infrascripta sunt, decernenda existimavimus. Nimirum omnes et singulos, quibus Nostrae hae Literae favent, a quibusvis excommunicationis et interdicti, aliisque ecclesiasticis sententiis, censuris et poenis, si quas forte incurrerint, huius tantum rei gratia absolventes, et absolutos fore censentes, motu

proprio atque ex certa scientia et matura deliberatione Nostris, deque
Apostolicae Nostrae potestatis plenitudine, praesentium vi, Vicariatum Apostolicum Territorii Indorum in Dioecesim erigimus cum
iisdem limitibus, nempe Territorii Indorum et Oklahoma, illiusque
Episcopalem residentiam in civitate Oklahoma esse volumus, ita ut
exinde nova Dioecesis Oklahomensis nomen habeat cum cathedra-
tico pro discreto arbitrio Episcopi imponendo. Decernentes praesentes Literas firmas, validas et efficaces existere et fore, suosque
plenarios et integros effectus sortiri et obtinere, illisque ad quos
spectat et spectare poterit in omnibus et per omnia plenissime suffragari, sicque in praemissis per quoscumque iudices ordinarios et
delegatos iudicari et definiri debere, atque irritum et inane, si secus
super his a quoquam quavis auctoritate scienter vel ignoranter contigerit attentari. Non obstantibus Nostra et Cancellariae Apostolicae
regula de iure quaesito non tollendo, aliisque Constitutionibus et
Ordinationibus Apostolicis, ceterisque, speciali licet atque individua
mentione et derogatione dignis, in contrarium facientibus quibuscumque.

Datum Romae apud S. Petrum sub annulo Piscatoris die xvii
Augusti anno mdcccv, Pontificatus Nostri tertio.

A. Card. Macchi.

DECRETA SS. RR. CONGREGATIONUM
————◈✹◇————

S. CONGREGATIO S. OFFICII

DECRETUM

Quo nonnullae propositiones damnantur ac proscribuntur.

Feria IV, die 3 Iulii 1907.

L AMENTABILI sane exitu aetas nostra freni impatiens in rerum summis rationibus indagandis ita nova non raro sequitur ut, dimissa
humani generis quasi haereditate, in errores incidat gravissimos.
Qui errores longe erunt perniciosiores, si de disciplinis agitur sacris,
si de Sacra Scriptura interpretanda, si de fidei praecipuis mysteriis.
Dolendum autem vehementer inveniri etiam inter catholicos non ita
paucos scriptores qui, praetergressi fines a patribus ac ab ipsa
Sancta Ecclesia statutos, altioris intelligentiae specie et historicae
considerationis nomine, eum dogmatum progressum quaerunt qui,
reipsa, eorum corruptela est.

Ne vero huius generis errores, qui quotidie inter fideles sparguntur, in eorum animis radices figant ac fidei sinceritatem corrumpant, placuit SSmo D. N. Pio divina providentia Pp. X ut per hoc
Sacrae Romanae et Universalis Inquisitionis officium ii qui inter
eos praecipui essent, notarentur et reprobarentur.

Quare, instituto diligentissimo examine, praehabitoque RR. DD.
Consultorum voto, Emi ac Rmi Dni Cardinales, in rebus fidei et
morum Inquisitores Generales, propositiones quae sequuntur repro-
bandas ac proscribendas esse iudicarunt, prouti hoc generali Decreto reprobantur ac proscribuntur:

1. Ecclesiastica lex quae praescribit subiicere praeviae censurae
libros Divinas respicientes Scripturas, ad cultores critices aut exegeseos scientificae librorum Veteris et Novi Testamenti non extenditur.

2. Ecclesiae interpretatio Sacrorum Librorum non est quidem
spernenda, subiacet tamen accuratiori exegetarum iudicio et cor-
rectioni.

3. Ex iudiciis et censuris ecclesiasticis contra liberam et cul-
tiorem exegesim latis colligi potest fidem ab Ecclesia propositam
contradicere historiae, et dogmata catholica cum verioribus christianae
religionis originibus componi reipsa non posse.

4. Magisterium Ecclesiae ne per dogmaticas quidem defini-
tiones genuinum Sacrarum Scripturarum sensum determinare potest.

5. Quum in deposito fidei veritates tantum revelatae contineantur, nullo sub respectu ad Ecclesiam pertinet iudicium ferre de as-
sertionibus disciplinarum humanarum.

6. In definiendis veritatibus ita collaborant discens et docens
Ecclesia, ut docenti Ecclesiae nihil supersit nisi communes discentis
opinationes sancire.

7. Ecclesia, cum proscribit errores, nequit a fidelibus exigere
ullum internum assensum, quo iudicia a se edita complectantur.

8. Ab omni culpa immunes existimandi sunt qui reprobationes
a Sacra Congregatione Indicis aliisve Sacris Romanis Congregatio-
nibus latas nihili pendunt.

9. Nimiam simplicitatem aut ignorantiam prae se ferunt qui
Deum credunt vere esse Scripturae Sacrae auctorem.

10. Inspiratio librorum Veteris Testamenti in eo constitit quod

scriptores israelitae religiosas doctrinas sub peculiari quodam aspectu, gentibus parum noto aut ignoto, tradiderunt.

11. Inspiratio divina non ita ad totam Scripturam Sacram extenditur, ut omnes et singulas eius partes ab omni errore praemuniat.

12. Exegeta, si velit utiliter studiis biblicis incumbere, in primis quamlibet praeconceptam opinionem de supernaturali origine Scripturae Sacrae reponere debet, eamque non aliter interpretari quam cetera documenta mere humana.

13. Parabolas evangelicas ipsimet Evangelistae ac christiani secundae et tertiae generationis artificiose digesserunt, atque ita rationem dederunt exigui fructus praedicationis Christi apud iudaeos.

14. In pluribus narrationibus non tam quae vera sunt Evangelistae retulerunt, quam quae lectoribus, etsi falsa, censuerunt magis proficua.

15. Evangelia usque ad definitum constitutumque canonem continuis additionibus et correctionibus aucta fuerunt; in ipsis proinde doctrinae Christi non remansit nisi tenue et incertum vestigium.

16. Narrationes Ioannis non sunt proprie historia, sed mystica Evangelii contemplatio; sermones, in eius evangelio contenti, sunt meditationes theologicae circa mysterium salutis historica veritate destitutae.

17. Quartum Evangelium miracula exaggeravit non tantum ut extraordinaria magis apparerent, sed etiam ut aptiora fierent ad significandum opus et gloriam Verbi Incarnati.

18. Ioannes sibi vindicat quidem rationem testis de Christo; re tamen vera non est nisi eximius testis vitae christianae, seu vitae Christi in Ecclesia, exeunte primo saeculo.

19. Heterodoxi exegetae fidelius expresserunt sensum verum Scripturarum quam exegetae catholici.

20. Revelatio nihil aliud esse potuit quam acquisita ab homine suae ad Deum relationis conscientia.

21. Revelatio, obiectum fidei catholicae constituens, non fuit cum Apostolis completa.

22. Dogmata quae Ecclesia perhibet tamquam revelata, non sunt veritates e coelo delapsae, sed sunt interpretatio quaedam factorum religiosorum quam humana mens laborioso conatu sibi comparavit.

23. Existere potest et reipsa existit oppositio inter facta quae in Sacra Scriptura narrantur eisque innixa Ecclesiae dogmata; ita ut criticus tamquam falsa reiicere possit facta quae Ecclesia tamquam certissima credit.

24. Reprobandus non est exegeta qui praemissas adstruit, ex quibus sequitur dogmata historice falsa aut dubia esse, dummodo dogmata ipsa directe non neget.

25. Assensus fidei ultimo innititur in congerie probabilitatum.

26. Dogmata fidei retinenda sunt tantummodo iuxta sensum practicum, idest tanquam norma praeceptiva agendi, non vero tanquam norma credendi.

27. Divinitas Iesu Christi ex Evangeliis non probatur; sed est dogma quod conscientia christiana e notione Messiae deduxit.

28. Iesus, quum ministerium suum exercebat, non in eum finem loquebatur ut doceret se esse Messiam, neque eius miracula eo spectabant ut id demonstraret.

29. Concedere licet Christum quem exhibet historia, multo inferiorem esse Christo qui est obiectum fidei.

30. In omnibus textibus evangelicis nomen *Filius Dei* aequivalet tantum nomini *Messias,* minime vero significat Christum esse verum et naturalem Dei Filium.

31. Doctrina de Christo quam tradunt Paulus, Ioannes et Concilia Nicaenum, Ephesinum, Chalcedonense, non est ea quam Iesus docuit, sed quam de Iesu concepit conscientia christiana.

32. Conciliari nequit sensus naturalis textuum evangelicorum cum eo quod nostri theologi docent de conscientia et scientia infallibili Iesu Christi.

33. Evidens est cuique qui praeconceptis non ducitur opinionibus, Iesum aut errorem de proximo messianico adventu fuisse professum, aut maiorem partem ipsius doctrinae in Evangeliis Synopticis contentae authenticitate carere.

34. Criticus nequit asserere Christo scientiam nullo circumscriptam limite nisi facta hypothesi, quae historice haud concipi potest quaeque sensui morali repugnat, nempe Christum uti hominem habuisse scientiam Dei et nihilominus noluisse notitiam tot rerum communicare cum discipulis ac posteritate.

35. Christus non semper habuit conscientiam suae dignitatis messianicae.

36. Resurrectio Salvatoris non est proprie factum ordinis historici, sed factum ordinis mere supernaturalis, nec demonstratum nec demonstrabile, quod conscientia christiana sensim ex aliis derivavit.

37. Fides in resurrectionem Christi ab initio fuit non tam de facto ipso resurrectionis, quam de vita Christi immortali apud Deum.

38. Doctrina de morte piaculari Christi non est evangelica sed tantum paulina.

39. Opiniones de origine sacramentorum, quibus Patres Tridentini imbuti erant quaeque in eorum canones dogmaticos procul dubio influxum habuerunt, longe distant ab iis quae nunc penes historicos rei christianae indagatores merito obtinent.

40. Sacramenta ortum habuerunt ex eo quod Apostoli eorumque successores ideam aliquam et intentionem Christi, suadentibus et moventibus circumstantiis et eventibus, interpretati sunt.

41. Sacramenta eo tantum spectant ut in mentem hominis revocent praesentiam Creatoris semper beneficam.

42. Communitas christiana necessitatem baptismi induxit, adoptans illum tamquam ritum necessarium, eique professionis christianae obligationes adnectens.

43. Usus conferendi baptismum infantibus evolutio fuit disciplinaris quae una ex causis extitit ut sacramentum resolveretur in duo, in baptismum scilicet et poenitentiam.

44. Nihil probat ritum sacramenti confirmationis usurpatum fuisse ab Apostolis: formalis autem distinctio duorum sacramentorum, baptismi scilicet et confirmationis, haud spectat ad historiam christianismi primitivi.

45. Non omnia, quae narrat Paulus de institutione Eucharistiae (I. Cor. xi, 23-25), historice sunt sumenda.

46. Non adfuit in primitiva Ecclesia conceptus de christiano peccatore auctoritate Ecclesiae reconciliato, sed Ecclesia nonnisi admodum lente huiusmodi conceptui assuevit. Imo etiam postquam poenitentia tanquam Ecclesiae institutio agnita fuit, non appellabatur sacramenti nomine, eo quod haberetur uti sacramentum probrosum.

47. Verba Domini: *Accipite Spiritum Sanctum; quorum remiseritis peccata, remittuntur eis, et quorum retinueritis, retenta sunt*

(Io. xx, 22 et 23) minime referuntur ad sacramentum poenitentiae, quidquid Patribus Tridentinis asserere placuit.

48. Iacobus in sua epistola (vv. 14 et 15) non intendit promulgare aliquid sacramentum Christi, sed commendare pium aliquem morem, et si in hoc more forte cernit medium aliquod gratiae, id non accipit eo rigore, quo acceperunt theologi qui notionem et numerum sacramentorum statuerunt.

49. Coena christiana paullatim indolem actionis liturgicae assumente, hi, qui Coenae praeesse consueverant, characterem sacerdotalem acquisiverunt.

50. Seniores qui in christianorum coetibus invigilandi munere fungebantur, instituti sunt ab Apostolis presbyteri aut episcopi ad providendum necessariae crescentium communitatum ordinationi, non proprie ad perpetuandam missionem et potestatem Apostolicam.

51. Matrimonium non potuit evadere sacramentum novae legis nisi serius in Ecclesia; siquidem ut matrimonium pro sacramento haberetur necesse·erat ut praecederet plena doctrinae de gratia et sacramentis theologica explicatio.

52. Alienum fuit a mente Christi Ecclesiam constituere veluti societatem super terram per longam saeculorum seriem duraturam; quin imo in mente Christi regnum coeli una cum fine mundi iam·iam adventurum erat.

53. Constitutio organica Ecclesiae non est immutabilis; sed societas christiana perpetuae evolutioni aeque ac societas humana est obnoxia.

54. Dogmata, sacramenta, hierarchia, tum quod ad notionem tum quod ad realitatem attinet, non sunt nisi intelligentiae christianae interpretationes evolutionesque quae exiguum germen in Evangelio latens externis incrementis auxerunt perfeceruntque.

55. Simon Petrus ne suspicatus quidem unquam est sibi a Christo demandatum esse primatum in Ecclesia.

56. Ecclesia Romana non ex divinae providentiae ordinatione, sed ex mere politicis conditionibus caput omnium Ecclesiarum effecta est.

57. Ecclesia sese praebet scientiarum naturalium et theologicarum progressibus infensam.

58. Veritas non est immutabilis plusquam ipse homo, quippe quae cum ipso, in ipso et per ipsum evolvitur.

59. Christus determinatum doctrinae corpus omnibus temporibus cunctisque hominibus applicabile non docuit, sed potius inchoavit motum quemdam religiosum diversis temporibus ac locis adaptatum vel adaptandum.

60. Doctrina christiana in suis exordiis fuit iudaica, sed facta est per successivas evolutiones primum paulina, tum ioannica, demum hellenica et universalis.

61. Dici potest absque paradoxo nullum Scripturae caput, a primo Genesis ad postremum Apocalypsis, continere doctrinam prorsus identicam illi quam super eadem re tradit Ecclesia, et idcirco nullum Scripturae caput habere eundem sensum pro critico ac pro theologo.

62. Praecipui articuli Symboli Apostolici non eandem pro christianis primorum temporum significationem habebant quam habent pro christianis nostri temporis.

63. Ecclesia sese praebet imparem ethicae evangelicae efficaciter tuendae, quia obstinate adhaeret immutabilibus doctrinis quae cum hodiernis progressibus componi nequeunt.

64. Progressus scientiarum postulat ut reformentur conceptus doctrinae christianae de Deo, de Creatione, de Revelatione, de Persona Verbi Incarnati, de Redemptione.

65. Catholicismus hodiernus cum vera scientia componi nequit nisi transformetur in quemdam christianismum non dogmaticum, id est in protestantismum latum et liberalem.

Sequenti vero feria V die 4 eiusdem mensis et anni, facta de his omnibus SS.mo D. N. Pio Pp. X accurata relatione, Sanctitas Sua Decretum Emorum Patrum adprobavit et confirmavit, ac omnes et singulas supra recensitas propositiones ceu reprobatas ac proscriptas ab omnibus haberi mandavit.

.   PETRUS PALOMBELLI
S. R. U. I. Notarius.

S. CONGREGATIO CONSISTORIALIS

DECRETUM

Mexican. et de Tulancingo in Republica Mexicana Dismembrationis et Unionis.

CATHOLICI Orbis dioeceses iis limitibus circumscribi qui vel locorum rationi, vel finibus civilibus seu politicis regionum, in quibus sunt constituendae, apprime conveniant, constans fuit Apostolicae Sedis sollicitudo. Ita enim non modo quaestionibus occurritur, quae haud raro ex non bene definita limitum assignatione oriuntur, sed et aptiori rei sacrae procurationi et publicae consulitur tranquillitati. Facilius siquidem ii reguntur, quorum iam animos loci ipsius, in quo commorantur, natura sociavit; praetereaque ubi unus est Episcopus, ibique una eademque auctoritas, quae civilibus praesit negotiis, facilius inter ipsas potestates, quas ad homines regendos Deus ordinavit, ea firmatur concordia, quae quanti sit facienda, et quantum rei ipsi religiosae fovendae conferat, sacra et politica historia satis superque demonstrat. Cum itaque RR. PP. DD. Prosper Ioseph Maria Alarcon et Ioseph Mora, alter Metropolitanae Ecclesiae Mexicanae Archiepiscopus, Episcopus alter dioecesis Tulancingo, litteris ad Apostolicam Sedem datis, exposuerint intra fines Mexicanae Archidioecesis, a civitate tamen Metropolitana longe dissitam, civitatem existere Pachuca vulgo nuncupatam, quae civiliter ad provinciam seu statum pertinet in quo erecta est dioecesis de Tulancingo, atque intra huius dioecesis territorium civitatem Tula nomine contineri, quae geographice ad regionem Metropolitanae Ecclesiae Mexicanae spectat, ideoque SSmum D. N. Pium PP. X humiliter exoraverint, ut civitatem Pachuca ab Archidioecesi Mexicana separare et territorio cathedralis Ecclesiae de Tulancingo unire vellet, eidemque Metropolitanae Ecclesiae Mexicanae, ex territorio dioecesis de Tulancingo, civitatem Tula cum adnexo vicariatu, quem Traxcuapan dicunt, aggregare; Sanctitas Sua, omnibus mature perpensis, rei sacrae procurationi, meliori qua fieri potest ratione, providere cupiens, attentis expositis, oblatas preces benigne excipere dignata est. — Apostolica itaque auctoritate Beatitudo Sua, suppleto, quatenus opus est, quorumcumque in hac re interesse habentium vel habere praesumentium consensu, civitatem Pachuca nuncupatam a territorio Archidioecesis Mexicanae separavit, eumque cum omnibus et singulis in eo existentibus et commorantibus dioecesi de Tulancingo univit et attribuit; itemque ab huius dioecesis territorio civitatem Tula nomine cum adnexo eidem Vicariatu Traxcuapan nuncupato, et omnibus et singulis in ea existentibus et commorantibus, divisit et avulsit, atque Mexicanae Ecclesiae Metropolitanae adiunxit et incorporavit, ita ut in posterum civitates praedictae iurisdictioni Praesulum dioecesium, quibus hoc consistoriali decreto adnexae sunt, sint subiectae, prout hactenus respective subiectae fuerunt iurisdictioni et auctoritati Antistitum Mexicanae Archidioecesis et dioecesis de Tulancingo.

Ne vero exinde incolis civitatum Pachuca et Tula, ullum obveniat damnum, praecepit eadem Sanctitas Sua ut documenta omnia easdem civitates earumque incolas respicientia, a Tabulariis dioecesium, in quibus huc usque servata sunt, extrahentur, et debita forma Tabulariis dioecesis de Tulancingo et Archiepiscopalis Ecclesiae Mexicanae respective tradantur, in iisdem in posterum servanda; iussitque hisce super rebus praesens edi consistoriale decretum, perinde valiturum ac si super praemissis Litterae Apostolicae sub annulo Piscatoris expeditae fuissent; cuius executionem cum facultatibus necessariis et opportunis etiam subdelegandi ad effectum, de quo agitur, quamcumque aliam personam in ecclesiastica dignitate constitutam, commisit R. P. D. Ioseph Ridolfi, Archiepiscopo Episcopo Tudertino et in Mexicana Republica Delegato Apostolico, iniuncta eidem obligatione intra sex menses ad Sacram hanc Congregationem mittendi exemplar authenticum executionis peractae, et decretum ipsum inter acta sacrae huius Sacrae Congregationis Consistorialis referri mandavit.

Datum Romae, hac die XI Augusti an. Domini MDCCCCV.

Pro R. P. D. Secretario
IULIUS GRAZIOLI
S. C. Consistorialis et S. Collegii Substitutus.

S. CONGREGATIO CONCILII

I. — De dispensatione a residentia nonnullis parochis concessa.

Rme Dñe uti Frater,

Cum in formula rescripti qua parochis indulgetur dispensatio a residentia addita sit clausula « dummodo per idoneum substitutum, qui diu noctuque resideat, animarum curae plene consultum sit »; et cum gratia ipsa concessa sit *in forma commissoria,* liquet parochos ipsos non posse a residentia abire, nisi prius Ordinarius executioni rescriptum mandaverit. Haec autem executio subordinata est conditioni de substituto inveniendo qui spondeat residere et animarum curae vacare. Itaque in potestate Amplitudinis Tuae est facere quod in litteris 24 Aprilis ([1]) poscebas relate ad nonnullos parochos a residentia dispensandos. Interim me profiteor A. T. Rmae.

Romae, 31 Maii 1906.

Uti Frater

† Vincentius Card. Episc. Praenest., *Praefectus.*

C. De Lai, *Secretarius.*

([1]) En litterarum textus:

Eme ac Revme Domine,

Peracto nuper in hac Malacitana dioecesi parochiarum concursu, providere necesse est circa illorum parochorum statum qui, ob diversas rationes, nequeunt in ecclesias suas inservire, vel etiam in eis residere.

Supplices adiunctae pagellae exprimunt nomina illorum de quibus agitur, et ipsorum precibus meas quoque adiungo, et pro Apostolica legis residentiae dispensatione, ferventer oro.

Sed in executione huiusmodi dispensationis semper difficultates suboriuntur, ob quarum opportunam solutionem, huic sacrae Congregationi quam reverentem adsto. Saepissime etenim evenit ut parochus, de residentia dispensatus, peregre proficiscitur, nihil de aptitudine coadiutoris Praelato pro approbatione offerendi, nihil de portione fructuum isti assignanda, quae aliquoties congruae sustentationi non suppeditat, et paroeciam suam, veluti praedium in locationem datum, reputans, nihil denique de alio curat nisi de portione relicta sibi sumenda.

Haec omnia in praxi ab Ordinariis haud facile resolvuntur, eo quod praecipue res habenda est cum senibus absentibus et infirmis.

Plana igitur et facilior infrascripto sterneretur via si in Decreto dispensationis residentiae ab oratoribus postulato, ipsis, ab hac Sacra Congregatione stricte imponeretur, ut infra breve tempus (aut si placuerit infra trimestre) a die notificationis Decreti, dispensati idoneum coadiutorem Episcopo offerant: de portione ab utroque retinenda iuxta locorum et laborum diversitatem concorditer, et coram ipso Episcopo paciscantur: quod si hoc non fecerint, Episcopus, speciali facultate ab H. S. C. delegata, rem pro suo arbitrio expediat.

Malacae 24 Aprilis 1906

Addmus et Obmus in Dño

Ioannes, Episcopus Malacitanus.

Emo ac Rmo Dño Card. S. Congr. Concilii Praefecto.

II. — Dubia proposita atque iuxta morem eiusdem S. C. de iure
resoluta in generalibus comitiis diei 22 iunii 1907.

Per summaria precum:

I. — MEDIOLANEN. — INTERPRETATIONIS RESCRIPTI *(sub secreto)*.
R. « *Ad mentem* ».

$\frac{3972}{4}$

II. — POTENTINA — EXECUTIONIS REI IUDICATAE.

H AEC causa iam disceptata fuit in plenariis comitiis huius S. C.
die 19 maii p. elapsi anni, quare faveant lectores videre vol. IV,
pag. 227.

Partes tunc ab hac S. C. editae resolutioni acquieverunt, sed
non paucae exortae sunt exinde difficultates circa eiusdem resolutionis
applicationem, ita ut iterum ad has dirimendas difficultates quaestio
in mox elapsis plenariis comitiis resolvenda proposita fuit.

Cum vero placuerit Emis Patribus eam dimittere responso:
« *Ad mentem* »,
et cum vero haec mens nobis non innotuerit, causae relationem
omittimus.

$\frac{3660}{6}$

III. — SALAMANTINA. — ONERUM BENEFICII.

V I decreti concordati inter civilem potestatem et Sedem Apostolicam sub die 6 Decembris 1888, in Hispania dimidia pars beneficiorum liberae collationis (vulgo *de gracia*) in Capitulis conferenda
est praevio concursu. Dicuntur autem beneficia *de gratia* simplices
canonicatus vel beneficia ad distinctionem illorum quae sunt vel
Dignitates vel de officio. Canonici cum personatu seu dignitate sunt,
Decanus, Archidiaconus, Archipresbyter, Primicerius et Ludimagi-
ster; canonici de officio, Theologus seu Lectoralis, Poenitentiarius,
Magistralis, et Doctoralis. Vi autem art. 2 citati decreti Episcopis
datur facultas, auditis capitulis, imponendi munus speciale vel officium beneficio obtento per concursum.

Hisce expositis, en uti Episcopus enucleat originem praesentis
controversiae: « Quatuordecim beneficiati existunt in hac ecclesia
« Cathedrali, ex quibus quatuor *de officio* vocantur eo quod bene-
« ficia ipsorum habent permanenter adnexum peculiare officium
« vi decreti Concordati 16 Maii 1852 et circa huiusmodi benefi-
« ciatos nulla quaestio movetur. Tales sunt Praecentor organista,
« Psalmista, et Magister Capellae musicalis, qui omnes primo et
« principaliter sua munera adimplent, alia vero communia corpori

« beneficiatorum eatenus quatenus cum propriis sunt compatibilia
« iuxta art. 84° Statutorum Ecclesiae.

« Post publicationem Statutorum Capitularium factam anno 1883,
« cum latum fuerit Decretum de consilio utriusque potestatis die
« 6 Decembris anno 1888 in quo statuitur ut dimidia pars aliorum
« beneficiorum quae *de gratia* dicuntur, praevio concursu vel oppo-
« sitione conferantur, et Episcopis, auditis Capitulis, facultas conce-
« ditur ut beneficiatis sic provisis specialia onera v. g. directio coe-
« remoniarum, custodia archivii etc. prout necessitas aut utilitas
« Ecclesiae exigat, imponere possint, antecessor in hac Sede cum
« consilio Capituli uni beneficiato munus Magistri S. Caeremonia-
« rum, aliis duobus officium tenoris et secundi psalmistae et quarto
« obligationem celebrandi missam statuta hora, quae obligatio omni-
« bus beneficiatis antea communis erat, iniunxit.

« Ratio imponendi huiusmodi onera, et nominatim munus te-
« noris et psalmistae, fuit, quia ita fert usualis interpretatio Decreti
« concordati an. 1888, in quo etsi onera aliqua specialia iniungenda
« innuantur, non tamen *taxative* sed *demonstrative* exprimuntur, et
« praesertim utilitas Ecclesiae, nempe, promotio cultus divini cui
« propter deficientem dotationem Cathedralium aliter non facile con-
« suli potest.

« Remanet quintus beneficiatus cui etiam munus speciale po-
« terit imponi, vel adhuc locus non fuit, quia non contigit vacatio.

« At vero praefata munera incompatibilia sunt cum servitio
« altaris, id est cum officiis Diaconi et Subdiaconi in missa conven-
« tuali, quae exerceri debent a caeteris beneficiatis *de gratia*, cum
« agatur de obligatione quae incumbit corpori beneficiatorum, et inde
« querelae ex parte eorum qui dicto servitio adstringuntur, quate-
« nus illud pluries subire tenentur et existimant diminutionem pati
« in suis Beneficiis propter impositionem maioris oneris.

« Ea de causa mota est controversia circa praelationem et imple-
« tionem munerum relate ad illos beneficiatos qui specialia munera
« habent adnexa, an nempe primo et principaliter exercere debeant
« proprium et peculiare munus vel e contra, praeferendae sint obli-
« gationes communes quae ex aequo omnes beneficiatos attingunt ».

Circa enunciatam quaestionem ita Episcopus mentem suam
pandit: « Quod ad me attinet haec debeo animadvertere: 1.° Haud
« grave iudico incommodum, quod persentire debent illi beneficiati
« qui supplent in servitio altaris, dum caeteri speciale munus exer-
« cent: siquidem incompatibilitas officiorum tantum contingit diebus
« dominicis, eo quod in solemnioribus festis servitium illud altaris
« praestatur a canonicis, et in quotidianis, cum minus solemniter
« missa canatur, omnes beneficiati *de gratia* iusta turnum praesta-
« bilitum suam hebdomadam peragunt. Immo in dominicis diebus
« proprie duo tantummodo beneficiati ex his qui munus speciale
« habent ratione proprii officii impediuntur, nempe qui vices agit
« tenoris et magister sacrarum caeremoniarum, nam secundus psal-
« mista nunquam eximitur, et ille qui missam dictam *de reserva*
« celebrat, obligationem communem absolvit.

« 2.° Ad vitandas querelas et per viam iustae compensationis

« Capitulum, volens exonerare simplices beneficiatos *de gratia*, cum
« consensu episcopi sui beneficiato imponit onus legendi missam,
« quae *de reserva* appellatur, si forte canonicus in diebus dominicis
« et festis ex infirmitate vel alia de causa non posset solemnem
« conventualem celebrare, quod onus antea ab omnibus explen-
« dum erat.

« 3.º Absque dubio utilitas in ecclesiam redundat ex imposi-
« tione praedictorum onerum, maxime cum cantores etiam accepto
« stipendio, non semper inveniantur, qua utilitate privaretur eccle-
« sia et cultus divinus notabiliter imminueretur si concurrentibus
« obligationibus communibus, quae facile possunt suppleri, officia
« specialia praetermitterentur.

« 4.º Non potest admitti proprie dicta diminutio beneficiorum
« in casu proposito, nam cum obligationes beneficiatorum, praeter
« speciales dictas, non sint concretae et determinatae pro singulis
« beneficiis, sed afficiant in communi corpus beneficiale, nullus habet
« ius stricte quaesitum unde laesio oriri possit, sed debent omnes
« ea onera sustinere quae ex statutis huius ecclesiae competunt
« beneficiatis, prout exigat cultus divinus, cui tandem omnia bene-
« ficia subordinantur et ideo in Concordato anni 1851 beneficiati
« appellantur *Capellani assistentes*.

« Quare ad exorta dubia tum circa validitatem provisionum
« tum circa praelationem muneris adimplendi meum iudicium sic
« proferrem.

« Ad primum: Neque formaliter dubitari posse circa validita-
« tem provisionis beneficiorum quibus onera specialia fuerunt in-
« iuncta, quod, praeter rationes antea expositas, probat praxis ser-
« vata in omnibus ecclesiis cathedralibus Hispaniae.

« Ad secundum: Stante incompatibilitate munerum, praeferen-
« ter implendum esse speciale, utpote praecipuum, personale et
« ecclesiae, ratione circumstantiarum, magis utile ».

Et S. C. controversiam dimisit rescribens:
« *Iuxta votum Episcopi* ».

In folio:

$\dfrac{1113}{5}$

I. — PARISIEN. — NULLITATIS MATRIMONII.

MATRIMONIUM, inter Margaritam Cayron et Andream Spillmann die 7 iunii 1898 initum, uti nullum ex capite clandestinitatis denunciavit sponsa coram Archiepiscopali Curia Parisiensi, quae die 26 februarii 1906, rite instaurato processo, iudicavit: *Non constare de nullitate matrimonii in casu*. Verum cum huiusmodi sententia fuerit appellata penes hanc S. C. sub rogandi formula: *An senten.a curiae Parisiensis sit confirmanda vel infirmanda in casu*, Emi Patres in plenario conventu diei 28 iulii eiusdem anni decisionem comperendinaverunt per responsum: *Dilata et compleantur acta iuxta Instructionem dandam a defensore matrimonii ex officio.*

Actis expletis, iterum proposita fuit quaestio in comitiis mensis elapsi, adverso tamen sidere, nam ad propositum dubium:

« *An sententia Curiae Parisiensis sit confirmanda vel infirmanda in casu* ».

Emi Patres responderunt:

« *Sententiam esse confirmandam* ».

53.14

2

II. — AVENIONEN. — NULLITATIS MATRIMONII.

M ARCHIO Gilbertus de Pierre de Bernis annorum 31 e dioecesi Vivariensi sed Parisiis domicilium habens, anno 1901 primum cognovit Elsam Rosembaum in aetate 28 circiter annorum consti- tutam et iam viduam effectam comitis d'Oncieu de la Bâtie, cum qua, trimestri vix transacto, vitam, more, uti fertur, concubinario, agere coepit. Verum, quum fere quatuor post menses Elsa propriam praegnationem opera illius accusasset, quumque tempus viduitatis ipsius ad decem menses a civili lege Gallica taxatum nondum ex- piratum esset, uterque, matrimonii ineundi causa, in Angliam sese conferre cogitarunt atque, petita prius et obtenta Curiae Parisiensis delegatione, insciis sponsi parentibus ac amicis, urbem petierunt vulgo *Douvres,* ibique, ritu civili absoluto, die 19 octobris eiusdem anni religiosas nuptias iniverunt coram parocho S. Pauli.

Attamen vir enarrat, nedum praefatam delegationem praetextu praegnationis a muliere falso allegatae concessam fuisse, sed ipsum quoque matrimonialem consensum eadem de causa a se fuisse prae- stitum, adeo ut in matrimonium ipse non consensisset, nisi revera Elsa gravida fuisset.

Initis nuptiis, neo-sponsi Parisios reversi sunt, ibique paucos post dies Elsa Gilberto declarasse videtur, se ventrem non gerere, eumque decepisse. Hac igitur fraude detecta vir, et vix quadraginta diebus vitae coniugalis transactis, ut ipse ait, mulierem proprio marte dereliquisse asserit; dein petiit atque obtinuit civile divor- tium ob non servatas formalitates a lege laica praescriptas.

Tandem idem Gilbertus cum iustis de causis ab hac S. C. ob- tinuisset veniam declinandi ecclesiasticum sive Parisiense sive Vi- variense forum, atque Avenionense adeundi, die 19 martii 1903 eidem Archiepiscopo, qui rite delegatus fuerat ad processum in prima in- stantia conficiendum, et sententiam in causa nullitatis matrimonii pronuntiandam, supplices obtulit preces petens suum cum Elsa co- niugium declarari invalidum duplici de causa, nempe ob concessam falso adducto praetextu delegationem, et ob fraudem quo ipse ad consensum praestandum inductus fuerat.

. Et Curia Avenionensi rite instructo processu die 4 ianuarii 1906 sententiam protulit actori faventem declarans matrimonium in casu nullum et invalidum esse ex capite deficientis consensus in viro.

A qua tamen sententia cum ad hanc S. C. provocasset localis defensor vinculi matrimonialis, causa resolvenda proposita fuit in hodiernis comitiis sub rogandi formula:

« *An Curiae Avenionensis sententia sit confirmanda vel infirmanda in casu* ».

Et Emi Patres argumentis hinc inde allatis mature seduloque
perpensis infrascriptum dubium dimiserunt respondentes:

« *Sententiam esse infirmandam* ».

III. — CASALEN. — DISPENSATIONIS MATRIMONII

(sub secreto).

R. « *Affirmative ad cautelam, vetito viro transitu ad alias nuptias inconsulta S. Congregatione* ».

$\frac{3709}{6}$

IV. — PARISIEN. — NULLITATIS MATRIMONII.

DE nullitate, quae asseritur, agitur matrimonii, ab Eugenia Guil-
bert et Carolo Iudas anno 1903, initi ex defectu formae Tridentinae, ob non peractam ritualem delegationem a Parochis sponsorum
sacerdoti coniugio benedicenti.

Per annum circiter vitam coniugalem coniuges prosequuti
sunt et quidem cum maritali affectu, nulla mota quaestione de nullitate vel minus matrimonii, sed anno 1904 quia vir rem familiarem
dilapidabat, uxor nedum eum deseruit, sed et divortii civilis sententiam petiit. Deinde eadem uxor mense decembri 1904 Emum
Archiepiscopum Parisiensem adiit, ab eo exposcens ut suum cum
Carolo coniugium ex capite clandestinitatis nullum declararetur.
Quibus exceptis precibus, institutoque ecclesiastico tribunali, praeter
actricem excussi fuerunt sub iuramento testes septimae manus, sive
ab ipsa, sive ex officio inducti; maritus autem, quamvis citatus, comparere renuit Tandem die 11 iulii 1906 Curia Parisiensis sententiam edidit mulieri actrici faventem, nempe edixit: *constare de nullitate matrimonii in causa.*

Sed quum localis defensor matrimonialis vinculi apud hanc
S. Congregationem appellasset ab hac sententia, quaestio iudicio
Emorum Patrum subiecta fuit, qui votis tum Consultoris pro confirmatione sententiae parisiensis concludentis, tum vinculi defensoris
pro validitate matrimonii disserentis, mature perpensis, ad dubium.

« *An sententia Curiae Parisiensis confirmanda vel infirmanda
sit in casu* »,
rescripserunt:

« *Sententiam esse confirmandam* ».

4160
—
5

V. — LUCANA. — IURIS FUNERANDI ET TUMULANDI.

Varia Instituta Lucae pro infirmis, senibus, expositis, dementibus adsunt, quae hodie sub nomine vulgo « RR. Spedali ed Ospizi di Lucca » veniunt. Hospitale principale, a S. Luca vocatum, institutum videtur circa annum 1262, quo anno asserebatur, vi cuiusdam Bullae Henrici Episcopi Lucani, eidem concessum fuisse privilegium exemptionis. Eiusmodi assertum privilegium semper iam a seculo XVI rationem praebuit controversiae inter capellanum Hospitalis et Parochum SS. Paulini et Donati, in cuius ambitu hospitale existit, circa associationem cadaverum infirmorum in eodem hospitali decessorum. Quae vero controversiae, quamvis semper in favorem Parochi SS. Paulini et Donati, qui tunc temporis, vi cuiusdam conventionis inter parochos civitatis initae, iure pollebat horum quidem nomine, omnia associandi cadavera paroecianorum civitatis, qui in xenodochio decedebant, resoluta fuerint, tamen non desinerunt, imo acriores factae sunt quaestiones praesertim hisce postremis temporibus ob quandam facilitatem Curiae Lucanae in sustinendas praetentiones Capellani Hospitalis contra legitima parochorum iura.

Re delata ad hanc S. C., quum in irritum cessisset quaecumque conciliationis spes, quaestio in plenariis comitiis mensiis iunii diiudicata fuit.

Parochorum patronus luculentissime demonstravit nullum ius in casu Hospitalis curato competere nedum ex iure communi, sed ne ex iure quidem particulari vel ex consuetudine, et assertam Bullam omnino apocrypham esse, quare, concludit in Parochorum favorem quaestionem dirimendam esse.

Nonnulla alia ex parte adduxit argumenta Capellanus Hospitalis, quae tamen nihil existimarunt Emi Patres, qui in citatis comitiis dubium:

« *An ius funerandi et tumulandi cadavera eorum qui in Regiis Xenodochiis mortui sunt, spectet ad Curatum Xenodochii, vel potius ad parochòs domicilii in casu* »,
dimiserunt respondentes:

« *Negative ad primam partem, affirmative ad secundam, et iuxta modum* » (¹).

2660
—
6

VI. — UTINEN. — TRANSACTIONIS.

R. « *Scribatur Archiepiscopo iuxta mentem* ».

(¹) Modus est ut, firmo iure parochorum civitatis et locorum finitimorum tumulandi parochianos suos in hospitali defunctos ad tramitem iuris communis, capellanus curatus hospitalis ultimum locum obtineat in collegio Parochorum civitatis, qua hospitalium Parochus, cum iure erigendi fontem in Ecclesia hospitalis, ibique baptizandi natos in pia domo maternitatis ipsi hospitali adnexa.

4923
6

VII. — LAUDEN. — MANSIONARIATUUM.

In ecclesia cathedrali Laudensi usque ab anno 1588 duplex existit instituta capellanorum choralium species: una nempe capellanorum beneficiatorum cum dote propria et iurispatronatus laicalis, altera mansionariorum absque praebenda propria et stipendium pro chori servitio recipientium a cleri consortio, ab Episcopo Taberna anno 1587 erecta. Initio saeculi praeterlapsi secuta sub Napoleone I oppilatione bonorum ecclesiasticorum, tum bona capituli tum consortii cleri devoluta sunt fisco. Postea vero Capitulum vi concordati 16 septembris 1803 et decreti ministerialis diei 14 ianuarii 1806 redintegratum fuit et loco bonorum stabilium eidem assignatus fuit annuus reditus ex publico aerario, unicuique vero ex mansionariis statutae sunt annuae librae 800, ita tamen ut harum pensionum sexta pars ab eodem aerario persolvenda staret loco praebendae, reliquum inserviret pro quotidianis distributionibus. In praesens haec virilis pensio ad 439 libellas reducta est, et ulteriorem diminutionem patietur ob recentem iam sancitam legem super conversione reditus publici italici.

Rebus sic stantibus, nunc quaestio movetur ab Episcopo Laudensi, utrum nempe hi mansionariatus censeri debeant vera beneficia vel potius capellaniae manuales, quo postremo sub aspectu hucusque ab eo considerati et collati sunt.

In merito quaestionis non videtur ambigendum dictos mansionariatus vere esse beneficia, sive ratio habeatur eorum institutionis, sive res spectetur post secutam Capituli Laudensis restaurationem. Neque putandum est hos mansionarios fuisse statutos uti simplices capellanos, quia ipsi obligatione chori adstringebantur et iure potiebantur 40 dierum vacationum sicut canonici.

Praeterea in casu ea quae ad constituendum beneficium requiruntur, habentur, nempe ius percipiendi fructus, officium spirituale, et auctoritas ecclesiastica in institutione eiusmodi mansionariatuum.

Episcopus haec evertere satagit innuens pro ipsis nunquam fuisse canonicam institutionem, sed tantum nominationem, seu deputationem ad officium capellani. Verum observari potest quod si per canonicam institutionem intelligatur immissio nominati in realem beneficii possessionem, haec de stricto iure non requiritur. Si autem pro institutione canonica intelligatur illa tituli collativa, haec refunditur in factam nominationem vel deputationem ad officium capellani, cum in iure nulla forma pro huiusmodi institutione danda sit praescripta.

Ex altera vero parte non paucae adsunt rationes quae suadent mansionariatus in casu tantum esse officia servitoria et proinde nulli apostolicae reservationi obnoxios, et si ratio habeatur temporis anterioris Capituli instaurationi, id extra dubitationis aleam ferme poni potest.

Ulterius in eodem Capitulo aliae habentur capellaniae chorales cum propriis titulis, et nuncupantur beneficiales, quod non fit pro mansionariatibus, cum tantum edicatur eis mercedem pro servitio ecclesiastico fuisse praestitutam, quod etiam confirmatur Synodis dioecesanis annorum 1630 et 1690.

Hisce autem, aliisque rationibus mature perpensis, Fmi Patres ad proposita dubia:

I. — « *An mansionariatus in Cathedrali ecclesia Laudensi insti- tuti ab Episcopo Taberna censendi sint vera beneficia et Apostolicae reservationi subiecti sint in casu* ».

Et quatenus affirmative:

II. — « *An indulgenda sit petita sanatio in casu* ».

Responderunt:

Ad I. « *Negative* ».

Ad II. « *Provisum in primo* ».

SS. RITUUM CONGREGATIO

I — ORDINIS FRATRUM MINORUM PROVINCIAE HIBERNIAE

De recitatione psalmi « De profundis » post Missam Conventualem cantatam vel lectam.

REVERENDUS Frater Petrus Sheehan, Ordinis Fratrum Minorum Provinciae Hiberniae, de consensu tum Ministri Provincialis tum Procuratoris Generalis, Sacrorum Rituum Congregationi sequens dubium pro opportuna declaratione humillime exposuit; nimirum: In Hibernia mos est, ut in omnibus Missis, praeter solemnes, finito ultimo Evangelio sacerdos cum Ministro psalmum *De profundis* reci- tet, antequam preces iussu Summi Pontificis praescriptas incipiat. Cum autem ex variis Sacrae Rituum Congregationis decretis hae preces post Missam Conventualem omittendae sint, quaeritur, an etiam psalmus *De profundis* post Missam Conventualem sive can- tatam sive lectam omitti debeat?

Et Sacra eadem Congregatio, ad relationem subscripti Secre- tarii, exquisito Commissionis Liturgicae suffragio, omnibusque per- pensis, proposito dubio respondendum censuit:

« *Omittatur in casu* ».

Atque ita rescripsit die 23 Martii 1907.

L. ✠ S.   S. Card. CRETONI, *Praefectus.*

† D. PANICI, Archiep. Laodicen., *Secretarius.*

II. — ROMANA

Decretum beatificationis et canonizationis Ven. Servae Dei Annae Mariae Taigi, Tertiariae Ordinis SSmae Trinitatis redemptione captivorum.

Super dubio: *An constet de virtutibus theologalibus fide, spe, caritate in Deum et proximum; itemque de cardinalibus prudentia, iustitia, fortitudine, temperantia, earunque adnexis in gradu heroico, in casu et ad effectum de quo agitur.*

Mulierem fortem, qualem exhibent sacrae Litterae, identidem edidit Christi sponsa Ecclesia, *cuius floribus nec rosae nec lilia desunt :* (Ven. Beda, serm. XVIII, de sanct.). Id autem feminarum genus documento est nullam esse vitae conditionem, in qua ad christianam perfectionem praecludatur iter. Res quum antiquis exemplis tum recentioribus confirmatur, in quibus luculentum illud Ven. Servae Dei Annae Mariae Taigi, quae claustri vitam cum coniugio ita sociavit, ut eius imitari sanctitatem nemo ab instituto suo alienum existimare queat.

Senis in urbe Etruriae ortum habuit Ven. Dei Serva IV cal. Iun. anno MDCCLXIX, piis honestisque parentibus. A quibus relinquere patriam coactis ob inclinatam fortunam, Romam deducta est sexennis. Heic, dum pia mater in famulatu est, instituenda puella traditur magistris nomine *Piis* ad S. Agathae Gothorum. In ea disciplina postquam bonis moribus ac femineo cultu instituta est, conspicua praebens futurae sanctitatis indicia, ut suppetias parentibus ferret, apud nobilem quamdam feminam ancillae munus obivit. Cui conditioni tot periculis obnoxiae honestas praeferens nuptias, acceptum parentibus ac sibi virum elegit, praenobilis familiae famulum, christianis moribus quidem satis imbutum, sed ingenio rudi asperoque, ut occasionem Ven. Annae suppeditarit exercitandae diuturnae patientiae. Domesticis intenta laboribus, liberorum christianae institutioni sedulo impigreque consuluit, ceterisque sui status officiis adeo sancte perfuncta est, ut cunctis uxoribus ac matribus familias perfectum exemplar exstiterit.

Ad caelestia se in dies magis trahi sentiens, religiosum virum nacta est, a Deo iam praemonitum, qui Ven. Dei Servae pietatis magister esset. Huius hortatu atque annuente coniuge, abiectis elegantioribus vestibus ornatuque omni habitum suscepit Tertii Ordinis SSmae Trinitatis redemptionis captivorum. Tum vero, coniugali tecto in coenobium quasi converso, ieiuniis, cilicio, flagellis afflictare corpus coepit, vitamque ad Christi Cruci adfixi exemplum componens, precationibus et virtutum omnium acquisitioni ferventius attendere, ex qua vivendi ratione nec iniuriae illi defuerunt, neque contumeliae neque calumniae; quae omnia intrepido animo pro Christo sustinuit, obtrectatoribus ac vexatoribus parcens iisque bonum pro malo reddere studens.

Tanto in Deum aestuabat amore, ut ipsum vehementer cohibere cogeretur. Nec tamen, quum caelesti illa flamma esset absorpta et lateret abdita in Christo, minus de proximis ac de civili societate meruisse dicenda est. Nam, licet rerum inopia laboraret nullam occasionem praetermisit, qua egenerorum necessitati opitularetur, eademque, vel in publicis vel in privatis calamitatibus, superno lumine illustrata, divinae ultioni se victimam obtulit, non intermissa prece studens impendentia aliorum cervicibus infortunia propulsare.

Divinis charismatibus ditata saepissime rapiebatur; Eucharistiae sedem per olfactum agnoscebat; Sacras Species a non consecratis gustu distinguebat. Sed inter cetera dona illud plane mirabile per annos XLVII experta est, quasi solis ob oculos positi, qua in luce et praesentia et absentia intueretur, mentium latebras et occultissima quaeque perspiceret.

Tot cumulata gratiae thesauris atque virtutibus, vel quum in vivis degeret, sanctitatis fama pollebat. Idcirco frequentissimus ad eam erat piorum conventus ipsius consilia expetentium, ad eamque inopem, humilem, proceres Praesulesque confluebant. Multis aerumnis iactata infirmaque iampridem valetudine, extremi morbi doloribus invicta patientia toleratis, tandem anno aetatis suae LXVII, *cupiens dissolvi et esse cum Christo*, tranquillissime in ipso obdormivit VII idus Iun. anno MDCCCXXXVII, prout ipsa praedixerat.

Aucta in dies magis post obitum fama sanctitatis, beatificationis causa penes S. Rituum Congregationem promoveri coepit. Probationibus igitur exceptis, ceterisque ad iuris normam exactis, de virtutibus heroicis Ven. Annae Mariae Taigi instituta est actio. Ac primo quidem excussum est dubium in antepraeparatorio coetu tertio cal. Septembres anno MDCCCCIV apud Rmum Cardinalem Dcminicum Ferrata causae Relatorem; instaurata denuo causa preparatorio conventu, in Apostolicis Aedibus Vaticanis, quinto cal. Iulias anno MDCCCCV

··denique coram SSmo D. N. Pio Papa X in iisdem Vaticanis Aedibus, tertio cal. Februarii ineuntis anni, quum memoratus Cardinalis
·dubium ad discutiendum proposuit: *An constet de virtutibus theologalibus fide, spe, caritate in Deum et proximum ; itemque de cardinalibus prudentia, iustitia, fortitudine, temperantia earumque adnexis Ven.
Servae Dei Annae Mariae Taigi in gradu heroico, in casu et ad
·effectum de quo agitur.* Quo super dubio quamvis unanimis esset
Rmorum Cardinalium et PP. Consultorum sententia constare affir-
mantium nihilominus in re tanti momenti prorogandum de more
·duxit SSmus Pater, spatio sibi et iis qui aderant relicto divini luminis
implorandi.

Hodierno autem die, Dominica I. Quadragesima, idem Beatis-
.simus Pater, Sacro pientissime litato in domestico sacello Vaticanam
aulam nobiliorem ingressus ac Pontificio solio assidens, ad se accersiri
mandavit Rmos Cardinalem Aloisium Tripepi S. R. Congregationi
Pro-Praefectum, et Dominicum Ferrata causae Ponentem una cum
R. P. Alexandro Verde S. Fidei Promotore meque infrascripto a
secretis, iisque adstantibus solemniter declaravit: *Constare de virtu-
.tibus theologalibus fide, spe, caritate in Deum et proximum; itemque
de cardinalibus prudentia, iustitia, fortitudine, temperantia earumque
adnexis Ven. Servae Dei Annae Mariae Taigi, in gradu heroico in
casu et ad effectum de quo agitur.*

Hoc Decretum in vulgus edi et in Acta S. R. Congregationis
referri iussit, quarto nonas Martii anno MDCCCCVI.

A. Card. TRIPEPI, *Pro-Praefectus*

_L. ✠ S.

† D. PANICI, Archiep. Laodicen., *Secretarius.*

S. CONGREGATIO INDULGENTIARUM ET SS. RELIQUIARUM

I. — CHICOUTIMIEN.

Dubium

An actus heroicus revocari potest.

AD hanc S. Congregationem Indulgentiarum transmissum est a S. C. Christiano Nomini propagando praeposita sequens dubium, cuius solutionem Rmus Episcopus Chicoutimiensis postulavit, nempe:

An fidelis emittens *actum heroicum,* quod *votum* ordinarie vocatur, quo in suffragium defunctorum, divinae Maiestati offert omnes indulgentias, quas vivens lucrari potest, nec non omnia sua opera satisfactoria, et etiam suffragia sibimet post mortem conferenda, possit, quando ipsi libuerit, revocare?

Et S. C. proposito dubio respondendum mandavit:

« *Affirmative* ».

Datum Romae ex Secretaria eiusdem S. Congregationis, die 20 februarii 1907.

L ✠ S   S. Card. CRETONI *Praefectus.*

Pro R. P. D. PANICI, Archiep. Laodicen., *Secretario*

IOSEPH M. Can. COSELLI, *Substitutus.*

II. — Indulgentia 50 dierum toties quoties adnectitur invocationi: « Cor Iesu charitatis victima etc. » lucranda, cum intentione renovandi professionem religiosam recitatur.

Beatissime Pater,

FRATER Maria Henricus Desqueyrous Procurator Generalis Ordinis Praedicatorum, ad pedes Sanctitatis Vestrae provolutus, humiliter exponit, quod in diversis utriusque sexus Communitatibus, ad saepius renovandam professionis religiosae memoriam, habitualis facta est illa ad sacratissimum Cor Iesu devota invocatio: *Cor Iesu, charitatis victima, fac me Tibi hostiam viventem, sanctam, Deo placentem.*

Instanter exinde supplicat humilis orator, ut Sanctitas Vestra huic invocationi aliquam indulgentiam concedere dignetur, toties lucrandam, quoties recitabitur cum intentione religiosam professionem renovandi.

Et Deus, etc.

Sanctissimus Dominus Noster Pius Papa X, in audientia habita die 27 Februarii 1907 ab infrascripto Cardinali Praefecto Sacrae Congregationis Indulgentiis Sacrisque Reliquiis praepositae omnibus utriusque sexus religiosarum Familiarum alumnis et alumnabus, vota emittentibus, benigne concessit indulgentiam quinquaginta dierum toties lucrandam, quoties ipsi vel ipsae, cum intentione denuo religiosa vota nuncupandi, praefatam iaculatoriam precem corde saltem contrito ac devote recitaverint. Praesenti in perpetuum valituro. Contrariis quibuscumque non obstantibus.

Datum Romae, e Secretaria eiusdem Sacrae Congregationis, die 27 Februarii 1907.

L. ✠ S.   S. Card. CRETONI, *Praefectus.*

† D. PANICI. Archiep. Laodicen., *Secretarius.*

III. — Indulgentiae largiuntur in favorem Pii Operis a Divina Misericordia in Cameracensi Archidioecesi.

Très Saint-Père,

L'*Œuvre de la Divine Miséricorde*, fondée depuis plusieurs années par les pieuses Dames de la ville de Roubaix, au diocèse de Cambrai, pour l'exercice des œuvres de miséricorde spirituelle et corporelle en faveur du prochain, produit chaque jour des fruits plus consolants, surtout dans la classe ouvrière, si nombreuse et si digne d'intérêt.

Les associées se réunissent chaque mois, sous la présidence du curé-doyen, dans leur oratoire de la Divine Miséricorde, pour retremper leur ferveur et réciter en commun la prière suivant, avant d'aller, deux à deux, remplir leur mission charitable:

O mon Jésus, je vous ai beaucoup offensé et je vous en demande très humblement pardon.

Veuillez me pardonner mes nombreux péchés et me faire miséricorde.

Je vous offre en esprit de pénitence toutes les peines de ma vie et en particulier l'acte de charité fraternelle que je vais accomplir.

En tout cela, je m'unis à votre divine Passion et je prie votre Sainte Mère de vous présenter et de vous faire agréer mes pauvres sacrifices personnels.

Puissent-ils toucher votre Cœur, ô mon Jésus, et m'obtenir miséricorde.

Ainsi soit-il.

Afin d'attirer sur elles les bénédictions du Ciel, elles supplient Votre Sainteté de leur accorder, aux conditions habituelles, les indulgences suivantes, applicables aux âmes du Purgatoire:

    1. Une indulgence de trois jours;

        a) chaque fois qu'elles assistent aux réunions de l'Œuvre;

        b) chaque fois qu'elles récitent la prière, avant d'accomplir l'acte de miséricorde envers le prochain;

    2. Une indulgence plénière (aux conditions de la Confession, Communion et prière à l'intention du Souverain Pontife):

        a) pour chaque nouvelle associée, le jour de son admission;

        b) pour toutes les associées, aux fêtes suivantes: Sacré Cœur de Jésus, N.-D. du Saint Rosaire, St. Joseph, SS. Apôtres Pierre et Paul.

Et que Dieu....

SSñus D. N. Pius PP. X, in audientia habita die 17 Aprilis 1907, ab infrascripto Card. Praefecto S. C. Indulgentiis Sacrisque Reliquiis praepositae, benigne annuit pro gratia in omnibus iuxta preces. Praesenti in perpetuum valituro, absque ulla Brevis expeditione. Contrariis quibuscumque non obstantibus.

Datum Romae, e Secretaria eiusdem Sacrae Congregationis, die 17 Aprilis 1907.

L ✠ S   S. Card. CRETONI, *Praefectus.*

† D. PANICI, Archiep. Laodicen., *Secretarius.*

IV. — **Indulgentiae quibusdam orationibus pro rectis studiis ac christiana institutione iam concessae adscriptis Pio Operi a S. Catharina de Alexandria ad omnes extenduntur christifideles.**

Très Saint Père,

L ɛ Directeur de l'Œuvre de Sainte Catherine d'Alexandrie dont le siège est à Paris, humblement prosterné aux pieds de Votre Sainteté, sollicite pour les trois prières suivantes l'extension à tous les fidèles des indulgences qui ont déjà été accordées en faveur des Membres de l'Œuvre, par un rescrit du 14 Mai 1895, « 100 jours d'indulgence applicable aux âmes du Purgatoire, pour la pieuse récitation de chacune de ces prières; cette indulgence ne peut être gagnée qu'une fois par jour ».

I. — *Prière pour les bonnes études et l'enseignement chrétien.*

Seigneur Jésus-Christ, la Voie, la Vérité et la Vie, vous qui avez tant aimé les âmes, et qui, non content de nous avoir donné l'exemple, avez fait de si magnifiques promesses à ceux qui auront enseigné la vérité, remplissez tous ceux qui enseignent de votre esprit de science, de sagesse et de crainte; remplissez de votre grâce ceux qui sont enseignés, afin que, instruits d'une manière salutaire et utile, leur intelligence conçoive ce qui est vrai, leur cœur retienne ce qui est bien, leur vie soit pleine de bonnes œuvres, et qu'en tous votre saint Nom soit glorifié.

O Jésus enseignant, qui, tout ému de compassion sur vos enfants semblables à des brebis sans pasteur, avez dit à vos disciples: *Priez le Maître de la maison qu'il envoie des ouvriers,* daignez, nous vous en supplions, multiplier les dignes instituteurs de la jeunesse; sanctifiez-les dans la vérité; augmentez en eux la foi, l'espérance et la charité.

O bon Jésus, qui avez dit: *Laissez venir à moi les petits enfants,* ne permettez pas qu'un seul de ces petits que vous avez rachetés par votre précieux Sang périsse; éloignez d'eux tout scandale d'impiété, de vice ou d'erreur; nous vous le demandons au nom de votre sainte Passion, des douleurs de votre très sainte Mère et par l'intercession de saints Anges et de tous les Saints. Ainsi soit-il.

II. — *Prière à sainte Catherine d'Alexandrie, invoquée comme Protectrice et Patronne des études et de l'enseignement.*

O glorieuse vierge et martyre sainte Catherine, qui, par votre science admirable, votre zèle pour la foi et votre glorieux martyre, avez gagné à Jésus-Christ un si grand nombre d'âmes, vous dont le patronage a été si souvent réclamé par les plus doctes, nous vous choisissons pour la protectrice et la patronne de nos études et de notre enseignement.

Obtenez-nous, à nous qui sommes vos clients, un amour généreux pour Jésus-Christ notre Sauveur, un zèle ardent pour le faire connaître et aimer, un attachement inviolable à la foi catholique et aux enseignements de la sainte Eglise.

Que, par votre intercession, le Seigneur daigne accorder à tous ceux qui enseignent la plénitude des dons du Saint-Esprit; qu'ils unissent à une science vraie la sûreté et l'habilité des méthodes, la pureté de la foi, l'intégrité de la vie et une humble défiance d'eux-mêmes.

Demandez à Jésus votre Epoux qu'Il prenne en pitié tous ceux qui sont enseignés; qu'Il les préserve des maîtres impies ou indifférents, des doctrines perverses ou erronées; qu'Il leur donne la rectitude de l'esprit, la docilité du cœur, et la grâce de progresser dans leurs étudez selon les desseins de la souveraine Sagesse.

Enfin, ô glorieuse Sainte, sollicitez du Père des lumières une telle effusion de grâces sur l'enseignement de la Jeunesse, qu'après avoir étudié, aimé et pratiqué la loi divine, tous ensemble, maîtres et disciples, parviennent à la montagne sainte qui est Jésus-Christ. Ainsi soit-il.

III. — *Prière à Sainte Catherine d'Alexandrie.*

O glorieuse sainte Catherine, vierge sage et prudente qui avez mis la science de Jésus-Christ au-dessus de toute science, obtenez-nous de demeurer inviolablement attachés à la foi catholique, et de ne chercher, dans nos études et dans notre enseignement, qu'à étendre en nous et dans les autres le règne de Jésus-Christ Notre-Seigneur et de sa sainte Eglise. Ainsi soit-il.

Et que Dieu...

Ex audientia SSmi, die 29 Aprilis 1907.

SSmus D. N. Pius PP. X benigne annuit pro gratia iuxta preces. Praesenti in perpetuum valituro. Contrariis quibuscumque non obstantibus.

Datum Romae, e Secretaria S. Congregationis Indulgentis Sacrisque Reliquiis praepositae, die 29 Aprilis 1907.

L ✠ S   S. Card. CRETONI, *Praefectus.*

† D. PANICI Archiep. Laodicen., *Secretarius.*

V. —URBIS ET ORBIS

Commendatur et indulgentiis ditatur pia praxis Novendialium precum in honorem SS. Sacramenti ante solemnia Corporis Christi praemittenda.

Spiritualium omnium bonorum fons et caput est procul dubio Sanctissimum Eucharistiae Sacramentum, per quod Iesus Christus divitias sui erga homines amoris veluti effudit. Quare nihil tam excellentius et salutarius existimandum quam in christiano populo cultum huius Augustissimi Sacramenti promovere et amplificare, quo magis in eo uberiores eiusdem Sacramenti fructus proveniant; vividius nempe excitetur fides, spes firmius roboretur, et divinae caritatis ignis impensius foveatur, omnisque christianae virtutis splendor magis eluceat.

Quae omnia probe noscens Beatissimus Pater, ad augendum provehendumque amorem et obsequium erga S. Eucharistiam, in audientia habita ab infrascripto Card. Praefecto S. Congregationis Indulgentiis Sacrisque Reliquiis praepositae die 8 Maii 1907 delatis precibus, quibus supplicatum est, ut Novendialium precum piam, praxim in honorem huius Sacratissimi Mysterii ante Solemnia Corporis Christi praemittendam approbare et sacris etiam indulgentiis decorare dignaretur, libentissime annuens, supramemoratam piam praxim nedum auctoritate sua comprobavit sed et summopere commendavit. Insuper eadem Sanctitas Sua christifidelibus aliquo pietatis actu has novendiales preces sive privatim peragentibus sive ipsis publice in ecclesiis celebratis, iuxta normas ab Ordinariis praescribendas, devote adstantibus, has indulgentias, animabus igne Purgatorii detentis etiam profuturas, clementer est elargitus: 1° septem annorum totidemque quadragenarum singulis Novendialium precum diebus; 2° plenariam in uno quolibet eorum dierum, vel festo die Corporis Christi, vel quolibet ex octo insequentibus, modo rite confessi ac S. Synaxi refecti, ad mentem Sanctitatis Suae Deo supplicaverint. Praesenti in perpetuum valituro. Contrariis quibuscumque non obstantibus.

Datum Romae, e Secretaria eiusdem S. Congregationis, die 8 Maii 1907.

L ✠ S   S. Card. Cretoni, *Praefectus.*

† D. Panici, Archiep. Laodicen., *Secretarius.*

VI. — Indulgentiae pro sacerdotibus piae sodalitatis « Regina Apostolorum » nuncupatae.

Beatissimo Padre,

Padre Nicola Monaco d. C. d. G., Direttore della Congregazione dei sacerdoti *Regina Apostolorum*, stabilita nell'Oratorio del Caravita in Roma, prostrato umilmente al bacio del S. Piede, implora dalla S. V. qualche indulgenza per gli ascritti a detta Congregazione i quali reciteranno le preghiere seguenti:

A Maria Santissima.

Immacolata Madre di Dio, Regina degli Apostoli, prostrato ai Vostri piedi Vi ringrazio di avermi chiamato a far parte di questa pia Congregazione di sacerdoti, i quali si propongono con speciale fervore di dedicare la loro vita alla santificazione propria e alla salvezza delle anime.

Benedite, o Vergine Santissima, questo Sodalizio, che per tanti titoli vi appartiene, perchè moltiplichi le sue opere a maggior gloria di Dio. Come foste la consigliera, la protettrice, la Regina degli Apostoli, concedete a tutti i congregati, e particolarmente a me povero peccatore ed indegnissimo ministro di Dio, la santità, lo zelo e lo spirito di carità e di sacrifizio che ebbero i santi Apostoli. Purificate e santificate l'anima mia, rendete potentemente efficace la mia parola, accendete in me la fiamma dell'amore del prossimo, temprate il mio spirito all'abnegazione e al sacrificio, e moltiplicate sotto i miei passi i mezzi spirituali e temporali per propagare il regno di Dio nelle anime, affinchè nell'unità di preghiera e di azione con tutti i congregati, possiamo raggiungere il nostro nobilissimo intento che si formi un solo ovile sotto un solo pastore. Così sia.

Ai SS. Apostoli Pietro e Paolo.

O gloriosi nostri protettori, Principi degli Apostoli, santi Pietro e Paolo, colonne fondamentali della Chiesa di Cristo, mantenete in noi sempre viva la venerazione, l'obbedienza e l'amore all'Augusto Vicario di Cristo e alla S. Chiesa; e impetrateci di seguire fedelmente le vostre vestigia a santificazione nostra e delle anime tutte, onde possiamo meritare quella corona, che a tutti i suoi degni ministri ha riservato il Sommo Sacerdote Gesù Cristo. Così sia..

Che della grazia ecc.

S. Congregatio Indulgentiis Sacrisque Reliquiis praeposita, utendo facultatibus a SS. D. N. Pio X sibi tributis, sacerdotibus praefatae Piae Sodalitati adscriptis indulgentias trecentorum dierum, defunctis quoque applicabilem; semel in die lucrandam, benigne concessit, pro devota cuiusque ex praefatis orationibus recitatione. Praesenti in perpetuum valituro.

Datum Romae, e Secretaria eiusdem S. Congregationis, die 8 Maii 1907.

L ✠ S   S. Card. Cretoni, *Praefectus.*

† D. Panici, Archiep. Laodicen., *Secretarius.*

VII. — Indulgentia 300 dierum adnectitur invocationi « Veni sancte Spiritus, etc. ».

Beatissime Pater,

ALEXANDER Le Roy, Episcopus titularis Alindensis, Superior Generalis Congregationis a Spiritu Sancto, necnon Moderator generalis Archisodalitatis Spiritus Sancti in ecclesia Domus primariae praefatae Congregationis Lutetiae Parisiorum canonice erectae, ad pedes S. V. provolutus, supplex postulat, quo magis augeatur devotio erga Spiritum Sanctum et frequentior fiat fidelium recursus ad Ipsum, ut christifideles quoties, per modum orationis iaculatoriae, quovis idiomate, recitaverint pervulgatam invocationem: ...

Veni Sancte Spiritus, reple tuorum corda fidelium, et tui amoris in eis ignem accende,

toties indulgentiam trecentorum dierum, defunctis quoque applicabilem, lucrari possint.

Et Deus.

SSmus D. N. in audientia habita die 8 Maii 1907 ab infrascripto Card. Praefecto S. C. Indulgentiis Sacrisque Reliquiis praepositae, benigne annuit pro gratia iuxta preces. Praesenti in perpetuum valituro. Contrariis quibuscumque non obstantibus.

Datum Romae, e Secretaria eiusdem S. Congregationis, die 8 Maii 1907.

L ✠ S   S. Card. CRETONI, *Praefectus.*

Pro R. P. D. PANICI, Archiep. Laodicen., *Secretario.*

IOSEPH M. Can. COSELLI, *Substitutus.*

VIII. — URBIS ET ORBIS.

Dubia de cumulatione indulgentiarum in recitatione Rosarii Mariani.

HUIC Sacrae Congregationi Indulgentiis Sacrisque Reliquiis praepositae sequentia dubia solvenda sunt exhibita.

I. An Christifideles habentes prae manibus aliquam ex Coronis benedictis tum a Patribus Ordinis Praedicatorum, tum a PP. Crucigeris, vel a Sacerdotibus ad id facultate pollentibus, dum recitant Rosarium Marianum cumulare valeant Indulgentias quae recitationi SSmi Rosarii sunt adnexae, cum aliis quae a PP. Crucigeris nomen habent?

II. An pariter cumulentur indulgentiae, quando Christifideles manu gestantes Coronam ditatam Indulgentiis PP. Crucigerorum, recitent Orationem Dominicam vel Angelicam Salutationem, adnexam alicui orationi vel pio exercitio peculiaribus Indulgentiis iam ditato?

Et Sacra Congregatio, re mature perpensa, propositis dubiis respondendum mandavit:

« *Negative ad utrumque; sed supplicandum SSmo ut benigne concedere dignetur Indulgentias a PP. Crucigeris nuncupatas cumulari cum Indulgentiis recitationi SSmi Rosarii iam tributis in ipsa tantum Rosarii recitatione.*

De quibus facta relatione SSmo D. N. Pio Papa X in audientia habita die 12 Iunii 1907 ab infrascripto Cardinali Praefecto, idem SSmus dubiorum resolutionem ratam habuit et confirmavit; simulque de speciali gratia petitam Indulgentiarum cumulationem in Mariani dumtaxat Rosarii recitatione clementer est elargitus, dummodo Coronae utramque benedictionem acceperint. Contrariis non obstantibus quibuscumque.

Datum Romae, e Secretaria eiusdem S. Congregationis die et anno uti supra.

L. ✠ S.

S. Card. Cretoni, *Praef.*

† D. Panici, Archiep. Laodicen., *Secret.*

COMMISSIO PONTIFICIA " DE RE BIBLICA "

Ordini S. Benedicti committitur munus colligendi Lectiones variantes Vulgatae latinae S. Scripturae.

Reverendissimo P. Abate ([1]),

La Pontificia Commissione per gli Studii biblici, creata, pochi anni or sono, dal Sommo Pontefice Leone XIII di venerata memoria, ha per iscopo non solo di fornire all'insegnamento cattolico delle norme savie e sicure, che pur facendo ampio tesoro delle vere conquiste della scienza, non si discostino dalle tradizioni inespugnabili della Chiesa; ma ancora di dare un nuovo impulso agli studi biblici, più importanti forse, che non furono mai, nei tempi nostri così travagliati dal dubbio universale e dall'evoluzionismo razionalistico. Fra i più utili argomenti a proporre alla trattazione dei dotti è certamente uno studio accurato ed esauriente sulle varianti della Volgata latina. Già i Padri del Concilio di Trento, pur riconoscendo la Volgata quale edizione autentica per gli usi pubblici della Chiesa, non ne dissimularono le imperfezioni, onde espressero il voto che con ogni diligenza venisse sottomessa ad un esame minutissimo e ridotto a forma più definitivamente conforme ai testi originali. Questo compito affidarono essi alla sollecitudine della Sede

---

([1]) Nempe: Rmo P. Abbati Primati Ordinis S. Benedicti, D. Ildebrando de Hemptinne, qui, nomine proprio et universi Ordinis, munus sibi commissum libenti animo suscepit *(N. R.)*.

Apostolica, ed i Romani Pontefici, per quanto le condizioni dei loro
tempi consentivano, non tardarono ad estendere alla emendazione
della Volgata le loro sapienti cure, quantunque non fosse loro dato
di giungere al perfetto coronamento della non facile impresa. Fin-
tanto che giunga l'ora propizia per così importante revisione che
ponga in grado di dare una edizione emendatissim della Volgata latina, è indispensabile un laborioso studio preliminare di preparazione mercè più diligente e compiuta raccolta delle varianti di
essa Volgata che si trovano sia nei codici, sia negli scritti dei Padri;
studio al quale varii dotti già si applicarono con intelligenza e zelo,
tra i quali a buon diritto occupa un degno posto l'illustre ed in-
faticabile P. Vercellone Barnabita. Essendo però siffatto lavoro molto
complesso, è sembrato opportuno che venisse ufficialmente affidato
ad un Ordine religioso capace di disporre dei mezzi proporzionati
alla difficile impresa. È parso pertanto agli Eminentissimi Signori
Cardinali della Pontificia Commissione per gli Studii biblici, ottimo
divisamento, che la Santità di Nostro Signore Papa Pio X si è degnata di approvare, che l'illustre e benemerito Ordine benedettino,
i cui pazienti e dotti lavori in ogni ramo di ecclesiastica erudizione
costituiscono un vero monumento di glorie legittimamente raccolte
nel corso di molti secoli, fosse ufficialmente invitato ad incaricarsi
di questo importantissimo e ponderoso studio.

Mi rivolgo quindi a Lei, Rmo P. Abate Primate, che con tanto
zelo presiede alla Confederazione benedettina, di cui cotesto Monastero di S. Anselmo è degno centro, affinchè con quei sentimenti
di devozione verso la Santa Sede, che le son proprii, si compiaccia
assumere in nome dell'Ordine stesso l'indicato compito, e ralle-
grandomi con Esso Lei per l'alta fiducia riposta nell'inclita Famiglia di S. Benedetto, spero che i figli di cotanto Padre corrispon-
dano con alacre gioia e felice successo all'onorevole invito. Lieto
di poter così dare anche da parte mia una pubblica testimonianza
dell'amore singolare che io nutro per l'Ordine benedettino in genere ed in ispecie per S. Anselmo ed il suo degnissimo capo, con
sensi della più distinta stima godo di raffermarmi

Di Lei

Roma, 30 aprile 1907.

affmo servitore

M. Card. RAMPOLLA.

BIBLIOGRAPHIA [1]

LEPORE GELASIUS. — *Lectiones Aesthetices* seu Philosophia pulchri
et Artium. 8°, 250, L. 2,50.

Quum nostris hisce diebus magis ac magis sacrorum alumnis
studia liberalium artium excolenda indicantur, laudandum sane consilium fuerit principia quibus eadem reguntur plene, concinne, ad
usum captumque tyronum pertractasse. Nec consilium aptius in
operam deduci poterat. Cl. enim Auctor methodo usus facillima in
primis et solidissima, tum regulas generales aesthetices, tum (in
altera parte) bonarum singillatim artium praecepta breviter tradit
accitisque undique exemplis et documentis illustrat. In qua tamen
provincia gravissimas persaepe quaestiones agitandas et sana ratione dirimendas suscipit. Vide v. g. pag. 128 ss. quanto acumine
et doctrina " de genio „ disserat. Non igitur dubitandum quin ut
in votis erat utillimum opus ad rectam institutionem alumnorum
maxime conferat.

ZITELLI ZEPH. — **Apparatus seu compendium Iuris Ecclesiastici in usum Episcoporum et sacerdotum praesertim apostolico munere fulgentium.** - Editio quarta novis curis edita
a Fr. Solieri. Pars I. De Personis. — Romae, Pustet 1907 8°
p. VIII-480.

Hunc notissimum summisque elatum laudibus Apparatum denuo
retractans, Cl. Solieri ad novam omnino perfectionem adduxit. Rerum enim ordinem feliciter immutavit ut hodiernis Academiarum
moribus accommodatus prodiret, plura atque plura addidit, immo
novis iisque egregiis tractatibus quibus opus carebat, veluti de legibus, de vicariis apostolicis, de laicis, volumen hoc ipsum primum
adornatum invenitur, plura. e contra, quae hodie superflua existi-
mabantur optimo consilio expuncta vel saltem in breviorem formam
redacta sunt. Hinc est ut intentionem suam, ut nempe tyronibus
Iuris canonici textum satis absolutum compararetur, omnino ad-
sequutum Cl. Editorem censeamus. Superest ut volumina quae se-
quentur, de rebus et de iudiciis huic non imparia ex corde exop-
temus in scientiae nostrae maiorem profectum.

---

[1] Opera quae recensemus, per bibliopolam F. PUSTET, Romae quilibet facillime
et expedite sibi comparare poterit.

ZIPPERLING, Dr. iur. ALBERT — Das Wesen des beneficium competentiae in geschichtlicher Entwickelung. — Marburg
i. Hessen, NG. Elwert 1907; in 8° p. 166. Mk. 4.

Placet optimam hanc ad lauream dissertationem lectoribus nostris
innuere, qui de re iuri nostro maxime cognata profecto absolutam sententiam assequi supervacaneum non existimabunt. Ordo
tractationis perspicuus est: nam primum investigatur beneficium
ipsum in romanis legibus, deinde in iure post-iustinianeo, tertio
in iure vigenti. In iure romano iuxta Z. duo instituta videntur huic
beneficio praeivisse nempe « condemnatio in quantum debitor facere
potest » quae, (primum ut videtur donatoris intuitu) *mitigata* est
« deductione ne ipse egeat.» quae igitur non interpretatio prioris
sed novum vere institutum est. Hinc putat Z. nomen ipsum in
prima origine esse, non a cum-petere, sed a cum-posse derivatum
ita ut *competentia*, oppositum sit verbi *impotentia*. Non igitur beneficium hoc *privilegium* fuerit, cuiusdam hominum coetus, sed vere
consequentia quaedam invalescentis iuris individualis personalitatis
oeconomicae, idque ostendunt casus quibus beneficium ipsum concessum invenitur, nempe donatoris (l. 50 D. 42.1) ascendentium
(l. 5 D. 37, 15), patroni (l. 23-25 D. 2, 4), in actione rei uxoriae
(l. 15 § 2 D. 24, 3), in actione funeraria (l. 21 D. 11, 7), capitis mi-
nuti (l. 2 D. 14, 5) militis, ut notum est, eius qui bonis cessit, etc. —
In iure communi beneficium competentiae regitur et immutatur principio *correlativitatis* quo B. C. conceditur ubique ius creditoris in
debitorem contrario aequitatis iure minuitur (hinc vere competentia
a cum-*petere*) quatenus nempe quis petere iudicatur « quod reddi-
turus est ». Exempla perspicua sunt « praeceptor a scholari vel
discipulo suo conventus, patronus conventus ab ecclesia, praelatus
a subdito, rector ecclesiae a parochiano, cum teneantur se invicem
alere et reverentiam exhibere ». Hinc patet B. C. innumeras ad-
plicationes sortitum, quarum historiam perdocte persequitur Z.
p. 61-77. Praecipuae sunt quibus fruuntur actio pro socio, querela
dotis, actio funeraria, coniuges, donatores, parentes, filii, cognati,
patroni, liberti, emancipatus etc., nobiles, vassalli, magistratus, et
praesertim milites quo nomine veniunt tum militia sagata, tum to-
gata, in qua et *milites Christi*. — His omnino patet celeberrimum
caput *Odoardus* (c. 3. X de solut. III. 23) nonnisi secundi momenti
esse ad hoc beneficium favore clericorum constituendum, quod et

Cl. Wernz (Ius Decr. II [1906] p. 260) consentit. Verum rectissime
ostendere (p. 95-99) videtur Z. ibi non agi de sola excommunica-
tione, quae etiam ex c. 5. X. de usuris « cum eos nota paupertatis
evidenter excuset » sustineri non poterat, sed haberi reapse con-
demnationem in quantum d. facere potest (cfr. illud « si constiterit
quod in totum *vel pro parte* non possit ») cui cautio (in casu iura-
toria) saepissime coniungebatur (§ 7 C. V, 23). Quo concludendum
est casum Odoardi esse veram et propriam adplicationem iuris consuetudine perseverantis.

Nostri non est perdoctam dissertationem in reliquis, praesertim
quae ius germanicum spectant ad trutinam revocare, sed utique
suave munus Auctori laudes eximias maiorisque bene auspicati
laboris, in scientiae iuridicae, profectum, vota nuncupare. — Editoris
quoque opera, typos chartasque quod attinet insignis est.

Dr. U. M.

BRAUN, Ios. (S. I.) **Die liturgische Gewandung in Occident und
Orient, nach Ursprung und Entwickelung, Verwendung und
Symbolik.** — Freiburg, Herder 1906 in-4°, pag. xxiv-798 M. 30.

Opus quod recensemus omnibus numeris admirationis et gaudii
argumentum praebet. Neque enim credibile erat tantam artem ty-
pographicam perfectionem, typos, chartas, incisiones quod spectat,
attingere posse, neque tantam eruditionis copiam, iudicii securita-
tem ab uno viro in rem fere inexploratam praestari. Vere dici potest cum hoc uno opere historia vestium liturgicarum oriri, et adeo
perfectam oriri ut quid addendum his foret, peritissimi quoque
dubii haereant. — Opus binas complectitur partes; prior et amplior
(p. 21-700) historia singulorum paramentorum persequitur, brevi
praemissa investigatione de methodo et fontibus tractationis: altera
breviter symbolicam vestium earumque consecrationis absolvit vestigiis insistens vetustiorum et probatissimorum de re liturgica Patrum et Scriptorum. Volumen absolvunt tres indices tum vestium,
tum monumentorum, tum aliarum rerum notabilium.

In prima parte tot sunt capita quot paramenta illustrata: i. e.
a) Paramenta *interna*: I. Amictum, II. Phanon, III. Alba, IV. Cingulum, V. Subcinctorium, VI. Rochettum et cotta; *b)* *Externa;* VII.
Casula, VIII. Dalmatica; *c)* *Accessoria;* IX. Pluviale, X. Chirothecae,
XI. Sandalia, XII. Mitra, XIII. Triregnum, XIV. Pileolus; *d) Insi-*

gnia: XV. Stola, XVI. Pallium, XVII. Rationale. Cuiusque elementi inquiritur hodierna praxis in omnibus ritibus, historia usque ad vetustissima monumenta in utraque Ecclesia, origo probabilis tum elementi tum immutationum quas fortasse subierit. Permulta quae de orientalibus ritibus disseruntur, quaeque per se sola insigne doctrina monumentum constituunt, nova omnino sunt.

Conclusiones potissimas, quae ex tanta inquisitionum mole deducuntur, ita ex uberrima synopsi Auctoris (p. 762 sq.) attingere licet. Origo paramentorum sacrorum nullatenus a vestibus hebraeorum sacerdotum ducenda est: quae cum his maiorem praeferunt similitudinem, vel alio ex fonte ducuntur ut alba ex Romanorum tunica, vel omnino postumae imitationes sunt, ut mitra et rationale quae tantum sub X saec. oriuntur in Italiae et Germaniae regionibus. Neque aevis qui Costantinum praecesserunt *peculiarium* vestium usus in S. Liturgia satis ostenditur; cuius rei non tam persequutiones causa sunt afferendae quam ipsa sufficientia et dignitas festivarum vestium saecularum. Hinc fit, ut, quamvis nostrorum paramentorum (praesertim tunicae, cinguli, et casulae) usus antiquissimus perhibeatur, non tamen eorumdem peculiaris character liturgicus statim ab initio asserendus sit. — A IV ad saec. IX vestes sacrae ut tales potissimum originem repetunt: tunc enim prima *distinctiva* liturgica (v. g. in oriente, saec. IV omophorion, V saec. Romae pallium pontificum, VI in Hispania et Gallia stola seu orarium) inducuntur; et insuper vetustis tunicis et poenulis a laicis (militum exemplo) cum brevioribus apertisque commutatis, illa tantum clericorum usui sunt. Initio saec. VII in Occidentalibus partibus habentur: ubique tunica et alba, cingulum, orarium et stola, planeta seu casula, sandalia; Romae tantum, mappula, dalmatica, et peculiaria calceamenta ut udhones et campagi. Saec. IX documenta romana (ut 1 et 3 ordo, et catal. sangallensis) ditiora sunt et perhibentur camisia (a qua rochettum et superpelliceum) anaboagium (resp. amictus clericorum et phanon R. P.). Inde a IX saec. vestes sacrae praedictae ad ministros sacros stricte coarctantur: ita v. g. casula et stola quae cum mappula etiam acolithis tribuebantur, ipsi subdiaconi subtrahuntur. Nova inducuntur sub IX saec. cappa et superpelliceum, chirothecae; sub X mitra, subicinctorium et rationale, biretum et calcearia. Vetera autem sensim ad nostram formam adducuntur, decurtatis tunica, dalmatica, superpelliceum, aperta sub brachiis casula, reductis stola et manipulo, duplicato mitrae cono, etc. Sub XIII saec. canon seu lex varietatis colorum primum inducitur. Quo subinde tempore evolutio sacrarum vestium fere clausa est. — Hae summae libri conclusiones : at quanta doctrinae et argumentorum copia haec omnia et innumera alia confirmentur, sane nullo sermone dici potest. Lectoribus nostris praesertim insignem dissertationem *de pallio*, pag. 620-676, libenter innuimus ubi nova multa et solidissima habentur.   Dr. U. M.

IRENAEI Lugdunensis Episcopi. **Adversus Haereses.** *Libri Quinque.* Recensuit, prolegomenis et commentariis auxit Sac. Ubaldus Mannucci Theol. et Phil. Doctore. Pars I. [Biblioth. SS. Patrum et Script. Eccl., II, 3], Romae, 1907; in-8°, p. 244; L. 3.

Editio haec maximi operis quod II saec. p. C. n. prodierit in litteris christianis, hodie primum post L annos a postrema Harveiana editione conficitur. In qua utique omnia laudanda sunt. Textus enim tum graecus cum latinus, collatis primum Cod. graec. Vat. 503, Urbin. 17; et lat. Ot. 752, 1154; Vat. 187, 188, innumeris in locis emendatur, ut fere omnes paginae cum Mignei et Harwey textu comparatae, docent. In Commentario scripturae gnosticae quotquot reliquae sunt, et optimae in illas elucubrationes, continuo occurrunt textumque maxima luce perfundunt; allegationes biblicae cum primaevis Sacri Textus codicibus et traditionibus docte conferuntur ; Insigne fragm. Irenaei ineditum hucusque ex colsticis quibusdam documentis pag. 225 lectori admirandum subiicitur, quin recolamus uberrimam collationem cum recenti vulgato operi Ir. εἰς ἐπίδειξιν institutam. Prolegomena 70 paginis includunt praecipua testimonia de Irenaei gestis et scriptis, et amplissimam tractationem de momento operis Ir. relate ad S. Scripturam, litteras christianas et gnosticas, et demum ad historiam dogmatis. Ubique critica sedulitas, ingenii vis, eruditio admirabilis elucent. Maxime igitur optandum ut reliqui ingentis operis libri eadem ratione Christianarum litterarum cultoribus quam primum donentur.

IMPRIMATUR. — FR. ALBERTUS LEPIDI O. P. S. P. A. Magister.
IMPRIMATUR. — IOSEPHUS CEPPETELLI Patr. Constant. Vicesgerens.

CONSTANTIUS CASTELLO, *gerens responsabilis.*

ROMAE — EX TYPOGRAFIA PONTIFICIA INSTITUTI PII IX.

ACTA SUMMI PONTIFICIS

I. — EPISTOLA

Qua Summus Pontifex novam laudat editionem omnium operum S. Francisci Salesii.

VEN. FRATRI LUCIANO EPISCOPO ANNECIENSI. — ANNESIUM.

PIUS PP. X.

Venerabilis Frater, Salutem et Apostolicam Benedictionem.

QUOD nuper a Salesianis de Monasterio Anneciensi Virginibus, quae omnium legiferi sui Patris operum nobilem edictionem accurant, ipse Nobis attulisti munus, volumina scilicet usque adhuc edita, idque amantissimis coniunctum litteris, Nos quidem habuisse pergratum vix attinet dicere. In quo non solum respicienda pietas est erga Sanctum Auctorem ab alumnis disciplinae suae egregie testata, sed opportunitas etiam Ecclesiae, sacro praesertim Ordini, praebita. Inest enim in Salesio, tanquam peculiaris, ab amore proiecta Iesu Christi unde totus calet, mira quaedam persuadendi suavitas, cui non facile resisti queat, sive is mentes ab opinionum insania ad catholicam sapientiam, sive animos a vitiositate quavis ad virtutem atque adeo ad sanctitatis fastigia traducit.

Huius tanti viri documenta ac spiritus, si modo penitus in ministris sacrorum insederint, sane quam prodesse possunt vel hodie, quam veritati divinitus traditae et christianorum integritati morum tam iniqua sunt tempora. Quare uti divinae providentiae beneficio factum arbitramur ut ille, Doctoris titulo rite insignitus, Ecclesiae hac aetate eluxerit, ita divinae benignitatis instinctu susceptum esse consilium videtur, universa, quae ipse reliquisset, scripta rursus meliusque vulgandi. Operis autem confectionem gaudemus talem existere, ut prudentioribus in hoc genere cumulatissime satisfaciat: id quod praeterquam non vulgari sanctimonialium sollertiae et diligentiae, tribuendum est doctissimorum navitati virorum, qui, pro sua sagacitate ac peritia, earum labores regunt atque adiuvant. Utrisque igitur, quas laudes a Decessore Nostro fel. rec. Leone XIII novimus rem exordientibus tributas, easdem Nos iam feliciter properantibus ad exitum iteramus perlibenter: simul oramus Deum, ut in reliquum auxiliari pergat, et largam pro meritis mercedem conferat. — Haec tu Venerabilis Frater, qui ex auctoritate huic operi advigilas, sacris istis Virginibus ipsarumque adiutoribus significes volumus, una cum Benedictione Apostolica, quam et coelestium bonorum auspicem et praecipuae Nostrae benevolentiae testem tibi atque eis amantissime in Domino impertimus.

Datum Romae apud S. Petrum, die I Ianuario MDCCCCV, Pontificatus Nostri anno secundo.

PIUS PP. X.

II. — EPISTOLA

Qua Summus Pontifex de peculiari Belgarum consecratione B. M. V. Immaculatae gratulatur.

DILECTO FILIO NOSTRO PETRO LAMBERTO TIT. S. CRUCIS IN IERUSALEM S. R. E. PRESBYTERO CARDINALI GOOSSENS ARCHIEPISCOPO MECHLINIENSIUM, NECNON CETERIS VENERABILIBUS FRATRIBUS BELGARUM EPISCOPIS. — MECHLINIAM.

PIUS PP. X.

Dilecte Fili noster et venerabiles Fratres, Salutem et Apostolicam Benedictionem.

QUINQUAGESIMO redeunte anno postquam Deipara Virgo Pontificio oraculo ab omni originis labe immunis decreta est, nobilissima Belgarum gens, quod e litteris vestris communiter datis clare percepimus, tale pietatis praebuit spectaculum, quale moribus institutisque maiorum ac simul optatis Nostris plane respondet. Etenim et urbes florentissimae et oppida remotiora, vel sublimibus indita rupibus, amice inter se coniurarunt ut, superiori mense, certa quadam composita hora diei Virgini Immaculatae sacri, se et familias et res suas et nationem in singularem Mariae clientelam solemniori ritu traderent. Haec sicut interiores animi Nostri sensus suavissime concitarunt, ita a Nobis magnopere commendantur, quippe quae, hac devexatorum temporum acerbitate, quum ardor fidei passim deferbuit, ceteris populis insigni incitamento sint. Faustitatem rerum igitur vehementer laetamur vobis, qui, excitata pietatis auctores, et gratiam ampliorem Nostram et Deiparae augustissimae patrocinium digniores promeriti estis. Interea, quum, hac Parente omnium tener-

rima suffragante, omnia bona feliciaque a Iesu Redemptore precamur, et vobis et gregibus vestris, paternae benevolentiae Nostrae
pignus, Benedictionem Apostolicam amantissime impertimus.

Datum Romae apud S. Petrum, die V Ianuarii MDCCCCV, Pontificatus Nostri anno secundo.

PIUS PP. X.

III. — EPISTOLA

Qua Pontifex Congregationem Marianam academicam Zagabriae laudat ob eiusdem consecrationem Deiparae Immaculatae.

DILECTO FILIO ALOISIO ERSM S. I. CONCREGATIONIS MARIANAE ACADEMI
CAE PRESIDI. — ZAGRABRIAM.

PIUS PP. X.

Dilecte Fili, Salutem et Apostolicam Benedictionem.

QCUM Nos praecipuo quodam studio erga adolescentem aetatem
affecti simus, utpote quae spem omnem posteri aevi contineat,
facile intelligis quam grate habuerimus allatas nuper istius, cui
praees, sodalitii litteras. Ex his enim accepimus, iuventutem Croaticam, ob solemnia anni quinquagesimi a definito dogmate Immaculatae Conceptionis, magnae Dei Matri se peculiari modo consecrasse; Solidatium autem vestrum, sicut ceteris in hac consecratione
peragenda praeiverit, ita praeire voluisse in eadem Nobis nuntianda :
quem vos nuntium perofficiose curastis eo Nobis die perferendum,
quo die Marco Crisino, patriae vestrae lumini, beatorum Martyrum
honores, auctoritate Nostra decretos, Alma haec Urbs dedicabat. Ista
quidem idoneam dant Nobis causam, cur non modo religionem pietatemque vestram laudemus, sed etiam cur eo meliora a vobis, divina aspirante gratia, expectemus. Etenim, Beatissimae Virginis
patrocinium tam studiose demerentibus, profecto licebit vobis christianarum omnium virtutum incrementa capere, ac presertim coniunctius in dies huic Beati Petri Cathedrae adhaerescere, cum vestro et
vestratium emolumento Fidei sanctae, cuius olim Crisinus inclytum
martyrium fecit. Horum auspicem caelestium munerum, et paternae
Nostrae benevolentiae testem, tibi, dilecte fili, Congregationis tuae

sodalibus, et Croaticae iuventuti universae Apostolicam Benedictionem peramanter in Domino impertimus.

Datum Romae apud S. Petrum, die xxi Ianuarii MDCCCCV, Pontificatus nostri anno secundo:

PIUS PP. X.

IV. — EPISTOLA

Qua Summus Pontifex studium Cameracensis Archiepiscopi ad colligendas pecunias pro catholico Lyceo magno Insulensi commendat ac laudat.

VENERABILI FRATRI, STEPHANO MARIAE
ARCHIEPISCOPO CAMERACENSIUM. — CAMERACUM.

PIUS PP. X.

Venerabilis Frater, Salutem et Apostolicam Benedictionem.

EPISTOLAM a te pastoralem excepimus, fideli Cameracensi populo ea mente scriptam ut hortamenta adderentur, publice ad conferendas liberali manu symbolas, quae decimo quoque anno solent pro catholici Lycei magni Insulensis vita profectuque dari. Talis ista sane res est, quae et Nobis videatur commendanda summopere, et, vel eo solum quod est enunciata, laetitiam cordi Nostro multam crearit. Apte equidem valdeque etiam utiliter illud in memoriam revocasti populo, institutione ac doctrina adolescentium catholica, salutem contineri reipublicae. Huius sunt argumento rei praecellentes habiti in societate hominum fructus ubicumque in honore fuit catholica institutio et scientia, ista etiam in urbe, e qua varias in orbis regiones salubris influxit doctrinae virtutisque vis. Quapropter et gentem omnem Gallorum et tuum in primis populum responsuros abunde invitationi fidimus; praeclare enim eorum animi enitent studio quodam erga optima quaeque perardenti. Horum vero voluntatem tuumque generosum opus gratia e caelo uber fecundet, divinaeque opis auspicium adsit Apostolica Benedictio, quam tibi atque iis omnibus, quorum laudatum Lyceum liberalitatem persentiet, peramanter in Domino impertimus.

Datum Romae apud S. Petrum, die xxxi Ianuarii MDCCCCV Pontificatus Nostri anno secundo

PIUS PP. X.

V. – EPISTOLA

De publicatione actorum ac documentorum ad dogma Immaculatae Conceptionis B. M. V. spectantium.

AL DILETTO FIGLIO VINCENZO SARDI, PROTONOTARIO APOSTOLICO
E NOSTRO SEGRETARIO DEI BREVI AI PRINCIPI.

Diletto Figlio,

ABBIAMO letti molti degli Atti e Documenti relativi alla definizione
del dogma della Immacolata Concezione da lei pubblicati e Ci
siamo veramente compiaciuti d'aver accolto il di lei pensiero, quan-
d'ella Ci chiedeva il permesso di darli alle stampe. La pubblicazione infatti dei dotti lavori di tanti eminenti Teologi, se influirà
mirabilmente a far conoscere sempre meglio il tesoro di grazie, che
è la Vergine Immacolata, e ad accrescerne la divozione e la fiducia;
dimostrera pure lo studio, la prudenza e la ponderazione premesse
dall'augusto Nostro predecessore Pio IX alla solenne promulgazione
del dogma.

Ci congratuliamo pertanto con lei anche per questo riuscitis-
simo suo lavoro, che sarà certo accolto con gradimento specialmente
dal Clero, e auguriamo che Dio benedetto, per intercessione del
l'Immacolata, la ricompensi di tante fatiche, accordandole i migliori
conforti, dei quali sia caparra la Benedizione Apostolica, che le
impartiamo con effusione di cuore.

Dal Vaticano, il 6 Febbraio 1905.

PIUS PP. X.

VI. – EPISTOLA

Summi Pontificis Emo Archiepiscopo Parisiensi occasione
sexagesimi anni ab eiusdem s. ordinatione.

DILECTO FILIO NOSTRO FRANCISCO MARIAE TIT. S. MARIAE IN S. R. E.
PRESBYTERO CARDINALI RICHARD, ARCHIEPISCOPO PARISIENSIUM. —
LUTETIAM PARISIORUM.

PIUS PP. X.

Dilecte Fili noster, Salutem et Apostolicam Benedictionem.

BENEVOLENTIAM in te Nostram, eamque praeclaris consentaneam
meritis, iam inde ab inito Pontificatu Summo profiteri assueti, facere equidem nullo modo possumus ut ea Nobis amplissima prae-

terlabatur confirmandae dilectionis occasio, quae e memoria fausto praebetur sacerdotii tui ante annos sexaginta suscepti, itemque (natali episcopatus tui die, qui tertium supra trigesimum annum emen sus prospere est. O utinam sospitem diu incolumemque adservare Deus fidelem illum ac prudentem Praesulem velit, qui datus tanto cum fructu Bellicensi primum gregi, ac Parisiensi dein populo fuit: Haec libet adprecari tibi desiderio animi summo: haec tibi aman tissima etiam deprecetur apud Deum Virgo, cuius suavibus clara praesentiis proxima recolitur mensis huius undecima dies, celebritati peragendae tuae sane quam bene delecta. Omina vero Nostra quo uberior e caelo gratia fecundet Apostolicam tibi Benedictionem peramanter in Domino impertimus.

Datum Romae apud S. Petrum, die ix Februarii MDCCCCV Pontificatus Nostri anno secundo.

PIUS PP. X.

VII. — EPISTOLA

Qua Pontifex gratulatur Episcopo Novariensi ob eius studio-sam coniunctionem cum Sede Apostolica, eumdem vehe-menter probat auspicatum esse a sacris cuniculum Sempronii montis.

VENERABILI FRATRI MATHIAE EPISCOPO NOVARIENSIUM (NOVARIAM).

PIUS PP. X

Venerabilis Frater, Salutem et Apostolicam Benedictionem.

PECULIARI in Nos dilectione incensum amantissimo te corde complectimur, qui, Mathiae Apostoli exornatus nomine, non hunc quasi postremum in Apostolorum collegio sequeris, sed perinde imitaris quasi prae ceteris cum Petro coniunctissimum, quo nempe iam Pontifice atque etiam ipsius eligendi auspice, unus omnium ille connumeratus cum Apostolis fuit. Eiusmodi vero studium non equidem poteras luculentiore profiteri testimonio, quam datis illis ad Nos officiosissimis litteris, unde tam uber et votorum plenitudo laetabilium et faustissimarum significatio rerum afferebatur. O utinam velit per haec solemnia Deus eam tibi rependere felicitatem bonorum, quae praebitae Nobis per epistolam iucunditati respondeat. Quid enim animo Nostro suavius, quam dioecesim tuam universam novisse Pontifici Summo adhaerentem, difficultates Apostolicae Sedis, submissa devote stipe, sublevantem, optata insuper ac vota, veluti observantiae et humanitatis iudicia, offerentem? Huc autem accessit repetita a te recordatio, mirum quantum desiderata Nobis, praestitae per te suavitatis quum cuniculum Sempronii montis, peringentis molitionis opus, a sacris auspicabare precibus. Scilicet consentaneum plene fuit sacram a Religione lustrationem operi obvenire, a qua tantum rei perficiendae adiumenti fuerat impertitum. Quapropter quum habitis erga Nos officiis destinataque huic Sedi stipe, tum composita pientissime dioecesi oblatisque tuis de populari institutione scriptis, tum denique comparato Religioni decore consecratisque humanae industriae incrementis gaudemus ex animo, tibique gratam aperientes voluntatem, Apostolicam Benedictionem, tibi gregisque tuo peramanter in Domino impertimus.

Datum Romae, apud S. Petrum, die xxii Aprilis MDCCCCV, Pontificatus Nostri anno secundo.

PIUS PP. X.

VIII. — EPISTOLA

Occasione solemnis Conventus Ordinis Fratrum a Scholis Christianis.

DILECTO FILIO GABRIELI MARIAE FRATRUM A SCHOLIS CHRISTIANIS AN·
TISTITI GENERALI. — PARISIOS.

PIUS PP. X

Dilecte Fili, Salutem et Apostolicam Benedictionem.

Quum propediem, ut accepimus, solemnem Ordinis conventum habituri sitis, hac utimur occasione libenter, tibi tuisque omnibus paternam Nostram significandi voluntatem; quamquam eam vobis probe perspectam putemus. Namque his miseris Galliae temporibus, quum bellum in Ecclesiam tam atrox geritur, opus esse intelligimus, ut ad aures bonorum pro iustitia et veritate certantium, crebro Summi Ducis sonet vox, quae ipsorum, sive approbando, sive admonendo, contentionem exacuat. Quare vos, qui, uti peculiarem in modum bene estis de civibus vestris meriti, ita praecipuos quosdam ab inimica vi iamdudum toleratis impetus, magnis erectisque animis iubemus esse, rationemque instituti vestri, quantum per has rerum asperitates licet, retinere. Omnino nolimus, apud vos ceterosque vestri similes, quorum religiosum munus est erudire adolescentulos, ea quam pervulgari audimus, quidquam valeat opinio, institutioni puerili primas vobis dandas esse, religiosae professioni secundas; idque aetatis huius ingenio et necessitatibus postulari. Etsi enim his tantis malis, quae premunt, quoad potest, medendum est, proptereaque in multis rebus cedendum tempori, non eatenus tamen descendendum, ut de sanctissimorum institutorum dignitate atque adeo de ipso doctrinae sacrae patrimonio quid decedat. Itaque in vestra causa illud maneat, religiosae vitae genus longe communi vitae praestare; atque, si magno obstricti estis erga proximos officio docendi, multo maiora esse vincula, quibus Deo obligamini. Ceterum liquet, ideo vos usque adhuc magistros educatoresque iuventutis extitisse eximios (adeo ut vel publice amplissimis laudibus ornaremini), quia tales Ordinis vestri disciplina conformaret ac finxerit. — Quam quidem colite et diligite, ut facitis, summa erga antistites vestros fide studioque, summe inter vos coniuncti; quod autem reliquum est, conscientiae officii obsequimini, freti Deo. Divinae auspicem opis, itemque peculiaris Nostrae benevolentiae testem, tibi, dilecte Fili, et sodalibus tuis universis Apostolicam Benedictionem peramanter in Domino impertimus.

Datum Romae apud S. Petrum, die XXIII Aprilis MDCCCCV, Pontificatus Nostri anno secundo.

PIUS PP. X.

IX. - EPISTOLA

Qua Pontifex Seminaria dioecesium Lusitaniae commendat, atque Episcopos Lusitanos hortatur ut sacrae iuventutis institutionem studiosissime accurent.

DILECTO FILIO NOSTRO IOSEPH SEBASTIANO S. R. E. PRESB. CARD. NETO, PATRIARCHAE OLISSIPONENSI, AC VENERABILIBUS FRATRIBUS, ARCHIEPISCOPIS ET EPISCOPIS REGNI LUSITANIAE.

PIUS PP. X.

Dilecte Fili Noster et Venerabiles Fratres,
Salutem et Apostolicam Benedictionem.

SOLLICITO vehementer animo hisce vos litteris alloquimur, adducti, ut intelligitis, earum indignitate rerum, quae, non uno quidem nomine improbandae, claram Lusitaniae urbem recens commoverunt.

Hae nimirum cum pro ea cura, quam de alumnis sacrorum gerimus, incredibilem quamdam Nobis aegritudinem afferunt, tum causam nimis idoneam dant, quam memores Nostrarum partium, capimus, cohortandi vos, ut ipsam sacrae Iuventutis institutionem studiosissime accuretis. Equidem non diteffimur, huic vos officio haudquaquam deesse solitos, ac praesertim his viginti annis studuisse vestrorum disciplinam temperationemque Seminariorum melius constituere. At in hoc genere, etsi bonos cepistis adhuc laborum fructus, videtis tamen ipsi, multa esse reliqua, in quibus elaborare necesse sit. Iamvero desiderari aliquid vestrae, in hac causa, diligentiae pastoralis, quaesumus, ne patiamini. Nimium quantum Ecclesiae populique christiani interest, talia esse clericorum Seminaria, qualis Tridentina Synodus providentissime voluit: pietatis nempe artiumque bonarum domicilia, ubi rite atque ordine lecta in spem divini ministerii iuventus virtutibus doctrinisque debitis instruatur. Ut enim ex illis, si quidem instituti sui rationem inviolate retineant, praeclarae sunt utilitates in commune expectandae, ita si vel paullum ab ea ratione deficiant, maxima sunt ex iisdem metuenda incommoda; id quod tristis rerum experientia confirmat. — Quare si vobis est, quod summopere debet esse, cordi, suppleri Clerum vestrum sacerdotibus iis, qui non inscientia aut desidia aut probrosis moribus sanctissimum munus dedecorent, verum scientiae ornatu, studio animarum, integritate vitae eo se nomine dignos praestent, similiter vestrum cuiusque Seminarium vobis esse cordi patet oportere. Hoc igitur omni ope excolite, hunc, inquimus, praecipuum industriae vestrae campum, in quo quum sancte studioseque versati eritis, tum putate cetera officii vestri munia magnam partem vos exsecutos. — Quamquam ad parandam sacerdotum copiam, qui dignitatem decusque Cleri retineant, non satis fuerit eam tantam curam in Seminario collocasse: magnum profecto istud, sed nequaquam in isto omnia. Relinquitur enim, ut in adsciscendis ministris sacrorum nihil temere, nihil nisi ex conscientia officii fiat. Religiosissime servandum est Episcopo quod Paullus Apostolus graviter admonuit. Manus cito nemini imposueris; quippe periculorum plena est omnis, in negotio huius momenti ac ponderis, festinatio: at multo magis cavendum, ne quo studio et favore hominum adducatur, ut manus cuipiam, minus digno, imponat. Enimvero hoc adeo tetrum est facinus, ut minime suspicio eius cadere in quemquam vestrum possit: illud potius, ut in consecrandis clericis nullum cautionis genus supervacaneum vobis videatur, etiam atque etiam rogamus. — Verum in tota hac re, atque ita unumquemque vestrum attingit, ut attingat universos, propterea quod ad ipsius Lusitaniae Ecclesiae salutem pertinet, ne satis habetote, pro viribus contendere et eniti singulos, sed consilia inter vos conferendo, deliberetis idemtidem, cupimus, quid maxime ad commune propositum conducat. Itaque, quoniam intermissum istic accepimus esse morem solemnes Episcoporum coetus habendi, dabitis operam ut eum quamprimum atque ob hanc potissimum causam, de qua loquimur, revocatis.

Auspicem divinorum munerum et paternae Nostrae benevolentiae testem vobis, Dilecte Fili Noster et Venerabiles Fratres, Apostolicam Benedictionem peramanter in Domino impertimus.

Datum Romae apud S. Petrum, die v Maii MDCCCCV, Pontificatus Nostri anno secundo

PIUS PP. X.

X. — EPISTOLA

Qua nonnullas Pontifex inculcat praescriptiones in utilitatem totius Ordinis Cisterciensium Reformatorum.

VENERABILI FRATRI AUGUSTINO EPISCOPO TIT. CONSTANTIENSI
ORDINIS CISTERCIENSIUM REFORMATORUM ABBATI GENERALI.

PIUS PP. X.

Venerabilis Frater, Salutem et Apostolicam Benedictionem.

INTER plura et egregia, quae fel. rec. Leo PP. XIII Decessor Noster in bonum rei christianae perfecit, illud profecto est censendum, quod tres Congregationes Cisterciensium Trappistarum in Ordinem Cisterciensium Reformatorum seu Strictioris Observantiae sub unius Superioris Generalis regimine coëgit. Nos autem magno animi solatio affecti sumus, cum accepimus illam unitatem aequalitatemque disciplinae iam nunc esse omnino perfectam, eamque fructus, Ecclesiae et christiano populo salutares, efferre. Verum, ut bene coepta promoveantur in melius, opportunum Nobis visum est nonnulla praescriptionum inculcare capita his litteris; unde plane intelligere poteritis, quanta vos benevolentia prosequamur, quantoque studio utilitati Ordinis vestri consultum esse velimus.

I. Primum, dilecti filii, quae idem Decessor Noster, praesertim in litteris suis Apostolicis, quarum initium est « *Non mediocri* »,
anno MDCCCCII die XXX Iulii editis, in gratiam vestri Ordinis
decrevit et statuit, ea omnia et singula, auctoritate Nostra Apostolica, approbamus et confirmamus.

II. Deinde vos omnes, Superiores ac subditos, vehementer
admonitos volumus ut semper sanctam disciplinam custodientes, ex
proprio Ordinis vestri instituto sine intermissione precationi et poenitentiae pro animarum salute incumbatis. Etenim si unquam alias,
sane in hac rerum acerbitate, qua Ecclesia Dei premitur, huiusmodi
religiosorum hominum officium necessarium est.

III. Praesertim vero vos, dilecti filii, qui eiusdem Ordinis
domorum Moderatores estis, magnopere in Domino hortamur, rogamus, obsecramus, ut nihil faciatis reliqui, quod ad pristinam Ordinis
dignitatem revocandam pertineat. Itaque pro munere, quod geritis,
studete, ut propriae Ordinis leges ubique inviolate serventur; nomi-
natimque haec attendite:

1. Norunt omnes, nihil ad relaxandam regularem disciplinam
plus valere, quam nimiam in recipiendis alumnis facilitatem. Quare
Superiores, ad quos id spectabit, sedulo curent, ut in posterum
nullus admittatur in Ordinem, quin eius utilitati et decori inservire
posse aut velle videatur.

2. Summae etiam curae vobis esto ut secundum Ordinis vestri
leges recta studiorum ratio vigeat, et ne quis ad maiores Ordines
promoveatur, quin studio sacrae theologiae diligenter, ut oportet,
operam dederit.

3. Regularis observantia non raro ob id collabi solet, quod
Ecclesiae leges atque ipsa religiosorum Ordinum statuta super bono
rum administratione non, uti par est, sancte custodiuntur. Quapropter, ad maxima deprecanda mala, omnibus et singulis Superioribus
edicimus, ut, quoties agatur de bonis emendis, alienandis, permu-
tandis, de mutuo contrahendo quod decem millia libellarum attingat,
de aedificio extruendo, demoliendo, restaurando, aut de alia impensa
facienda, extraordinaria et notabili, quae pertineat scilicet ad summam pecuniae dictam, ne quid tale faciant, nisi et habita Capituli
Generalis aut Abbatis Generalis venia, et ea fideliter servando, quae
Constitutionibus et Decretis Apostolicae Sedis praescripta sunt.

4. Quoniam praesidium valde efficax ad disciplinam regula-

rem conservandam aut instaurandam inest in Visitatione canonica,
quae quotannis in singulis Ordinis domibus est peragenda, ideo
Visitatores hortamur in Domino rogamusque, ut gravissimum officium suum diligentissime impleant, et de monasteriorum statu personali, disciplinari, materiali et oeconomico Abbatem Generalem
certiorem faciant; Superiores autem domorum monemus, ut Visita-
tori accuratissimam relationem de statu oeconomico sui quisque
monasterii exhibeat.

5. Negotia sive totius Ordinis, sive singulorum vel monasteriorum vel monachorum, quae in Romana Curia expedienda sunt,
Procurator Generalis, qui ex principiis iuris communis est gestor
negotiorum Ordinis apud Apostolicam Sedem, ipse de mandato Abbatis Generalis solus omnia curet expedienda: deque iis, iniussu suo,
cum Cardinalibus aut cum quibusvis Romanae Curiae Officialibus
tractare quidquam nemo audeat.

Has leges potissimum sanctas esse vobis volumus: eis autem
vos non solum pro vestro erga Vicarium Iesu Christi obsequio, sed
etiam pro studio quo Institutum vestrum colitis, fore ut religiose
semper obtemperetis, certo scimus.

Auspicem divinorum munerum et paternae benevolentiae Nostrae
testem, tibi, Venerabilis Frater, et Ordini tuo universo Apostolicam
Benedictionem peramanter in Domino impertimus.

Datum Romae apud S. Petrum, die xxxi Maii MDCCCCV, Pontificatus Nostri anno secundo.

PIUS PP. X.

XI. — EPISTOLA

Pii Pp. X. Sinarum Imperatori occasione cuiusdam recepti doni.

AUGUSTISSIMO POTENTISSIMOQUE IMPERATORI SINARUM. — PEKINUM.

PIUS PP. X.

Augustissime et Potentissime Imperator, Salutem et Prosperitatem.

QUIBUS Nos litteris septuagesimum aetatis annum faustum et felicem Maiestati Suae Imperatrici Sinarum ominabamur, rescri-
bebat perquam humane Imperatoria Maiestas Tua, mirum quanta
cum cordis Nostri laetitia. Quod autem praeterea placuit Maiestati
Tuae ut oblatum a Nobis munus peramplo ac maxime nobili dono
rependeret, fuit id Nobis supra quam dici potest iucundum, fecitque

eo vel magis exploratum summam esse Maiestatis Tuae et cum Persona Nostra amicitiam et erga catholicos istos voluntatem. Velit igitur a Nobis Imperatoria Maiestas Tua gratias habere quamplurimas; simul omina excipiat et vota, unde enixe imploramus Deum, ut Te Suamque Maiestatem Imperatricem Sinarum ac universam Augustissimam Domum diutissima iubeat sospitate et incolumitate gaudere.

Datum Romae apud S. Petrum, die vɪɪɪ Iunii ᴍᴅᴄᴄᴄᴄᴠ, Pontificatus Nostri anno secundo.

PIUS PP. X.

XII. — EPISTOLA

De coetu Eucharistico Catanae celebrando.

DILECTO FILIO NOSTRO

IOSEPH TIT. SS. IOANNIS ET PAULI

S. R. E. PRESBYTERO CARDINALI FRANCICA NAVA DI BONTIFÈ

ARCHIEPISCOPO CATANENSIUM

CATANAM.

PIUS PP. X.

Dilecte Fili Noster, Salutem et Apostolicam Benedictionem.

Qui eucharisticum ex universis populis coetum, Romae paullo ante coactum, praecipua súmus gratia prosecuti, ob eam assequandam in primis utilitatem fidelium, quae Nostrarum, sive in curionis officio, sive in Episcopatu, sive in Pontificatu, curarum summa fuit, facere profecto nullo modo possumus ut non istum, qui proxime habebitur, eucharisticum e dioecesi congressum benevolentia complectamur, e quo non minora expectamus exstitura incrementa pietati Catanensium. Eiusmodi namque congressiones tam sunt animo Nostro carae, quam sunt christianae plebi salutares. Esse autem spiritui salubres inde fit exploratum, quod amorem ac benefacta Christi sacramento tecti concelebrent, humanumque genus ad rependendam cum dilectione gratiam alliciant. Nos autem, quibus est prae re omni persuasum non posse homines ad virtutem colendam appelli, nisi divinum antea diligant exemplar virtutis, sane quam libenter opportunitatem istam nanciscimur adhortandi fideles ut ad eucharisticum Catanensem coetum celebres confluant, in quo et cogitatio et mens et studium ad suavissima mysteria altaris adiicientur. Qua quidem in caussa, omnia sine dubio probabuntur vehementer Nobis, quaecumque ad amplificandum sive amorem sive cultum sacramenti augusti fuerint vobis consilia coepta. At si, Nostra e sententia, erunt aliqua anteponenda ceteris, ea sunt quae actionem spectant, ac viam, unde pratice cultus eucharistiae sanctae propagetur. Vobis, quae in hoc tali genere opportuna et apta videantur magis, erunt certe disceptando perspicua. Placet tamen unum commendare coetui po-tissimum, quod ceteroquin est civitati vestrae domesticum: gratum nempe valde fecerit nobis, si non alienum esse a sua diligentia curaverit ut perpetuus Sacramenti cultus, qui tanta cum laude et apud piarum Catanensium feminarum sodalitatem et alibi quoque floret, proferatur quotidie latius et, ubi expedire per adiuncta vi-deatur, in universis puellarum collegiis opportune inferatur. Interim consiliis laboribusque vestris uberem e coelo gratiam precamur, eius maxime omnipotenti benignitati freti, qui diligit diligentes ipsum, iisque favet assidue. Testem vero voluntatis Nostrae tibi, dilecte Fili Noster, atque omnibus, qui in conventu aderunt, Apostolicam Benedictionem peramanter in Domino impertimus.

Datum Romae apud S. Petrum, die ix Iunii MDCCCCV, Pontifi-catus Nostri anno secundo.

PIUS PP. X.

XIII. — EPISTOLA

Qua Pontifex gratos animi sensus testatur ob receptas lit-teras e Fuldensi congressione datas ac utilitatem agno-scit Bonifaciarum solemnium.

DILECTIS FILIIS NOSTRIS GEORGIO TIT. S. AGNETIS EXTRA MOENIA S. R. E. PRE-
SBYTERO CARDINALI KOPP EPISCOPO VRATISLAVIENSIUM ET ANTONIO
TIT. SS. NEREI ET ACHILLEI S. R E. PRESBYTERO CARDINALI FISCHER
ARCHIEPISCOPO COLONIENSIUM CETERISQUE VENERABILIBUS FRATRIBUS
ARCHIEPISCOPIS ET EPISCOPIS REGNI BORUSSICI.

PIUS PP. X.

Dilecti Fili Noster ac Venerabilis Fratres, Salutem et Apostolicam
   Benedictionem.

VESTRAS e Fuldensi congressione litteras, summi erga Nos amoris, coniunctissimaeque cum Romana Sede voluntatis indices, non sine ingenti delectatione legimus, facileque fuimus in ea sententia roborati, benevolentiam, quam Borussiae Pastores et catholicae istae plebes a Nobis persentiunt vere esse promeritam. Etenim quae Ipsi a vobis potuissemus expetere, quaeque gratum fuisset pro opportunitate commendare, nempe ut in primis religionem coleretis quotidie ardentius, deinde ut arctius in dies Pontifici Summo adhaereretis, ea sunt in antecessum praestita a vobis, sive per ipsam significationem pietatis in peractis celebritatibus insitam, sive per iteratum erga Nos communis observantiae testimonium. Multum profecto Bonifaciana solemnia habuere utilitatis: plurimum vero pollicentur etiam in posterum, propter expectandos praesertim e confirmato fidei studio fructus. Eum porro, qui caelesti deprecatione sua hanc talem spiritui vestro et solatii et incrementi ubertatem creavit, fidimus adstiturum assidue vobis, quum concepta, pro amplificanda religione, proposita nitetur unusquisque vestrum perficere. Nostram interea et probationem excipite et laudem, testisque dilectionis Nostrae Apostolica esto Benedictio, quam vobis, Dilecti Filii Nostri ac Venerabiles Fratres, creditisque vigilantiae vestrae fidelibus peramanter in Domino impertimus.

Datum Romae apud S. Petrum, die xv Iunii a. MDCCCCV, Pontificatus Nostri secundo.

PIUS PP. X.

XIV. — EPISTOLA

Pii Pp. X Oscar II Sueviae et Norvegiae Regi occasione nuptiarum inter nepotem eius Gustavum Adolphum Ducem de Scania et Margaritam de Connaught.

AUGUSTISSIMO SERENISSIMOQUE PRINCIPI OSCAR II
SUECIAE ET NORVEGIAE REGI. — STOCKHOLMIAM.

PIUS PP. X.

Augustissime et Serenissime Rex, Salutem.

QUAE bona, fausta ac felix procul dubio futura est res, affertur illud Nobis Regalem Celsitudinem Suam Gustavum Adolphum, ducem de Scania, Maiestatis Tuae e Celsissimo filio Principe haerede Regni nepotem, initurum proxime nuptias cum Regali Celsitudine Sua Margarita de Connaught. Communem duabus Augustissimis Domibus eventum, quemadmodum est Tibi ac Familiae Regali

Tuae vehementissime carum, ita Nobis iucunde contingit. Quocirca Maiestati Tuae pleno ex animo gratulamur, id simul adprecantes, ut latos Tibi pro felicitate regni labores laetabili fortunae cursu remuneret Deus. Vota vero atque optata nuncupare pro Celsissimis Sponsis pergratum est; qui, si, Deo bene propitio, utantur et vita et sobole felici, id non sine catholici utilitate populi esse posse intelligimus. Omnipotens interea Numen exoramus, velit uti Tibi peroptabilia omnia largiri, Tuamque Maiestatem atque Augustam Familiam omnem et novos maxime Sponsos perfectiore semper Nobiscum caritate coniungere.

Datum Romae apud S. Petrum, die xix Iunii a. MDCCCCV, Pontificatus Nostri secundo.

PIUS PP. X.

XV. — EPISTOLA

Qua scholas Lycei, Philosophiae ac Theologiae in Seminario Pontificio Vaticano abolentur.

AL SIGNOR CARDINALE MARIANO RAMPOLLA DEL TINDARO ARCIPRETE DELLA BASILICA VATICANA.

Signor Cardinale,

L A benevolenza che nutriamo verso il Pontificio Seminario Vaticano, ha richiamato, come Ella sa, la Nostra attenzione sopra due inconvenienti, che quivi si verificano, l'uno contrario al benessere economico dell'Istituto, l'altro alla migliore riuscita degli studi. Il primo sta nel numero dei maestri e professori, non proporzionato a quello troppo esiguo degli studenti: il secondo nella mancanza di emulazione proveniente appunto dal ristretto numero di alunni in ciascuna scuola. Per ovviare a siffatti inconvenienti e provvedere al maggior bene del Seminario, dopo udito il parere di Lei, ed apprezzando a dovere i suoi saggi consigli, siamo venuti nella determinazione di sopprimere nel medesimo tutte le scuole di Liceo, Filosofia, e Teologia; disponendo che gli studenti di Teologia frequentino d'ora innanzi la Pontificia Università Gregoriana, e quelli di Liceo e Filosofia seguano i rispettivi corsi nelle scuole del Pontificio Seminario Romano.

Nel parteciparle, signor Cardinale, queste Nostre determinazioni,

e fiduciosi che l'esecuzione delle medesime torni di non lieve vantaggio per l'Istituto al quale Ella volge così sollecite cure, le impar·
tiamo con tutta la effusione del cuore l'Apostolica Benedizione.

Dalle stanze del Vaticano, il 23 Giugno 1905.

PIUS PP. X.

XVI. — EPISTOLA

Qua Acta primi Concilii Provincialis Burgensis laudantur at-que firmantur.

VENERABILI FRATRI GREGORIO MARIA ARCHIEPISCOPO BURGENSIUM. — BUR-GUM DE OCA.

PIUS PP. X

Venerabilis Frater, Salutem et Apostolicam Benedictionem.

QUEM Burgensem Antistitem manu tantum Romani Pontificis re-gendum Urbanum II dec. Noster edixit, eum Nos, in tua digne persona perseverantem, eiusdem Pontificis Romani voce dilaudandum arbitramur. Si quid enim laudi ornamentoque est sacro clero tri-buendum, id indubitanter voluntas, id eo vel magis sollertia est, unde fidei tuendae, relligionique pro temporum ingenio amplificandae adlaborat. Iam has tales tibi decernendas publice esse significationes honoris, acta docent et decreta Concilii Provincialis Burgensis primi, tuo studio coacti, tuisque maxime auspiciis absoluti atque editi. Gravia quidem et cum utilitate populorum apprime coniuncta Con-cilii opera extitere; quae sane dum libentibus delibaremus oculis, animo etiam laetanti intelleximus. Nunc autem, revisis a Sancta Sede decretis, admittendum executioni est, quam quidem multiplex vitae pietatisque vestrae parituram fore emolumentum confidimus. Egregiis autem deducendis ad usum rebus eandem vos adhibituros sedulitatem certo speramus, quam afferre ad deliberandum statuistis. At quoniam incrementum dat Deus, illi vehementes a Nobis convolant preces, tibi ut facilis ac propitius, quem ad actionem te debes, adspiret, ceterosque e Provincia Presules simili gratiarum munere adiuvet. Ad haec testem benevolentiae Nostrae et solatii caelestis auspicem Apostolicam Benedictionem tibi populoque tuo peramanter in Domino impertimus.

Datum Romae apud S. Petrum, die xxv Iunii a. MDCCCCV Pontificatus Nostri secundo.

PIUS PP. X.

XVII. — EPISTOLA

Qua Pontifex conqueritur ob iniurias Religioni, Episcopo ac Clero a civili Gubernio de Nicaragua patratas.'

VENERABILI FRATRI SIMEONI EPISCOPO DE NICARAGUA.

PIUS PP. X.

' *Venerabilis Frater, Salutem et Apostolicam Benedictionem.*

PERMOLESTE equidem allatum est, quod ipse, datis litteris ad Dile-
ctum Filium Nostrum ' Cardinalem a publicis Ecclesiae negotiis,
significabas, eos, qui Rempublicam de Nicaragua administrant, infense
te Clerumque fidelem istum exagitare, eoque per sacrilegum ausum
devenisse, ut exturbatum te e patria, ab excolenda dioecesi grege-
que a tutando prohibuerint. Divexatus et exul, animum certe in
Personam Nostram intendis, illudque tecum sine dubio commemo-
ras, Pontificem Summum nec tulisse unquam, nec posse in praesens
aequo animo perferre illatas venerabili fratri Suo ab iis, quibus in
sacra nihil est potestatis, acerbitatis tantae molestias. Atque quidem
istud est ipsum quod, ad perculsi solamen Fratris aperire tibi pro-
peramus, dum, pro ea, qua universos populos, pastoresque in primis, sollicitudine complectimur, iniectam Religioni iniuriam non dis-
simulanter conquerimur. Interea libet fovere spem fore ut ii, per
quos viduata iacet suo pastore dioecesis, velint tandem non inficiari
factum iniuste, idemque reiicere animo ne refugiant: similiter etiam
futurum confidimus ut sinant te ex aerumnoso loco in tuam libere
ecclesiam remeare. Ad haec persuasum habemus, non deesse tibi
nec obsequentem permissioni Dei voluntatem, nec firmam in Deum
fidem pietatemque, qui rogantem miserum numquam non adiuvit
ope praesenti. Hortamur tamen enixe ut, quae valere aut conducere ad optatum exitum videantur, ea ne praetermittas omni sollertia accurare, id profecto ratus, rem Nobis te effecturum vehementer probabilem, si, cum divini imploratione praesidii, humanis etiam
adiumentis, quae episcopalis tibi prudentia suaserit, salutem quae-
rere libertatemque studueris. Preces autem pro te adhibituri summas,
testem benevolentiae Nostrae ac divini solatii pignus Apostolicam
Benedictionem tibi et dioecesi tuae peramanter in Domino impertimus.

Datum Romae apud S. Petrum, die VII Septembris a. MDCCCCV,
Pontificatus Nostri tertio.

PIUS PP. X.

XVIII. — EPISTOLA

Gratulatoria qua nonnulla privilegia indulgentiasque Pontifex largitur in trecentesimo anno ab institutione Congregationis Anglo-Benedictinae.

DILECTO FILIO AIDANO GASQUET ABBATI
ET CONGREGATIONIS ANGLO-BENEDICTINAE PRAESIDI. — LONDINUM

PIUS PP. X

Dilecte Fili, Salutem et Apostolicam Benedictionem.

TERTIO exeunte saeculo, postquam nobile istud Gregorii Magni Coenobium initia cepit, iure vos ac merito hanc faustitatem eventus celebraturi propediem estis; quae faustitas recordationem habet rerum, non apud vos tantum, sed late apud catholicos, anglos praesertim, memorabilium. Primum enim revocatur mens ad ea tempora, quum laetissimam institutorum vestrorum segetem, cum ipso catholico nomine, in Anglia immanis clades oppressit: tempora illa quidem religioni calamitosissima, sed maximarum virtutum ornata exemplis, quibus sese et Ecclesiam maiores praecipue vestri illustrarunt. Eluxit in his venerabilis vir, Ioannes Roberts, qui, ut plures ex eadem disciplina monachi, primatum Apostolicae Sedis profuso sanguine asseruit; Congregationis Anglo-Benedictinae ornamentum idem et tutela; quo potissimum auctore, accedente ope munifica Cavareli, Atrebatensis Abbatis, Gregorianum Coenobium Congregationis reliquiis, velut e naufragio collectis, excipiendis Duaci constitutum accepimus. Prosperae deinceps, adversaeque iterum res vobis consecutae, argumento fuere, provisum esse divinitus, ut bona semina sempiternae Anglorum salutis, a Gregorio profecta, nequaquam interiret penitus, sed tempestatis impulsu vobiscum advecta in Galliam, eadem longo intervallo rursus ad Anglos, novae procellae acta impetu, redirent. Ergo Sodalitium vestrum, aliis alibi apertis domibus, ipsoque Coenobio, ex auctoritate Pauli V, Pontificis Maximi, tanquam centro et capite instauratae Congregationis facto, sensim visum est, satis diuturno spatio, reviviscere, quoad tutum ei honestumque hospitium Gallia praebuit; ubi vero non multum a pristina amplitudine et gloria abesse coeperat, maxima illa rerum omnium conversione exterminatum e finibus Galliae, istuc, unde discesserat, remigravit. Ex eo tempore licuit vobis, quasi postliminio reversis, longinquam intermissionem operae studii et contentione sarcire; fundatoque feliciter apud Downside Gregoriano Coenobio, longe lateque ad incrementum religionis humanitatisque christianae beneficam vim, instituto vestro insitam, proferre. Cognitum est, amplissimos viros, optime de Ecclesia meritos, ex isto sanctimoniae sapientiaeque domicilio prodivisse: hodieque id ipsum tum disciplinae integritate, tum studiis et artibus florere, vel Collegium indicat, Coenobio adiectum, ubi virtutum doctrinaeque ornatu lectissimorum adolescentium numerus instruitur. — Ad haec et talia recolenda commodam occasionem proximi dies dabunt, eamque non vacuam fructu; vestrorum quippe recte factorum cogitatio et augebit erga vos gratiam bonorum et industriam diligentiamque in vobis exacuet. Nos vero ut eadem solemnia, quibus celebritatem additura est novi eiusque splendidi, ut intelligimus, templi dedicatio, celebriora etiam per Nos fiant, libenter indulgemus vobis, quae infra scripta sunt. Die xix huius mensis, quo die statum festorum triduum incipiet, in festo Sancti Ianuarii liceat vobis ritu votivo in honorem Sancti Gregorii Sacrum facere. Quicumque in Coenobium die xx convenerit, ut Sacro solemni intersit, is in eum diem lege ieiunii et abstinentiae a carnibus solutum se sciat. Eodem die, festo Sancti Eustachii, solemne Sacrum ad precandam requiem vita functis sodalibus, ipsorum propinquis, omnibusque bene de Coenobio meritis, fieri fas sit. Praeterea Venerabili Fratri Cuthberto, Episcopo Neoportensi, potestatem facimus, quam ipse, si impeditus aliqua causa fuerit, delegare alteri possit Pontificia benedictione populum lustrandi. Denique iis, qui solemni sacro adfuerint, plenariam admissorum veniam sub statis conditionibus semel tribuimus. — Praeter haec autem, quae ad tempus collata sunt, duo mansura munera vobis conferimus, unde Nostra erga Ordinem vestrum benevolentia perpetuo constet. Unum est, ut Sacerdotes ad altare maximum sacris operantes, in novo San ti Gregorii templo, possint, quemadmodum ad altare Gregorianum in Monte Coelio, perlitare. Alterum est, ut adeuntibus die ii mensis Augusti aedem Coenobii eiusdem et domorum reliquarum quae sunt Congregationis vestrae potiores videlicet Sancti Laurentii ad Ampleforth, Sancti Edmundi Duacensis, Sancti Michaëlis ad Belmont et Sanctae Mariae ad Stambrook, quoniam istae ab aedibus Fratrum Franciscalium admodum distant, Indulgentiam Portiunculae impetrare liceat. Atque haec omnia vobis Apostolica auctoritate concedimus, contrariis non obstantibus qui-

buscumque. — Vos vero ex his voluntatis Nostrae testimoniis sumite animos et efficite, ut sacra ista solemnia· tanquam auspicium
studiosioris in officio constantiáe vobit attulisse videantur. Caele-
dum autem donorum, quae adprecamur ex animo, pignus itemque
praecipuae Nostrae benevolentiae indicem, tibi, dilecte Fili, univer-
saeque Congregationi Anglo–Benedictinae, praesertim dilectis Filiis
Edmundo Ford, Priori Sancti Gregorii, eiusque sodalibus, Apostolicam Benedictionem peramanter in Domino impertimus.

Datum Romae apud S. Petrum, die viii Septembris, Natali
Virginis Deiparae anno mdccccv, Pontificatus Nostri tertio.

PIUS PP. X.

XIX. — EPISTOLA

**Qua Pius Pp. X gratulatur ob suppositionem primi lapidis
novae aedificandae Basilicae honori SS. Cordi Iesu, ac
extruendae Ecclesiae calicem sacrificalem donum destinat.**

Dilecto Filio Nostro Petro Lamberto Tituli S. Crucis in Ierusalem
S. R. E. Presbytero Cardinali Goossens, Archiepiscopo Mechliniensium, ceterisque Venerabilibus Fratribus Episcopis Belgarum.· — Mechliniam.

PIUS. PP. X

Dilecte Fili Noster ac Venerabiles Fratres,
Salutem et Apostolicam Benedictionem.

Auspicata appetente die, qua ad vota Belgarum omnium ac praecipue Luitpoldi Regis explenda, dum actae celebritates ob memoriam istius constituti Regni concludentur, primus supponetur
lapis aedificandae, curatione publica, Ecclesiae Basilicae honori
Cordis Iesu, convolet sponte ad vos Nostra gratulatio, ingentique
pro molimine, cuius propediem proficiscentur initia, summa a Nobis
vota nuncupantur. Quemadmodum enim pientissimum consilium
Regis, ubi primum fuit Nobis compertum, et vehementer proba-
vimus et, data occasione, dilaudandum nomine Nostro penes eumdem Regem curavimus, ita libet in praesens haud vulgarem, pro
meritis, honorem navitati Episcoporum impertire, quorum studio
atque industria factum est ut magnis gens ista voluntatibus incepto nobili obsequeretur. Est equidem praestantissimum Belgarum
regnum ad veritatem cultumque Religionis nostrae informatum in-

time; proptereaque nihil est dubium quin et splendidum artificio opus, nomini ac dignitati nationis par, sit apud vos excitandum, et uberiorem in posterum a Deo benignitatem, tam illustri pietatis publicae monumento devocatam, sitis persensuri. Summa id certe est ominum Nostrorum: quae quidem si fervida atque ardentia esse adprecando ostendemus, esse tamen libentissima adiecto dono patefacimus, id est calice sacrificali, quem extruendae destinamus ecclesiae, memoriae voluntatisque caussa. Auspicem divinorum munerum Nostraeque benevolentiae testem tibi, Dilecte Fili Noster, vobisque, Venerabiles Fratres, atque etiam fidelibus vigilantiae vestrae concreditis Apostolicam Benedictionem peramanter in Domino impertimus.

Datum Romae apud S. Petrum, die xii Septembris anno mdccccv, Pontificatus Nostri tertio.

PIUS PP. X.

XX. — LITTERAE APOSTOLICAE

SSmi D. N. Pii Pp. X extinctionis institutionis translationis quarumdam Urbis paroeciarum, videlicet: Extinctionis pa-roeciarum S. Mariae Magdalenae et S. Mariae Monticel-lianae · Institutionis paroeciarum SS. Petri et Marcellini, S. Mariae Angelorum, S. Crucis in Aedibus Sessorianis · Translationis paroeciarum SS. Celsi et Iuliani ad S. Ioan-nem Florentinorum, S. Angeli in Foro Piscario ad S. Lau-rentium in Lucina.

PIUS EPISCOPUS

SERVUS SERVORUM DEI

AD PERPETUAM REI MEMORIAM

SUSCEPTUM, Deo inspirante, negotium paroecias ordinandi per Urbem opportunius tempori, etsi sensim pro adiunctis rerum, constanter tamen apostolica providentia prosequimur. Propterea, cum se maturitas modo offerat aliquid in re tam gravi atque utili ulterius constituendi, alias his Nostris litteris abolere, alias ab inchoato instituere, alias transferre alio curias decretum est. — De Nostrae igitur potestatis plenitudine paroecias binas, alteram ad Sanctae Mariae Magdalenae in platea cognomine, alteram ad Sanctae

Mariae Monticellianae, extinguimus penitus. Redditus vero earum binis aliis suo tempore erigendis, destinamus. — Porro paroecias novas instituimus ternas; alteram ad Sanctorum Petri et Marcellini in via Merulana; alteram ad Sanctae Mariae Angelorum in Thermis, utramque pro clero saeculari; alteram ad Sanctae Crucis in Aedibus Sessorianis. In harum vero tuitionem, bona, redditus ac iura quaevis transferimus et attribuimus, quae trium aliarum paroeciarum huc usque extiterunt; videlicet, ex ordine, Sancti Laurentii in aedibus Lucinae, Sancti Ioannis nationis Florentinorum, Sancti Bernardi ad Thermas. — Postremo ius parochiale, cum bonis omnibus ac redditibus, necnon collegium canonicorum, quod ad hanc diem obtinuit in Basilica SS. Celsi et Iuliani; itemque quod in Aede S. Angeli in Foro piscario; transferimus utrumque, illud quidem ad templum Sancti Ioannis Florentinorum, hoc autem ad Sancti Laurentii in Lucina.

Quia vero ad S. Ioannis Florentinorum suam obtinet sedem Sodalitas confratrum Florentinae gentis; relationes et iura inter eandem Sodalitatem et Collegium Canonicorum eo transferendum peculiari pacto definientur et decernentur, illudque Nos Auctoritati Nostrae Apostolicae confirmandum et sanciendum reservamus.

Porro ad Sanctum Laurentium in Lucina quod attinet, cum praefatis Nostris dispositionibus, extinctionis videlicet, translationis et attributionis, obstent Litterae Apostolicae Pauli V decessoris Nostri fel. rec. « *In Apostolicae dignitatis culmine* »: Nos, maturius atque uberius animarum bonum spectantes ac desiderantes, eisdem Pauli V litteris, quas hic de verbo ad verbum veluti insertas haberi volumus, de certa scientia et de plenitudine potestatis Nostrae derogamus, easdemque, in quantum praedictis extinctioni translationi et attributioni obstant, cassamus, retractamus ac veluti non datas in posterum habendas esse mandamus. — Clericis autem minoribus qui antehac parochiale munus ad Sancti Laurentii in Lucina gesserunt, templum atque aedes Sancti Angeli in Foro piscario, animarum tamen cura suppressa, concedimus. Ad fines quod spectat quibus praedictae paroeciae contineri debeant, et ad cetera omnia, quae executio huius voluntatis Nostrae postulat, potestatem facimus Dilecto filio Nostro Cardinali vice sacra Antistiti Urbis, Nostro nomine statuendi.

Praesentes vero Litteras et in eis contenta et statuta quae-

cumque, nulla unquam ex causa, colore et capite, etiam ex eo quod
Paroeciarum Patroni sive Ecclesiastici sive Laici vel alii quilibet
in praemissis seu in eorum aliquo, ius aut interesse, quamvis ex
fundatione, dotatione vel ex alio quovis titulo habentes vel habere
praetendentes, etiam quomodolibet in futurum, illis non consen-
serint, seu ad ea vocati et auditi non fuerint, de subreptionis,
obreptionis aut nullitatis vitio seu aliquo defecto inexcogitato et
substantiali, notari, impugnari aut in controversiam et iudicium
vocari posse: sed tamquam ex Pontificiae Providentiae officio, et
Motu proprio, certa scientia, matura deliberatione, deque Nostrae
Apostolicae Potestatis plenitudine editas omnimoda firmitate perpetuo validas et efficaces existere, et fore, suosque plenarios et
integros effectus sortiri et obtinere atque ab omnibus inviolabiliter
observari volumus et decernimus, sublata cuicumque, etiam Cardinalitia dignitate fulgenti, quavis aliter iudicandi et interpretandi
facultate; irritum quoque et inane decernentes quidquid in contrarium scienter vel ignoranter contigerit attentari.

Non obstantibus de iure quaesite non tollendo aliisque Nostris
et Cancellariae Apostolicae Regulis, Praedecessorum Nostrorum
Constitutionibus et Ordinationibus et quarumcumque Ecclesiarum
etiam Patriarchalium seu Ordinum et Congregationum, iuramento
et confirmatione Apostolica vel quavis alia firmitate roboratis, statutis et consuetudinibus, etiam Motu proprio aliisque quibuslibet
in contrarium praemissorum concessis, de illis eorumque totis teno-
ribus praesentibus pro expressis habentes, pari Motu, scientia et
Apostolicae Auctoritatis Nostrae plenitudine, plenissime et latissime
specialiter derogamus.

Praesentium vero Transumptis seu exemplis etiam impressis,
manu tamen Notarii Apostolici subscriptis et sigillo Personae in
ecclesiastica dignitate constitutae munitis, eamdem fidem in Iudicio
et extra haberi volumus quae ipsis praesentibus haberetur si ori-
ginaliter exhiberentur.

Nulli ergo omnino hominum liceat hanc paginam Nostrae sup-
pressionis et extinctionis, institutionis et translationis, derogationis
decreti, statuti, mandati et voluntatis infrigere vel ei. ausu temerario contraire. Si quis autem hoc attentare praesumpserit. indignationem Omnipotentis Dei ac Beatorum Apostolorum Eius Petri et
Pauli se noverit incursurum.

Datum Romae apud S. Petrum Anno Incarnationis Dominicae Millesimo Nongentesimo Sexto, ıx Kal. Novembris Pontificatus Nostri anno quarto.

A. Card. DI PIETRO   R. Card. MERRY DEL VAL

Pro-Dat.   a Secretis Status.

VISA

De Cvria I. De Aquila e Vicecomitibus

Loco ✠ *Plumbi*

Reg. in Secret. Brevium

V. Cugncnius.

XXI. — EPISTOLA

Qua Summus Pontifex ad solemnia celebranda hortatur occasione decimoquinti centenarii s. Ioannis Crysostomi.

VENERABILI FRATRI NOSTRO VINCENTIO S. R. M. CARDINALI VANNUTELLI EPISCOPO PRAENESTINORUM PRESIDI COETUS SOLLEMNIBUS CELE· BRANDIS SAECULARIBUS AB OBITU S. IOANNIS CRYSOSTOMI

PIUS PP. X.

Venerabilis Frater Noster, Salutem et Apostolicam Benedictionem.

PROPE est ut diei memoria quindecies saecularis redeat quum actuosa vexataque multimodis vita Ioannes Chrysostomus sanctissime cessit. Aetati huic nostrae, qua nullam oporteat magis ad illustria quaepiam instaurari exemplaria virtutum, gaudet animus insignem hunc virum posse iterum ad imitandum proponere. Siquidem plura ille in se vivendi genera, eaque singularibus plane luminibus laudum micantia, felicissime expressit. Nam, dum adhuc in laicorum coetu detineretur, vitam, et mores a saecularium consuetudine ita defendit, ut honestius non posset, donec a fluxarum studiis rerum totum se in divina recepit. Pastor autem Constantinopolitanae Ecclesiae datus officia episcopalis muneris, nulla hominum verecundia, nullo periculorum metu, diligentissime ac fortissime explevit.

Explanator denique nunciusque divinarum legum adeo coeteris in omnes partes praestare visus est, ut et Ecclesiae doctor sit ha-

bitus, et nomen ab aureo eloquii flumine invenerit; quare illum
Leo XIII fel. rec. Decessor Noster dignum merito censuit quem
sacris oratoribus exemplum simul ac patronum daret. Porro quum
Orientalium Chrysostomus Ecclesiarum decus et gloria sit, mirum .
quantum consiliis Nostris Decessorumque Nostrorum conducere est
existimandus, ut scilicet, quemadmodum ornamento Ille Romanae
Ecclesiae diligendo ac defendendo extitit, ita consolationi extet, uni-
tate tandem orientalium gentium Nobiscum monitis auspicioque Ipsius,
redintegrata. Itaque palam est, Venerabilis Frater Noster, valde
Nobis esse cordi sollemnia saecularia praeclarissimi Antistitis magnis sacri cultus coeremoniis haberi iisque non in universis modo
Urbis templis quae Orientali utuntur ritu, verum etiam ad ipsam
divi Petri Basilicam in monte Vaticano: nimirum expectatione tali
permoti atque allecti, ut et elucentes in Chrysostomo virtutes
populi admirentur atque imitentur, et ii qui a Nobis, Orientali-·
bus e coetibus dissident, videant perspiciantque quam multam
quamque germanam ritibus universis gratiam praestemus, inducantque demum animos optatis Nostris amanter obsequi, et antiquam
matrem saluberrimo reditu amplecti. Quamobrem Beatum e vita
discessum Ioannis Chrysostomi volumus gratulatione maxima et
cultu coli, hoc anno, plane singulari; gloriosamque sapientissimi
Antistitis memoriam litteratorum etiam conventibus repeti. Ad animos vero excitandos acuendosque, id Nos libentissima voluntate
pollicemur fore Nos, reseratis coelestibus thesauris, quotquot in de-
ferendos Chrysostomo honores operam contulerint sacrarum indulgentiarum muneribus amplissime cumulaturos. Auspicem gratiae
divinae Nostrique animi testem, apostolicam benedictionem, Tibi
peramanter in Domino impertimus.

Datum Romae apud S. Petrum die xxii Iulii anno MCMVII. Pontificatus Nostri quarto.

PIUS PP. X.

XXII. — EPISTOLA

Qua Pontifex occasione sacerdotalis Iubilaei Exmi D. Roberti Fraser Antistitis Urbani, Moderatoris Collegii Scotorum de Urbe eidem gratulatur ob ipsius Collegii incrementum.

PIUS PP. X.

Dilecte Fili, Salutem et Apostolicam Benedictionem.

QUUM ante annos quinque et viginti sacerdotale munus inibas, rem ingrediebare felicem fortunatamque non tibi modo qui praeclara eras in Deum Ecclesiamque assecuturus promerita, sed Collegio potissimum Urbano nationis tuae, cuius instaurandae saluti virtutem parabas tuam, futurus, consentaneo tempore, providentissimus Instituti moderator. Obscurum Nobis non est quam afflicta facerent ante supremum tibi magisterium domus collatum, Collegii Scotorum bona quamque exigui propterea fructus in dioecesum utilitatem ederentur.. At gaudet animus spectare in praesens restitutas tuo studio Collegii fortunas, auctam fermeque geminatam alumnorum copiam, excultam diligentissime contendentium ad sacra iuvenum pietatem, cohaerentes consperantesque denique mirifice moderatoris adolescentumque voluntates. Res est in lumine collocata tuorum praestantia et claritudine operum, Apostolica praeterea lustratione Urbis, publico veluti suffragio confirmata, adeo quidem ut illud nobis nullo modo queat esse ambiguum coeleste Deum ope tuos labores voluisse foecundos Catholicamque Scotorum gentem praecipua quadam gratia esse prosecutum. Itaque faustitate usi natalis quinti et vigesimi sacerdotii tui libenter tibi gratulamur de collatis in Scotorum Collegium beneficiis votaque nuncupamus summa sive pro tuae felicitate vitae quam sospitari diutissime cupimus, sive etiam pro sollertiae studii operumque tuorum incremento. Hoc autem iucundum tibi prae re quavis arbitramur exstiturum, eam in rem per Nos omina offerri ut pergant Scotorum Episcopi, quemadmodum antea, fidem in te quasi in exploratae virtutis viro collocare suppetiasque quotidie magis Collegio venire, sic certo arbitrati, adiumenta si succurrant, longe fore maiora derivanda in patriam tum ad sacras tum ad civiles res emolumenta. Testem animi Nostri auspicemque divinorum munerum tibi Collegioque universo Apostolicam Benedictionem peramanter in Domino impertimus.

Datum Romae apud S. Petrum die XII Augusti anno MCMVII, Pontificatus nostri quinto.

PIUS PP. X.

SECRETARIA BREVIUM

BREVE

Quo vetera confirmantur novaque largiuntur privilegia Piae Archisodalidati a nocturna adoratione SSmi Sacramenti.

PIUS PP. X

AD PERPETUAM REI MEMORIAM

Piam Archisodalitatem a nocturna sanctissimi Sacramenti adoratione a principio ad praesens usque tempus iugi constantis benevolentiae studio Romani Pontifices sunt prosequuti. Et sane placuit Decessoribus Nostris christiani populi pietatem erga Sacramentum amoris magis magisque in dies excitari; eaque de causa pluribus Societatem ipsam spiritualibus gratiis ac privilegiis ultro libenterque ditarunt. Haec animo repetentes, cum Venerabilis Frater Raphael Merry del Val Archiepiscopus titularis Nicaenus hodiernus ipsius Societatis Praeses enixas Nobis preces adhibuerit, ut alia prioribus addere privilegia de Apostolica benignitate dignaremur, Nos quibus nihil acceptius quam ut Archisodalitas tam frugifera potiora capiat in Domino incrementa, votis hisce annuendum existimamus. Quae cum ita sint, de Omnipotentis Dei misericordia ac BB. Petri et Pauli Apostolorum eius auctoritate confisi, omnia ac singula privilegia et indulgentias, quibus a Romanis Pontificibus ipsa Archisodalitas ad hanc usque diem ornata fuit et aucta, praesentium vi in perpetuum confirmamus. Praeterea largimur:

I. Ut a sacerdotibus qui praesunt vigiliis, Missa peragi queat novissimo dimidio horae respectivae vigiliae.

II. Ut hae Missae servatis rite servandis celebrari valeant ad ipsum altare ubi Augusti Sacramenti fit Expositio.

III. Ut omnes et singuli qui pervigiliis intersunt fideles, et qui vel morari debent in ecclesia vel admittantur, atque religiosae Communitates, quarum in ecclesia Expositio locum habeat, ad sacram Synaxim accedere possint in alterutra e Missis quae celebrentur in extremo dimidio horae vigiliae respectivae, licet ad altare Expositionis, ubi aedem Missae peragantur.

IV. Tandem ut Religiosi ipsam in Archisodalitatem, uti exercentes nunc et in posterum adlecti, etsi nequeant aliis vigiliis interesse praeter illas quae in proprii Instituti ecclesia locum habeant, nihilominus participes esse queant omnium et singulorum privilegiorum atque indulgentiarum quibus fruuntur caeteri inscripti, quos nulla loci limitatio ooereet.

Contrariis non obstantibus quibuscumque. Praesentibus perpetuis futuris temporibus valituris.

Datum Romae apud S. Petrum sub annulo Piscatoris, die xiv Septembris MCMIII, Pontificatus Nostri anno primo.

ALOIS. Card. MACCHI

DECRETA SS. RR. CONGREGATIONUM

S. CONGREGATIO S. OFFICII

Indulgetur facultas tres missas nocte Nativitatis D. N. I. C. celebrandi in Ecclesiis vel Oratoriis Monasteriorum, Seminariorum aliorumque Institutorum.

Feria V die 1 Augusti 1907.

SS.mus D. N. D. Pius divina providentia PP. X, in solita audientia R. P. D. Adsessori S. Officii impertita, ad fovendam fidelium pietatem eorumque grati animi sensus excitandos pro ineffabili Divini Verbi Incarnationis mysterio, motu proprio, benigne indulgere dignatus est ut in omnibus et singulis sacrarum virginum monasteriis clausurae legi subiectis aliisque religiosis institutis, piis domibus et clericorum Seminariis, publicum aut privatum oratorium habentibus cum facultate Sacras Species habitualiter ibidem asservandi, sacra nocte Nativitatis D. N. I. C. tres rituales Missae vel etiam, pro rerum opportunitate, una tantum, servatis servandis, posthac in perpetuum quotannis celebrari Sanctaque Communio omnibus pie petentibus ministrari queat. Devotam vero huius vel harum Missarum auditionem omnibus adstantibus ad praecepti satisfactionem valere eadem Sanctitas Sua expresse declarari mandavit.

Contrariis quibuscumque non obstantibus.

PETRUS PALOMBELLI, *S. R. U. I. Notarius.*

S. CONGREGATIO EPISCOPORUM ET REGULARIUM

I. — MASSILIEN. — EXEMPTIONIS.

A DEST in urbe Massiliensi Nosocomium S. Bartholomaei Ordinis Religiosi S. Ioannis de Deo vulgo *Fatebenefratelli* in quo pluribus abhinc annis munere cappellani fungebatur quidam saecularis sacerdos. Cuius autem opera non contenti, Religiosi pluries apud Curiam querelas moverunt, institeruntque ut idem removeretur, sed frustra, quare proprio marte demum eidem saeculari capellano sacerdotem sui ordinis suffecerunt. Sed capellanus saecularis hospitale relinquere renuit, adducens ab uno Ordinario dioecesano facultatem accepisse audiendi infirmorum aliorumque ibi receptorum confessiones aliaque sacra ministeria in eorundem commodum peragendi. Episcopus Massiliensis sibi quidem competere censuit iurisdictionem super praefatis in hospitali commorantibus, dum contra Religiosi hoc negabant ac suam plenam ab Ordinario exemptionem asserebant.

Quaestio diluenda delata fuit huic S. C. Episcoporum et Regularium, et proposita fuit in comitiis diei 3 augusti 1906.

Ex rationibus ab utraque parte adductis bina in favorum Religiosi Ordinis S. Ioannis de Deo emerserunt, nempe:

1º. Ex Apostolicis indultis constare omnino ab Ordinariorum iurisdictione exemptum fuisse Ordinem S. Ioannis de Deo non solum quoad monasteria et personas regulares, sed etiam quoad hospitalia et infirmos aliosque ibidem receptos;

2º. Sequi ex hac peculiari conditione Religiosos presbyteros dicti Ordinis, quamvis teneantur ab Ordinario recipere approbationem idoneitatis ad confessiones audiendas, posse tamen sola proprii superioris licentia animarum curam exercere et confessiones excipere eorum omnium etiam infirmorum, qui utpote exempti de regulari familia censentur.

Quare ad dubium:

« *An Religiosus Ordinis S. Ioannis de Deo a suo superiore deputatus uti Capellanus in domo hospitali Massiliensi S. Bartholomaei*

*eidem Ordini credito, possit absque Ordinarii facultate excipere con-
fessiones personarum ibi receptarum in casu* »:

Emi Patres respondendum censuerunt:

« *Affirmative et ad mentem* » (¹).

II. — METEN.

In Abbatiam evehitur Prioratus Monialium O. S. B. de Orio-court in dioecesi Metensi.

Beatissime Pater,

WILLIBRORDUS Benzler, Ordinis Sancti Benedicti, Episcopus Metensis, ad pedes S. V. humiliter provolutus, devote exponit
sequentia.

In dioecesi Metensi ab antiquis temporibus permultae extabant
insignes Abbatiae monachorum et monialium Sancti Benedicti, inter quas eminebant Abbatiae monachorum S. Vincentii et S. Ar-
nulphi urbis Metensis, S. Martini de Glanderiis, S. Naboris Hila-
riaci, et illustris Abbatia Gorziensis, monialium item Abbatiae Sanctae Glodesindis Metensis et Vergavillae.

Omnes illae Abbatiae tempore civilis perturbationis in Gallia
dirutae sunt exeunte saeculo XVIII.

Decurso saeculi XIX tandem iterum restitutus est Ordo Sancti
Benedicti in hac dioecesi: in pago siquidem Oriocourt, prius Nanceien., nunc vero Meten. dioecesis, die 19 Septembris 1860 erectus
est Prioratus monialium Sancti Benedicti, auctoritate Episcopi Nan-
ceiensis Georgii Darboy. Prioratus hic originem duxit ex Abbatia
de Flavigny dioecesis Nanceien., quae et ipsa originem habuit ex
antiqua Abbatia de Vergavilla, dioecesis Meten., quae saeculo X
fundata est a Comite 'Sigerico, Domino de Dürkastel, et uxore eius
Bertha, quaeque usque ad eius eversionem S. Sedi immediate subiecta erat.

Prioratus de Oriocourt constat 16 monialibus choristis cum 2
Novitiis et 15 Sororibus conversis cum 2 Novitiis. In eo Officia-
tura choralis iugiter celebratur, ibique, ut episcopus occasione Sacrae Visitationis cum gaudio comperit, floret regularum observantia virtutumque religiosarum exercitium. Moniales etiam circiter 20
puellas educandas ad scientiam et christianas virtutes informant·

(¹) *Mens* peculiarem decernit dispositionem quoad actualem capellanum saecularem

Ecclesia sub titulo SSmi Cordis Iesu noviter erecta, simplex quidem sed decens admodum reperitur.

Prioratus etsi paupertatem religiose colit, tamen necessaria pro sustentatione Sororum possidet.

Tandem a Gubernio civili recognitionem et personalitatem iuridicam obtinuit decreto 7 Ianuarii 1905.

Unde ex omni parte in quantum fieri potest, existentia monasterii et regularis observantia, secura videtur. •

Episcopus itaque ad Dei gloriam, Ordinisque Sancti Benedicti decus, ad monialium solatium, in memoriam illustrium Abbatiarum antiquae Meten. dioecesis, Sanctitatem Vestram enixe orat, ut Prioratum de Oriocourt Apostolica auctoritate ad dignitatem Abbatialem evehere dignetur, cum iuribus et privilegiis huic titulo adnexis.

Et Deus....

Metis, die 25 Ianuarii 1907.

WILLIBRORDUS O. S. B. *Ep.us Meten.*

Vigore specialium facultatum a SSmo Domino Nostro concessarum, Sacra Congregatio Emorum ac Rmorum S. R. E. Cardinalium negotiis et consultationibus Episcoporum et Regularium praeposita, benigne facultatem tribuit Ordinario Meten. erigendi in Abbatiam enunciatum Prioratum, cum omnibus iuribus et privilegiis huic titulo adnexis, dummodo omnia habeantur quae pro huiusmodi erectione requiruntur ad formam sacrorum Canonum et Apostolicarum Constitutionum. Contrariis quibuscumque non obstantibus.

Romae 19 Martii 1907.

L. ✠ S.   D. Card. FERRATA, *Praefectus.*

Ph. GIUSTINI, *Secretarius.*

S. CONGREGATIO CONCILII

I. — **Dubia proposita atque iuxta morem eiusdem S. C. de iure resoluta in generalibus comitiis diei 27 Iulii 1907.**

Per Summaria precum:

I. — IANUEN. — DECLARATIONIS RESCRIPTI (*Reservata*).

R. « *In voto Archiepiscopi, ita tamen ut reditus ab ipso assignatus reservetur in augmentum sortis ipsius massae, ut duodenarius participantium numerus restituatur: et ad mentem* ».

1385
7

II. — LIPAREN. — INTERPRETATIONIS PIAE VOLUNTATIS.

LUDOVICUS Ideo Episcopus Liparensis supremo quo decessit anno 1879 olographo testamento legatum instituit pro erectione novae cathedralis in loco centrali et commodiori, prope Episcopale palatium loco antiquae cathedralis. Summa relicta partim constabat publicis titulis Debiti Publici Italici, et censeri poterat in capitali lib. 101800, partim vero creditis decimarum ab eodem episcopo non exactis, cuius tamen in praxi difficilis erat exactio.

Huius legati executorem pius fundator nuncupavit Episcopum Liparensem pro tempore, exclusa quacumque ingerentia ex parte laicae auctoritatis, et adiecta lege ut 1° erectio seu aedificatio novae cathedralis incipienda esset intra sexennium a die secutae possessionis novi Episcopi computandum; 2° hoc termino inutiliter elapso, ad legatum vocaretur dioecesanum seminarium; 3° huic, posito in impossibilitate acceptandi vel usufruendi dicto legato, substitueretur sororum a charitate institutum eiusdem loci; 4° tandem his sororibus renuentibus, legatum devolveretur pauperibus dioeceseos.

Cum summa una cum fructibus cumulatis impar esset constructioni novae cathedralis, Episcopi successores putarunt voluntatem testatoris eodem modo adimplere per aperitionem novae viae quae facilior redderet accessus antiquae cathedrali. Pro novae viae molitione extensae in metris 130 et nonnullis gradibus temperandae ad procliviorem collis ascensum, expensae, iuxta periti architecti relationem supputabantur in lib. 40000, quibus occurri poterat pro dimidia parte fructibus summae cumulatis, pro alio dimidio vero distractione partis capitalis, ita ut hoc reductum maneret ad lib. 80.000. Huius vero residuae summae annuum foenus in lib. 4000 divisum manebat inter duo alia instituta a fundatore subordinate vocata, ita ut annuae libellae 1500 favore cederentur seminario dioecesano, reliqui vero fructus in lib. 2500 devolverentur sororum a caritate coenobio.

Super hac pii legati immutatione Episcopus Palermo qui immediate Episcopo testatori successit, ut tuto procederet, satius duxit H. S. C. interpellare, quae in tam arduo negotio decreto diei 21 iulii 1886 praeventive iussit exquiri informationem et votum Rmi Archiepiscopi Metropolitani Messanensis, qui dum in literis responsivis diei 30 septembris eiusdem anni sese favorabilem exhibuit propositae legati inversioni, praesertim quoad novae viae constructionem, tamen innuit incommoda exoriri posse ex parte laicae potestatis. Hisce acceptis, haéc S. C. Episcopo Palermo rescripsit, ut haec obstacula removere curaret.

Translato interim Episcopo Palermo ad sedem Platiensem, novae enatae sunt difficultates praesertim ex parte Oeconomatus generalis beneficiorum vacantium, qui contendens Legatum Ideo iam Seminario devolutum esse, illud sibi vindicàre satagebat.

De hoc edocta haé S. C. per preces Episcopi Palermo, rescripto diei 30 nov. 1889, huic eaedem preces remissae sunt cum facultatibus necessariis et opportunis ad hoc, « ut de consensu Archiepiscopi Messanensis super iisdem precibus statuat ac gerat quidquid causae piae magis utile ac opportunum iudicaverit ».

Interim anno 1886 tres sorores a caritate in oppidum Liparis accitae sunt, quae prius sedem in palatio episcopali fixerunt, et deinde numero auctae ad 10, sub novo electo Praesule Natoli in aedes seminarii translatae sunt, assignata pro Seminarii clericis habitatione parte episcopalis palatii.

Defuncto Episcopo Natoli, novus Episcopus Nicolaus Audino de legato Ideo certior factus, et habita summa legata a Sororibus a caritate, apud quas loco depositi praedefunctus Episcopus eam reliquerat, solicitus fuit curare executionem constructionis novae viae, quae nondum ad exitum deducta fuerat, et insuper cum numerus clericorum Seminarii Liparensis valde tenuis evasisset, eos pro complendis studiis in Seminarium Iaciense transtulit.

Hoc Sororibus displicuit, quae putantes nullum ius proferre posse Seminarium, ex eo quod non amplius extabat, recursum obtulerunt S. C. Episcoporum et Regularium, opportunam efflagitantes in casu provisionem, quae sua iura tutarentur, et S. C. habitis informationibus ab Episcopo Audino, rescriptum edidit quo recognovit « che il detto legato ebbe la sua prima e legittima attuazione nel terzo grado dei chiamati dal pio disponente, nello stabilimento cioè delle Suore di Carità nel Comune di Lipari, e che per conseguenza il capitale di esso legato non può essere distratto nè in tutto nè in parte in altri scopi ».

Verum Sorores a caritate non visae sunt penitus acquievisse relato rescripto, nam, translato Episcopo Audino ad Sedem Mazariensem, et electo Episcopo Liparensi Francisco Raiti, Sorores a caritate iterum institerunt apud eandem S. C. Episc. et Regul. ut reditus legati Ideo in asserta residua summa lib. 60.000 deposita apud nummulariam mensam Panormitanam sibi adiudicaretur exclusive: ipsae enim timebant ne huiusmodi reditus pars assignaretur alteri novo exorto instituto opera cuiusdam Sororis franciscalis.

Secuta Episcopi Audino translatione et novi Episcopi Raiti electione, cum auctoritas municipalis eiusdem oppidi actionem iudicialem minaretur instituere contra duos enunciatos episcopos pro complemento constructionis novae incoeptae viae accessus ad iam existentem Cathedralem, cui amplius occurri non poterat fundis et reditu legati Idéo, obstante memorato rescripto S. C. Episc. et Regul., duo praefati Episcopi ad molestias vitandas conflictus iudiciarii opportunum memoriale eidem S. C. Episc. et Regul. exhibuerunt, allegantes rescripta huius S. C. superius citata, in quo memoriali, praemisso quod citatum decretum S. C. EE. et RR. nullitate laborat utpote obreptitium et subreptitium, petebant facultatem explendi, maiori qua possit sollicitudine, constructionem novae viae, adhibitis ad hunc finem tum fundis qui adhuc ex legato Ideo remanebant, tum quibusdam aliis pecuniae summis ex nonnullis ecclesiasticis compositionibus derivantibus, et missarum legatis pertinentibus, tum quadam summa ab Episcopo Nicolao Audino nunc Sedi Mazariensi praeposito, ex hac episcopali mensa solvenda.

Quaestio, solidis argumentis ex utraque parte adductis ad examen revocata fuit, in subsignatis comitiis, et Emi Patres, omnibus hinc inde allatis mature seduloque perpensis, preces duorum instantium Episcoporum benigne exceperunt respondentes:

« *Servetur rescriptum S. C. diei 30 novembris 1889: et ad mentem, facto verbo cum SSmo* ».

$$\frac{4260}{4}$$

III. — MELEVITANA. — IURIS DEFERENDI CRUCEM.

DIE 14 maii 1898 apud hanc S. C. acta fuit quaestio « Utrum ecclesia S. Pauli extra muros in suburbio vulgo *Rabato* civitatis Notabilis sit ecclesia parochialis, seu potius sit parochialis ecclesia Cathedralis in casu », quae quaestio originem repetebat ex eo quod munus parochi super praedicto suburbio ex Bulla Gregorii XII anni 1569 adnexum fuerat dignitati Archipresbyteratus ecclesiae Cathedralis. Ad propositum dubium ex iustis causis prudenter EE. PP. respondendum esse censuerunt, *non esse interloquendum.* Verum aucto numero fidelium incolarum loci Rabato die 7 martii 1902 ab hac S. C. decreta fuit dismembratio paroeciae suburbii Rabato ab ecclesia Cathedrali.

Ex eo tempore etiam alia exorta est quaestio, tum circa locum competentem parocho S. Pauli loci Rabato in publicis processionibus, tum circa ius eiusdem parochi in processionibus S. Marci et Rogationum ob factam ab Episcopo prohibitionem eas celebrandi, et propositis tunc a praefato parocho sequentibus dubiis: « 1° se nelle processioni in cui intervengono i parroci della diocesi, il parroco di S. Paolo del Rabato *extra moenia* debba occupare il 2° posto cioè dopo quello della Cattedrale, come si è sempre fatto, ovvero l'ultimo posto; V°. se il parroco di S. Paolo ha il diritto di fare le processioni di S. Marco e delle Rogazioni, ovvero se il parroco della Cattedrale ha diritto di percorrere in dette occasioni processionalmente il territorio della parrocchia di S. Paolo, *invito parocho* », haec S. C. die 12 augusti 1904 respondit: *Ad* I. suppressis verbis — come finora si è fatto — *Affirmative ad primam partem, negative ad secundam. Ad* V. *nihil esse innovandum.*

Res ita procedebant cum Episcopus Melevitanus sub finem eiusdem anni ad vitandas in futurum quaestiones, et arrepta occasione cuiusdam generalis processionis, ad quam vocatae erant omnes dioeceseos paroeciae, postulatum proposuit huic S. C. solutionem petens insequentium dubiorum: 1° « stante la decisione di sopra, il parroco di S. Paolo fuori le mura deve procedere dopo le altre parrocchie, cioè con precedenza su di loro sotto la croce della Cattedrale, o inalberando la propria croce; 2° e se sotto la croce propria, deve esso camminare anche dopo, cioè avere precedenza anche sulle parrocchie collegiate ». Quae dubia ab hac S. C. dimissa fuerunt sub die 3 decembris 1904 rescripto: Ad I. *Affirmative ad primam partem, Negative ad secundam.* Ad II. *Provisum in primo.*

Huic decisioni parochus acquiescere renuit, et petiit ut in generalibus processionibus, quibus omnes parochi Melevitanae dioeceseos intervenire solent, sub propria cruce cum velo appenso, stante inibi generali consuetudine, id etiam sibi liceret: eo vel magis quod iuxta ipsum paroecia Rabati haberi nequibat ut filialis ecclesiae

Cathedralis, et Rabatum non erat pars civitatis Notabilis; unde nulla aderat ratio, ut ipse sub cruce Capituli Cathedralis in dictis processionibus incederet.

Rogatus de more Episcopus, hic, nonnullis praemissis animadversionibus ac adiunctis, respondit sibi opportunius videri ad graviores vitandas controversias standum esse in iam decisis, nisi saltem liberet huic S. C. parochum recurrentem dispensare ab onere interveniendi eiusmodi processionibus.

Capituli procurator in duas partes orationem suam dividit, in quarum prima ostendere satagit, parochi praetensionem crucem propriam elevandi in generalibus processionibus, in quibus omnes dioeceseos parochi accedunt, penitus subvertere decisiones huius S. C. editas tum anno 1898, tum anno 1904. In altera vero probare nititur respondere etiam liturgicis praeceptis, quod parochus in subiecto casu crucem deferre non valeat, et demum nonnullis enodatis difficultatibus, quae ab adversario moventur, concludit preces parochi instantis omnino reiiciendas esse, et standum in decisis annis 1898 et 1904.

Ex adverso in quatuor capita dispecit orationem suam advocatus parochi, quarum in prima disserit de statu iuridico paroeciae S. Pauli; in altera de origine et statu praesentis controversiae; in tertia ait de dispositionibus iuris communis in praesenti quaestione, et de consuetudine vigente in Melevitana dioecesi; et demum in quarta demonstrat paroeciam S. Pauli tractandam esse ad instar aliarum paroeciarum dioeceseos Melevitanae. Quare concludit Parochum S. Pauli ius habere incedendi secundo loco post Cathedralem in processionibus ad tramitem rescripti huius S. C. mensis Augusti 1904 et insuper ius elevandi propriam crucem cum velo appenso uti alii dioeceseos parochi, quia per factam territorii divisionem ipse desiit esse Rector utriusque ecclesiae, et tantum mansit parochus independens ecclesiae S. Pauli.

Emi Patres rationibus hinc inde allatis mature perpensis aequaque lance libratis opportunius respondere duxerunt:

« *In decretis et ad mentem* ».

In folio:

95²
5

I. — TARBIEN SEU PARISIEN. — NULLITATIS MATRIMONII.

ANNO 1894 in paroeciali ecclesia loci Aquensis vulgo *Baguere-de-Bigorre,* dioeceseos Tarbiensis, Virginia Iulia Jeansoulin 20 annorum et Henricus Aveillé 28 annorum matrimonium contraxerunt, quod modo nullum ex capite clandestinitatis denuntiat mulier, eo quod celebratum fuerit coram parocho non proprio, absque ulla parochi vel Ordinarii alterutrius coniugis delegatione.

Revera mulier cum parentibus domicilium fovebat in civitate vulgo *Menton* Meiensis dioeceseos, et vir in urbe vulgo *Pau* Baionensis dioecesis commorabat; matrimonium vero, uti diximus, celebratum fuit in civitate vulgo *Baguere-de-Bigorre* Tarbiensis dioeceseos.

Duobus fere annos post initium coniugium, cum inter coniuges qui iam filiam procreaverant nonnullae exortae sint discordiae, mulier viro valedixit paternam petens domum, ac a laico tribunali separationem corporis et bonorum obtinuit, dum vir, cum uxor vitam coniugalem restaurare noluisset, civile divortium petiit atque obtinuit.

Tandem indulta prius ab hac S. C. facultate deputandi Curiam Parisiensem pro confectione processus in casu, mulier die 9 martii 1906 Eᵐᵒ Parisiensi Archiepiscopo supplices porrexit preces, ut matrimonium a se contractum cum Henrico Aveillé ex defectu Tridentinae formae nullum declararetur. Instituto igitur ecclesiastico tribunali, utrisque coniugibus ac testibus septimae manus ab uxore inductis sub iuramento excussis, Curia Parisiensis die 6 aprilis 1907 hanc edidit sententiam: *Constare de nullitate matrimonii in casu, salva tamen legitimitate prolis.*

Quum autem Parisiensis vinculi matrimonialis Defensor ab huiusmodi lata sententia ad hanc S. C. provocaverit, causa in comitiis mensis elapsi proposita fuit sub dubio:

« *An sententia Curiae Archiepiscopalis Parisiensis sit confirmanda vel infirmanda in casu* ».

Quod dubium vero Eᵐⁱ Patres, argumentis ac rationibus tum actricis patroni tum vinculi defensoris maturo perpensis, dimiserunt respondentes:

« *Sententiam esse confirmandam* ».

2209
6

II. — ELBOREN. — MATRIMONII.

Antonius Maria Laboreiro de Villa Lobos antequam Franciscae Alface nuberet, ex quadam concubina filiam habuit quam Isa-bellam Laboreiro vocavit ac in baptismatis actu legitime recognovit.

Interim die 21 octobris 1889 accidit, ut dicta Isabella tunc deci-mum tertium aetatis annum vix egressa a suae novercae fratre, Antonio nempe Ioachimo Alface, blanditiis adduceretur in propin-quam cuiusdam materterae domum, ibique ab ipso stupraretur. Quod ob crimen, instante puellae patre, vulgaris malefactor per iudicialem sententiam, diei 4 nov. 1892, quae duplici dein iudicio confirmata in rem indicatam pertransiit die 16 maii 1893, damnatus fuit ad alterutram suo arbitrio eligendam poenam, nimirum vel ad octo deportationis annos, vel ad carcerem quinque fere annorum.

At cum huiusmodi sententia ex Lusitana lege in irritum redigi posset per subsequentes nuptias inter violatam et violatorem con-tractas, hinc amici et propinqui utriusque familiae omnem move-runt lapidem, ut pater Isabellae, ipsaque Isabella, ut reus a poena luenda liberaretur, in matrimonium consentirent. Instantibus ac diu-turnis precibus obsistere nequivit infelix pater qui tandem quoddam permisit iniri coniugium, obtento tamen prius a leviro stupratore chirographo, quo hic promittebat se vitam coniugalem cum Isabella non instauraturum, nec ut instauraretur conaturum. Eiusmodi autem compromissi, quod etiam a patre futuri sponsi subscriptum fuit, ad maiorem firmitatem summa 2.000.000 reis, quae decem circiter libel-larum italicarum millibus aequivalet loco pignoris habenda, patri sponsae tradita fuit.

Hinc die 7 iulii 1893, obtenta bannorum dispensatione, Isabella Laboreiro in aetate tunc 17 ann. per adlectum procuratorem reli-giosas nuptias celebravit cum Antonio Alface ann. 25 in matrici paroecia S. Mariae in urbe *Montemor o Novo*. Sed hae nuptiae, quae malo fato initae fuerunt, peiorem quoque exitum habuerunt.

Vir enim qui coeteroquin vitiis ebrietatis et luxuriae deditus perhibetur, promissis non stetit, et die 31 maii 1894 atque die 6 iunii insequentis ad iudicem laicum confugit ut uxor, quae una simul cum proprio patre vitam ducebat, ad tramitem iuris sibi iudi-

cialiter traderetur, dum pater Isabellae ipsaque filia, ut iudicis cita-
tionem vitarent, clam aufugerant.

Deinde die 7 iunii 1894 tum vir tum eius pater iterum ad iudicem provocarunt, hic petens ut, cum inita pactio de vita coniugali
non instituenda esset prorsus irrita, pignus patri sponsae traditum
una cum foenoribus sibi restitueretur; ille autem postulans ut dos
Isabellae sibi traderetur. Tandem, cum haec omnia in irritum cessissent, idem maritus mense februarii 1900, insimulans uxorem adul-
terio, quo crimine lusitana lex marito adiudicat uxoris bona, ab
ea separationem legalem petiit. Sed huiusmodi accusationem mulier
dato libello refutasse videtur.

Demum eadem Isabella, ne aliis sponsi molestiis vexaretur.
mense martii 1901 Archiepiscopum Elborensem adiit petens, ut suum
cum Antonio initum coniugium, ratum et nondum consummatum,
irritaretur ex defectu consensus, quia celebratum fuerat sive accedente fictione, sive apposita conditione contra ipsius matrimonii
substantiam. Instaurato processu, testibus ac uxore rite excussis,
contumace viro, Curia Elborensis die 21 novembris eiusdem anni
1901 matrimonium in casu validum ac firmum declaravit.

A qua tamen sententia quum appellasset Isabella ad Sectionem
Pontificiam recursuum in Tribunali Ecclesiastico Elborensi existentem; haec vi specialis mandati Sedis Apostolicae die 2 decembris 1904 praehabitis quatuor ex suis Consultoribus votis, causae
revisionem ob fundamenti legalis defectum denegavit, atque sententiam confirmavit metropolitanae Curiae.

Tunc actrix cum ad supremum Summi Pontificis tribunal cun-
fugisset expostulans annullationem sui matrimonii vel saltem dispensationem super rato et non consummato, haec S. C. Emo Patriarchae Lisbonensi munus commisit novum conficiendi processum,
in quo audita est sub iuramento mulier una cum aliis testibus ab
ipsa actrice inductis.

In hoc tamen processu adsistentia Defensoris Vinculi desideratur. Hisce expletis, omnibusque transmissis actis ad hanc S. C.,
quaestio iudicio Emorum Patrum in mox elapsis comitiis subiecta est.

Actricis patronus in prima parte suae orationis agit de matrimonio irrito ex defectu consensus proveniente tum ex contractus
simulatione, tum ex apposita conditione substantiae matrimonii
contraria, et, causa simulandi apertissime illustrata, prosequitur re-

vera intercessisse simulationem evinci ex adiunctis, quae sive *ante* *nuptias* sive *in nuptiis,* sive *post nuptias* evenerunt.

Quibus enucleatis descendit patronus ad nonnullas impetendas propositiones, quae in sententia Curlae Elborensis inveniuntur relatae, et demum accedens ad alteram suae orationis partem, qua evincere intendit matrimonium in casu inconsummatum mansisse, argumentum desumit *ex coartata* nuncupatum, quatenus nempe conniuges ne uno quidem momento sub eodem tecto convixerunt, quod argumentum variis demonstrat circonstantiis ac argumentis.

Ex adverso pro viribus decertat singula patroni orationis capita vinculi defensor, qui quoad primam partem, nempe nullitatem matrimonii, concludit, cum dubia sit in casu asserta nullitas, standum esse pro matrimonio. Quoad vero secundam partem, dispensationem nempe a matrimonio rato et non consummato, sacramenti vindex in casu novum ex integro censet, et ad iuris tramitem, processum instituendum esse, exquisito ac excusso viro etiam quoad matrimonii inconsummationem, vel saltem medendum esse defectibus informium actorum nunc extantium per processum suppletorium.

Tamen Eͫi Patres propositis dubiis :

I. " *An constet de matrimonii nullitate in casu* „.

Et quatenus negative :

II. " *An sit praestandum consilium SSͫo pro dispensatione matrimonii rati et non consummati in casu* „.

Respondendum censuerunt :

" *Ad* Iᵘᵐ *providebitur* in 2.° „

" *Ad* 2ᵘᵐ *affirmative ad cautelam* „.

$$\frac{225}{7}$$

III. — LINCIEN. — DISPENSATIONIS MATRIMONII.

DIE 20 novembris anni 1877 in civitate vulgo *Perg* Lincien. dioeceseos Caecilia Gusenbauer 22 ann. cum Leopoldo Braeuer eiusdem ferme aetatis rite nuptias contraxit, non tamen ex amore, sed potius ex aliorum impulsu et ex quadam utilitate. Eiusmodi matrimonium infelicem sortitum est eventum, nam ob viri impotentiam, inconsummatum mansit. Impotentia viri autem originem ducere videtur ex morbo, quod audit homo-sexualismum, nempe ex quadam aversione erga mulieres et inclinatione in personas eiusdem sexus.

Rebus sic stantibus, uxor duobus circiter post annos, virum reliquit, et cum alio viro concubinariam vitam instituit. Nunc autem suae conscientiae tranquillitati consulere cupiens, ad Summum Pontificem recursum habuit, ut a matrimonio cum Leopoldo Braeuer, utpote rato et non consummato, dispensaretur.

Rite instructo processu, quamvis medicae inspectioni mulier obnoxia esse non potuerit, stante tamen morali certitudine de matrimonii inconsummatione in casu, E.mi Patres ad dubium :

" *An consilium praestandum sit SSmo super dispensatione a matrimonio rato et non consummato in casu* „

responderunt:

" *Affirmative ad cautelam* „.

IV. — COLONIEN. — DISPENSATIONIS MATRIMONII *(sub secreto)*.

R. " *Affirmative ad cautelam* „.

$\frac{485}{4}$

V. — TAURINEN. — DISMEMBRATIONIS PAROECIAE.

HAEC causa iam agitata fuit mense ianuarii 1905, cum ad dubium " An et quomodo sit locus dismembrationi in casu „ rescriptum prodiit: " Attentis omnibus modo non expedire „. Super hac decisione obtento beneficio novae audientiae, iterum ventilata fuit quaestio in elapsis comitiis, et proposito dubio :

" *An sit standum vel recedendum a decisis in casu* „

novis adductis rationibus ac argumentis mature libratis, E.mi Patres responderunt :

" *Attentis noviter deductis esse locum erectioni novae paroeciae et ad mentem* „.

VI. — ANAGNINA. — HAEREDITATIS FIDUCIARIAE
(sub secreto Pontificio).

R. " *Ad mentem* „.

VII. — ASCULANA. — ELECTIONIS AD COADIUTORIAM
PAROECIALEM '*Reservata*).

R. " *Ad* 1um *affirmative* „.
" *Ad* 2um *provisum in* 1 „.

II. — DECRETUM

De Sponsalibus et Matrimonio iussu et auctoritate SS. D. N.
Pii Pp. X a S. Congregatione Concilii editum.

NE temere inirentur clandestina coniugia, quae Dei Ecclesia iustis-
stissimis de causis semper detestata est atque prohibuit,
provide cavit Tridentinum Concilium, *cap. 1, Sess. XXIV de
reform. matrim.* edicens: « Qui aliter quam praesente parocho
« vel alio sacerdote de ipsius parochi seu Ordinarii licentia et duo-
« bus vel tribus testibus matrimonium contrahere attentabunt, eos
« Sancta Synodus ad sic contrahendum omnino inhabiles reddit, et
« huiusmodi contractus irritos et nullos esse decernit ».

Sed cum idem Sacrum Concilium praecepisset, ut tale decretum
publicaretur in singulis paroeciis, nec vim haberet nisi iis in locis
ubi esset promulgatum; accidit ut plura loca, in quibus publicatio
illa facta non fuit, beneficio tridentinae legis caruerint, hodieque
careant, et haesitationibus atque incommodis veteris disciplinae adhuc
obnoxia maneant.

Verum nec ubi viguit nova lex, sublata est omnis difficultas.
Saepe namque gravis exstitit dubitatio in decernenda persona parochi, quo praesente matrimonium sit contrahendum. Statuit quidem
canonica disciplina, proprium parochum eum intelligi debere, cuius
in paroecia domicilium sit, aut quasi domicilium alterutrius contrahentis. Verum quia nonnunquam difficile est iudicare, certo ne constet de quasi-domicilio, haud pauca matrimonia fuerunt obiecta periculo ne nulla essent: multa quoque, sive inscitia hominum sive
fraude, illegitima prorsus atque irrita deprehensa sunt.

Haec dudum deplorata, eo crebrius accidere nostra aetate videmus, quo facilius ac celerius commeatus cum gentibus, etiam disiun-
ctissimis, perficiuntur. Quamobrem sapientibus viris ac doctissimis
visum est expedire ut mutatio aliqua induceretur in iure circa formam celebrandi connubii. Complures etiam sacrorum Antistites
omni ex parte terrarum, praesertim e celebrioribus civitatibus, ubi

gravior appareret necessitas, supplices ad id preces Apostolicae Sedi admoverunt.

Flagitatum simul est ab Episcopis, tum Europae plerisque, tum aliarum regionum, ut incommodis occurreretur, quae ex sponsalibus, idest mutuis promissionibus futuri matrimonii privatim initis, derivantur. Docuit enim experientia satis, quae secum pericula ferant eiusmodi sponsalia: primum quidem incitamenta peccandi causamque cur inexpertae puellae decipiantur; postea dissidia ac lites inextricabiles.

His rerum adiunctis permotus SSmus D. N. Pius PP. X pro ea quam gerit omnium Ecclesiarum sollicitudine, cupiens ad memorata damna et pericula removenda temperatione aliqua uti, commissit S. Congregationi Concilii ut de hac re videret, et quae opportuna aestimaret, Sibi proponeret.

Voluit etiam votum audire Consilii ad ius canonicum in unum redigendum constituti, nec non Emorum Cardinalium qui pro eodem codice parando speciali commissione delecti sunt: a quibus, quemadmodum et a S. Congregatione Concilii, conventus in eum finem saepius habiti sunt. Omnium autem sententiis obtentis SSmus Dominus S. Congregationi Concilii mandavit, ut decretum ederet quo leges a Se, ex certa scientia et matura deliberatione probatae, continerentur, quibus sponsalium et matrimonii disciplina in posterum regeretur, eorumque celebratio expedita, certa atque ordinata fieret.

In executione itaque Apostolici mandati S. Concilii Congregatio praesentibus litteris constituit atque decernit ea quae sequuntur.

DE SPONSALIBUS.

I. — Ea tantum sponsalia habentur valida et canonicos sortiuntur effectus, quae contracta fuerint per scripturam subsignatam a partibus et vel a parocho, aut a loci Ordinario, vel saltem a duobus testibus.

Quod si utraque vel alterutra pars scribere nesciat, id in ipsa scriptura adnotetur; et alius testis addatur, qui cum parocho, aut loci Ordinario, vel duobus testibus, de quibus supra, scripturam subsignet.

II. — Nomine parochi hic et in sequentibus articulis venit non solum qui legitime praeest paroeciae canonice erectae; sed in regionibus, ubi paroeciae canonice erectae non sunt, etiam sacerdos cui in aliquo definito territorio cura animarum legitime commissa est.

et parocho aequiparatur; et in missionibus, ubi territoria necdum perfecte divisa sunt, omnis sacerdos a missionis Moderatore ad animarum curam in aliqua statione universaliter deputatus.

DE MATRIMONIO.

III. — Ea tantum matrimonia valida sunt, quae contrahuntur coram parocho vel loci Ordinario vel sacerdote ab alterutro delegato, et duobus saltem testibus, iuxta tamen regulas in sequentibus articulis expressas, et salvis exceptionibus quae infra n. VII et VIII ponuntur.

IV. — Parochus et loci Ordinarius valide matrimonio adsistunt:

§ 1.º a die tantummodo adeptae possessionis beneficii vel initi officii, nisi publico decreto nominatim fuerint excommunicati vel ab officio suspensi;

§ 2.º intra limites dumtaxat sui territorii: in quo matrimoniis nedum suorum subditorum, sed etiam non subditorum valide adsistunt;

§ 3.º dummodo invitati ac rogati, et neque vi neque metu gravi constricti requirant excipiantque contrahentium consensum.

V. — Licite autem adsistunt:

§ 1.º constito sibi legitime de libero statu contrahentium, servatis de iure servandis;

§ 2.º constito insuper de domicilio, vel saltem de menstrua commoratione alterutrius contrahentis in loco matrimonii;

§ 3.º quod si deficiat, ut parochus et loci Ordinarius licite matrimonio adsint, indigent licentia parochi vel Ordinarii proprii alterutrius contrahentis, nisi gravis intercedat necessitas, quae ab ea excuset;

§ 4.º Quoad *vagos*, extra casum necessitatis parocho ne liceat eorum matrimoniis adsistere, nisi re ad Ordinarium vel ad sacerdotem ab eo delegatum delata, licentiam adsistendi impetraverit.

§ 5.º In quolibet autem casu pro regula habeatur, ut matrimonium coram sponsae parocho celebretur, nisi aliqua iusta causa excuset.

VI. — Parochus et loci Ordinarius licentiam concedere possunt alio sacerdoti determinato ac certo, ut matrimoniis intra limites sui territorii adsistat.

Delegatus autem, ut valide et licite adsistat, servare tenetur limites mandati, et regulas pro parocho et loci Ordinario n. IV et V superius statutas.

VII. — Imminente mortis periculo, ubi parochus, vel loci Ordinarius, vel sacerdos ab alterutro delegatus, haberi nequeat, ad consulendum conscientiae et (si casus ferat) legitimationi prolis, matrimonium contrahi valide ac licite potest coram quolibet sacerdote et duobus testibus.

VIII. — Si contingat ut in aliqua regione parochus locive Ordinarius, aut sacerdos ab eis delegatus, coram quo matrimonium celebrari queat, haberi non possit, eaque rerum conditio a mense iam perseveret, matrimonium valide ac licite iniri potest emisso a sponsis formali consensu coram duobus testibus.

IX. — § 1.º Celebrato matrimonio, parochus, vel qui eius vices gerit, statim describat in libro matrimoniorum nomina coniugum ac testium, locum et diem celebrati matrimonii, atque alia, iuxta modum in libris ritualibus vel a proprio Ordinario praescriptum; idque licet alius sacerdos vel a se vel ab Ordinario delegatus matrimonio adstiterit.

§ 2.º Praeterea parochus in libro quoque baptizatorum adnotet, coniugem tali die in sua parochia matrimonium contraxisse. Quod si coniux alibi baptizatus fuerit, matrimonii parochus notitiam initi contractus ad parochum baptismi sive per se, sive per curiam episcopalem transmittat, ut matrimonium in baptismi librum referatur.

§ 3.º Quoties matrimonium ad normam n. VII aut VIII contrahitur, sacerdos in priori casu, testes in altero, tenentur in solidum cum contrahentibus curare, ut initum coniugium in praescriptis libris quam primum adnotetur.

X. — Parochi qui heic hactenus praescripta violaverint, ab Ordinariis pro modo et gravitate culpae puniantur. Et insuper si alicuius matrimonio adstiterint contra praescriptum § 2ᶦ et 3ᶦ num. V, emolumenta *stolae* sua ne faciant, sed proprio contrahentium parocho remittant.

XI. — § 1.º Statutis superius legibus tenentur omnes in catholica Ecclesia baptizati et ad eam ex haeresi aut schismate conversi (licet sive hi, sive illi ab eadem postea defecerint), quoties inter se sponsalia vel matrimonium ineant.

§ 2.º Vigent quoque pro eisdem de quibus supra catholicis,

si cum acatholicis sive baptizatis, sive non baptizatis, etiam post obtentam dispensationem ab impedimento mixtae religionis vel disparitatis cultus, sponsalia vel matrimonium contrahunt; nisi pro aliquo particulari loco aut regione aliter a S. Sede sit statutum.

§ 3.° Acatholici sive baptizati sive non baptizati, si inter se contrahunt, nullibi ligantur ad catholicam sponsalium vel matrimonii formam servandam.

Praesens decretum legitime publicatum et promulgatum habeatur per eius transmissionem ad locorum Ordinarios; et quae in eo disposita sunt ubique vim legis habere incipiant a die solemni Paschae Resurrectionis D. N. I. C. proximi anni 1908.

Interim vero omnes locorum Ordinarii curent hoc decretum quamprimum in vulgus edi, et in singulis suarum dioecesum parochialibus ecclesiis explicari, ut ab omnibus rite cognoscatur.

Praesentibus valituris de mandato speciali SS. D. N. Pii PP. X, contrariis quibuslibet etiam peculiari mentione dignis minime obstantibus.

Datum Romae die 2ª mensis Augusti anni 1907.

† Vincentius Card. Episc. Praenest., *Praefectus.*

C. De Lai, *Secretarius.*

S. CONGREGATIO INDICIS

DECRETUM

Quo quaedam opera a Dimmet, Le Roy, Le Morin et Houtin exarata nec non ephemeris vulgo « Coenobium » proscribuntur ac damnantur.

Feria VI. die 26 Iulii 1907.

Sacra Congregatio Eminentissimorum ac Reverendissimorum Sanctae Romanae Ecclesiae Cardinalium a Sanctissimo Domino Nostro Pio Papa X Sanctaque Sede Apostolica Indici librorum pravae doctrinae, eorumdemque proscriptioni, expurgationi ac permissioni in universa christiana republica praepositorum et delegatorum, habita in Palatio Apostolico Vaticano die 26 Iulii 1907, damnavit et damnat, proscripsit proscribitque, atque in Indicem librorum prohibitorum referri mandavit et mandat quae sequuntur opera:

Ernest Dimnet, *La pensée catholique dans l'Angleterre contem-poraine*. Paris 1906.

Edouard Le Roy, *Dogme et critique*. Paris.

Jean Le Morin, *Vérités d'hier? La théologie traditionnelle et les critiques catholiques*. Paris 1906.

Albert Houtin, *La crise du clergé*. Paris 1907.

Coenobium, *Rivista internazionale di liberi studi.* Lugano 1906-1907,

Itaque nemo cuiuscumque gradus et conditionis praedicta opera damnata atque proscripta, quocumque loco et quocumque idiomate, aut in posterum edere, aut edita legere vel retinere audeat, sub poenis in Indice librorum vetitorum indictis.

Quibus Sanctissimo Domino Nostro Pio Papae X per me in-frascriptum Secretarium relatis, Sanctitas Sua decretum probavit, et promulgari praecepit. In quorum fidem etc.

Datum Romae die 26 Iulii 1907.

Andreas Card. Steinhuber, Praefectus.

L. ✠ S.

Fr. Thomas Esser, Ord. Praed. a Secretis

SS. RITUUM CONGREGATIO

I. — NAMURCEN.

Decretum beatificationis et canonizationis Ven. Servae Dei Iuliae Billiart, Institutricis Congregationis Sororum B. Mariae Virginis.

Super dubio: *An et de quibus miraculis constet in casu et ad effectum de quo agitur.*

Anxiis bonorum animis de sorte iuventutis utriusque sexus, tot obnoxiae periculis ex impiorum hominum diuturno molimine, admirando sane non minus quam iucundo spectaculo sunt lectis-simae illae feminae, quae virginum animis, ceu teneris virgultis, excolendis et ad solidam pietatem doctrinamque informandis, quasi positae custodes in vineis, animum adiecerunt, iuxta illud Eccl. xxiv, 42: *Rigabo hortum meum plantationum et inebriabo prati mei fructum.* Huiusmodi laudem sibi comparavit saeculo xviii Gallici caeli luci-dum sidus, Ven. Dei Famula Iulia Billiart ex oppido Cuvilly Bello-vacensis dioecesis, Mater legifera Congregationis Sororum B. Mariae Virginis.

Dignam aptamque perarduo ministerio iuventutis instituendae Iuliam effecerunt et acta aetas innocentissime, et singularis vel a prima aetatula pietas, et qua valuit abunde religionis doctrina, et effusa in proximos caritas, praesertim in pauperes colonos, quos inter adulescens ob rei familiaris angustias versata est, et mira patientia, qua quum crurium paralysim toleravit adfixa lectulo per annos duos ac viginti, tum etiam conflatum in se capitale odium sustinuit pessimorum hominum. Tot adversis exercita planeque erudita, adiutore ac duce R. P. Varin S. I., Congregationem instituit Sororum B. Mariae Virginis, proposita sibi maxime christiana puellarum educatione; frugiferum sane opus, quod per tot ardua initia, per tot adversantium obiecta impedimenta, per tot exantlatos omne genus labores longe lateque propagatum, ad nostros usque dies florentissimum viget ad Ecclesiae decus et christianae solatium societatis, siquidem *in bonis iustorum exultabit civitas;* (Prov. xi, 10). Praeclaris, quas vix attigimus, ornata virtutibus ac meritis cumulata, tandem ab nunquam intermissis laboribus requievit vi id. Apr. an. MDCCCXVI.

Eximiam Iuliae sanctitatem sequuta etiam post eius obitum miracula confirmarunt, eius precatu ab Ipso patrata, qui *voluntatem timentium se faciet, et deprecationem eorum exaudiet;* (Ps. CXLIV, 19). Itaque post editum a sa. me. Leone XIII decretum viii idus Ianuarii an. MDCCCCIII de approbatione virtutum Ven. Servae Dei Iuliae Billiart, de tribus miraculis, quae de ipsa ferebantur, actum est in SS. Rituum Congregatione, ab eadem de more diligenter excussis recognitis ad ultimum ac probatis tabulis.

Primum horum accidit miraculum in oppido Oteppe dioecesis Namurcensis, an. MDCCCLXXXII. Armandus Hubin vixdum sexennis claudicare coepit, dolore correptus in laevo crure, cuius ex aperto vulnere cruor manabat et sanies. Morbo in dies crescente, pueri conditio post sexdecim menses adeo deterior facta est, ut actum de illo medici iudicarent. Tunc infirmi mater, cui spes nulla sanationis nisi divinitus impetrandae iam superesset, Namurcum se ad Ven. Iuliae sepulcrum contulit, ubi fervidas pro filio preces effudit. Domum reversa, vestium fragmen Ven. Servae Dei ulceri apposuit. Altero die ab inchoatis novendialibus repente sanatus est puer, nec anteacti morbi quidquam remansit nisi vulneris obducta cicatrix.

Alterum, haud priori absimile, miraculum contigit Ioanni Natali Grégoire e Namercensi oppido Jambe. Huic a puero, post gravem lapsum, tumefieri crus coepit, aperiri subinde vulnus, induci caries in tibia; tum ossium fragmenta educi putridosque humores profluere. Morbum plus minusve latentem perduxit Ioannes ad usque vicesimum aetatis annum, donec ineunte an. MDCCCLXXXI longe gravius excruciari coepit ac debilitari sic ut macie consumi videretur. Tunc omni sanationis intercisa spe, invocatum est Ven. Iuliae patrocinium, cuius apposita cruri reliquia, primo ipso novendialium supplicationum die, morbum omnem illico propulsavit.

Tertium contigit miraculum Ludovico Waelens, agricolae in oppido Kuysseléde Brugensis dioecesis, an. MDCCCLXXXVI. Hic octo ferme et viginti annos saevissimis torquebatur stomachi cruciatibus cum perdifficili digestione et magna sanguinis vomitione, propter conceptum in eo viscere ulcus. Cumque iam cibos retinere nullos posset, ac deficientibus in dies viribus, extrema macie conficeretur, supremam vitae horam imminere sibi sentiebat. Inter haec Ven. Iuliae patrocinium imploratum est; novendiales incoeptae preces et Ludovici pectori altera ex Ven. Servae Dei reliquiis admota. Ecce autem primo ipso supplicationum die, ac statim ut appositae reliquiae sunt, infirmus perfectam sanitatem est consequutus.   :

De tribus hisce miraculis diligenti inquisitione instituta, confectis Apostolicis tabulis earumque agnita probataque validitate, instaurata est deinde actio; primum in antipraeparatorio conventu, in aedibus Rmi Cardinalis Dominici Ferrata Causae Relatoris habito octavo idus Dec. an. MDCCCCIV; iterum in praeparatorio ad Apostolicum palatium Vaticanum, coacto cal. Augusti huius anni; tertio denique in generali Congregatione decimoctavo cal. Decembres eiusdem anni coram SSmo D. N. Pio Papa X. Quo in coetu ab eodem Rmo Card. Dominico Ferrata propositum est dubium: *An et de quibus miraculis constet in casu et ad effectum de quo agitur.* SSmus Pater, suffragiis Consultorum et PP. Cardinalium exceptis, supremum iudicium distulit in alium diem, hortatusque omnes est ut in re tam gravi divinam lucem implorarent.

Hodierno autem die, Dominica secunda Adventus qua Mariae Sanctae Lauretanae festum percolitur, idem SSmus Pater, Sacro pientissime litato in privato suo sacello, in Vaticanam hanc nobiliorem aulam inde ingressus et pontificio solio assidens ad se accivit Rmos Cardinales Aloisium Tripepi S. RR. Congregationi Pro-Praefectum et Dominicum Ferrata Causae Ponentem, una cum R. P. Alexandro Verde S. Fidei Promotore, meque infrascripto Secretario, iisque adstantibus solemniter edixit: *Constare de tribus propositis miraculis;* scilicet de primo: *Instantaneae perfectaeque sanationis Armandi Hubin a carie tuberculari ossium laevi cruri;* de altero: *Instantaneae perfectaeque sanationis Natalis Grégoire a chronica inferioris dexterae tibiae condili osteite, quam chronica praecesserat osteo-periostites;* de tertio: *Instantaneae perfectaeque sanationis Ludovici Waelens a chronico ulcere e chronica stomachi flogosi cum gravi anemia et consumptionis ad marasmum usque perductae phaenomenis sociata.*

Hoc autem decretum promulgari et SS. RR. Congregationis acta referri iussit quarto idus Decembres, an. MDCCCCV.

A. Card. TRIPEPI, *Pro-Praefectus.*

✝ D. PANICI, Archiep. Laodicen., *Secret.*

II. — NUCERINA PAGANORUM SEU COMPSANA.

Decretum beatificationis et canonizationis Ven. Servi Dei Dominici Blasucci, clerici studentis in Congregatione SSmi Redemptoris.

A LFONSIANA Familia, quae in religiosis Ecclesiae viridariis suam habet venustatem et foecunditatem, imaginem Patris sui legiferi in sanctis quoque alumnis impressam, iucunda gratulatione iugiter conspicit. Dumque adhuc redolet odorem illius lectissimi floris Gerardi Maiella laici professi, cuius virtus ac memoria per Beatissimum Patrem Nostrum Pium X sanctificationis fastigio coronata est, alter sese explicat flos, veluti eodem succo terrae et calore solis procreatus et auctus, similem efflans suavitatem. Clericus studens est, Dominicus Blasucci, ob innocentiae candorem cum poenitentiae rigore et legum observantia coniunctum, ab ipso S. Alfonso qui Eum in suam nascentem Congregationem cooptaverat, *angelicus iuvenis* corpore et spiritu appellatus. Ruvi de Monte in Lucanis, die v Martii an. MDCCXXXII, a piis honestisque parentibus Nicolao Blasucci et Maria Antonia Carnevale ortus est Dei Famulus, die sequenti in paroecia oppidi baptizatus. Infans adhuc ob parcum lactis alimentum languens, deficientibus viribus, interiisse, et, genitrice S. Franciscum Xaverium invocante, mirifice ad vitam revocatus fuisse traditur. Post triennium, patre demortuo, maternis curis et piae religiosaeque educationi ita satisfecit, ut aequalibus proponeretur imitandus. Aures, oculos sensusque cohibens, ne quid animus detrimenti caperet, in deliciis habebat Synaxim, preces et conciones in templo. Sancto Vincentio Ferrerio valde devotus, in Iesum Christum Patientem et Virginem Matrem perdolentem singulari ferebatur pietatis affectu, quem congruis exercitationibus in ecclesia Patrum Franciscalium maxime fovebat. E domestica institutione atque ab humanioribus litteris ad philosophicas disciplinas gradum faciens, Antonium Carnevale oppidi curionem et avunculum suum habuit etiam praeceptorem, sub quo adeo profecit, ut, in aetate quindecim annorum, cum ingenii et diligentiae laude philosophiae cursum absolverit. Ad perfectioris vitae statum inclinatus, adhibito consilio prius Patrum Minorum Conventualium et postea sacerdotum S. Vincentii a Paulo, dum in eo erat, ut sanctum propositum exequeretur, contradicentibus propinquis, illud aegre differre debuit. Verum Beatissima Virgo clientem suum in angustiis non reliquit. Nam Patribus Ligorianis Atellam prope Ruvum adeuntibus pro sacris ad populum concionibus in novendiali et in Festo Immaculatae B. M. V. Conceptionis, Dominicus opportunam arripuit occasionem. Ipsa Deipara Virgine opitulante, carni et sanguini lacrimysque genitricis victor restitit, et properante die natali Domini an. MDCCXLIX, ac favente Petro-Paulo fratre germano, natu maiore, qui post ipsum in Congregationem SSmi Redemptoris se recepit, a P. Villani Cioranum ad Sanctum Alfonsum deductus fuit. Hic iuvenem optimae spei paterna benevolentia amplexus, statim in tirocinium admisit. Anno insequente, die II Februarii in solemniis Deiparae puerperae perli-

tantis, Servus Dei habitum Instituti sumpsit, tirocinium prosecutus
sub ipso P. Villani probatae prudentiae et virtutis viro, ex voluntate
sancti Institutoris tironibus praefecto. Morum innocentia, orandi studio, religiosa disciplina ita inclaruit, ut sodales eius vestes cum
devotione osculari eumque angelum vel Aloisium nuncupare gau-
debant. Absoluto tirocinio, religiosa vota cum maxima laetitia nuncupat, atque studiis et exercitationibus, iuxta morem et statuta, incumbit: a quibus tamen paulisper vacare coactus est ob aegritudinem et, iussu amantissimi Patris S. Alfonsi, ut animum viresque
reficeret. Quamdiu valetudo ei praesto fuit, nam voluntas nunquam
defuit, comes adiectus est Patribus in sacris expeditionibus. Testes
sunt Rocchetta, Aquilonia et Troia de mirabili ac ferventi eloquio
quo SS. Rosarii mysteria et Iesu ac Matris gaudia, dolores ac trium-
phos coram clero et populo, attento ac devoto, explicabat. Volvente
an. MDCCLI Ilicetum venit, valetudinis etiam curandae causa, ibique
cum Gerardo Maiella sanctitatis et amicitiae foedere iunctus est.
Ex quo fides data est, ut sese invicem precibus apud Deum iuva-
rent, interposita potentis Virginis ope, quotidie angelicae salutationis
recitatione imploranda. Pauli etiam Cafaro, Dominicus sibi devinxit
animum, illiusque sancti viri ductu Nuceriam Paganorum concessit
ad Alexandri de Meo theologicas praelectiones audiendas, in qua
palaestra singularem laudem et gloriam inter sodales adeptus est.
Angriam, Lancusium aliasque civitates sacris missionibus Christi
operarius perlustravit, et mense Iulio an. MDCCLII ad collegium Capitis Silari, quod ipse P. Cafaro regebat, missus, ibi usque ad obitum mansit nova virtutis praebens argumenta, praesertim vehementis
amoris erga Augustissimum Eucharistiae Sacramentum a cuius reali
praesentia atque intima conversatione neque per vim abstrahi atque
avocari posse videbatur. Demum Dei Famulus diuturno morbo fractus, eoque ingravescente totus in Dei voluntatem nutumque conversus, et decedentium Sacramentis recreatus, Sanctissima Virgine
invocata et cruce ad os et ad pectus admota, piam exalavit animam,
angelicis choris sociandam, die II Novembris in commemoratione
omnium fidelium defunctorum, eodem anno, aetatis vigesimo primo
et Congregationis tertio. Fama sanctitatis vitae quam Dominicus in
vita sibi acquisierat, post mortem clarior evasit, civium multitudine
ex omni ordine ad funus et ad tumulum confluente, auxiliumque
implorante. Eapropter super eadem fama adhuc in dies crebrescente,
inquisitiones Ordinariae in ecclesiasticis Curiis Nucerina Paganorum et Compsana adornatae sunt. Quibus Sacrorum Rituum Congregationi exhibitis iam peracta et probata revisione scriptorum
Servi Dei, atque obtenta dispensatione ab interventu et voto Consultorum, ad instantiam Rmi P. Claudii Benedetti Congregationis
SSmi Redemptoris Postulatoris generalis attentisque litteris Postulatoriis quorumdam Emorum S. R. E. Cardinalium, plurium Rmorum
Sacrorum Antistitum una cum Rmo P. Mathia Raus praedictae
Congregationis Superiore Generali ac Rectore maiori, et clero ac
populo tum Ruvi oppidi natalis, tum Capitis Silari ubi Dominicus
obiit, infrascriptus Cardinalis Aloisius Tripepi Sacrae Rituum Congregationi Pro-Praefectus et Causae Ponens seu Relator, in Ordi-

nariis eiusdem Sacrae Congregationis comitiis subsignata die ad
Vaticanum habitis, sequens dubium discutiendum proposuit: *An sit
signanda Commissio Introductionis Causae in casu et ad effectum de
quo agitur?* Et Emi ac Rmi Patres Sacris tuendis Ritibus praepositi, post relationem ipsius Cardinalis Ponentis, audito voce et scripto
R. P. D. Alexandro Verde Sanctae Fidei Promotore, omnibusque
sedulo perpensis rescribendum censuerunt: *Affirmative seu Commissionem esse signandam si Sanctissimo placuerit.* Die xv Maii MDCCCCVI.

Facta postmodum de his Sanctissimo Domino Nostro Pio Papae X
per infrascriptum Cardinalem Sacrae Rituum Congregationi Pro-
Praefectum relatione, Sanctitas Sua Rescriptum eiusdem Sacri Consilii ratum habuit et confirmavit, propriaque manu signare dignata
est Commissionem Introductionis Causae praedicti Venerabilis Servi
Dei Dominici Blasucci, clerici studentis e Congregatione SSmi Redemptoris, die XXIII, eisdem mense et anno.

A. Card. TRIPEPI, *Pro-Praefectus.*

D. PANICI, Archiep. Laodicen., *Secret.*

III. — TAURINEN.

**Decretum beatificationis et canonizationis Ven. Servi Dei Iose-
phi Cafasso, sacerdotis saecularis, collegii ecclesiastici
Taurinensis moderatoris.**

Inter Causas beatificationis et canonizationis Servorum Dei, quae
apud Sacram Rituum Congregationem per viam non cultus incedunt, quaeque a civitate atque archidioecesi Taurinensi inscribuntur, post illas Venerabilium sacerdotum Ignatii a S. Agatha ex
Ordine Minorum Capuccinorum et Iosephi Benedicti Cottolengo canonici fundatoris parvae domus a divina providentia, tertia succe-
dit sacerdotis Iosephi Cafasso collegii ecclesiastici Taurinensis rectoris, cuius vitae sanctitas, eiximae prudentiae ac doctrinae iuncta,
per universam regionem Pedemontanam celebratur, et natale solum, urbem principem aliasque civitates hospitales illustrat. In oppido Castronovo, Astensis dioecesis, die xv Ianuarii anno MDCCCXI,
a parentibus Ioanne Cafasso et Ursula Beltramo, quorum probitas
ac religio una cum bonorum copia in pauperes effusa, incolarum
animos atque existimationem sibi conciliabant, tertius e quatuor
filiis ortus est Iosephus, die sequenti in sacro fonte regeneratus.
Puerulus curis, monitis exemplisque genitorum optime respondit.
Quotquot Eum viderant in templo devotum et frequentem ad sacra
et ad catechesim, admirantes sanctulum nuncupabant. Interdum adhuc puer, aequalibus aliisque in coetum atque locum indictum vocatis, sacros sermones, quos in ecclesia audierat, felici memoria, prae-
conis instar, diserte repetebat. Studiorum elementa et latinae grammaticae institutiones in civica schola addiscens, ingenium naturale,
praeceptore adiuvante, arte, exercitatione ac diligentia sua utiliter
excoluit. Interim domesticam familiam ad serotinas preces rosarias
fundendas suaviter alliciebat, famulumque balbutientem singulari

caritate et patientia prosecutus, obtinuit ut hic easdem preces cum ceteris explicate et distincte recitare incepisset. Tertio decimo aetatis anno Cherium venit, ibique grammaticae superioris atque humanitatis ac rethoricae studiis absolutis, in civico collegio philosophiae sedulam dedit operam, clericali veste an. MDCCCXXVI etiam suscepta. Domum reversus, theologicis disciplinis, docente archipresbytero Dassano, integrum biennium impendit; atque mense Octobri exeunte, anno MDCCCXXX, Cherii inter alumnos seminarii adscitus, theologiae cursum summa cum laude, amplissimo superiorum testimonio confirmata, feliciter explevit. Ad sacerdotium rite promotus die XXI Septembris MDCCCXXXIII, sacri huius ministeri munia diligenter obivit. Quo magis idoneum Dei ministrum se redderet, Taurinum profectus est una cum R. D. Ioanne Allamano sibi amicitia studiisque coniuncto; atque, prius in seminario metropolitano, postea in collegio ecclesiastico a theologo Guala fundato, qui lectiones de morali theologia tradebat, auditor extitit. Huius collegii alumnus die XXVIII Ianuarii an. MDCCCXXXIV renunciatus, triennio vix exacto, ac facto experimento, ad confessiones audiendas probatus fuit, atque ipsi magistro adiutor datus. Post aliquot annos magisterium, a theologo Guala ob aegritudinem dimissum, Ipse superiorum voluntati obtemperans libenter suscepit. Neque mirandum si salutiferas sapientiae aquas, quas ab antecessore et a praeclaris S. Francisci Salesii et S. Alfonsi de Ligorio operibus hauserat, in suos alumnos ac discipulos, sacerdotes iuvenes et senes large lateque effuderit. Anno autem MDCCCXLVIII Archiepiscopus Taurinensis alia quoque officia contulit Iosepho, qui eadem usque ad obitum tenuit. S. Francisci Assisiensis ecclesiae atque opificum congregationi praeses, collegii ecclesiastici moderator, atque templi S. Ignatii de Loyola in oppido Lanzo administrator electus et constitutus, apostolatus sui vestigia ubique reliquit. Tandem fidelis Christi Servus annum aetatis nonum supra quadragesimum agens, postquam « operatus fuerit bonum, et rectum, et verum coram Domino Deo suo, in universa cultura ministerii domus Dei », penes convictum S. Francisci, in morbum incidit, quem patientissime toleravit. Ad extrema deductus et sacramentis Ecclesiae refectus ac roboratus, die XXIII Iunii anno MDCCCLX placide obdormivit in Domino. Interim sanctitatis fama quam Ipse sibi adeptus fuerat vivens, post obitum mirifice inclaruit. Testis est cleri populique concursus ad funus, praesente corpore, in paroecia SS. Martyrum celebratum, et die trigesima, maiori pompa renovatum, Sacrum litante parvae domus a divina providentia moderatore Anglesio, habita etiam laudativa oratione a Ioanne Bosco Societatis Salesianae Institutore. Testis quoque est Taurinensium civium atque advenarum frequentia ad sepulcrum in quo corpus Servi Dei, tertio translatum, nunc quiescit, penes templum B. Mariae Virgini a Consolatione dicatum, nuperque a Sanctissimo Domino Nostro Pio Papa X ad Basilicae minoris dignitatem evectum. Quae quidem sanctitatis Servi Dei opinio ad haec usque tempora perseverans ac in dies aucta, quum omnibus perspecta foret, Emus et Rmus Dñus Augustinus Cardinalis Richelmy Archiepiscopus Taurinensis super ea informativam inquisitionem instituit. Hac expleta, et peracta ac probata revisione scriptorum psius Servi Dei, obtenta insuper Apostolica dispensatione a lapsu decennii et ab interventu et voto Consultorum, quum omnia in promptu essent, ad instantiam Rm̃i Domini Raphaelis M Virili Epi scopi tit. Troadensis et Causae Postulatoris, attentisque litteris ac postulationibus quorumdam Em̃orum S. R. E. Cardinalium, plurium Rm̃orum Sacrorum Antistitum aliorumque virorum ecclesiastica vel civili dignitate praestantium una cum clero et populo Taurinensi, Cherensi et Castrinovi Astensis, Em̃us et Rm̃us Dñus Dominicus Cardinalis Ferrata eiusdem Causae Ponens seu Relator in Ordinario Sacrorum Rituum Congregationis coetu subsignata die, ad Vaticanum habito, sequens dubium discutiendum proposuit: *An sit signanda Commissio introductionis Causae in casu et ad effectum de quo agitur.* Porro Em̃i et Rm̃i Patres sacris tuendis Ritibus praepositi, post relationem ipsius Em̃i Ponentis, audito etiam voce et scripto R. P. D. Alexandro Verde Sanctae Fidei Promotore, omnibus perpensis, respondere censuerunt: *'Affirmative seu Commissionem esse signandam si Sanctissimo placuerit.* Die xv Maii MDCCCVI.

Quibus omnibus Sanctissimo Domino Nostro Pio Papae X per infrascriptum Cardinalem Sacrae Rituum Congregationi Pro Praefectum relatis, Sanctitas Sua Rescriptum Sacrae eiusdem Congregationis ratum habuit et probavit, propriaque manu signare dignata est Commissionem introductionis Causae praefati Venerabilis Servi Dei Iosephi Cafasso, sacerdotis saecularis, collegii ecclesiastici Taurinensis moderatoris, die xxiii, eisdem mense et anno.

A. Card. Tripépi, *Pro-Praefectus*

† D. Panici, Archiep. Laodicen., *Secretarius.*

IV. — TRIDENTINA

Decretum confirmationis cultus seu Declarationis casus excepti in honorem Servi Dei Romedii Confessoris Sancti nuncupati.

Saeculo quarto vertente, in oppido Thaur, Tridentinae dioeceseos, e familia comitum de Thunn ortus est Romedius. A christianis conspicuisque parentibus pie institutus ac divina protectione munitus, ea virtutis et pietatis praebuit indicia quae, succrescente aetate, maiora portendebant incrementa. Adolescens, relicta domo ac mundo valedicens in solitudinem se recepit, orationis et contemplationis suavitatem cum corporis afflictatione coniungens. Neque huius vitae austerae et absconditae ratio prohibuit quominus pii quidam iuvenes Abraham, qui cognominabatur Adeodatus, et David in socios adsciti, veluti primi surculi, arbori sanctimonia florenti insererentur. Parentibus orbatus, audiens Dominum in Evangelio dicentem: « Vade et vende omnia quae habes et da pauperibus et veni sequere me ». peramplas opes haereditarias, partim egenis distribuit, partim Ecclesiis Tridentinae et Augustensi donavit. Una cum sodalibus Tridentum adiit, sanctum Episcopum Vigilium invisurus. Huic Sacro Antistiti suum aperuit animum, eoque probante, romanum iter statim aggressus est. Peregrinus in Urbe coenobia, templa et martyrum memorias devote lustravit, atque omnibus, quae ad suam pietatem fovendam augendamque conferre poterant, diligenter expletis, summi Pontificis praesentia et benedictione maxime laetatus est. Tridentum reversus, eremiticae vitae amantissimus, apud Castrum Tavoni in Anaunia regione una cum sociis sese abdidit, ibique in vertice montis sacellum extruxit. Divinis rebus iugiter intentus, ROMEDIUS etsi pauper et humilis, vitae tamen operumque sanctitate emicuit; quam Deus prodigiorum testimonio comprobasse traditur. Interim supremum diem sibi appropinquare sentiens, dilectis sociis aeternae salutis et christianae perfectionis praecepta et monita paterno affectu in memoriam revocavit. Totus autem in Deum mente et corde, veluti in extasim. raptus, terrenum exilium cum caelesti patria commutavit die decimaquinta Ianuarii. Fama sanctitatis Servi Dei in vita et post obitum, miraculis, uti fertur illustrata, adeo percrebuit, ut Ipsimet ecclesiasticus et publicus cultus statim adhibitus fuerit. in dies auctus et ad haec usque tempora perseverans. Quum vero R. D. Antonius Petrus Casagrande, Prior Ecclesiae seu sanctuarii a S. Romedio nuncupati, intra fines Tridentinae dioeceseos, et huius Causae Postulator, a Sanctissimo Domino Nostro PIO Papa X, per decretum Sacrorum Rituum Congregationis, die 10 Novembris 1906 obtinuerit, ut in Ordinariis eiusdem Sacrae Congregationis Comitiis proponi ac discuti possit dubium de casu excepto a decretis sa. me. Urbani Papae VIII super praefato cultu Servi Dei ROMEDII CONFESSORIS et sancti nuncupati, absque praevia constructione formalis Processus Ordinarii cum subsequenti sententia; dummodo huiusmodi casus exceptus documentis in forma authentica productis probaretur, idem Postulator exquisita documenta cum informatione et congruentibus Litteris postulatoriis huic Sacro Consilio subiicere curavit simulque decretum confirmationis cultus humiliter expetivit. Ex his documentis praeter ea quae superius relata ad ortum, vitam et obitum Servi Dei attinent, quae ad cultum eidem concessum et exhibitum spectantia eruuntur. In primis recensetur Festum cum officio et missa in honorem eiusdem ROMEDII Brixinensi dioecesi ab Apostolicae Sede die 7 Martii 1795, indultum. Quod festum item in civitate ac dioecesi Tridentina sub ritu duplici maiori constanter celebratum patet ex pluribus antiquis et recentioribus calendariis, propriis et synodalibus statutis ipsius civitatis et dioecesis. Itaque, instante praelaudato Priore sanctuarii S. Romedii et Causae Postulatore, attentisque supplicibus votis Rmi Episcopi et Principis Tridentini et cleri ac fidelium totius dioecesis, infrascriptus Cardinalis Seraphinus Cretoni S. R. C. Praefectus, loco et vice E.mi et Rmi Dñi Cardinalis Andreae Steinhuber eiusdem Causae Ponentis seu Relatoris, in Ordinario Sacrorum Rituum Congregationis Coetu subsignata die ad Vaticanum coadunato, sequens dubium discutiendum proposuit: « *An constet de casu excepto a decretis s. m. Urbani Papae VIII in casu et ad effectum de quo agitur?* » Et Emi ac Rmi Patres sacris tuendis Ritibus praepositi post relationem ipsius

infrascripti Cardinalis audito etiam voce et scripto R. P. D. Alexan·
dro Verde Sanctae Fidei Promotore, omnibusque sedulo perpensis,
rescribendum censuerunt: « *Confirmandum esse cultum, si Sanctissimo
placuerit* ». Die 23 Iulii 1907. Quibus omnibus Sanctissimo Domino
Nostro Pio Papae X per ipsum infrascriptum Cardinalem Sacrae
Rituum Congregationi Praefectum relatis, Sanctitas Sua Rescriptum
Sacrae eiusdem Congregationis ratum habuit et probavit, die 24,
eisdem mense et anno.

L. ✠ S.   S. Card. CRETONI, *Praef.*

† D. PANICI, Archiep. Laodicen., *Secret.*

V. — TAURINEN.

Decretum beatificationis et canonizationis Ven Servi Dei Ioannis Bosco Sacerdotis fundatoris Piae Societatis Salesianae.

DECRETUM INTRODUCTIONIS CAUSAE.

SUPREMUS humanae familiae auctor et rector Deus, sicut aliis tem·
poribus ita nostris, christianae societati peculiari cura consulit,
opportunis subveniens auxiliis ac remediis. per selectos viros lumi·
nosa atque actuosa virtute conspicuos, qui percurrentes viam suam
salutarem vitalemque spiritum et calorem omnibus impertire visi
sunt. Inter hos, saeculo nuper elapso, divina providentia in praesi·
dium et ornamentum Ecclesiae suae misit sacerdotem IOANNEM Bo·
sco qui sanctorum virorum Iosephi Calasantii, Vincentii a Paulo,
Ioannis Baptistae de la Salle aliorumque similium vestigiis inhae·
rens, cum pia societate salesiana ab eo instituta cumque aliis variis
operibus hominum saluti procurandae ac praesertim iuventuti reli·
gione, studiis et artibus instituendae se totum devovit, omnibus
omnia factus ut omnes faceret salvos. Marialdi apud Castrum no·
vum in Astensibus ex probis piisque parentibus Aloisio et Marga·
rita Occhiena ortus est Dei Famulus, die 16 Augusti 1815. Post
triennium, patre demortuo, sub matris viduae, quae labore gravitate
ac virtute liberis praelucebat, singulari·cura et tutela succrevit, Pue·
rulus domi degens et cunctis amabilis agrestibus operibus victum
sibi comparabat. Decennis, ingenii memoriaeque specimine dato, a
R. D. Colosso oppidi natalis cappellano uti hospes et alumnus ac·
ceptus, ad litterarum rudimenta addiscenda admissus fuit. Brevi
post, magistro vita functo, ad agrestem et pastoritiam artem rever·
sus, aliquo tempore suam impendit operam; studiis tamen non om·
nino intermissis. Verum pia genitrix filii votis obsecundas eum Ca·
strum novum decem millia passum dissitum quotidie mittebat, ubi
dum a parocho loci latini sermonis primordiis erudiebatur, simul
municipales scholas diligenter frequentabat. Postea Cherium trans·
latus omnes et singulas gymnasii classes, singulari honore ac
praemio pluries donatus, felici exitu absolvit; itemque bonos sodales
in virtute firmare, malosque ad bonam frugem reducere sategit. Ad
hunc finem Ioannes eos iuvenes in coetum quem a laetitia noncu·

paverat statis diebus et horis, pro exercitationibus aetati, hone˜
stati ac religioni congruis, congregabat; huiusque industriae fru˜
ctus fuit etiam adolescens ex iudaismo ad fidem catholicam conversus,
cum magno sodalium gaudio. Quae vitae ratio veluti praeparatio
habenda est ad nobiliorem statum super quo quum anceps esset
Servus Dei, opportunum ipsi advenit auxilium tum parochi castri
novi Rev. Cinzano, tum potissimum Ven. Cafasso cuius consilia et
exempla ex tunc sequi coepit. Vertente an. 1834, viginti aetatis
annos agens, Castrinovi in Ecclesia parochiali S. Michaelis Arch.,
in festo titulari, clericalem habitum induit; simulque quaedam salutaria monita scripsit et ante imaginem Deiparae Virginis perlegit,
cum proposito ea fideliter adimplendi. Opera vero ipsius Ven. Cafasso, Cherii seminarium Archiepiscopale ingressus est, ubi sex annos
philosophiae ac theologiae operam dedit, speciali proemio quotannis
cohonestatus. Historiae quoque ecclesiasticae, ac linguis graecis,
hebraicis et gallicis aliisque studuit disciplinis. Maxime laetabatur
quod cum quibusdam sodalibus ferventioribus, inter quos Aloisius
Comotto laude et mentione dignus, a suis superioribus obtinuerat
ad sacram synaxim, praeter morem, pluries in hebdomada accedere.
Interim Apostolatum quem Marialdi et Castrinovi inceperat, Cherii
intra Seminarii parietes prosequutus est erga pueros et adolescentes
tam internos quam externos. Subdiaconatus et diaconatus ordinibus
rite susceptis, quum ad presbyteratum promoveretur, paucis ante
diebus, nova ac perfectiora sibi proposuit adimplenda quae scripto
tradidit. Sacerdotio auctus Augustae Taurinorum ad S. Francisci
Assisiensis primum sacro operatus est, adsistente sacerdote Iosepho
Cafasso, iterum in Ecclesia B. M. V. a consolatione, tertium et
quartum Cherii; die autem Sanctissimo Corpori Christi dicata, Castrinovi, magna confluente populi multitudine. Vespere dum paternam domum repetit, transiens per locum ubi suum Apostolatum pro
pueris olim praesenserat, Deo gratias agit, laudesque tribuit cum
psalmo 112 " Laudate pueri Dominum „. — Pia Margarita Ioannem sacerdotem iucundo ac materno affectu excipiens, ad Christum
pro nobis passum excogitandum et imitandum eum hortatur, nihil·
que postulat a filio quam preces iugemque sui memoriam ad altare
Domini. Anno 1841 Augustas Taurinorum se contulit, et, auctore
ac duce Cafasso, in Collegio ecclesiastico S. Francisci Assisiensis
per triennium theologiae morali et sacrae eloquentiae incubuit, simulque sacerdotalia munia obivit etiam in carceribus et nosocomiis.
Ad pueros autem derelictos iuvenesque informandos, diebus festis
in Ecclestis, Oratoriis aliisque in locis coetus habebat. Pluribus
exortis difficultatibus et obstaculis, eisque tandem, Dei ope, superatis, veluti in portum se recepit in domum vici *Valdocco* prope
Taurinum. Quam domum seu potius speluncam, unius hebdomadae
spatio, in decens aedificium convertit, die dominica 12 Aprilis an. 1846
idem Dei famulus, habita licentia, solemni ritu lustravit atque Deo
Optimo Maximo in honorem S. Franciscii Salesii dicavit. Huiusmodi
Oratorium et ipsum Rectorem pluribus privilegiis Taurinensis Archiepiscopus auxit, et ipse Rex Carolus Albertus in fidem suam et
tutelam excepit. Deinceps alia duo aperuit oratoria, unum Aloisio

Gonzaga, alterum Angelo Tutelari, sacra, in quibus quingenti et ultra iuvenes adnumerabantur. Scholas quoque diurnas, nocturnas et dominicales ad iuvenes artifices excolendos instituit; et, affluentibus discipulis, aliquos elegit atque instruxit, qui in oratoriis et in Scholis praeceptoris munus gererent. Mense Aprilis an. 1847, miseriis atque aerumnis quorundam adolescentulorum permotus, in domunculam quam prope Oratorium praecipuum conduxerat et ubi cum matre domicilium habebat, eos libenter hospites recepit; illis que quae ad cultum victumque quotidianum erant necessaria, Margarita coadiuvante, suppeditabat. Huic humili casae referenda sunt initia Hospitii a S. Francisco Salesio noncupati quod an. 1851 triginta adolescentulos, et ampliata domo, an. 1860 quadringentos, atque an. 1870 octingentos habebat hospitio receptos Hos vero iuvenes apud magistros in officinis urbanis collocabat ut varias artes discerent et exercerent; quas officinas IOANNES saepe saepius adibat et de suorum iuvenum agendi ratione atque in arte profectu sciscitari curabat. Postea eorum moribus religionique melius consulens in ipso Hospitio ab an. 1855 officinas aperuit. Quos ex illis maiori ingenio et virtute praestantiores et idoneos reperiebat, ad litterarum et scientiarum studia destinabat. Ipse erat horum magister, mox alios adhibuit cooperatores ex ecclesiasticis professoribus et theologis, quum Seminarium diocesanum esset clausum et Taurinensis Antistes Fransoni in exilium missus. Historia Oratorii et Hospitii usque ad an. 1870 complures sacerdotes e proprio gremio egressos recensebat sacris muneribus ornatos et valde utiles Archidiocesi Taurinensi aliisque dioecesibus regionis pedemontanae. In iuvenibus instituendis Ioannes Bosco prae oculis habita divina sententia " Initium sapientiae timor Domini „ methodum praevenientis industriae, vigilantiae et caritatis secutus est; simulque studuit ut, occupationibus nonnunquam intermissis, animus aptis honestisque ludis recrearetur. Hinc scholas populares gymnasticis musicisque exercitiis adornavit. Ne opus ad iuventutis utilitatem erectum lapsu temporis evanesceret, sed stabile fixumque permaneret, Servus Dei praehabito consilio virorum prudentum atque ipsius Ven. Cafasso, libenter etiam annuente, vivae vocis oraculo, Romano Pontifice Pio IX, Augustae Taurinorum anno 1859 Societatem Salesianam instituit et ex omnium Capitularium sententia, titulo Rectoris Maioris gubernavit. Quam societatem in dies adauctam ac diffusam Apostolica Sedes an. 1864 laudavit et commendavit, atque anno 1869 decreto die 1 Martii edito appobavit et confirmavit. Interim Congregationem Filiarum Mariae, deinceps adiecto titulo Auxiliatricis, quam ex puellis sui oppidi *Mornese*, dioecesis Aquensis, pius sacerdos Dominicus Pestarino constituerat, ipso rogante, veluti filialis adoptionis titulo Ioannes excepit atque institutori demortuo an. 1872, alterum praesidem ex suis sodalibus salesianis suffecit. Ita religiosa puellarum Familia Mariae Auxiliatricis quasi secundus Ordo habitus est Salesiani Instituti cui brevi post accessit, veluti tertius Ordo, pia unio cooperatorum utriusque sexus, die 9 Maii an. 1876 ab Apostolica Sede adprobata atque privilegiis indulgentiisque ditata. Inde Ephemerides salesianae et Lecturae catholicae historicae litterariae et populares etiam pro scholis ad unionem et caritatem omnium sodalium cum sana doctrina fovendam atque augendam et ad improborum atque haereticorum insidias erroresque avertendos. Tandem commemorare iuvat Missiones per Europae atque Americae regiones propagatas et florentes; opus, cui vulgo *Figli di Maria* nomen est, adultorum ecclesiasticis vocationibus excolendis cum suis quinquaginta et ultra domibus; plures ecclesias ornatissimas diversis in regionibus erectas inter quas eminent Ecclesia Taurinensis B. M. Virginis Auxiliatricis et ·Templum Parochiale Romae in Castro Praetorio, flagitante Leone XIII, extructum et Sacratissimo Cordi Iesu dicatum cum peramplo Hospitio variis litterarum et artium scholis aucto. Non defuerunt Servo Dei angustiae et contradictiones quas cum debito obsequio, singulari patientia et animi fortitudine, Deo adiuvante, superavit; tamen hisce afflictionibus assiduisque laboribus fractus die 20 Decembris an. 1887 in morbum incidit qui fere quadraginta dies perduravit, gradatim ingravescens. Sacramentis Ecclesiae rite susceptis, ipsum invisentibus apta et salutaria monita dabat, suosque intimos RR. DD. Rua et Cagliero rogabat ut extrema sua consilia Salesianis communicarent. Cardinali Alimonda Archiepiscopo Taurinensi se morientem suamque congregationem enixe commendavit. A Cardinali Richard Archiepiscopo Parisiensi, Romae suam dioecesim iam redeunte, benedictionem obtinuit eo pacto ut Ipse Parisiensem Antistitem cum Fidelibus sibi commissis benediceret; prouti vir obediens egit. Perdurante aegritudine, fere quotidie divinam Eucharistiam sancte receperat, et postremo in Festivitate S. Francisci Salesii; saepiusque ingeminabat: Fiat voluntas tua. – In manus tuas Domine – Maria Mater gratiae – Diligite inimicos vestros – Quaerite regnum Dei – Alter alterius onera portate. Exemplum bonorum operum. Adventante autem die 31 Ianuarii an. 1888 summo mane, ad signum campanae Beatissimam Virginem salutavit exclamans: " *Viva Maria* „ et paulo post, hora fere quinta, adstantibus Superioribus et alumnis praecipuis totius Societatis qui dilecti sui legiferi Patris et Magistri discessum precibus lacrimisque prosequebantur, IOANNES Bosco pie obdormivit in Domino. Nuncio mortis vix evulgato, tota civitas maximo moerore ac luctu affecta est. In· numeri cives et exteri confluxerunt ad cadaver invisendum sacra veste indutum et publice expositum in Ecclesia S. Francisci Salesii ubi solemnes exequiae persolutae sunt. Ipsum vero cadaver ad Collegium sacrarum expeditionum paulo ante apertum apud Salicis vallem, delatum et solemni pompa exceptum, ibidem honorifice tumulatum fuit. Interim sanctimoniae fama quam Servus Dei in vita acquisierat, post obitum adeo percrebuit ut de ea Inquisitiones Ordinariae adornatae et Sacrorum Rituum Congregationi exhibitae sint. Quum vero omnia in promptu essent, et, revisione scriptorum rite peracta, nihil obstaret quominus ad ulteriora procedi posset, instante Rmo Dño Ioanne Baptista Marenco Congregationis Salesianae Procuratore et Postulatore Generali, attentisque litteris postulatoriis quorundam Emorum S. R. E. Cardinalium, complurium Rmorum Sacrorum Antistitum necnon Capitulorum Cathedralium et Praepositorum Ordinum Religiosorum, Emus et Rmus

Dñus Cardinalis Iosephus Calasanctius Vives y Tuto huiusce causae Ponens seu Relator in Ordinariis Sacrorum Rituum Congregationis Comitiis subsignata die ad Vaticanum habitis, sequens dubium
discutiendum proposuit: « *An sit signanda commissio Introductionis
Causae, in casu et ad effectum, de quo agitur?* » Et Emi ac Rmi
Patres Sacris tuendis Ritibus praepositi, post relationem ipsius Emi
Ponentis, audito voce et scripto R. P. D. Alexandro Verde Sanctae
Fidei Promotore, omnibusque sedulo perpensis rescribendum censuerunt: « *Affirmative, seu signandam esse Commissionem, si Sanctissimo placuerit* ». Die 23 Iulii 1907.

Facta postmodum de praedictis Sanctissimo Domino Nostro
Pio PAPAE X per infrascriptum Cardinalem Sacrae Rituum Congregationi Praefectum relatione, Sanctitas Sua sententiam Sacrae eiusdem Congregationis ratam habens, propria manu signare dignata
est Commissionem Introductionis Causae Venerabilis Servi Dei
IOANNIS BOSCO, sacerdotis fundatoris Piae Societatis Salesianae, die
24, eisdem mense et anno.

L. ✠ S.   S. Card, CRETONI, *Praefectus.*

† D. PANICI. Archiep. Laodicen., *Secretarius.*

VI. — CONSTANTIEN, ET ABRINCEN

Decretum Beatificationis et Canonizationis Ven. Serva Dei *Mariae Magdalenae Postel* Institutricis Sororum Scholarum Christianarum a misericordia.

Super dubio

« *An et de quibus miraculis constet in casu et ad effectum de quo agitur* ».

DUM novi excitantur Herodes, qui, ut Iesum de medio tollant, pro
nihilo habent multos pueros occidere impiis doctrinis et institutione praepostera, eos a Matris Ecclesiae sinu divellentes, divina
Providentia mittit identidem, non solum apostolicos viros, sed etiam
excelsi animi feminas, quae secum innocentes abducant in terram
Aegypti, ubi *eruditus est Moyses in omni sapientia* (Act. VII, 22),
sibique dictum putent quod Iocabedae: *Accipe puerum istum et nutri
mihi* (Exod. II, 9). Inter augustas has matres conspicuum sane obtinet locum Ven. Dei Serva MARIA MAGDALENA POSTEL.

Quam praeclaris futurae sanctitatis auspiciis vel a prima aetatula patriam suam Balforeum, in Gallia oppidum, ipsa commoverit, quae dein adulta virgo fastigia perfectionis attigerit, quanto
se robore accinxerit in arduo imperio suimet, quanta in proximos
charitate flagrarit, quo auxilio fuerit oppressis civibus tempestate
illa turbulentissima, quae a terrore nomen accepit, quam denique
opportune christianae societatis bono prospexerit per institutam
Familiam Sororum, quae in puellarum educationem incumberent,

haec satis docet editum a sa. me. Leone XIII Decretum de virtutibus eiusdem Ven. Servae Dei, pridie cal. iun. an. MDCCCCIII. Nunc
vero beatis addita choris, quam sit accepta caelesti Sponso, declarat, non solum ab Ipsa conditum Institutum ac latius in dies propagatum, sed etiam prodigia, quae, crebra numero, auditu miranda, Ea
exorante, a Deo patrata narrantur. Inter quae non illud praetereundum quod accidit in SS. Salvatoris coenobio annis MDCCCLXX-LXXI
quo tempore Germanos inter et Gallos bellum exarsit.

Tunc enim per sex menses, quamdiu furor ille duravit, ur-
gente iam fame Sorores a misericordia, sive ob quotidiana subsidia ab eis impensa militibus, sive ob ingentem confluentium illuc
multitudinem, implorata ope Ven. Matris, ad extremum imminuta
cibaria atque ipsa pecunia ita multiplicari visa sunt, ut, non modo
satis fuerint alendo consueto Sororum numero, sed et adventiciis
aliis sexaginta, quae eo confugerant, et petentibus auxilia militibus.
Verum inter alia de tribus speciatim miraculis, actum est.

Horum primum ordine propositionis accidit anno MDCCCLXVII in
Abbatia SS. Salvatoris de Vicompte. Constantia Dennebuy-Leterrier,
eiusmodi membrorum deformitatem materno ab alvo secum tulerat,
ut monstri similior quam humanae figurae videretur. Curae defectu
misera infantula eo devenit, ut, reptilium ritu, manibus pedibusque
se humi volutaret. Eo in statu sextum iam trahebat annum, quum
ad sepulchrum deducta est Ven. MARIAE MAGDALENAE. Ibi, vix
expletis novendialibus precibus, mirabile dictu, Constantia, proiectis
a se sustentaculis, nec ullius manu egens, circumire sola templum
caepit, illico perfecteque sanata.

Alterum contigit miraculum anno MDCCCLI in eiusdem Abbatiae monasterio. Soror Hortensia Desquesne annos nata xxxv, coepit haec
reditaria phtisi consumi, quae sensim progressa est usque ad spe-
ciem exsiccati cadaveris. Iamque, spiritum actura, sacramentis fuerat
munita, quum, inter novendiales precationes ad exorandam Ven. Dei
Servam institutas, repente reviviscit, planeque sanata ad pristina
munia redit.

Tertium sortita miraculum est puella quadrimula Iulia Landron. Haec ab sui ortu eczemate impetiginoso capillitio laborabat.
Progrediente in dies morbo et in alias corporis partes misere pro-
pagato, puella medicorum iudicio habita est insanabilis. Extremis in
angustiis, implorata ope Ven. MARIAE MAGDALENAE, extemplo diri
morbi omne vestigium evanuit.

De quibus miraculis, disquisitionibus ad iuris nostri normam
feliciter initis, triplici actione confecta, disceptatum est. In comitiis
nimirum antepraeparatoriis xiii calendas iulias superioris anni habitis in Aedibus Rīmi Cardinalis Dominici Ferrata Causae Relatoris;
in conventu praeparatorio ad Palatium Apostolicum Vaticanum
coato undecimo calendas martias hoc vertente anno; ac demum in
coetu generali coram Sanctissimo Domino Nostro Pio PAPA X ad
Vaticanum indicto eodem anno septimo idus iulias. Quo in Conventu, proposito dubio ad eodem Revīmo Card. Dominico Ferrata:
An, et de quibus miraculis constet in casu et ad effectum de quo agi-
tur; Rīmi Cardinales et PP. Consultores suffragium singuli edide-

runt, Beatissimus vero Pater mentem suam patefacere distulit utque rei tam gravis preces antecederent adhortari omnes censuit.

Hodierno vero die, Dominica nona post Pentecosten, Idem SSmus Pater ad iure firmandum MARIAF MAGDALENAE decus, sacris devotissime operatus in domestico Sacello, nobiliorem aulam Vaticanam ingressus et pontificio solio assidens, coram Se consistere iussit Revmos Cardinales Seraphinum Cretoni S. RR. Congregationi Praefectum et Dominicum Ferrata Causae Relatorem, una cum R. P. Alexandro Verde Sanctae Fidei Promotore, meque infrascripto Secretario, iisque adstantibus, solemni decreto sanxit: *Constare de tribus miraculis:* nimirum de primo: *instantaneae perfectaeque sanationis Constantiae Dennebuy-Leterrier adolescentulae a gravissima diuturnâque rachitide foetali et ex membrorum deformitate inde sequuta; -* de altero *instantaneae perfectaeque sanationis Sororis Hortensiae Desquesne a lethali tuberculosi chronica pulmonum; -* de tertio: *instantaneae perfectaeque sanationis Iuliae Landron ab eczemate chronico impetiginoso capillitio.*

Hoc autem Decretum publici iuris fieri, et in SS. Rituum Acta referri praecepit duodecimo calendas sextiles anno MDCCCCVII.

L ✠ S   S. Card. CRETONI, *Praefectus.*

D. PANICI, Archiep. Laodicen., *Secretarius.*

VII. — BARCINONEN.

Decretum Canonizationis Beati Iosephi Oriol Presbyteri Beneficiarii ad S. Mariae Regum.

Super dubio

An, stante approbatione duorum miraculorum " Tuto „ procedi possit ad solemnem eiusdem Beati Canonizationem.

Modico intervallo a Beatorum caelitum honoribus Barcinonensi viro Bonaventurae tributis, occurrit celebranda nova gloria eiusdem urbis ac gentis; quod quidem, quum piis omnibus accidit iucundum, tum praesertim catholicae Hispaniae, ut in Prov. x: *benedictione iustorum exaltabitur civitas.* Inserendus enim albo sanctorum exhibetur B. IOSEPHUS ORIOL, ad quem, non minus virtutibus clarum quam signis, accurrerunt mortales XVII saeculo, accurrentque adhuc, Deo per Illum propitio, sese mutuo invitantes: *venite et videte opera Domini, quae posuit prodigia super terram* (Ps. XLV, 9).

Is a pueritia Dei gloriae et proximorum salutis ardore flagrans, *ascensiones in corde suo disposuit,* procedensque de *virtute in virtutem,* non rumore apostolatus ad barbaras gentes claruit, quamquam id maxime concupivit omnique ope tentavit, non arduis assumptis muneribus, quales esse antistitum solent, non peragratis terra ma

rique plagis, sed umbratili vita intra patrii templi S. Mariae Regum parietes, quasi Angelus ad loci custodiam deputatus *Deum
fontem vivum sitivit, - assumptis pennis ut aquilae,* Ipsum identidem
volatu petiit, Ipsi arctissima caritate adhaesit, non tamen oblitus
humanos dolores; quippe *curavit gentem suam et liberavit eam a
perditione* (Eccl. v, 4). Utque domesticis virtutibus emendator morum, ita creberrimis prodigiis coram editis fidei exstitit excitator;
iteravit enim *orationem suam volens ostendere virtutem Dei* (Eccl.
v. 23). Idem supernis donis distinctus et *aemulatus carismata meliora,* quibus ditati Apostoli fuerunt, praesertim *gratiam curationum,*
iis verbis promissam: *super aegros manus imponent et bene habebunt* (Marc. xvi, 18), annum agens primum et quinquagesimum, dignam vita quam agerat mortem obiit x cal. april. anno MDCCII.

Aucta quotidie post eius excessum una cum fama prodigiorum,
pietate hominum ac fiducia in tantum suffragatorem, qui non multo
ante supremum vitae diem patrocinium genti suae potissimum fuerat pollicitus, instituta causa fuit super virtutibus ac miraculis. Quibus utrisque diligenter excussis ac rite probatis, sa. me. Pius VII
P. M. Beatorum honoribus augendum IOSEPHUM decrevit. Recentius
vero agitata iterum causa est, et super duobus miraculis instituta
inquisitio: de quibus SSmus D. N. PIUS PAPA X decreto edito quarto
cal. maias volventis anni constare edixit.

Unum supererat iuxta huius Fori statuta inquirendum, utrum
Caelitum sanctorum honores Beato IOSEPHO ORIOL TUTO decerni
possint. Itaque in S. huius Congregationis generali convento, habito coram SSmo D. N. septimo idus iulias hoc labente anno,
Rmus Cardinalis Dominicus Ferrata Causae Relator dubium instituit: *An, stante approbatione duorum miraculorum* TUTO *procedi
possit ad solemnem* B. IOSEPHI ORIOL *canonizationem.* Quamvis autem
Rmi Cardinales et Patres Consultores unanimi suffragio TUTO procedi posse respondissent, nihilominus Beatissimus Pater ab ape-
rienda mente sua supersedendum censuit, monuitque adstantes ut
effusis precibus caeleste lumen flagitarent.

Hodierno vero die, Dominica IX post Pentecostem, Euchari-
stica hostia religiosissime litata, ad Se advocari iussit Rmos Cardinales Seraphinum Cretoni S. RR. Congregationi Praefectum et
Dominicum Ferrata Causae Ponentem, una cum R. P. Alexandro
Verde S. Fidei Promotore meque infrascripto a secretis iisque
praesentibus rite pronunciavit; TUTO *procedi posse ad solemnem*
B. IOSEPHI ORIOL *canonizationem.*

Hoc autem Decretum in vulgus edi, in SS. Rituum Congregationis acta referri, Litterasque Apostolicas sub plumbo de Canonizationis solemnibus in patriarchali Basilica Vaticana ubi primum
licuerit celebrandis expediri iussit, duodecimo cal. augusti anno
MDCCCCVII.

L ✠ S   S. Card. CRETONI, *Praefectus.*

D. PANICI, Archiep. Laodicen , *Secretarius.*

VIII. — BARCINONEN.

DUBIUM

Munus est Canonici Praecentoris non vero Decani directio cantus in choro.

HODIERNUS Praecentor ecclesiae Cathedralis Barcinonensis in Hispania, a Sacrorum Rituum Congregatione solutionem sequentis dubii humillime postulavit, nimirum:

Articulus 13 Ordinationum huius ecclesiae et chori sic se habet: « Presiderá el coro el señor Obispo: en ausencia de éste el Deán por ocupar la primera silla *post Pontificalem* y en su defecto el que se halle más preeminente; salvas siempre las facultades del Chantre (*nempe Praecentoris*) en lo relativo al canto y buen órden de las procesiones ».

Nunc vero, quoad facultates has Praecentoris, sunt aliqui qui dicunt moderationem seu directionem cantus et modi recitandi in choro, tam in Missa quam in officio, non esse munus Praecentoris, sed Decani. Alii autem stricto sensu interpretantes praefatum articulum 13, propugnant directionem cantus esse munus Praecentoris non autem Decani. Quaeritur igitur:

An directio cantus et modi recitandi intra chorum, sint Praecentoris an Decani?

Et Sacra Rituum Congregatio, ad relationem subscripti Secretarii, exquisita etiam informatione Emi et Rmi Dñi Cardinalis Episcopi Barcinonensis, auditoque Commissionis Liturgicae suffragio, praepositae quaestioni ita respondendum censuit: "*Est Praecentoris*".

Atque ita rescripsit, die 3 Martii 1907.

L. ✠ S.

S. Card. CRETONI, *Praefectus.*

† D. PANICI, Archiep. Laodicen., *Secretarius.*

IX. — BENEDICTIO NOVI PORTUS

Formula Benedictionis novi portus ac maris (¹).

Cantatur Psalmus 92,

Dominus regnavit, decorem indutus est: indutus est Dominus fortitudinem et praecinxit se.

Etenim firmavit orbem terrae, qui non commovebitur.

Parata sedes tua ex tunc: a saeculo tu es.

Elevaverunt flumina Domine: elevaverunt flumina vocem suam.

Elevaverunt flumina, fluctus suos, a vocibus aquarum multarum.

Mirabiles elationes maris, mirabilis in altis Dominus.

Testimonia tua credibilia facta sunt nimis; domum tuam decet
sanctitudo, Domine, in longitudinem dierum.

Gloria Patri, et Filio, et Spiritui Sancto.

Sicut erat in principio et nunc et semper, et in saecula saeculorum. Amen.

Deinde Celebrans, stola et pluviali albi coloris indutus, dicit, Choro
respondente:

℣. Kyrie eleison.

℟. Christe eleison.

℣. Kyrie eleison. Pater noster (*secreto*).

℣. Et ne nos inducas in tentationem.

℟. Sed libera nos a malo.

℣. Salvos fac servos tuos.

℟. Deus meus sperantes in te.

℣. Mitte nobis Domime auxilium de sancto

℟. Et de Sion tuere nos.

℣. Esto nobis Domine turris fortitudinis.

℟. A facie inimici.

℣. Nihil proficiat inimicus in nobis.

℟. Et filius iniquitatis non apponat nocere nobis.

℣. Benedictus Dominus die quotidie.

℟. Prosperum iter faciat nobis Deus salutarium nostrorum.

℣. Vias tuas Domine demonstra nobis.

℟. Et semitas tuas edoce nos.

(¹) Formula haec, licet statuta pro benedictione novi portus, adhiberi tamen potest etiam pro maris benedictione, quae uti in Belgio quo
tannis perfici solet (*N. R.*).

℣. Utinam dirigantur viae nostrae.

℟. Ad custodiendas iustificationes tuas.

℣. Erunt prava in directa.

℟. Et aspera in vias planas.

℣. Angelis suis Deus mandavit de te.

℟. Ut custodiant te in omnibus viis tuis.

℣. Adiutorum nostrum in nomine Domini

℟. Qui fecit coelum et terram.

℣. Domine, exaudi orationem meam.

℟. Et clamor meus ad te veniat.

℣. Dominus vobiscum.

℟. Et cum spiritu tuo (¹).

 OREMUS.

Prospice, Domine, supplicationibus nostris, et bene ✠ dic portum istum (²), navesque huc appellentes aut hinc egredientes cum omnibus qui in eis sunt, sicut dignatus es benedicere arcam Noe ambulantem in diluvio; porrige eis, Domine, dexteram tuam, sicut porrexisti beato Petro ambulanti super mare: et mitte sanctum Angelum tuum de coelis, qui liberet et custodiat eos semper a periculis universis; atque famulos tuos, repulsis adversitatibus, portu semper optabili, cursuque tranquillo tuearis, transactisque, ac recte perfectis negotiis, iterato tempore ad propria cum gaudio revocare digneris: Qui vivis etc.

℟. Amen.

BRUGEN.

• Sanctissimus Dominus Noster Pius Papa X, referente infrascripto Cardinali Sacrorum Rituum Congregationi Praefecto, suprascriptum ritum, seu formulam benedictionis *novi portus ac maris*, a Rᵐᵒ Dᵑᵒ Episcopo Brugen. Supremae Apostolicae Sedis sanctioni humillime propositam atque ab eodem Sacro Consilio revisam, benigne approbavit atque indulsit. Contrariis non obstantibus quibuscumque.

Die 26 Iunii 1907.

L. ✠ S.

S. Card. CRETONI, *Praefectus.*

† D. PANICI, Archiep. Laodicen.,. *Secretarius.*

(¹) Praedicti Versus fere omnes desumpti sunt ex *Itinerario Clericorum* (*N. R.*).

(²) *In benedictione maris, quae fieri solet a parocho vel sacerdote in oppidis Belgii maritimis, dicatur*: bene ✠ dic mare istud.

S. CONGREGATIO INDULGENTIARUM
ET SS. RELIQUIARUM

I. — TORNACEN.

Adoratoribus SSmi Sacramenti publice expositi indulgetur ad S. Synaxim accedere una hora post mediam noctem.

HODIERNUS Tornacensis Episcopus, ad genua Sanctitatis Vestrae provolutus, supplex implorat ut in parochialibus ecclesiis et in publicis sacellis et Oratoriis Tornacensis dioecesis, in quibus per gyrum et ex ordine fit publica expositio SSmi Sacramenti a vesperis usque ad vesperas, adoratores possint immediate post mediam noctem ad sacram Synaxim accedere in ecclesia vel Oratorio in quibus extat expositio praedicta.

SSmus Dominus Noster Pius Papa X, referente infrascripto Cardinali Sacrorum Rituum Congregationi Praefecto, attentis expositis, ita precibus annuere dignatus est, ut una hora post mediam noctem Sacra Synaxis adoratoribus distribui possit. Valituro hoc indulto ad proximum tantum quinquennium. Contrariis non obstantibus quibuscumque.

Die 23 Ianuarii 1907.

S. Card. CRETONI, *Praefectus.*

† D. PANICI, Archiep. Laodicen., *Secretarius.*

II. — Plenaria conceditur Indulgentia vota baptismi in fine missionum vel spiritualium exercitiorum renovantibus.

Beatissime Pater,

FR. Ab. Henricus Desqueyrous, Procurator Generalis Ordinis Fratrum Praedicatorum, ad pedes Sanctitatis Vestrae provolutus, humiliter exponit quod, in diversis locis, Ordinis sui et etiam aliorum Ordinum et Congregationum Missionarii solent, in fine missionum et exercitiorum spiritualium, ad solemnem functionem fideles convocare, in qua sacrae promissiones in susceptione baptismatis emissae publice renovantur. Ut ergo christifideles his servandis promissis efficacius excitentur, praedictus orator Sanctitatem Vestram enixe implorat ut, quotiescumque huiusmodi renovatio publica et solemnis in ecclesia peragitur, fideles huic coeremoniae devote adstantes, qui vota baptismi per hanc formulam: *Abrenuntio Satanae, et omnibus pompis eius et omnibus operibus eius, et promitto me Christo fideliter adhaesurum*, aut per alia verba secundum usum regionis, renovaverint, plenariam Indulgentiam, defunctis quoque applicabilem, lucrari valeant, dummodo confessi ad S. Synaxim accesserint et ad mentem Sanctitatis Vestrae pie oraverint ([1]).

Et Deus.....

SSmus in Audientia habita die 27 Februarii 1907, ab infrascripto Cardinali Praefecto Sacrae Congregationis Indulgentiis Sacrisque Reliquiis praepositae, benigne annuit pro gratia iuxta preces. Praesenti in perpetuum valituro, absque ulla Brevis expeditione. Contrariis quibuscumque non obstantibus.

Datum Romae, e Secretaria eiusdem S. Congregationis, die 27 Februarii 1907.

L. ✠ S.

S. Card. CRETONI *Praefectus.*

† D. PANICI, Archiep. Laodicen., *Secretarius*

III. — Indulgentiae partiales et plenariae conceduntur christifidelibus SSmam Hostiam adspicientibus ac Augustissimum Sacramentum per verba " Dominus meus et Deus meus „ invocantibus.

Beatissime Pater,

IOSEPHUS Recoder de Dorda Annesci, Congregationis Missionis sacerdos, ad S. V. pedes humillime provolutus enixe postulat, ut ad augendam fidelium devotionem et venerationem erga divinissimum Eucharistiae sacramentum concedere S. V. dignetur septem annos et septem quadragenas Indulgentiae omnibus et singulis christifidelibus, qui fide, pietate et amore sacratissimam Hostiam adspexerint, non solum cum in Missae Sacrificio elevatur, verum etiam cum solemniter exponitur; item ut Indulgentiam plenariam lucrari valeant semel in hebdomada quotquot talem piissimam

---

[1] Similis indulgentia nuper concessa fuit in festo SS. Trinitatis per decretum eiusdem S. C. diei 1 Iunii 1906. Cfr. *Acta Pontificia*, vol. IV.

praxim quotidie peregerint, et sacram Communionem rite dispositi receperint, additis, in ipsa oculorum elevatione, verbis: *Dominus meus et Deus meus!*

Et Deus.....

Iuxta preces in Domino.

Die 18 Maii 1907.

PIUS PP. X

Praesentis Rescripti authenticum exemplar exhibitum fuit huic Secretariae S. Congñis Indulgentiis Sacrisque Reliquiis praepositae. In quorum fidem.

Datum Romae ex eadem Secretaria, die 12 Iunii 1907.

L. ✠ S.

† D. PANICI, Archiep. Laodicen., *Secretarius.*

S. STUDIORUM CONGREGATIO

I. — EPISTOLA

ad Rmum D. Archiepiscopum Burgensem Pontificii Archigymnasii Burgensis Cancellarium qua dum laudes tribuuntur ob obtentos progressus, quaedam traduntur normae ad maius incrementum assequendum in eodem Archigymnasio.

Illme ac Rme Domine,

QUAE amplitudo Tua litteris v Id. Nov. datis, de progressibus quos istud Pontificium Archigymnasium per proximum triennium fecerit, diligentissime referebat, gratissima sane Nobis fuere.

Enimvero est cur laetemur alumnorum numerum crevisse, quod singularem magistrorum sollicitudinem, doctrinam, auctoritatem testificatur, cum alumni eo sint frequentiores quo magistri in omni genere meliores; in usum venisse crebras exercitationes, disputationes, praeparationes ad pericula pro gradibus adipiscendis; praemia esse proposita, quo iuvenum animi magis magisque ad studia excitentur atque confirmentur, quae iis dentur qui postremo studiorum curriculo, facto periculo singulari, inter omnes eminuerint.

Neque illud Nos movet parvum fuisse numerum eorum qui vel doctoris lauream vel caeteros academiae gradus adepti sint, quippe quod id demonstrare videatur iudices iustam in candidatos adhibuisse severitatem.

Quia vero nonnulli fuere qui paupertate impediti quominus impensas facere possent quae ipsam graduum adeptionem sequi soleant, ad eos non contenderunt, idcirco suadere non dubitamus ut posthac alumnis pauperibus, dummodo prae caeteris perdigni sint, quantum potest, praemii causa indulgeatur; ne qui doctrina praestantissimi sunt, [fructus sui ingenii et diligentiae propter ipsam paupertatem capere non posse videantur.

Quod attinet ad magistrorum numerum, iste quidem in S. Theologiae et Philosophiae disciplinis cum sit legitimus, probatur. Quod haudquaquam dici potest de Iuris canonici disciplina, cui quoniam uno tantum in Decretalibus magistro utatur, et alter quamprimum decernatur oportet.

Plurimum porro ad istius Archigymnasii auctoritatem dignitatemque applicandam valeat, si quibus magistris ab hoc Sacro Consilio studiis regundis potestas data est docendi, quamvis doctoris laurea non praeditis, hac ii ad honorem ornarentur, quippe qui diu et cum laude disciplinas tradiderint.

Illud quoque in maximis laudibus ponendum esse existimamus et latinam linguam, quod iampridem, etiam atque etiam hortati sumus, ampliori et exquisitiori ratione, quarto addito anno, docendi, in qua instructi sint necesse est potissimum qui ad sacras disciplinás se applicant, et constituendi scholam, quae graviores litteras cum humanioribus coniungeret, qua alumni in arte dicendi et disserendi, duce rethorico doctore, exercerentur.

Neque minoris momenti sunt quae Amplitudo Tua refert de S. Scripturae schola, quae nunc, non solum recentiori huius disciplinae progressioni sed etiam Summi Pontificis voluntati obsequendo, secundum Litteras Apostolicas die xxiii mens. Febr. a. mdccciv datas tradatur.

Nisi quod hoc loco facere non possumus quin commoneamus in probationum materia eam S. Scripturae partem includendam esse, quae ipsis Litteris Apostolicis plane respondeat.

Ad extremum tum omnis nostra exspectatio expleta erit, cum, prout Constitutiones praescribunt ac postulant; proprium Doctorum Collegium Philosophiae Disciplinae tandem aliquando constituatur.

Caeterum Ipsi libentissime Tibi, Studiorum Praefecto, singulis Collegiis Doctorum singulisque magistris et vehementer gratulamur et meritas tribuimus laudes, qui uno animo omnem curam studiumque ad bonum istius Archigymnasii contuleritis, quod confidimus fore ut vestra perspecta perpetuaque opera ad quam optimum statum quam primum perveniat.

Quae quidem per triennium acta utinam sodalibus Archigymnasii patefiant.

Iucundissimum denique Nobis est hoc bonum perferre nuncium, Summum Pontificem, ad quem omnia in audientia die xx mensis Dec. subscriptus Cardinalis Praefectus referebat, Apostolicam benedictionem, praeclarum Suae approbationis et favoris pignus, singillatim Tibi, moderatoribus, magistris discipulisque peramanter impertivisse.

Haec erant Tibi significanda, cui omnia fausta ac felicia adprecamur a Domino.

Amplitudinis Tuae

Datum Romae, e Secretaria Sacrae Congregationis Studiorum. Nonis Ian. a. MCMVII.

Hmus et Dmus Servus

† FRANCISCUS Card. SATOLLI *Praefectus.*

ASCENSUS DANDINI, *Secretarius.*

Illmo ac Rmo Dño Archiepiscopo Burgensi
Pontificii Archigymnasii Burgensis Cancellario.

II. — LITTERAE

Ad Italiae Episcopos de gradibus academicis in S. Theologia consequendis.

Illmo e Rmo Signore, *

CHI è nominato Canonico Teologo o Penitenziere nelle chiese cattedrali, deve, secondo la mente del Concilio di Trento, esser fornito dei gradi accademici nelle scienze sacre oppure conseguirli dentro l'anno dal possesso. E quest'obbligo è sempre inserito nelle Bolle Pontificie di collazione e sanzionato colla decadenza dal

* Versio:

Ill.me ac R.me Domine,

Qui Canonicus Theologus vel Poenitentiarius in Cathedralibus Ecclesiis nominatur, tenetur, iuxta mentem Concilii Tridentini gradibus academicis in scientiis sacris praeditum esse, vel saltem eos intra annum a possessionis bene-

Beneficio nel caso che non venisse adempito, con queste testuali
parole: « Volumus autem ut tu infra annum in aliqua approbata
studii generalis Universitate gradum Magisterii in Sacra Theologia
(vel Licentiae in Decretis) praevio rigoroso examine ac aliis seri
vandis, suscipere omnino tenearis, alioquin Beneficium de quo agitur
vacet eo ipso ».

Non ostante sì chiara e precisa ingiunzione, sovente avviene
che gli investiti de' menzionati Canonicati, quantunque privi di grad-
accademici, proseguano a ritenerli senza preoccuparsi della decadenza in cui sono incorsi.

A porre termine a tanto grave inosservanza, che nuoce anche
al prestigio dei Capitoli, nei quali si vorrebbe che almeno la metà
dei Canonici avesse il diploma di Laurea o di Licenza a senso del
Cap. XII, Sess. 24 de Ref., del Concilio Tridentino, il S. Padre,
nell'udienza del 16 Febbraio u. s., ha espressamente ordinato a
questa S. Congregazione degli Studi di richiamare su questo importante punto l'attenzione dei RR. Ordinarii e di sollecitarli a far
sì che ciascun Canonico Teologo e Penitenziere, ed anche altri a

ficii die consequi. Eiusmodi obligatio semper in Bullis Pontificiis collationis inscribitur, ac sancitur ipsius beneficii amissione, quatenus eidem obligationi
non obtemperetur, hisce praecisis verbis: « Volumus autem ut tu infra
annum in aliqua approbata studii generalis Universitate gradum magisterii
in Sacra Theologia (vel Licentiae in Decretis) praevio rigoroso examine
ac aliis servandis, suscipere omnino tenearis, alioquin Beneficium de quo
agitur vacet eo ipso ».

Hac explicita praecisaque iniunctione tamen non obstante, saepe contigit ut dictorum canonicatuum possessores, licet gradibus academicis ca-
rentes, eadem beneficia adhuc retineant, nulla habita ratione amissionis, in
quam ceciderunt.

Ut sane tam gravi negligentiae finem imponatur, quae negligentia Capitulorum quidem dignitati damnum affert, in quibus desideratur ut dimidia
saltem Canonicorum pars Laurea vel Licentia cohonestetur, iuxta Cap. XII,
Sess. 24 de Ref., Concilii Tridentini, Summus Pontifex in audientia diei 16 Februarii mox elapsi, expresse huic Sacrae Studiorum Congregationi praescripsit ut super hoc tam gravi negotio mens revocaretur RR. Ordinariorum,
iidemque urgerentur, ut quisque canonicus Theologus vel Poenitentiarius, aliique quidem, quibus lege fundationis vel peculiaribus capitularium constitutionum dispositionibus obligatio incumbit graduum academicorum, huiusmodi pareant obligationi intra annum, praescriptum assequentes gradum,
vel saltem opportunam petentes dispensationem per organum ipsius Studiorum Congregationis.

cui per legge di fondazione o per disposizioni speciali delle costituzioni capitolari, incombe l'obbligo dei gradi accademici, si metta in perfetta regola entro il corrente anno col conseguire il prescritto grado ovvero col domandarne la necessaria dispensa pel tramite della stessa S. Congregazione.

Ad evitar poi che in avvenire si abbia a lamentare la mancanza dei sacerdoti insigniti di gradi accademici, si è inoltre Sua Santità degnata di agevolarne il conseguimento, estendendo a tutte le diocesi d'Italia la facilitazione già concessa ad alcune, cioè che quelli i quali hanno regolarmente compiuto il corso quadriennale di Teologia nel proprio Seminario, possono dopo un anno di studio privato presentarsi all'esame del Baccellierato; dopo un altro anno a quello di Licenza, e finalmente dopo l'anno successivo a quello di Laurea presso la Facoltà Teologica viciniore che gode del privilegio di conferirli, derogando a qualsiasi contraria Costituzione.

Nel partecipare a V. S. queste sovrane disposizioni, appena occorre farle rilevare la evidente necessità che nei Seminari diocesani il corso degli studi venga il più che sia possibile uniformato a quello della Facoltà che è sede degli esami, affinchè i candidati possano sostenerli con felice risultato, e che perciò questa uniformità sia richiesta come condizione per l'ammissione agli esami secondo le istruzioni già impartite da questa S. Congregazione.

Piaccia alla S. V. Rma dichiarare ricevuta della presente che

Ne autem in posterum deficientia deploretur sacerdotum gradibus academicis praeditorum, Summus Pontifex benigne dignatus est faciliorem reddere adeptionem eiusmodi graduum, omnibus Italiae dioecesibus extendens facultatem iam nonnullis concessam, vi cuius nempe, qui in proprio Seminario ad regulam curriculum quadriennio Theologiae expleverint, post annum studio privatim vacandum ad periculum pro obtinendo Baccalaureatu; post autem alterum annum pro Prolytatu, post demum annum insequentem ad periculum pro Laurea consequenda admitti valeant apud viciniorem Theologicam facultatem, quae privilegio gaudeat eosdem gradus conferendi, quacumque contraria Constitutione derogata.

Amplitudinem Tuam has Pontificias dispositiones docens vix oportet strictius attingere manifestam necessitatem ut in Seminariis dioecesanis studiorum curriculum sit, quantum fieri potest, conforme illi Facultatis, quae periculorum sedes est, ut candidati eadem pericula felici exitu superare valeant. quare oportet quidem ut eiusmodi uniformitas requiratur, prouti necessaria conditio in admittendis candidatis, iuxta instructiones iam ab hac S. C. praescriptas.

porterà a conoscenza del suo clero, facendogli fin da ora bene in-
tendere che in avvenire difficilmente saranno concesse dispense
dall'obbligo del conseguimento dei gradi accademici, e soltanto
per grazia speciale, quando vi fossero giusti motivi, sarà accordata
una congrua proroga.

Con sensi di perfetta osservanza mi pregio protestarmi

Di V. S.

Roma addì 7 Marzo 1907.

Dm̄o Servo

† Francesco Card. Satolli, *Prefetto*.

Ascenso Dandini, *Segretario*.

III. — EPISTOLA

ad **Ordinarios dioecesium in quibus Facultas Theologica cum
iure gradus academicos conferendi erecta est.**

Illm̄o e Rm̄o Signore, *

Colla Circolare 7 Marzo corr., n. 4092, diramata a tutti Rm̄i
Vescovi d'Italia, questa S. Congregazione degli Studî, in .maggio
ai venerati ordini del Santo Padre impartiti al sottoscritto Cardinale

Faveat A T. praesentium litterarum receptionem significare, quas clero
tuo notas facias, eum sane admonens in posterum difficillime dispensationes
ab onere consequendi academicos grados, et speciali tantum gratia, cum id
specialia suadeant adiuncta rationesque, congruam dilationem concessuras
esse.

Cum sensibus perfectae observantiae me profiteor

Romae, 7 martii 1907.

† Franciscus Card. Satolli, *Praef*.

Ascensus Dandini, *Secret.*

* **Versio**:

Ill.me ac R.me Domine,

Epistola circulari diei 7 martii curr. anni, n. 4092, omnibus R.mis Italiae Episcopis missa, haec S. Studiorum Congregatio, in obsequium ven.
ordinum S. Pontificis subscripto Cardinali Praefecto in audientia 16 februa-

Prefetto nella udienza del 16 Febbraio u. s. ha disposto che ai giovani chierici, i quali, compiuto regolarmente il corso quadriennale teologico nei Seminarî diocesani, aspirassero ai diplomi accademici in S. Teologia, sia permesso d'ora innanzi di presentarsi alla Facoltà teologica viciniore, fornita del privilegio pontificio di conferirli e darvi l'esame del Baccellierato dopo un anno di studio privato, della Licenza dopo due anni, e della Laurea dopo tre anni dal compiuto quadriennio.

Come V. S. ben comprende, un siffatto ordinamento è diretto principalmente a stimolare quella parte del giovane clero che non può frequentare le Università od altri Istituti scientifici canonica-

rii mox elapsi impertitorum, disposuit ut iuvenibus clericis, qui, rite expleto quadriennali Theologico curriculo in Seminariis Dioecesanis, consequi cupiant gradus academicos in S. Theologia, permittatur in posterum sese praesentandi Facultati Theologicae viciniori, pontificio privilegio eos conferendi cohonestatae, ad periculum substinendum pro Baccalaureae gradu assequendo unum post annum privati studii, pro Prolytae gradu post duos annos, pro denique Laurea tres post annos ab expleto quadriennio.

Utpote A. T. sane intelligit, eiusmodi rerum ordinatio praecipue intenditur ad studiis superioribus excitandam eam iuvenis cleri partem, quae Universitates aliaque Studiorum Superiora Instituta canonice erecta adire nequit, eidemque eodem tempore parandam facultatem gradus academicos in S. Theologia assequendi, iam expresse requisitos pro praebendis theologalibus et poenitentiariis, ac interdum pro aliis quidem ecclesiasticis beneficiis.

Spem interim habeo, A. T. libenti animo ad pericula admissuram esse eos qui frui cupiant huiusmodi facultate, eosdemque pari prosequuturam esse tractatione, quam uti soles erga intimos alumnos, quoties opportunam tibi obtulerint petitionem studiorum expletorum testimonio instructam, iuxta programmata istius facultatis ad normam instructionum in supradictis Litteris circularibus contentarum, ac commendaticiis Litteris respectivorum Ordinariorum roboratam.

Libeat A. T. praesentium receptione nos certiores reddere per opportunam responsionem.

Cum sensibus perfectae observantiae me profiteor
Amplitudinis Tuae

Roma, 9 martii 1907.

FRANCISCUS Card. SATOLLI, *Praef.*
ASCENSUS DANDINI, *Secret.*

mente eretti, alla coltura degli studî superiori e a procurarle in pari tempo la possibilità di fornirsi dei titoli accademici in Teologia espressamente richiesti per le prebende teologali e penitenziarie, e talora per altri beneficî ecclesiastici.

Ho fiducia pertanto che V. S. non esiterà ad ammetterà agli esami coloro che volessero avvalersi d'una tale facilitazione e a tenere con questi lo stesso trattamento che suole usarsi coi frequentanti, ogni qualvolta ne avranno fatta formale domanda corredata del certificato degli studî fatti in conformità dei programmi di cotesta Facoltà a norma delle istruzioni contenute nella summenzionata Circolare, e avvalorata dalla commendatizia dei rispettivi Ordinari.

Piaccia a V. S. dichiararsi intesa di quanto sopra con apposita risposta.

Con sensi di perfetta osservanza mi protesto

Di V. S.

Roma addì 9 Marzo 1907·

Dmo Servo

† Francesco Card. Satolli, *Prefetto.*

Ascenso Dandini, *Segretario.*

THEOLOGIAE PASTORALIS EXCERPTA

De pastorali regimine.

Caput I. — **De pastoralis communitatis custodia.**

Cf. *Acta Pontificia*, hoc volumine, pag. 246-248.

§ 5. — *De officinis et opificum institutis — De publica opinione. — De legendi usu.*

De officinis· et opificum institutis — saepius turpitudinum seminariis et adolescentium peste in summa studiosus parochus sollicitudine esse debet. In summis parocho difficultatibus optabilem in corruptelae causas exitum habere res est nisi ipse qui huiusmodi domibus praeest occurrat. Huius animum sibi pastor pro viribus conciliet ut quantum possit seorsum mulieres a viris opus abeant, ne pueri ab ecclesiae doctrina discenda prohibeantur, ut diebus festis ab opere omnes vacent aut saltem divino officio opifices adesse et sacramenta recipere possint.

Hac nostra aetate Ecclesiae ministri potissimum est studiis se sollicite tradere ut de rei publicae constitutione quaestionem expli-cet. Quod tandem aliqua attinget si non ex aliquo exemplo vulga-rem de gravi civitatis conditione opinionem habere sed accurata pro viribus et pro sua parte de hac quae omnes turbat quaestione noti-tiam sibi comparet. Sibi commissi gregis oculos ad aeternam in primis patriam convertat ad quam habitandam festinamus necesse est; nec beatam nobis vitam in caducis mortalibusque bonis quae-rere licet sed " tantum victui necessaria „. Humanam societatem non parium consociationem sed variam conditionis differentiam ex divina Providentia necessario valere doceat. Studiosum proximi amorem — praecipuum christianae doctrinae virtutem — laudibus extollat, quia iustitiam, aequitatem et benevolum animum, humilium curam et auxilium praecipit, proximi damna, invidiam, dominandi cupidi-tatem, animique duritatem removet. Operarum magistro aeque ac opificibus de suis officiis aperte comiterque studiosus consiliarius moneat; opificum societates quae christianae sint, opportune pro viribus foveat.

Plurimum parochiae moribus et Religioni utilitatis aut incom-modi affert populi opinio quae in re publica cum potestate impe-rioque versatur, in communibus moribus et consuetudinibus, in cuiusque inde sententia opinionis commentis dominatur, quam plu-rimi verentur, amissaque animi constantia caeci et sui immemores sequuntur.

Plurimi ex aliorum auctoritate fere semper iudicant et agunt. Ubi ergo vulgo christianam verentur doctrinam et virtutem, men-dacium et vitia insectantur communis hominum sententia tum chris-tianae vitae est subsidium tum contra morum corruptionem — imbe-cillioribus praesertim — auxilium. Ut igitur christiana in suo populo doctrina dominetur pro sua parte contendat et laboret parochus,

communem sententiam pro viribus gubernet et moderetur. In optimatum in primis amicitiam se insinuet meliorisque civium partis
animos sibi conciliet, ceteros paulatim ad veritatis et virtutis studium
Pia in hoc sodalitia plurimum conferunt sed potissimum communis
populi sententia a libris et praecipue ex ephemeridibus moderatur.

Quum lectio tum magna utilitati tum maximo detrimento esse
potest, laboret et contendat parochus ut qui fidem et mores in discrimen adducunt libri a parochia exsulent, at contra qui devotionem   .
et divinum fovent cultum, diebus praesertim festis legantur. Ad
ephemerides maxime animum intendat pastor, quarum nostris temporibus tanta est in omnes potestas, tantum imperium. Pium certe
et maximum sacerdotum officium coniuctim, haud ambigue quascumque ephemerides quae hostiliter contra leges et contra Ecclesiam etiamsi identidem tantum animo afficiuntur a parochia inter-
dicendi et quodlibet eisdem auxilium negare et subducere.

Christi fideles et speciatim sacerdotes quam multa quum ephemeridibus quae manifeste Ecclesiam et christianam insectantur Religionem socios pecunia se addunt! 1º Cooperatio ad malum ex se
tantum " materialis „ sed quum diu permaneat, ad malum re commovet quum generalis huiusmodi ephemeridum dedignatio, malum
concideret aut saltem valde comminueret. Ad hoc 2º assiduitas ephemeridis malas disseminantis opiniones et animos corruptela inficien-
tis, ex se enorme est malum in quod remotum auxilium perniciosius
est quam proxima ad minus malum opera. Cooperatio autem est
formalis in iis qui malas ephemerides non solum quibus licet, sed
omnibus in universum (ut cauponae etc.) praebent legendas. Consociatio porro huiusmodi permanentem ex voluntate acceptam sociorum
lectorumque offensionem (" scandalum passivum „) et fere semper
erroris ex diuturnitate invictam inductionem continet. 3º Quum insuper nulla adhibeatur in malum cautio scandalum activum vere iis
datum: *a)* qui exemplo ad malas legendas et aliquas fovendas ephemerides pelliciuntur; *b)* qui una habitant (mulieres, filii etc.) cum
patrefamilias qui eas legendi occasionem et animum praebet. Periculum praeterea pensandum est quod culpae in se recipiunt adeo

maius quod non unam sed omnes, praecipuas quidem, virtutes (fidem, castimoniam et pudicitiam, iustitiam, etc.) illae consectantur ephemerides; non quandam inhonestatem sed altam religionis et morum eversionem in se habent.

Ex momentis sane quae memoravimus malae ephemeridis consociationem aut lectionem *ex se* semper culpam aut gravem omnino culpam credere non licet tum quia eadem momenta nec necessario nec semper coniuguntur, tum quia malum maiori, quod intenditur, commodo plane obruitur ita ut difficile utrum liceat nec ne, utrum grave aut leve adsit peccatum internoscatur. Malae tamen ephemeridis consociationem, et lectionem lectionisve veniam absque remedio contra eiusdem illecebras " ex genere suo „ (praeter, inquam, exteriora adiuncta malae voluntatis, inhonestatis etc. sed ex se et effectus habita ratione) grave esse peccatum infitiari non potest. Sacerdotum potissimum quibus ex officio Ecclesia et morum honestas defendendae et propugnandae sunt, bona Christi fidelibus exempla praebenda, offensiones amovendae, subsidia pro sua parte malis subducenda, bonis pro viribus praestanda nulla — omnino aequa — causa suadente nequam ephemeridum consociatio conscientiam gravius onerat.

Maximi certe momenti parochis est munus animo toto et studio omni incumbendi ne prava scripta suas in communitates irrepant et submoveantur, bonaque foventur et diffundantur. Viribus tantum unitis illa decidet, haec extolletur.

(Continuabitur.)

IMPRIMATUR. — Iosephus Ceppetelli Patr. Constant. Vicesgerens.

IMPRIMATUR. — Fr. Albertus Lepidi O. P. S. P. A. Magister.

CONSTANTIUS CASTELLO, *gerens responsabilis.*

ROMAE — EX TYPOGRAFIA PONTIFICIA INSTITUTI PII IX.

ACTA SUMMI PONTIFICIS

I. — DE MODERNISTARUM DOCTRINIS

LITTERAE ENCYCLICAE

AD PATRIARCHAS PRIMATES ARCHIEPISCOPOS EPISCOPOS
ALIOSQVE LOCORVM ORDINARIOS
PACEM ET COMMVNIONEM CVM APOSTOLICA SEDE HABENTES

PIUS PP. X

Venerabiles Fratres Salutem et Apostolicam Benedictionem.

PASCENDI dominici gregis mandatum Nobis divinitus officium id munus in primis a Christo assignatum habet, ut traditae sanctis fidei depositum vigilantissime custodiat, repudiatis profanis vocum novitatibus atque oppositionibus falsi nominis scientiae. Quae quidem supremi providentia pastoris nullo plane non tempore catholico agmini necessaria fuit: etenim, auctore humani generis hoste, nunquam defuere *viri loquentes perversa* ([1]), *vaniloqui et seductores* ([2]), *errantes et in errorem mittentes* ([3]). Verumtamen inimicorum crucis Christi, postrema hac aetate, numerum crevisse admodum fatendum est; qui, artibus omnino novis astuque plenis, vitalem Ecclesiae vim elidere, ipsumque, si queant, Christi regnum evertere funditus nituntur. Quare silere Nobis diutius haud licet, ne muneri sanctissimo deesse videamur, et benignitas, qua, spe sanioris consilii, huc usque usi sumus, officii oblivio reputetur.

Qua in re ut moram ne interponamus illud in primis exigit, quod fautores errorum iam non inter apertos hostes quaerendi sunt modo; verum, quod dolendum maxime verendumque est, in ipso latent sinu gremioque Ecclesiae, eo sane nocentiores, quo minus perspicui. — Loquimur, Venerabiles Fratres, de multis e catholicorum laicorum numero, quin, quod longe miserabilius, ex ipso sacerdotum coetu, qui, fucoso quodam Ecclesiae amore, nullo solido philosophiae ac theologiae praesidio, immo adeo venenatis imbuti penitus doctrinis quae ab Ecclesiae osoribus traduntur, Ecclesiae eiusdem renovatores, omni posthabita modestia animi, se iactitant; factoque audacius agmine, quidquid sanctius est in Christi opere impetunt, ipsa haud incolumi divini Reparatoris persona, quam, ausu sacrilego, ad purum putumque hominem extenuant.

Homines huiusmodi Ecclesiae Nos hostibus adscribere, etsi mirantur ipsi, nemo tamen mirabitur iure, qui, mente animi seposita cuius penes Deum arbitrium est, illorum doctrinas et loquendi agendique rationes cognorit. Enimvero non is a veritate discedat, qui eos Ecclesiae adversarios quovis alio perniciosiores habeat. — Nam non hi extra Ecclesiam, sed intra, ut diximus, de illius pernicie con-

([1]) Act. xx, 30.
([2]) Tit. i, 10.
([3]) II Tim. iii, 13.

silia agitant sua: quamobrem in ipsis fere Ecclesiae venis atque in visceribus periculum residet, eo securiore damno, quo illi intimius Ecclesiam norunt. Adde quod securim non ad ramos surculosque ponunt; sed ad radicem ipsam, fidem nimirum fideique fibras altissimas. Icta autem radice hac immortalitatis, virus per omnem arborem sic propagare pergunt, ut catholicae veritatis nulla sit pars unde manus abstineant, nulla quam corrumpere non elaborent. Porro, mille nocendi artes dum adhibent, nihil illis callidius, nihil insidiosius: nam et rationalistam et catholicum promiscue agunt, idque adeo simulatissime, ut incautum quemque facile in errorem pertrahant; cumque temeritate maxime valeant, nullum est consecutionum genus quod horreant aut non obfirmate secureque ob trudant. Accedit praeterea in illis aptissime ad fallendos animos, genus vitae cum maxime actuosum, assidua ac vehemens ad omnem eruditionem occupatio, moribus plerumque austeris quaesita laus. Demum, quod fere medicinae fiduciam tollit, disciplinis ipsi suis sic animo sunt comparati, ut dominationem omnem spernant nullaque recipiant frena; et freti mendaci quadam conscientia animi, nituntur veritatis studio tribuere quod uni reapse superbiae ac pervicaciae tribuendum est. — Equidem speravimus huiusmodi quandoque homines ad meliora revocare: quo in genere suavitate primum tamquam cum filiis, tum vero severitate, demum, quamquam inviti, animadversione publica usi sumus. Nostis tamen, Venerabiles Fratres, quam haec fecerimus inaniter: cervicem, ad horam deflexam, mox extulerunt superbius. Iam si illorum solummodo res ageretur, dissimulare forsitan possemus: sed catholici nominis e contra securitas agitur. Quapropter silentium, quod habere diutius piaculum foret, intercipere necesse est; ut personatos male homines, quales reapse sunt, universae Ecclesiae demonstremus.

Quia vero modernistarum (sic enim iure in vulgus audiunt) callidissimum artificium est, ut doctrinas suas non ordine digestas proponant atque in unum collectas, sed sparsas veluti atque invicem seiunctas, ut nimirum ancipites et quasi vagi videantur, cum e contra firmi sint et constantes; praestat, Venerabiles Fratres, doctrinas easdem uno heic conspectu exhibere primum, nexumque indicare quo invicem coalescunt, ut deinde errorum caussas scrutemur, ac remedia ad averruncandam perniciem praescribamus.

Ut autem in abstrusiore re ordinatim procedamus, illud ante omnia notandum est, modernistarum quemlibet plures agere personas ac veluti in se commiscere; philosophum nimirum, credentem, theologum, historicum, criticum, apologetam, instauratorem; quas singulatim omnes distinguere oportet, qui eorum systema rite cognoscere et doctrinarum antecessiones consequutionesque pervidere velit.

Iam, ut a philosopho exordiamur, philosophiae religiosae fundamentum in doctrina illa modernistae ponunt, quam vulgo *agnosticismum* vocant. Vi huius humana ratio *phaenomenis* omnino includitur, rebus videlicet quae apparent eaque specie qua apparent: earumdem praetergredi terminos nec ius nec potestatem habet. Quare nec ad Deum se erigere potis est, nec illius existentiam, ut ut per ea quae videntur, agnoscere. Hinc infertur, Deum scientiae obiectum directe nullatenus esse posse; ad historiam vero quod attinet, Deum subiectum historicum minime censendum esse. — His autem positis, quid de *naturali theologia,* quid de *motivis credibilitatis,* quid de *externa revelatione* fiat, facile quisque perspiciet. Ea nempe moder- nistae penitus e medio tollunt, et ad *intellectualismum* amandant; ridendum, inquiunt, systema ac iamdiu emortuum. Neque illos plane retinet quod eiusmodi errorum portenta apertissime damnarit Ec- clesia: siquidem Vaticana Synodus sic sanciebat: *Si quis dixerit Deum unum et verum, Creatorem et Dominum nostrum, per ea quae facta sunt, naturali rationis humanae lumine certo cognosci non posse, anathema sit* ([1]); itemque: *Si quis dixerit fieri non posse, aut non ex- pedire, ut per revelationem divinam homo de Deo cultuque ei exhi- bendo edoceatur, anathema sit* ([2]); ac demum: *Si quis dixerit revela- tionem divinam externis signis credibilem fieri non posse, ideoque sola interna cuiusque experientia aut inspiratione privata homines ad fidem moveri debere, anathema sit* ([3]). — Qua vero ratione ex *agnosticismo,* qui solum est in ignoratione, ad *atheismum* scientificum atque histo- ricum modernistae transeant, qui contra totus est in inficiatione po- situs: quo idcirco ratiocinationis iure ex eo quod ignoretur utrum humanarum gentium historiae intervenerit Deus necne, fiat gressus ad eamdem historiam neglecto omnino Deo explicandam, ac si reapse non intervenerit; novit plane qui possit. Id tamen ratum ipsi fixum- que est, atheam debere esse scientiam itemque historiam; in quarum finibus non nisi *phaenomenis* possit esse locus, exturbato penitus Deo et quidquid divinum est. — Qua ex doctrina absurdissima quid de sanctissima Christi persona, quid de Ipsius vitae mortisque myste- riis, quid pariter de anastasi deque in caelum ascensu tenendum sit, mox plane videbimus.

Hic tamen *agnosticismus,* in disciplina modernistarum, non nisi ut pars negans habenda est: positiva, ut aiunt, in *immanentia vitali* constituitur. Harum nempe ad aliam ex altera sic procedunt. — Religio, sive ea naturalis est sive supra naturam, ceu quod- libet factum, explicationem aliquam admittat oportet. Explicatio autem, naturali theologia deleta adituque ad revelationem ob reie- cta credibilitatis argumenta intercluso, immo etiam revelatione qua- libet externa penitus sublata, extra hominem inquiritur frustra. Est igitur in ipso homine quaerenda: et quoniam religio vitae quaedam est forma, in vita·omnino hominis reperienda est. Ex hoc *imma- nentiae religiosae* principium asseritur. Vitalis porro cuiuscumque phaenomeni, cuiusmodi religionem esse iam dictum est, prima veluti motio ex indigentia quapiam seu impulsione est repetenda: primordia vero, si de vita pressius loquamur, ponenda sunt in motu quodam cordis, qui *sensus* dicitur. Eam ob rem, cum religio-

[1] *De Revel.,* can. I.
[2] Ibid., can. II.
[3] *De Fide,* can. III.

nis obiectum sit Deus, concludendum omnino est, fidem, quae initium est ac fundamentum cuiusvis religionis, in sensu quodam in-
timo collocari debere, qui ex indigentia divini oriatur. Haec porro
divini indigentia, quia nonnisi certis aptisque in complexibus sen-
titur, pertinere ad conscientiae ambitum ex se non potest; latet
autem primo infra conscientiam, seu, ut mutuato vocabulo a moderna philosophia loquuntur, in *subconscientia,* ubi etiam illius radix
occulta manet atque indeprehensa. — Petet quis forsan, haec divini
indigentia, quam homo in se ipse recipiat, quo demum pacto in religionem evadat. Ad haec modernistae: Scientia atque historia, inquiunt, duplici includuntur termino; altero externo, aspectabili nimirum mundo, altero interno, qui est conscientia. Alterutrum ubi
attigerint, ultra quo procedant non habent: hos enim praeter fines
adest *incognoscibile.* Coram hoc *incognoscibili,* sive illud sit extra
hominem ultraque aspectabilem naturam rerum, sive intus in *subconscientia* lateat, indigentia divini in animo ad religionem prono,
nullo, secundum *fideismi* scita praevertente mentis iudicio, peculiarem quemdam commovet *sensum:* hic vero divinam ipsam *realitatem,*
tum tamquam obiectum tum tamquam sui caussam intimam, in se
implicatam habet atque hominem quodammodo cum Deo coniungit.
Est porro hic *sensus* quem modernistae fidei nomine appellant, est-
que illis religionis initium.

Sed non hic philosophandi, seu rectius delirandi, finis. In eiusmodi enim *sensu* modernistae non fidem tantum reperiunt; sed, cum
fide inque ipsa fide, prout illam intelligunt, *revelationi* locum esse
affirmant. Enimvero ecquid amplius ad revelationem quis postulet? An non revelationem dicemus, aut saltem revelationis exordium, *sensum* illum religiosum in conscientia apparentem: quin et
Deum ipsum, etsi confusius, sese, in eodem religioso *sensu,* animis manifestantem? Subdunt vero: Cum fidei Deus obiectum sit
aeque et caussa, revelatio illa et de Deo pariter et a Deo est;
habet Deum videlicet revelantem simul ac revelatum. Hinc autem,
Venerabiles Fratres, affirmatio illa modernistarum perabsurda, qua
religio quaelibet, pro diverso adspectu, naturalis una ac supernaturalis dicenda est. Hinc conscientiae ac revelationis promiscua
significatio. Hinc lex, qua *conscientia religiosa* ut regula universalis
traditur, cum revelatione penitus aequanda, cui subesse omnes
oporteat, supremam etiam in Ecclesia potestatem, sive haec doceat
sive de sacris disciplinave statuat.   .

Attamen in toto hoc processu, unde, ex modernistarum sententia, fides ac revelatio prodeunt, unum est magnopere attendendum non exigui quidem momenti ob consequutiones historico-criti-
cas, quas inde illi eruunt. — Nam *Incognoscibile,* de quo loquuntur,
non se fidei sistit ut nudum quid aut singulare; sed contra in phae-
nomeno aliquo arcte inhaerens, quod, quamvis ad campum scientiae
aut historiae pertinet, ratione tamen aliqua praetergreditur; sive
hoc phaenomenon sit factum aliquod naturae, arcani quidpiam in
se continens, sive sit quivis unus ex hominibus, cuius ingenium,
acta, verba, cum ordinariis historiae legibus componi haud posse
videntur. Tum vero fides, ab *Incognoscibili* allecta quod cum phaeno-

meno iungitur, totum ipsum phaenomenon complectitur ac sua vita quodammodo permeat. Ex hoc autem duo consequuntur. Primum, quaedam phaenomeni *transfiguratio,* per elationem scilicet supra veras illius conditiones, qua aptior fiat materia ad induendam divini formam, quam fides est inductura. Secundum, phaenomeni eiusdem aliquapiam, sic vocare liceat, *defiguratio* inde nata, quod fides illi, loci temporisque adiunctis exempto, tribuit quae reapse non habet: quod usuvenit praecipue, quum de phaenomenis agitur exacti temporis, eoque amplius quo sunt vetustiora. Ex gemino hoc capite binos iterum modernistae eruunt canones; qui, alteri additi iam ex agnosticismo habito, critices historicae fundamenta constituunt. Exemplo res illustrabitur; sitque illud e Christi persona petitum. In persona Christi, aiunt, scientia atque historia nil praeter hominem offendunt. Ergo, vi primi canonis ex agnosticismo deducti, ex eius historia quidquid divinum redolet delendum est. Porro, vi alterius canonis, Christi persona historica *transfigurata* est a fide, ergo subducendum ab ea quidquid ipsam evehit supra conditiones historicas. Demum vi tertii canonis, eadem persona Christi a fide *defigurata* est: ergo removenda sunt ab illa sermones, acta; quidquid, uno verbo, ingenio, statui, educationi eius, loco ac tempori quibus vixit, minime respondet. — Mira equidem ratiocinandi ratio; sed haec modernistarum critice.

Religiosus igitur *sensus,* qui per *vitalem immanentiam* e latebris *subconscientiae* erumpit, germen est totius religionis ac ratio pariter omnium, quae in religione quavis fuere aut sunt futura. Rudis quidem initio ac fere informis, eiusmodi *sensus,* paullatim atque influxu arcani illius principii unde hortum habuit, adolevit una cum progressu humanae vitae, cuius, ut diximus, quaedam est forma. Habemus igitur religionis cuiuslibet, etsi supernaturalis, originem: sunt nempe illae *religiosi sensus* merae explicationes. Nec quis catholicam exceptam putet; immo vero ceteris omnino parem: nam ea in conscientia Christi, electissimae naturae viri, cuiusmodi nemo unus fuit nec erit, *vitalis* processu *immanentiae,* non aliter, nata est. — Stupent profecto, qui haec audiant, tantam ad asserendum audaciam, tantum sacrilegium! Attamen, Venerabiles Fratres, non haec sunt solum ab incredulis effutita temere. Catholici homines, immo vero e sacerdotibus plures, haec palam edisserunt; talibusque deliramentis Ecclesiam se instauraturos iactant! Non heic iam de veteri errore agitur, quo naturae humanae supernaturalis ordinis veluti ius tribuebatur. Longius admodum processum est: ut nempe sanctissima religio nostra, in homine Christo aeque ac in nobis, a natura, ex se suaque sponte, edita affirmetur. Hoc autem nil profecto aptius ad omnem supernaturalem ordinem abolendum. Quare a Vaticana Synodo iure summo sancitum fuit: *Si quis dixerit, hominem ad cognitionem et perfectionem quae naturalem superet, divinitus evehi non posse, sed ex seipso ad omnis tandem veri et boni possessionem iugi profectu pertingere posse et debere, anathema sit* ([1]).

---

[1] *De Revel.,* can. III.

Huc usque tamen, Venerabiles Fratres, nullum dari vidimus intellectui locum. Habet autem et ipse, ex modernistarum doctrina, suas in actu fidei partes. Quo dein pacto, advertisse praestat. — In *sensu* illo, inquiunt, quem saepius nominavimus, quoniam *sensus* est non cognitio, Deus quidem se homini sistit; verum confuse adeo ac permixte, ut a subiecto credente vix aut minime distinguatur. Necesse igitur est aliquo eumdem sensum collustrari lumine, ut Deus inde omnino exiliat ac secernatur. Id nempe ad intellectum pertinet, cuius est cogitare et analysim instituere; per quem homo vitalia phaenomena in se exsurgentia in species primum traducti, tum autem verbis significat. Hinc vulgata modernistarum enunciatio: debere religiosum hominem fidem suam *cogitare.* — Mens ergo, illi *sensui* adveniens, in eumdem se inflectit, inque eo elaborat pictoris instar, qui obsoletam tabulae cuiusdam diagraphen collustret ut nitidius efferat: sic enim fere quidam modernistarum doctor rem explicat. In eiusmodi autem negotio mens dupliciter operatur; primum, naturali actu et spontaneo, redditque rem sententia quadam simplici ac vulgari; secundo vero reflexe ac penitius, vel, ut aiunt, *cogitationem elaborando,* eloquiturque cogitata *secundariis* sententiis, derivatis quidem a prima illa simplici, limatioribus tamen ac distinctioribus. Quae *secundariae* sententiae, si demum a supremo Ecclesiae magisterio sancitae fuerint, constituent *dogma.*

Sic igitur in modernistarum doctrina ventum est ad caput quoddam praecipuum, videlicet ad originem dogmatis atque ad ipsam dogmatis naturam. Originem enim dogmatis ponunt quidem in primigeniis illis formulis simplicibus, quae, quodam sub respectu, necessariae sunt fidei; nam revelatio, ut reapse sit, manifestam Dei notitiam in conscientia requirit. Ipsum tamen dogma *secundariis* proprie contineri formulis affirmare videntur. — Eius porro ut assequamur naturam, ante omnia inquirendum est, quaenam intercedat relatio inter *formulas religiosas* et *religiosum* animi *sensum.* Id autem facile intelliget, qui teneat *formularum* eiusmodi non alium esse finem, quam modum suppeditare credenti, quo sibi suae fidei rationem reddat. Quamobrem mediae illae sunt inter credentem eiusque fidem: ad fidem autem quod attinet, sunt inadaequatae eius obiecti notae, vulgo *symbola* vocitant; ad credentem quod spectat, sunt mera *instrumenta.* — Quocirca nulla confici ratione potest, eas veritatem absolute continere: nam, qua *symbola,* imagines sunt veritatis, atque idcirco sensui religioso accommodandae, prout hic ad hominem refertur; qua *instrumenta,* sunt veritatis vehicula, atque ideo accommodanda vicissim homini, prout refertur ad religiosum sensum. Obiectum autem *sensus religiosi,* utpote quod *absoluto* continetur, infinitos habet adspectus, quorum modo hic modo alius apparere potest. Similiter homo, qui credit, aliis atque aliis uti potest conditionibus. Ergo et formulas, quas dogma appellamus, vicissitudini eidem subesse oportet, ac propterea varietati esse obnoxias. Ita vero ad intimam *evolutionem* dogmatis expeditum est iter. — Sophismatum profecto coacervatio infinita, quae religionem omnem pessumdat ac delet!

Evolvi tamen ac mutari dogma non posse solum sed oportere,

et modernistae ipsi perfracte affirmant, et ex eorum sententiis aperte consequitur. — Nam inter praecipua doctrinae capita hoc illi habent, quod ab *immanentiae vitalis* principio deducunt: *formulas religiosas,* ut *religiosae* reapse sint nec solum intellectus commentationes, vitales esse debere vitamque ipsam vivere *sensus religiosi.* Quod non ita intelligendum est, quasi hae formulae, praesertim si mere imaginativae, sint pro ipso religioso sensu inventae; nihil enim refert admodum earum originis, ut etiam numeri vel qualitatis: sed ita, ut eas *religiosus sensus,* mutatione aliqua, si opus est, adhibitā, *vitaliter* sibi adiungat. Scilicet, ut aliis dicamus, necesse est ut *formula primitiva* acceptetur a corde ab eoque sanciatur; itemque sub cordis ductu sit labor, quo *secundariae formulae* progignuntur. Hinc accidit quod debeant hae formulae ut vitales sint, ad fidem pariter et ad credentem accommodatae esse ac manere. Quamobrem, si quavis ex causa huiusmodi accommodatio cesset, amittunt illae primigenias notiones ac mutari indigent. — Haec porro formularum dogmaticarum cum sit vis ac fortuna instabilis, mirum non est illas modernistis tanto esse ludibrio ac despectui; qui njhil e contra loquuntur atque extollunt nisi religiosum sensum vitamque religiosam. Ideo et Ecclesiam audacissime carpunt tamquam devio itinere incedentem, quod ab externa formularum significatione religiosam vim ac moralem minime distinguat, et formulis notione carentibus casso labore ac tenacissime inhaerens, religionem ipsam dilabi permittat. — *Caeci* equidem *et duces caecorum,* qui superbo scientiae nomine inflati usque eo insaniunt ut aeternam veritatis notionem et germanum religionis sensum pervertant: *novo invecto systemate, quo, ex proiecta et effrenata novitatum cupiditate, veritas, ubi certo consistit, non quaeritur, sanctisque et apostolicis traditionibus posthabitis, doctrinae aliae inanes, futiles, incertae nec ab Ecclesia probatae adsciscunt, quibus veritatem ipsam fulciri ac sustineri vanissimi homines arbitrantur* ([1]).

Atque haec, Venerabiles Fratres, de modernista ut philosopho. — Iam si, ad credentem progressus, nosse quis velit unde hic in modernistis a philosopho distinguatur, illud advertere necesse est etsi philosophus *realitatem* divini ut fidei obiectum admittat, hanc tamen ab illo *realitatem* non alibi reperiri nisi in credentis animo, ut obiectum sensus est et affirmationis atque ideo phaenomenorum ambitum non excedit: utrum porro in se illa extra sensum existat quae affirmationem huiusmodi, praeterit philosophus ac negligit. E contra modernistae credenti ratum ac certum est, *realitatem* divini reapse in se ipsam existere nec prorsus a credente pendere. Quod si postules, in quo tandem haec credentis assertio nitatur; reponent: in privata cuiusque hominis *experientia.* — In qua affirmatione, dum equidem hi a rationalistis dissident, in protestantium tamen ac pseudo-mysticorum opinionem discedunt. Rem enim sic edisserunt: in *sensu religioso* quendam esse agnoscendum cordis intuitum; quo homo ipsam, sine medio, Dei *realitatem* attingit, tantamque de exi-

([1]) GREGOR. XVI Ep. Encycl., « *Singulari Nos* » 7 kal. iul. 1834.

stentia Dei haurit persuasionem deque Dei tum intra tum extra hominem actione, ut persuasionem omnem, quae ex scientia peti possit,
longe antecellat. Veram igitur ponunt experientiam, eamque rationali
qualibet experientia praestantiorem: quam si quis, ut rationalistae,
inficiatur, inde fieri affirmant, quod nolit is in eis se ipse constituere moralibus adiunctis, quae ad experientiam gignendam re-
quirantur. Haec porro *experientia,* cum quis illam fuerit assequutus,
proprie vereque credentem efficit. — Quam hic longe absumus a
catholicis institutis! Commenta eiusmodi a Vaticano Synodo im-
probata iam vidimus. — His semel admissis una cum erroribus
ceteris iam memoratis, quo pacto ad atheismum pateat via, inferius
dicemus. Nunc statim advertisse iuverit, ex hac *experientiae* doctrina,
coniuncta alteri de *symbolismo,* religionem quamlibet, ethnicorum minime excepta, ut veram esse habendam. Quidni etenim in religione
quavis experientiae huiusmodi occurrant? occurrisse vero non unus
asserit. Quo iure autem modernistae veritatem experientiae ab-
nuent, quam turca affirmet; verasque experientias unis catholicis
vindicabunt? Neque id reapse modernistae denegant; quin immo,
subobscure alii, alii apertissime, religiones omnes contendunt esse
veras. Secus autem sentire nec posse, manifestum est. Nam religioni cuipiam quo tandem ex capite, secundum illorum praecepta, foret falsitas tribuenda? Certe vel ex fallacia *sensus religiosi,*
vel quod falsiloqua sit formula ab intellectu prolata. Atqui *sensus
religiosus* unus semper idemque est, etsi forte quandoque imperfe-
ctior: formula autem intellectus, ut vera sit, sufficit ut *religioso
sensui* hominique credenti respondeat, quidquid de huius perspicui-
tate ingenii esse queat. Unum, ad summum, in religionum diversarum
conflictu, modernistae contendere forte possint, catholicam, utpote
vividiorem, plus habere veritatis; itemque christiano nomine dignio-
rem eam esse, ut quae christianismi exordiis respondeat plenius.
— Has consecutiones omnes ex datis antecedentibus fluere, nemini
erit absonum. Illud stupendum cum maxime, catholicos dari viros
ac sacerdotes, qui, etsi, ut autumari malumus, eiusmodi portenta
horrent, agunt tamen ac si plene probent Eas etenim errorum
talium magistris tribuunt laudes, eos publice habent honores, ut sibi
quisque suadeat facile, illos non homines honorare, aliquo forsan
numero non expertes, sed errores potius, quos hi aperte asserunt inque vulgus spargere omni ope nituntur.

Est aliud praeterea in hoc doctrinae capite, quod catholicae
veritati est omnino infestum. — Nam istud de *experientia* praeceptum
ad *traditionem* etiam transfertur, quam Ecclesia huc usque asseruit,
eamque prorsus adimit. Enimvero modernistae sic traditionem intelligunt, ut sit *originalis experientiae* quaedam cum aliis communicatio
per praedicationem, ope formulae intellectivae. Cui formulae propterea, praeter vim, ut aiunt, *repraesentativam, suggestivam* quandam
adscribunt virtutem, tum in eo qui credit, ad *sensum religiosum* forte
torpentem excitandum, instaurandamque *experientiam* aliquando habitam, tum in eis qui nondum credunt, ad *sensum religiosum* primo
gignendum et *experientiam* producendam. Sic autem experientia religiosa late in populos propagatur; nec tantummodo in eos qui nunc

sunt per praedicationem, sed in posteros etiam, tam per libros quam per verborum de aliis in alios replicationem. — Haec vero experientiae communicatio radices quandoque agit vigetque; senescit quandoque statim ac moritur. Vigere autem, modernistis argumentum veritatis est: veritatem enim ac vitam promiscue habent. Ex quo inferre denuo licebit: religiones omnes quotquot extant veras esse, nam secus nec viverent.

Re porro huc adducta, Venerabiles Fratres, satis superque habemus ad recte cognoscendum, quem ordinem modernistae statuant inter fidem et scientiam; quo etiam scientiae nomine historia apud illos notatur. — Ac primo quidem tenendum est, materiam uni obiectam materiae obiectae alteri externam omnino esse ab eaque seiunctam. Fides enim id unice spectat, quod scientia *incognoscibile* sibi esse profitetur. Hinc diversum utrique pensum: scientia versatur in phaenomenis, ubi nullus fidei locus; fides e contra versatur in divinis, quae scientia penitus ignorat. Unde demum conficitur, inter fidem et scientiam nunquam esse posse discidium: si enim suum quaeque locum teneat, occurrere sibi invicem nunquam poterunt, atque ideo nec contradicere. — Quibus si qui forte obiiciant, quaedam in aspectabili occurrere natura rerum quae ad fidem etiam pertineant, uti humanam Christi vitam; negabunt. Nam, etsi haec phaenomenis accensentur, tamen, quatenus vita fidei imbuuntur, et a fide, quo supra dictum est modo, *transfigurata* ac *defigurata* fuerunt, a sensibili mundo sunt abrepta et in divini materiam translata. Quamobrem poscenti ulterius, an Christus vera patrarit miracula vereque futura praesenserit, an vere revixerit atque in caelum conscenderit; scientia agnostica abnuet, fides affirmabit; ex hoc tamen nulla erit inter utramque pugna. Nam abnuet alter ut philosophus philosophos alloquens, Christum scilicet unice contemplatus secundum *realitatem historicam;* affirmabit alter ut credens cum credentibus loquutus, Christi vitam spectans prout *iterum vivitur* a fide et in fide.

Ex his tamen fallitur vehementer qui reputet posse opinari, fidem et scientiam alteram sub altera nulla penitus ratione esse subiectam. Nam de scientia quidem recte vereque existimabit; secus autem de fide, quae, non uno tantum sed triplici ex capite, scientiae subiici dicenda est. Primum namque advertere oportet, in facto quovis religioso, detracta *divina realitate* quamque de illa habet *experientiam* qui credit, cetera omnia, praesertim vero *religiosas formulas*, phaenomenorum ambitum minime transgredi, atque ideo cadere sub scientiam. Liceat utique credenti, si volet, de mundo excedere; quamdiu tamen in mundo deget, leges, obtutum, iudicia scientiae atque historiae nunquam, velit nolit, effugiet. — Praeterea, quamvis dictum est Deum solius fidei esse obiectum, id de divina quidem *realitate* concedendum est, non tamen de *idea* Dei. Haec quippe scientiae subest; quae, dum in ordine, ut aiunt, logico philosophatur, quidquid etiam absolutum est attingit atque ideale. Quocirca philosophia seu scientia cognoscendi de idea Dei ius habet, eamque in sui evolutione moderandi et, si quid extrarium invaserit, corrigendi. Hinc modernistarum effatum: evolutionem religiosam cum morali et intellectuali componi debere; videlicet, ut quidam tradit quem magistrum sequuntur, eisdem subdi. — Accedit demum quod homo dualitatem in se ipse non patitur: quamobrem credentem quaedam intima urget necessitas fidem cum scientia sic componendi, ut a generali ne discrepet idea, quam scientia exhibet de hoc mundo universo. Sic ergo conficitur, scientiam a fide omnino solutam esse, fidem contra, ut scientiae extranea praedicetur, eidem subesse. — Quae omnia, Venerabiles Fratres, contraria prorsus sunt iis quae Pius IX decessor Noster tradebat, docens (¹): *Philosophiae esse, in iis quae ad religionem perti- nent, non dominari sed ancillari, non praescribere quid credendum sit, sed rationabili obsequio amplecti, neque altitudinem scrutari myste- riorum Dei, sed illam pie humiliterque revereri.* Modernistae negotium plane invertunt: quibus idcirco applicari queunt, quae Gregorius IX item decessor Noster de quibusdam suae aetatis theologis scribe- bat (²): *Quidam apud vos, spiritu vanitatis ut uter distenti, positos a Patribus term nos profana transferre satagunt novitate; coelestis pa- ginae intellectum... ad doctrinam philosophicam rationalium inclinando, ad ostentationem scientiae, non profectum aliquem auditorum.... Ipsi, doctrinis variis et peregrinis abducti, redigunt caput in caudam, et ancil- lae cogunt famulari reginam.*

Quod profecto apertius patebit intuenti quo pacto modernistae agant, accommodate omnino ad ea quae docent. Multa enim ab eis contrarie videntur scripta vel dicta, ut quis facile illos aestimet anci- pites atque incertos. Verumtamen consulte id et considerate accidit; ex opinione scilicet quam habent de fidei atque scientiae seiunctione mutua. Hinc in eorum libris quaedam offendimus quae catholicus omnino probet; quaedam, aversa pagina, quae rationalistam dictasse autumes. Hinc, historiam scribentes, nullam de divinitate Christi mentionem iniiciunt; ad concionem vero in templis eam firmissime profitentur. Item, enarrantes historiam, Concilia et Patres nullo loco habent; catechesim autem si tradunt, illa atque illos cum honore afferunt. Hinc etiam exegesim theologicam et pastoralem a scientifica et historica secernunt. Similiter, ex principio quod scientia a fide nullo pacto pendeat, quum de philosophia, de historia, de critice disserunt, Lutheri sequi vestigia non exhorrentes (³), despicientiam praeceptorum catholicorum, sanctorum Patrum, oecumenicarum syno- dorum, magisterii ecclesiastici omnimodis ostentant; de qua si car- pantur, libertatem sibi adimi conqueruntur. Professi demum fidem esse scientiae subiiciendam, Ecclesiam passim aperteque reprehen- dunt quod sua dogmata philosophiae opinionibus subdere et accom- modare obstinatissime renuat: ipsi vero, veteri ad hunc finem theo- logia sublata novam invehere contendunt, quae philosophorum deli- rationibus obsecundet.

(¹) *Brev.* ad Ep. Wratislav. 15 iun. 1857.
(²) Ep. ad Magistros theol. paris., non. iul. 1223.
(³) Prop. 29 damn. a LEONE X, *Bull.* « *Exurge Domine* » 16 maii 1520. *Via nobis facta est enervandi auctoritatem Conciliorum, et libere contradicendi eorum gestis, et iudicandi eorum decreta, et confidenter confitendi quidquid verum videtur, sive probatum fuerit, sive reprobatum a quocumque Concilio.*

Hic iam, Venerabiles Fratres, nobis fit aditus ad modernistas in theologico agone spectandos. Salebrosum quidem opus: sed paucis absolvendum. — Agitur nimirum de concilianda fide cum scientia, idque non aliter quam una alteri subiecta. Eo in genere modernista theologus eisdem utitur principiis, quae usui philosopho esse vidimus, illaque ad credentem aptat: principia inquimus *immanentiae* et *symbolismi.* Sic autem rem expeditissime perficit. Traditur a philosopho *principium fidei esse immanens;* a credente additur *hoc principium Deum esse:* concludit ipse *Deus* ergo *est immanens in homine.* Hinc *immanentia theologica.* Iterum: philosopho certum est *repraesentationes obiecti fidei esse tantum symbolicas;* credenti pariter certum est *fidei obiectum esse Deum in se:* theologus igitur colligit: *repraesentationes divinae realitatis esse symbolicas.* Hinc *symbolismus theologicus.* — Errores profecto maximi: quorum uterque quam sit perniciosus, consequentiis inspectis patebit. — Nam, ut de *symbolismo* statim dicamus, cum symbola talia sint respectu obiecti, respectu autem credentis sint instrumenta; cavendum primum, inquiunt, credenti, ne ipsi formulae ut formula est plus nimio inhaereat, sed illa utendum unice ut absolutae adhaerescat veritati, quam formula retegit simul ac tegit nititurque exprimere quin unquam assequatur. Addunt praeterea, formulas eiusmodi esse a credente adhibendas quatenus ipsum iuverint: ad commodum enim datae sunt non ad impedimentum: incolumi utique honore qui, ex sociali respectu, debetur formulis, quas publicum magisterium aptas ad communem conscientiam exprimendam iudicarit, quamdiu scilicet idem magisterium secus quidpiam non edixerit. — De *immanentia* autem quid reapse modernistae sentiant, difficile est iudicare; non enim eadem omnium opinio. Sunt qui in eo collocant, quod Deus agens intime adsit in homine, magis quam ipse sibi homo; quod plane, si recte intelligitur, reprehensionem non habet. Alii in eo ponunt, quod actio Dei una sit cum actione naturae ut causae primae cum causae secundae; quod ordinem supernaturalem reapse delet. Alii demum sic explicant, ut suspicionem efficiant pantheisticae significationis; id autem cum ceteris eorum doctrinis cohaeret aptius.

Huic vero *immanentiae* pronunciato aliud adiicitur, quod a *permanentia divina* vocare possumus: quae duo inter se eo fere modo differunt, quo *experientia* privata ab *experientia* per traditionem transmissa. Exemplum rem collustrabit: sitque ab Ecclesia et Sacramentis deductum. Ecclesia, inquiunt, et Sacramenta a Christo ipso instituta minime credenda sunt. Cavet id agnosticismus, qui in Christo nil praeter hominem novit, cuius conscientia religiosa, ut ceterorum hominum, sensim efformata est: cavet lex immanentiae, quae externas ut aiunt, *applicationes* respuit: cavet item lex evolutionis, quae ut germina evolvantur tempus postulat et quandam adiunctorum sibi succedentium seriem: cavet demum historia, quae talem reapse rei cursum fuisse ostendit. Attamen Ecclesiam et Sacramenta *mediate* a Christo fuisse instituta retinendum est. Qui vero? Conscientias christianas omnes in Christi conscientia virtute quodammodo inclusas affirmant, ut in semine planta. Quoniam autem germina vitam seminis vivunt; christiani omnes vitam Christi vivere dicendi sunt. Sed Christi vita, secundum fidem, divina est: ergo et christianorum vita. Si igitur haec vita, decursu aetatum, Ecclesiae et Sacramentis initium dedit: iure omnino dicetur initium huiusmodi esse a Christo ac divinum esse. Sic omnino conficiunt divinas esse etiam Scripturas sacras, divina dogmata. — His porro modernistarum theologia ferme absolvitur. Brevis profecto supellex; sed ei perabundans, qui profiteatur, scientiae, quidquid praeceperit, semper esse obtemperandum. — Horum ad cetera quae dicemus applicationem quisque facile per se viderit.

De origine fidei deque eius natura attigimus huc usque. Fidei autem cum multa sint germina, praecipua vero Ecclesia, dogma, sacra et religiones, libri quos sanctos nominamus; de his quoque quid modernistae doceant, inquirendum. — Atque ut dogma initium ponamus, huius quae sit origo et natura iam supra indicatum est. Oritur illud ex impulsione quadam seu necessitate, vi cuius qui credit in suis cogitatis elaborat, ut conscientia tam sua quam aliorum illustretur magis. Est hic labor in rimando totus expoliendoque primigeniam mentis *formulam*, non quidem in se illam secundum logicam explicationem, sed secundum circumstantia, seu, ut minus apte ad intelligendum inquiunt, *vitaliter*. Inde fit ut, circa illam, *secundariae* quaedam, ut iam innuimus, sensim enascantur formulae; quae postea in unum corpus coagmentatae vel in unum doctrinae aedificium, cum a magisterio publico sancitae fuerint utpote communi conscientiae respondentes, dicuntur dogma. Ab hoc secernendae sunt probe theologorum commentationes: quae ceteroqui, quamvis vitam dogmatis non vivunt, non omnino tamen sunt inutiles, tum ad religionem cum scientia componendam et oppositiones inter illas tollendas, tum ad religionem ipsam extrinsecus illustrandam protuendamque; forte etiam utilitati fuerint novo cuidam futuro dogmati materiam praeparando. — De cultu sacrorum haud foret multis dicendum, nisi eo quoque nomine Sacramenta venirent; de quibus maximi modernistarum errores. Cultum ex duplici impulsione seu necessitate oriri perhibent; omnia etenim, ut vidimus, in eorum systemate impulsionibus intimis seu necessitatibus gigni asseruntur. Altera est ad sensibile quiddam religioni tribuendum; altera ad eam proferendam, quod fieri utique nequaquam possit sine forma quadam sensibili et consecrantibus actibus, quae Sacramenta dicimus. Sacramenta autem modernistis nuda sunt symbola seu signa; quamvis non vi carentia. Quam vim ut indicent, exemplo ipsi utuntur verborum quorundam; quae vulgo fortunam dicuntur sortita, eo quod virtutem conceperint ad notiones quasdam propagandas, robustas maximeque percellentes animos. Sicut ea verba ad notiones, sic Sacramenta ad sensum religiosum ordinata sunt: nihil praeterea. Clarius profecto dicerent, si Sacramenta unice ad nutriendam fidem instituta affirmarent. Hoc tamen Tridentina Synodus damnavit ([1]): *Si quis dixerit haec sacramenta propter solam fidem nutriendam instituta fuisse, anathema sit.*

---

[1] Sess. VII, *de Sacramentis in genere*, can. 5.

De librorum etiam sacrorum natura et origine aliquid iam delibavimus. Eos ad modernistarum scita, definire prope quis possit syllogen *experientiarum,* non cuique passim advenientium, sed extraordinariarum atque insignium, quae in quapiam religione sunt habitae. — Sic prorsus modernistae docent de libris nostris tum veteris tum novi testamenti. Ad suas tamen opiniones callidissime notant: quamvis experientia sit praesentis temporis, posse tamen illam de praeteritis aeque ac de futuris materiam sumere, prout videlicet qui credit vel exacta rursus per recordationem in modum *praesentium vivit,* vel futura per praeoccupationem. Id autem explicat quomodo historici quoque et apocalyptici in libris sacris censeri queant. — Sic igitur in hisce libris Deus quidem loquitur per credentem; sed, uti fert theologia modernistarum, per *immanentiam* solummodo et *permanentiam vitalem.* — Quaeremus, quid tum de inspiratione? Haec, respondent, ab impulsione illa nisi forte vehementiâ, nequaquam secernitur, qua credens ad fidem suam verbo scriptove aperiendam adigitur. Simile quid habemus in poëtica inspiratione; quare quidam aiebat: Est Deus in nobis, agitante calescimus illo. Hoc modo Deus initium dici·debet inspirationis sacrorum librorum. — De qua praeterea inspiratione modernistae addunt, nihil omnino esse in sacris libris quod illa careat. Quod quum affirmant, magis eos crederes orthodoxos quam recentiores alios, qui inspirationem aliquantum coangustant, ut, exempli causa, quum *tacitas* sic dictas *citationes* invehunt. Sed haec illi verbo tenus ac simulate. Nam si Biblia ex agnosticismi praeceptis iudicamus, humanum scilicet opus, ab hominibus pro hominibus exaratum, licet ius theologo detur ea per *immanentiam* divina praedicandi; qui demum inspiratio coarctari possit? Generalem utique modernistae sacrorum librorum inspirationem asseverant: catholico tamen sensu nullam admittunt.

Largiorem dicendi segetem offerunt, quae modernistarum schola de Ecclesia imaginatur. — Ponunt initio eam ex duplici necessitate oriri, una in credente quovis, in eo praesertim qui primigeniam ac singularem aliquam sit nactus experientiam, ut fidem suam cum aliis communicet: altera, postquam fides communis inter plures evaserit, in *collectivitate,* ad coalescendum in societatem et ad commune bonum tuendum, augendum, propagandum. Quid igitur Ecclesia? partus est *conscientiae collectivae* seu consociationis conscientiarum singularium; quae vi *permanentiae vitalis,* a primo aliquo credente pendeant, videlicet pro catholicis, a Christo. — Porro societas quaepiam moderatrice auctoritate indiget, cuius sit officium consociatos omnes in communem finem dirigere, et compagis elementa tueri prudenter, quae, in religioso coetu, doctrina et cultu absolvuntur. Hinc in Ecclesia catholica auctoritas tergemina; *disciplinaris, dogmatica, cultualis.* — Iam auctoritatis huius natura ex origine colligenda est; ex natura vero iura atque officia repetenda. Praeteritis aetatibus vulgaris fuit error quod auctoritas in Ecclesiam extrinsecus accesserit, nimirum immediate a Deo; quare *auto·*

cratica merito habebatur. Sed haec nunc temporis obsolevere. Quomodo Ecclesia e conscientiarum collectivitate emanasse dicitur, eo pariter auctoritas ab ipsa Ecclesia vitaliter emanat. Auctoritas igitur, sicut Ecclesia, ex conscientia religiosa oritur, atque ideo eidem subest; quam subiectionem si spreverit, in tyrannidem vertitur. Ea porro tempestate nunc vivimus, quum libertatis sensus in fastigium summum excrevit. In civili statu conscientia publica populare regimen invexit. Sed conscientia in homine, aeque atque vita una est. Nisi ergo in hominum conscientiis intestinum velit excitare bellum ac fovere, auctoritati Ecclesiae officium inest democraticis utendi formis; eo vel magis quod, ni faxit, exitium imminet. Nam amens profecto fuerit, qui in sensu libertatis, qualis nunc viget, regressum posse fieri aliquando autumet. Constrictus vi atque inclusus, fortior se profundet, Ecclesia pariter ac religione deleta. — Haec omnia modernistae ratiocinantur; qui propterea toti sunt in indagandis viis ad auctoritatem Ecclesiae cum credentium libertate componendam.

Sed enim non intra domesticos tantum parietes habet Ecclesia, quibuscum amice cohaerere illam oporteat; habet et extra. Non una namque ipsa occupat mundum; occupant aeque consociationes aliae, quibuscum commercium et usus necessario intercedat. Quae iura igitur, quae sint Ecclesiae officia cum civilibus consociationibus determinandum est etiam, nec aliter determinandum nisi ex ipsius Ecclesiae natura, qualem nimirum modernistae nobis descripsere. In hoc autem eisdem plane regulis utuntur, quae supra pro scientia, atque fide sunt allatae. Ibi de *obiectis* sermo erat, heic de *finibus*. Sicut igitur *ratione obiecti* fidem ac scientiam extraneas ab invicem vidimus: sic Status et Ecclesia alter ab altera extranea sunt ob fines quos persequuntur, temporalem ille, haec spiritualem. Licuit profecto alias temporale spirituali subiici; licuit de *mixtis* quaestionibus sermonem interseri, in quibus Ecclesia ut domina ac regina intererat, quia nempe Ecclesia a Deo, sine medio, ut ordinis supernaturalis est auctor, instituta ferebatur. Sed iam haec a philosophis atque historicis respuuntur. Status ergo ab Ecclesia dissociandus, sicut etiam catholicus a cive. Quamobrem catholicus quilibet, quia etiam civis, ius atque officium habet, Ecclesiae auctoritate neglecta, eius optatis, consiliis praeceptisque posthabitis, spretis immo reprehensionibus, ea persequendi quae civitatis utilitati conducere arbitretur. Viam ad agendum civi praescribere praetextu quolibet, abusus ecclesiasticae potestatis est toto nisu reiiciendus. — Ea nimirum, Venerabiles Fratres, unde haec omnia dimanant, eadem profecto sunt, quae Pius VI decessor Noster, in Constitutione apostolica *Auctorem fidei*, solemniter damnavit ([1]).

([1]) Prop. 2. *Propositio, quae statuit, potestatem a Deo datam Ecclesiae ut communicaretur Pastoribus, qui sunt eius ministri pro salute animarum; sic intellecta, ut a communitate fidelium in Pastores derivetur ecclesiastici ministerii ac regiminis potestas: haeretica.* – Prop. 3. *Insuper, quae statuit Romanum Pontificem esse caput ministeriale; sic explicata ut Romanus Pon-*

Sed modernistarum scholae satis non est debere Statum ab
Ecclesia seiungi. Sicut fidem, quoad elementa, ut inquiunt, phaeno-
menica scientiae subdi oportet, sic in temporalibus negotiis Ecclesiam
subesse Statui. Hoc quidem illi aperte nondum forte asserunt; ratiocinationis tamen vi coguntur admittere. Posito etenim quod in temporalibus rebus Status possit unus, si accidat credentem, intimis
religionis actibus haud contentum, in externos exilire, ut puta administrationem susceptionemve Sacramentorum; necesse erit haec
sub Status dominium cadere. Ecquid tum de ecclesiastica auctoritate?
Cum haec nisi per externos actus non explicetur, Statui, tota quanta
est, erit obnoxia. Hac nempe consecutione coacti, multi e protestantibus *liberalibus* cultum omnem sacrum externum, quin etiam externam quamlibet religiosam consociationem e medio tollunt, religio-
nemque, ut aiunt, *individualem* invehere adnituntur. — Quod si
modernistae nondum ad haec palam progrediuntur, petunt interea
ut Ecclesia quo ipsi impellunt sua se sponte inclinet seseque ad
civiles formas aptet. Atque haec de auctoritate *disciplinari*. —
Nam de *doctrinali* et *dogmatica* potestate longe peiora sunt ac
perniciosiora quae sentiunt. De magisterio Ecclesiae sic scilicet
commentantur. Consociatio religiosa in unum vero coalescere nequaquam potest, nisi una sit consociatorum conscientia, unaque,
qua utantur, formula. Utraque autem haec unitas mentem quandam
quasi communem expostulat, cuius sit reperire ac determinare formulam, quae communi conscientiae rectius respondeat; cui quidem
menti satis auctoritatis inesse oportet ad formulam quam statuerit
communitati imponendam. In hac porro coniunctione ac veluti fusione
tum mentis formulam eligentis tum potestatis eamdem perscribentis,
magisterii ecclesiastici notionem modernistae collocant. Cum igitur
magisterium ex conscientiis singularibus tandem aliquando nascatur,
et publicum officium in earumdem conscientiarum commodum mandatum habeat; consequitur necessario, illud ab eisdem conscientiis
pendere, ac proinde ad populares formas esse inflectendum. Quapropter singularium hominum conscientias prohibere quominus im-
pulsiones quas sentiunt palam aperteque profiteantur, et criticae
viam praepedire qua dogma ad necessarias evolutiones impellat,
potestatis ad utilitatem permissae non usus est sed abusus. — Similiter in usu ipso potestatis modus temperatioque sunt adhibenda.
Librum quemlibet, auctore inscio, notare ac proscribere, nulla explicatione admissa, nulla disceptatione, tyrannidi profecto est proximum. — Quare heic etiam medium est quoddam iter reperien-
dum, ut auctoritati simul ac libertati integra sint iura. Interea
temporis catholico sic est agendum, ut auctoritatis quidem obser-
vantissimum se publice profiteatur, suo tamen obsequi ingenio non
intermittat. — Generatim vero sic de Ecclesia praescribunt: quoniam ecclesiasticae potestatis finis ad spiritualia unice pertinet;
externum apparatum omnem esse tollendum, quo illa ad intuen.

---

tifex non a Christo in persona beati Petri, sed ab Ecclesia potestatem mini-
sterii accipiat, qua velut Petri successor, verus Christi vicarius ac totius Ec-
clesiae caput pollet in universa Ecclesia: haeretica.

tium oculos magnificentius ornatur. In quo illud sane negligitur, religionem, etsi ad animos pertineat, non tamen unice animis concludi; et honorem potestati impensum in Christum institutorem re-cidere.

Porro ut totam hanc de fide deque vario eius germine materiam absolvamus, restat, Venerabiles Fratres, ut de utrorumque explicatione postremo loco modernistarum praecepta audiamus. — Principium hic generale est: in religione, quae vivat, nihil variabile non esse, atque idcirco variandum. Hinc gressum faciunt ad illud, quod in eorum doctrinis fere caput est, videlicet ad *evolutionem*. Dogma igitur, ecclesia, sacrorum cultus, libri, quos ut sanctos veremur, quin etiam fides ipsa, nisi intermortua haec omnia velimus, evolutionis teneri legibus debent. Neque hoc mirum videri queat, si ea prae oculis habeantur, quae sunt de horum singulis a modernistis tradita. Posita igitur evolutionis lege, evolutionis rationem a modernistis ipsis descriptam habemus. Et primo quoad fidem. Primigenia, inquiunt, fidei forma rudis et universis hominibus communis fuit, ut quae ex ipsa hominum natura atque vita oriebatur. Evolutio vitalis progressum dedit; nimirum non novitate formarum extrinsecus accedentium, sed ex perversione in dies auctiore sensus religiosi in conscientiam. Dupliciter autem progressio ipsa est facta: *negative* primum, elementum quodvis extraneum, ut puta ex familia vel gente adveniens, eliminando; dehinc *positive*, intellectiva ac morali hominis expolitione, unde notio divini amplior ac lucidior *sensusque religiosus* exquisitior evasit. Progredientis vero fidei eaedem sunt causae afferendae, quam quae superius sunt allatae ad eius originem explicandam. Quibus tamen extraordinarios quosdam homines addi oportet (quos nos prophetas appellamus, quorumque omnium praestantissimus est Christus); tum quia illi in vita ac sermonibus arcani quidpiam praesetulerunt, quod fides divinitati tribuebat; tum quia novas nec ante habitas *experientias* sunt nacti, religiosae cuiusque temporis indigentiae respondentes. — Dogmatis autem progressus inde potissimum enascitur, quod fidei impedimenta sint superanda, vincendi hostes, contradictiones refellendae. Adde his nisum quemdam perpetuum ad melius penetranda quae in arcanis fidei continentur. Sic, ut exempla cetera praetereamus, de Christo factum est: in quo, divinum illud qualecumque, quod fides admittebat, ita pedetentim et gradatim amplificatum est, ut demum pro Deo haberetur. — Ad evolutionem cultus facit praecipue necessitas ad mores traditionesque populorum sese accommodandi; item quorundam virtute actuum fruendi, quam sunt ex usu mutuati. — Tandem pro Ecclesia evolutionis causa inde oritur, quod componi egeat cum adiunctis historicis cumque civilis regiminis publice invectis formis. — Sic illi de singulis. Hic autem, antequam procedamus, doctrina haec de *necessitatibus* seu *indigentiis* (vulgo *dei bisogni* significantius appellant) probe ut notetur velimus; etenim, praeterquam omnium quae vidimus, est veluti basis ac fundamentum famosae illius methodi, quam historicam dicunt.

In evolutionis doctrina ut adhuc sistamus, illud praeterea est advertendum quod, etsi indigentiae seu necessitates ad evolutionem

impellunt; his tamen unis acta, evolutio, transgressa facile traditionis fines atque ideo a primigenio vitali principio avulsa, ad rui-
nam potius quam ad progressionem traheret. Hinc, modernistarum
mentem plenius sequuti, evolutionem ex confliotione duaium virium
evenire dicemus, quarum altera ad progressionem agit, altera ad
conservationem retrahit. — Vis conservatrix viget in Ecclesia, con-
tineturque traditione. Eam vero exerit religiosa auctoritas; idque
tam iure ipso, est enim in auctoritatis natura traditionem tueri;
tam re, auctoritas namque, a commutationibus vitae reducta, sti-
mulis ad progressionem pellentibus nihil aut vix urgetur. E contra
vis ad progrediendum rapiens atque intimis indigentiis respondens
latet ac molitur in privatorum conscientiis, illorum praecipue qui
vitam, ut inquiunt, propius atque intimius attingunt. — En hic,
Venerabiles Fratres, doctrinam illam exitiosissimam efferre caput
iam cernimus, quae laicos homines in Ecclesiam subinfert ut progressionis elementa. — Ex convento quodam et pacto inter binas
hasce vires, conservatricem et progressionis fautricem, inter auctoritatem videlicet et conscientias privatorum, progressus ac mutationes
oriuntur. Nam privatorum conscientiae, vel harum quaedam, in
coscientiam collectivam agunt; haec vero in habentes auctoritatem, cogitque illos pactiones conflare atque in pacto manere. —
Ex his autem pronum est intelligere, cur modernistae mirentur adeo,
quum reprehendi se vel puniri sciunt. Quod eis culpae vertitur,
ipsi pro officio habent religiose explendo. Necessitates conscientiarum nemo melius novit quam ipsi, eo quod propius illas attingunt, quam ecclesiastica auctoritas. Eas igitur necessitates omnes
quasi in se colligunt: unde loquendi publice ac scribendi officio de-
vinciuntur. Carpat eos, si volet, auctoritas; ipsi conscientia officii
fulciuntur, intimaque experientia norunt non sibi reprehensiones deberi sed laudes. Utique non ipsos latet progressiones sine certami-
nibus haud fieri, nec sine victimis certamina: sint ergo ipsi pro victimis, sicut prophetae et Christus. Nec ideo quod male habentur,
auctoritati invident: suum illam exsequi munus ultro concedunt.
Queruntur tantum quod minime exaudiuntur; sic enim cursus animorum tardatur: hora tamen rumpendi moras certissime veniet, nam
leges evolutionis coërceri possunt, infringi omnino non possunt.
Instituto ergo itinere pergunt: pergunt, quamvis redarguti et dam-
nati; incredibilem audaciam fucatae demissionis velamine obducen-
tes. Cervices quidem simulate inflectunt; manu tamen atque animo quod susceperunt persequuntur audacius. Sic autem volentes
omnino prudentesque agunt: tum quia tenent, auctoritatem sti-
mulandam esse non evertendam; tum quia necesse illis est intra
Ecclesiae septa manere, ut collectivam conscientiam sensim immu-
tent: quod tamen quum aiunt, fateri se non advertunt conscientiam
collectivam ab ipsis dissidere, atque ideo nullo eos iure illius se
interpretes venditare.

Sic igitur, Venerabiles Fratres, modernistis auctoribus atque
actoribus, nihil stabile, nihil immutabile in Ecclesia esse oportet. Qua
equidem in sententia praecursoribus non caruere, illis nimirum, de
quibus Pius IX decessor Noster iam scribebat: *Isti divinae reve-*

*lationis inimici humanum progressum summis laudibus efferentes, in
catholicam religionem temerario plane ac sacrilego ausu illum inducere vellent, perinde ac si ipsa religio non Dei, sed hominum opus
esset aut philosophicum aliquod inventum, quod humanis modis perfici
queat* ([¹]). — De revelatione praesertim ac dogmate nulla doctrinae modernistarum novitas; sed eadem illa est, quam in Pii IX
syllabo reprobatam reperimus, sic enunciatam: *Divina revelatio est
imperfecta et idcirco subiecta continuo et indefinito progressui, qui
humanae rationis progressioni respondeat* ([²]): solemnius vero in Vaticana Synodo per haec verba: *Neque enim fidei doctrina, quam Deus
revelavit, velut philosophicum inventum proposita est humanis ingeniis perficienda, sed tamquam divinum depositum Christi sponsae
tradita, fideliter custodienda et infallibiliter declaranda. Hinc sacrorum quoque dogmatum is sensus perpetuo est retinendus, quem semel
declaravit Sancta Mater Ecclesia, nec unquam ab eo sensu altioris
intelligentiae specie et nomine recedendum* ([³]): quo profecto explicatio nostrarum notionum, etiam circa fidem, tantum abest ut impediatur, ut imo adiuvetur ac provehatur. Quamobrem eadem Vaticana
Synodus sequitur: *Crescat igitur et multum vehementerque proficiat
tam singulorum quam omnium, tam unius hominis quam totius Ecclesiae, aetatum et saeculorum gradibus, intelligentia, scientia, sapientia; sed in suo dumtaxat genere, in eodem scilicet dogmate, eodem
sensu eademque sententia* ([⁴]).

Sed postquam in modernismi assectatoribus philosophum, credentem, theologum observavimus, iam nunc restat ut pariter historicum, criticum, apologetam, reformatorem spectemus.

Modernistarum quidam, qui componendis historiis se dedunt,
solliciti magnopere videntur ne credantur philosophi; profitentur
quin immo philosophiae se penitus expertes esse. Astute id quam
quod maxime: ne scilicet cuipiam sit opinio, eos praeiudicatis
imbui philosophiae opinationibus, nec esse propterea, ut aiunt, omnino *obiectivos*. Verum tamen est, historiam illorum aut criticen
meram loqui philosophiam; quaeque ab iis inferuntur, ex philoso-
phicis eorum principiis iusta ratiocinatione concludi. Quod equidem
facile consideranti patet. — Primi tres huiusmodi historicorum aut
criticorum canones, ut diximus, eadem illa sunt principia, quae
supra ex philosophis attulimus: nimirum *agnosticismus*, theorema de
transfiguratione rerum per fidem, itemque aliud quod de *defigura-
tione* dici posse visum est. Iam consecutiones ex singulis notemus.
— Ex *agnosticismo* historia, non aliter ac scientia, unice de
phaenomenis est. Ergo tam Deus quam quilibet in humanis divinus
interventus ad fidem reiiciendus est, utpote ad illam pertinens
unam. Quapropter si quid occurrat duplici constans elemento, divino atque humano, cuiusmodi sunt Christus, Ecclesia, Sacramenta

([¹]) Encycl. « *Qui pluribus* » 9 Nov. 1846.
([²]) Syll. Prop. 5.
([³]) Const. « *Dei Filius* » cap. IV.
([⁴]) Loc. cit.

aliaque id genus multa; sic partiendum erit ac secernendum, ut quod humanum fuerit historiae, quod divinum tribuatur fidei. Ideo vulgata apud modernistas discretio inter Christum historicum et Christum fidei, Ecclesiam historiae et Ecclesiam fidei, Sacramenta historiae et Sacramenta fidei, aliaque similia passim. — Deinde hoc ipsum elementum humanum, quod sibi historicorum sumere videmus, quale illud in monumentis apparet, a fide per *transfigurationem* ultra conditiones historicas elatum dicendum est. Adiectiones igitur a fide factas rursus secernere oportet, easque ad fidem ipsam amandare atque ad historiam fidei; sic, quum de Christo agitur, quidquid conditionem hominis superat, sive naturalem, prout a psychologia exhibetur, sive ex loco atque aetate, quibus ille vixit, conflatam. — Praeterea, ex tertio philosophiae principio, res etiam, quae historiae ambitum non excedunt, cribro veluti cernunt, eliminantque omnia ac pariter ad fidem amandant quae ipsorum iudicio, in factorum *logica*, ut inquiunt, non sunt vel personis apta non fuerint. Sic volunt Christum ea non dixisse, quae audientis vulgi captum excedere videntur. Hinc de *reali* eius historia delent et fidei permittunt allegorias omnes quae in sermonibus eius occurrunt. Quaeremus' forsitan qua lege haec segregentur? Ex ingenio hominis, ex conditione qua sit in civitate usus, ex educatione, ex adiunctorum facti cuiusquam complexu: uno verbo, si bene novimus, ex norma, quae tandem aliquando in mere *subiectivam* recidit. Nituntur scilicet Christi personam ipsi capere et quasi gerere: quidquid vero paribus in adiunctis ipsi fuissent actu-n, id omne in Christum transferunt. — Sic igitur, ut concludamus, *a priori* et ex quibusdam philosophiae principiis, quam tenent quidem sed ignorare asserunt, in *reali*, quam vocant, historia Christum Deum non esse affirmant nec quidquam divini egisse; ut hominem vero ea tantum patrasse aut dixisse, quae ipsi, ad illius se tempora referentes, patrandi aut dicendi ius tribuunt

Ut autem historia ab philosophia, sic critice ab historia suas accipit conclusiones. Criticus namque, indicia sequutus ab historico praebita, monumenta partitur bifariam. Quidquid post dictam triplicem obtruncationem superat, *reali* historiae assignat; cetera ad fidei historiam seu *internam* ablegat. Has enim binas historias accurate distinguunt; et historiam fidei, quod bene notatum volumus, historiae *reali* ut realis est opponunt. Hinc, ut iam diximus, geminus Christus; realis alter, alter qui nunquam reapse fuit sed ad fidem pertinet: alter qui certo loco certa que vixit aetate, alter qui solummodo in piis commentationibus fidei reperitur: eiusmodi, exempli causa, est Christus, quem Ioannis evangelium exhibet; quod utique, aiunt, totum quantum est commentatio est.

Verum non his philosophiae in historiam dominatus absolvitur. Monumentis, ut diximus, bifariam distributis, adest iterum philosophus cum suo dogmate *vitalis immanentiae:* atque omnia edicit, quae sunt in ecclesiae historia, per *vitalem emanationem* esse explicanda. Atqui vitalis cuiuscumque emanationis aut causa aut conditio est in necessitate seu indigentia quapiam ponenda: ergo et factum

post necessitatem concipi oportet, et illud historice huįc esse posterius. — Quid tum historicus? Monumenta :terum, sive quae in
libris sacris continentur sive aliunde adducta, scrutatus, indicem ex
iis conficit singularum necessitatum, tum ad dogma tum ad cultum
sacrorum tum ad alia spectantium, quae in Ecclesia, altera ex altera,
locum habuere. Confectum indicem critico tradit. Hic vero ad monumenta, quae fidei historiae destinantur, manum admovet; illaque
per aetates singulas sic disponit, ut dato indici respondeant singula:
eius semper praecepti memor, factum necessitate, narrationem facto
anteverti. Equidem fieri aliquando possit, quasdam Bibliorum partes,
ut puta epistolas, ipsum esse factum a necessitate creatum. Quidquid tamen sit, lex est, monumenti cuiuslibet aetatem non aliter
determinandam esse, quam ex aetate exortae in Ecclesia uniuscuiusque necessitatis. — Distinguendum praeterea est inter facti cuiuspiam exordium eiusdemque explicationem: quod enim uno die nasci
potest, non nisi decursu temporis incrementa suscipit. Hanc ob
causam debet criticus monumenta, per aetates, ut diximus, iam distributa bipartiri iterum, altera quae ad originem rei, altera quae ad
explicationem pertineant secernens; eaque rursus ordinare per
tempora.

Tum denuo philosopho locus est; qui iniungit historico sua
studia sic exercere, uti evolutionis praecepta legesque praescribunt.
Ad haec historicus monumenta iterum scrutari; inquirere curiose in
adiuncta conditionesque, quibus Ecclesia per singulas aetates sit
usa, in eius vim conservatricem, in necessitates tam internas quam
externas quae ad progrediendum impellerent, in impedimenta quae
obfuerunt, uno verbo, in ea quaecumque quae ad determinandum
faxint quo pacto evolutionis leges fuerint servatae. Post haec tandem explicationis historiam, per extrema veluti lineamenta, descri-
bit. Succurrit criticus aptatque monumenta reliqua. Ad scriptionem
adhibetur manus: historia confecta est. — Cui iam, petimus, haec
historia inscribenda? Historico ne an critico? Neutri profecto; sed
philosopho. Tota ibi per *apriorismum* res agitur: et quidem per
apriorismum haeresibus scatentem. Miseret sane hominum eiusmodi
de quibus Apostolus diceret: *Evanuerunt in cogitationibus suis...
dicentes enim se esse sapientes, stulti facti sunt* (¹): at bilem tamen
commovent quum Ecclesiam criminantur monumenta sic permiscere
ac temperare ut suae utilitati loquantur. Nimirum affingunt Ecclesiae, quod sua sibi conscientia apertissime improbari sentiunt.

Ex illa porro monumentorum per aetates partitione ac dispositione sequitur sua sponte non posse libros sacros iis auctoribus
tribui, quibus reapse inscribuntur. Quam ob causam modernistae
passim non dubitant asserere, illos eosdem libros, Pentateuchum
praesertim ac prima tria Evangelia, ex brevi quadam primigenia
narratione, crevisse gradatim accessionibus, interpositionibus nempe
in modum interpretationis sive theologicae sive allegoricae, vel
etiam iniectis ad diversa solummodo inter se iungenda. — Nimirum,
ut paucis clariusque dicamus, admittenda est *vitalis evolutio* librorum

---

(¹) Ad Rom., ɪ, 21-22.

sacrorum, nata ex evolutione fidei eidemque respondens. — Addunt
vero, huius evolutionis vestigia adeo esse manifesta, ut illius fere
historia describi possit. Quin immo et reapse describunt, tam non
dubitanter, ut suis ipsos oculis vidisse crederes scriptores singulos, qui singulis aetatibus ad libros sacros amplificandos ad-
morint manum. — Haec autem ut confirment, criticen, quam *textualem*
nominant, adiutricem appellant; nitunturque persuadere hoc vel
illud factum aut dictum non suo esse loco, aliasque eiusmodi rationes proferunt. Diceres profecto eos narrationum aut sermonum
quosdam quasi typos praestituisse sibi, unde certissime iudicent
quid suo quid alieno stet loco. — Hac via qui apti esse queant
ad decernendum, aestimet qui volet. Verumtamen qui eos audiat
de suis exercitationibus circa sacros libros affirmantes, unde tot ibi
incongrue notata datum est deprehendere, credet fere nullum ante
ipsos hominum eosdem libros volutasse, neque hos infinitam prope-
modum Doctorum multitudinem quaquaversus rimatam esse, ingenio plane et eruditione et sanctitudine vitae longe illis praestantiorem. Qui equidem Doctores sapientissimi tantum abfuit ut
Scripturas sacras ulla ex parte reprehenderent, ut immo, quo illas
scrutabantur penitius, eo maiores divino Numini agerent gratias,
quod ita cum hominibus loqui dignatum esset. Sed heu! non iis
adiumentis Doctores nostri in sacros libros incubuerunt, quibus modernistae! scilicet magistram et ducem non habuere philosophiam,
quae initia duceret a negatione Dei, nec se ipsi iudicandi normam
sibi delegerunt. — Iam igitur patere arbitramur, cuiusmodi in
re historica modernistarum sit methodus. Praeit philosophus: illum
historicus excipit; pone ex ordine legunt critice tum interna tum
textualis. Et quia primae causae hoc competit ut virtutem suam
cum sequentibus communicet, evidens fit, criticen eiusmodi non
quampiam esse criticen, sed vocari iure *agnosticam, immanentistam,
evolutionistam:* atque ideo, qui eam profitetur eaque utitur, errores
eidem implicitos profiteri et catholicae doctrinae adversari. — Quam
ob rem mirum magnopere videri possit, apud catholicos homines
id genus critices adeo hodie valere. Id nempe geminam habet causam: foedus in primis, quo historici criticique huius generis arctis-
sime inter se iunguntur, varietate gentium ac religionum dissensione
posthabita: tum vero audacia maxima, qua, quae quisque effutiat,
ceteri uno ore extollunt et scientiae progressioni tribuunt; qua,
qui novum portentum aestimare per se volet, facto agmini adoriun-
tur; qui neget, ignorantiae accusent; qui amplectitur ac tuetur, laudibus exornent. Inde haud pauci decepti; qui, si rem attentius
considerarent, horrerent. — Ex hoc autem praepotenti errantium
dominio, ex hac levium animorum incauta assensione quaedam cir-
cumstantis aëris quasi corruptio gignitur, quae per omnia permeat
luemque diffundit. — Sed ad apologetam transeamus.

Hic apud modernistas dupliciter a philosopho et ipse pendet.
Non directe primum, materiam sibi sumens historiam, philosopho,
ut vidimus, praecipiente conscriptam: *directe* dein, mutuatus ab illo
dogmata ac iudicia. Inde illud vulgatum in schola modernistarum

praeceptum, debere novam apologesim controversias de religione
dirimere historicis inquisitionibus et psychologicis. Quamobrem apologetae modernistae suum opus aggrediuntur rationalistas monendo,
se religionem vindicare non sacris libris neve ex historiis vulgo in
Ecclesia adhibitis, quae veteri methodo descriptae sint; sed ex historia *reali*, modernis praeceptionibus modernaque methodo conflata.
Idque non quasi *ad hominem* argumentati asserunt, sed quia reapse
hanc tantum historiam vera tradere arbitrantur. De adserenda vero
sua in scribendo sinceritate securi sunt: iam apud rationalistas noti
sunt, iam, ut sub eodem vexillo stipendia merentes, laudati: de qua
laudatione, quam verus catholicus respueret, ipsi sibi gratulantur,
eamque reprehensionibus Ecclesiae opponunt. — Sed iam quo pacto
apologesim unus aliquis istorum perficiat videamus. Finis, quem sibi
assequendum praestituit, hic est: hominem fidei adhuc expertem eo
adducere, ut eam de catholica religione *experientiam* assequatur, quae
ex modernistarum scitis unicum fidei est fundamentum. Geminum ad
hoc patet iter: *obiectivum* alterum, alterum *subiectivum*. Primum ex
agnosticismo procedit; eoque spectat, ut eam in religione, praesertim catholica, vitalem virtutem inesse monstret, quae psychologum
quemque itemque historicum bonae mentis suadeat, oportere in illius
historia *incogniti* aliquid celari. Ad hoc, ostendere necessum est, catholicam religionem, quae modo est, eam omnino esse quam Christus
fundavit, seu non aliud praeter progredientem eius germinis explicationem, quod Christus invexit. Primo igitur germen illud quale sit,
determinandum. Idipsum porro hac formula exhiberi volunt: Christum
adventum regni Dei nunciasse, quod brevi foret constituendum, eiusque ipsum fore Messiam, actorem nempe divinitus datum atque ordi-
natorem. Post haec demonstrandum, qua ratione id germen, semper
immanens in catholica religione ac *permanens*, sensim ac secundum
historiam sese evolverit aptaritque succedentibus adiunctis, ex iis ad
se *vitaliter* trahens quidquid doctrinalium, cultualium, ecclesiasticarum formarum sibi esset utile; interea vero impedimenta si quae
occurrerent superans, adversarios profligans, insectationibus quibusvis pugnisque superstes. Postquam autem haec omnia, impedimenta nimirum, adversarios, insectationes, pugnas, itemque vitam
foecunditatemque Ecclesiae id genus fuisse monstratum fuerit, ut,
quamvis evolutionis leges in eiusdem Ecclesiae historia incolumes
appareant, non tamen eidem historiae plene explicandae sint pares;
incognitum coram stabit, suaque sponte se offeret. — Sic illi. In qua
tota ratiocinatione unum tamen non advertunt, determinationem illam
germinis primigenii deberi unice *apriorismo* philosophi agnostici et
evolutionistae, et germen ipsum sic gratis ab eis definiri ut eorum
causae congruat.

Dum tamen catholicam religionem recitatis argumentationibus
asserere ac suadere elaborant apologetae novi, dant ultro et concedunt, plura in ea esse quae animos offendant. Quin etiam, non
obscura quadam voluptate, in re quoque dogmatica errores contra-
dictionesque reperire se palam dictitant: subdunt tamen, haec non
solum admittere excusationem, sed, quod mirum esse oportet, iuste
ac legitime esse prolata. Sic etiam, secundum ipsos, in sacris libris,

plurima in re scientifica vel historica errore afficiuntur. Sed, inquiunt, non ibi de scientiis agi aut historia, verum de religione tantum ac re morum. Scientiae illic et historia integumenta sunt quaedam, quibus experientiae religiosae et morales obteguntur ut facilius in vulgus propagarentur; quod quidem vulgus cum non aliter intelligeret, perfectior illi scientia aut historia non utilitati sed nocumento fuisset. Ceterum, addunt, libri sacri, quia natura sunt religiosi, vitam necessario vivunt: iam vitae sua quoque est veritas et logica, alia profecto a veritate et logica rationali, quin immo alterius omnino ordinis, veritas scilicet comparationis ac proportionis tum ad *medium* (sic ipsi dicunt) in quo vivitur, tum ad finem ob quem vivitur. Demum eo usque progrediuntur ut, nulla adhibita temperatione, asserant, quidquid per vitam explicatur, id omne verum esse ac legitimum.

· Nos equidem, Venerabiles Fratres, quibus una atque unica est veritas, quique sacros libros sic aestimamus *quod Spiritu Sancto inspirante conscripti Deum habent auctorem* ([1]), hoc idem esse affirmamus ac mendacium utilitatis seu officiosum ipsi Deo tribuere; verbisque Augustini asserimus: *Admisso semel in tantum auctoritatis fastigium officioso aliquo mendacio, nulla illorum librorum particula remanebit, quae non ut cuique videbitur vel ad mores difficilis vel ad fidem incredibilis, eadem perniciosissima regula ad mentientis auctoris consilium officiumque referatur* ([2]). Unde fiet quod idem sanctus Doctor adiungit: *In eis,* scilicet Scripturis, *quod vult quisque credet, quod non vult non credet.* — Sed modernistae apologetae progrediuntur alacres. Concedunt praeterea, in sacris libris eas subinde ratiocinationes occurrere ad doctrinam quampiam probandam, quae nullo rationali fundamento regantur; cuiusmodi sunt quae in prophetiis nituntur. Verum has quoque defendunt quasi artificia quaedam praedicationis, quae a vita legitima fiunt. Quid amplius? Permittunt, immo vero asserunt, Christum ipsum in indicando tempore adventus regni Dei manifeste errasse: neque id mirum, inquiunt, videri debet; nam et ipse vitae legibus tenebatur! — Quid post haec de Ecclesia dogmatibus? Scatent haec etiam apertis oppositionibus: sed, praeterquam quod a logica vitali admittuntur, veritati symbolicae non adversantur; in iis quippe de infinito agitur cuius infiniti sunt respectus. Demum, adeo haec omnia probant tuenturque, ut profiteri non dubitent, nullum Infinito honorem haberi excellentiorem quam contradicentia de ipso affirmando! — Probata vero contradictione, quid non probabitur?

Attamen qui nondum credat non *obiectivis* solum argumentis ad fidem disponi potest, verum etiam *subiectivis*. Ad quem finem modernistae apologetae ad *immanentiae* doctrinam revertuntur. Elaborant nempe ut homini persuadeant, in ipso atque in intimis eius naturae ac vitae recessibus celari cuiuspiam religionis desiderium et exigentiam, nec religionis cuiuscumque sed talis omnino qualis catholica est; hanc enim *postulari* prorsus inquiunt ab explicatione vitae perfecta. — Hic autem queri vehementer Nos iterum oportet,

---

[1] Conc. Vat. *De Rev.*, c. 2.
[2] Epist. 28.

non desiderari e catholicis hominibus, qui, quamvis *immanentiae*
doctrinam ut doctrinam reiiciunt, ea tamen pro apologesi utuntur;
idque adeo incauti faciunt, ut in natura humana non capacitatem
solum et convenientiam videantur admittere ad ordinem supernaturalem, quod quidem apologetae catholici opportunis adhibitis tempe-
rationibus demonstrarunt semper, sed germanam verique nominis
exigentiam. — Ut tamen verius dicamus, haec catholicae religionis
exigentia a modernistis invehitur, qui volunt moderatiores audiri.
Nam qui *integralistae* appellari queunt, ii homini nondum credenti
ipsum germen, in ipso latens, demonstrari volunt, quod in Christi
conscientia fuit atque ab eo hominibus transmissum est. — Sic igitur,
Venerabiles Fratres, apologeticam modernistarum methodum, summatim descriptam, doctrinis eorum plane congruentem agnoscimus:
methodum profecto, uti etiam doctrinas, errorum plenas, non ad
aedificandum aptas sed ad destruendum, non ad catholicos efficien-
dos sed ad catholicos ipsos ad haeresim trahendos, immo etiam ad
religionis cuiuscumque omnimodam eversionem!

Pauca demum superant addenda de modernista ut reformator
est. Iam ea, quae huc usque loquuti sumus, abunde manifestant
quanto et quam acri innovandi studio hi homines ferantur. Pertinet
autem hoc studium ad res omnino omnes, quae apud catholicos sunt.
— Innovari volunt philosophiam in sacris praesertim Seminariis: ita
ut, amandata philosophia scholasticorum ad historiam philosophiae
inter cetera quae iam obsoleverunt systemata, adolescentibus moderna tradatur philosophia, quae una vera nostraeque aetati respondens. — Ad theologiam innovandam, volunt, quam nos rationalem
dicimus, habere fundamentum modernam philosophiam. Positivam
vero theologiam, niti maxime postulant in historia dogmatum. —
Historiam quoque scribi et tradi expetunt ad suam methodum prae-
scriptaque moderna   Dogmata eorumdemque evolutionem cum
scientia et historia componenda edicunt. — Ad catechesim quod
spectat, ea tantum in catechetis libris notari postulant dogmata,
quae innovata fuerint sintque ad vulgi captum. — Circa sacrorum
cultum, minuendas inquiunt externas religiones prohibendumve ne
crescant. Quamvis equidem alii, qui symbolismo magis favent, in
hac re indulgentiores se praebeant. — Regimen ecclesiae omni
sub respectu reformandum clamitant, praecipue tamen sub disciplinari ac dogmatico. Ideo intus forisque cum moderna, ut aiunt,
conscientia componendum, quae tota ad democratiam vergit: ideo
inferiori clero ipsisque laicis suae in regimine partes tribuendae,
et collecta nimium contractaque in centrum auctoritas dispertienda.
— Romana consilia sacris negotiis gerendis immutari pariter volunt;
in primis autem tum quod a *sancto officio* tum quod ab *indice* appellatur. — Item ecclesiastici regiminis actionem in re politica et
sociali variandam contendunt, ut simul a civilibus ordinationibus
exulet, eisdem tamen se aptet ut suo illas spiritu imbuat. — In
re morum, illud asciscunt americanistarum scitum, activas virtutes
passivis anteponi oportere, atque illas prae istis exercitatione promoveri. — Clerum sic comparatum petunt ut veterem referat demis-

sionem animi et paupertatem; cogitatione insuper et facto cum modernismi praeceptis consentiat. — Sunt demum qui, magistris protestantibus dicto lubentissime audientes, sacrum ipsum in sacerdotio coelibatum sublatum desiderent. — Quid igitur in Ecclesia Intactum relinquunt, quod non ab ipsis nec secundum ipsorum pronunciata sit reformandum?

In tota hac modernistarum doctrina exponenda, Venerabiles Fratres, videbimur forte alicui diutius immorati. Id tamen omnino oportuit, tum ne, ut assolet, de ignoratione rerum suarum ab illis reprehendamur; tum ut pateat, quum de modernismo est quaestio, non de vagis doctrinis agi nulloque inter se nexu coniunctis, verum de uno compactoque veluti corpore, in quo si unum admittas, cetera necessario sequantur. Ideo didactica fere ratione usi sumus, nec barbara aliquando respuimus verba, quae modernistae · usurpant. — Iam systema universum uno quasi obtutu respicientes, nemo mirabitur si sic illud definimus, ut omnium haereseon conlectum esse affirmemus. Certe si quis hoc sibi proposuisset, omnium quotquot fuerunt circa fidem errores succum veluti ac sanguinem in unum conferre; rem nunquam plenius perfecisset, quam modernistae perfecerunt. Immo vero tanto hi ulterius progressi sunt, ut, non modo catholicam religionem, sed omnem penitus, quod iam innuimus, religionem deleverint. Hinc enim rationalistarum plausus: hinc qui liberius apertiusque inter rationalistas loquuntur, nullos se efficaciores quam modernistas auxiliatores invenisse gratulantur. — Redeamus enimvero tantisper, Venerabiles Fratres, ad exitiosissimam illam *agnosticismi* doctrinam. Ea scilicet, ex parte intellectus, omnis ad Deum via praecluditur homini, dum aptior sterni putatur ex parte cuiusdam animi sensus et actionis. Sed hoc quam perperam, quis non videat? Sensus enim animi actioni rei respondet, quam intellectus vel externi sensus proposuerint. Demito intellectum; homo externos sensus, ad quos iam fertur, proclivius sequetur. Perperam iterum; nam phantasiae quaevis de sensu religioso communem sensum non expugnabunt: communi autem sensu docemur, perturbationem aut occupationem animi quampiam, non adiumento sed impedimento esse potius ad investigationem veri, veri inquimus ut in se est; nam verum illud alterum *subiectivum,*. fructus interni sensus et actionis, si quidem ludendo est aptum, nihil admodum homini confert, cuius scire maxime in· terest sit necne extra ipsum Deus, cuius in manus aliquando incidet. — *Experientiam* enimvero tanto operi adiutricem inferunt. Sed quid haec ad sensum illum animi adiiciat? Nil plane, praeterquam quod vehementiorem faciat; ex qua vehementia fiat proportione firmior persuasio de veritate obiecti. Iam haec duo profecto non efficiunt ut sensus ille animi desinat esse sensus, neque eius immutant naturam, semper deceptioni obnoxiam, nisi regatur intellectu; immo vero illam confirmant et iuvant, nam sensus quo intensior, eo potiore iure est sensus. — Cum vero de religioso sensu hic agamus deque experientia in eo contenta, nostis probe, Venerabiles Fratres, quanta in hac re prudentia sit opus, quanta item

doctrina quae ipsam regat prudentiam. Nostis ex animorum usu, quorumdam praecipue in quibus eminet sensus; nostis ex librorum consuetudine, qui de ascesi tractant; qui quamvis modernistis in nullo
sunt pretio, doctrinam tamen longe solidiorem, subtilioremque ad
observandum sagacitatem praeseferunt, quam ipsi sibi arrogant.
Equidem Nobis amentis esse videtur aut saltem imprudentis summopere pro veris, nulla facta investigatione, experientias intimas
habere, cuiusmodi modernistae venditant. Cur vero, ut per transcur-
sum dicamus, si harum experientiarum tanta vis est ac firmitas,
non eadem tribuatur illi, quam plura catholicorum millia se habere
asserunt de devio itinere, quo modernistae incedunt? Haec ne tantum
falsa atque fallax? Hominum autem pars maxima hoc firmiter tenet
tenebitque semper, sensu solum et experientia, nullo mentis ductu
atque lumine, ad Dei notitiam pertingi nunquam posse. Restat
ergo iterum atheismus ac religio nulla. — Nec modernistae meliora
sibi promittant ex asserta *symbolismi* doctrina. Nam si quaevis
intellectualia, ut inquiunt, elementa nihil nisi Dei symbola sunt;
ecquid symbolum non sit ipsum Dei nomen aut personalitatis divinae? quod si ita, iam de divina personalitate ambigi poterit, pa-
tetque ad pantheismum via. — Eodem autem, videlicet ad purum
putumque pantheismum, ducit doctrina alia de *immanentia divina*.
Etenim hoc quaerimus: an eiusmodi *immanentia* Deum ab homine
distinguat necne. Si distinguit, quid tum a catholica doctrina differt,
aut doctrinam de externa revelatione cur reiicit? Si non distinguit, pantheismum habemus. Atqui *immanentia* haec modernistarum
vult atque admittit omne conscientiae phaenomenon ab homine ut
homo est proficisci. Legitima ergo ratiocinatio inde infert unum
idemque esse Deum cum homine: ex quo pantheismus. — Distinctio
demum, quam praedicant, inter scientiam et fidem, non aliam admittit consecutionem. Obiectum enim scientiae in cognoscibilis realitate ponunt; fidei e contra in incognoscibilis. Iamvero in cognoscibile inde omnino constituitur, quod inter obiectam materiam et
intellectum nulla adsit proportio. Atqui hic proportionis defectus
nunquam, nec in modernistarum doctrina, auferri potest. Ergo incognoscibile credenti aeque ac philosopho incognoscibile semper
manebit. Ergo si qua habebitur religio, haec erit realitatis incognoscibilis; quae cur etiam mundi animus esse nequeat, quem rationalistae quidam admittunt, non videmus profecto. — Sed haec modo
sufficiat ut abunde pateat quam multiplici itinere doctrina modernistarum ad atheismum trahat et ad religionem omnem abolendam.
Equidem protestantium error primus hac via gradum iecit; sequitur
modernistarum error; proxime atheismus ingredietur.

Ad penitiorem modernismi notitiam, et ad tanti vulneris remedia aptius quaerenda, iuvat nunc, Venerabiles Fratres, causas aliquantum scrutari unde sit ortum aut nutritum malum. — Proximam
continentemque causam in errore mentis esse ponendam, dubitationem non habet. Remotas vero binas agnoscimus, curiositatem et
superbiam. — Curiositas, ni sapienter cohibeatur, sufficit per se
una ad quoscumque explicandos errores. Unde Gregorius XVI

decessor Noster iure scribebat ([1]): *Lugendum valde est quonam. prolabantur humanae rationis deliramenta, ubi quis novis rebus studeat, atque contra Apostoli monitum nitatur plus sapere quam oporteat sapere, sibque nimium praefidens, veritatem quaerendam autumet* ...in catholicum *Ecclesiam, in qua absque vel levissimo erroris coeno ipsa invenitur.* — Sed longe maiorem ad obcaecandum animum et in errorem inducendum cohibet efficientiam superbia: quae in modernismi doctrina quasi in domicilio collocata, ex ea undequaque alimenta concipit, omnesque induit aspectus. Superbiâ enim sibi audacius praefidunt, ut tamquam universorum normam se ipsi habeant ac proponant. Superbiâ vanissime gloriantur quasi uni sapientiam possideant, dicuntque inflati: *Non sumus sicut ceteri homines;* et ne cum ceteris comparentur, nova quaeque etsi absurdissima amplectuntur et somniant. Superbiâ subiectionem omnem abiiciunt contenduntque auctoritatem cum libertate componendam. Superbiâ sui ipsorum obliti, de aliorum reformatione unice cogitant, nullaque est apud ipsos gradus, nulla vel supremae potestatis reverentia. Nulla profecto brevior et expeditior ad modernismum est via, quam superbia. Si qui catholicus e laicorum coetu, si quis etiam sacerdos christianae vitae praecepti sit immemor, quo iubemur abnegare nos ipsi si Christum sequi velimus, nec auferat superbiam de corde suo; nae is ad modernistarum errores amplectendos aptissimus est quam qui maxime! — Quare, Venerabiles Fratres, hoc primum vobis officium esse oportet superbis eiusmodi hominibus obsistere, eos tenuioribus atque obscurioribus muneribus occupare, ut eo amplius deprimantur quo se tollunt altius et ut, humiliore loco positi, minus habeant ad nocendum potestatis. Praeterea tum ipsi per vos tum per seminariorum moderatores, alumnos sacri cleri scrutemini diligentissime; et si quos superbo ingenio repereritis, eos fortissime a sacerdotio repellatis. Quod utinam peractum semper fuisset ea qua opus erat vigilantia et constantia!

Quod si a moralibus causis ad eas quae ab intellectu sunt veniamus, prima ac potissima occurret ignorantia. — Enimvero modernistae, quotquot sunt, qui doctores in Ecclesia esse ac videri volunt, modernam philosophiam plenis buccis extollentes aspernatique scholasticam, non aliter illam, eius fuco et fallaciis decepti, sunt amplexi, quamquod alteram ignorantes prorsus, omni argumento caruerunt ad notionum confusionem tollendam et ad sophismata refellenda. Ex connubio autem falsae philosophiae cum fide illorum systema, tot tantisque erroribus abundans, ortum habuit.

Cui propagando utinam minus studii et curarum impenderent! Sed eorum tanta est alacritas, adeo indefessus labor, ut plane pigeat tantas insumi vires ad Ecclesiae perniciem, quae si recte adhibitae summo forent adiumento. — Gemina vero ad fallendos animos utuntur arte; primum enim complanare quae obstant nituntur, tum autem quae prosint studiosissime perquirunt atque impigre patientissimeque adhibent. — Tria sunt potissimum quae suis illi conatibus adversari sentiunt: scholastica philosophandi methodus,

[1]) Ep. Encycl., « *Singulari Nos* » 7 kal. iul. 1834.

Patrum auctoritas et traditio, magisterium ecclesiasticum. Contra haec acerrima illorum pugna. Idcirco philosophiam ac theologiam scholasticam derident passim atque contemnunt. Sive id ex ignoratione faciant sive ex metu, sive potius ex utraque causa, certum est studium novarum rerum cum odio scholasticae . methodi coniungi semper; nullumque est indicium manifestius quod quis modernismi doctrinis favere incipiat, quam quum incipiat scholasticam horrere methodum. Meminerint modernistae ac modernistarum studiosi damnationem, qua Pius IX censuit reprobandam propositionem quae diceret (¹): *Methodus et principia, quibus antiqui doctores scholastici theologiam excoluerunt, temporum nostrorum necessitatibus scientiarumque progressui minime congruunt.* — Traditionis vero vim et naturam callidissime pervertere elaborant, ut illius monumentum ac pondus elidant. Stabit tamen semper catholicis auctoritas Nicaenae Synodi II, quae damnavit *eos, qui audent.... secundum scelestos haereticos ecclesiasticas traditiones spernere et novitatem quamlibet excogitare.... aut excogitare prave aut astute ad subvertendum quidquam ex legitimis traditionibus Ecclesiae catholicae.* Stabit Synodi Constantinopolitanae IV professio: *Igitur regulas, quae sanctae, catholicae et apostolicae Ecclesiae tam a sanctis famosissimis Apostolis quam ab orthodoxorum universalibus necnon et localibus Conciliis vel etiam a quolibet deiloquo Patre ac magistro Ecclesiae traditae sunt, servare ac custodire profitemur.* Unde Romani Pontifices Pius IV itemque huius nominis IX in professione fidei haec quoque addi voluerunt: *Apostolicas et ecclesiasticas traditiones, reliquasque eiusdem Ecclesiae observationes et constitutiones firmissime admitto et amplector.* — Nec secus quam de Traditione, iudicant modernistae de sanctissimis Ecclesiae Patribus. Eos temeritate summa traducunt vulgo ut omni quidem cultu dignissimos, ast in re critica et historica ignorantiae summae, quae nisi ab aetate qua vixerunt, excusationem non habeat. —· Denique ipsius ecclesiastici magisterii auctoritatem toto studio minuere atque infirmare conantur, tum eius originem, naturam, iura sacrilege pervertendo, tum contra illam adversariorum calumnias libere ingeminando. Valent enim de modernistarum grege, quae moerore summo Decessor Noster scribebat: *Ut mysticam Sponsam Christi, qui lux vera est, in contemptum et invidiam vocarent tenebrarum filii consuevere in vulgus eam vecordi calumnia impetere, et, conversa rerum nominumque ratione et vi, compellare obscuritatis amicam, altricem ignorantiae, scientiarum lumini et progressui infensam* (²). — Quae cum sint ita, Venerabiles Fratres, mirum non est, si catholicos homines, qui strenue pro Ecclesia decertant, summa malevolentia et livore modernistae impetunt. Nullum est iniuriarum genus, quo illos non lacerent: sed ignorantiae passim pervicaciaeque accusant. Quod si refellentium eruditionem et vim pertimescant: efficaciam derogant coniurato silentio. Quae quidem agendi ratio cum catholicis eo plus habet invidiae, quod, eodem tempore nulloque modo adhibito, perpetuis laudibus evehunt quot-

---

(¹) Syll. prop. 13.
²) Motu pr. ‹ *Ut mysticam* › 14 martii 1891.

quot cum ipsis consentiunt; horum libros nova undique spirantes grandi plausu excipiunt ac suspiciunt; quo quis audentius vetera evertit, traditionem et magisterium ecclesiasticum respuit, eo sapientiorem praedicant; denique, quod quisque bonus horreat, si quem Ecclesia damnatione perculerit, hunc, facto agmine, non solum palam et copiosissime laudant, sed ut veritatis martyrem pene venerantur. — Toto hoc, tum laudationum tum improperiorum strepitu, percussae ac turbatae iuniorum mentes, hinc ne ignorantes audiant inde ut sapientes videantur, cogente intus curiositate ac superbia, dant victas saepe manus ac modernismo se dedunt.

Sed iam ad artificia haec pertinent, quibus modernistae merces suas vendunt. Quid enim non moliuntur ut asseclarum numerum augeant? In sacris Seminariis, in Universitatibus studiorum magisteria aucupantur, quae sensim in pestilentiae cathedras vertunt. Doctrinas suas, etsi forte implicite, in templis ad concionem dicentes inculcant; apertius in congressibus enunciant; in socialibus institutis intrudunt atque extollunt. Libros, ephemerides, commentaria suo vel alieno nomine edunt. Unus aliquando idemque scriptor multiplici nomine utitur, ut simulata auctorum multitudine incauti decipiantur. Brevi, actione, verbis, proelo nihil non tentant, ut eos febri quadam phreneticos diceres. — Haec autem omnia quo fructu? Iuvenes magno numero deflemus, egregiae quidem illos spei, quique Ecclesiae utilitatibus optimam navarent operam, a recto tramite deflexisse. Plurimos etiam dolemus, qui, quamvis non eo processerint, tamen, corrupto quasi aere hausto, laxius admodum cogitare, eloqui, scribere consuescunt quam catholicos decet. Sunt hi de laicorum coetu, sunt etiam de sacerdotum numero; nec, quod minus fuisset expectandum, in ipsis religiosorum familiis desiderantur. Rem biblicam ad modernistarum leges tractant. In conscribendis historiis, specie adserendae veritatis, quidquid Ecclesiae maculam videtur aspergere, id, manifesta quadam voluptate, in lucem diligentissime ponunt. Sacras populares traditiones, apriorismo quodam ducti, delere omni ope conantur. Sacras Reliquias vetustate commendatas despectui habent. Vano scilicet desiderio feruntur ut mundus de ipsis loquatur; quod futurum non autumant si ea tantum dicant, quae semper quaeve ab omnibus sunt dicta. Interea suadent forte sibi obsequium se praestare Deo et Ecclesiae: reapse tamen offendunt gravissime, non suo tantum ipsi opere, quantum ex mente qua ducuntur, et quia perutilem operam modernistarum ausibus conferunt.

Huic tantorum errorum agmini clam aperteque invadenti Leo XIII decessor Noster fel. rec., praesertim in re biblica, occurrere fortiter dicto actuque conatus est. Sed modernistae, ut iam vidimus, non his facile terrentur armis: observantiam demissionemque animi affectantes summam, verba Pontificis Maximi in suas partes detorserunt, actus in alios quoslibet transtulere. Sic malum robustius in dies factum. Quamobrem, Venerabiles Fratres, moras diutius non interponere decretum est, atque efficaciora moliri. — Vos tamen oramus et obsecramus, ne in re tam gravi vigilantiam, diligentiam, fortitudinem vestram desiderari vel minimum patiamini.

Quod vero a vobis petimus et expectamus, idipsum et petimus aeque et expectamus, a ceteris animarum pastoribus, ab educatoribus et magistris sacrae iuventutis, imprimis autem a summis religiosarum familiarum magistris.

I. Primo igitur ad studia quod attinet, volumus probeque mandamus ut philosophia scholastica studiorum sacrorum fundamentum ponatur. — Utique, *si quid a doctoribus scholasticis vel nimia subtilitate quaesitum, vel parum considerate traditum; si quid cum exploratis posterioris aevi doctrinis minus cohaerens vel denique quoquo modo non probabile; id nullo pacto in animo est aetati nostrae ad imitandum proponi* ([1]). Quod rei caput est, philosophiam scholasticam quum sequendam praescribimus, eam praecipue intelligimus, quae a sancto Thoma Aquinate est tradita; de qua quidquid a Decessore Nostro sancitum est, id omne vigere volumus, et qua sit opus instauramus et confirmamus, stricteque ab universis servari iubemus. Episcoporum erit, sicubi in Seminariis neglecta haec fuerint, ea ut in posterum custodiantur urgere atque exigere. Eadem religiosorum Ordinum moderatoribus praecipimus. Magistros autem monemus ut rite hoc teneant, Aquinatem deserere, praesertim in re metaphysica, non sine magno detrimento esse.

Hoc ita posito philosophiae fundamento, theologicum aedificium extruatur diligentissime. — Theologiae studium, Venerabiles Fratres, quanta potestis ope provehite, ut clerici e seminariis egredientes praeclara illius existimatione, magnoque amore imbuantur, illudque semper pro deliciis habeant. Nam *ut in magna et multiplici disciplinarum copia quae menti veritatis cupidae obiicitur, neminem latet sacram Theologiam ita principem sibi locum vindicare, ut vetus sapientium effatum sit, veteris scientiis et artibus officium incumbere, ut ei inserviant ac velut ancillarum more famulentur* ([2]). — Addimus heic, eos etiam Nobis laude dignos videri, qui, incolumi reverentia erga Traditionem et Patres et ecclesiasticum magisterium, sapienti iudicio catholicisque usi normis (quod non aeque omnibus accidit) theologiam positivam, mutuato a veri nominis historia lumine, collustrare studeant. Maior profecto quam ante hac positivae theologiae ratio est habenda; id tamen sic fiat, ut nihil scholastica detrimenti capiat, iique reprehendantur, utpote qui modernistarum rem gerunt, quicumque positivam sic extollunt ut scholasticam theologiam despicere videantur.

De profanis vero disciplinis satis sit revocare quae Decessor Noster sapientissime dixit ([3]): *In rerum naturalium consideratione strenue adlaboretis: quo in genere nostrorum temporum ingeniosa inventa et utiliter ausa, sicut iure admirantur aequales, sic posteri perpetua commendatione et laude celebrabunt.* Id tamen nullo sacrorum studiorum damno; quod idem Decessor Noster gravissimis hisce verbis prosequutus monuit ([4]): *Quorum causam errorum, si quis*

([1]) Leo XIII, Enc. « *Aeterni Patris* ».
([2]) Idem, Litt. ap. « *In magna* » 10 dec. 1889.
([3]) Alloc. 7 martii 1880.
([4]) Loc. cit.

diligentius investigaverit, in eo potissimum sitam esse intelliget, quod nostris hisce temporibus, quanto rerum naturalium studia vehementius fervent, tanto magis severiores altioresque disciplinae defloruerint: quaedam enim fere in oblivione hominum conticescunt; quaedam remisse leuiterque tractantur, et quod indignum est, splendore pristinae dignitatis deleto, pravitate sententiarum et immanibus opinionum portentis inficiuntur. Ad hanc igitur legem naturalium disciplinarum studia in sacris seminariis temperari praecipimus.

II. His omnibus praeceptionibus tum Nostris tum Decessoris Nostri oculos adiici oportet, quum de Seminariorum vel Universitatum catholicarum moderatoribus et magistris eligendis agendum erit. — Quicumque modo quopiam modernismo imbuti fuerint, ii, nullo habito rei cuiusvis respectu, tum a regundi tum a docendi munere arceantur; eo si iam funguntur, removeantur: item qui modernismo clam aperteve favent, aut modernistas laudando eorumque culpam excusando, aut Scholasticam et Patres et Magisterium ecclesiasticum carpendo, aut ecclesiasticae potestati, in quocumque ea demum sit, obedientiam detrectando: item qui in historica re, vel archeologica, vel biblica nova student: item qui sacras negligunt disciplinas, aut profanas anteponere videntur. — Hoc in negotio, Venerabiles Fratres, praesertim in magistrorum delectu, nimia nunquam erit animadversio et constantia; ad doctorum enim exemplum plerumque componuntur discipuli. Quare, officii conscientia freti, prudenter hac in re at fortiter agitote.

Pari vigilantia et severitate ii sunt cognoscendi ac deligendi, qui sacris initiari postulent. Procul, procul esto a sacro ordine novitatum amor: superbos et contumaces animos odit Deus! — Theologiae ac Iuris canonici laurea nullus in posterum donetur, qui statum curriculum in scholastica philosophia antea non elaboraverit. Quod si donetur, inaniter donatus esto. — Quae de celebrandis Universitatibus Sacrum Consilium Episcoporum et Religiosorum negotiis praepositum clericis Italiae tum saecularibus tum regularibus praecepit anno MDCCCXCVI; ea ad nationes omnes posthac pertinere decernimus. — Clerici et sacerdotes qui catholicae cuipiam Universitati vel Instituto item catholico nomen dederint, disciplinas, de quibus magisteria in his fuerint, in civili Universitate ne ediscant. Sicubi id permissum, in posterum ut ne fiat edicimus. — Episcopi, qui huiusmodi Universitatibus vel Institutis moderandis praesunt, curent diligentissime ut quae hactenus imperavimus, ea constanter serventur.

III. Episcoporum pariter officium est modernistarum scripta quaeve modernismum olent provehuntque, si in lucem edita ne legantur cavere, si nondum edita prohibere ne edantur. — Item libri omnes, ephemerides, commentaria quaevis huius generis neve adolescentibus in Seminariis neve auditoribus in Universitatibus permittantur: non enim minus haec nocitura, quam quae contra mores conscripta; immo etiam magis, quod christiana vitae initia vitiant. — Nec secus iudicandum de quorumdam catholicorum scriptionibus,

hominum ceteroqui non malae mentis, sed qui theologicae disciplinae expertes ac recentiori philosophia imbuti, hanc cum fide
componere nituntur et ad fidei, ut inquiunt, utilitates transferre.
Hae, quia nullo metu versantur ob auctorum nomen bonamque existimationem, plus periculi afferunt ut sensim ad modernismum
quis vergat.

Generatim vero, Venerabiles Fratres, ut in re tam gravi prae-
cipiamus, quicumque in vestra uniuscuiusque dioecesi prostant libri
ad legendum perniciosi, ii ut exulent fortiter, contendite, solemni
etiam interdictione usi. Etsi enim Apostolica Sedes ad huiusmodi
scripta e medio tollenda omnem operam impendat; adeo tamen iam
numero crevere, ut vix notandis omnibus pares sint vires. Ex quo
fit, ut serior quandoque paretur medicina, quam per longiores moras
malum invaluit. Volumus igitur ut sacrorum Antistites, omni metu
abiecto, prudentia carnis deposita, malorum clamoribus posthabitis
suaviter quidem sed constanter suas quisque partes suscipiant; memores quae Leo XIII in Constitutione apostolica *Officiorum* prae-
scribebat: *Ordinarii, etiam tamquam Delegati Sedis Apostolicae, libros
aliaque scripta noxia in sua dioecesi edita vel diffusa proscribere et
e manibus fidelium auferre studeant.* Ius quidem his verbis tribuitur
sed etiam officium mandatur. Nec quispiam hoc munus officii im-
plevisse autumet, si unum alterumve librum ad Nos detulerit, dum
alii bene multi dividi passim ac pervulgari sinuntur. — Nihil autem
vos teneat, Venerabiles Fratres, quod forte libri alicuius auctor ea
sit alibi facultate donatus, quam vulgo *Imprimatur* appellant: tum
quia simulata esse possit, tum quia vel negligentius data vel benignitate nimia nimiave fiducia de auctore concepta, quod postremum
in Religiosorum forte ordinibus aliquando evenit. Accedit quod,
sicut non idem omnibus convenit cibus, ita libri qui altero in loco
sint adiaphori, nocentes in altero ob rerum complexus esse queunt.
Si igitur Episcopus, audita prudentum sententia, horum etiam librorum aliquem in sua dioecesi notandum censuerit, potestatem
ultro facimus immo et officium mandamus. Res utique decenter fiat,
prohibitionem, si sufficiat, ad clerum unum coërcendo: integro tamen
bibliopolarum catholicorum officio libros ab Episcopo notatos minime venales habendi. — Et, quoniam de his sermo incidit, vigi-
lent Episcopi ne, lucri cupiditate, malam librarii mercentur mercem:
certe in aliquorum indicibus modernistarum libri abunde nec parva
cum laude proponuntur. Hos, si obedientiam detrectent, Episcopi,
monitione praemissa, bibliopolarum catholicorum titulo privare ne
dubitent; item potioreque iure si episcopales audiant: qui vero
pontificio titulo ornantur, eos ad Sedem Apostolicam deferant. —
Universis demum in memoriam revocamus, quae memorata apostolica Constitutio *Officiorum* habet, articulo xxvi: *Omnes, qui facultatem apostolicam consecuti sunt legendi et retinendi libros prohibitos,
nequeunt ideo legere et retinere libros quoslibet aut ephemerides ab
Ordinariis locorum proscriptas, nisi eis in apostolico indulto expressa
facta fuerit potestas legendi ac retinendi libros a quibuscumque dam-
natos.*

IV. Nec tamen pravorum librorum satis est lectionem impedire ac venditionem: editionem etiam prohiberi oportet. Ideo edendi facultatem Episcopi severitate summa impertiant. — Quoniam vero magno numero ea sunt ex Constitutione *Officiorum*, quae Ordinarii permissionem ut edantur postulent, nec ipse per se Episcopus praecognoscere universa potest; in quibusdam dioecesibus ad cognitionem faciendam censores ex officio sufficienti numero destinantur. Huiusmodi censorum institutum laudamus quam maxime illudque ut ad omnes dioeceses propagetur non hortamur modo sed omnino praescribimus. In universis igitur curiis episcopalibus censores ex officio adsint, qui edenda cognoscant: hi autem e gemino clero eligantur, aetate, eruditione, prudentia commendati, quique in doctrinis probandis improbandisque medio tutoque itinere eant. Ad illos scriptorum cognitio deferatur, quae ex articulis XLI et XLII memoratae Constitutionis venia ut edantur indigent. Censor sententiam scripto dabit. Ea si faverit, Episcopus potestatem edendi faciet per verbum *Imprimatur*, cui tamen praeponetur formula *Nihil obstat*, adscripto censoris nomine. — In Curia romana, non secus ac in ceteris omnibus, censores ex officio instituantur. Eos, audito prius Cardinali in Urbe Pontificis Vicario, tum vero annuente ac probante ipso Pontifice Maximo, Magister sacri Palatii apostolici designabit. Huius erit ad scripta singula cognoscenda censorem destinare. Editionis facultas ab eodem Magistro dabitur nec non a Cardinali Vicario Pontificis vel Antistite eius vices gerente, praemissa a censore prout supra diximus, approbationis formula, adiectoque ipsius censoris nomine. — Extraordinariis tantum in adiunctis ac per quam raro, prudenti Episcopi arbitrio, censoris mentio intermitti poterit. — Auctoribus censoris nomen patebit nunquam, antequam hic faventem sententiam ediderit; ne quid molestiae censori exhibeatur vel dum scripta cognoscit, vel si editionem non probavit. — Censores e religiosorum familiis nunquam eligantur, nisi prius moderatoris provinciae vel, si de Urbe agatur, moderatoris generalis secreto sententia audiatur: is autem de eligendi moribus, scientia et doctrinae integritate pro officii conscientia testabitur. — Religiosorum moderatores de gravissimo officio monemus numquam sinendi aliquid a suis subditis typis edi, nisi prius ipsorum et Ordinarii facultas intercesserit. — Postremum edicimus et declaramus, censoris titulum, quo quis ornatur, nihil valere prorsus nec unquam posse afferri ad privatas eiusdem opiniones firmandas.

His universe dictis, nominatim servari diligentius praecipimus, quae articulo XLII Constitutionis *Officiorum* in haec verba edicuntur: *Viri e clero seculari prohibentur quominus, absque praevia Ordinariorum venia, diaria vel folia periodica moderanda suscipiant.* Qua si qui venia perniciose utantur ea, moniti primum, priventur. — Ad sacerdotes quod attinet, qui *correspondentium* vel *collaboratorum* nomine vulgo veniunt, quoniam frequentius evenit eos in ephemeridibus vel commentariis scripta edere modernismi labe infecta; videant Episcopi ne quid hi peccent, si peccarint moneant atque a scribendo prohibeant. Idipsum religiosorum moderatores ut praestent gravissime admonemus: qui si negligentius agant, Ordinarii auctoritate Pontificis Maximi provideant. — Ephemerides et commentaria, quae a catholicis· scribuntur, quoad fieri possit, censorem designatum habeant. Huius officium erit folia singula vel libellos, postquam sint edita, opportune perlegere: si quid dictum periculose fuerit, id quamprimum corrigendum iniungat. Eadem porro Episcopis facultas esto, etsi censor forte faverit.

V. Congressus publicosque coetus iam supra memoravimus, utpote in quibus suas modernistae opiniones tueri palam ac propagare student. — Sacerdotum conventus Episcopi in posterum haberi ne siverint, nisi rarissime. Quod si siverint, ea tantum lege sinent, ut nulla fiat rerum tractatio, quae ad Episcopos Sedemve Apostolicam pertinent; ut nihil proponatur vel postuletur, quod sacrae potestatis occupationem inferat; ut quidquid modernismum sapit, quidquid presbyterianismum vel laicismum, de eo penitus sermo conticescat. — Coetibus eiusmodi, quos singulatim, scripto, aptaque tempestate permitti oportet, nullus ex alia dioecesi sacerdos intersit, nisi litteris sui Episcopi commendatus. — Omnibus autem sacerdotibus animo ne excidant, quae Leo XIII gravissime commendavit ([1]): *Sancta sit apud sacerdotes Antistitum suorum auctoritas: pro certo habeant sacerdotale munus, nisi sub magisterio Episcoporum exerceatur, neque sanctum, nec satis utile, neque honestum futurum.*

VI. Sed enim, Venerabiles Fratres, quid iuverit iussa a Nobis praeceptionesque dari, si non haec rite firmiterque serventur? Id ut feliciter pro votis cedat, visum est ad universa dioeceses proferre, quod Umbrorum Episcopi ([2]), ante annos plures, pro suis prudentissime decreverunt. *Ad errores*, sic illi, *iam diffusos expellendos atque ad impediendum quominus ulterius divulgentur, aut adhuc extent impietatis magistri per quos perniciosi perpetuentur effectus, qui ex illa divulgatione manarunt, sacer Conventus, sancti Caroli Borromaei vestigiis inhaerens, institui in unaquaque dioecesi decernit probatorum utriusque cleri consilium, cuius sit pervigilare an et quibus artibus novi errores serpant aut disseminentur atque Episcopum de hisce docere, ut collatis consiliis remedia capiat, quibus id mali ipso suo initio extingui possit, ne ad animarum perniciem magis magisque diffundatur, vel quod peius est in dies confirmetur et crescat.* — Tale igitur Consilium, quod a *vigilantia* dici placet. in singulis dioecesibus institui quamprimum decernimus. Viri, qui in illud adsciscantur, eo fere modo cooptabuntur, quo supra de censoribus statuimus. Altero quoque mense statoque die cum Episcopo convenient: quae tractarint decreverint, ea arcani lege custodiunto. — Officii munere haec sibi demandata habeant. Modernismi indicia ac vestigia tam in libris quam in magisteriis pervestigent vigilanter; pro cleri iuventaeque incolumitate, prudenter sed prompte et efficaciter praescribant. — Vocum novitatem caveant meminerintque Leonis XIII

([1]) Litt. Enc. « *Nobilissima Gallorum* », 10 febr. 1884.
([2]) Act. Consess. Epp. Umbriae, Novembri 1849, Tit. II, art. 6.

monita (¹). *Probari non posse in catholicorum scriptis eam dicendi rationem quae, pravae novitati studens, pietatem fidelium ridere videatur loquaturque novum christianae vitae ordinem, novas Ecclesiae praeceptiones, nova moderni animi desideria, novam socialem cleri vocationem, novam christianam humanitatem, aliaque id genus multa.* Haec in libris praelectionibusque ne patiantur. — Libros ne negligant, in quibus piae cuiusque loci traditiones aut sacrae Reliquiae tractantur. Non sinant eiusmodi quaestiones agitari in ephemeridibus vel in commentariis fovendae pietati destinatis, nec verbis ludibrium aut despectum sapientibus, nec stabilibus sententiis, praesertim, ut fere accidit, si quae affirmantur probabilitatis fines non excedunt vel praeiudicatis nituntur opinionibus.

De sacris Reliquiis haec teneantur Si Episcopi, qui uni in hac re possunt, certo norint Reliquiam esse subditiciam, fidelium cultu removeant. Si Reliquiae cuiuspiam auctoritates, ob civiles forte perturbationes vel alio quovis casu, interierint; ne publice ea proponatur nisi rite ab Episcopo recognita. Praescriptionis argumentum vel fundatae praesumptionis tunc tantum valebit, si cultus antiquitate commendetur; nimirum pro decreto, anno MDCCCXCVI a sacro Consilio indulgentiis sacrisque Reliquiis cognoscendis edito, quo edicitur: *Reliquias antiquas conservandas esse in ea veneratione in qua hactenus fuerunt, nisi in casu particulari certa adsint argumenta eas falsas vel supposititias esse.* — Quum autem de piis traditionibus iudicium fuerit, illud meminisse oportet: Ecclesiam tanta in hac re uti prudentia, ut traditiones eiusmodi ne scripto narrari permittat nisi cautione multa adhibita praemissaque declaratione ab Urbano VIII sancita; quod etsi rite fiat, non tamen facti veritatem adserit, sed, nisi humana ad credendum argumenta desint, credi modo non prohibet. Sic plane sacrum Consilium legitimis ritibus tuendis, ab hinc annis XXX, edicebat (²): *Eiusmodi apparitiones seu revelationes neque approbatas neque damnatas ab Apostolica Sede fuisse, sed tantum permissas tamquam pie credendas fide solum humana, iuxta traditionem quam ferunt, idoneis etiam testimoniis ac monumentis confirmatam.* Hoc qui teneat, metu omni vacabit. Nam Apparitionis cuiusvis religio, prout factum ipsum spectat et *relativa* dicitur, conditionem semper habet implicitam de veritate facti: prout vero *absoluta* est, semper in veritate nititur; fertur enim in personas ipsas Sanctorum qui honorantur. Similiter de Reliquiis affirmandum. — Illud demum Consilio *vigilantiae* demandamus, ut ad socialia instituta itemque ad scripta quaevis de re sociali assidue ac diligenter adiiciant oculos, ne quid in illis modernismi lateat, sed Romanorum Pontificum praeceptionibus respondeant.

VII. Haec quae praecepimus ne forte oblivioni dentur, volumus et mandamus ut singularum dioecesum Episcopi, anno exacto ab editione praesentium litterarum, postea vero tertio quoque

---

(¹) Instruct. S. C. NN. EE. EE. 27 ian. 1902.
(²) Decr. 2. maii 1877.

anno, diligenti ac iurata enarratione referant ad Sedem Apostolicam de his quae hac Nostra Epistola decernuntur, itemque de doctrinis quae in clero vigent, praesertim autem in Seminariis ceterisque catholicis Institutis, iis non exceptis quae Ordinarii auctoritati non subsunt. Idipsum Moderatoribus generalibus ordinum religiosorum pro suis alumnis iniungimus.

Haec vobis, Venerabiles Fratres, scribenda duximus ad salutem omni credenti. Adversarii vero Ecclesiae his certe abutentur ut veterem calumniam refricent, qua sapientiae atque humanitatis progressioni infesti traducimur. His accusationibus, quas christianae religionis historia perpetuis argumentis refellit, ut novi aliquid opponamus, mens est peculiare Institutum omni ope provehere, in quo, iuvantibus quotquot sunt inter catholicos sapientiae fama insignes, quidquid est scientiarum, quidquid omne genus eruditionis, catholica veritate duce et magistra, promoveatur. Faxit Deus ut proposita feliciter impleamus, suppetitias ferentibus quicumque Ecclesiam Christi sincero amore amplectuntur. Sed de his alias. — Interea vobis, Venerabiles Fratres, de quorum opera et studio vehementer confidimus, superni luminis copiam toto animo exoramus, ut, in tanto animorum discrimine ex gliscentibus undequaque erroribus, quae vobis agenda sint videatis, et ad implenda quae videritis omni vi ac fortitudine incumbatis. Adsit vobis virtute sua Iesus Christus, auctor et consummator fidei nostrae; adsit prece atque auxilio Virgo Immaculata cunctarum haeresum interemptrix. — Nos vero, pignus caritatis Nostrae divinique in adversis solatii, Apostolicam Benedictionem vobis, cleris populisque vestris amantissime impertimus.

Datum Romae, apud Sanctum Petrum, die viii Septembris mcmvii, Pontificatus Nostri Anno quinto.

PIVS PP. X.

II. — De catholicis in Hispania foederibus.

EPISTOLA.

VENERABILI FRATRI MARCELLO ARCHIEPISCOPO HISPALENSIUM — HISPALIM.

PIUS PP. X.

Venerabilis Frater Salutem et Apostolicam Benedictionem.

QUAE Nobis esset de catholicis in Hispania foederibus mens, placuit reddere, oblata quandoque opportunitate, perspicuum; quod quidem dum perageremus, et laudem spectavimus foederalibus coetibus debitam, et ad ea, quae eisdem pararentur adhuc adipiscenda commoda, incitamentum. Recentia vero quum delibaverimus perlibenter verba, quibus Hispalenses fideles e commentarii dioecesani paginis

ipse hortabare ad fulciendas id genus sodalitates, e re esse putavimus Nostras orationi tuae hortationes adiicere, id certe rati, e
catholicis egregiae spei viris, quos edidit abunde semper Hispania,
multum incrementi debere catholicorum consociationi obvenire.
Etenim si ad comparanda Ecclesiae Religionique emolumenta unus
valet catholicus vere sensus, si partium politicarum studium nunquam ad profectum rei christianae conducit officitque plurimum,
nihil Nos utilius, nihil opportunius incolumitati vestrae reperimus
quam ut, post habito plane quid quisque in re publica sentiat,
statuant omnes ac deliberent catholicam profiteri publice fidem, ta-
lique sodalitatum foedere devinciri quo catholici rationes nominis
sarta tecta serventur. Hos porro foederatos coetus et commodita-
tem afferre relligioni plurimam et necessitatem quoque persentire
temporum, nemo rerum aestimator iustus non viderit, si diligenter
reputarit animo non posse, seiunctis viribus, praesto esse salutem,
bonosque debere, quasi facta acie, multiplici pravitati hostium op-
poni. Quapropter a novis abstinere laudibus nullo modo possumus
adversus foedera illustria: ista namque sunt, quorum praesidio et
gratia hinc crescant necesse est catholicorum opera et studia, hinc
vero instructae per inimicas artes insidiae dilabantur. Eos vero,
quotquot in Hispania sunt foederatorum coetuum auctores, certiores
redditos volumus, illorum Nobis apprime probari sollertiam, quippe
quam existimamus impetere rectae rei catholicae osores, ac tueri
simul catholicum sensum fortiter congruenterque temporibus. Id
autem ipsum ad illos pertinet etiam, immo vero singulari quidem
ratione spectat qui gratia, opibus aut manu favent praecellenti operi,
cui nomen « Buena Prensa »; quos omnes exploratum Nobis est
variis iisdemque peridoneis scriptorum generibus veritatem catholicam et late propagare et sapienter defendere, ideoque dignum a
Nobis habeant grati animi vicem. Iam praemio talibus per haec
verba delato, par esse ac decorum intelligimus praecipuam tibi decernere sedulitatis atque industriae laudem, qui, memorata sodalitia condens, fidelesque cohortatus ut rationes solum rei catholicae
in foedere adamarent, praeclare de Nobis es meritus, riteque Nostram interpretatus es mentem. Qua quidem in caussa id summopere laetamur, non tibi, sive e sacro clero, sive ex ordine civium, defuisse qui actuosam fidelemque consilio tuo operam darent,
meriti propterea et ipsi quos laudatione Nostra honestaremus. Quod

si et ardor tibi, et studium fidelibus, et sinceritas universis perstabit, nulla ratione dubitamus fore ut catholicae tuitio rei in Hispania confirmetur, plurimoque atque eo longe laetissimo gaudeat profectu. Quo autem copiosius Hispanis caelestia lumina suppetant, unde compertum quotidie magis habeant quam multa e foederibus alienis a civilium studiis partium commoda pendeant, Apostolicam Benedictionem quum laudatis sodalitatibus earumque praesidibus et adiutoribus, tum maxime tibi peramanter in Domino impertimus.

Datum Romae apud S. Petrum, die I. Iulii a. MDCCCCV, Pontificatus Nostri secundo.

PIUS PP. X.

SECRETARIA STATUS

EPISTOLA

AD ILL.MUM AC R.MUM MARIANUM A. ESPINOSA, ARCHIEPISCOPUM BONAERENSEM QUA E.MUS CARDINALIS SECRETARIUS STATUS GRATIAS EIDEM AGIT ATQUE LAUDES REPENDIT OB MAGNIFICAM RECEPTIONEM NOVO INTERNUNTIO APOSTÓLICO FACTAM A POPULO ARGENTINO.

Illmo e Revmo Signore,

DAL pregiato foglio inviatomi dalla S. V. Rma il 28 del p. p. mese ho avuto gradita conferma delle consolanti notizie relative allo splendido ricevimento, di cui è stato oggetto, nel suo ingresso in codesta capitale, il nuovo Internunzio Apostolico Mons. Achille Locatelli. Io non ignoro che l'alto merito di aver saputo preparare ed organizzare quella imponentissima dimostrazione si deve a V. S., la quale anche in siffatto incontro ha avuto agio di dare nobile prova del suo esemplare attaccamento alla Sede Apostolica. Ben volentieri, pertanto, a nome dell'augusto Pontefice, al quale ho subito dato ragguaglio dell'indimenticabile ricevimento, porgo alla S. V. vivi ringraziamenti ed encomio specialissimo.

Mi è grato poi confidare che il popolo di codesta capitale, educato da V. S. a così profondo sentimento di riverenza e di amore verso la persona del Papa, continuerà a meritare il cordiale ricambio della benevolenza di Sua Santità, e nell'esempio della S. V.

faciliterà in ogni migliore maniera l'adempimento dell'alta missione affidata al pontificio rappresentante.

Nel comunicarle infine che Sua · Santità imparte a Lei ed al comitato da Lei istituito una particolare benedizione apostolica, passo a raffermarmi con sensi di ben sincera stima di V. S. Illma e Revma.

Roma 26 maggio 1907.

Servitor vero
R. Card. MERRY DEL VAL.

DECRETA SS. RR. CONGREGATIONUM

S. CONGREGATIO S. OFFICII

Declaratio circa ieiunia et abstinentias Familiarum Religiosa·
rum utriusque sexus proprios.

Feria IV, die 24 aprilis 1907.

[N generali conventu Supremae Sacrae Congregationis S. Officii, habito supradicta feria ac die, proposito dubio: « Num articulo 6° Decreti feria IV, 5 septembris 1906, *De ieiunii et abstinentiae lege in Italia reformanda* quidquam derogatum fuerit ieiuniis et abstinentiis Religiosis utriusque sexus Familiis a propriis ipsarum Regulis et Constitutionibus praescriptis »; Emi ac Rmi Dñi Cardinales Inquisitores Generales, praehabito Rmorum DD. Consultorum voto, respondendum decreverunt: « Negative; ideoque quod ad ieiunia et abstinentias ex generali Ecclesiae praecepto servandas, Religiosas utriusque sexus Familias, peculiari ieiunii aut abstinentiae voto non adstrictas, eadem ac simplices fideles lege uti posse; quod ad ieiunia vero et abstinentias eis proprias, standum esse uniuscuiusque ipsarum Regulis et Constitutionibus ».

Et sequenti feria V, die 25 eiusdem mensis, SSmus D. N. Pius divina providentia PP. X relatam sibi Emorum Patrum resolutionem benigne adprobare et confirmare dignatus est.

PETRUS PALOMBELLI
S. R. U. I. Notarius.

S. CONGREGATIO CONCILII

Dubia proposita atque iuxta morem eiusdem S. C. de iure resoluta in generalibus comitiis diei 24 augusti 1907.

Per Summaria precum:

2183
―――
7

ROTTENBURGEN.

DISPENSATIONIS AB IRREGULARITATE.

RICHARDUS Blankenhorn in aetate 20 annorum fere constitutus cupit sese ecclesiasticae militiae mancipare et hinc ad SS. ordines promoveri. Verum arcetur ob irregularitatem ex defectu corporis, quae ita enarratur in litteris commendatitiis Episcopi: « Cum orator esset puer quinque annorum, articulorum rheumatismo correptus altero pede magnopere debilitatus est. Infelici autem casu accidit, ut post aliquot annos in terram caderet super ipsum illum pedem, qui inde ita laesus est, ut necesse esset padellam eius pedis totam exsecari. Quo factum est, ut pes iste non solum curtaretur, sed etiam totus rigidus fieret. Ob eam causam huius pedis genu flectere omnino non potest, alterius autem pedis genu scamno aut mensae innixus, vix aliquantulum potest flectere ».

Facto ex praescripto H. S. C. experimento utrum orator ss. functiones rite explere valeret, Episcopus haec retulit: « Oratorem arcessivi eumque diligenti examini subieci. Illud mihi utique constabat eum in exercitio ss. functionum non omnia rite exsequi posse. Certe quidem id populo admirationi erit, quod in expositione SS. Sacramenti non genuflectendo, sed stando officio suo fungi debet, et in celebratione missae corpus tantum inclinare, non vero genuflectere potest ».

Ex praemissis apertissime patet oratorem irregularitate laborare, quare quaestio instituta fuit potius an expetita gratia sit concedenda vel non.

Plura tamen obstant gratiae concessionis, et insuper rationes favorabiles non habentur cum agatur de simplici iuveni, qui neque studiis theologicis initiatus est, neque apparet ecclesiasticae militiae nomen dedisse per clericalem tonsuram. Praeterea non suffragatur absoluta dioecesis necessitas ob cleri defectum vel speciales oratoris intellectuales qualitates, nam quoad primam testatur Episcopus clerum sufficientem esse necessitatibus suae dioecesis, quoad alteram vero causam omnino silet.

Nonnullae tamen ex adverso non desunt rationes quae precibus oratoris annuendum esse suadeant, sed attenta gravi irregularitate in casu, quamvis alias dispensationes concessae fuerint, Emi Patres preces oratoris dimiserunt respondentes:

« *In expositis adiunctis non solere concedi* ».

SS. RITUUM CONGREGATIO

DECLARATIO

Sacrorum Rituum Congregationis de Sacra Synaxi in oratoriis privatis distribuenda.

SANCTISSIMUS Dominus noster Pius Papa X in audientia habita die 8 Maii 1907 ab Emo et Rmo Dño Cardinali Seraphino Cretoni, S. R. C. Praefecto, statuere ac declarare dignatus est, ut in Indultis Oratorii privati intelligatur inclusa facultas sacram Communionem distribuendi iis omnibus Christifidelibus, qui Sacrificio Missae adsistunt; salvis iuribus parochialibus. Contrariis non obstantibus quibuscumque.

Ex Secretaria Sacrorum Rituum Congregationis, eadem die 8 Maii 1907.

L. ✠ S.

† D. PANICI, Archiep. Laodicen., *Secret.*

S. CONGREGATIO INDULGENTIARUM
ET SS. RELIQUIARUM

I. — Extensio indulgentiae plenariae toties quoties die II Novembris lucrandae, ad ecclesias omnes publicas Ordinis Benedictini, cuiuscumque sint Congregationis

Beatissimo Padre,

LA pietà verso i defunti, tanto nobilmente sentita dal popolo cristiano, ha ricevuto un nuovo possente stimolo dalla concessione fatta dalla S. V., il 27 Febbraio 1907, all'inclito Ordine Benedettino, di potersi cioè, da qualunque fedele, che visiti qualche chiesa o pubblico oratorio dell'Ordine medesimo, il giorno 2 del mese di Novembre, acquistare, *toties. quoties,* l'Indulgenza plenaria, applicabile anche ai defunti.

Ora, essendo la predetta concessione limitata alle chiese ed agli oratorii dei Benedettini di color nero, il Maggiore degli Eremiti Camaldolesi di Monte Corona, figli anch'essi del gran Patriarca dei Monaci di Occidente, affinchè le anime dei defunti, nel giorno del loro massimo suffragio, vengano più largamente espiate, e per togliere qualunque dubbio nei fedeli, se una data chiesa goda o no del privilegio, umilmente prostrato ai piedi della S. V., La supplica a voler benignamente estendere la suddetta Indulgenza a tutte le chiese ed a tutti gli oratorii pubblici dei Monaci e delle Monache dell'Ordine Benedettino, senza distinzione di colore o di famiglia.

Ex Audientia SSmi, die 2 Septembris 1907.

SS. D. N. Pius PP. X. praedictam plenariam Indulgentiam benigne extendere dignatus est ad omnes ecclesias et ad publica oratoria, tam Monachorum quam Monialium, Ordinis S. Benedicti, nulla facta distinctione formae et coloris habitus, vel familiae, servatis conditionibus in Rescripto S. Congregationis Indulgentiis sacrisque Reliquiis praepositae, d. d. 27 Februarii huius decurrentis anni enunciatis. Praesenti in perpetuum valituro, absque ulla Brevis expeditione: Contrariis quibuscumque non obstantibus.

Datum Romae, e Secretaria eiusdem S. Congregationis, die ▪ Septembris 1907.

Pro Eᵐo Dño Card. Praefecto

Fr. H. M.ª Card. GOTTI

L. ✠ S.

† D. PANICI, Archiep. Laodicen., _Secretarius._

II. — Formulae benedicendi et imponendi sacrum Numisma B. M. Virginis de Guadalupe approbantur.

A D satisfaciendum fidelium Mexicanae ditionis pietati erga Deiparam Virginem de Guadalupe, novae Hispaniae patronam, iamdiu in more positum fuit, ut numismata cuderentur, quae ex una parte SSᵐam Trinitatem referunt hispanico verbo _Trisagium_ circumscripto, e versa autem ipsam Beatam Mariam Virginem de Guadalupe, cum sequentibus verbis: _Santa Maria de Guadalupe Patrona de los Mexicanos_ aliisque. Haec vero numismata ex Apostolicis litteris diei 12 Iunii 1903 approbata plurimisque indulgentiis ditata quotannis christifidelibus diribentur. Quibus omnibus permotus, Rᵐus Dñus Prosper Maria Alarcon Archiepiscopus Mexicanus, quasdam ritus formulas pro benedicendis atque imponendis huiusmodi numismatibus concinnandas curavit easque supremae Sanctissimi Domini Nostri Pii Papae X sanctioni humiliter subiecit.

Quare ad iuris tramitem, quum Eᵐus et Rᵐus D. Cardinalis Sebastianus Martinelli Relator exhibitas binas formulas in Ordinario Sacrorum Rituum Congregationis coetu subsignato die ad Vaticanum coadunato proposuerit, Eᵐi et Rᵐi Patres Sacris tuendis Ritibus praepositi, re mature perpensa, auditoque R. P. D. Promotore sanctae fidei, rescribendum censerunt: _Pro gratia et ad Eᵐum Ponentem cum Promotore Fidei._

Die 5 Martii 1907.

Denique hisce Sanctissimo Domino Nostro Pio Papae X ab infrascripto S. Rituum Congregationi Cardinali Praefecto relatis, Sanctitas sua sententiam Sacri ipsius Consilii ratam habens suprascriptas formulas ad benedicenda riteque fidelibus imponenda numismata B. M. V. de Guadalupe suprema auctoritate Sua lubenter approbavit.

Die 6 iisdem mense et anno.

L. ✠ S.

S. Card. Cretoni *Praefectus.*

† D. Panici, Archiep. Laodicen., *Secretarius.*

FORMULA BENEDICENDI SACRUM NUMISMA
IN HONOREM BEATAE MARIAE VIRGINIS DE GUADALUPE

Sacerdos, indutus superpelliceo ac stola alba, dicat:

℣ Adiutorium nostrum in nomine Domini.

℟ Qui fecit coelum et terram.

℣ Domine, exaudi orationem meam.

℟ Et clamor meus ad te veniat.

℣ Dominus vobiscum.

℟ Et cum spiritu tuo.

Oremus

Bene✠dic, Domine, haec numismata in honorem et gloriam Sanctissimae Trinitatis excusa, necnon in venerationem ac laudem semper Virginis Mariae sub appellatione de Guadalupe: et concedere dignare, ut quicumque horum quodlibet devote gestet, semper stabilis in fide servetur, ab animae et corporis periculis liberetur, et pro infinita misericordia tua per invocationem Sanctissimae Trinitatis et per merita Beatae Virginis Mariae sine originali labe conceptae, e malignorum spirituum insidiis eripiatur, et sanctis sacramentis munitus pie decedat. In nomine Patris Omnipotentis, et Iesu Christi Filii eius, Domini nostri, et Spiritus Sancti Paracliti, et in charitate eiusdem Domini nostri Iesu Christi, qui venturus est iudicare vivos et mortuos et saeculum per ignem.

℟ Amen.

Oremus

Deus, qui sub Beatissimae Virginis Mariae singulari patrocinio constitutos perpetuis beneficiis nos cumulari voluisti; praesta supplicibus tuis: ut cuius hodie commemoratione laetamur in terris, eius conspectu perfruamur in coelis. Per Christum Dominum nostrum.

℞ Amen.

Deinde sacerdos aspergit numismata aqua benedicta.

FORMULA IMPONENDI
SACRUM NUMISMA BEATAE MARIAE VIRGINIS DE GUADALUPE

Sacerdos, superpelliceo et stola albi coloris indutus, dicat:

℣ Adiutorium nostrum in nomine Domini.

℞ Qui fecit coelum et terram.

℣ Dominus vobiscum.

℞ Et cum spiritu tuo.

OREMUS

Deus, qui sub Beatissimae Virginis Mariae singulari patrocinio constitutos perpetuis beneficiis nos cumulari voluisti: praesta supplicibus tuis, ut cuius hodie commemoratione laetamur in terris, eius conspectu perfruamur in coelis. Per Christum Dominum nostrum.

℞ Amen.

Accipe signum congregationis ad corporis et animae defensionem, ut divinae bonitatis gratia et ope Mariae matris tuae, quam sub titulo de Guadalupe nunc specialiter honoras, aeternam beatitudinem consequi merearis. In nomine Patris et Filii et Spiritus Sancti.

℞ Amen.

Accipe has litteras, quibus assertus es filius (*vel* asserta es filia) Beatae Mariae Virginis sub titulo de Guadalupe; sed tu melius moribus ac pietate te eiusdem filium (*vel* filiam) assere. Interim te cum prole pia benedicat eadem Virgo Maria.

℞ Amen.

III. — Indulgentia Plenaria conceditur Sodalibus SS. Rosarii.

Beatissime Pater,

FR. M. Henricus Desqueyrous, Procurator generalis Ordinis Praedicatorum, ad pedes S. V. provolutus, humiliter exponit quod in diversis regionibus, praesertim vero in Germania pius ille usus, inter Confratres SS. Rosarii, invaluit Rosarium integrum pro triumpho Sanctae Matris Ecclesiae recitandi, imo et ad hoc non pauci nomen suum dederunt, ut specialioris erga S. Sedem Apostolicam et Romanum Pontificem devotionis testimonium praeberent. Petit ergo humilis orator, ut Confratribus SS. Rosarii, qui, confessi ac S. Synaxi refecti, Rosarium integrum, etiam divisim, in una die naturali ad praedictam intentionem recitaverint, et aliquam ecclesiam vel publicum sacellum visitaverint, indulgentiam plenariam, etiam defunctis applicabilem, singulis diebus semel tantum lucrandam, Sanctitas Vestra benigne concedere dignetur.

Et Deus.

SSmus D. N. PP. X, in audientia die 12 Iunii 1907 ab infrascripto Card. Praefecto S. C. Indulgentiis Sacrisque Reliquiis praepositae, benigne annuit pro gratia iuxta preces. Praesenti in perpetuum valituro absque ulla Brevis expeditione. Contrariis quibuscumque non obstantibus.

Datum Romae, e Secretaria eiusdem S. C., die 12 Iunii 1907.

L. ✠ S.

S. Card. CRETONI, *Praefectus.*

D. PANICI, Archiep. Laodicen., *Secretarius.*

VI. — Iaculatoriae preci « Cœur Eucharistique » etc. quaedam adnectitur indulgentia.

Très Saint Père,

MATHIAS Rauss Recteur Majeur des Rédemptoristes et Directeur Général de l'Archiconfrérie du Cœur Eucharistique de Jésus, humblement prosterné aux pieds de Votre Sainteté, La supplie de vouloir bien accorder l'indulgence de trois cents jours, une fois par jour, applicable aussi aux âmes du Purgatoire, à l'oraison jaculatoire : *Cœur Eucharistique de Jésus, ayez pitié de nous,* déjà enrichie de 50 jours d'indulgence par S. S. Léon XIII, 12 Décembre 1900.

Et que Dieu etc.

Sacra Congreg. Indulgentiis Sacrisque Reliquiis praeposita, utendo facultatibus a SS. D. N. Pio PP. X sibi tributis, benigne annuit pro gratia iuxta preces. Praesenti in perpetuum valituro. Contrariis quibuscumque non obstantibus.

Datum Romae, e Secretaria eiusdem S. C., die 26 Iulii 1907 L. ✠ S.

S. Card. CRETONI, *Praefectus.*

+ D. PANICI, Archiep. Laodicen., *Secretarius.*

BIBLIOGRAPHIA

LAMBING REV. A. A. — *The Fountain of Living Water* or Thoughts on the holy Ghost for every day in the year; with preface by R. R. Regis Canevin D. D. Bishop of Pittsburg. 8° x-336. New-York, Pustet. L. 1,50 net.

Pulcherrimum pientissimi P. Lambing propositum fuit, quotidianam vitam spiritus christiani sacro igni Divini Paracliti fovere ac reficere. Quem in finem aptissimam hanc paravit collectionem in anni dies distribuens quidquid mystici scriptores de Spiritu S. deque Illius operibus in Christum et homines, de septem donis eorumque effusione, ac de inhabitatione in cordibus iustis, (stupendum vere dogma quod numquam satis Christi asseclae recolant!) pio ac perdocto calamo tradiderunt. Nitent hic excerpta ex sanctorum scriptis ut ex Bonaventura, Francisco Salesio, Gertrude, ex venerabilibus PP. RR. epistolis, praesertim Leonis XIII, ex illustrioribus theologis ut Scheeben, Faber, Manning, Newman, Wiseman, etc. quorum numerum centesimum longe exsuperat; atque, quod mirum est, tanta ubertate ac pietatis sensu singula nitent ut optime in diem sufficiant plenissimum ac salutare mentis pabulum. — Typorum quoque et chartarum ratio quidquid desiderare poterat, longe excellit, lectionem insimul et pietatem apte iuvando.

PRÜMMER P. FR. DOM. O. P. — Manuale iuris ecclesiastici in usum clericorum, praesertim illorum qui ad ordines religiosos pertinent. Tom. II. *Ius regularium speciale.* — Friburgi Br., Herder, 1907; in 12° (xxviii-357) L. 6,50.

Auctor huius operis quam maxime brevitati, perspicuitati, facilitati discipulorum intuitu studet. Per quaestiones ac responsiones procedens, omnia quae studio et communi praxi necessaria sunt, quacumque superfluitate resecata, iuris nostri capita tradit. Doctrina ex uberrimis et perquam celebratis operibus Vermeersch, Bastien, Wernz et maxime, ut nobis videtur, ch. Piat, desumitur tota, at numquam quae magis theologiae moralis vel finitimarum scientiarum sunt, viam impediunt. — Ordo rerum, qui maxime logicae ac perspicuitati congruit, in praesenti volumine hic est. De natura, origine et distinctione status religiosi (1-21). — De ingressu in ordinem deque religiosa professione (p. 22-72). — De obligationibus (73-160) gubernatione (161-225) privilegiis (226-337) religiosorum. — Ubique tamen nil clarius, facilius et discipulorum mentibus aptius dici poterat. Nil igitur dubitandum quin *Manuale* hoc, suo nomini in cunctis respondens, maximo cum gaudio a discipulis suscipiatur.

GENNARI CARD. CASIMIRO. — *Questioni teologico morali di materie riguardanti specialmente i tempi nostri.* Ed. seconda con giunte e correzioni, 8° gr. XXXII-932. Romae, typ. P. Veratti, 1907.

Eṁus Auctor hoc opere prosequitur laudatissimam collectionem nomine « Consultazioni » iam vulgatam. Ut in illis ita in his Quaestionibus exagitantur ac mira eruditione iudiicique securitate solvuntur innumerae cuiusque generis difficultates quae in sacris obeundis ministeriis quotidie occurrunt. Nil nisi novum ac maxima opportunitate praeditum in his 677 dubiis traditur, quum non ad quamdam academicam doctrinarum discussionem, sed ad rectum regimen animarum in utriusque cleris ubsidium dirigitur. Lectores autem nostri id peculiaris conmodi habebunt, quod saepissime in his dubiis invenient uberrimum et opportunum commentarium praecipuis S. Sedis instructionibus ac praescriptis, quum perplures Quaestiones, in rectam illorum adplicationem omnino intendant. Cfr. v. g. quae in decreta *Vigilanti studio,* (n. 46). *Ut debita,* (592, 616, 632, 635 etc.) et maxime in novissimam legem abstinentiae (p. 877, 903) disputantur.

IMPRIMATUR. — IOSEPHUS CEPPETELLI Patr. Constant., Vicesgerens.

IMPRIMATUR. — FR. ALBERTUS LEPIDI O. P. S. P. A. Magister.

CONSTANTIUS CASTELLO, *gerens responsabilis.*

ROMAE — EX TYPOGRAFIA PONTIFICIA INSTITUTI PII IX.

ACTA SUMMI PONTIFICIS

I. — EPISTOLA

VENERABILI FRATRI FRANCISCO ARCHIEPISCOPO WESTMONASTERIENSIUM — WESTMONASTERIUM.

PIUS PP. X.

Venerabilis Frater salutem et apostolicam benedictionem.

NOSTRAM Pastoris Supremi vigilantiam illa non fugit gravissima omnium res, qua catholicorum ex Anglia sollicitudo exercetur in praesens, studium dicimus tuendae fovendaeque scholae, quae fidei ac professioni catholicae congruat. Tot certe Cardinalibus Archiepiscopis Westmonasteriensibus tribuendum laudi quod fideles Angli, per postremos annos quinque et triginta, eam in rem ingenti cum conatu adlaboraverint ut catholicas scholas fortitudine defenderent, adserto in primis, oportere iuventutem institui religiose. Eiusmodi exempla decessorum te quoque esse prosecutum libet equidem agnoscere; perspectum enim Nobis est ducem te fideli populo extitisse in conferendis animose voluntatibus, quo citius votorum summam in disciplina scholarum adipiscatur. Huius porro in patrocinio caussae persuasum illud habemus non defutura vobis, vel a pluribus qui catholice non sentiant, adiumenta probationis et gratiae; etsi enim non ea isti universa contendat, quae sunt flagitanda catholicis, est tamen plane exploratum consentire eosdem vobiscum de iuventute religiose instituenda. Quapropter ad hanc tantam promerendam laudem catholicos Anglos ex animo adhortamur, eosque maxime hortatione Nostra spectamus, qui scribendis sive libris sive diariis egregiam operam navant. Hi namque perutiliter ac benemerentissime fecerint si, rationibus cunctis posthabitis quae aut privatim intersint, aut dividant perniciose animos suorum ductu Episcoporum in incepta defensione non perseverent modo, sed quotidie magis proficiant. Placet vero cum stimulo solatia iungere, quorum quidem labore curaque distentis opus certe compluribus est, iis praesertim e sacro clero, qui, mediis in populis sustentantes vitam, nullis neque e conatibus neque e molestiis se subducunt, si valeant catholicas scholas praestare incolumes: iis etiam e magistrorum magistrarumque numero, qui multa cum opera, atque incommodis non sine magnis, munere nobilissimo praeclare funguntur. Te denique sollertem praesulem collegasque singulos tuos grati animi testimonio honestamus, Vobisque ac fidelibus universis uberem e coelo gratiam deprecantes, huius divini muneris auspicem ac Nostrae benevolentiae testem Apostolicam Benedictionem peramanter in Domino impertimus.

Datum Romae apud S. Petrum die xviii Octobris mdccccv, Pontificatus Nostri tertio.

PIUS PP. X.

II. — EPISTOLA

DILECTO FILIO NOSTRO PATRITIO FRANCISCO TIT. S. SUSANNAE S. R. E. PRESBYTERO CARDINALI MORAN ARCHIEPISCOPO SYDNEYENSIUM AC PRAE-SIDI AUSTRALIENSIS SYNODI TERTIAE CETERISQUE VENERABILIBUS FRA-TRIBUS ARCHIEPISCOPIS ET EPISCOPIS AUSTRALIAE. — SYDNEYUM.

PIUS PP. X.

Dilecte fili noster et venerabiles fratres, salutem et apostolicam benedictionem.

ILLOS vere prae se ferre sedulitatem Pastorum arbitramur, qui non modo suum quisque studium, sed communis quoque sollicitudinis opem in adiumentum gregis conferre cordi habent. Talis quidem administrandae ecclesiae sapientia, atque eiusmodi perficiendarum ardor ovium vestris certe insidebant in animis, quum ad spiritualem populi profectum, tertiam habituri Australiae Synodum, Sydneyum convenistis. Vobis igitur vestrisque providentiae multae laboribus voluntate omni gratulamur. Fuit enim Nobis vehementer laetabile vestras intellexisse curas, tum in id pulcre collatas ut Australiae fideles, quod nobile praebuerunt adhuc pietatis exemplum et fidei, impertire acatholicis constanter pergerent, tum illuc apte et utiliter adiectas, et quae esse opportuniora viderentur provehendae fidei praesidia, ea perspicue paterent et communi actione adhiberentur. Quamobrem ardentissima ad Deum attollimus vota, ut quae isthic cum tam alacri diligentia Praesulum sunt incepta, eadem cum rore divinae gratiae perficiantur, conducatque celebratus coetus ad christiane instaurandam Australiam. — Auspicem caelestium gratiarum

Nostraeque dilectionis testem, apostolicam benedictionem tibi, dilecte fili noster, vobis, venerabiles fratres, creditisque cuique vestrum dioecesibus, peramanter ·in Domino impertimus.

Datum Romae·apud S. Petrum, die xxix octobris anno MDCCCCV, Pontificatus Nostri secundo.

PIUS PP. X.

III. – EPISTOLA
DILECTO FIL'O ILLUSTRI VIRO, ADMINISTRO REPUBLICAE ARGENTINAE AD NEGOTIA EXTERNA. ·

PIUS PP. X.

Dilecte fili, illustris vir, salutem et apostolicam benedictionem.

Has tibi litteras reddi iussimus per venerabilem fratrem Achillem Locatelli Archiepiscopum tit. Thessalonicensem, quem ad Rempublicam Argentinam Internuncium nostrum Apostolicum destinavimus. Hominem agnosces variis animi ornamentis praeditum tuaque humanitate ac benevolentia dignum. Eum tibi commendamus quam maxime, ut officia tua atque studia in nulla re desideret. Volumus autem ut quaecumque nostro dicturus est nomine, ei omnia credas, ut crederes nobis. Caelestium munerum auspicem benevolentiaeque nostrae testem, apostolicam tibi benedictionem amanter in Domino impertimus.

Datum Romae apud S. Petrum sub annulo Piscatoris die xiv dec. anno 1906, pontificatus nostri quarto.

L. ✠ S.

VINCENTIUS SARDI *a Secret.*

IV. — EPISTOLA
Qua Summus Pontifex Pius X Episcoporum Longobardorum gratissima habet vota et opera.

PIUS PP. X

Dilecte Fili Noster et Venerabiles Fratres, salutem et apostolicam benedictionem.

Communis epistola, quam vos Raudiis Campis de more congressi, ad aedem Virginis, nuper Nobis misistis, quamquam fere de iis rebus erat quae Nos maxime sollicitos et anxios habent, gratissima Nobis accidit. Id enim afferebat solatii, cuius praecipue indigemus

hoc tempore: siquidem molestias curasque minuere, quas ex con-
tumacia ac temeritate quorumdam percipimus nihil magis potest,
quam diligentia sacrorum Antistitum, qui in tuenda vel doctrina
fidei vel disciplina Ecclesiae omnem suam Nobis operam studiumque navent. Vosque ita videmus affectos esse quemadmodum dili-
gentissimos decet Episcopos: commotos nempe vehementer ea No-
stra denuntiatione periculi, quod catholico nomini intrinsecus con-
flatur; et acri vigilantia intentos ad cavendum, ne quid propterea
detrimenti greges vestri capiant. Nos autem pastorale studium vestrum eo complectimur libentius, quia cum eximia erga Nos pietate
coniunctum est. Nam quod vos ex officii conscientia facitis, id ipsum
ad aegritudinem Nostram diluendam valere vultis; eamque ut magna Dei Mater per proxima Sacerdotii Nostri solemnia Nobis ab-
stergat omnem, comprecamini. Utinam quae insigni Ecclesiae praeconio laudatur expultrix haeresum, vestris faveat votis, Nosque
tam celeriter ab his curis respirare sinat. Quod si futurum est, ut
eaedem sollicitudinis causae diutius insideant, Illa certe opem a
Deo vobis exorabit, unde Nos, ut facitis, sanctae diligentiae vestrae
fructibus recreetis. Itaque gratum de praestito pie officio signifi-
camus Nostrum Vobis animum; cuius quidem testem, eamdemque
divinorum auspicem munerum, vobis, dilecte Fili Noster et Venerabiles Fratres, et clero ac populo, cuique vestrum concreditis, Apostolicam benedictionem peramanter impertimus.

Datum Romae apud S. Petrum, die xII iunii anno MDCCCVII,
Pontificatus Nostri quarto.

PIUS PP. X.

V. — EPISTOLA

Qua Summus Pontifex Legatum Apostolicum ad conventum Eucharisticum Metensem mittit.

VENERABILI FRATRI NOSTRO VINCENTIO S. R. E. CARDINALI VANNUTELLI
EPISCOPO PRAENESTINO.

PIUS PP. X

Venerabilis Frater Noster, satutem et apostolicam benedictionem.

S OLEMNIS catholicorum conventus, hoc anno de more habendus
honori SS. Eucharistiae, Metas, ut nosti, indictus est in mensem proximum. Quanti sit apud Nos huiusmodi institutum, et quan-
topere Nobis fovendum videatur, vulgo putamus exploratum esse;
· tibi in primis, Venerabilis Frater Noster, quem anno superiore

ad eum conventum, qui Turnaci habitus est, Legatum misimus. Etenim inter cetera, quae religionis causâ, boni in morem induxerunt,
hoc maxime est salutare et frugiferum, quod frequentes in unum
statis temporibus coeunt consultandi gratia, quo pacto ad cultum,
venerationem, usumque Sacramenti Augusti alios usque plures in-
flamment atque excitent. Quippe centrum christianae vitae atque
adeo Ecclesiae velut anima in Eucharistia consistit; quam quo magis
catholicae gentes in amore habuerint, eo uberius vitam Iesu Christi
participaverint, eoque felicius christianae rei et privatim et publice
consultum fuerit. Si quid igitur est singulari auctoritatis Nostrae
suffragio dignum, certe haec tanta in Eucharistiam pientissimorum
hominum studia sunt dignissima. Quare quod iam tibi mandavimus
muneris, iterum mandare libet; ac propterea his te litteris Legatum
Nostrum renuntiamus, qui conventui Eucharistico Metensi, nomine
Nostro, praesideas. Hoc tu fungendo munere, tuam quidem eximiam sollertiam, pietatem, diligentiam praestabis; simul autem uberem, opinamur, sanctae laetitiae voluptatisque fructum capies. Nam
elaborantibus praesertim Venerabilibus Fratribus, Metensi et Na-
murcensi Episcopis, ita intelligimus res apparari, ut iam nunc conii-
cere liceat, hunc coetum et frequentia virorum clarissimorum, et
numero Sacrorum Antistitum et celebri civitatis hospitae concursu
fore memorabilem. Futurum autem praeclaris utilitatibus foecundum,
cernimus ex iis rebus, quae erunt pertractandae, quarum summa huc
redit, ut in cunctis christianae societatis ordinibus studium excitetur
Eucharistici Convivii, potissimeque eius frequentandi consuetudo.
Haec profecto quasi compendiaria via est ad salutem vel singulorum
vel communem: hortari omnes et impellere ut Iesum adeant in Eucharistia praesentem et vivum; qui quum causa nobis et fons est
omnium bonorum, tum nos infinita instinctus caritate, ut laborantes
reficiat convocare ad se et invitare non cessat. Iam vero dantibus
operam, ut optatis amantissimi Redemptoris Nostri satisfiat cumu-
latius, Ipsius ad deliberandum lumina, ad agendum auxilia sine
dubio affluent. Quorum auspicem munerum, ac peculiaris Nostrae
benevolentiae testem, tibi, Venerabilis Frater Noster, et universis
qui in coetu interfuerint Apostolicam benedictionem peramanter
impertimus.

Datum Romae apud S. Petrum die XVI iulii anno MCMVII, Pontificatus Nostri quarto.

PIUS PP. X.

MOTU PROPRIO

De sententiis Pontificalis Consilii Rei Biblicae provehendae praepositi ac de censuris et poenis in eos qui praescripta adversus modernistarum errores neglexerint.

PRAESTANTIA Scripturae Sacrae enarratâ, eiusque commendato studio, Litteris Encyclicis *Providentissimus Deus*, datis XIV calendas decembres a. MDCCCLXXXXIII, Leo XIII, Noster immortalis memoriae Decessor, leges descripsit quibus Sacrorum Bibliorum studia ratione proba regerentur; Librisque divinis contra errores calumniasque Rationalistarum assertis, simul et ab opinionibus vindicavit falsae doctrinae, quae *critica sublimior* audit; quas quidem opiniones nihil esse aliud palam est, nisi *Rationalismi commenta*, quemadmodum sapientissime scribebat Pontifex, *e philologia et finitimis disciplinis detorta*.

Ingravescenti autem in dies periculo prospecturus, quod inconsultarum deviarumque sententiarum propagationem parabatur, Litteris Apostolicis *Vigilantiae studi que memores*, tertio calendas novembres a MDCCCCII datis, Decessor idem Noster Pontificale Consilium seu *Commissionem* de re Biblica condidit, aliquot doctrina et prudentia claros S. R. E. Cardinales complexam, quibus, Consultorum nomine, complures e sacro ordine adiecti sunt viri, e doctis scientia theologiae Bibliorumque Sacrorum delecti, natione varii, studiorum exegeticorum methodo atque opinamentis dissimiles. Scilicet id commodum Pontifex, aptissimum studiis et aetati, animo spectabat, fieri in Consilio locum sententiis quibusvis libertate omnimoda proponendis, expendendis disceptandisque; neque ante, secundum eas Litteras, certa aliqua in sententia debere Purpuratos Patres consistere, quam quum cognita prius et in utramque partem examinata rerum argumenta forent, nihilque esset posthabitum, quod posset clarissimo collocare in lumine verum sincerumque propositarum de re Biblica quaestionum statum: hoc demum emenso cursu, debere sententias Pontifici Summo subiici probanda, ac deinde pervulgari.

Post diuturna rerum iudicia consultationesque diligentissimas, quaedam feliciter a Pontificio de re Biblica Consilio emissae sententiae sunt, provehendis germane biblicis studiis, iisdemque certa norma dirigendis perutiles. At vero minime deesse conspicimus qui, plus nimio ad opiniones methodosque proni perniciosis novitatibus affectas, studioque praeter modum abrepti falsae libertatis, quae sane est licentia intemperans, probatque se in doctrinis sacris equidem insidiosissimam maximorumque malorum contra fidei puritatem fecundam, non eo, quo par est, obsequio sententias eiusmodi, quamquam a .Pontifice probatas, exceperint aut excipiant.

Quapropter declarandum illud praecipiendumque videmus quemadmodum declaramus in praesens expresseque praecipimus, universos omnes conscientiae obstringi officio sententiis Pontificalis Consilii de re Biblica, ad doctrinam pertinentibus, sive quae adhuc sunt emissae sive quae posthac edentur, perinde ac Decretis Sacrarum Congregationum a Pontifice probatis, se subiiciendi; nec posse notam tum detrectatae obedientiae tum temeritatis devitare aut culpa propterea vacare gravi quotquot verbis scriptisve sententias has tales impugnent; idque praeter scandalum, quo offendat, ceteraque quibus in causa esse coram Deo possint, aliis, ut plurimum, temere in his errateque pronunciatis.

Ad haec, audentiores quotidie spiritus complurium modernistarum repressuri, qui sophismatis artificiisque omne genus vim efficacitatemque nituntur adimere non Decreto solum *Lamentabili sane exitu* ([1]), quod v nonas iulias anni vertentis S. R. et U. Inquisitio, Nobis iubentibus, edidit, verum etiam Litteris Encyclicis Nostris *Pascendi Dominici gregis* ([2]), datis die viii mensis septembris istius eiusdem anni, Auctoritate Nostra Apostolica iteramus confirmamusque tum *Decretum* illud Congregationis Sacrae Supremae, tum *Litteras* eas Nostras *Encyclicas*, addita *excommunicationis* poena adversus contradictores; illudque declaramus ac decernimus, si quis, quod Deus avertat, eo audaciae progrediatur ut quamlibet e propositionibus, opinionibus doctrinisque in alterutro documento, quod supra diximus, improbatis tueatur, censura ipso facto plecti capite *Docentes* Constitutionis *Apostolicae Sedis* irrogatâ, quae prima est in excommunicationibus latae sententiae Romano Pontifici simpliciter reservatis. Haec autem excommunicatio salvis poenis est intelligenda, in quas, qui contra memorata documenta quidpiam commiserint, possint, uti propagatores defensoresque haeresum, incurrere, si quando eorum propositiones, opiniones doctrinaeve haere-

([1]) Cf. *Acta Pontificia*, hoc Vol. pag. 258.
([2]) Ibid. pag. 373.

ticae sint, quod quidem de utriusque illius documenti adversariis plus semel usuvenit, tum vero maxime quum modernistarum errores, id est *omnium haereseon collectum*, propugnant.

His constitutis, Ordinariis dioecesum et Moderatoribus Religiosarum Consociationum denuo vehementerque commendamus, velint pervigiles in magistros esse, Seminariorum in primis; repertosque erroribus modernistarum imbutos, novarum nocentiumque rerum studiosos, aut minus ad praescripta Sedis Apostolicae, utcumque edita, dociles, magisterio prorsus interdicant: a sacris item ordinibus adolescentes excludant, qui vel minimum dubitationis iniiciant doctrinas se consectari damnatas novitatesque maleficas. Simul hortamur, observare studiose ne cessent libros aliaque scripta, nimium quidem percrebrescentia, quae opiniones proclivitatesque gerant tales, ut improbatis per Encyclicas Litteras Decretumque supra dicta consentiant: ea summovenda curent ex officinis librariis catholicis multoque magis e studiosae iuventutis Clerique manibus. Id si sollerter accuraverint, verae etiam solidaeque faverint institutioni mentium, in qua maxime debet sacrorum Praesulum sollicitudo versari.

Haec Nos universa rata et firma consistere auctoritate Nostra volumus et iubemus, contrariis non obstantibus quibuscumque.

Datum Romae apud Sanctum Petrum die xviii mensis novembris a. mdcccvii, Pontificatus Nostri quinto.

PIUS PP. X.

SECRETARIA STATUS

I. — Nonnullae traduntur normae pro Universitate Manilensi.

Dalla Segreteria di Stato, li 4 aprile 1906.

LA Santità di Nostro Signore, volendo dare alla Provincia del SS. Rosario dei PP. Predicatori un nuovo attestato di benevolenza, e mirando insieme alla maggiore stabilità delle opere da essa con tanto zelo e frutto sostenute, si è degnata dichiarare, concedere e prescrivere quanto segue:

I. Per ricevere i gradi accademici in teologia e diritto canonico, gli alunni mandati dai Vescovi suffraganei dovranno non solamente frequentare i corsi scolastici della Università di S. Tommaso di Manila, sotto pena di inabilità per ottenere i detti gradi, ma dovranno inoltre convivere completamente separati dalle persone secolari, come alunni interni nella Università, nel modo e con la disciplina propria di un vero Seminario esclusivamente per chierici. Gli alunni della diocesi di Manila potranno convivere o nella Università o nel Seminario diocesano di Manila, a giudizio dell'Arcivescovo, frequentando però le scuole dell'Università per essere canonicamente abili a conseguire i gradi accademici.

II. La pensione da pagarsi dai singoli chierici convittori sarà determinata dal Rettore, d'accordo coi Rmi Ordinarii.

III. Resta generalmente proibito ai convittori chierici il passare le piccole o le grandi vacanze fuori dell'Università o della casa di villeggiatura della stessa Università.

Le dispense saranno rare, concesse con causa sufficiente e previa la licenza del rispettivo Ordinario.

IV. Il licenziamento dei chierici convittori, per causa di incapacità intellettuale o morale o per indegnità è lasciato alla coscienza e prudenza del Rettore e suo Consiglio, il quale dovrà avvisare il rispettivo Ordinario, indicando le cause del licenziamento fatto o da farsi.

V. Le iscrizioni o matricole dei chierici studenti nell'Università e gli studi stessi cogli esami annui o di fine di anno accademico, come anche di grado inferiore, saranno completamente gratuiti. Per i soli gradi di Licenza e di Dottorato saranno pagati i diritti stabiliti o da stabilirsi, salvo nel Rettore col suo Consiglio la facoltà di dispensare in parte o in tutto dalle tasse i Licenziati o Dottori che, per speciali motivi, si giudicheranno meritevoli di benigna condonazione.

VI. L'amministrazione dei beni del Collegio chiamato di S. Giuseppe di Manila da trent'anni affidata alla Università e fino ad oggi retta dalla benemerita direzione della stessa Università, rimane confermata e invariata come per il passato, e colla stessa destinazione, salvo sempre nei Padri Domenicani l'obbligo di sottostare alla ispezione e patronato dell'Ordinario di Manila.

Tanto si partecipa al Revmo P. Ministro Generale dei Frati Predicatori, per sua intelligenza e norma.

R. Card. MERRY DEL VAL.

Rmo P. M. Giacinto Maria Cormier
Maestro Gen. dei Frati Predicatori

II. — Conventio inter Sanctam Sedem et Russiam de lingua, historia et literatura russicis in catholicis Poloniae Seminariis.

LES soussignés, ayant été autorisés par leurs Gouvernements de conclure, au sujet de l'étude et des examens de la langue, de l'histoire et de la littérature russes dans les Séminaires catholiques de Pologne, un accord sur la base des Conventions de 1882 et de 1897 et du Pro-Memoria remis par le Cardinal d'Etat de Sa Sainteté au Chargé d'Affaires de Russie en date du 4 Août 1906, sont convenus des articles suivants:

I. Le plan et le programme de l'étude de la langue, de l'histoire et de la littérature russes sont formés par l'Evêque (à la direction duquel les Séminaires diocésains sont soumis) d'accord avec le Gouvernement, en conformité de la nature et du but des Séminaires. Les maîtres enseignant ces branches sont de même nommés par l'Evêque avec l'agrément préalable du Gouvernement.

II. Les examens de la langue, de l'histoire et de la littérature russes dans les Séminaires, à l'occasion du passage des élèves d'une classe à l'autre et de leur sortie du Séminaire, se font en présence du Gouverneur local ou d'une personne spécialement déléguée par lui à cet effet, assisté d'un Représentant de l'Arrondissement scolaire.

III. Le droit de donner des notes aux élèves est reservé aux professeurs. La présence du Représentant du Pouvoir et de l'autorité scolaire aux examens a seulement pour but de donner au Gouvernement le moyen de s'informer de première source sur la marche et les progrès de l'enseignement de matières non théologiques et de venir en aide à cet enseignement par les moyens qu'il a à sa disposition.

IV. Les examens à l'occasion du passage d'une classe à l'autre sont seulement verbaux; les examens à l'occasion de la sortie du Séminaire sont verbaux et par écrit.

V. Les thèmes pour les examens par écrit sont choisis par l'Evêque en conformité avec les cours de langue, d'histoire et de littérature russes faits aux élèves du Séminaire. Ils sont communiqués par l'Evêque qui extrait, en présence des élèves de la classe de sortie, un des billets cachetés indiquant le thème.

Toutes les dispositions de l'accord de 1882, ne portant pas directement sur l'enseignement dans les Séminaires du. Royaume de Pologne de la langue, littérature et histoire russes, ni sur les examens de ces matières, restent en vigueur, ainsi que celles de la convention de 1897.

Rome, le 22 Juillet 1907.

R. Card. MERRY DEL VAL.

S. SAZONOW.

DECRETA SS. RR. CONGREGATIONUM

————◇✱◇————

S. CONGREGATIO S. OFFICII

De ieiuniis et abstinentia Familiarum Religiosarum utriusque sexus propriis.

DECLARATIO.

Feria IV, die 24 aprilis 1907.

IN generali conventu Supremae Sacrae Congregationis S. Officii, habito supradicta feria ac die, proposito dubio: « Num articulo 6º Decreti feria IV, 5 septembris 1906, *De ieiunii et abstinentiae lege in Italia reformanda* [1] quidquam derogatum fuerit ieiuniis et abstinentiis Religiosis utriusque sexus Familiis a propriis ipsarum Regulis et Constitutionibus praescriptis·»; Emi ac Rmi Dñi Cardinales Inquisitores Generales, praehabito Rmorum DD. Consultorum voto, respondendum decreverunt: « Negative; ideoque quod ad ieiunia et abstinentia ex generali Ecclesiae praecepto servandas, Religiosas utriusque sexus Familias, peculiari ieiunii aut abstinentiae voto non adstrictas, eadem ac simplices fideles lege uti posse; quod ad ieiunia vero et abstinentias eis proprias, standum esse uniuscuiusque ipsarum Regulis et Constitutionibus ».

Et sequenti feria V, die 25 eiusdem mensis, SSmus D. N. Pius divina providentia PP. X relatam sibi Emorum Patrum resolutionem benigne adprobare et confirmare dignatus est.

PETRUS PALOMBELLI, *S. R. U. I. Notarius.*

[1] Cf. *Acta Pontificia*, Vol. IV, pag. 369.

S. CONGREGATIO EPISCOPORUM ET REGULARIUM

I. — SORANA. — MATRICITATIS.

HAEC insignis causa, cuius fata enarravimus, in praecedenti congr. 16 febr. 1906 dirimi non potuit, quum plura elementa ad so· lutionem deessent, praesertim de praxi vigenti. Quum autem haec tandem suppeditata essent, ac insuper vis iuridica transactionis seu concordiae d. 6 maii 1794 initae, ab utraque parte recognita fuerit, Emi Patres in Congr. diei 7 iun. 1907 propositis dubiis responde· runt:

Ad I, II et III ad mentem. Mens est: 1º. *Che nel chiamare all' ob· bedienza i parroci delle due chiese di S. Michele e S. Maria di Civita in Arpino si osservi l'alternativa tanto in occasione del « Pastor bonus » quanto in quella del sinodo diocesano incominciando però tale alternativa dall' Abbate parroco di S. Michele.*

2º. *Che la prima visita di Mons. Vescovo in Arpino debba aprirsi nella Chiesa di S. Michele secondo le norme prescritte dal Pon· tificale e col solo intervento del clero di questa collegiata.*

3º. *Che in tutto il resto si osservi la prassi vigente.*

II. — ABULEN. — TRANSITUS AD STRICTIOREM RELIGIONEM.

MONIALES Monasterii Incarnationis Abulae, Ord. Carmelitarum Calceatarum consilium inivere religionem discalceatarum am· plectendi, cui consilio quatuor tamen ex 18 religiosis obstiterunt. Res delata est huic S. C. quae de more plenam informationem tum a Pro· curatoribus Generalibus utriusque Ordinis exquisivit et insuper vota Archiep. Toletan. et Episcopi Malacen. qui a. 1890 regimen dioec. Abulensis susceperat. Archiep. Toletan. petitioni substantialiter fa· vet, at cavendum insinuat dissentientes moniales ad alterum sui sui Ordinis monasterium transferendas esse. Episcopus vero Malacen. rem pluribus perpensis, declarat: 1º sub aspectu mystico seu historico res immutandas non esse, quippe Monast. Incarnationis ubi S. The· resia ante Discalceationem plurimum commorata est, tali historiae et asceseos splendore illustratur, ut sane in obscuriorem et strictiorem formam iuxta discalceationis ritualia redactum, plurimis imminue·

retur. 2º Neque sub aspectu monastico, maioris scilicet perfectionis, res urget: quam ut uterque Procurator Generalis confirmat, abstractione facta ab unius alteriusve monialis peculiaribus necessitatibus, non videtur id consilii ineundum esse, quod nec ipsa S. Reformatrix nec quae per tria saecula moderatrices successerunt, necessarium iudicarunt. Quin immo ipsa S. Theresia, reformatione peracta, hoc monasterium iterum petiit, in eoque absque ulla immiutatione ut Priorissa degit. 3º Demum sub aspectu *domestico* domus monasterii utique vetusta sed ·neutiquam collabens est neque rei familiaris angustiae per hanc innovationem satis provisum iri. Quibus positis dubio:

« Se e come debba accettarsi la domanda fatta dalle Carmelitane calzate del Monastero della Incarnazione nella dioc. di Avila in Ispagna di abbracciare la regola delle Carmelitane Scalze nel caso ».

Emi Patres in Congr. Gen. 7 iunii 1907 responderunt:

« *Pro nunc non expedire* ».

III. — Approbatio definitiva Constitutionum Instituti « Petites Sœurs des Pauvres ».

DECRETUM

SANCTISSIMUS DOMINUS NOSTER PIUS DIVINA PROVIDENTIA PAPA X in audientia habita ab infrascripto Cardinali S. C. Episcoporum et Regularium praefecto die 5 maii 1907, approbationem datam a f. m. Leone PP. XIII die 1 iul. 1886 Constitutionibus Parvularum Sororum Pauperum, quibusdam immutatis propter felicem Instituti in toto orbe diffusionem, confirmare dignatus est ac praesentis Decreti tenore definitive confirmat et approbat, sicut in hoc volumine lingua gallica exarato iacent, quarum exemplar authenticum in Archivo eiusdem S. Congregationis asservatur: salva Ordinariorum iurisdictione ad normam SS. Canonum et Apostolicarum Constitutionum.

Datum Romae ex Secretaria memoratae S. C. Episcoporum et Regularium diei 6 maii 1907.

L. ✠ S.   D. Card. FERRATA, *Praefectus.*

PH. GIUSTINI, *Secretarius.*

IV. — Decretum quo approbatur Institutum Sororum Clarissarum Franciscalium a SS. Sacramento Brictinorien.

$\frac{8773}{16}$

DECRETUM

QUATUORDECIM abhinc annis ortum duxit in dioecesi Brictinorien. Institutum Sororum Clarissarum Franciscalium a SS. Sacramento nuncupat., quod subinde, domo principe rite constituta in eadem dioecesi aggregationem Ordini Seraphico obtinuit. Praeter finem primarium assequendi propriam cuiusque sanctificationem, enunciatis Sororibus propositus est scopus peculiaris incumbendi ad eruditionem piamque educationem puellarum. Vitam omnes agunt perfecte communem sub regimine moderatricis Generalis et exacto novitiatu simplicia vota obedientiae, paupertatis et castitatis emittunt ad normam specialium Constitutionum. Quum autem constet ex fidedignis testimoniis praedictas Sorores non solum in Brictinorien. sed etiam in aliis pluribus dioecesibus domos canonice erectas habere et ubique praeclaris laudibus a SS. Praesulibus elatas fuisse, uberemque tulisse salutarium fructuum copiam, SS. Dominus Noster Pius Div. Prov. PP. X in audientia habita ab infrascripto cardinali S. C. Episcoporum et Regularium praefecto, die 5 huius mensis et anni, benigne annuens precibus Superiorissae Generalis, praefatum Institutum approbare et confirmare dignatus est, prout praesentis decreti tenore approbat et confirmat, salva Ordinariorum iurisdictione ad normam SS. CC. et AA. CC., dilata ad opportunius tempus approbatione Constitutionum, quae interim conformentur Normis a praefata S. C. editis.

Datum Romae ex Secretaria memoratae S. C. EE. et RR. die 9 maii 1907.

L. ✠ S.   D. Card. FERRATA, *Praefectus.*

PH. GIUSTINI, *Secretarius.*

V. — Approbatio definitiva novarum Constitutionum Ordinis Servorum S. Mariae.

7742
16

DECRETUM

S ACRA Congregatio· Episcoporum et Regularium maturo examini subiectis Constitutionibus Ordinis Fratrum Servorum S. Mariae, eas, uti continentur in hoc exemplari cuius autographum asservatur in Archivo eiusdem 'S. Congregationis, approbandas et confirmandas esse censet, prout vigore specialium facultatum a SS. Domino Nostro Pio Divina Providentia PP. X concessarum per praesens decretum approbat et confirmat. Contrariis quibuscumque non obstantibus.

Datum Romae ex Secretaria ipsius S. Congregationis Episcoporum et Regularium, die 15 maii 1907.

L. ✠ S.   D. Card. FERRATA, *Praefectus.*

PH. GIUSTINI, *Secretarius.*

VI. — Approbatio Instituti Sorororum Tertiariarum S. Dominici vulgo « de la Anunciada » eiusque Constitutionum ad septennium.

2033
16

DECRETUM

S ANCTISSIMUS DOMINUS NOSTER PIUS DIVINA PROVIDENTIA PAPA X. attentis salutaribus fructibus ubertim latis ab Instituto Sororum Tertiariarum S. Dominici vulgo *de la Anunciada* nuncupatarum et domum principem Vici in Hispania habentium attentisque praesertim commendatitiis litteris Sacrorum Antistitum, quorum in Dioecesibus enunciatae Sorores commorantur, in Audientia habita ab infrascripto Cardinali S. C. EE. et RR. Praefecto die 5 huius mensis, Institutum ipsum uti Congregationem votorum simplicium sub regimine moderatricis Generalis approbare et confirmare dignatus est; praeterea eiusdem Instituti Constitutiones prout continentur in hoc exemplari cuius autographum in Archivo praefatae S. Congr. adservatur, *ad septennium* per modum experimenti benigne adprobavit et confirmavit prout praesentis Decreti tenore respective approbat et confirmat, salva Ordinariorum iurisdictione ad formam SS. CC. et AA. CC.

Datum Romae ex Secretaria memoratae S. Congregationis die 20 maii 1907.

L. ✠ S.   D. Card. FERRATA, *Praefectus.*

PH. GIUSTINI, *Secretarius.*

_____

VII. — Erectio Congregationis Canonicorum Lateranensium Austriacae et Approbatio ad sexennium Statutorum ac Constitutionum.

$\frac{8350}{16}$

DECRETUM

SANCTISSIMUS DOMINUS NOSTER PIUS DIVINA PROVIDENTIA PAPA X. in audientia habita ab infrascripto Cardinali S. C. Episcoporum et Regularium Praefecto die 16. h. m. unionem Canonicorum Neocellen. Ducumbergen. S. Floriani, Richerien. Voravien. et Claustroneuburgen. ad effectum condendi Congregationem sub titulo Congregationis Canonicorum Regularium Lateranensium Austriacae erectam declarare dignatus est: praeterea statuta pro regimine enunciatae Congregationis et adiectas declarationes ad Regulam S. Augustini, ut continentur in hoc exemplari cuius autographum asservatur in Archivo praedictae S. Congregationis EE. et RR., ad sexennium per modum experimenti benigne approbavit et confirmavit, prout praesentium litterarum tenore declarat ac respective approbat et confirmat. Contrariis quibuscumque non obstantibus.

Datum Romae ex Secretaria memoratae S. C. EE. et RR. diei 25 iunii 1907.

L. ✠ S.   D. Card. FERRATA, *Praefectus.*

PH. GIUSTINI, *Secretarius.*

_____

VIII. — Approbatio Instituti vulgo « Servantes du Cœur de Jésus de s. Quentin ».

$\frac{10135}{16}$

DECRETUM

SANCTISSIMUS DOMINUS NOSTER PIUS DIVINA PROVIDENTIA PAPA X in audientia habita ab infrascripto Cardinali Praefecto S. C. EE. et RR. die 6 aug. 1907 attentis litteris commendatitiis Antistitum locorum in quibus reperitur Institutum cui gallice titulus « Servantes du Cœur de Jésus de s. Quentin », Institutum ipsum ut Congregationem votorum simplicium sub regimine Moderatricis generalis, salva tamen Ordinariorum iurisdictione ad normam SS. CC. et AA. CC., approbare dignatus est prout praesentis decreti tenore approbat: delata ad opportunius tempus approbatione Constitutionum.

Datum Romae ex Secretaria praefata S. C. EE. et RR. die 21 augusti 1907.

L. ✠ S. D. Card. FERRATA, *Praefectus.*

PH. GIUSTINI, *Secretarius.*

S. CONGREGATIO CONCILII

I. — **De fidei professione a canonicis ac parochis emittenda.**

Beatissime Pater,

IOANNES Emmanuel Sans et Saravia, Episcopus Legionensis in Hispania, Sanctitati Vestrae sequens dubium humiliter exponit:

Mos est in hac dioecesi, sicut in quamplurimis Hispaniae, ut tam canonici ecclesiae Cathedralis, qui praebendam obtinent per concursum, quam clerici beneficiati curam animarum habentes adnexam, fidei professionem emittant in actu collationis, illi coram Episcopo et Capitulo, hi vero coram Episcopo vel Vicario Generali, sed actus professionis non iteratur, quamvis actus possessionis transferatur in aliam diem. Cum vero lex professionis fidei emittendae urgeat a die adeptae possessionis, quaeritur: « Utrum canonici et parochi qui professionem fidei emiserunt in actu collationis, iterum illam emittere debeant infra duos menses a die adeptae possessionis, quando actus collationis et possessionis non sunt simultanei ».

Die 16 novembris 1906. S. Congregatio C. Tridentini Interpres, suprarelato dubio Rmi Episcopi Legionensis ita respondendum censuit:

« *Canonici et parochi, qui fidei professionem emiserunt in actu collationis beneficii, non teneri aliam emittere infra duos menses a die adeptae possessionis* ».

L. ✠ S. † VINCENTIUS Card. Episc. Praenest., *Praefectus.*

C. DE LAI, *Secretarius.*

II. — Confirmantur Acta Concilii Provincialis Mediolanen-sis VIII, eademque typis edendi facultas conceditur.

Eme ac Rme Dñe mi Obsme,

DEBITO plane fungor officio gratulandi Eminentiae Tuae de abso·luto feliciter, Tuo ducto et auspiciis, Mediolanensi Concilio Pro-vinciali octavo. Luce enim quae in ipso constituta sunt ingentem produnt amorem congregatorum Patrum erga fidelem populum, si-mulque mirificam cognitionem praesentium necessitatum in quibus ille versatur.

Eius igitur synodi documenta, ad exactissimam iuris normam multa opportunitate ac sapientia confecta, magno profecto usui erunt, ad christianam vitam in populo roborandam.

Haec, quae mihi Tecum et cum omnibus Mediolanensis Concilii Patribus communia sunt vota, impleat benignissimus Deus detque, quod Ecclesia precatur, « ut de profectu sanctarum ovium fiant gaudia aeterna pastorum ».

Pergratum est addere, istius acta synodi ab Emis Patribus huius S. Congregationis Concilii mature perpensa fuisse atque re-cognita eademque ad SSmum Patrem Pium X delata meruisse Eius laudes et Apostolicam benedictionem, cum facultate ea typis edendi.

Interim remittens exemplar voluminis una cum voto Consul·toris et emendationibus ab Emis S. huius Congñis Patribus pro-positis, gaudeo impensum animi mei obsequium exhibere Eminen·tiae Tuae, cuius manus summa cum demissione deosculor.

E. V. Rmae.

Romae, 3 augusti 1907.

Huñus Addñus Servus verus

† VINCENTIUS Card. Episc. Praenest., *Praefectus.*

C. DE LAI, *Secretarius.*

Mediolanen. Emo Card. Archiepiscopo.

III. — **Dubia proposita atque iuxta morem eiusdem S. C. de iure resoluta in generalibus comitiis diei 24 augusti 1007.**

Cfr. *Acta Pontificia*, hoc Vol. pag. 412.

1979
7

I. — S. CLAUDII — DE DISPENSATIONIBUS MATRIMONII OB ANGUSTIAM LOCI.

Episcopus S. Claudii mense aprili elapso sequens, gallico exaratum idiomate, postulatum S. Poenitentiariae obtulit.

Interdum accidit ut duo supplicantes, qui a Summo Pontifice dispensationem petunt ab aliquo impedimento dirimente, commorentur, vel ortum duxerint in eadem paroecia, quae numero constet tercenti focorum, sed efformetur a variis pagis inter se parum distantibus, et oratores non in eodem loco sed in distinctis locis, paroeciam unicam constituentibus inhabitent, vel nati sint.

Parochus declarat oratores esse paroeciae N. et causa, quae ad dispensationem obtinendam adducitur, est angustia *loci originis* vel *domicilii*, iuxta casus.

Dataria Apostolica in concedendis dispensationibus praefatam causam ita exprimit « . . . *cum dicta mulier in loco quo ipsa et orator praefatus domicilium habent,* vel (*in loco ex quo ipsa et orator praefatus orti sunt*) . . . propter illius angustiam virum paris conditionis cui nubere possit, invenire nequeat ».

Oratores ergo domicilium habent et orti sunt in territorio eiusdem paroeciae N. quae vix numerum attingit tercentum focorum sed habitant, vel nati sunt, in locis distinctis qui paroeciam efformant. Quare petiit praefatus Episcopus:

« An hisce in casibus praedictae dispensationes uti validae censendae sint, et hinc ad executionem demandare possint ».

Huic petitioni a S. Poenitentiaria sub die 2 Maii mox decursi ita fuit responsum : « S. Poenitentiaria super praemissis consulta respondet: — Angustiam loci esse causam quae a muliere alleganda est. Pro solutione vero propositae quaestionis recurrendum esse ad S. Congregationem Concilii ».

Iam vero proposita quaestio uti ex transcripto postulato, non refertur ad casum in quo mulier et sponsus sint ex eodem angusto loco vel in eodem loco augusto commorantur, sed ad alium pro-

fecto diversum, quando nempe locus nativitatis vel domicilii mulieris est omnino distinctus a loco originis vel commorationis viri,
licet hi loci sint in eadem paroecia et numerum tercentorum focorum non efforment. In primo casu iuxta canonistas habetur angustia loci, in secundo angustia locorum: item angustia locorum
habetur, quando parentes mulieris relicto loco originis, in alio
domicilium vel quasi domicilium figunt, et hi duo loci angusti sunt.
Verum proposita quaestio ad hunc casum non item sese extendit
in quo habetur simplex angustia locorum, sed tantum ad casum
in quo locus originis vel domicilii mulieris est omnino distinctus
a loco originis vel domicilii viri, et qui constituit angustiam locorum etiam ab uno loco sese transferendo ad alium.

Age vero formula adhibita a Dataria Apostolica pro concessione dispensationis in primo casu est prout refertur in memorato postulato. Formula vero pro secundo casu est sequens,
prouti ea inscribitur apud ephemeridem *Analecta Iur. Pontif. v. IX,
pag. 457.* « Exponitur ex parte oratorum.... quod cum dicta mulier
in locis ex quibus ipsa et Orator praefatus orti sunt, in dicta dioecesi existentibus etiam de uno ad alium sese transferendo propter
illorum angustiam virum paris conditionis, cui nubere possit, invenire nequeat, cupiunt.. »

Item secundo cum angustia locorum pari gressu procedat cum
altera causa nempe ob angustiam loci sequitur hanc duplicem esse
nempe absolutam et relativam, uti expresse edicitur in instructione
emissa a S. C. de Propaganda Fide sub die 9 maii 1877 super
causis pro dispensationibus matrimonialibus.

« I. Angustia loci sive absoluta sive relativa (ratione tantum
oratricis) cum scilicet in loco originis vel etiam domicilii cognatio
foeminae ita sit propagata, ut alium paris conditionis cui nubat,
invenire nequeat, nisi consanguineum vel affinem; patriam vero
deserere sit ei durum ». Profecto iuxta litteras circulares ad Episcopos datas a Cardinali Pro-Datario de mandato Pontificis s. m.
Pii IX sub die 30 augusti 1847 locus angustus censetur si non
contineat ultra 300 focos seu 1500 incolas: et ex responso dato ab
eadem A. Dataria ad H. S. C. et relato in causa *Valven.* 8 Martii
1884 habetur quod « Angustia loci tunc verificatur cum eius focularia numerum 300 non excedunt; nec officit quod locus angustus
parum ab alio dissitus existat, dummodo ista duo loca sint inter

se distincta ac diversa, propriamque denominationem habeant. Aliqua autem distantia requiritur in suburbiis, quae quamvis civitatis partem constituant, nihilominus in ipsis admittitur cum per milliare aut paulo minus a civitate distent ». Haec autem distantia potest etiam esse minor, quando accedat difficultas et asperitas viarum, uti in praecitata *Valven.* fuit resolutum.

Nec est praetereundum quod huiusmodi loci angustia non desumitur ab ambitu et territorio paroeciae, sed a numero focorum cuiusque loci. Id patet ex sequenti responso tradito ab H. S. C. in causa *Oveten.* diei 16 Decembris 1876. « Angustiam loci non esse desumendam a numero focorum cuiusque paroeciae, sed a numero focorum cuiusque loci, vel etiam plurium locorum si non distent ab invicem ultra milliare ».

Igitur angustia loci verificatur quando foemina honestae familiae in loco sive originis sive domicilii, qui locus non excedat numerum 300 focorum, non valet invenire virum paris conditionis pro matrimonio, nisi nubat affini vel consanguineo: haec angustia loci vocatur absoluta. Attamen si mulier ob altiores suas qualitates, puta nobilitatem, genus culturae et alia huiusmodi, virum paris conditionis invenire nequeat cui nubat, etiam in loco ampliori complectente plusquam 300 focos, tunc non habetur proprie angustia loci, cum locus sit amplus, sed potius alia causa desumpta ex qualitate personae, quae audit angustia loci relativa.

Hisce enucleatis ad intelligentiam propositae quaestionis nunc videndum superest utrum in supplicatione pro dispensatione ab impedimentis matrimonii in enunciato casu opus sit sub poena nullitatis gratiae distincte exprimere locos sive originis sive habitationis tum mulieris tum viri ad invicem dissitos plusquam 20 temporis momenta, licet positos intra eiusdem paroeciae ambitum quae non excedit 300 focos, seu aliis verbis quaeritur an tantum satis sit adducere pro dispensatione obtinenda angustiam loci sive originis sive habitationis, prouti est in more apud dioecesim S. Claudii, vel etiam alia causa nempe angustia locorum est de necessitate exprimenda.

Ad propositam quaestionem videretur posse responderi satis esse exponere angustiam loci prout fieri consuescit pro re nata a parochis dioecesis S. Claudii. Revera si percurratur tota instructio supra citata de Propaganda fide de hac causa nullum verbum

fit, quamvis ibi singillatim recenseantur causae, quae viam sternunt
ad dispensationem obtinendam super impedimentis matrimonii. Ergo
haec causa vel non existit, vel si existit dici debet comprehensa
in illa ob angustiam loci.

Id etiam confirmatur ex alia ratione. Scitum profecto est angustiam loci tamquam causam pro obtinenda dispensatione admis-
sam tantum fuisse favore mulieris, et ab ipsa tantum esse allegan-
dam; ecclesia enim perpendit pudorem et honestatem mulieris
quae non sinunt ut ipsa virum sibi quaerat extra proprium locum
et ita etiam solatio parentum maneat destituta. Ergo tantum respectus habendus est ad locum sive originis sive domicilii mulieris, non autem ad locum viri pro quo hoc privilegium non militat
cum ipse uxorem alibi quaeritare valeat. Neque dicatur in themate
angustiam duorum locorum insuper esse exprimendam, quia hi duo
loci sunt inter se distincti et notabiliter ad invicem distant nempe
per spatium ultra 20 minuta. Reponi enim potest quod isti loci
sunt intra limites eiusdem paroeciae et nihil obest quod inter se
notabiliter distent, nam sive divisim sive insimul sumpti non conficiunt 300 focos. Unde sufficere videretur tantum adducere angustiam loci quia, iuxta responsum Datariae Apostolicae in causa
Valven. coram H. S. C. superius citatum: « Angustia loci tunc
verificatur, cum eius focularia numerum 300 non excedunt: nec
officit quod locus angustus parum ab alio dissitus existat, dummodo ista duo loca sint inter se distincta ac diversa, propriamque
denominationem habeant ».

Demum etiam paulisper retento, quod angustia locorum in
supplicatione prout in casu esset exprimenda, adhuc inquiri opor-
teret utrum eius omissio breve dispensationis vitiaret.

Equidem conclusio de nullitate rescripti in casu omissionis
non satis fundata videretur, tum quia de hac poena nullibi habetur
sermo in memorata instructione, tum quia haec causa implicite
continetur in causa exposita ob angustiam loci: nam mulier et
sponsus quamvis habeant originem vel domicilium in diversis locis,
tamen cum hi loci sint sub eadem paroecia, et non efforment
300 focos, vere dici possunt esse vel commorari in loco angusto,
et hinc a muliere pro dispensatione sufficienter adducitur angustia loci.

Ex adverso non videntur etiam argumenta deesse quae sua-

deant in proposito casu angustiam locorum necessario esse expo-
nendam, ita ut ea reticita in precibus Breve concessionis Pontificiae ab Ordinario rite executioni committi non valeat. Utique in
plui ies memorata instructione de hac causa expresse mentio non
fit, quia in ipsa tamtum communiores et potiores causae recensentur, uti in ipsius contextu asseritur relato apud ephemeridem
Monitore eccl. Vol. 1, pag. 316.

« Accedit quandoque, ut in huiusmodi supplicationibus ea
omittantur, quae necessario exprimi debent, ne dispensatio nullitatis vitio laboret. Idcirco opportunum visum fuit in praesenti instructione paucis perstringere praecipuas illas causas, quae matrimoniales dispensationes obtinendas iuxta canonicas sanctiones et
prudens ecclesiasticae provisionis arbitrium pro sufficientibus haberi consueverunt ». Hinc recensio causarum cum non sit taxativa
sed potius demonstrativa, ex eo quod in instructione non recurrat
sermo de causa ob angustiam locorum nihil inferi licet.

Quod autem huiusmodi causa sit exprimenda pluribus videtur posse demonstrari. Primo id deducitur ex hisce instructionis
verbis: « Atque ut a causis dispensationum exordium ducatur,
operae pretium erit in primis animadvertere, unam aliquando causam seorsim acceptam insufficientem esse, sed alteri adiunctam
sufficientem existimari: nam quae non prosunt singula, unita iuvant » *arg. l. 5. Cod. de prob.* Quare si habeatur non tantum angustia loci sed etiam angustia locorum, haec debet exprimi quia
cum altera causa coniuncta evadere potest sufficiens ad dispensationem super proposito impedimento consequendam.

Idque eo fortius nunc videtur esse retinendum quia, ut ait
Pompen. *l. c. n. 34* et Feye *l. c. n. 655*, olim propter solam angustiam loci non dispensabatur nisi in gradibus tertio et quarto;
hodie vero etiam in gradu secundo.

Unde si praeter loci angustiam, extet angustia locorum, haec
accurate in precibus est declaranda.

Secundo necessitas expositionis huius causae eruitur ex formula Datariae Apostolicae superius exscripta, quae causa inibi appellatur « ob angustiam locorum etiam de uno loco ad alium sese
transferendo ». Iam vero quod praxis et stylus Curiae legem ef-
formet, nemo est qui ignoret.

Tertio exposita doctrina cohaeret communi sensui canonistarum. Ita ephemeris *Monitore ecc.*, vol. *13*, *l. c.* ait: « Se poi gli sposi sono « di luoghi diversi tutti e due angusti, (prouti in praesenti postu- « lato) ciò è bene che ancor si dichiari... perchè in tal caso la con- « cessione è più facile ». Ita etiam docet Pompen. *l. c.:* « Si in supplicatione simpliciter dicitur angustia loci intelligitur locus ori- ginis et in quo mulier cum iuvene habitat ». Pir. Corradus *Prax. Dispensat. Apost. lib. 7, cap. 5, n.-30.* Unde si angustus est solus locus habitationis puellae et non locus nativitatis, aut solus locus nativitatis et non habitationis, item si iuvenis est ex diverso loco oriundus aut in alio loco habitat haec omnia clare in supplicatione exponantur, ne in rescripto tales occurrant termini qui verificari nequeant ». Idem tradit Feye opere citato *n. 652.* Ratio est quia angustia locorum magis efficax esse videtur ad dispensationem ob- tinendam, quam simplex angustia loci.

Ex hucusque autem expositis videretur posse etiam concludi, quod existente dicta causa angustiae locorum ea esset exponenda sub poena nullitatis concessionis. Primo quia eius expressio prae- scribitur ex stylo Curiae: hinc ut superius visum fuit alia est for- mula Brevis dispensationis ex angustia loci concedendae et alia ex causa ob angustiam locorum. Secundo quia obreptio vel subreptio in themate versatur circa causam finalem concessionis. Hinc si prae- ter falso adductam causam finalem, aliae finales et sufficientes non extent, dispensatio vitiatur. Pompen. *l. c. n. 110.* Tertio id etiam induci vel colligi potest ex fine a dicta instructione sibi proposito et expresso. Eatenus enim rigorosas praescriptiones circa nume- rum et expositionem causarum dedit, ne scilicet obtenta dispen- satio nullitatis vitio tabesceret.

Semel autem statuto quod super enunciata causa sub poena nullitatis sit exprimenda, sponte sua sequitur dispensationes hac causa reticita obtentas per se nullas esse .et a delegato Apostolico non posse executioni demandari, seu fulminari ut nonnulli dicunt auctores.

Regulae enim a dicta instructione editae tam recurrentes pro dispensatione quam eius executores afficiunt, uti in ea sancitur. « Haec prae oculis habere debent non modo qui ad S. Sedem pro obtinenda aliqua dispensatione recurrunt, sed etiam qui ex Ponti-

ficia delegatione dispensare per se ipsi valent, ut facultatibus quibus pollent, rite, ut par est, utantur ».

Praemissis mature perpensis, Emi Patres respondendum censuerunt proposito dubio:

« *Affirmative* ».

II. — VIGLEVANEN. — EXONERATIONIS TAXAE.

$\frac{4580}{6}$

R. « *Dilata et ad mentem* ».

In folio:

I. — PARISIEN. — DISPENSATIONIS MATRIMONII
(*sub secreto Pontificio*).

R. « *Affirmative et ad mentem* ».

II. — TOLETANA — MATRIMONII (*sub secreto*).

R. « *Ad* I^um *providebitur* in 2° ».

« *Ad* 2um *affirmative ad cautelam* ».

III. — COLONIEN. — DISPENSATIONIS MATRIMONII
(*sub secreto*).

R. « *Affirmative* ».

IV. — PARISIEN. — DISPENSATIONIS MATRIMONII

$\frac{57}{7}$

MENSE maio anni 1905 in paroeciali ecclesia loci vulgo *Salers-
Cantal* dioeceseos S. Flori, ubi ipsa suum fovebat cum parentibus domicilium, inter Clementinam Roux tunc 21 annos natam et
Adolphum Vidal, ann. 24 Parisien., nuptiae celebratae sunt, quae
haud optatam attigerunt metam.

Utique sane vita communis instaurata fuit, atque neo sponsi
iisdem usi sunt cubiculo ac toro; at, si ad summum quaedam exci-
piantur copulae perficiendae tentamina, matrimonium ipsum inconsummatum mansisse videtur. Nil mirum proinde si in hac misella
conditione versati, coniuges mutuum amorem mutuamque non fove-
rint domesticam concordiam, adeo ut Clementina, quinque mensibus a coniugio nondum elapsis, virum suum dereliquerit, eidem

numquam ulterius adhaesura. Quinimo ipsa et civile divortium a potestate laica petiit, ac obtinuit die 10 aprilis 1906.

Mense novembri vero eiusdem anni apud Summum Pontificem instavit petens rati et non consummati sui matrimonii dispensationem.

Instructo antea in Curia Parisiensi processu auctoritate huius S. Congregationis, actibus ad hanc remissis, quaestio agitata fuit in comitiis mox elapsis sub rogandi formula:

« *An consilium praestandum sit SSmo pro dispensatione matrimonii rati et non consummati in casu* ».

Et Emi Patres, voto Consultoris, qui hac super re scripsit, adhaerentes, dubium dimiserunt respondentes:

« *Affirmative* ».

V. — SENOGALLIEN. — IURIS FUNERANDI.

R. « *Dilata* ».

VI. — OSTUNEN. — IURIUM (*Reservata*).

R. « *Pro nunc dilata, et sodalitas a S. Francisco suspensa maneat ab exercitio omnium ecclesiasticarum functionum, et ad mentem* ».

VII. — CAIETANA. — EMOLUMENTORUM FUNERIS.

1988
7

DIE 8 ianuarii huius anni diem obiit supremam in paroecia S. Iacobi loci *Elena* Caietanus Cicconardi. Exequiis peractis in horis post meridiem eius parochus Franciscus Notarianni cadaver associavit usque· ad publici coemeterii cancellos. Ibi coemeterii capellanus receptum cadaver diebus 9 et 10 exposuit in publica eiusdem coemeterii capella, et his diebus missam litavit cum cantu *praesente cadavere* non proprius parochus, sed alter parochus eiusdem loci, Nicolaus Farina, absque licentia parochi proprii et solum arcessitus a familia defuncti.

Aegre id tulit parochus Notarianni, qui se laesum putans recursum obtulit Curiae Caietanae pro restitutione emolumentorum ab alio parocho perceptorum. Archiepiscopus acceptis ex utraque parte deductionibus die 25 eiusdem mensis iudicavit « che il parroco Farina non poteva cantar messa sul cadavere del Cicconardi senza licenza del parroco Notarianni, e quindi è tenuto a restituirgli i percepiti emolumenti reclamati dal Notarianni, meno la limosina delle due messe colla tassa diocesana, già applicata in suffragio del defunto ».

Contra hanc decisionem parochus Farina provocavit ad hanc S. C., quae tamen, non obstantibus deductionibus eiusdem Farina defensoris, ad dubium:

« *An sententia Curiae Caietanae diei 25 ianuarii 1907 sit confirmanda vel infirmanda in casu* ».

Respondit:

« *Sententiam esse confirmandam, et ad mentem* ».

SS. RITUUM CONGREGATIO

I. — NEAPOLITANA.

Beatificationis et Canonizationis Ven. Servae Dei MARIAE ROSAE CARAFA e Dynastis Traecti ex Instituto Ancillarum Sacri Cordis Iesu Civitatis Neapolitanae.

DECRETUM INTRODUCTIONIS CAUSAE.

NEAPOLI, quasi in selecto viridario, saeculo elapso plures efflo ruerunt sancti viri ac foeminae bonum Christi odorem longe lateque diffundentes. Inter hos spirituales flores recensenda est MARIA ROSA CARAFA de Spina e ducibus de Traetto, virginitate candida, charitate rubea, ceterisque dotibus suaviter olens. Ex parentibus non minus nobilitate quam pietate conspicuis Iosepho Carafa e dynastis Traetto atque Constantia Macedonio e Marchionibus Ruggiani, qui filios Franciscum, Claram et Ludovicam iam genuerant, in supradicta civitate die 6 Aprilis an. 1832 in lucem edita est Dei Famula. Primo ex gemino partu cum sorore Paula, cum hac in templo parochiali S. Ioseph ad viam *Chiaia* baptizata est, eidemque imposita sunt nomina Maria, Rosa, Hyppolita, Raphaela. Caelestis gratiae rore praeventa, in tenera aetate, futuram sanctitatem praesignificavit. Domi una cum fratre et sororibus ROSA primaevam institutionem in fidei doctrina bonisque moribus accepit ab ipsis parentibus qui curabant ut, statis horis quieti, matutina

foret et orationi vacaret. Quum uberiori egeret eruditione hanc in
ipsa paterna domo per idoneos praeceptores adepta est. Interim familiaribus et praesertim sororibus pietate docilitate ac diligentia ita
praelucebat, ut omnes eius virtute illectae et attractae impressa
premerent vestigia. In optimatum more erat spectaculis theatrisque
adesse, et Ipsa ad haec quamvis animo invito et tantum ex obedientia accedebat. Verum quum ob novas tristesque temporum rerum-
que vicissitudines, huiusmodi spectacula, viribus mentis corporisque
reficiendis atque moribus informandis et corrigendis destinata, ad
quandam corruptionis palaestram conversa fuissent, instanter postulavit obtinuitque a patre ne iis amplius interesset. Canere et cym-
balum pulsare edocta, lectioni praecipue Sacrae Scripturae et an-
nalium Sanctorum aliisque piis exercitationibus diligentem dabat
operam, simulque scholastica munera ac muliebres labores impenso
studio cum sororibus adimplebat. Ad sacram synaxim una cum Paula
primum admissa ea animi corporisque dispositione panem angelorum sumpsit ut angelicis choris sociata videretur. Sacramentum vero
confirmationis aliquot post annos, dominica Pentecostes, ab avun-
culo suo Cardinali Carafa, Archiepiscopo Beneventano, duplicata laetitia recepit. Ineunte adolescentia, non semel fuerunt ei oblatae ho-
nestissimae nuptiae, a parentibus probatae, sed quum Ipsa altiora
concepisset consilia caelesti sponso se virginem devovere, illas
firmiter respuit, volens potius Deo quam hominibus etiam propinqua
cognatione coniunctis placere. A sacerdotibus doctrina et virtute
praeditis D. Comola parocho, P. Atella ex Servis B. M. V., P. Vito
e Franciscalibus, P. Aloisio Figliola e Soc. Iesu, diverso tempore,
tam per vias intimae perfectionis quam per externae charitatis
exercitia manuducta est. Haec tamen exercitia aliquandiu intermisit ob morbos quos a iuvenili aetate usque ad annum trigesimum
passa fuit, donec ab his, Deo adiuvante, convaluit. Anno 1873 decurrente, Rosa patre orbata novam ac perfectiorem vitae rationem
excogitavit. Suadente Cardinali Riario Sforza, Archiepiscopo Neapolitano, de consilio etiam sui parochi ac confessarii primum Pio Sodalitio Apostolatus Orationis et Tertio Ordini sororum de poenitentia S. Francisci nomen dedit, postea an. 1876, hortante Catharina
Volpicelli fundatrice et superiorissa Instituti Ancillarum a S. Corde
Iesu civitatis Neapolitanae, huic Instituto inter minores ancillas
externas adscribi voluit, ac demum ipsarum Ancillarum domum in-

gressa, tyrocinii anno laudabiliter exacto, vota religiónis simplicia nuncupavit. Novem post annos, variis iustique de causis ita disponente Archiepiscopo, Famula Dei, prouti iamdiu exoptaverat, die 8 Iunii in Festo S. Cordis Iesu votum maioris perfectionis iuxta formulam propositam et probatam edidit. Observantissima legum Instituti quod spiritualem quendam recessum offerebat matronis ac virginibus nobilitate perspicuis, pias lectiones, congruosque sermones una cum operibus charitati et laboribus muliebribus consociabat, sui muneris fructus referens uberrimos. Prae ceteris digna habita est quae ad maiora sodalitii officia promoveretur. Hinc primum electa tyronum magistra, dein sacrae suppellectili conficiendae pro pauperibus ecclesiis praefecta, et demum Congregationi Filiarum Deiparae et S. Cordis Iesu ex biscentum et ultra puellis tunc florenti praeposita fuit. Ipsius ductu, huius Congregationis sodales quum a claustri vita agenda et a votis nuncupandis praepedirentur, cum Ancillis tamen quotidiana ac iucunda consuetudine et familiaritate coniungi contentae erant; atque in saeculo pie viventes, easdem religiosas earumque instituta cum mirabili profectu et aliorum aestimatione imitari atque aemulari satagebant. Ipsa autem singulari animi ardore aestuans in Sacratissimum Cor Iesu, honorem et gloriam Eius propagari studuit. In Deiparam quoque Virginem, S. Angelum tutelarem, S. Franciscum Assisiensem aliosque Sanctos peculiarem fovit devotionem. Assiduae orationis, effusae charitatis atque invictae patientiae exemplar, Deo adhaerebat et ab hominibus amabat nesciri. Munera ex obedientia et cum gaudio suscepta, labore ac fervore nunquam intermisso recte obivit. Itaque anno 1890 volvente, aetatis suae quinquagesimo octavo, Famula Dei morbis quibus antea laboraverat, acrius tentata fuit. Sereno tamen vultu ac quieto animo eos patienter tolerabat atque Christo cruci affixo Virginique Perdolenti in pignus amoris et commiserationis offerebat postulans, ut eiusmodi aegritudines sibi quoque in expiationem cederent. De speciali venia per Cardinalem Archiepiscopum Sanfelice concessa, Eucharistico cibo, viatici ritu, quotidie reficiebatur, tanti mysterii inflammata desiderio. Piae quoque lectiones atque de divinis colloquia arctiorem eius unionem cum Deo reddebant. Feria vi maioris hebdomadae asperius afflicta, in lectione de Passione Domini et in numismate argenteo quo puella inter Mariae Deiparae filias cooptata fuerat, solatium quaesivit. Die festo B. M. V. a Bono Consilio mortem avide expectabat, sed vixit adhuc inter corporis animique cruciatus praesertim ob daemonis insidias atque impetus quos tamen strenue sustinuit ac repulit. Advesperascente die 2 maii Famula Dei supremum agonem init, marianum tamen rosarium cum adstantibus et cum sorore Paula, submissa voce recitat. Mox P. Figliola confessarius rituales preces in levamen decedentium incipit. Paulo post, facta brevi interruptione, ad morientem conversus ait: Rosa, sponsus venit, parata es exire obviam ei? Et illa capite annuit. Tunc ipse lenta voce preces prosequitur atque concludit, et Dei Famula piam efflat animam hora nona pomeridiana primae ex feriis sextis S. Cordi Iesu dicatae, mensis Marialis. Corpus vestibus tertiariae S. Francisci propriis, prouti Rosa testamento iusserat, indutum in contiguo cubiculo ex Cardinalis Archiepiscopi sententia expositum manet, ibique erecta altaria plures missae per tres dies celebrantur cum optimatum ac civium frequentia et devotione, qui aliquid ex vestibus sibi arripere et in memoriam ac venerationem custodire certant. Tertia die eaedem exuviae in templum a Sapientia dictum deductae, iustis funebribus solemniter persolutis, ad sepulcretum translatae, ibidem in hypogaeo marmoreo proprio Sodalibus Albatis a Spiritu Sancto reconditae sunt. Aliquando post, obtenta venia, in Ecclesiam S. Mariae a Fletu nuncupatae prope publicum coemeterium delatae, in altero ex loculis sepulcri Ancillarum S. Cordis Iesu in pace quiescunt. Interim fama sanctitatis vitae, virtutum et miraculorum in genere quam Dei Famula vitam agens sibi adepta fuerat, post obitum clarior usque in praesens invaluit, viamque aperuit Inquisitioni Ordinariae Informativae in ecclesiastica Curia Neapolitana adornatae et ad Sacram Rituum Congregationem transmissae. Quum vero, peracta revisione scriptorum eidem Servae Dei attributorum, nihil obstaret quominus ad ulteriora procedi posset, instante R.mo P. Vincentio Giliberti, e Clericis Regular. Theatin., Causae Postulatore, attentisque litteris postulatoriis quorundam Emorum S. R. E. Cardinalium, plurium Rmorum Sacrorum Antistitum, necnon Rmi Capituli et Canonicorum Metropolitanae Ecclesiae · Neapolitanae, Praepositorum Ordinum et Congregationum, Optimatum utriusque sexus e Patritiatu Neapolitano, atque Superiorissae generalis et praesidum localium Instituti Ancillarum a Sacro Corde Iesu, Emus et Rmus Dnus Cardinalis Hieronymus Gotti eiusdem Causae Ponens seu Relator, in Ordinariis Sacrorum Rituum

Congregationis Comitiis, subsignata die ad Vaticanum habitis, se˙quens dubium discutiendum proposuit: « *An sit signanda Commissio Introductionis Causae, in casu et ad effectum de quo agitur?* » Et Emi ac Rmi Patres Sacris tuendis Ritibus praepositi, post relationem ipsius Emi Ponentis, audito voce et scripto R. P. D. Alexandro Verde Sanctae Fidei Promotore, omnibusque accurate perpensis rescribendum censuerunt: « *Affirmative, seu signandam esse Commissionem, si Sanctissimo placuerit* ». Die 27 augusti 1907.

Facta postmodum de praedictis Sanctissimo Domino Nostro Pio Papae X per subscriptum Sacrae Rituum Congregationis a secretis relatione, Sanctitas Sua sententiam Sacrae eiusdem Congregationis ratam habens, propria manu signare dignata est Commissionem Introductionis Causae Venerabilis Servae Dei MARIAE ROSAE CARAFA e dynastis Traiecti ex Instituto Ancillarum Sacri Cordi Iesu, civitatis Neapolitanae, die 28, eisdem mense et anno.

L. ✠ S.   S. Card. CRETONI, *Praefectus.*

                    † D. PANICI, Archiep. Laodicen., *Secret.*

II. — LITOMERICEN.

Confirmationis cultus ab immemorabili tempore praestiti Servae Dei ZDISLAVAE BERKIANAE Tertii Ordinis S. Dominici Beatae nuncupatae.

SAECULO decimotertio ineunte Iablonae, diocesis Litomericen. in Bohemia ortum duxit illustris foemina Zdislava Berkiana quae in triplici statu vitae suae exemplum praebuit bonorum operum atque praeclarae virtutis. Parentes habuit nobilitate praestantes Prisbyslavum de Kriznanov et Sybillam aulae Cunegundae, Venceslao Bohemiae Principi nuptae, addictam. Compertum est a tenera aetate bonam explicuisse indolem educatione ac virtute roboratam, ludisque puerilibus pietatis et charitatis actus praetulisse. Inde studium audiendi de Deo caelestibusque rebus sermones eosque per diem recolendi atque tempra frequenter adeundi ut divinis laudibus officiisque adsisteret. Septennis Christo sponso se virginem toto corde exhibuit, atque timens ne domi satis septa et custodita foret virginalis castitas, in sylvam confugit; in qua mentem in Deum

erigere corpusque ieiuniis virgisque domare liberius posset. A parentibus avide quaesita, reperta ac domum reducta, eorum voluntati obtemperare, eis vero quae Dei sunt praecipue incumbere statuit; quem in finem penetralia ipsius domus in oratorium sacrumque recessum convertit. Quum iam esset adolescentiam ingressa,
Pater praeclaras ei proposuit nuptias, quas tamen ipsa reiecit volens caelesti sponso suam castitatem fidemque servare. Verum iteratis enixisque consiliis, veluti divinae voluntatis indiciis, acquiescens matrimonio consensit, nupsitque Gallo viro quidem nobili ac
diviti sed animo immiti et sanctae mulieris minus digno, quae, inter
tentationes vitae, et hanc invicta patientia toleravit. Plures habuit
filios, Gallum primogenitum qui brevi tempore vixit, Margaritam,
Iaroslavum et Zdislavum quos christiana institutione imbuendos
curavit. Sed ampliorem Dei Famula sibi elegit familiam ex egenis,
aegrotis atque in carcere detentis, Christi imaginem ac personam
referentibus, quibus veluti amantissima mater inservivit, pecuniam,
vestitum, victumque suppeditando atque humiliora quaeque officia
adhibendo. Hisce charitatis operibus strictiora ieiunia, vigilias, ver-
bera aliosque sui corporis cruciatus adiunxit. Pietas autem, ad
omnia utilis, Zdislavam in templum et ad sacra suaviter constanterque trahebat, aulae officiis ab ipsa sensim intermissis ut assidua
foret precibus, concionibus, sacrisque mysteriis. In Iesum pro nobis
passum corde et animo totisque viribus ita ferebatur, ut saepe
visa fuerit in extasim rapta et miro splendore circumfusa. Ad mensam divini regis cupidissime et fere quotidie accedebat, caelestique
pani satiari maxime delectabatur. Itaque Zdislava in statu coniugali, Marthae ac Mariae fungens muneribus, vitam activam cum con-
templativa sociavit; spectaculum facta Deo et Angelis eius, sicut
familiae ex proximis praesertim egenis et pauperibus. In fidem
et clientelam Sancti Dominici Ordinis Praedicatorum Fundatoris se
contulit, atque coenobium cum continenti templo S. Laurentii Martyris suis sumptibus et adiutrice manu extrui, annuo censu ditari
et sancto viro P. Hyacintho eiusdem Ordinis tradi voluit. Quas
aedes hic sacris Poloniae et Borussiae expeditionibus detentus, per
Beatum Ceslaum germanum fratrem aliosque patres sodales occu-
pavit ac possedit. Scriptores historici referunt Dei Famulam alumnos
praefati Sancti Patriarchae amore, reverentia atque benefici cordis
laetitia, uti Angelos caelitesque, prosequutam fuisse. Perfectiora

sequi cupiens et post multos gemitus ac preces obtenta venia a viro suo, Zdislava voti compos effecta, prima extitit in Provincia Bohemica spiritualis filia Sancti Patriarchae Dominici, e Tertio Ordine Sororum de Poenitentia. Muliebri enim ornatu abiecto atque tonsa coma, habitum regularem a B. Ceslai manibus cum gaudio suscepit et cum singulari sanctitatis fama usque ad mortem gestavit. Dum sacris divinisque rebus spiritum recreabat, corpus diu noctuque novis excogitatis cruciatibus vexabat. Tempore aestivo et hiemali Ecclesiam conventualem Iablonae nudis pedibus adibat. Victum communem quem a sodalibus S. Dominici quotidie recipiebat, maiore voluptate gustabat quam propriae domus escas exquisitiores. Pauperes, aegrotos aliosque miseros alloqui variisque modis sublevare in deliciis habebat. Quod aegre ferens vir eius, prodigioso eventu olim commotus est, siquidem aegrotanti ac mendico per Dei Famulam hospitio accepto et in lecto iacenti pulchram Iesu cruci affixi imaginem suffectam reperiit, uti vetusta narrant documenta in Conventu Iablonensi ad S. Laurentium asservata. Alienae voluntati obtemperare et sensus affectusque suos libenter subiicere, dominicam Passionem recogitare et familiaribus ac domesticis explicare nunquam desiit. Mortem appropinquantem pacato animo vidit et non timuit. Virum ad bonam frugem redire vehementer hortata, eum male factorum poenitentem suavissimis verbis consolata est. Matrem Sybillam, ipsum coniugem filiosque uti superstites et absentes non uti derelictos post suum obitum habendos esse dixit; quum eisdem divina bonitate firmaque spe freta magis post mortem quam in vita, foret profutura. Postea sepulcrum in Laurentiano templo sibi extructum ac paratum aperiri salutarique aqua lustrari iussit. Demum sanctis Ecclesiae sacramentis devotissime susceptis diem supremum obiit, die prima ianuarii anno 1252. Corpus Servae Dei in aedem S. Laurentii inlatum, cum magno cleri populique concursu, exequiis rite persolutis, in honorifico tumulo conditum fuit. Brevi post viro suo clara et gloriosa pretiosaque veste rubra induta apparuisse caelestemque beatitatem iam obtentam ostendisse fertur, tradita quoque ad fidem visioni faciendam ipsius vestis particula. Qua visione et memoria idem vir cum tota familia recreatus et in sancto proposito confirmatus, diu adhuc, bene constanterque vixit. Denique heic placet referre quod, in laudem ipsius Servae Dei, ex Chronico Rythmico saec. xiv et ex Codice bibliothecae Mo-

nacensis an. 1444, quibus consonant alii vetusti codices et chro-
nicon monasterii Boleslaviensis an. 1620, depromitur: « Anno post
Christi Nativitatem millesimo ducentesimo quinquagesimo secundo
obiit Sancta Domina Zdislava. Et haec praesertim post mortem
suam, magna miracula et signa fecit, dum quinque homines e
mortuis revocavit et multis caecis visum restituit, et leprosos mun-
dos effecit, et alii variis infirmitatibus et vitiis gravati sanitatem
receperunt ». Itaque fama sanctitatis Servae Dei in vita et post
obitum signis prodigiisque illustrata magis in dies invalescente
etiam cultus ecclesiasticus et publicus eidem exhibitus splendidior
emicuit. Super quo cultu immemoriali seu casu excepto a Decretis
Urbanianis Inquisitio Ordinaria, una cum Processibus Rogatoria-
libus Pragen. Brunen. Viennen.; in ecclesiastica Curia Litomericensi nuperrime adornata est cum subsequenti sententia. Actis vero
processualibus ad Sacrorum Rituum Congregationem deductis, alla-
tisque argumentis ac documentis quibus eadem sententia, ad normam iuris, fulciebatur, instantibus Illmo et Rmo Dño Emmanuele
Schoebel Episcopo Litomericensi et Rmo P. Mauro Kaiser Ordinis
Praedicatorum et huius Causae Postulatore, attentisque litteris postulatoriis Emi et Rmi Dñi Cardinalis Leonis Baronis de Skrbensky
Archiepiscopi et Principis Pragen. et Rmorum Archiepiscoporum
et Episcoporum necnon Capitulorum Cathedralium, Ordinum Religiosorum atque illustrium virorum, praesertim ex Bohemia, et Monialium Tertii Ordinis S. Dominici, Congregationis a Beata Zdislava
nuncupatae, in Moravia, Emus et Rmus Dñus Cardinalis Iosephus
Calasanctius Vives y Tuto eiusdem Causae Ponens seu Relator,
in Ordinario Sacrorum Rituum Congregationis Coetu subsignata
die ad Vaticanum coadunato, sequens dubium discutiendum proposuit: « *An sententia Iudicis ab Illmo ac Rmo Episcopo Litomericensi
delegati super cultu ab immemorabili tempore praestito praedictae
Servae Dei, seu super casu excepto a Decretis sa. me. Urbani Papae VIII, sit confirmanda in casu et ad effectum, de quo agitur?* »
Et Emi ac Rmi Patres Sacris tuendis Ritibus praepositi post relationem ipsius Emi Cardinalis Ponentis, audito etiam voce et scripto
R. P. D. Alexandro Verde Sanctae Fidei Promotore, omnibusque
sedulo perpensis rescribendum censuerunt: « *Affirmative seu sententiam confirmandam esse, si Sanctissimo placuerit* ». Die 27 augusti 1907. — Quibus omnibus Sanctissimo Nostro Pio Papae X per

subscriptum Sacrae Rituum Congregationis Secretarium relatis, Sanctitas Sua Rescriptum Sacrae eiusdem Congregationis ratum habuit et probavit, die 28, eisdem mense et anno.

L. ✠ S. S. Card. CRETONI, *S. R. C. Praefectus.*

† D. PANICI, Archiep. Laodicen., *S. R. C. Secretarius.*

III. — CONGREGATIONIS MISSIONIS.

Facultas conceditur celebrandi Missam de Requie in SS. Missionibus.

AUGUSTINUS Veneziani, Procurator generalis congregationis Missionis, ad Pedes Sanctitatis Vestrae provolutus, humillime implorat, ut quoties a presbyteris eiusdem congregationis de Ordinariorum consensu sacrae Missiones in quibuslibet ecclesiis peraguntur, cantari inibi valeat unica Missa de requie pro animabus defunctorum, postrema die earumdem Missionum, vel alia die deligenda, etiam occurrente Officio duplici.

Et Deus etc.

Sacra Rituum Congregatio, utendo facultatibus sibi specialiter a Sanctissimo Domino Nostro Pio Papa X tributis, attentis expositis, benigne annuit pro gratia iuxta preces ad proximum decennium: dummodo non occurrat duplex primae vel secundae classis festum de praecepto servandum, Feria, Vigilia vel Octava quae sint ex privilegiatis: servatis Rubricis, contrariis non obstantibus quibuscumque.

Die 2 Martii 1906.

L. ✠ S.

S. Card. CRETONI, *Praefectus.*

† D. PANICI, Archiep. Laodicen., *Secretarius.*

IV. — DERTHONEN.

De incensatione peragenda in expositione SS. Sacramenti.

HODIERNUS Calendarista dioecesis Derthonensis, de consensu sui Rmi Episcopi, a Sacra Rituum Congregatione sequentium dubiorum solutionem humiliter expostulavit; nimirum:

I. Quoties incensandum SSmum Eucharistiae Sacramentum, si hoc exponatur pro benedictione?

II. Quum SSmum Sacramentum a mane usque ad Vesperas maneat expositum, Celebrans qui cum ministris accedit ad altare expositionis, post praescriptam reverentiam et antequam aliquid cantetur, debetne facere incensationem?

Et Sacra Rituum Congregatio ad relationem subscripti Secretarii, exquisito voto Commissionis Liturgicae, ita respondendum censuit:

Ad I. « *Iuxta responsum d. d. 14 maii 1907 in Pinerolien., nempe: Pro expositione in Pyxide incensationem non requiri. Quoad expositionem vero in Ostensorio duplicem incensationem requiri, unam post expositum SSmum Sacramentum, antequam incipiantur preces, alteram ad stropham Genitori, etsi inter expositionem et Tantum ergo nullae interponantur preces; et haec est praxis Ecclesiarum Urbis* ».

Ad II. « *Negative* ».

Atque ita rescripsit, die 5 Iulii 1907.

L. ✠ S.

         S. Card. CRETONI, *Praefectus.*

         † D. PANICI, Archiep. Laodicen., *Secretarius.*

THEOLOGIAE PASTORALIS EXCERPTA

De pastorali regimine.

CAPUT I. — **De pastoralis communitatis custodia.**

Cf. *Acta Pontificia*, hoc vol. pag. 369-372.

§ 6. — *Salutis adiumenta.*

A Parochis nedum salutis impedimenta amovenda et malorum claudendi sunt fontes; sed subsidia etiam et capita (Dei divinique cultus domus, scholae, pia sodalitia congregationesque, missiones, iubilaea) proferenda.

I. Domus Dei potior pastori et fidelibus Christi domus: divinus cultus potior cura. Utrumque Deo dignum esse et fideles ad Deum allicere debet. Parochi igitur maximi interest ut Dei domus et cultus sacris ornamentis, vestibus, vasis ac etiam cantu et musicis ab Ecclesia probatis, at in primis munditie et reverentia decorentur et fideles ita ad ea attrahantur ut ad Deum facilius tollantur. Ubivis praeter iniuriae periculum possit, tota die ecclesia maneat aperta. Ut ad eam frequentius Christi fideles, qui communem parochiae cultum Deo tribuant, accedant, studio et officio diligentiae illorum fiduciam consequatur necesse est. Certo tempore devote S. Missam celebret, sermones accurate, breves quantum liceat, habeat; ad confessionum sedem impiger accedat; diu, quum possit, in ecclesia moretur, populares devotiones foveat. At in omnibus Ecclesiae leges et legitimas servet consuetudines, exteriorem cultum non finem sed interioris devotionis esse significationem et subsidium doceat. Sed ne otium, nutriat, aut pietatem simulatam, domestici ordinis et pacis perturbationem, officiorumve intermissionem huiusmodi ad ecclesiam frequentiam foveat necesse est.

II. Ecclesiae mandata, quae servare religionis est subsidium et iudicium summo pastor studio custodiat. Ut festos praesertim dies rite celebrent, fideles adhortetur tum ut religionem publice profiteantur foveantque, tum ut corporis saluti festiva requie prospiciant, tum denique ut, quae sunt spiritus meditanda, ad altiora sollicitentur. Festa verendi necessitatem et grave officium frequens parochus doceat, eaque profanandi, pro sua parte, occasiones amoveat, sed honesta, animi laxandi causa, quae divinum non praepediunt cultum, oblectamenta severius ne insectetur.

Fidei catholicae per quadragesimae ieiunium, hodiernis moribus maxime necessariam, professionem commendet; nec, nisi aequa suadeat causa, facilem ab huiusmodi lege derogationem admittat, quin etiam leniter, ut servet, unumquemque suadeat.

Paschale' prae ceptum diligentissime commendet, negligentes amanter privatim admoneat, nunquam, vero publice et nominatim.

III. In scholis plurimum parochus potest, schola enim est ad divinum Ecclesiae .reficiendae, servandae, amplificandae officium apparatio. Amplissimo igitur studio scholas prosequatur necesse est, et pro sua pastoris parte et quantum per civitatis leges licet, religiose illis provideat et prospiciat. De studiosa acatholicorum opera in scholis a·religionis et Ecclesiae auctoritate removendis, Sancta Sedes praeter alia, literis ad Episc. Friburg. d. 14 iulii 1864, suam apertis et solemnibus verbis sententiam dixit. Harum litterarum argumenta sunt quae sequuntur. α) Doctrinae genus quod a fide revelata moderamen non accipiat et ad res tantum externas animum convertat, terribiles habet exitus gravissimaque in scholis mala gerit. β) Opportunius in popularibus scholis religionis principia et praecepta, quibus ad bonos discipuli instituantur mores, docenda sunt. γ) Religiosa in primis institutio in scholis tradenda est, cetera subsequantur. δ) Gravia in iuvenes afferet pericula doctrinam a religione seiungere. ε) Pro populi scholis, quae religiosae potissimum institutioni serviunt, semper praeter alias vigilat Ecclesiae auctoritas. ζ) Ecclesiae a populi scholis seiungendae ausus huc tendunt ut populi fides extinguatur. η) Populi scholas condit Ecclesia et semper, uti praecipuam sui muneris curam, studiosissime coluit. Utrimque vel maxime perniciosa Ecclesiae a schola separatio. θ) Suam salutis auctoritatem Ecclesia abdicaret a populi scholis se removendo, quod etiam Iesu — domini et magistri — praeceptis et muneri sibi demandato repugnaret. ι) Imo omnibus viribus fidelibus apud fideles niti debet scholas a Deo aversas fugiant.

Ecclesia, a Deo humano generi magistra data, melius hominem et civem instituit, civitati melius favet. Sacerdos igitur auctoritatem in scholis, quibuscumque novi temporis difficultatibus superatis, pro sua parte studiose servare debet; incommoda ne fastidiat ut sibi commissi iuvenes christiana etiam in scholis doceantur praecepta.

RECENTIORES DE ECCLESIASTICIS DISCIPLINIS
PUBLICATIONES

AMBROSINI (P. G.). **Occultismo e Modernismo.** Lettere famigliari ad un amico. — In-8, pag, XXIV-368. . . . . netto L. 3 —

BALLERINI (G.). **Principio di causalità** e l'esistenza di Dio di fronte alla scienza moderna. — II. edizione corretta ed ampliata. — In-8, pag. XII-330. . . . . L. 2 —

BENIGNI U. et G. BRUNNER, **De Romanae Ecclesiae Exordiis.** Fontes historici, latine redacti vel redditi. — In-8. . . . L. 1 —

BRANDI (G.) **Elementi di Filosofia** secondo i Programmi governativi per le Classi Liceali. — In-12. pag. 326. . . . . L. 3 50

CRISTIANI (L.). **Luther et le Luthéranisme.** Etudes de Psycologie et d'histoire religieuse. Préfacé de Mons. Baudrillart. — In 12. L. 4 —

DAUKÉNBERG (L.). **Bischof Peter Schumacher.** Oberhirte der Diözese Portovejo (Ecuador) Ein Apostolischer Mann im 19. Jahrhwndert. (1839-1902). — In-8, pag. 662. . . . . . L. 6 50

DE GROOT (J. V.). **Summa Apologetica** de Ecclesia Catholica ad mentem S. Thomae Aquinatis. — Editio tertia ab auctore emendata et aucta In-8 gr., pag. XVI-911. . . . . L. 12 50

DE LA RIVE (Th.). **From Geneva to Rome.** Transladed from the French by Anne R. Bennett-Gladstone. — In-8, pag. 224. . L. 2 —

DELBREL (J.). **Pour repeupler nos Séminaires.** — In-8. . L. 4 —

DE MEESTER (P.). **La Divine Liturgie** de St. Jean Chrysostome. — In-32, pag. XVI-270, rosso e nero . . . . . . L. 2 50

Fede e Scienza: ultimi volumi pubblicati:

N°. 51. CAPPELLINI (G.). S. Paolo e la questione Sociale

» 52. PUCCINI (R.). Il fallimento della scienza secondo Brunetière.

» 53-54. SAVIO (F.). La questione di Papa Liberio.

» 55. ZAMPINI (G. M.). Il Comandamento nuovo di Gesù.

Prezzo di ciascun volume L. 0,80 — Abbonamento ad una serie di 10 Volumi, per l'Italia L. 6,60; per l'Estero L. 8.

GARDEIL (A.). **La Crédibilité et l'Apologetique.** — In-12. . L. 3 50

GÖLLER (E.). **Die Päpstliche Pönitentiarie** von ihrem Ursprung bis zu ihrer Umgestaltung unter Pius V. . . . . . L. 18 75

GRISAR (H.). **Roma alla fine del Mondo Antico,** secondo le fonti scritte ed i monumenti. Con 224 illustrazioni storiche e piante, fra cui una

« Forma Urbis Romae aevi christiani saec. IV-VII ». Traduzione dall'originale tedesco. — Seconda edizione a cura del Sac. Prof. A. Mercati. — Un Vol. di pag. LVI-848 . . . . . L. 25 —

HEDLEY (J. C.). **Lex Levitarum** or Preparation for the Cure of Souls. With the Regula Pastoralis of St. Gregory the Great. — In-8, pag. LVI-350.
                                                        netto L. 7 50

— **The Holy Eucharist.** — In-8, pag. xx-278. . . . L. 5 —

HUELSEN (Ch.). **La Roma-Antica** di Ciriaco d'Ancona. Disegni inediti del secolo XV. — In-4. . . . . L. 12 50

KLARMANN (A.) **The Princess of Gan-Sar** (Mary Magdalen). — In 8, pag. 424. . . . . netto L. 7 50

LANZONI (Mons. F.). **San Petronio,** Vescovo di Bologna, nella Storia e nella leggenda. — In-8 gr. pag. 316. . . . . L. 4 —

LAZZARI (I.). **Educazione in Chiesa.** Igiene e Civiltà. Dialogo. — In-8, L. — 20

LUGARI (G. B.). **Il Culto di S.** Pietro sul Gianicolo e il Libro Pontificale Ravennate. Studio critico. In-4, con fototipie. . . L. 5 —

MARUCCHI (O.). **Manuale di Archeologia Cristiana.** — In-8 gr. pag. 402, con illustrationi. . . . . L. 4 —

NOUET (G.). **Meditazioni sulla Vita di Gesù Cristo,** per tutti i giorni dell'anno. — Seconda edizione italiana; 5 Vol. in-18 . , L. 6 —

PACATI (P.). **Tractatus dogmaticus, moralis et canonicus de Matrimonio Christiano.** — In-8, pag. 320 . . . . . . L. 3 50

PEZZANI (E. M.). **La Santa Messa** nel suo senso storico, letterale simbolico. — In-18, pag. 270. . . . . L. 2 50

PLANCHET (R.). **La Cuestión Religiosa en México.** — In-8 grande pag. 320. . . . . L. 5 50

QUENTIN (H.). **Les Martyrologes Historiques** du moyen age. Etude sur la formation du Martyrologe Romain. — In 8. pag. 745. L. 12 —

SALOTTI (L.). **Il Direttore Spirituale** nei Seminari — Seconda Edizione riveduta e corretta. — In-8, pag. VIII-80. . . . L. 1 —

VERDUNOY **L'Evangile.** Synopse. Vie de Notre Seigneur. Commentaire. — In-12, pag. 378. . . . . L. 3 50

VIVES (Card. J. C.) **Compendium Theologiae Ascetico-Mysticae** seu Theologia Mystica Fundamentalis et Specialis. — Editio tertia aucta et emendata. In-8, pag. 750. . . . . . . L. 6 —

IMPRIMATUR. — FR. ALBERTUS LEPIDI O. P. S. P. A. Magister.
IMPRIMATUR. — IOSEPHUS CEPPETELLI Patr. Constant., Vicesgerens.

CONSTANTIUS CASTELLO, *gerens responsabilis.*

ROMAE — EX TYPOGRAFIA PONTIFICIA INSTITUTI PII IX.

ACTA SUMMI PONTIFICIS

I. — LITTERAE APOSTOLICAE

De constituendo Rutheni Ritus Episcopo in Civitatibus Foederatis Americae Septentrionalis.

PIUS EPISCOPUS

SERVUS SERVORUM DEI

AD PERPETUAM REI MEMORIAM

EA SEMPER fuit Apostolicae Sedis peculiaris quaedam ac propria sollicitudo ut varii ac diversi, quibus exornata splendet catholica Ecclesia, diligenter custodirentur ritus, quemadmodum provisa plura et statuta a Decessoribus Nostris, in venerabiles maxime liturgias Orientalium Ecclesiarum perspicue declarant.

Iam illud Nobis enarratur, Ruthenos Catholicos, numero plurimos, ex Hungaria et Galicia in Civitates Foederatas Americae Septentrionalis migrasse, suaque ibi collocata sede, complura sibi comparasse templa, singularum Dioecesium probantibus Episcopis, iisdemque, ut par est, sacra eos potestate moderantibus. Dignam sane quae maximis extollatur laudibus, eorum caritatem Praesulum arbitramur, qui, summo studio miraque sollicitudine, catholicis dissimili ritu filiis praesto adhuc non desivere. His quidem Episcopis visum est, facilius posse Ruthenorum ritum adservari integrum et consentaneo decore administrari; posse etiam fideles Ruthenos, hoc tali accedente praesidio, efficacius contra pericula armari, quibus, schismaticorum civium opera, patent, si Episcopus iisdem ritus rutheni detur. Nos autem eiusmodi amplexi sententiam rationumque, quas supra memoravimus, permoti momentis, id consilii suscepimus, Episcopum deligere ac nominare; qui potestate opportune instructus, illud enitatur et contendat ut ritus graecus ruthenus, variis in missionibus Foederatorum Civitatum, incorrupte servetur,

Huius Episcopi munus quo aptius cum ordinaria iurisdictione Episcoporum cohaereat qui iis praesunt dioecesibus ubi Ruthenorum sodalitates sitae sunt, quaedam Nos de sententia Venera-

bilium Fratrum Nostrorum Sacri Consilii Christiano Nomini propagando negotiisque orientalis ritus cognoscendis, statuenda, pro rei
gravitate, censuimus, id certo rati, horum adiumento praescriptorum,
nihil assequendis commodis obstiturum, animorumque concordiae,
quae debet viros e sacro ordine populosque utriusque ritus coniungere, iri consultum.

CAPUT I.

De Episcopo Rutheni ritus.

Art. I. — Nominatio Episcopi rutheni ritus pro Civitatibus Foederatis Americae Septentrionalis Apostolicae Sedi est omnino reservata.

Art. II. — Episcopus rutheni ritus sub immediata huius Aposto-
icae Sedis iurisdictione ac potestate est, ac sub vigilantia Delegati
Apostolici Washingtoniensis. Iurisdictionem autem ordinariam nullam
habet, sed tantummodo sibi delegandam a singulis Ordinariis in
quorum dioecesi Rutheni commorantur. Eius officium est circa
ritus rutheni integritatem vigilare, sacra olea pro Ruthenis conficere, ecclesias rutheni ritus dedicare, Confirmationem Ruthenis
ministrare, pontificalia in ecclesiis Ruthenorum peragere, et, preha-
bitis in singulis casibus litteris dimissoriis Ordinarii loci, clericos
rutheni ritus ordinare.

Art. III. — Salvo iure et officio Ordinariil oci, Episcopus rutheni
ritus visitationem missionum ruthenarum inire poterit, prehabita in
scriptis licentia eiusdem Ordinarii, qui illi conferet facultates quas
concedendas iudicaverit.

Art. IV. — Episcopus rutheni ritus in visitatione rationes ab unoquoque rectore missionis exposcet administrationis bonorum missionis eiusdem, curabitque ne rector nomine atque iure proprio ea
retineat, pro quorum acquisitione fideles quovis modo subsidia contulerint; simul autem operam dabit ut iuxta leges sive dioecesanas,
sive constitutas in III Plenario Concilio Baltimorensi, ea bona vel
quamprimum transferantur sub nomine Ordinarii loci, vel alio tuto
ac legali modo ab eodem Ordinario approbando firmiter adscripta
sint et maneant favore missionis.

Art. V. — Peracta visitatione, Episcopus rutheni ritus certiorem
faciet de statu morali et de economica administratione missionis

visitatae Ordinarium loci, qui opportune decernet quae ad bonum missionis in Domino expedire censuerit.

Art. VI. — Controversiae, si quae exoriantur inter Episcopum ruthem ritus et Episcopos dioecesanos, deferantur, in devolutivo tantum, ad Delegatum Apostolicum Washingtoniensem, salva, item in devolutivo, Appellatione ad Apostolicam Sedem.

Art VII. — Donec aliter ab Apostolica Sede decernatur ordinaria residentia Episcopi ritus rutheni erit in urbe Philadelphia.

Art. VIII. — Ad constituendam annuam stipem pro sustentatione Episcopi rutheni ritus, concurrere debent singulae ruthenae communitates, eidem solvendo annuam praestationem instar cathedratici, iuxta praxim et normas vigentes in dioecesibus Civitatum Foederatarum, in quibus Missiones ruthenae constabilitae inveniuntur.

Art. IX. — Episcopus rutheni ritus tertio quoque anno.plenam et accuratam relationem de statu personali, morali ac materiali Missionum proprii ritus exhibeat Delegato Apostolico Washingtoniensi, qui eam transmittet ad Sacram Congregationem de Propaganda fide pro Negotiis Ritus Orientalis.

CAPUT II.

De Clero rutheno.

Art. X. — Cum nondum habeantur sacerdotes rutheni, qui vel nati vel saltem educati sint in Civitatibus Foederatis Americae; Episcopus rutheni ritus, praevia intelligentia cum Delegato Apostolico et Ordinario loci, omni studio curet, ut seminarium pro clericis ruthenis in iisdem Civitatibus Foederatis educandis quantocius instatuatur. Interim vero clerici rutheni in seminaria latina locorum in quibus nati sunt, vel domicilium acquisiverunt, admittantur. Sed nonnisi caelibes, sive nunc sive in posterum, ad sacros Ordines promoveri poterunt.

Art. XI. — Antequam habeatur numerus sufficiens presbyterorum, qui in Civitatibus Foederatis Americae educati fuerint, si providenda occurrat de suo rectore aliqua Missio Ruthenorum vel vacans vel noviter erecta, Ordinarius loci, audito, si ita existimaverit, Episcopo rutheni ritus, idoneum sacerdotem ruthenum illic iam morantem ipsi praeficiat. Si nullus idoneus in dioecesi habeatur, ipsum postulet ab alio Episcopo Civitatum Foederatorum. Si vero nullum inibi inveniat de re certiorem reddat S. Congregationem de Propaganda fide pro Negotiis Ritus Orientalis, cui curae erit providere.

Art. XII. — Sacerdos eligendus sit caelebs, vel saltem viduus et absque liberis, integer vitae, zelo ac pietate praeditus, satis eruditus, lucri non cupidus, et a politicis factionibus alienus.

Art. XIII. — Sacerdoti ex Europa vocato praedicta Sacra Congregatio tradet documentum, quo ipsi concedatur facultas se conferendi in Civitates Foederatas Americae ad assumendam spiritualem curam alicuius determinatae missionis ruthenae.

Art. XIV. — Presbyteris ruthenis in America commorantibus penitus interdicitur, ne baptizatos Sacro Chrismate consignent; et si secus fecerint, sciant se invalide egisse.

Art. XV. — Quilibet ruthenus sacerdos ex Europa proveniens et in Civitatibus Foederatis Americae commorans pro fidelium rutheni ritus spirituali cura, semper manebit incardinatus dioecesi originis; attamen Episcopus ruthenus originis iurisdictionem suam in eum nullimode exercebit quoadusque ipse in Civitatibus Foederatis commorabitur. In patriam autem supra dicti sacerdotes redire nequeant absque expressa licentia Ordinarii Americani, in scriptis concedenda in cuius dioecesi sacrum ministerium exercent. Quod si de una in aliam dioecesim Civitatum Foederatorum se conferre cupiant requiritur consensus Episcopi *a quo* et *ad quem*, opportune facto certiorem Episcopo rutheni ritus.

Art. XVI. — Laici rutheni candidati ad Ordines cuiuscumque originis et domicilii fuerint, illi dioecesi incardinati censeantur, a cuius ordinario acceptati fuerint, et pro qua emiserint iuramentum missionis seu stabilitatis ad inserviendum in dicta dioecesi, Ab ea autem dioecesi, in qua incardinati sunt, in aliam transire nequeant nisi prehabito consensu Ordinarii *a quo* et *ad quem*, ac opportune reddito certiore Episcopo rutheni ritus.

Art. XVII. — Omnes rectores missionum ruthenarum Civitatum Foederatarum sunt amovibiles ad nutum Ordinarii loci, opportune effecto certiore Episcopo rutheni ritus. Admoveri autem non poterunt absque causis gravibus et iustis.

Art. XVIII. — Datur tamen facultas presbytero amoto appellationem interponendi, in devolutivo.

Art. XIX. — Sustentationi sacerdotis providebit communitas

ruthena iuxta praxim et normas dioeceseos, in cuius finibus communitas invenitur.

Art. XX. — Iura stolae et emolumenta sacri ministerii in singulis
missionibus determinanda sunt ab Ordinario loci, iuxta consuetudines locales, audito Episcopo rutheni ritus.

CAPUT III.

De Fidelibus ruthenis.

Art. XXI. — Fideles rutheni iis in locis in quibus nulla ecclesia
nec sacerdos ritus eorum habeatur, ritui latino sese conformabunt;
eisque eiusmodi facultas conceditur etiam ubi propter longinquitatem
Ecclesiae suae non eam possint nisi cum gravi incommodo adire
quin tamen ex hoc ritus mutatio indicatur.

Art. XXII. — Laici rutheni, qui verum et stabile domicilium in
Civitatibus Foederatis constituerint, transire possunt ad ritum lati-
num, obtenta tamen prius, in singulis casibus, venia Apostolicae
Sedis.

Art. XXIII. — Si contingat ut hi quandoque in patriam rever-
tantur, tunc etsi ex Pontificio rescripto ritum latinum susceperint,
licebit eis Apostolica Sede exorata, ad pristinum ritum redire.

Art. XXIV. — Non licet Missionariis latinis sub poenis ab Apostolica Sede decernendis, quempiam Ruthenorum ad latinum ritum
amplectendum inducere.

Art. XXV. — Fideles rutheni, etiam in locis in quibus adest presbyter rutheni ritus, apud Sacerdotem latinum ab Ordinario loci
approbatum peccata sua confiteri, et beneficium sacramentalis abso-
lutionis valide et licite obtinere possunt.

Sciant autem sacerdotes rutheni ritus, censuras et reservationes
casuum in dioecesi, in qua ministerium exercent, sive vigentes sive
ferendas, clerum etiam et populum eiusque rutheni ritus afficere.

Art. XXVI. — Ad vitanda gravia incommoda quae inde ruthenis
evenire possent, facultas eis fit dies festos et ieiunia observandi
iuxta consuetudinem locorum in quibus degunt. Attamen diebus
dominicis et festis in utroque ritu in eandem diem incidentibus,
sacrae liturgiae in ecclesia sui ritus, si in loco existat, Rutheni
interesse tenentur.

CAPUT IV.

De Matrimoniis inter Fideles Mixti Ritus.

Art. XXVII. — Matrimonia inter catholicos ruthenos et latinos non prohibentur: sed maritus latinus uxoris ruthenae ritum non sequatur, nec uxor latina ritum mariti rutheni.

Art. XXVIII. — Si vero vir latinus in uxorem duxerit mulierem ruthenam, integrum erit mulieri ad ritum latinum, sive in actu matrimonii sive postea, durante matrimonio, transire, quin electionem semel factam, vivente viro, revocare possit.

Art. XXIX. — Soluto matrimonio, mulieri ruthenae, quae ritum mariti amplexa fuerat, resumendi proprii ritus libera erit potestas.

Art. XXX. Uxori ruthenae quae maluerit in proprio ritu permanere, licebit tamen in ieiuniis et festis suum maritum sequi.

Art. XXXI. — Vir ruthenus potest, si velit, ritum uxoris latinae sequi, eique pariter licebit in ieiuniis et festis ritui uxoris latinae sese conformare. Soluto matrimonio, poterit in ritum latino permanere, vel ritum ruthenum resumere.

Art. XXXII. — Matrimonium inter virum latinum et ruthenam mulierem latine coram parocho latino contrahatur; inter virum vero ruthenum et mulierem latinam contrahi potest vel ruthene coram parocho rutheno, vel latine coram parocho uxoris.

Art. XXXIII. — Si uterque contrahens in suo ritu permaneat, competit praesbyteris respectivi ritus officium parochi erga illos exercere in rebus quae hic recensentur, nempe: in communionis paschalis, viatici et extremae unctionis administratione, in adsistentia in mortis articulo, in exequiis persolvendis atque in humatione; excepto necessitatis casu.

Art. XXXIV. — Nati in Civitatibus Foederatis Americae ex patre latino et matre ruthena, latino ritu sunt baptizandi; proles enim sequi omnino debet patris ritum, si sit latinus.

Art. XXXV. — Si vero pater sit ruthenus et mater latina, liberum erit eidem patri, quod proles vel ritu rutheno baptizetur, vel etiam ritu latino, si in gratiam uxoris latinae ipse consenserit.

Art. XXXVI. — Infantes ad eius parochi iurisdictionem pertinent, cuius ritu sunt legitime baptizati, cum per Baptismum fiat suscepti ritus latini vel rutheni professio, ita ut ad latinum ritum spectent qui latino ritu baptizati sunt; qui vero ritu rutheno sunt baptizati in Ruthenorum numero sint habendi.

Excipitur casus quando iis Baptismus alieno ritu collatus fuerit ob gravem necessitatem, cum nimirum morti proximi fuerint, vel in loco in quo parentes tempore nativitatis morabantur, parochus proprii ritus non adesset; tunc enim ad parochum ritus, quem parentes profitentur, pertinebunt, iuxta superius statuta.

In charitate Christi, qua fideles omnium rituum peramanter complectimur, haec statuenda censuimus pro spirituali bono, animarumque salute fidelium ruthenorum in Foederatis Civitatibus Americae Septemtrionalis commorantium; ac minime dubitamus quin ipsi Nostram hanc et Apostolicae Sedis erga eos sollicitudinem perfecta obedientia, imo et grato animo excipiant.

Praesentes Litteras et in eis contenta et statuta quaecumque, nulla unquam, licet privilegiata, ex causa colore et capite, nulloque unquan tempore de aliquo nullitatis vitio seu defectu in excogitato et substantiali notari, impugnari aut in controversiam et iudicium vocari posse; sed tamquam ex Pontificiae Providentiae officio et Motu proprio, certa scientia, matura deliberatione, deque Nostrae Apostolicae Potestatis plenitudine editas, omnimoda firmitate perpetuo validas et efficaces existere et fore, suosque plenarios et integros effectus sortiri et obtinere, atque ab omnibus, ad quos spectat et spectabit inviolabiliter observari volumus et decernimus, sublata cuicumque, etiam Cardinalitia dignitate fulgenti, quavis aliter statuendi et interpretandi facultate; irritum quoque et inane decernentes quidquid in contrarium scienter vel ignoranter contigerit attentari.

Quocirca Venerabilem Fratrem Diomedem, Archiepiscopum titularem Larissensem, Nostrumque apud Episcopos Civitatum Foederatarum Americae Septentrionalis Delegatum, executorem praesentium Apostolica Auctoritate constituimus, ut ipse per se vel per alium virum ecclesiastica dignitate insignitum, ab eo subdelegandum, praesentes Nostras Litteras sollemniter publicet, ac omnia et singula in eis contenta a cunctis observanda curet. Eidem vero praecipimus ut singulorum actorum in praesentium evulgatione et executione exemplar authenticum intra sex menses ad hanc Apostolicam Sedem transmittat, illudque in Archivo S. Congregationis de Propaganda Fide pro negotiis Orientalis Ritus adservari mandamus.

Non obstantibus Decessorum Nostrorum Costitutionibus et Ordinationibus, etiam in generalibus et provincialibus Conciliis editis, et
quarumcumque Ecclesiarum, etiam Patriarchalium, seu Ordinum et
Congregationum, iuramento et confirmatione Apostolica vel quavis
alia firmitate roboratis, statutis et consuetudinibus, aliisque quibuslibet, etiam Motu proprio, in contrarium praemissorum concessis
licet expressa mentione dignis; quibus omnibus perinde ac si verbo
ad verbum his litteris inserta essent, ad praemissorum effectum
specialiter et expresse derogamus et derogatum esse volumus, ceterisque in contrarium facientibus quibuscumque.

Harum vero transumptis etiam impressis, manu tamen alicuius
Notarii publici subscriptis ac sigillo personae in ecclesiastica dignitate constitutae munitis, eamdem ubique fidem haberi volumus, quae
ipsis praesentibus habetur, si forent exhibitae vel ostensae

Nulli ergo omnino hominum liceat hanc paginam Nostrae constitutionis, decreti, mandati, voluntatis, exemptionis, derogationis, indulti, infringere vel ei ausu temerario contraire. Si quis autem hoc
attentare praesumpserit, indignationem Omnipotentis Dei ac Beatorum Petri et Pauli, Apostolorum eius, se noverit incursurum.

Datum Romae, apud Sanctum Petrum, Anno Incarnationis Dominicae millesimo nongentesimo septimo, decimo octavo calendas Iulias, die festo S. Basilii Magni, Pontificatus Nostri anno quarto.

> A. Card. Di Pietro *Pro-Dat.* — R. Card. Merry Del Val.
>
> *Visa*
>
> De Curia I. De Aquila e Vicecomitibus.
> Loco ✠ Plumbi.
>
> *Reg. in Segret.* Brevium. V. Cugnonibus

II. — ALLOCUTIO

Pii Pp. X ad Legatum Extraordinarium Imperatoris Aethiopiae die 7 octobris 1907.

Sono veramente lieto dei sentimenti, che in nome vostro e di
Sua Maestà il Re dei Re, Signore e Imperatore dell' Etiopia, colla
guida del Santo Vangelo, avete espressi di rispetto e di ossequio
alla Cattedra di Pietro; e successore benchè indegno del Santo

Apostolo, mi gode l'animo di esternare a Voi e al Vostro Gran Signore la mia riverente ammirazione.

Padre dei popoli del mondo, mentre stendo a tutti le braccia, e a tutti indirizzo la mia parola per chiamarli alla luce della verità, faccio questo con affetto particolare col grande Imperatore dell'Etiopia informato a tanta riverenza verso la Chiesa cattolica, della quale riconosce la dignità, il potere e per le divine promesse la certa durata.

Mi è cara poi in modo speciale questa occasione per rinnovare la mia gratitudine e riconoscenza al grande Imperatore per l'alta protezione ch'egli dona ai miei Missionari, che predicano nell'immenso suo impero il vangelo di Gesù Cristo. Assicuratelo pure il vostro gran Signore, che i buoni Padri non saranno mai ingrati alla sua protezione e ai suoi favori, e lontani affatto da ogni ribellione, nemici d'ogni insidia, d'ogni inganno e d'ogni astuzia, predicando ai suoi popoli la dottrina del Vangelo, che è la dottrina di carità, d'umiltà e di perfetta soggezione alle autorità costituite renderanno a lui i migliori servigi, preparandogli sudditi fedeli, soldati valorosi e forti campioni per sostenere la sua autorità e difendere il suo trono.

E oltre questo vantaggio non gli mancheranno a grande compenso le divine benedizioni per la sua prosperità, benedizioni che auguro di cuore a lui gran Signore, alla Imperatrice, ai Principi della sua Casa e del suo Impero, e a Voi in modo particolare, che vi farete interprete fedele di questi miei sentimenti.

III. — ALLOCUTIO

SSmi Dñi Pii Pp. X habita in Consistorio diei 16 decembris 1907.

Venerabiles fratres,

RELICTURUS Ecclesiam, quam sanguine suo acquisiverat, ac transiturus de hoc mundo ad Patrem, Christus dominus id nobis, nec semel nec obscure, praenuntiavit, fore nos insectationibus inimicorum perpetuo premendos; neque unquam in hisce terris carituros adversis. Scilicet hoc sponsae debebatur quod Sponso obtigerat; ut quo modo Huic dictum fuerat: « Dominare in medio inimicorum tuorum, » (¹) sic illa per medios hostes mediasque pu-

(¹ Ps. CIX, 2.

gnas a mari dominaretur usque ad mare, donec, promissionis terram ingressa, perenni tranquillitate feliciter potiretur. — Quod utique divini Reparatoris oraculum, ut nullo non tempore, sic modo impleri ad unguem videmus. Alibi quidem acie apertaque dimicatione, astu alibi abstrusisque insidiis, attamen ubique Ecclesiam oppugnari conspicimus. Quidquid illius est iurium ac proculcatur: leges vel ab iis despiciuntur, quorum esset earundem tueri auctoritatem: impia interea impudentique ephemeridum colluvie fidei sanctitas morumque nitor maculatur, detrimento animorum maximo, mec minori civilis consociationis damno ac perturbatione; quod ipsi, ut alias saepe, sic non ita pridem vel inter nostrates vestris fere oculis usurpastis.

Sed his aliud modo additur malum plane gravissimum: sollicitum quoddam studium late increbrescens novarum rerum, disciplinae omnis ac potestatis impatiens; quod Ecclesie doctrinas ipsamque adeo revelatam a Deo veritatem impetens, nititur religionem sanctissimam a fundamentis convellere. Eo nimirum ducuntur (utinam pauciore numero!) qui eius, quam vulgo scientiam et criticen et progressionem et humanitatem dictitant, audacissimas opiniones coeco fere impetu amplectuntur. Hi quidem, spreta tum Romani Pontificis tum Episcoporum auctoritate, methodicam invehunt dubitationem impiissimam circa ipsa fidei fundamenta; ac, praesertim si de clero sunt, catholicae theologiae studia aspernati, philosophiam, sociologiam, litteraturam e venenatis fontibus hauriunt; tum vero conscientiam quandam laicam catholicae oppositam pleno ore concrepant; sibique ius simul officiorumque adrogant catholicorum conscientias corrigendi ac reformandi.

Lugendum plane foret si homines eiusmodi, Ecclesiae gremio relicto, ad apertos hostes convolarent; verum longe magis dolendum est quod eo devenerint caecitatis, ut se adhuc Ecclesiae filios reputent et iactent, eierato quamquis factis etsi forte non verbis, fidei sacramento, quod in Baptismate edixerunt. Sic porro, fallaci quadam animi tranquillitate ducti, christiana etiam sacra frequentant, sanctissimo Christi Corpore reficiuntur, quin et ad altare Dei, quod plane horrendum, sacrificaturi eccedunt: inter haec tamen, quae agitant, quae pertinacia summa profitentur illos a fide excidisse demonstrant, dumque se navi duci autumant foede naufragium fecisse.

Decessorum Nostrorum exemplo, qui vigilantia maxima constantissimoque pectore sanam doctrinam tutati sunt, solliciti ne quid ei labis aspergeretur, Nos quoque, apostolici praecepti memores « Bonum depositum custodi » ([1]) decretum « *Lamentabili* » (*) nuper edidimus, mox vero Litteras Encyclicas « *Pascendi dominici gregis* (**) » ; atque Episcopos gravissime commonefecimus ut, praeter cetera a Nobis praescripta, sacra praesertim seminaria diligentissime custodiant, caventes ne quid capiat detrimenti institutio adolescentium, qui in spem sacri cleri educantur: quod, gratulantes dicimus, a pleplerisque omnibus et volenti animo exceptum est, et strenue perficitur.

[1] Tim. 13.
* Cf. hoc vol. pag. 258 ; ** Cf. hoc vol. pag. 374.

Paterno tamen huic studio *ad correptionem animarum errantium* quo pacto ab ipsis errantibus responsum sit non ignoratis, Venerabiles Fratres. Alii quidem, *in hypocrisi loquentes mendacium*, ad se quae dicebamus non pertinere professi sunt, callidis argumentis animadversioni se subducere conantes. Alii vero insolenti superbia, bonorum omnium luctu, apertissime restiterunt. Quare, quae sugerebat caritas incassum adhibitis, canonicas demum irrogare poenas, moerore animi maximo, coacti fuimus. Deum tamen, luminum ac misericordiarum Patrem, rogare impensissime non desistimus ut velit errantes in viam revocare iustitiae. Idipsum et fieri a vobis, Venerabiles Fratres, vehementer optamus, illud minime dubitantes omnem operam Nobiscum vos impensuros ad hanc luem errorum quam latissime prohibendam.

Nunc autem ut hodierni conventus vestri rationem attingamus, hoc primum monere vos volumus, postquam iteratis postulationibus dilecti Filii Nostri Iosephi Sebastiani Neto de resignando olysipponensi patriarchatu diu amantissimeque restitimus, resignationem ipsam demum Nos excepisse. Patriarcham novum, qui in eius locum succedat, mox in decreto et schedulis consistorialibus designabimus.

Post haec, S. R. E. Cardinales creare ac renuntiare egregios viros quatuor decrevimus, quos sua quemque virtus et variorum administratio munerum dignos probavere, qui in amplissimum Collegium vestrum cooptarentur. Hi autem sunt:

Petrus Gasparri, Archiepiscopus tit. Caesariensis, Adiutor sacri Concilii Nostri negotiis extraordinariis praepositi,

Luduvicus Henricus Luçon, Archiepiscopus Rhemensis,

Paulinus Petrus Andrieu, Episcopus Massiliensis,

Caietanus De Lai, Sacrae Congregationis Concilii Secretarius, Quid vobis videtur?

Itaque auctoritate omnipotentis Dei, sanctorum apostolorum Petri et Patri et Nostra, creamus et publicamus S. R. E. Cardinales

Ex Ordine Presbyterorum

Petrum Gasparri
Ludovicum Henricum Luçon
Paulinum Petrum Andrieu

Ex Ordine Diaconorum

Caietanum De Lai

Cum dispensationibus derogationibus et clausulis necessariis et opportunis. In nomine Patris ✠ et Filii ✠ et Spiritus ✠ Sancti. Amen.

IV. — ALLOCUTIO

SSmi Dñi Pii Pp. X habita die 18 decembris 1907 occasione impositionis pileoli novis Cardinalibus.

Vi ringrazio, Signor Cardinale, dei sentimenti di devozione e di filiale amore, che mi avete significati in nome dei vostri diletti confratelli per l'onore a cui foste chiamati.

La sacra porpora, che è premio alla virtù e alla scienza, non solo onora quegli egregi, che avendo prestato segnalati servigi alla Santa Sede sono chiamati a cooperare col Sommo Pontefice al governo universale della Chiesa, ma onora pure quei luoghi, dove i nuovi eletti hanno rapporti di origine, di parentela e di spirituale governo, i quali giustamente riguardano come un benefizio e una grazia speciale l'avere uno dei loro figli nel Sacro Collegio.

Io provo in vero la massima compiacenza tutte le volte che mi è dato di corrispondere al desiderio di questi popoli, come sarebbe per me la più cara delle soddisfazioni se potessi appagare i voti di tutti.

Mi congratulo pertanto con voi, diletti figli dell' Umbria e della Venezia, perchè i cari vostri, dopo di avervi seguito col pensiero, mentre eravate occupati in delicati uffici e importanti missioni anche in lontani paesi, ora finalmente vi salutano con giocanda letizia e godono del premio concesso al merito dei tanti servigi prestati alla Chiesa.

Mi congratulo con Voi, diletti figli della Francia. Mi tardava l'animo di offrire ai cattolici della vostra patria un nuovo argomento della mia particolare attenzione; e per dare questa testimonianza mi si presentavano al pensiero tutti quegli insigni Prelati, che obbedienti alla mia parola, con unione mirabile, con tranquilla, ma forte resistenza incontrarono la persecuzione, di cui erano vittime, e alle subdole offerte di un Governo, che con aperta ingiuria a tutte le leggi divine ed umane aveva sacrilegamente usurpate le cose più Sante; preferirono le angustie, la povertà e la miseria, il qual fatto mentre infonde in tutti i buoni la fiducia, è caparra di sicura vittoria.

Così chi voleva distruggere ha invece edificato, chi voleva per ogni maniera bandita dalla Francia la religione di Gesù Cristo, ne ha invece rinvigorita la fede eccitando tutti i fedeli a ripetere coi loro Vescovi le parole di Giuda Maccabeo: *Melius est nos mori in bello quam videre mala gentis nostrae et sanctorum.*

Ora a tutti questi campioni, che meritarono il plauso e l'ammirazione del mondo, mi è dolce manifestare anche in questa occasione la mia gratitudine.

Che se non posso offerire a tutti, come vorrei, un pegno della mia riconoscenza, son certo però che tutti faranno plauso oltrechè ai meriti vostri particolari, al pensiero che mi indusse a preferirvi a tutti gli altri ottimi.

Marsiglia è il porto, a cui dopo il sacrificio divino del Calvario, approdò non solo il discepolo, ma l'amico del divin Redentore; e Marsiglia, che fè tesoro della parola di vita dispensata da Lazzaro e lo venera ancora come speciale patrono, dev'essere riguardata dalla Francia con speciale venerazione.

Reims conserva il fonte battesimale d'onde è uscita tutta la Francia cristiana e giustamente è chiamata per questo il diadema del regno.

Era un ora tenebrosa per la Chiesa di Gesù Cristo, che combattuta per una parte dagli Ariani e assalita per l'altra dai barbari, non aveva altro rifugio che la preghiera per invocare l'ora di Dio. E l'ora di Dio suonò a Reims nella festa di Natale dell'anno 486, perchè il battesimo di Clodoveo segnò la nascita di una grande nazione, della tribù di Giuda dell'era novella, che prosperò sempre finchè mantenne l'alleanza del sacerdozio e del publico potere, finchè non a parole, ma coi fatti si mostrò figlia primogenita della Chiesa. A Reims pertanto ed a Marsiglia devono rivolgersi gli affetti di tutti i cattolici della Francia, perchè se a Marsiglia fu portato il primo germe della fede, della parola venuta dal Golgota, caldo ancora del sangue di Gesù Cristo, a Reims fu solennemente proclamato il Regno di Cristo in tutta la Francia pel Re che senza parole, ma col suo solo esempio indusse i popoli, che lo seguivano, a ripetere alla di lui presenza e ad una sola voce: Noi rinunciamo agli Dei mortali e siamo pronti ad adorare il Dio immortale predicato da Remigio; provando così un'altra volta, che i popoli sono quali li vogliono i loro Governi.

Mi congratulo pertanto anche con voi, Venerabili Pastori di Reims e di Marsiglia, che ritornando alle vostre Sedi adorni della Sacra Porpora, sarete accolti con gioia e avrete il saluto affettuoso dei vostri confratelli e la venerazione di tutti i cattolici della Francia. Che se in questa letizia non ho potuto fare a meno di rammaricarmi pensando alle persecuzioni alle quali è fatta segno la Chiesa, confido però molto anche in voi, che cominciando oggi una vita di di lavoro più assiduo e di maggior sacrificio, come per lo passato, continuerete a sostenerne i diritti e ad aiutarmi nello spirituale governo.

E a questo fine impartisco con effusione di cuore l'Apostolica Benedizione a voi, al Clero ed al popolo delle vostre Diocesi, ai diletti che decorarono colla loro presenza questa cerimonia, ai vostri ed ai loro parenti, e questa Benedizione sia fonte per tutti delle grazie più elette e delle più soavi consolazioni.

V. — Relatio Actorum in Consistoriis secreto et publico diebus 16-19 decembris 1907.

Die 16 decembris 1907.

SANTISSIMUS Dñus Noster Divina Providentia Pius Pp. X die 16 decembris de mane in Apostolico Palatio Vaticano Consistorium secretum celebravit, in quo praemissa allocutione, quam pag. 469 retulimus, creare et publicare dignatus est S. R. E. Cardinales:

Ex Ordine Presbyterorum

1°. Excmum ac Rmum D. Petrum Gasparri *Archiepiscopum Caesariensem,* qui natus in oppido vulgo *Capovallazza di Ussita,* in Nursina dioecesi die 5 maii 1852, studio operam dedit in Seminario Nepesino primum, in Pontificio Seminario Romano deinde, in quo, studiorum curriculis expletis, lauream assecutus est in philosophia, s. theologia et iure canonico. Magister renunciatus s. theologiae in Scholis Seminarii Romani et iuris canonici in Urbano Collegio de Propaganda Fide, iunior adhuc cathedram iuris canonici obtinuit in Instituto Catholico Parisiensi. Anno 1898 Archiepiscopus Caesa- rien. nominatus et uti Delegatus Apostolicus in Aequatorianas Respublicas missus, hoc munere functus est usque ad annum 1902 cum successit in officium Secretarii S. C. Negotiis Ecclesiasticis Extraordinariis praepositae.

Emus Gasparri est canonista praeclarissimus, cuius tractata *De Eucharistia, de S. Ordinatione, et de Matrimonio* ubique celebrata sunt.

2°. Excmum ac Rmum D. Ludovicum Henricum Luçon, *Ar- chiepiscopum Rhemensem.* Praeclarus vir, qui hodie s. purpura co- honestatur, lucem vidit in oppido « Maulévrier » in dioecesi An- degaven., et studiis absolutis in dioecesano Seminario, sacerdotio ini- tiatus est anno 1865. Vicarius in *Saint-Lambert du Lattay* fuit ab anno 1866 ad an. 1873 quo Romam petiit et Capellanus in Ecclesia S. Aloysii Gallicae nationis nominatus fuit. Hoc tempore lauream in s. theologia et in iure canonico assecutus est, et anno 1875 in Gal- liam reversus parochiali ministerio incumbuit usque ad annum 1887 cum Episcopus Bellovacen renuntiatus fuit. Anno 1906 Emo D. Card. Langénieux successit in Ecclesiam Metropolitanam Rhemen. et nunc s. purpura decoratus praemium obtinet dignum tot laboribus tanto- que studio pro Religione et Ecclesia.

3°. Excmum ac Rmum D. Paulinum Petrum Andrieu, *Epi- scopum Massiliensem,* natum in *Seysses,* Tolosanae dioeceseos die 8 decembris 1849. Studiis absolutis, vigesimum quintum aetatis an- num agens primum sacrum litavit et statim variis muneribus sacerdo- talibus operam navavit. Canonicus, honorarius Cathedralis Tolosanae electus anno 1876, successit anno 1880 iunior adhuc R. P. Causette in munus Vicarii Generalis Archidioeceseos, quod obtinuit usque ad annum 1901 cum ad dignitatem Episcopalem evectus Cathedrali Massiliensi praefectus est. Semper et praesertim postremis hisce annis pro iuribus Ecclesiae et Religionis a laico gallico gubernio contemptis, strenue pugnavit et hodie eius elevatio ad supremas Ecclesiae dignitates iure meritoque ratio est exultationis catholicis Galliae.

Ex Ordine Diaconorum

4°. Excmum ac Rmum D. Caietanum De Lai, *Pontificiae do- mus Praesulem Domesticum ac S. Congregationis Concilii Secretarium.*

In oppido vulgo *Malo,* Vicentin. dioeceseos lucem vidit die 30 iulii anni 1853, et studiis in Seminario dioecesano primum ini- tiatus, eadem absolvit Romae in Pontificio Seminario Romano, lau- ream obtinens in philosophia, s. theologia et in utroque iure. Sa-

cerdos consecratus est anno 1876 et, suadente eodem Episcopo
Vicentino, Romae adhuc moratus est studio iuris canonici causa-
rumque ecclesiasticarum operam navans prope secretariam S. C. Concilii. Eiusdem S. C. Auditor nominatus, huic officio praefuit usque
ad annum 1891, in quo ad officium Subsecretarii promotus est.
Anno 1905 a Leone XIII f. r. primum Pro-Secretarius, deinde
Secretarius S. C. Concilii adlectus, famam canonistae eximii magis in diem adeptus est, eo ut iure meritoque in Commissionem
codificationis iuris canonici accitus sit, in qua una cum neo-
Eṁum Card. Gasparri summopere adlaboravit pro instituendo codice. Pius X, qui Eum semper carissimum habuit, eius virtutes ac
labores in Ecclesiae utilitatem merito nunc s. Purpura praemiavit.

Dein Sanctitas Sua Ecclesias quae sequuntur proponere dignata est:

Ecclesiam titularem Archiepiscopalem Traianopolitan. (TRAIANO-
POLI) ritus latini favore Illṁi ac Rṁi D. Augusti Ioseph Duc, promoti a Sede Cathedrali Augustan *(Aosta).*

Ecclesiam titularem Archiepiscopalem Anazarben. (ANAZARBO) ritus latini favore Illṁi ac Rṁi D. Raymundi Igheo promoti ab Ecclesia Cathedrali Ecclesien. *(Iglesias).*

Ecclesiam Metropolitanam Chamberien. (CHAMBERY) favore Illṁi
ac Rṁi D. Francisci Virgilii Dubillard promoti ab Ecclesia Cathedrali Corisopiten. *(Quimper).*

Ecclesiam Metropolitanam Bononien. favore Illṁi ac Rṁi D. Iacobi Della Chiesa, Ianuen., Pontificiae Domus Praesulis Domestici,
doctoris in s. theologia ac in utroque iure, Secretariae Status Substituti.

Ecclesiam Metropolitanam Liman. (LIMA) favore Illṁi ac Rṁi
D. Petri Emmanuelis Garcia Naranjo eiusdem archidioeceseos, in
s. theologia doctoris, Metropolitanae ipsius Canonicis Arcarii.

Ecclesiam titularem Episcopalem Proconnesii (PROCONNESO) favore
Illṁi ac Rṁi D. Alphonsi Mariae Giordano Congregationis SSṁi
Redemptoris, translati ab Ecclesiis Cathedralibus unitis Calven. et
Theanen. *(Calvi e Teano).*

Ecclesiam titularem Episcopalem Sebastopolitan. (SEBASTOPOLI)
favore Illṁi ac Rṁi D. Sanctis Mei translata a Cathedrali Muti-
lan. *(Modigliana).*

Ecclesiam titularem Episcopalem Lampsacen. (LAMPSACO) favore
Illṁi ac Rṁi D. Iulii Serafini translati a Cathedrali Piscien. (PESCIA).

Ecclesiam Cathedralem Bobien. (BOBBIO) favore Illṁi ac Rṁi
D. Aloysii Marelli Pontificiae Domus Praelati Domestici, Pro-Vicarii Generalis Archidioeceseos Mediolanen. *(Milano).*

Ecclesiam Cathedralem Piscien. (PESCIA) favore Illṁi ac Rṁi
D. Angeli Simonetti Parochi S. Petri vulgo *in Mercato* in Archidioecesi Florentina *(Firenze).*

Ecclesiam Cathedralem Tarantasien. (TARANTASIA) favore Illṁi
ac Rṁi D. Ioannis Baptistae Biolley eiusdem dioeceseos, Cathedralis Canonici honorarii et Parochi Archipresbyteri loci *Albertille.*

Ecclesiam Cathedralem Budvicen. (BUDWEIS) favore Illṁi ac Rṁi
D. Ioseph Hůlka eiusdem dioeceseos, Sanctitatis Suae Cubicularii

intimi supernumerarii, Examinatoris prosynodalis, Pro-Vicarii Generalis et Canonici Cathedralis.

Ecclesiam Cathedralem Pastopolitan. (PASTO) favore Illm̄i ac Rm̄i D. Adolphi Perea, Vicarii Generalis Popayanen. *(Popayan).*

Ecclesiam titularem Episcopalem Sebasten. (SEBASTE) favore Illm̄i ac Rm̄i D. Dionysii O' Connell, dioeceseos Richmondin. *(Ricmond),* in s. theologia doctoris, Pontificiae Domus Praesulis Domestici, Rectoris Universitatis Washingtonien. *(Washington).*

Ecclesiam titularem Episcopalem Adrianopolitan. (ADRIANOPOLI) favore Illm̄i ac Rm̄i D. Thomae Kennedy, Archidioeceseos Philadelphien. *(Filadelfia),* in s. theologia doctoris, Pontificiae Domus Praelati Domestici, Romae Rectoris Collegii Americani septentrionalis.

Ecclesiam titularem Episcopalem Cestrin. (CESTRO) favore Illm̄i ac Rm̄i D. Barnabae Piedrabuena dioecesani et Vicarii Generalis Tucumanen. *(Tucuman).*

D.e 18 decembris 1907.

De mane in palatio Cancellariae Apostolicae Exm̄i Archiepiscopi et Episcopi in Curia praesentes et in Consistorio secreto pridie praeconizati, iusiurandum protulerunt iuxta Apostolicas Constitutiones coram Em̄o ac Rm̄o D. Cardinali Antonio Agliardi Vicecancellario S. R. E.

Horis vero postmeridianis Sanctitas Domini Nostri pileolum cardinalitium imposuit Em̄is ac Rm̄is DD. neo-Cardinalibus creatis et publicatis in Consistorio secreto die 16 huius mensis.

Deinde allocutionem, quam pag. 472 retulimus, habuit ad neocardinales, cum Em̄us Card. Petrus Gasparri Sanctitati Suae gratias egit ex corde propter honorem s. purpurae eisdem collatum.

Die 19 decembris 1907.

Sanctitas Domini Nostri Pii Pp. X, de mane Consistorium publicum celebravit in eodem palatio Vaticano, in quo pileum rubrum imposuit Em̄is ac Rm̄is DD. Cardinalibus creatis in praecedenti Consistorio secreto, et Em̄is DD. Cardinalibus Rinaldini et Aguirre y Garcia creatis in Consistorio diei 15 aprilis elapsi.

Consistorium vero habuit secretum in quo, clauso ore, iuxta morem, Em̄is novis Cardinalibus, sequentes proposuit Ecclesias:

Ecclesiam Patriarchalem Lisbonen. (LISBONA) favore Illm̄i ac Rmi D. Antonii Mendes Bello promoti a Sede Cathedrali Pharonen-*(Faro).*

Ecclesiam Cathedralem Pharonen. (FARO) favore Illm̄i ac Rm̄i D. Antonii Barbosa Lejo translati a Sede Cathedrali Angolen. et Congen. *(Angola e Congo).*

Ecclesiam Cathedralem Guadicen. (GUADIX) favore Illm̄i ac Rm̄i D. Timothei Hernandez Mulas dioecesani Zamoren. *(Zamora)* in iure canonico doctoris et canonici doctoralis Cathedralis Conchen. *(Cuenca).*

Ecclesiam Cathedralem Almerien. (ALMERIA) favore Illm̄i ac Rm̄i D. Vincentii Casanova dioeceseos Tirasonen. *(Tarazona)* in s. theologia prolytae, parochi Ecclesiae B. M. V. Boni Consilii Madriti.

Ecclesiam Cathedralem Segobricen. (SEGORBIA) favore Illmi ac Rmi
D. Antonii Marii Massanet y Verd dioeceseos Maioricen. *(Maiorca)*
in Seminario Episcopali eiusdem Dioecesis magistri philosophiae.
Ecclesiam Cathedralem Beien. (BEJA) favore Illmi ac Rmi D. Sebastiani Leite de Vasconcellos dioeceseos Portugallien. *(Oporto)* Institutoris et directoris officinae a S. Ioseph.
Ecclesiam titularem Episcopalem Martyropolitan. (MARTIROPOLI)
favore Illmi ac Rmi D. Antonii Alves Ferreira, archidioeceseos
Lisbonen. *(Lisbona)* in s. theologia et iure canonico prolytae, s. theologiae professoris in Seminario Santaremen. *(Santarem)*, Canonici Patriarchalis Lisbonensis, deputati Coadiutoris cum successione Illmi
ac Rmi D. Ioseph Diaz Correia de Carvalho, Episcopi Visen.
(Visen).
Ecclesiam titularem Episcopalem Olimpien. (OLIMPO) favore Illmi
ac Rmi D. Prudentii Melo y Alcade Burgen. in s. theologia et iure
canonico doctoris, Pro Vicarii generalis et canonici Lectoralis Cathedralis Burgen. *(Burgos)*, deputati auxiliaris Emi ac Rmi D. Ciriaci
Mariae Sancha y Nervas S. R. E. Card. Archiepiscopi Toletan.
(Toledo).
Ecclesiam titularem Episcopalem Anthedonen. (ANTEDONE) favore
Illmi ac Rmi D. Raymundi Barbera y Brada Arcidioeceseos Tar-
raconen. *(Tarragona)* in s. theologia doctoris, in iure canonico prolytae, et Cathedralis Tarraconen. Canonici Archidiaconi.
Deinde Sanctitas Sua publicavit provisionem sequentium Ecclesiarum iam peractam per Breve:
Ecclesiam Cathedralem Parmen. (PARMA) per successionem fa-
vore Illmi ac Rmi D. Guidi Mariae Conforti promoti ab ecclesia
titulari Stauropolitan. *(Stauropoli).*
Ecclesiam titularem Archiepiscopalem Sardicen. (SARDICA) favore
Illmi ac Rmi D. Pii Del Corona Ord. Praedicatorum promoti a Ca-
thedrali S. Miniato. *(S. Miniato).*
Ecclesiam titularem Archiepiscopalem Pessinuntius (PESSINONTE)
ritus latini favore Illmi ac Rmi D. Constantii Ludovici Mariae Guil-
lois promoti a Cathedrali Tuden. *(Le Tuy).*
Ecclesiam Metropolitanam Avenionen. (AVIGNONE) favore Illmi ac
Rmi D. Gasparis Mariae Michaelis Latty promoti a Cathedrali Ca-
talaunen. *(Chalons).*
Ecclesiam Cathedralem de Linares (LINARES) favore Illmi ac Rmi
D. Leopuldi Ruiz promoti a Cathedrali Leonen. *(Leon* in Mexico).
Ecclesias Metropolitanas unitas Acheruntin. et Materanen. (ACE-
RENZA e MATERA) favore Illmi ac Rmi D. Angeli Pecci O. S. B.
promoti a Cathedrali Tricaricen. *(Tricarico).*
Ecclesiam Metropolitanam Bombayen. (BOMBAY) favore Illmi ac
Rmi D. Ermanni Jürgens Soc. Iesus.
Ecclesiam titularem Archiepiscopalem Heraclien. (ERACLEA) fa-
vore Illmi ac Rmi D. Andreae Francisci Frühwirth, Ord. Praedi-
cat. dioeceseos Secovien in s. theologia magistri, S. C. S. Officii
Consultoris, Nuntii Apostolici in Bavariam.
Ecclesiam Cathedralem Uberaben. (UBERABA) in Brasiliana Re-

publica nuper erectam, favore Illmi ac Rmi D. Eduardi Drarte Silva translati a Cathedrali Goyasen. *(Goyaz)*.

Ecclesiam Cathedralem Principis Alberti (PRINCE ALBERT) nuper erectam favore Illmi ac Rmi D. Alberti Pascal, Congr. Oblatorum B. M. V. translati ab Ecclesia titulari Episcopali Mosynopolitan. *(Monsyopoli)*.

Ecclesiam Episcopalem Leonen. in Mexico (LEON) favore Illmi ac Rmi D. Ioseph Mora translati a Cathedrali de Tulacingo *(Tulacingo)*.

Ecclesiam Cathedralem de Chilapa (CHILAPA) favore Illmi ac Rmi D. Francisci Campos translati a Cathedrali Tabasquen. *(Tabasco)*.

Ecclesiam Cathedralem Curytuben. de Parana (CURYTIBA) favore Illmi ac Rmi D. Ioannis Francisci Braga translati a Cathedrali Petropolitan. *(Petropoli)*.

Ecclesiam titularem Episcopalem Cinen. (CINA) favore Illmi ac Rmi D. Caroli de Jesus Mejia Congregationis Missionis translati a Cathedrali Tehuantepecen. *(Tehuantepec)*.

Ecclesiam Cathedralem Jacien. (ACI REALE) favore Illmi ac Rmi D. Ioannis Baptistae Arista Congregationis Oratorii translati ab Ecclesia titulari Episcopali Nyssen. *(Nissa)*.

Abatiam Nullius Montisserrati in Brasiliana Republica, nuper erectam, favore Illmi ac Rmi D. Gerardi von Caloen, Ord. S. Benedicti, Episcopi titulari Phocaeen *(Focea)*.

Ecclesiam Cathedralem Venusin. (VENOSA) favore Illmi ac Rmi D. Felicis Del Sordo translati ab Ecclesia titulari Episcopali Claudiopolitan. *(Claudiopoli)*.

Ecclesiam Cathedralem Ibarren. (IBARRA) favore Illmi ac Rmi D. Ulpiani Perez y Quinones translati ab Ecclesia titulari Episcopali Arethusii *(Aretusa)*.

Ecclesiam Cathedralem S. Miniati (S. MINIÁTO) favore Illmi ac Rmi D. Caroli Falcini translati ab Ecclesia titulari Episcopali Arethusii.

Ecclesiam Cathedralem Montis Falisci (MONTEFIASCONE) favore Illmi ac Rmi D. Dominici Mannaioli, dioeceseos Tudertin. *(Todi)* Pontificiae Domus Praesulis Domestici, in s. theologia ac in utroque iure doctoris, correctoris S. Poenitentiariae ac in Patriarchali Basilica Liberiana Canonici.

Ecclesiam Cathedralem Civitatis Plebis (CITTÀ DELLA PIEVE) favore Illmi ac Rmi D. Dominici Fanucchi, Archidioeceseos Lucanae *(Lucca)* Examinatoris Synodalis, Canonici Metropolitanae et Vicarii generalis in eadem dioecesi.

Ecclesias Cathedrales unitas Cornetan. et Centumcellarum (CORNETO e CIVITAVECCHIA) favore Illmi ac Rmi D. Ioannis Cardinalis Beda O. S. B. Januen, Abatis Monasterii vulgo Praglia in Patavina *(Padova)* dioecesi.

Ecclesiam Cathedralem Amerin. (AMELIA) favore Illmi ac Rmi P. Francisci M. Berti Ord. Minorum Conventualium, Pistorien. Dioeceseos *(Pistoia)*, Rectoris Monasterii S. Crucis Florentiae.

Ecclesiam Cathedralem Grossetan. (GROSSETO) favore Illmi ac Rmi D. Ulixis Barberini Pisanae *(Pisa)* Archidioeceseos, in S. Theologia prolytae, Examinatoris prosynodalis, Archipresbyteri Metropolitanae et Pro-Vicarii Generalis eiusdem dioeceseos.

Ecclesiam Cathedralem Burgi S. Donnini (BORGO S. DONNINO) favore Illmi ac Rmi S. Leonidae Mapelli; Mediolanen. dioeceseos *(Milano)*, praepositi parochi loci vulgo *Sesto Calende* eiusdem dioeceseos.

Ecclesiam Cathedralem Laquedonien. (LACEDONIA) favore Illmi ac Rmi D. Caietani Pizzi dioeceseos Aesernien *(Isernia)* in S. theologia doctoris, Examinatoris Synodalis et Canonici theologi in Cathedrali Aesernien.

Ecclesiam Cathedralem Calatanisiaden. (CALTANISETTA) favore Illmi ac Rmi P. Antonii a Iesus Augusti Intreccialagli, Ord. Carmelitarum Discalceatorum, Tusculanae *(Frascati)* dioeceseos, philosophiae et S. theologiae magistri, Visitatoris Apostolici, S. C. Episcoporum et Regularium Consultoris, in proprio Ordine iam Definitoris et Provincialis, ac Causarum Sanctorum postulatoris.

Ecclesiam Cathedralem Cephaluden. (CEFALÙ) favore Illmi ac Rmi P. Anselmi Evangelistae Sansoni Ord. Minorum, Aretin. *(Arezzo)* dioeceseos, in philosophia et S. theologia lectoris, Examinatoris provincialis, et in Seminario Aretino S. theologiae et S. Scripturae professoris ac spiritus directoris.

Ecclesiam Cathedralem Engolismen (ANGOULÊME) favore Illmi ac Rmi D. Henrici Arlet dioeceseos Cadurcen. *(Cahors)*, Seminarii professoris et eiusdem dioeceseos Vicarii generalis.

Ecclesiam Cathedralem Anicien. (LE PUY) favore Illmi ac Rmi D. Thomae Boutry, dioeceseos Moulinen. *(Moulins)*, in S. theologia et in iure Canonici doctoris, in eadem dioecesi Canonici Cathedralis et Vicarii generalis.

Ecclesiam Cathedralem Apamien. (PAMIERS) favore Illmi ac Rmi D. Martini Izart dioeceseos Elnen *(Perpignano)*, ibique Canonici Archipresbyteri Cathedralis.

Ecclesiam Cathedralem Trecen. (TOYEN) favore Illmi ac Rmi D. Laurentii Monnier dioeceseos S. Claudii *(St. Claude)*, ibique Cathedralis Canonici Archipresbyteri.

Ecclesiam Cathedralem Blesen. (BLOIS) favore Illmi ac Rmi D. Alfridi Iulii Mélisson dioeceseos Cenomanen. *(Le Mans)*, ibique Cathedralis Canonici Archipresbyteri.

Ecclesiam Cathedralem Sanctorien (SANTOLINO) favore Illmi ac Rmi D. Michaelis Camilieri Archidioeceseos Corcyrèn *(Corfù)* in dioecesi Smyrnen. *(Smirne)* Parochi.

Ecclesiam Cathedralem Bolivaren. (RIOBAMBA) favore Illmi ac Rmi P. Andreae Machado Soc. Ies. Ministri Provincialis Equatoris.

Ecclesiam Cathedralem Portus Veteris (PORTOVECCHIO) favore Illmi ac Rmi P. Ioannis M. Riera, Ord. Praedicat., Ministri Provincialis Equatoris.

Ecclesiam Cathedralem de Tulacingo (TULACINGO) favore Illmi ac Rmi D. Ioannis Herrera Archidioeceseos Messican. *(Messico)*, in philosophia, S. theologia et iure canonico doctoris, in eadem Archidioecesi Rectoris Seminarii Archiepiscopali et studiorum Praefecti

Ecclesiam Cathedralem de Tehuantepecen. (TEHUANTEPEC) favore. (Illmi ac Rmi D. Ignatii Placentia Archidioeceseos de Guadalaxara *Guadalaxara)* ibique Curiae Archiepiscopali Pro-secretarii.

Ecclesiam Cathedralem Derrien. (DERRY) favore Illmi ac Rmi
D. Caroli Mac Hugh eiusdem dioeceseos, Pontificiae Domus Prae-
lati domestici, in s. theologia dcctoris, in eadem dioecesi Seminarii
Rectoris et Vicarii generalis.

Ecclesiam Cathedralem Riverormen. (FARR-RIVER) favore Illmi ac
Rmi D. Danielis Francisci Fechan dioeceseos Campifontis (*Spring-
field*) ibique parochi ecclesiae S. Bernardi et Consultoris dioecesani.

Ecclesiam Cathedralem Poonen (POONA) favore Illmi ac Rmi
P. Henrici Dornig Soc. Ies. dioeceseos Monasterien *(Münster)* ac in
Poona Missionarii.

Ecclesiam Cathedralem Nagporen. (NAGPUR) favore Illmi ac Rmi
P. Francisci Stephani Coppel, dioeceseos Annecien. (*Annecy*), et in
Seminario Nagporen. Professoris ac Rectoris.

Ecclesiam titularem Episcopalem Acmonien (ACMONIA) favore Illmi
ac Rmi D. Petri Marty dioeceseos Petrocoricen (*Perigueux*), in S. theologia doctoris ibique Decani Capituli Cathedralis, deputati coadiutoris cum successione Illmi ac Rmi D. Adulphi Fiard Episcopi
Montis Albani (*Montauban*).

Ecclesiam titularem Episcopalem Ailen (AIRA) favore Illmi ac
Rmi D. Caroli M. Gorostarzu Seminarii Missiorum Exterarum Parisiis, deputati Vicarii Apostolici Yun-nan in Cina.

Ecclesiam titularem Episcopalem Antiphellen. (ANTIFELLO) favore
Illmi ac Rmi P. Ioannis Collins Soc. Ies. deputati Vicarii Apostolici Iamaicae (*Giammaica*).

Ecclesiam titularem Episcopalem Dausaren (DAUSARA) favore
Illmi ac Rmi D. Nicolai Ciceri Soc. Missionis, dioeceseos Nolanae
(*Nola*), deputati Vicarii Apostolici Kiam-si Maeridion. (Kiam-si Me-
ridionale).

Ecclesiam titularem Episcopalem Pityusii (PITIONTE) favore Illmi
ac Rmi P. Petri Munagorri y Obineba Ord. Praedic., dioeceseos
Victorien. (*Vittoria*), deputati Vicarii Apostolici Ton-Kin Centralis
(*Tonchino Centrale*).

Ecclesiam titularem Episcopalem Miesii (MILETO) favore Illmi ac
Rmi P. Adeodati Vitner Ord. Min., dioeceseos Argentinen. (*Stras-
burgo*), deputati Coadiutoris cum successione Vicarii Apostolici
Scian-Ton Orientalis (*Scian-Ton Orientale*).

Ecclesiam titularem Episcopalem Parnassen. (PARNASSO) favore
Illmi ac Rmi D. Ludovici Ioseph Legraine Archidioeceseos Mechlinien (*Malines*), Sanctitatis Suae Praelati Domestici, in eadem dioecesi Vicarii Generalis, ac deputati Auxiliaris Emi ac Rmi D. Card.
Desiderati Mercier.

Ecclesiam titularem Episcopalem Hamathen (AMATA) favore Illmi
ac Rmi D. Pauli Rosarii Ferruggia dioeceseos Meliten. (*Malta*), Protonotarii Apostolici *ad instar participantium*, in S. theologia doctoris, Examinatoris prosynodalis, Canonici Cathedralis, deputati Auxiliaris Illmi ac Rmi D. Petri Pace Archiepiscopi Melitensis.

Ecclesiam titularem Episcopalem Selymbrien (SELIMBRIA) favore
Illmi ac Rmi D. Iacobi Klunder dioeceseos Culmen. (*Culma*), in utro-
que iure doctoris, Canonici Cathedralis, deputati Auxiliaris Illmi ac
Rmi D. Augustini Rosentreter Episcopi Culmen.

Ecclesiam titularem Episcopalem Suren (SURA) favore Illmi ac · Rmi D. Antonii Augusti de Anis Archidioeceseos Mariannen (*Marianna*) et in dioecesi de Pouso Alegre (*Pouso Alegre*) Canonici Archipresbyteri Cathedralis, deputati Auxiliaris Illmi ac Rmi D. Ioannis Baptistae Correa Nery Episcopi de Pouso Alegre.

Ecclesiam titularem Episcopalem Germanicopolitan (GERMANICOPOLI) favore Illmi ac Rmi D. Ioseph Mariae Kondelba dioeceseos Clevelanden. (*Cleveland*), deputati Auxiliaris Illmi ac Rmi D. Ignatii Horstmann Episcopi huius dioeceseos.

Ecclesiam titularem Episcopalem Helenopolitan (HENOPOLI) favore Illmi ac Rmi D. Rochi Vucic dioeceseos Senien. (*Segna*), Protonotarii Apostolici *ad instar participantium*, in s. theologia prolytae, Canonici Cathedralis Sinien.

Deinde SSmus Dnus, more solito, os adaperuit novis Cardinalibus et postulatum pallium concessit Ecclesiae Patriarchali Lisbonensi, et Ecclesiis Metropolitanis Bononien., Acheruntin. et Materanen., Lemovicen., Avenionen., Chamberien., Granaten., Bombayen., Liman., et Bostonien., nec non Cathedralibus Anicien., et Constantien. ob privilegium eisdem concessum.

Tandem Sanctitas Sua, anulo cardinalitio imposito praefatis neo-Cardinalibus, titulos presbyterales S. Ioannis ad portam Latinam Emo Card. Aguirre y Garcia, S. Pancratii Emo Card. Rinaldini, S. Bernardi Emo Card. Gasparri, S. Mariae Novae Emo Card. Luçon. S. Onophrii Emo Card. Andrieu, et diaconiam S. Nicolai ad Carceres Emo Card. De Lai assignavit.

En Congregationes a SSmo Dno N.ro assignatae neo-Emis ac Rmis DD. Cardinalibus.

Emo ac Rmo D. Card., *Aguirre y Garcia* ss. Congregationes Episcoporum et Regularium, Indulgentiarum, et Lauretanae.

Emo ac Rmo D. Card. *Rinaldini* ss. Congregationes Concistorialis, Indulgentiarum, R. Fabricae S. Petri, Negot. Eccl. Extraord.

Emo ac Rmo D. Card. *Gasparri* ss. Congregationes Concilii, R. Fabricae S. Petri, Negot. Eccl. Extraord. Studiorum.

Emo ac Rmo D. Card. *Lucon* ss. Congregationes Episcoporum et Regularium, Rituum, Caeremonialis et Lauretanae.

Emo ac Rmo D. Card. *Andrieu* ss. Congregationes Concilii, Caeremonialis, Indicis et Propagandae Fidei.

Emo ac Rmo D. Card. *De Lai* ss. Congregationes Concilii, Caeremonialis, Negot. Eccl. Extraord. et Lauretanae.

SECRETARIA STATUS

EPISTOLA

Gratulatoria ad Excmum D. Darium Mattei Gentili Episcopum Perusin. ob devotionem erga S. Sedem et studium
Episcoporum Umbriae in compescendis modernistarum
erroribus.

Ill.mo e R.mo Signore,

Dal nobilissimo indirizzo di filiale adesione e di affetto in-
viato al Santo Padre dall'episcopato umbro, in seguito alla Enciclica
sul modernismo, S. Santità ha tratto una consolante conferma del
tradizionale attaccamento dei Vescovi dell'Umbria alla Cattedra di
Pietro, mentre con piacere ha rilevato la loro fraterna concordia e
la loro esemplare unanimità di propositi per attuare nelle rispettive
diocesi le pontificie direzioni di fronte ai funesti errori del modernismo applicando le precipue cure alla sana formazione dei chierici,
ai quali sono particolarmente dirette le insidie dei modernisti Ed
affinchè tali propositi sieno ampiamente fecondati dai supremi ca-
rismi, e riescano così praticamente efficaci, il Santo Padre come
segno di particolar benevolenza con effusione di animo ha impar-
tito la Benedizione Apostolica agli Arcivescovi e Vescovi della provincia umbra ed al loro rispettivo gregge.

Coi sensi della più distinta stima passo dopo di ciò al pregio
di raffermarmi

Di. V. S. Ill.ma e R.ma
R. Card. MERRY DEL VAL.

DECRETA SS. RR. CONGREGATIONUM
S. CONGREGATIO S. OFFICII

I. — EPISTOLA

Ad Emum Archiepiscopum Valentinen, qua opusculum « *El
Inmaculado San José* » in Indicem Librorum prohibitorum
inseri decernitur.

DELATUM est ad supremam hanc Congregationem S. Officii opusculum editum anno currenti in ista civitate (Biblioteca Espa-
ñolista; Caballeros, 41) cui titulus : « *El Inmaculado San José.* Apuntes
de su Concepcion purísima; su honor de Esposo; sus derechos
de Padre; su Primoria restauradora (articulos publicados en *La
Señal de la Victoria* con approbacion ecclesiastica) por Josè D. Maria
Corbató, M. C. » ; quo ad examen vocato, praesertim quod spectat
ad doctrinam ab auctore expositam et propugnatam de divina pater-
nitate S. Iosephi reali et proprie dicta, Eminentissimi Cardinales

una mecum Inquisitores Generales decreverunt: « Opusculum de, quo agitur inserendum in Indicem Librorum prohibitorum ex Decreto feriae IV; idque significandum quamprimum R P. D. Archie piscopo Valentino, ut opportune moneat fideles ». — Quod dum, ut mei muneris est, cum Ampl. tua communicare propero, capta occasione, fausta quoque ac felicia tibi precor a Domino.

Romae, die 26 Februarii 1907.

S. Card. VANNUTELLI.

R. P. D. Archiepiscopo Valentinen.

II. — Instructio S. R. et U. Inquisitionis ad Rños Locorum Ordinarios Familiarumque Religiosarum Moderatores.

Monita circa Modernistarum errores.

RECENTISSIMO Decreto *Lamentabili sane exitu* ([¹]) diei 3 iulii c. a. ab hac S. Congregatione S. Romanae et universalis Inquisitionis ussu D. N. Pii Papae X, notati atque proscripti sunt praecipui qui dam errores qui nostra aetate a scriptoribus, effrenata cogitandi atque scrutandi libertate abreptis, sparguntur, et altioris scientiae fuco et specie propugnantur.

Quum autem errores occulti serpere, et, quod maxime luctuosum est, incautos animos, iuvenum praesertim, occupare soleant, ac semel admissi difficillime radicitus ex animo evellantur immo, etiam eradicati, plerumque sponte sua repullulent, opportunum visum est Eminentissimis et Reverendissimis Dominis Cardinalibus, in rebus fidei et morum una mecum Inquisitoribus Generalibus, Decreto supra laudato monita quaedam adiungere, quibus plenius et efficacius attingatur finis quem S. Sedes in reprobandis erroribus sibi pro· posuerat, consequendum.

Memores igitur imprimis sint ad quos pertinet, necessarium esse ut sive in Seminariis clericorum saecularium et studiorum domibus Religiosorum, sive in Universitatibus, Lyceis, Gymnasiis allisve educationis collegiis vel institutis a iuvenum institutione omnino removeantur moderatores atque magistri qui damnatis erroribus infecti cognoscuntur, vel eorum suspecti merito habentur.

Necessarium pariter erit interdicere, praesertim Seminariorum alumnis ac universim viris ecclesiasticis, ne nomen dent libellis

([¹]) Cf. *Acta Pontificia*, hoc vol. pag. 258.

periodicis quibus neoterici errores sive aperte propugnantur sive latenter insinuantur, neque quidquam in eis publici iuris faciant. A qua regula non deflectant, etsi aliquando gravis ratio aliud suadere videatur, nisi de consensu Ordinarii.

Consultum postremo erit sacram ordinationem differre vel etiam prorsus denegare iis qui, quod Deus avertat, neotericicis erroribus imbuti essent, quos non ex animo reprobarent atque reiicerent.

His autem pro zelo, quo erga gregem sibi creditum animantur Ordinarii, illa adiicere non omittant consilia ac remedia quae pro ratione locorum et circumstantiarum opportuna iudicaverint ad zizania penitus ex agro Domini evellenda.

Datum Romae, ex aedibus S. O. die 28 Augusti 1907.

.   S. Card. VANNUTELL'.

S. CONGREGATIO CONSISTORIALIS

I. — DE AGUASCALIENTES
IN MEXICANA REPUBLICA.

Territorii seu Finium — Declarationis.

Beatissime Pater,

IN Bulla erectionis huius dioecesis de Aguascalientes dicitur quod omnes paroeciae huius Status ad hanc pertinent Dioecesim; in eis paroecia *de Asientos* invenitur. Attamen pars huius paroeciae est in Statu civili de Zacatecas, sed Ecclesia Parochialis est intra limites huius status de Aguascalientes. Quaero itaque humillime a Sanctitate Tua:

« An praedicta paroecia *de Asientos* in tota sua integritate ad hanc Dioecesim de Aguascalientes pertineat, vel tantum pars quae intra huius Status limites inclusa reperitur? »

Sacra Congregatio Consistorialis, attentis expositis, declarandum censuit paroeciam cui nomen « De Asientos » ad Dioecesim de Aguascalientes integre pertinere.

E Secretaria Consistoriali, die xx Novembris An. Domini MCMVII.

L. ✠ S.

Pro R. P. C. Secretario
IULIUS GRAZIOLI
Sacrae Congregationis Consistorialis et Sacri Collegii Substitutus.

II — DE GUADALAXARA ET DE AGUASCALIENTES
IN MEXICANA REPUBLICA

Dismembrationis et Unionis Paroeciarum.

Paroeciae vulgo « Ojuelos » et « Paso de Sotos » ab Archidioecesi de Guadalaxara seiunguntur et Episcopali Ecclesiae de Aguascalientes uniuntur.

LITTERIS ad Apostolicam Sedem, die XV Novembris anno MCMIV datis, R. P. D. Iosephus Maria a Iesu Portugal dioecesis de Aguascalientes Episcopus obsequiose exposuit dioecesim eandem sex tantum constare paroeciis, in iisque insuper tam paucos numerari sacerdotes, ut fidelium necessitatibus vix sufficiant, adeo ut Cathedrale ipsum Capitulum constitui hactenus non potuerit, ne paroeciae suis rectoribus orbarentur. Ratus proinde idem Antistes fore ut, protensis · dioecesis eiusdem de Aguascalientes finibus, numerum quoque augeri contingat presbyterorum, qui et spirituali fidelium saluti curandae dent operam, et aliis dioecesis muneribus officiisque inserviant, SSmum D. N. Pium Papam X humiliter exoravit, ut e finitimae Archidioecesis de Guadalaxara territorio certas quasdam paroecias Apostolica Auctoritate seiungere vellet, easque unire Episcopali Ecclesiae de Aguascalientes.

Hac vero super re sententia prius, uti par erat, exquisita fuit R. P. D. Iosephi de Iesu Ortiz Metropolitanae Ecclesiae de Guadalaxara Archiepiscopi, qui, Metropolitano audito Capitulo, se graves ob causas votis Antistitis dioecesis de Aguascalientes accedere non posse declaravit, remque Apostolicae Sedis iudicio submisit. Quamobrem R. P. D. Iosepho Ridolfi Archiepiscopo titulari Apamens et in Mexicana Republica Delegato Apostolico demandare opportunum visum est, ut de eiusmodi negotio accurate videret, ac vota, si fieri posset, utriusque Praesulis componendae curaret. Res quidem Apostolico Delegato bene cessit, eius namque opera id assequi datum est, ut Archiepiscopo Archidioecesis de Guadalaxara paroecias « Ojuelos » et « Paso de Sotos » vulgo nuncupatas se libenter dioecesi de Aguascalientes cessurum sponderet.

Cum autem de hisce omnibus per me infrascriptum Sacrae Congregationis Consistorialibus rebus expediendis praepositae Substitutum accurata relatio Sanctitati Suae facta fuerit, eadem Sanctitas Sua, cunctis quae consideranda erant mature perpensis, propositam paroeciarum separationem firmare ratamque habere decrevit.

De Apostolicae itaque potestatis plenitudine, Beatitudo Sua, suppleto, quatenus opus sit, quorumcumque in ' hac ' re interesse habentium vel habere praesumentium consensu, paroecias vulgo « Ojuelos » et « Paso de Sotos » cum omnibus et singulis in iisdem existentibus et commorantibus, a territorio Metropolitanae Ecclesiae de Guadalaxara⸗separavit et divisit: easdemque pariter, ut supra, cum omnibus et singulis in ipsis existentibus et commorantibus, territorio cathedralis Ecclesiae de Aguascalientes adiunxit et univit, ita ut in posterum supradictae paroeciae iurisditioni Episcopi de Aguascalientes pro tempore sint subiectae, prout hactenus iurisditioni Metropolitani Archidioecesis de Guadalaxara subiectae fuerunt. Hanc vero paroeciarum separationem ita exsequendam voluit Sanctitas Sua, ut presbyteris in earum territorio residentibus detur optio eligendi, intra tempus ab Exsecutore infra designando statuendum, quanam in Dioecesi suum figere velint domicilium. Si qui proinde inter eos in Archidioecesi de Guadalaxara permanere malint, quam in aliam dioecesim transire de Aguascalientes, id ipsis sit licitum.

Documenta demum paroecias easdem vel personas in ipsis commorantes respicientia eadem Sanctitas Sua ab una in aliam Cancellariam, dioecesis nempe de Aguascalientes, transferri mandavit: cum clausulis necessariis et opportunis, in contrarium facientibus non obstantibus quibuscumque.

Ad praemissa autem exequenda Sanctitas Sua deputari iussit R. P. D. Iosephum Ridolfi Archiepiscopum titularem Apamensem et in Mexicana Republica Delegatum Apostolicum cum facultatibus necessariis et opportunis etiam subdelegandi, ad effectum de quo agitur, quamcumque aliam personam in ecclesiastica dignitate constitutam, nec non definitive pronunciandi super qualibet oppositione in exsecutionis actu quomodolibet oritura, iniuncta eidem obligatione intra sex menses, peractae exsecutionis exemplar, authentica forma exaratum propriaque manu subscriptum, ad Sacram hanc Congregationem transmittendi, et praesens hisce super rebus edi mandavit consistoriale Decretum, perinde valiturum ac si litterae apostolicae sub plumbo vel sub anulo Piscatoris super iisdem expeditae fuissent, et Decretum ipsum inter acta referri Sacrae huius Congregationis Consistorialis.

Datum Romae hac die xxx Novembris Anno Domini MCMVII.

L. ✠ S.

Pro R. P. D. Secretario
IULIUS GRAZIOLI
Sacrae Congr. Consistorialis
et Secretariae Sacri Collegii substitutus.

S. CONGREGATIO CONCILII

Dubia proposita atque iuxta morem eiusdem S. C. de iure resoluta in generalibus comitiis diei 23 novembris 1907.

Per summaria precum:

$\frac{2875}{6}$ etc.

I. — BONONIEN ET ALIARUM. — ITERATIONIS MISSAE.

GRAVIS quaestio de missae iteratione, quae iam anteactis temporibus non semel agitata fuit, hodie praesertim, ob peculiaria rerum ac temporum adiuncta, in praxi maiores ac frequentiores praesefert difficultates. Quocirca factum est ut nonnulli locorum Ordinarii ex dissitis etiam regionibus, ancipites existentes in concedenda vel deneganda missae binatione, recursum habuerunt ad hanc S. C. pro opportunis instructionibus; alii e contra instantias porrexerunt pro iterando sacro nedum in casu verae fidelium necessitatis sed simplicis etiam utilitatis seu commoditatis.

Quim imo, quum disciplina circa missae iterationem hucusque vigens plus aequo liberam fortasse relinqueret interpretationem, non raro evenit ut contraria praxis circa binationem induceretur inter dioeceses etiam finitimas. Hinc praesertim ex nimis lata legis interpretatione alicubi graves exorti sunt abusus et populi scandalum.

Hisce igitur perpensis, quum non sat sufficiens visum sit in casu recurrere ad medium ordinarium privatae responsionis, vel concessionis aut denegationis gratiae, res ex professo in plenaria Congregatione iudicio EE. PP. proposita fuit, qui pro ea qua pollent experientia ac scientia, iudicarent an et quas regulas practicas in re decernere oporteat ut tandem aliquando obtineatur ubique optata conformitas in sacri binatione.

Hoc super tanti momenti negotio, uti consultor scripsit R. P. Pius a Langonio ea qua a cunctis nota est peritia ac doctrina. Votum praeclaris consultoris ob spatii deficientiam omittere cogimur, quare tantum conclusiones ad maiorem intelligentiam rescripti S. C. huc referimus. En ergo conclusiones quas praefatus Canonista sapientissimo EE. PP. iudicio submisit:

1. Abusus in iteratione Sacrorum, disciplinae vigenti nequaquam imputandi videntur, utpote quae, sapienti circumspectione, tum nimiam rigiditatem tum faciliorem laxitatem perbelle devitet; et ideo non est locus quibuslibet circa disciplinam vigentem restrictionibus aut ampliationibus proprie dictis, sive quoad causas, sive quoad conditiones praestabilitas.

2. Potissima abusuum causa desumenda videtur partim ex benigniori condescensione Ordinarorium erga Parochos, partimque, et praecipue, ex ipsorum Parochorum importunis instantiis, in quibus vera necessitas allegatur, ubi vix ac ne vix quidem mera commoditas agnosci potest.

3. Hinc Ordinarios, per H. S. C. admoneri praestat, ne deinceps licentiam iterandi concedant, nisi prius, praehabitis informationibus omni exceptione maioribus, de causa vere sufficienti, praesertim de sacerdotum in loco penuria, satis constet, exclusa semper et absolute licentia pro cuiuslibet familiae privatae commoditate.

4. Item admonendos esse ne supplices libellos Parochorum, ad S. Sedem in casibus dubiis porrectos, commendent, nisi de veritate expositorum pariter constet.

5. Episcopis facultas impertiatur qua nomine S. Sedis, deficientibus aliis sacerdotibus, clericos eiusdem loci animarum curae non addictos compellere possint, etiam poenis interminatis servatis de coetero servandis, ut diebus de praecepto, missam in Ecclesiis, quarum populo pateat aditus, celebrent.

6. Opportunum foret explicite declarare quod, stante necessitate comprobata, nihil obstat quominus sacra sive in altera sive in eadem ecclesia, remoto tamen, si quod timeatur, simplicium scandalo, iterari possint et valeant.

7. Item declarari nulli sacerdoti licere missam iterare, vel in ipsis casibus urgentibus, si tempus suppetat ad Ordinarium recurrendi.

8. Item poenas praestatuere ipso facto incurrendas contra sa-

cerdotes qui bis in die missam illegitime celebrare praesumpserint, aut qui subreptitiis aut obreptitiis precibus ab Ordinario licentiam obtinere pertentarint.

9. Item exoptandum videtur quod in posterum uni tantum S. C. Concilii (firmis remanentibus S. C. de Propaganda Fide iuribus) rescripta cuncta pro sacris iterandis committantur expedienda.

Eñi Patres, quaestione sedulo maturoque perpensa, cunctis consideratis rescripserunt:

« *Quoad quaestionem generalem fiant literae circulares iuxta mentem, et quoad quaestiones particulares iuxta votum consultoris·*».

II. — NERITONEN. — POSTULATI DE ECCLESIIS RECEPTITIIS.

(sub secreto).

R: « *Dilata* »

2685
7

III. — PRIVERNEN. — IURIS NOMINANDI ADMINISTRATOREM.

Iɴ Ecclesia cathedrali Privernensi extat Sodalitas a SSɱo Sacramento nuncupata, cui praeter onera cultus trium cappellarum, in eadem ecclesia incumbit etiam obligatio providendi expensis pro nonnullis infra annum ss. functionibus. In hac sodalitate praeter laicas personas recensentur omnes canonici Cathedralis, qui sunt confratres nati: quim imo, iuxta Capitulum, sodalitatis administrator tantum a Capitulo et inter canonicos adlegi debet. Controversia nunc exorta est, et vertitur in hoc, utrum nempe Administrator sodalitatis directe nominari debeat ab Ordinario, vel potius a Capitulo Cathedrali, praevia eiusdem Ordinarii adprobatione. Capitulum sibi hoc ius esse asserendum et recognoscendum pro virili contendit, subiiciens si nonnullae nominationes directe ex parte Ordinariorum evenerint, id factum esse ex quadam Capituli et confratrum incuria, eo quia neque coetus amplius habebantur, neque regulares confratrum aggregationes peractae sunt. Episcopus rem totam huius S. C. iudicio submisit, neque sese contrarium exhibuit petitioni a Capitulo propositae.

Tamen S. C. rem absolvit respondens:

« *Modo nihil esse innovandum et ad mentem* »,

.., *In folio:* ,

$\frac{4117}{5}$

I. — SUESSIONEN. — DISPENSATIONIS MATRIMONII.

HAEC causa iam agitata primum. fuit in generalibus comitiis diei 22 decembris elapsi anni 1906, quum Emi Patres ad suetum propositum dubium respondendum censuerunt « *non satis constare de inconsummatione* » (¹). Sed quum Vicarius Capitularis dioeceseos Suessionen. die 3 ianuarii huius anni instantes preces H. S. C. porrexerit, ut causa iterum proponeretur, Excmo Episcopo Suessionensi munus commissum fuit ab hac eadem S. C. suppletorium conficiendi processum iuxta instructionem a Defensore vinculi propositam.

Quare hoc novo habito processu una cum novis quibusdam testium depositionibus, Emi Patres, votis consultoris ac vinculi defensoris simul concordantium pro inconsummatione in casu perpensis ac maturo examini subiectis, iterum propositum dubium:

« *An sit praestandum SSmo consilium pro dispensatione a matrimonio rato et non consummato in casu* »

Respondendum censuerunt:

« *Ex noviter deductis affirmative* ».

II. — PARISIEN. — DISPENSATIONIS MATRIMONII *(sub secreto)*.

R. « *Affirmative* »

$\frac{947}{7}$

III. — ARGENTINEN. — NULLITATIS MATRIMONII.

SUB die 7 ianuarii curr. anni Curia Argentinensis nullum et invalidum declaravit matrimonium, instante viro, quod Ioseph Hochenauer contraxerat die 5 aprilis 1902 cum Aemilia Ruetsch in paroecia S. Stephani civitatis vulgo « Mulhouse ». Ratio nullitatis erat consensus defectus ob amentiam mulieris, quae iam duobus annis ante coniugium in manicomio Friburgensi degerat, ex quo autem egressa erat non undequaque sanata. Videtur viro parentes mulieris veram huius salutis conditionem occultasse, quare matrimonium, quod maxime in votis illorum erat, rite celebratum fuit.

(¹) Cfr. *Acta Pontificia*, hoc Vol., pag. 22.

A sententia Curiae Argentinensis. pro munere suo ad hanc S. C. appellavit localis vinculi defensor, ita ut 'quaestio in plenariis mox elapsis comitiis delata fuerit. Emi Patres proposito dubio:

« *An sententia Curiae Argentinensis sit confirmanda vel infirmanda in casu* »

responderunt:

« *Sententiam esse confirmandam* ».

$\frac{1494}{7}$

IV. — COLONIEN. — SEPARATIONIS TORI.

CONTRA sententiam Curiae Coloniensis quae eam dammabat ad restaurandam vitam coniugalem cum proprio viro Barone Clemente de Nagel Stlingen, cui nupserat anno 1887, et a quo sex filios obtinuerat, Mathildis comitissa Strachwitz ad hanc S. Congregationem appellavit. Ratio petitae separationis, quae vero iam anno 1901 per unum annum indulserat Curia Monasteriensis, est quaedam furiosa mentis abalienatio, qua videtur detinere virum.

Emi Patres precibus mulieris exceptis in elapsis comitiis, actis processuum ecclesiasticorum in casu iam instructorum maturo examini subiectis, ad dubium:

« *An sententia Curiae Coloniensis diei 1 decembris 1906 confirmanda vel infirmanda sit in casu* »

Respondendum censuerunt:

« *Sententiam esse infirmandam, et ad mentem* ».

V. — VIENNEN. — NOMINATIONIS *(sub secreto)*.

R. « *Ad mentem* ».

VI. — PLACENTINA. — CESSIONIS BONORUM *(sub secreto)*.

R. « *Ad mentem* ».

VII. — FULGINATEN — REMOTIONIS A PAROECIA *(Reservata)*.

R. « *Affirmative iuxta votum ab Episcopo propositum in literis diei 9 februarii 1907* ».

S. C. DE PROPAGANDA FIDE

Circa praecedentiam Missionariorum ex uno ad alium Vicariatum transeuntium.

Illmo e Revmo Signore,

In data 3 Gennaio 1906 alcuni sacerdoti di cotesto Vicariato coll'autorizzazione della S. V. mi proposero dei dubbi relativi alla precedenza dei Missionari che passano da un Vicariato ad un altro. Tale questione fu proposta all'esame degli Emi Padri di questa S. Congregazione nell'adunanza generale del 21 Gennaio di quest'anno, e di nuovo nell'altra del 29 Luglio, sotto i seguenti dubbi:

I. Se le primitive patenti di Missionario Apostolico debbano tenersi a calcolo per la precedenza, quando trattasi di un Missionario che passa da uno ad un altro Vicariato?

Et quatenus negative:

II. Se abbia da accordarsi tale precedenza almeno ai Missionari che vengono trasferiti per il solo bene della Missione *ad quam* o per cause di malattia o di vecchiaia?

A tali quesiti, i prelodati Emi Padri, dopo matura considerazione, stimarono rispondere:

Ad I. Affirmative, salvis peculiaribus statutis a S. Sede approbatis et dispositionibus S. Congregationis in casibus particularibus.

Ad II. Provisum in primo

Tale risposta poi il Nostro S. Padre degnavasi di approvare nell'udienza concessa, il 6 del corr. mese di Agosto, a Mons. Segretario di questa S. Congregazione.

Tanto doveva comunicare alla S. V., e colgo l'occasione per augurarle ogni bene da Dio.

Di S. V.

Roma, 23 Agosto 1907.

Devotissimo Servo

Fr. H. M. Card. GOTTI, *Prefetto.*

LUIGI VECCIA, *Segretario*

Mons. Agapito Fiorentini
Vicario Apost. dello Sciam-si Settentrionale.

SS. RITUUM CONGREGATIO

I. — ORDINIS PRAEDICATORUM SEU ROMANA.

Privilegium conceditur sacerdotibus peregrinis, vel fidelium peregrinantium ducibus in Ecclesiam S. Clementis Romae ibi Missam votivam de eodem Sancto vel de SS. Cyrillo et Methodio celebrandi.

Quo cultus et fidelium pietas magis magisque foveatur erga inclytum Pontificem Clementem huius nominis primum, hodiernus Prior Coenobii Ordinis Praedicatorum, quod Ecclesiae titulo ipsius sancti Martyris continens est in alma Urbe, a SSmo Domino Nostro Pio Papa Decimo perpetuum privilegium humillimis precibus flagitavit, quo cuilibet sacerdoti Sacrum facturo ad altare maius ubi sancti Hieromartyris reliquiae summa religione asservantur, vel ad alterum in antiquissima crypta ibidem erectum, missam votivam de eodem sancto Clemente celebrare liceat, et si officium ritus duplicis occurrant. Insuper consonum respective privilegium expetivit pro altari, quod in ipsa ecclesia sancti Clementis superiore lapso saeculo in honorem Sanctorum Cyrilli et Methodii dicatum est.

Sacra porro Rituum Congregatio, utendo facultatibus sibi specialiter ab eodem SSmo Domino nostro tributis, attento commendationis officio Rmi Patris Procuratoris generalis Ordinis Praedicatorum, ita precibus benigne annuit, ut sacerdotibus tantum peregrinis vel fidelium pio peregrinantium more memoratam ecclesiam adeuntium ducibus, in enunciatis altaribus Sacrum facturis respectivam missam votivam de Sancto Clemente Primo, Papa Martyre, vel de Sanctis Cyrillo et Methodio Episcopis Confessoribus, fas sit celebrare; dummodo non occurrat duplex primae vel secundae classis, aut festum de praecepto servandum, necnon feria, vigilia, vel octava, quae sint ex privilegiatis: servatis Rubricis. Contrariis non obstantibus quibuscumque. Die 3 Maii 1907.

S. Card. CRETONI, Praef.

L. ✠ S.

.† D. PANICI, Archiep. Laodicen., *Secret.*

II. — BONAEREN.

Instituto Filiarum Imm. Conceptionis Domus Bonaërensis concéditur privilegium sacra paramenta caerulaei coloris adhibendi quoties celebratur Missa de Immaculata Conceptione.

Quum Superiorissa Filiarum Immaculatae Conceptionis Domus Bonaeren. a Sanctissimo Domino Nostro Pio Papa X privilegium humillime petierit, quo in praedictae domus oratorio sacra paramenta caerulei coloris adhiberi possint, quoties celebratur Missa Immaculatae Deiparae Conceptionis; Sacra Rituum Congregatio, utendo facultatibus sibi specialiter a Sanctissimo eodem Domino nostro tributis, benigne annuit iuxta preces, ad proximum decennium; hae vero sub conditione, ut exhibeatur praesens Indultum ante suam executionem in Cancellaria Curiae Ecclesiasticae Bonaëren. Contrariis non obstantibus quibuscumque. Die 3 Iulii 1907.

L. ✠ S.

S. Card. Cretoni, *S. R. C. Praefectus.*

✝ D. Panici, Archiep. Laodicen., *S. R C. Secretarius.*

III. — ORDINIS FRATRUM MINORUM.

De valida consecratione cuiusdam altaris.

Beatissimo Padre,

Il Guardiano dei Frati Minori dimoranti nel Convento di Sant'Antonio in Bologna, premesso il bacio dei Vostri sacri piedi, umil. mente dimanda che sia autenticamente sciolto un dubbio sulla validità della consacrazione dell'altare dell'Immacolata, eseguita l'anno scorso 1906 dal Cardinale Arcivescovo Svampa; dubbio che tiene agitati alcuni celebranti per le seguenti ragioni:

1º. Le cose dell'altare sono così disposte, che la mensa o tavola dell'altare è composta di due tavole di marmo, una sovrapposta all'altra, ma così bene unite che ne formano una sola, in modo che non sapendolo, non si crederebbe alla pluralità delle tavole;

2º. La scatola contenente le sacre Reliquie, posta nel centro della tavola, posa sulla seconda tavola, perchè alquanto voluminosa, benchè resti incastonata per la sua massima parte nella tavola consacrata;

3°. Questa mensa così formata posa, oltreché sul parapetto o pallio dell'altare, su quattro colonnette di marmo, le quali alle due estremità sono prolungate dai relativi capitelli colla pietrella o quadretto di marmo, che unisce la mensa al capitello ed alla colonna mediante un maschio, che congiunge tutte queste parti.

Pertanto l'umile oratore, considerando che *a*) la mensa non è rigorosamente una sola, e *b*) la mensa non posa immediatamente sulla colonna o base dell'altare, dimanda se la consacrazione dell'altare sia valida, e nel caso negativo come regolarsi e rimediare alla cosa.

Che della grazia ecc.

Sacra Rituum Congregatio, ad relationem subscripti Secretarii, exquisito Commissionis Liturgicae suffragio, attentisque superius expositis una cum Decretis praesertim illo sub n. 3884 *Camberien.* 8 Februarii 1896 (¹); ad propositum dubium de validitate consecrationis supradicti altaris rescribendum censuit: *In casu consecratio altaris valida habenda est.* Atque ita rescripsit.

Die 6 Septembris 1907.

L. ✠ S.

Pro Emo Dño Card. Praefecto
Fr. H. M. Card. GOTTI.
† D. PANICI, Archiep. Laodicen., *Secretarius.*

IV. — URBIS ET ORBIS.

Decretum quo festum apparitionis B. M. V. Immaculatae vulgo de Lourdes ad universam Ecclesiam sub ritu duplici maiori extenditur celebrandum quotannis die 11 februarii.

IMMACULATAE Mariae Virginis vulgatum nomen *de Lourdes,* e celeberrimis ipsius Deiparae apparitionibus quae prope Lapurdum, Tarbiensis Dioecesis oppidum, anno quarto a dogmatica definitione

---

(¹) 3884. Camberien. — Ab Ecclesiastica Curia Camberiensi S. RR. C. humillime propositum fuit pro authentica resolutione sequens dubium: An consecrari possit altare, cuius mensa lapidea, in medio [ubi recondendum est vasculum reliquiarum, est perforata ex utraque parte? Et S. RR. C., ad relationem Secretarii, exquisita prius Commissionis Liturgicae sententia, reque mature perpensa, ad propositum dubium rescribendum censuit: « In cavitate inferiori sepulcruli iam effossi collocetur altera basis lapidea, ut super ea reponatur capsula reliquiarum ». Atque ita rescripsit. Die 8 februarii 1896.

de Immaculato Conceptu eiusdem Virginis evenerunt, quum in dies magis magisque inclaruerit, simulque Fidelium pietas et cultus ob innumera exinde accepta beneficia, saepissime additis prodigiis, ubique terrarum mirifice adauctus sit; multi Romanae Ecclesiae Patres Purpurati, ac plurimi sacrorum Antistites et Praesules e cunctis orbis regionibus, praeeunte Episcopo Tarbiensium, Sanctissimo Domino Nostro Pio Papae X supplicia vota enixe porrexerunt rogantes, ut festum Apparitionis B. M. V. Immaculatae, vulgo *de Lourdes*, a fe. re. Leone XIII petentibus tantummodo Ecclesiis et Religiosis Familiis concessum, ad universam Catholici Orbis Ecclesiam suprema Auctoritate Sua benigne extendere dignaretur.

Quare Sanctitas Sua, exceptis libentissime eiusmodi precibus, Praedecessorum suorum vestigiis inhaerens, qui Lapurdense Sanctuarium permultis attributis privilegiis cohonestarunt: innumeris quoque peregrinationibus permotus, quae, mira sane Fidei professione, frequentissimo Fidelium turmarum concursu nunquam intermisso ad memoratum Sanctuarium peraguntur: maxime vero pro Suamet erga Dei Genitricem primaeva labe expertem constanti pietate, ac spe fretus ob ampliorem Immaculatae Virginis cultum, rebus in arctis Christi Ecclesiae adauctum iri potens Ipsius opiferae auxilium; festum Apparitionis B. M. V. Immaculatae, quod a plurimis Dioecesibus et Regularibus Familiis iamdiu celebratur, inde ab anno insequenti, qui a Deiparae Virginis ad Gavi Fluminis oram apparitionibus quinquagesimus erit, vel a nongentesimonono supra millesimum, in universali Ecclesia sub ritu duplici maiori, cum Officio et Missa iamdiu approbatis, undecima die Februarii quotannis recolendum iussit: servatis Rubricis et Decretis. Praesens vero Decretum per me infrascriptum Cardinalem Sacrorum Rituum Congregationi Praefectum expediri mandavit. Contrariis non ostantibus quibuscumque. Die 13 Novembris 1907.

S. Card. CRETONI, *Praefectus.*

L. 🞣 S.

† D. PANICI, Archiep. Laodicen., *Secretarius.*

V. — Addictio ad calcem VI Lectionis Officii Apparitionis B. M. V. Immaculatae.

Die 11 Februarii.

IN FESTO

APPARITIONIS B. M. V. IMMACULATAE

DUPLEX MAIUS.

Officium et Missa propria, a S. R. C. approbata, die 11 Iulii 1890, cum sequenti additione ad calcem VI. Lectionis: « Tandem Pius X « Pontifex Maximus, pro sua erga Deiparam pietate, ac plurimorum « votis annuens sacrorum Antistitum, idem festum ad Ecclesiam uni- « versam extendit ».

Sanctissimus Dominus Noster Pius Papa X, referente me infrascripto Cardinali sacrorum Rituum Congregationi Praefecto, suprascriptam additionem inserendam Officio proprio de Apparitione B. M. V. Immaculatae, benigne approbare dignatus est. Die 27 Novembris 1907.

L. ✠ S.   S. Card. CRETONI, *Praefectus.*

† D PANICI, Archiep. Laodicen, *Secretarius.*

VI. — EDICTUM

Perquisitionis scriptorum Servi Dei Pii PP. IX ([1]).

Avendo la Santità di nostro Signore Pio Papa X con apposito Decreto del giorno 31 maggio del corrente anno commessa a noi in Roma unitamente a Monsignor Promotore della Fede col-

([1]) *Traductio.* — Quum Sanctitas Dñi N. Pii Pp. X opportuno decreto diei 31 maii anni currentis Nobis Romae una cum Illmo ac Rmo D. Fidei Promotore cum interventu infrascripti Notarii ac Cancellarii commiserit omnium Servi Dei Pii Pp. IX scriptorum perquisitionem, dum a praefato D. Promotore aliis locis peculiaribus inquiritur iuxta enunciatum decretum, Nos uti SS. Rituum Congregationi Praefectus hoc praesenti Edicto praecipimus atque ordinamus omnibus et singulis personis cuiuscumque status, gradus ac conditionis, tum ecclesiasticis saecularibus et regularibus, tum laicis utriusque sexus, qui detineant, vel quovis modo sciant ab aliis detineri, epistolas scriptaque cuiuslibet generis eiusdem Servi Dei Pii Pp. IX, eadem exhibere ac deponere in originali primo casu apud infrascriptum Notarium ac Cancellarium, atque in secundo casu apud eundem denuntiare illos apud quos in praesenti existent, vel adservata alias fuerint, idque infra duos menses computandos a die praesentis Edicti, sub poena censurarum vix transacto termino praefixo.

Praesens Edictum per affixionem publicatum adstringet singulos perinde ac si personaliter singulis indictum sit.

Datum Romae, ex aedibus Nostris, die 7 decembris 1907.

l'intervento dell'infrascritto Notaro e Cancelliere la perquisizione di tutti gli scritti del Servo di Dio Pio Papa IX, mentre dal suddetto Monsignor Promotore se ne adempiono le ricerche in altri luoghi particolari, in conformità dell'enunciato Decreto, Noi come Prefetto della Sacra Congregazione dei Riti, col presente Editto comandiamo ed ordiniamo a tutte e singole le persone di qualunque stato, grado e condizione, tanto ecclesiastiche secolari e regolari, quanto laiche dell'uno e dell'altro sesso, che ritenessero presso di sè o in qualunque modo sapessero che da altri si ritengano lettere e scritti di qualsivoglia genere del medesimo Servo di Dio Pio Papa IX, di esibirli e depositarli nel primo caso originalmente negli Atti dell'infrascritto Notaro e Cancelliere, e di denunziare nel secondo caso negli stessi Atti le persone presso le quali attualmente esistano o siansi conservati in passato, e ciò nel termine di due mesi decorrenti dalla data del presente Editto, sotto pena delle censure ecclesiastiche da incorrersi dai trasgressori appena spirato inutilmente il predetto termine.

Il presente Editto pubblicato mediante affissione astringerà ciascuna persona come se le fosse stato personalmente intimato.

Dato dalla Nostra Residenza questo dì 7 dicembre 1907.

L. ✠ S.　　　　SERAFINO Card. CRETONI, *Prefetto.*

AVV. GUSTAVO SAVIGNONI
*Notaro Cancelliere ed Archivista
della S. C. dei Riti*

Die, mense et anno quibus supra praesens Edictum affixum et publicatum fuit ad valvas Cancellariae Apostolicae et in aliis locis.

HENRICUS BENAGLIA *Mag. Cur.*

S. CONGREGATIO INDULGENTIARUM ET SS. RELIQUIARUM

I. — **Sodalibus Associationis Sacerdotum adoratorum privilegium conceditur benedicendi coronas cum applicatione Indulgentiarum vulgo Crucigerorum.**

Beatissime Pater,

Episcopus Covingtonensis, ad genua Sanctitatis Vestrae provolutus, exponit quod ipse a tredecim annis est in Statibus Foederatis Americae septentrionalis protector *Associationis sacerdotum*

Adoratorum, quae cum approbatione Sanctae Sedis per totum orbem diffusa est et quam in praedictos Status Foederatos invexit. Et supplex implorat ut sacerdotes ex quacumque regione qui nomen dederint praedictae Associationis possint benedicendo coronas eis annectere Indulgentias Crucigerorum vulgo dictas.

Iuxta preces ex animo; et dilectis filiis Apostolicam Benedictionem peramanter impertimus.

Die 29 mense Maio An. 1907.

PIUS PP. X.

L. ✠ S.

II. — Indulgentia Plenaria conceditur confratribus SSmi Rosarii quotidie integrum Rosarium recitantibus.

Beatissime Pater,

FRATER Maria Henricus Desqueyrous, Procurator generalis Ordinis Praedicatorum, ad pedes Sanctitatis Vestrae provolutus, humiliter exponit quod in diversis regionibus paesertim in Germania, pius ille usus inter confratres SSmi Rosarii invaluit: Rosarium integrum pro triumpho sanctae Matris Ecclesiae recitandi; immo et ad hoc non pauci nomen suum dederunt; ut specialioris erga sanctam Sedem Apostolicam et Romanum Pontificem devotionis testimonium praeberent. Petit ergo humilis orator, ut confratribus SSmi Rosarii qui confessi ac Sacra synaxi refecti, Rosarium integrum, etiam divisim, in una die naturali, ad praedictam intentionem recitaverint, et aliquam ecclesiam vel publicum sacellum visitaverint, indulgentiam plenariam, etiam defunctis applicabilem, singulis diebus semel tantum lucrandam, Sanctitas Vestra benigne concedere dignetur.

Et Deus....

SSmus Dominus noster Pius Papa X in audentia habita di 12 Iunii 1907 ab infrascripto Cardinali Praefecto Sacrae Congregationis Indulgentiis sacrisque Reliquiis praepositae benigne annuit pro gratia iuxta preces. Praesenti in perpetuum valituro absque ulla Brevis expeditione. Contrariis quibuscumque non obstantibus.

Datum Romae e Secretaria eiusdem Sacrae Congregationis, die 12 Iunii 1907.

L. ✠ S.   S. Card. CRETONI, *Proef.*

✝ D. PANICI, Archiep. Laodicen., *Secretarius.*

IV. — **Ad acquirendam indulgentiam plenariam in fine Missionum valet etiam confessio peracta infra quinque ultimos dies.**

Beatissime Pater,

Procurator Generalis Ordinis Fratrum Minorum, ad pedes Sanctitatis Vestrae provolutus, humiliter haec exponit:

Saepe ab Apostolica Sede omnibus fidelibus, qui concionibus
Quadragesimae, Adventus, Missionum et Spiritualium exercitiorum,
quae a sacerdotibus sive saecularibus sive regularibus habeantur,
saltem ultra dimidium temporis interfuerint, aut alias saltem quinque conciones eiusmodi audierint, et benedictioni cum Cruce in postrema concione ab iisdem sacerdotibus impertiendae devote adstiterint, sub suetis conditionibus indulgentia plenaria concedi solet.

Quum vero inter istas conditiones etiam confessio sacramentalis postuletur, frequenter autem accidat, ut nequeant biduo omnium
confessiones audiri, et exinde plures ex fidelibus indulgentiae gratia
frustrati evadant; humilis orator generale indultum a Sanctitate
Vestra enixe petit, vi cuius confessiones intra ultimos quinque dies
praedictarum concionum periodorum peractae a christifidelibus, qui
ut supra adstiterint, ipsis pro lucranda ultimo die indulgentia plenaria suffragetur, dummodo ceteras conditiones, in respectivis indultis requisitas, rite adimpleant.

Et Deus etc.

Sanctissimus Dominus Noster Pius PP. X in audientia habita
die 28 Augusti 1907 ab infrascripto Secretario Sacrae Congregationis Indulgentiis Sacrisque Reliquiis praepositae, benigne annuit
pro gratia iuxta preces, ceteris servatis de iure servandis. Praesenti
in perpetuum valituro. Contrariis quibuscumque non obstantibus.

Datum Romae, e Secretaria eiusdem S. Congregationis, die 28
Augusti 1907.

L. ✠ S.   Pro Emo Dño Card. Praefecto
            Fr. H. M. Card. Gotti.
                † D. Panici, Archiep. Laodicen., *Secretarius.*

V. — Indulgentia 300 dierum conceditur recitantibus iacu·
latoriam precem ad Cor Iesu Eucharisticum.

*Cor Iesu Eucharisticum, cordis sacerdotalis exemplar, miserere
nobis.*

Trecentos dies de vera indulgentia in Domino concedimus.

PIUS PP. X.

Praesentis rescripti authenticum exemplar exhibitum fuit huic
S. C. Indulgentiis Sacrisque Reliquiis praepositae.

In quorum fidem.

Datum Romae, e Secretaria eiusdem S. Congregationis; die 11
Septembris 1907.

† D. Panici, Archiep. Laodicen., *Secretarius.*

VICARIATUS URBIS

DECRETUM.

Quo in Urbe proscribitur liber " Il programma dei modernisti „, eiusque auctores censura plectuntur.

Cum Nobis constet librum, qui inscribitur « *Il programma dei
modernisti.* Risposta all'Enciclica di Pio X *Pascendi Dominici gregis*, edito in Roma dalla Società internazionale scientifico-religiosa
coi tipi di A. Friggeri, Via della Mercede 28, 29 in Roma » in
hac Urbe venumdari; cumque eius lectionem christifidelibus scan·
dalo et detrimento esse vehementer putemus; eum, auctoritate Nostra ordinaria, proscribimus atque proscriptum declaramus.

Itaque nemini cuiuscumque gradus et conditionis Nostrae iuris·
dictioni subiecto eumdem librum vendere aut legere vel retinere
liceat sub culpa lethali.

Cum porro huius libri auctores et scriptores in adserta *Re-*

sponsione acriter tueantur systema, quod in Encyclica *Pascendi dominici gregis* « *omnium haereseon conlectum* » esse affirmatur, SS. Dominus Noster Pius PP. X per hoc Decretum auctores et scriptores,
ceterosque omnes, qui quoquomodo ad hunc librum conficiendum
operam contulerunt, excommunicationis poena afficit, a qua Sibi soli
absolutionem reservat. Addit SS. Dominus Noster, hoc Decretum
valere perinde ac si traditum esset in manus uniuscuiusque ex dictis
auctoribus et scriptoribus, qui si sint sacerdotes et actum Ordinis
exerceant, in irregularitatem incurrent.

Nil autem satius esse, ait SSmus, quam ut omnes Episcopi,
in sua quisque dioecesi, hanc proscriptionem indicerent et censu-
ram promulgarent.

Datum Romae, die 29 Octobris 1907.

L. ✠ S.

PETRUS RESPIGHI, *Card. Vicarius.*

FRANCISCUS Can. FABERI, *Secretarius.*

INDEX

Actorum et Decretorum quae in hoc quinto volumine contineantur.

ACTA SUMMI PONTIFICIS.

PAG.

SECRETARIA STATUS.

PAG.

SECRETARIA BREVIUM.

Decreta SS. RR. Congregationum.

S. CONGREGATIO S. OFFICII.

S. CONGREGATIO CONSISTORIALIS.

S. C. EPISCOPORUM ET REGULARIUM.

S. CONGREGATIO CONCILII.

PAG.

S. CONGREGATIO DE PROPAGANDA FIDE.

S. CONGREGATIO INDICIS.

SS. RITUUM CONGREGATIO.

PAG.

S. CONGREGATIO INDULGENTIARUM ET SS. RELIQUIARUM.

PAG.

PAG.

S. STUDIORUM CONGREGATIO.

COMMISSIO PONTIFICIA DE RE BIBLICA.

S. C. A NEGOTIIS ECCLESIASTICIS EXTRAORDINARIIS.

S. POENITENTIARIA.

VICARIATUS URBIS.

THEOLOGIAE PASTORALIS EXCERPTA.

PARS TERTIA.

BIBLIOGRAPHIA.

                                                 PAG.

I. — LACOMBE (H. comte de). *Sur la divinité de Jesns-Christ.* Controverses du temps de Bossuet et de notre temps. Paris, Dounjol (Téqui) 1907; in-8, pag. VIII-440. 77

II. — PELT (G. B.). *Storia dell' Antico Testamento*, trad. italiana con importanti modificazioni e aggiunte del Prof. Alfonso Rousselle. Roma, Fr. Ferrari, 1907, in-8 gr., LIV-630 ac 2 tab. . . 78

III. — BUONAIUTI E. *Lo Gnosticismo*, storia d'antiche lotte religiose. Roma, Ferrari, 1907, in-12, pag. 288 120

IV. — TEXIER AUG. *La Charité chez les Jeunes*. Conferences. Paris, Téquin, 2907; in-8, XVI-42? 120

V. — *Novum Testamentum* graece et latine; textum graecum recensuit, latinum ex vulgata versione Clementina adiunxit, breves capitulorum inscriptiones et locos parallelos ulteriores addidit F. BRANDSCHEID. Pars altera; *Apostolicum*. 3ª ed. critica recognita (in-12, VIII-804 p.) Friburgi-Herder 167

VI. — KERN Ios. *De Sacramento extremae Unctionis*, tractatus dogmaticus. Ratisbonae Pustet, 1907 (8 XVI-397 p.) . . . 167

VII. — MARI FRANCESCO. *Il Canone Biblico* e gli Apocrifi dell' antico e nuovo testamento, in-12, p. 76. Romae, Pustet, 1907. 167

VIII. — MANNUCCI UBALDO. *Le origini del sistema sacramentario* e la critica razionalistica, in-12, p. 80, Romae, Pustet, 1907. 167

IX. — TURM J. G. *Il discorso escatologico di Gesù*, in-12, p. 72. Romae, Pustet, 1907 167

X. — *S. Gregorii Magni Epistolae selectae*, curante sac. Prof. NICOLAO TURCHI. (Bibl. SS. Patrum, ser. VII, vol. I) in-8, XLVIII-160 168

XI. — LEPORE GELASIUS. *Lectiones Aesthetices* seu Philosophia pulchri et Artium, in-8, 250 288

XII. — ZITELLI ZEPHIR. *Apparatus seu compendium Iuris Ecclesiastici in usu Episcoborum et sacerdotum praesertim apostolico munere fulgentium.* Editio quarta novis curis edita a Fr. Solieri. Pars I. De Personis. Romae, Pustet, 1907, in-8, VIII-480 . . 288

XIII. — ZIPPERLING, Dr. iur. ALBERT. *Das Wesne des beneficium compeientiae in gesehichtlicher Entwickelung.* Marpurg i. Hessen, NG. Elwert, 1907, in-8, p. 166 289

XIV. — BRAUN Ios. (S. I.). *Die liturgische Gewandung in Occident und Orient, nach Ursprung und Entwickelung, Verwendung und Symbolik.* Freiburg, Herder, 1906, in-4, p. XXIV-798 . . . 290

XV. — IRENAEI Lugdunensis Episcopo. *Adversus Haereres.* Libri quinque. Recensuit, prolegomenis et commentariis auxit Sac.

IMPRIMATUR. — FR. ALBERTUS LEPIDI O. P. S. P. A. Magister.

IMPRIMATUR. — IOSEPHUS CEPPETELLI Patr., Constant., Vicesgerens.

CONSTANTIUS CASTELLO, *gerens responsabilis.*

ROMAE — EX TYPOGRAPHIA PONTIFICIA INSTITUTI PII IX.